AI Business Cases mit SAP®

SAP PRESS

SAP PRESS ist eine gemeinschaftliche Initiative von SAP SE und der Rheinwerk Verlag GmbH. Unser Ziel ist es, Ihnen als Anwendern qualifiziertes SAP-Wissen zur Verfügung zu stellen. SAP PRESS vereint das Know-how der SAP und die verlegerische Kompetenz von Rheinwerk. Die Bücher bieten Ihnen Expertenwissen zu technischen wie auch zu betriebswirtschaftlichen SAP-Themen.

Damit Sie nach weiteren Titeln Ihres Interessengebiets nicht lange suchen müssen, haben wir eine kleine Auswahl zusammengestellt.

Larissa Haas
Künstliche Intelligenz mit SAP
238 Seiten, 2025, E-Book
ISBN 978-3-367-10817-6
www.sap-press.de/6103

Michel Hoffmeister, Silke Griewel, Michael Kubis
Generative AI mit SAP – Maßgeschneiderte KI-Anwendungen entwickeln
480 Seiten, 2026, gebunden
ISBN 978-3-367-10759-9
www.sap-press.de/6087

Holger Seubert
SAP Business Technology Platform – Einsatz, Services, Konzepte
550 Seiten, 2024, gebunden
ISBN 978-3-367-10055-2
www.sap-press.de/5860

Abassin Sidiq
SAP Analytics Cloud – Das Praxishandbuch
490 Seiten, 3. aktualisierte und erweiterte Auflage 2024, gebunden
ISBN 978-3-8362-9610-6
www.sap-press.de/5732

René Kessler, Marcel Kuchler

AI Business Cases mit SAP®

Szenarien, Tools und Best Practices

Rheinwerk
Publishing

Liebe Leserin, lieber Leser,

SAP-Landschaften sind komplex, und wir alle wissen, wie schnell sich Technologien und Anforderungen in der IT-Welt ändern. Genau da setzt SAP PRESS an: mit Büchern, die nicht nur Theorie vermitteln, sondern konkret im Alltag helfen.

In diesem Buch finden Sie direkt umsetzbare Ratschläge, praktische Beispiele und Lösungen für drängende Herausforderungen. Unsere Autor*innen sind Profis, die wissen, wo der Schuh drückt – und wie man Probleme effizient löst. Mit ihrer Erfahrung an Ihrer Seite können Sie Ihre SAP-Projekte gezielter angehen, fundiertere Entscheidungen treffen und die vielen Facetten von SAP besser meistern.

Ob Sie gerade erst beginnen oder schon lange im SAP-Umfeld tätig sind: Wir sind davon überzeugt, dass dieses Buch Ihnen hilfreiche Anleitungen und Tipps an die Hand gibt, um Ihre täglichen Aufgaben und Projekte erfolgreich zu meistern.

Wir freuen uns stets über Lob, aber auch über kritische Anmerkungen, die uns helfen, unsere Bücher zu verbessern. Zögern Sie also nicht, sich bei mir zu melden; Ihr Feedback ist jederzeit willkommen.

Wir wünschen Ihnen viele Aha-Momente und eine erfolgreiche Umsetzung mit diesem Buch!

Ihre Eva Wigger
Lektorat SAP PRESS

eva.wigger@rheinwerk-verlag.de
www.rheinwerk-verlag.de
Rheinwerk Verlag • Rheinwerkallee 4 • 53227 Bonn

Auf einen Blick

Wir hoffen, dass Sie Freude an diesem Buch haben und sich Ihre Erwartungen erfüllen. Falls Sie Anregungen, Wünsche und Kommentare haben, lassen Sie es uns wissen: **service@rheinwerk-verlag.de**.

Informationen zu unserem Verlag und Kontaktmöglichkeiten finden Sie auf unserer Verlagswebsite **www.rheinwerk-verlag.de**. Dort können Sie sich auch umfassend über unser aktuelles Programm informieren und unsere Bücher und E-Books bestellen.

Autoren René Kessler, Marcel Kuchler
Lektorat Eva Wigger
Copy-Editing Claudia Lötschert
Typografie & Layout Vera Brauner
Satz Typographie & Computer, Krefeld
Herstellung Nadine Preyl
Covergestaltung Silke Braun
Coverbild Adobe Stock: 1312514417 © miss irine
Druck Beltz Grafische Betriebe, Bad Langensalza

FSC www.fsc.org MIX Papier | Fördert gute Waldnutzung FSC® C089473

Dieses Buch wurde mit mineralölfreien Farben auf FSC-zertifiziertem Papier aus nachhaltiger Waldwirtschaft gedruckt. Hergestellt in Deutschland.

Bibliografische Information der Deutschen Nationalbibliothek:
Die Deutsche Nationalbibliothek verzeichnet diese Publikation in der Deutschen Nationalbibliografie; detaillierte bibliografische Daten sind im Internet über *http://dnb.dnb.de* abrufbar.

ISBN 978-3-367-10958-6

1. Auflage 2026

Rheinwerk Verlag GmbH • Rheinwerkallee 4 • 53227 Bonn
service@rheinwerk-verlag.de

Inhalt

TEIL II KI-Anwendungsfälle

TEIL III Überlegungen vor dem Start Ihres KI-Projekts

13 Umsetzungsstrategie für KI mit SAP 383

14 Ein Blick in die Zukunft 429

Anhang 441

Einleitung

Künstliche Intelligenz (KI) verändert die Art und Weise, wie Unternehmen ihre Prozesse steuern, Entscheidungen treffen und Mehrwert für ihre Kunden schaffen. Auch in der SAP-Welt gewinnt KI rasant an Bedeutung, da nahezu alle geschäftskritischen Prozesse über SAP-Systeme laufen und dort gewaltige Datenmengen anfallen. Die Integration von KI in SAP eröffnet die Chance, diese Daten nicht nur zu verwalten, sondern aktiv für Vorhersagen, Automatisierung und Optimierung einzusetzen.

Dieses Buch gibt eine praxisorientierte Einführung in die Welt der KI-Business-Cases mit SAP. Ziel ist es, Sie Schritt für Schritt an die Einsatzmöglichkeiten heranzuführen. Angefangen bei den technologischen Grundlagen über konkrete Anwendungsfälle bis hin zu strategischen Überlegungen für die Umsetzung.

Schwerpunkte des Buchs

Das Buch gliedert sich in drei Teile mit insgesamt 14 Kapiteln. In Teil I, »Einführung: Das Handwerkszeug für Ihr KI-Projekt«, vermitteln wir die Grundlagen, die für den erfolgreichen Start eines KI-Projekts notwendig sind. In Teil II, »KI-Anwendungsfälle«, dem Hauptteil des Buches, liefern wir Ihnen neun konkrete KI-Anwendungsfälle aus unterschiedlichen Fachbereichen. Die beschriebenen Anwendungsfälle haben wir teilweise in unserer Praxis durchgeführt. Für dieses Buch haben wir sie anonymisiert und fiktive Firmennamen verwendet. Manche Anwendungsfälle sind hingegen fiktiv, sie wären aber dennoch genauso umsetzbar wie beschrieben. In Teil III, »Überlegungen vor dem Start Ihres KI-Projekts«, geht es dann um die organisatorische und strategische Einbettung von KI in ein Unternehmen.

Das Buch verbindet theoretisches Hintergrundwissen mit praktischen Beispielen und Best Practices. Ziel ist es, nicht nur die technologischen Möglichkeiten aufzuzeigen, sondern Ihnen vor allem das Handwerkszeug an die Hand zu geben, mit dem erfolgreiche KI-Projekte im SAP-Umfeld umgesetzt werden können.

Zielgruppe

An wen sich dieses Buch richtet

Dieses Buch richtet sich an alle, die im SAP-Umfeld mit dem Thema KI in Berührung kommen, sei es in einer strategischen, organisatorischen oder technischen Rolle:

- Entscheiderinnen und Manager, die verstehen möchten, welchen Mehrwert KI für ihre Geschäftsprozesse bringen kann und wie sich Investitionen in SAP-KI-Technologien wirtschaftlich begründen lassen.
- SAP-Verantwortliche und Application Owner, die sich einen Überblick verschaffen wollen, welche Möglichkeiten SAP für den Einsatz von KI bietet und wie sich diese in bestehende Landschaften integrieren lassen.
- Fachbereiche, die nach konkreten Use Cases suchen, um ihre Prozesse effizienter und intelligenter zu gestalten – etwa in Finance, Logistik, Einkauf oder Produktion.
- Berater und Entwicklerinnen, die in Projekten an der Umsetzung beteiligt sind und wissen möchten, welche Werkzeuge, Plattformen und Vorgehensweisen SAP für KI-Anwendungen bereitstellt.

Ganz egal ob Sie erste Orientierung suchen oder bereits mit Pilotprojekten begonnen haben: Dieses Buch soll als praxisnaher Leitfaden dienen. Nutzen Sie es als Inspiration für neue Ideen, als Nachschlagewerk im Projektalltag und als Wegweiser, um KI im SAP-Kontext Schritt für Schritt erfolgreich einzuführen.

Hinweise zur Lektüre

Sie können die Kapitel dieses Buchs in der vorgesehenen Reihenfolge lesen oder gezielt einzelne Themen auswählen, die für Ihr aktuelles Projekt oder Ihren Verantwortungsbereich relevant sind.

Teil I

Wenn Sie noch wenig Erfahrung mit KI im SAP-Kontext haben, empfehlen wir, mit den Grundlagen in **Teil I**, »Einführung: Das Handwerkszeug für Ihr KI-Projekt«, zu beginnen. Dort erfahren Sie, wie SAP KI-Technologien in seine Produktlandschaft integriert, welche Bausteine es gibt und wie sich unterschiedliche Systemlandschaften auf den Einsatz von KI auswirken.

Teil II

Teil II, »KI-Anwendungsfälle«, richtet sich an alle, die sich für konkrete Anwendungsfälle interessieren. Jedes Kapitel ist in sich abgeschlossen und beschreibt die konkrete Umsetzung eines spezifischen Use Case – von Anomalieerkennung über automatisierte Rechnungsprüfung bis hin zu Predictive Maintenance. Hin und wieder werden Konzepte und Entwicklungsartefakte aus anderen Kapiteln aufgegriffen, dazu finden Sie an den relevanten Stellen aber Querverweise, um die Lektüre zu erleichtern. Sie können also direkt dort einsteigen, wo Sie für Ihr Unternehmen den größten Mehrwert sehen.

Teil III

In **Teil III**, »Überlegungen vor dem Start Ihres KI-Projekts«, finden Sie schließlich Überlegungen zur Strategie, zu Grenzen und Herausforderungen sowie einen Blick in die Zukunft. Dieser Teil ist besonders hilfreich, wenn Sie KI-Projekte im Unternehmen initiieren oder langfristig verankern möchten.

Unabhängig davon, wie Sie dieses Buch lesen, hoffen wir, dass es Ihnen sowohl Impulse für neue Ideen als auch konkrete Hilfestellungen für die Umsetzung liefert.

Download-Material

Die Codebeispiele, die Sie in diesem Buch finden, können Sie hier herunterladen: *www.sap-press.de/6149*.

Infokästen

Wir verwenden mehrere Orientierungshilfen, die Ihnen die Arbeit mit diesem Buch erleichtern sollen. In den Informationskästen sind Inhalte zu finden, die wissenswert und hilfreich sind, aber etwas abseits der eigentlichen Erläuterung stehen. Damit Sie diese Informationen besser einordnen können, haben wir die Kästen mit Symbolen gekennzeichnet:

Achtung
Mit diesem Symbol warnen wir Sie vor häufig gemachten Fehlern oder Problemen, die auftreten können.

Tipp/Hinweis
Mit diesem Symbol werden Tipps markiert, die Ihnen die Arbeit erleichtern werden, und Hinweise, die Ihnen z. B. dabei helfen, weiterführende Informationen zu dem besprochenen Thema zu finden.

Beispiel
Anhand von Beispielen aus unserer Beratungspraxis erläutern und vertiefen wir das besprochene Thema.

Aufbau des Buchs

Das Buch kombiniert Grundlagenwissen mit praxisnahen Anwendungsfällen und strategischen Überlegungen, sodass sowohl Einsteiger als auch erfahrene SAP-Verantwortliche einen direkten Nutzen daraus ziehen können.

Kapitel 1

In **Kapitel 1**, »KI und SAP: Die Intelligenz in Ihren Geschäftsprozessen«, geben wir eine Einführung in die Grundlagen der KI und grenzen sie von verwandten Disziplinen wie Data Science ab. Wir stellen zentrale Methoden wie Machine Learning, Deep Learning, Natural Language Processing sowie generative KI vor und skizzieren die historische Entwicklung der Technologie. Außerdem erläutern wir, warum KI die DNA moderner Unternehmen verändert und welchen konkreten Nutzen sie für SAP-Anwenderinnen und -Anwender hat – von effizienteren Prozessen über neue Geschäftsmodelle bis hin zu intelligenten Assistenten wie Joule.

Kapitel 2

In **Kapitel 2**, »Der KI-Baukasten von SAP: Ein Überblick über die SAP-Produktlandschaft«, stellen wir die SAP Business Technology Platform (SAP BTP) als Fundament für den Einsatz von KI im SAP-Umfeld vor. Wir erläutern, wie vordefinierte SAP-Business-AI-Funktionen und SAP AI Services typische Geschäftsprozesse automatisieren, während SAP AI Core und SAP AI Launchpad die Entwicklung und den Betrieb individueller Modelle ermöglichen. Der Generative AI Hub eröffnet darüber hinaus den Zugang zu Large Language Models für textbasierte Prozesse. Ein besonderer Schwerpunkt liegt auf Joule, dem KI-Copiloten von SAP, der durch Grounding-Mechanismen kontextgenaue Empfehlungen liefert. Abgerundet wird das Kapitel durch die Darstellung von Synergien mit Process Mining, RPA und der SAP Analytics Cloud, die in Kombination prädiktive Analysen, Automatisierung und intelligente End-to-End-Prozesse ermöglichen.

Kapitel 3

In **Kapitel 3**, »Systemlandschaften und deren Folgen: Public, Private und On-Premise«, erläutern wir die Unterschiede zwischen Public Cloud, Private Cloud und On-Premise-Architekturen und deren Auswirkungen auf Geschäftsprozesse und KI-Anwendungen. Wir zeigen, wie Skalierbarkeit, Rechenleistung, Sicherheit, Compliance und Kosten die Architekturwahl prägen, warum hybride Modelle oft die Praxislösung sind und welche Rolle die SAP BTP als Integrationsfundament spielt – inklusive der Einbindung von Hyperscalern wie Microsoft Azure, AWS und Google Cloud. Außerdem behandeln wir Herausforderungen wie Datenmigration, Interoperabilität und regulatorische Anforderungen und geben Best Practices, um KI-Lösungen nachhaltig in bestehende Landschaften zu integrieren. Mit diesem Kapitel schließt Teil I des Buchs.

Kapitel 4

Mit **Kapitel 4**, »Anomalieerkennung in Finanztransaktionen«, beginnt Teil II des Buchs. Hier beschreiben wir den ersten Anwendungsfall, in dem wir zeigen, wie sich Auffälligkeiten in großen Finanzdatenmengen zuverlässig identifizieren lassen und warum die Definition von »normal« und »anomal« dafür entscheidend ist. Wir erläutern die Datenaufbereitung, stellen mit dem Isolation Forest einen praxisnahen Algorithmus vor und erklären, wie Trainings- und Deploymentszenarien mithilfe von Docker und Argo-Flows in SAP AI Core automatisiert werden. Zudem erfahren Sie, wie KI-Services mit KServe produktiv bereitgestellt und in bestehende IT-Landschaften integriert werden können. Ein besonderer Schwerpunkt liegt auf der Bereitstellung der Lösung über die SAP BTP, sodass Sie am Ende einen praxisorientierten Leitfaden für die Umsetzung einer belastbaren Anomalieerkennung in Ihren Finanzprozessen an der Hand haben.

Kapitel 5

In **Kapitel 5**, »Analyse und Optimierung von Transportwegen«, zeigen wir, wie sich Transportprozesse durch den Einsatz von KI deutlich effizienter gestalten lassen. Mithilfe von AI Agents können Disponenten, Logistikmanagerinnen oder Außendienstmitarbeitende Analysen und Abfragen in natürlicher Sprache durchführen – von Kosten- und Auslastungsübersichten bis hin zur automatisierten Routenplanung. Wir erläutern die technologischen und organisatorischen Voraussetzungen, die Auswahl geeigneter Modelle im Generative AI Hub, die Architektur der Lösung sowie Best Practices für die Implementierung. Abschließend wird dargestellt, wie KI-gestützte Routenoptimierung nicht nur Zeit und Kosten spart, sondern auch die Servicequalität und Flexibilität in der Logistik verbessert.

Kapitel 6

In **Kapitel 6**, »Automatisierte Rechnungsprüfung«, behandeln wir einen Anwendungsfall, in dem KI-gestützte Services wie SAP Document AI die zeit- und fehleranfällige manuelle Verarbeitung von Rechnungen ablösen. Wir zeigen, welche Herausforderungen papierbasierte und unstrukturierte Dokumente in digitalisierten Prozessen mit sich bringen und wie OCR (Optical Character Recognition), Datenextraktion und Validierung diesen effektiv begegnen. Neben den technischen Grundlagen – von Template-Ansätzen über Sicherheit und Compliance bis hin zur API-Integration – erläutern wir Schritt für Schritt die praktische Umsetzung: von der Auswahl passender Schemas über die automatisierte Validierung bis hin zum Export der Ergebnisse in nachgelagerte Systeme. Das Kapitel macht deutlich, wie Unternehmen durch den Einsatz von KI ihre Rechnungsprüfung beschleunigen, Kosten senken und die Prozessqualität nachhaltig verbessern können.

Kapitel 7

In **Kapitel 7**, »Inventur mit KI«, zeigen wir, wie sich klassische SAP-gestützte Inventurprozesse mithilfe moderner Technologien wie Computer Vision und Drohnen erheblich effizienter gestalten lassen – ohne eine Umstellung auf die SAP BTP oder spezielle Zusatzmodule. Wir erläutern die größten Herausforderungen der manuellen Inventur und wie KI-gestützte Bilderkennung und Geokoordination den Aufwand drastisch reduzieren. Sie erfahren, welche organisatorischen und technischen Voraussetzungen erfüllt sein müssen, wie Drohnenaufnahmen mit KI ausgewertet und die Ergebnisse automatisiert, nachvollziehbar und revisionssicher ins SAP-System übernommen werden können. Das Kapitel liefert damit einen praxisnahen Leitfaden, um Inventurprozesse zukunftssicher, transparent und kosteneffizient zu gestalten.

Kapitel 8

In **Kapitel 8**, »KI im Wareneingang und in der Warenkontrolle«, zeigen wir, wie sich zeitaufwendige und fehleranfällige manuelle Zählprozesse durch den Einsatz von KI-gestützter Bilderkennung automatisieren lassen. Anstatt Mengen händisch zu erfassen und später ins System zu übertragen, erkennen Cloud-Services die angelieferten Waren per Foto in Sekunden und übergeben die Ergebnisse direkt an den Prozess **Anlieferung anlegen** in SAP EWM. Wir erläutern die technischen und organisatorischen Voraussetzungen von Hardware und Netzwerkinfrastruktur über die Anbindung externer Services in der SAP BTP bis hin zu Anforderungen an Bildqualität und Modelltraining. Im Anschluss wird die praktische Integration beschrieben – inklusive Konfiguration der Schnittstelle, Authentifizierung und automatisierter Übergabe ins SAP-System. Abschließend fassen wir die zentralen Vorteile zusammen und zeigen, wie sich die Architektur auf weitere Szenarien wie Qualitätskontrolle oder Inventur übertragen lässt.

Kapitel 9

In **Kapitel 9**, »Individuelle Chatbots mit RAG«, erfahren Sie, wie sich mit dem Generative AI Hub eigene, SAP-nahe Chatbots entwickeln lassen, die internes Wissen effizient zugänglich machen und typische Service-Desk-Workflows automatisieren. Wir zeigen, warum klassische Support-Ansätze oft an ihre Grenzen stoßen und wie Retrieval-Augmented Generation (RAG) präzisere Antworten liefert. Anschließend erläutern wir die technischen Grundlagen auf der SAP BTP mit SAP AI Core, SAP AI Launchpad und dem Generative AI Hub, bevor wir Schritt für Schritt die praktische Umsetzung vorstellen – von der Orchestrierung der Workflows bis zur Integration in eigene Anwendungen mit Python und FastAPI. Ergänzende Codebeispiele runden das Kapitel ab und erleichtern die direkte Umsetzung in Ihrer SAP-Landschaft.

Kapitel 10

In **Kapitel 10**, »Forecasting von Sales und Lagerbeständen«, zeigen wir, wie Unternehmen mit KI und der SAP Analytics Cloud präzisere Absatz- und Bestandsprognosen erstellen können. Wir erläutern, warum klassische Methoden in dynamischen Märkten oft an Grenzen stoßen, und stellen die SAP Analytics Cloud als zentrale Plattform vor, die mit der SAP Business Data Cloud und SAP Datasphere eine konsistente Datenbasis schafft. Anschließend gehen wir auf die praktische Umsetzung ein – von ML-Modellen über Feature Engineering und Explainable AI bis hin zur Integration von SAP-S/4HANA-Daten und externen Variablen. Abschließend verdeutlichen wir die konkreten Nutzenpotenziale: geringere Bestände, weniger Out-of-Stock-Situationen, reduzierter Planungsaufwand und eine nachhaltige Stärkung der Supply-Chain-Effizienz.

Kapitel 11

In **Kapitel 11**, »KI als Accelerator in der Softwareentwicklung«, zeigen wir, wie sich mit SAP Build Code und dem KI-Assistenten Joule Geschäftsanwendungen in kürzester Zeit entwickeln lassen – selbst ohne klassische Programmierkenntnisse. Low-Code-Tools und KI-gestützte Codegenerierung ermöglichen es Fachanwenderinnen und -anwendern, Ideen direkt in funktionierende Prototypen zu überführen. Wir erläutern die technischen und organisatorischen Voraussetzungen, führen durch den gesamten Entwicklungsprozess – von der Einrichtung der SAP BTP bis hin zur fertigen App – und geben Best Practices für die Integration in bestehende SAP-Landschaften. Das Kapitel verdeutlicht, wie Unternehmen Entwicklungszyklen drastisch verkürzen, Mitarbeitende stärker einbeziehen und die Innovationskraft nachhaltig steigern können.

In **Kapitel 12**, »Predictive Maintenance: Echtzeit-Einblicke durch Live-Datenanbindungen«, erläutern wir, wie Unternehmen mit Predictive Analytics in der SAP Analytics Cloud den Schritt von reaktiver und präventiver hin zu vorausschauender Instandhaltung gehen können. Auf Basis von Echtzeit-Betriebsdaten lassen sich potenzielle Ausfälle frühzeitig erkennen, Wartungsmaßnahmen gezielt planen und ungeplante Stillstände vermeiden. Das Kapitel zeigt die technischen Grundlagen der Live-Datenanbindung, die Nutzung prädiktiver Modelle in der SAP Analytics Cloud sowie Best Practices für die Einführung – mit dem Ziel, Effizienz zu steigern, Kosten zu senken und die Anlagenverfügbarkeit nachhaltig zu sichern. Mit diesem Kapitel schließt Teil II. Kapitel 12

In **Kapitel 13**, »Umsetzungsstrategie für KI mit SAP«, dem ersten Kapitel in Teil III, erhalten Sie einen praxisnahen Leitfaden für den gesamten Lebenszyklus eines KI-Projekts im SAP-Umfeld – von der ersten Idee bis zum nachhaltigen Betrieb. Wir zeigen, wie Sie geeignete Anwendungsfälle auswählen, klare Ziele definieren und die notwendigen Voraussetzungen in Daten, Technologien und Teams schaffen. Anschließend stellen wir bewährte Vorgehensmodelle wie Proof of Concepts, Pilotphasen und Skalierungsstrategien vor und erläutern, wie sich MLOps-Praktiken etablieren und KI-Lösungen nahtlos in die SAP-Landschaft integrieren lassen. Darüber hinaus gehen wir auf Schulung, Change Management und Erfolgsmessung ein, analysieren typische Fehlerquellen und geben konkrete Empfehlungen zu deren Vermeidung. Kapitel 13

In **Kapitel 14**, »Ein Blick in die Zukunft«, geben wir einen Ausblick auf kommende Entwicklungen von KI im SAP-Umfeld. Cloud-Technologien, hybride Architekturen und Lösungen wie SAP Business AI und Joule werden Geschäftsprozesse noch stärker automatisieren, Entscheidungen in Echtzeit unterstützen und neue Nutzererlebnisse ermöglichen. Gleichzeitig gewinnen Themen wie Nachhaltigkeit, Sicherheit, Transparenz und Governance an Bedeutung. Auch Trends wie generative KI, autonome Agenten oder digitale Zwillinge werden die ERP-Welt prägen. Das Kapitel zeigt, wie Unternehmen diese Chancen verantwortungsvoll nutzen können, um ihre Wettbewerbsfähigkeit langfristig zu sichern. Kapitel 14

Danksagung

Wir möchten uns herzlich bei all den Menschen bedanken, die dieses Buch möglich gemacht haben.

Ein großer Dank gilt unseren Familien und Freunden, die mit viel Geduld akzeptiert haben, dass Abende, Wochenenden und Urlaube oft vom Schreiben bestimmt waren – und uns dennoch immer den nötigen Rückhalt gegeben haben. Ebenso danken wir unseren Kollegen, Kolleginnen und Kunden, die uns durch viele gemeinsame Projekte inspiriert und mit wertvollen Erfahrungen bereichert haben.

Besonderer Dank geht an das Team von SAP PRESS für die professionelle und angenehme Zusammenarbeit. Namentlich möchten wir Eva Wigger hervorheben, die uns mit viel Engagement, Klarheit und Empathie durch den Entstehungsprozess begleitet hat.

Ohne dieses Umfeld aus Unterstützung, Austausch und Motivation wäre dieses Buch nicht in dieser Form entstanden.

TEIL I

Einführung: Das Handwerkszeug für Ihr KI-Projekt

Kapitel 1
KI und SAP: Die Intelligenz in Ihren Geschäftsprozessen

Dieses Kapitel bietet eine fundierte Einführung in die Grundlagen, Anwendungen und Potenziale der künstlichen Intelligenz (KI) im Kontext von SAP-Systemen.

Wir zeigen in diesem Kapitel, wie KI-Technologien genutzt werden können, um Geschäftsprozesse intelligenter, effizienter und zukunftsfähiger zu gestalten. Im Fokus stehen sowohl die theoretischen Grundlagen als auch die konkrete Relevanz für SAP-Anwenderinnen und SAP-Anwender.

Abschnitt 1.1, »Die historische Entwicklung von KI«, beleuchtet die historischen Evolutionsstufen der KI von den frühen symbolischen Ansätzen über maschinelles Lernen bis hin zu modernen KI-Modellen, die tief in Unternehmensprozesse integriert werden können. Es wird aufgezeigt, wie sich die Technologie über die Jahre hinweg entwickelt hat und welche Meilensteine ihre heutige Relevanz untermauern.

In Abschnitt 1.2, »Begriffsdefinitionen und Abgrenzung«, erklären wir zunächst das Konzept von KI und grenzen verwandte Disziplinen wie Data Science ab. Anschließend stellen wir die Kernmethoden vor, darunter Machine Learning (ML), Deep Learning, Reinforcement Learning sowie spezialisierte Anwendungsbereiche wie Computer Vision (z. B. Bilderkennung) und Natural Language Processing (NLP). Ein besonderes Augenmerk liegt dabei auf innovativen Technologien wie generative KI (Gen AI), Large Language Models (LLMs) und Retrieval-Augmented Generation (RAG), die neue Möglichkeiten für Automatisierung und datenbasierte Entscheidungsfindung schaffen.

In Abschnitt 1.3, »Warum KI die DNA moderner Unternehmen grundlegend verändert«, erläutern wir die Rolle, die KI heute für Unternehmen spielt. KI wird als transformative Kraft dargestellt, die die DNA moderner Unternehmen verändert. Sie ermöglicht nicht nur effizientere Abläufe, sondern schafft auch neue Geschäftsmodelle und Wettbewerbsvorteile. Wir zeigen in Abschnitt 1.4, »Relevanz für SAP-Anwenderinnen und Anwender«, wie KI innerhalb der SAP-Umgebung nahtlos integriert werden kann, um bestehende Prozesse zu optimieren und innovative Lösungen zu entwickeln. KI automatisiert repetitive Tätigkeiten, verbessert die Entscheidungsfindung durch datenbasierte Einblicke in Echtzeit und fungiert als Wachstumstreiber für Unternehmen. Beispiele, wie die Umwandlung manueller Prozesse in intelligente Workflows und die Entwicklung neuer Geschäftsmodelle, illustrieren die Vielseitigkeit der Technologie.

Insgesamt zeigen wir in diesem Kapitel, dass KI kein Hype ist, sondern ein unverzichtbares Werkzeug, um im digitalen Zeitalter wettbewerbsfähig zu bleiben – insbesondere für Unternehmen, die auf SAP-Lösungen setzen.

1.1 Die historische Entwicklung von KI

KI ist längst keine Zukunftsvision mehr. Sie ist Realität und gestaltet bereits heute unseren Alltag und die Geschäftswelt. Insbesondere im SAP-Umfeld eröffnet KI neue Möglichkeiten zur Optimierung von Geschäftsprozessen, zur Steigerung der Effizienz und zur Entwicklung innovativer Geschäftsmodelle.

Die Entwicklung der KI ist geprägt von großen Visionen, beeindruckenden Durchbrüchen und auch einigen Rückschlägen. Um besser zu verstehen, welche Bedeutung KI heute besitzt und wie sich ihre Rolle in Unternehmen – besonders im SAP-Umfeld – entwickelt hat, werfen wir einen Blick auf wichtige Meilensteine dieser Technologiegeschichte. Im Anschluss geben wir Ihnen einige Beispiele dafür, wo uns KI schon im Alltag begegnet.

Dartmouth-Workshop: Der Ursprung der KI

Im Sommer des Jahres 1956 traf sich eine Gruppe führender Wissenschaftler – darunter John McCarthy, Marvin Minsky, Claude Shannon und Herbert Simon – zu einem historischen Treffen am Dartmouth College in New Hampshire (USA). Ziel war es, eine Technologie zu entwickeln, die Maschinen befähigt, menschliche Intelligenz nachzuahmen. Genau hier entstand der Begriff Artificial Intelligence (künstliche Intelligenz). Man formulierte ehrgeizige Ziele, wie z. B. Computer in die Lage zu versetzen, Sprache zu verstehen, logisch zu denken und eigenständig zu lernen.

Trotz anfänglicher Euphorie wurde schnell klar, dass diese Vision deutlich schwerer umzusetzen war als gedacht. Trotzdem legte der Dartmouth-Workshop den Grundstein für alle späteren Entwicklungen.

Expertensysteme: von Erwartungen zur Ernüchterung

In den 1960er- bis 1980er-Jahren erlebte die KI einen ersten Höhepunkt mit sogenannten *Expertensystemen*. Diese Systeme basierten auf komplexen Regelsätzen, um spezifische Probleme in klar abgegrenzten Bereichen zu lösen. Prominente Beispiele aus dieser Zeit waren:

- *MYCIN*, ein medizinisches Diagnosesystem, das Ärzten bei der Behandlung von bakteriellen Infektionen helfen sollte
- *DENDRAL*, ein System zur chemischen Analyse organischer Verbindungen

Doch trotz einiger vielversprechender Erfolge stießen Expertensysteme bald an Grenzen, insbesondere da sie sehr aufwendig zu warten und schwierig an veränderte Situationen anzupassen waren. Dieses Phänomen führte schließlich zu einem Ernüchterungsprozess (auch »KI-Winter« genannt), in dessen Verlauf die Erwartungen an KI stark zurückgeschraubt wurden.

Machine Learning und Big Data: Renaissance der KI

Mit Beginn des neuen Jahrtausends und besonders im Laufe der 2010er-Jahre veränderten sich die Rahmenbedingungen entscheidend. Durch den exponentiellen Anstieg verfügbarer Daten (Big Data) und die enorme Steigerung der Rechenleistung wurde eine neue Form der KI dominant: das *maschinelle Lernen* (ML).

Statt vorprogrammierter Regeln werden beim maschinellen Lernen Algorithmen entwickelt, die aus großen Datenmengen Muster erkennen und daraus eigenständig lernen können. Besonders hervorzuheben sind hier neuronale Netze (siehe Abbildung 1.1), die aufgrund ihres Aufbaus und ihrer Lernmethodik große Erfolge erzielten und Deep Learning ermöglichen.

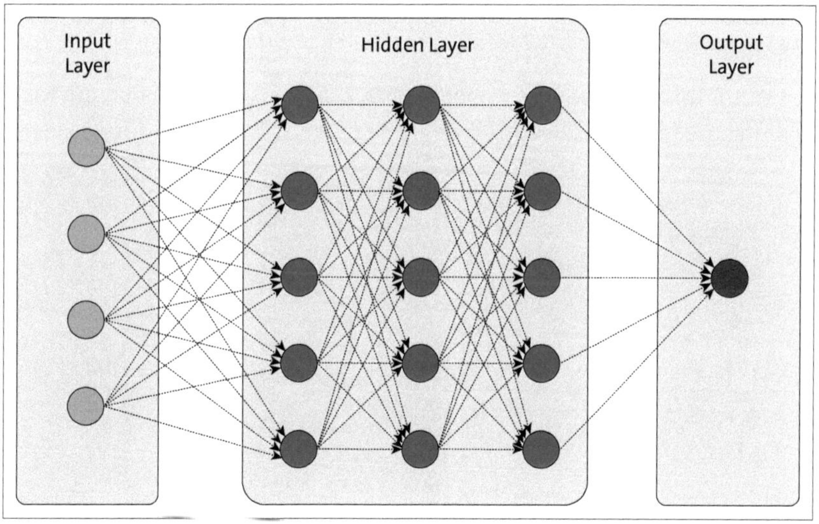

Abbildung 1.1 Aufbau eines neuronalen Netzes

Prominente Beispiele aus dieser Zeit sind:

- Bilderkennungssysteme wie Google Photos, das Gesichter automatisch erkennt und Bilder kategorisiert

- Spracherkennungssysteme, z. B. Siri (Apple) und Alexa (Amazon), die sprachbasierte Interaktion in unseren Alltag integrierten

AlphaGo: KI übertrifft menschliche Exzellenz

Ein Meilenstein in der KI-Geschichte war das Jahr 2016. Googles Tochterfirma DeepMind entwickelte das Programm AlphaGo, das den weltbesten menschlichen Go-Spieler Lee Sedol in einem spektakulären Wettkampf besiegte. Dieses Ereignis war deshalb so bedeutend, weil Go aufgrund seiner komplexen Natur und nahezu unendlichen Zugvariationen lange Zeit als unlösbare Herausforderung für Computer galt.

AlphaGo verwendete fortschrittliches Reinforcement Learning (bestärkendes Lernen), bei dem das System durch Versuch und Irrtum eigenständig Strategien entwickelte. Diese bahnbrechende Leistung rückte KI endgültig ins Bewusstsein einer breiten Öffentlichkeit.

Kreativität durch Algorithmen

Seit etwa 2022 hat sich mit der generativen KI ein völlig neuer Zweig etabliert, der kreative Aufgaben – wie Texte schreiben, Bilder erzeugen oder Programmiercode generieren – automatisiert erledigen kann. Modelle wie GPT-3 und später GPT-4 von OpenAI lösten eine regelrechte Revolution aus, da sie erstmals Inhalte generierten, die in Qualität und Relevanz verblüffend nah an menschliche Ergebnisse heranreichen.

Praktische Beispiele dieser Phase sind:

- ChatGPT, das Millionen Menschen hilft, komplexe Fragen in natürlicher Sprache zu beantworten oder kreative Texte zu generieren
- DALL·E und Midjourney, die beeindruckende visuelle Inhalte auf Basis einfacher textlicher Beschreibungen erzeugen (siehe Abbildung 1.2)

Abbildung 1.2 Mit KI-generierte Bilder in unterschiedlichen Stilen

Von smarter Assistenz bis zur intelligenten Automatisierung

Die generative KI hat insbesondere für Unternehmen enorme Auswirkungen, da sie vollkommen neue Möglichkeiten eröffnet, Prozesse zu automatisieren, Inhalte zu erstellen und Arbeitsweisen tiefgreifend zu verändern.

Für SAP-Anwenderinnen und SAP-Anwender bedeutet dies etwa, dass KI-basierte Assistenten komplexe Geschäftsprozesse begleiten und intelligente Automatisierungen in Anwendungen wie SAP S/4HANA oder der SAP Business Technology Platform ermöglichen.

KI im Alltag – unsichtbar, aber unverzichtbar

KI ist längst nicht mehr nur eine technologische Vision: Sie begleitet uns heute bereits nahezu unbemerkt in unserem Alltag. Viele Anwendungen, die wir täglich nutzen, wären ohne den Einsatz intelligenter Algorithmen kaum denkbar. An konkreten Beispielen aus unserem persönlichen und beruflichen Alltag wird sichtbar, wie KI bestehende Prozesse effizienter macht, intuitive Interaktionen ermöglicht und bisher unlösbare Herausforderungen adressiert. In Abschnitt 1.2.3 werfen wir einen genaueren Blick auf einige dieser alltäglichen KI-Beispiele und erläutern, welche Technologien sie nutzen.

KI als strategische Kerntechnologie: mehr als nur ein kurzfristiger Trend

KI ist also keineswegs nur eine Modeerscheinung oder ein kurzfristiger Technologiehype. Vielmehr handelt es sich um eine transformative Kraft, die die Art und Weise, wie Unternehmen arbeiten, grundlegend verändert. Sie beeinflusst nicht nur bestehende Geschäftsmodelle, sondern schafft auch völlig neue Möglichkeiten, um sich am Markt differenzieren zu können.

Aktuelle Studien und Prognosen untermauern diesen nachhaltigen Trend eindrucksvoll: Laut einer Studie des führenden Technologieanalysten Gartner werden bis zum Jahr 2026 bereits mehr als 80 Prozent aller Unternehmen generative KI aktiv in ihren Geschäftsprozessen einsetzen. Dieser beeindruckende Anstieg zeigt, dass KI in naher Zukunft nicht mehr optional, sondern zum integralen Bestandteil der Unternehmensstrategie werden wird.

1.2 Begriffsdefinitionen und Abgrenzung

Damit KI im SAP-Umfeld gezielt und erfolgreich eingesetzt werden kann, ist ein klares Verständnis zentraler Begriffe und Methoden notwendig. Begriffe wie KI, Data Science und Machine Learning werden im Alltag häufig vermischt, sie verfolgen aber unterschiedliche Ansätze und Ziele. In diesem Abschnitt schaffen wir Klarheit, indem wir die wichtigsten Grundlagen, Konzepte und Methoden dieser Disziplinen vorstellen, damit Sie die Begrifflichkeiten, die wir im weiteren Verlauf des Buchs verwenden, immer einordnen können.

1.2.1 Grundlagen von KI und Data Science

Begriffsdefinition

Um KI im SAP-Umfeld effektiv einzusetzen, ist es unerlässlich, die grundlegenden Begriffe sauber zu definieren und voneinander abzugrenzen. Für dieses Buch verstehen wir unter *künstlicher Intelligenz* (KI) Systeme, die menschenähnliche Wahrnehmungs-, Entscheidungs- und Lernfähigkeiten besitzen. KI ist also der übergeordnete Begriff, unter dem verschiedene Methoden und Technologien zusammengefasst werden. Im Gegensatz zu traditionellen regelbasierten *Automatisierungen* sind KI-Systeme in der Lage, aus Daten zu lernen, Muster zu erkennen und sich an veränderte Bedingungen anzupassen.

ML und Deep Learning

Ein zentrales Teilgebiet der KI ist das Maschinelle Lernen (Machine Learning, *ML*). Während KI allgemein beschreibt, wie Systeme intelligent handeln, fokussiert sich ML darauf, Algorithmen zu entwickeln, die aus Daten Muster erkennen und daraus lernen können. Eine besonders leistungsfähige Unterkategorie des ML ist das *Deep Learning*, bei dem künstliche neuronale Netze große Datenmengen verarbeiten und komplexe Muster identifizieren.

In diesem Kontext wird auch oft der Begriff Data Science verwendet. *Data Science* beschreibt den übergeordneten, methodischen Prozess, aus Daten Wissen zu gewinnen – von der Fragestellung über die Datenaufbereitung bis hin zur Modellierung und Nutzung in der Praxis. KI und ML sind in diesem Zusammenhang Werkzeuge innerhalb der Data Science, die bestimmte Analyse- und Entscheidungsaufgaben automatisieren und verbessern.

Eine aktuelle Entwicklung ist die *generative KI* (GenAI). Sie geht über die reine Mustererkennung hinaus und kann selbstständig neue Inhalte erzeugen – beispielsweise Texte, Bilder oder Programmcode. Grundlage hierfür sind häufig *Large Language Models* (LLMs). Darunter versteht man besonders große, mit enormen Textmengen trainierte neuronale Sprachmodelle, die in der Lage sind, natürliche Sprache zu verstehen und eigenständig qualitativ hochwertige Texte zu generieren.

1.2.2 Wichtige Disziplinen und Technologien der KI

Um das volle Potenzial der KI im geschäftlichen Kontext zu erschließen, ist es wichtig, die grundlegenden Disziplinen und Methoden der KI genauer zu verstehen. Dazu gehören insbesondere die Ansätze des Supervised Learning, Unsupervised Learning und Reinforcement Learning sowie spezialisierte Technologien wie Deep Learning, generative KI und Retrieval-Augmented Generation (RAG). Im Folgenden erläutern wir diese Disziplinen.

Drei Arten, zu lernen

Die drei Hauptansätze von ML unterscheiden sich darin, wie Modelle trainiert und eingesetzt werden:

- *Supervised Learning* (überwachtes Lernen)

  Beim Supervised Learning werden Modelle anhand eindeutig beschrifteter Daten trainiert. Ziel ist es, Muster zu erkennen und Vorhersagen für neue, unbekannte Daten zu treffen. Ein typisches Einsatzgebiet ist die Prognose von zukünftigen Ereignissen oder Mengen.

- *Unsupervised Learning* (unüberwachtes Lernen)

  Beim Unsupervised Learning wird das Modell auf unbeschrifteten Daten trainiert. Hier geht es darum, eigenständig Muster, Ähnlichkeiten oder Gruppen in den Daten zu identifizieren, ohne dass vorab definierte Kategorien existieren.

- *Reinforcement Learning* (bestärkendes Lernen)

  Beim Reinforcement Learning trainiert das Modell durch Belohnungen und Strafen in simulierten Umgebungen. Es lernt eigenständig Strategien, die zu den besten Ergebnissen führen.

Deep Learning

Eine der bedeutendsten Weiterentwicklungen von ML ist das Deep Learning, das auf komplexen neuronalen Netzwerken basiert. Diese Netzwerke können große Datenmengen verarbeiten und komplexe Muster erkennen, die traditionellen Methoden verborgen bleiben.

Kreativität durch KI ermöglichen

Mit generativer KI haben Unternehmen seit Kurzem Zugang zu Technologien, die eigenständig Texte, Bilder und Code erstellen können. Dabei spielen vor allem LLMs eine entscheidende Rolle.

Zuverlässigkeit durch integriertes Wissen

Eine Weiterentwicklung im Bereich der generativen KI stellt die *Retrieval-Augmented Generation* (RAG) dar. Hierbei kombiniert das KI-Modell die Generierung neuer Inhalte mit der gezielten Abfrage existierender, geprüfter Informationen aus einer Wissensdatenbank. Der Vorteil dieser Methode liegt darin, dass die generierte Ausgabe deutlich genauer und vertrauenswürdiger ist, da sie weniger anfällig für sogenannte *Halluzinationen*, also frei erfundene Antworten, ist.

Agentic AI – der nächste Evolutionsschritt intelligenter Systeme

Der jüngste Evolutionsschritt im Bereich der KI sind sogenannte *Agentic AI*-Systeme (»agentenbasierte KI«). Diese neuen KI-Systeme unterscheiden sich grundlegend von bisherigen Modellen, da sie nicht nur automatisierte Entscheidungen treffen, sondern autonom agieren, eigenständig planen und dabei mit ihrer Umwelt interagieren, um konkrete Ziele zu erreichen. Diese Systeme sind in der Lage, komplexe Aufgaben eigenständig und ohne kontinuierliche menschliche Anleitung zu erledigen.

Insgesamt zeigen diese unterschiedlichen Disziplinen und Methoden der KI eindrucksvoll auf, welche Breite an technologischen Möglichkeiten Unternehmen heute zur Verfügung steht, um ihre Geschäftsprozesse intelligent und zukunftssicher zu gestalten. In den folgenden Kapiteln vertiefen wir diese Grundlagen anhand konkreter Praxisbeispiele und demonstrieren, wie Unternehmen im SAP-Umfeld hiervon unmittelbar profitieren können.

1.2.3 Beispiele für KI im Alltag

Beispiel 1: Sprachassistenten

Sprachassistenten wie Amazon Alexa, Apple Siri oder Google Assistant haben inzwischen viele Haushalte erobert. Diese Systeme ermöglichen es uns, per Sprachbefehl mit Geräten und Anwendungen zu interagieren – sei es, um Informationen abzufragen, Termine zu organisieren oder Smarthome-Geräte zu steuern.

Ein Zusammenspiel aus NLP, ML und Sprachtechnologie

Diese Assistenten basieren auf einer Vielzahl von KI-Technologien:

- **Natural Language Processing (NLP)**

  Die Assistenten analysieren unsere gesprochenen Worte, wandeln diese mithilfe von Spracherkennung (Speech-to-Text) in maschinenlesbaren Text um und interpretieren anschließend mittels NLP die Absicht (Intent) hinter dem gesprochenen Befehl.

- **Maschine Learning (ML)**

  Die Systeme lernen kontinuierlich aus Millionen von Nutzeranfragen, verbessern ihre Fähigkeit, Akzente und Umgangssprache zu verstehen, und passen sich so ständig den individuellen Nutzerpräferenzen an.

- **Sprachausgabe (Text-to-Speech)**

  Die Antwort wird anschließend mit KI-gesteuerten Sprachgeneratoren in natürlicher, menschlich wirkender Sprache ausgegeben.

So wird aus einer einfachen Aussage wie »Alexa, spiele Musik zum Entspannen!« oder »Hey Siri, wie wird das Wetter heute Nachmittag?« ein nahtloses Nutzererlebnis, das Komfort und Effizienz vereint (siehe Abbildung 1.3).

Beispiel 2: Empfehlungssysteme

Ein weiteres Beispiel sind Empfehlungssysteme, die unseren Umgang mit digitalen Inhalten revolutioniert haben. Anbieter wie Netflix, Spotify oder Amazon generieren personalisierte Vorschläge, die verblüffend genau auf unsere Vorlieben abgestimmt sind.

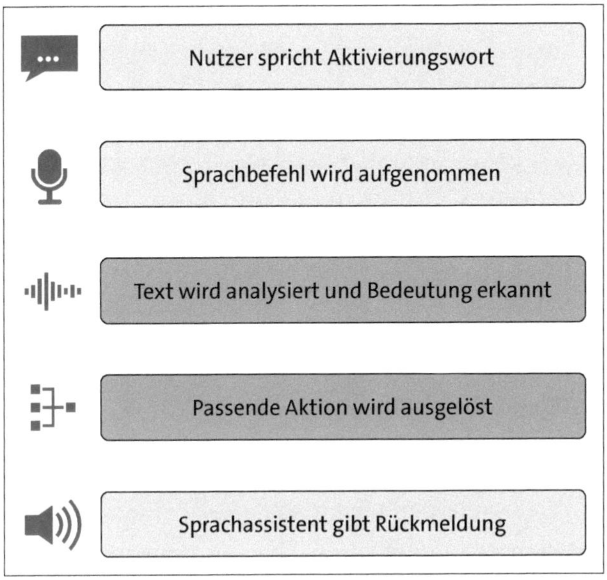

Abbildung 1.3 Schematischer Ablauf eines Sprachassistent-Systems

Personalisierung mit KI

Diese Präzision ist nur möglich durch:

- **Collaborative Filtering**
  Diese Methode basiert auf der Annahme, dass Nutzerinnen und Nutzer, die in der Vergangenheit ähnliche Inhalte mochten, wahrscheinlich auch künftig dieselben Vorlieben haben. So analysiert Netflix die Sehgewohnheiten von Millionen Nutzerinnen und Nutzern und gleicht diese miteinander ab, um neue, potenziell interessante Inhalte vorzuschlagen.
- **Content-Based Filtering**
  Spotify untersucht detaillierte Merkmale der einzelnen Musikstücke wie Genre, Rhythmus, Stimmung, Künstler und Melodie. Durch ML erkennt das System Muster im Musikgeschmack der Nutzerin oder Nutzers und schlägt ähnliche Songs und Künstler vor.
- **Deep-Learning-Modelle**
  Diese Algorithmen verarbeiten riesige Mengen komplexer Daten und erkennen subtile Muster, die traditionellen Methoden verborgen bleiben. So kann Netflix beispielsweise auch spezifische Vorlieben für bestimmte Schauspieler, Regisseure oder Themen erkennen und daraus exakte Empfehlungen ableiten.

Daraus entstehen für Nutzerinnen und Nutzer individuell zugeschnittene Vorschläge, die dafür sorgen, dass wir immer wieder neue Lieblingsserien oder Songs entdecken – und so unser Nutzererlebnis stetig verbessert wird.

Beispiel 3: KI als Co-Pilot auf der Straße

Eines der faszinierendsten und zugleich anspruchsvollsten Einsatzfelder von KI ist das autonome Fahren. Selbstfahrende Fahrzeuge von Herstellern wie Tesla, Waymo oder Mercedes-Benz nutzen KI, um Umgebungen wahrzunehmen, Entscheidungen zu treffen und Fahrzeuge sicher durch komplexe Verkehrssituationen zu steuern.

So lernen Autos das Sehen, Denken und Handeln

Die zentralen KI-Technologien im Bereich autonomes Fahren umfassen vor allem:

- **Computer Vision (Bildverarbeitung)**
  KI-Systeme analysieren in Echtzeit Videostreams und Bilder von Kameras, um Fahrzeuge, Fußgänger, Straßenschilder und andere Verkehrsteilnehmer exakt zu erkennen und deren Bewegungen vorherzusagen. Deep-Learning-Verfahren wie Convolutional Neural Networks (CNNs) werden hier eingesetzt, um visuelle Daten schnell und zuverlässig zu interpretieren.
- **Sensordatenfusion**
  Die KI kombiniert Bildinformationen mit anderen Sensordaten (Radar, LiDAR), um eine umfassende 3D-Darstellung der Umgebung zu erzeugen. Dies ermöglicht präzise Entscheidungen, etwa beim Spurwechsel, Parken oder Ausweichen vor Hindernissen.
- **Reinforcement Learning (bestärkendes Lernen)**
  Systeme trainieren selbstständig, indem sie aus Millionen von simulierten und realen Fahrsituationen lernen und so Strategien entwickeln, die menschlichen Fahrerinnen und Fahrern weit überlegen sein können.

Autonom unterwegs

Ein Beispiel ist Teslas Autopilot, der automatisch Geschwindigkeit und Spur hält, Verkehrssituationen vorhersagt und eigenständig Entscheidungen trifft, etwa wann ein Überholmanöver sicher durchgeführt werden kann. Waymos autonome Fahrzeuge wiederum navigieren inzwischen komplett eigenständig durch komplexe Verkehrsszenarien in Großstädten wie San Francisco oder Phoenix – dabei erkennen sie zuverlässig Fußgänger, Radfahrer und sogar komplexe Ampelanlagen (siehe Abbildung 1.4).

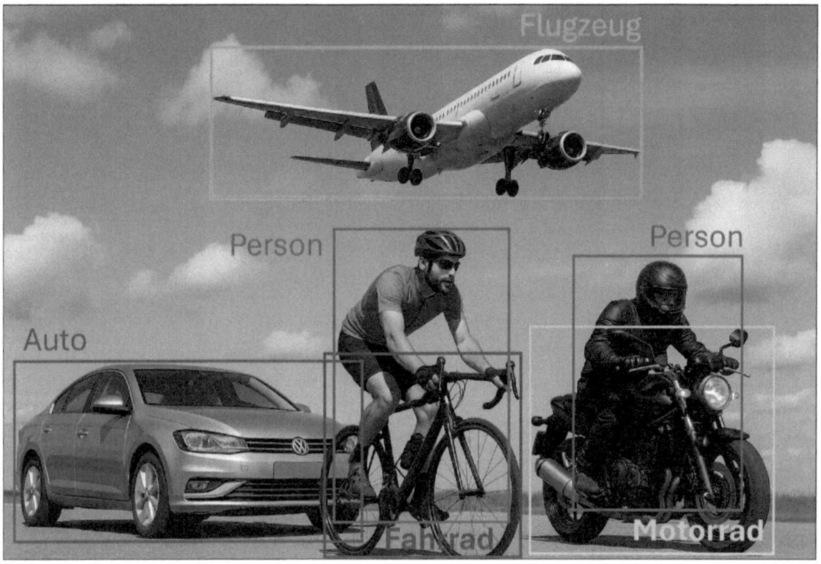

Abbildung 1.4 Erkennung von unterschiedlichen Objektklassen

1.3 Warum KI die DNA moderner Unternehmen grundlegend verändert

Vom Werkzeug zum strategischen Erfolgsfaktor

KI verändert grundlegend die Art und Weise, wie Unternehmen denken, arbeiten und Wert schaffen. Diese Veränderung reicht bis zur DNA moderner Unternehmen – KI ist heute nicht nur ein Werkzeug, sondern ein elementarer Bestandteil erfolgreicher Geschäftsstrategien. Unternehmen, die KI gezielt einsetzen, erzielen erhebliche Vorteile gegenüber Wettbewerbern, schaffen neue Märkte und setzen Standards für zukünftige Geschäftsmodelle.

In diesem Abschnitt erläutern wir, weshalb KI als wirtschaftlicher Hebel wirkt und warum sie einen grundlegenden Paradigmenwechsel von traditionellen Systemen hin zu intelligenten Geschäftsprozessen auslöst.

1.3.1 KI als Transformationsfaktor für Unternehmen

KI als wirtschaftlicher Hebel

Die Bedeutung von KI als wirtschaftlicher Hebel lässt sich eindrucksvoll an Zahlen verdeutlichen. Laut einer umfassenden Studie von McKinsey Global Institute liegt das weltweite wirtschaftliche Potenzial der KI-Technologien bei erstaunlichen 2,6 bis 4,4 Billionen US-Dollar jährlich. Dieses enorme Potenzial entsteht vor allem durch Effizienzsteigerungen, Automatisierungen sowie neue Produkte und Dienstleistungen, die zuvor kaum denkbar waren.

Auch die Prognosen des Marktforschers IDC unterstreichen die enorme wirtschaftliche Bedeutung von KI. Demnach werden Unternehmen weltweit bis zum Jahr 2028 jährlich rund 632 Milliarden US-Dollar für KI-Technologien ausgeben. Diese Investitionen spiegeln das klare Vertrauen der Unternehmen wider, KI nicht nur als Kostensenker, sondern als strategischen Innovations- und Wachstumstreiber einzusetzen.

Für Unternehmen, insbesondere für jene, die auf SAP-Lösungen setzen, ergeben sich daraus erhebliche Chancen. Indem KI-Technologien genutzt werden, können Firmen nicht nur Prozesse optimieren, sondern auch völlig neue Wertschöpfungsketten erschließen – schon jetzt übertrifft die Leistung von KI in bestimmten Disziplinen die Leistung des Menschen. So sind Computer-Vision-Algorithmen beispielsweise in der Lage, Objekte auf Bildern schneller und genauer zu identifizieren. KI-Algorithmen sind außerdem in der Lage, den Menschen bei der Übersetzung von Text, gemessen in Zeit und Qualität, zu überbieten.

Vom System of Record zum System of Intelligence

Der tiefgreifendste Wandel, den KI in Unternehmen hervorruft, liegt in einem fundamentalen Paradigmenwechsel: von reinen Systemen zur Datenspeicherung (Systems of Record) hin zu intelligenten Systemen (Systems of Intelligence). Systeme werden nicht mehr primär dazu verwendet, Daten zu speichern und zu verwalten, sondern um aktiv, datengetrieben und in Echtzeit Entscheidungen zu treffen und Maßnahmen einzuleiten.

Joule

SAP ist in dem Paradigmenwechsel besonders aktiv. Ein konkretes Beispiel für diese Transformation ist die Integration des KI-Co-Piloten Joule in SAP S/4HANA. *Joule* ist ein intelligenter Assistent, der Geschäftsprozesse begleitet und automatisiert. Mithilfe von Joule lässt sich beispielsweise die Zeit, die Mitarbeitende in komplexen SAP-Systemen mit Navigation und Datensuche verbringen, drastisch reduzieren. SAP berichtet, dass Joule in SAP S/4HANA die Navigationszeit für Anwenderinnen und Anwender um bis zu 90 Prozent verringern kann. Dies ermöglicht nicht nur effizienteres Arbeiten, sondern verändert auch die gesamte Arbeitsweise und das Nutzererlebnis radikal.

Ein weiteres Beispiel aus dem SAP-Ökosystem ist die *SAP Analytics Cloud*, die als intelligentes System Entscheiderinnen und Entscheidern automatisch Erkenntnisse und Handlungsempfehlungen aus großen und komplexen Datenmengen liefert. Durch KI-gestützte Analysen werden Entscheidungen datenbasiert und zukunftsorientiert getroffen – deutlich schneller und exakter, als es mit herkömmlichen Analysemethoden möglich wäre.

SAP hat bereits angekündigt, Agentic AI konkret in Geschäftsanwendungen zu integrieren. Speziell wurden Sales- und Supply-Chain-Agenten vorgestellt, die eigenständig komplexe Aufgaben übernehmen sollen, wie beispielsweise eigenständige Vertriebssteuerung, automatische Preisverhandlungen oder intelligente, proaktive Lieferkettensteuerung. Diese KI-Agenten kommunizieren eigenständig mit Kunden und Lieferanten, treffen eigenverantwortliche Entscheidungen und können sogar dynamisch Strategien anpassen, um optimale Ergebnisse zu erzielen.

Automatisierung in unterschiedlichen Business Units

Ein mögliches Szenario ist etwa ein Supply-Chain-Agent, der in Echtzeit auf Lieferengpässe reagiert, automatisch alternative Lieferquellen identifiziert, eigenständig Verhandlungen führt und dadurch die Lieferfähigkeit eines Unternehmens dauerhaft verbessert. Ebenso könnten Sales-Agenten eigenständig Preisverhandlungen mit Kunden führen und dabei optimale Margen und Kundenzufriedenheit gewährleisten.

Sicherheit und Governance

Da KI-Systeme zunehmend kritischere Aufgaben übernehmen und Entscheidungen mit erheblicher Tragweite treffen, steigen auch die Anforderungen an deren Sicherheit, Transparenz und Compliance. Besonders im Umfeld von ML ist es essenziell, Risiken zu minimieren und regulatorische Anforderungen zu erfüllen.

Ein wichtiger Leitfaden zur Sicherheit bei KI ist der BSI-Leitfaden zu sicheren Deep-Learning-Modellen, der aufzeigt, wie Risiken erkannt, analysiert und minimiert werden können. Zudem stellt seit August 2024 der *EU AI Act* verbindliche Anforderungen an den Einsatz von KI, insbesondere hinsichtlich Transparenz, Nachvollziehbarkeit und der Vermeidung diskriminierender oder fehlerhafter Ergebnisse.

Für Unternehmen bedeutet dies, nicht nur ihre Modelle technisch zu optimieren, sondern auch klare *Governance*-Strukturen zu etablieren, um KI-Prozesse verantwortungsvoll zu steuern, zu dokumentieren und kontinuierlich zu überwachen.

Insgesamt zeigt sich, dass KI nicht nur eine technologische Innovation, sondern ein zentraler Transformationsfaktor für Unternehmen ist. KI verändert nicht nur Prozesse, sondern die gesamte strategische Ausrichtung und Arbeitsweise moderner Organisationen. In Teil II dieses Buchs vertiefen wir diese Perspektive anhand der Anwendungsfälle, um greifbar zu machen, wie Unternehmen von diesem Transformationspotenzial konkret profitieren können.

1.3.2 Der Nutzen von KI: Innovation trifft Effizienz

Der strategische Einsatz von KI bringt Unternehmen zwei entscheidende Vorteile zugleich: eine signifikante Steigerung der operativen Effizienz sowie ein enormes Innovationspotenzial. Diese Kombination verändert nicht nur die Wirtschaftlichkeit bestehender Prozesse, sondern öffnet auch Türen für vollkommen neue Geschäftsmodelle und Märkte. Im Folgenden erläutern wir genauer, wie die KI Produktivität steigert, innovative Geschäftsmodelle ermöglicht und die Zeit bis zur Wertschöpfung (Time to Value) entscheidend verkürzt.

KI als Treiber für nachhaltiges Wirtschaftswachstum

Ein zentrales Versprechen von KI ist eine nachhaltige Steigerung der Produktivität – sowohl auf Unternehmens- als auch auf volkswirtschaftlicher Ebene. Laut einer Studie von Goldman Sachs, veröffentlicht bei Investopedia, wird erwartet, dass KI-Technologien jährlich rund 1,5 Prozentpunkte zusätzliches Wachstum des globalen Bruttoinlandsprodukts (BIP) generieren. Dieser Zuwachs resultiert maßgeblich aus der Automatisierung repetitiver, zeitintensiver und fehleranfälliger Aufgaben, die KI deutlich effizienter erledigen kann als herkömmliche Systeme oder manuelle Prozesse.

Mehr Zeit für das Wesentliche

Unternehmen, insbesondere im SAP-Umfeld, profitieren unmittelbar von dieser Effizienzsteigerung. KI ermöglicht beispielsweise in SAP-Systemen wie SAP S/4HANA, SAP SuccessFactors oder SAP Ariba eine weitreichende Automatisierung standardisierter Prozesse, etwa bei Finanzabschlüssen, Personalverwaltung oder Lieferantenmanagement. Routineaufgaben werden durch intelligente Assistenten wie Joule beschleunigt und dabei gleichzeitig präziser ausgeführt. Mitarbeitende können sich dadurch auf höherwertige, strategische Aufgaben konzentrieren, was die Produktivität erheblich steigert und letztlich den Unternehmenserfolg nachhaltig stärkt.

KI-gestützte Subscription-Modelle

Neben reiner Effizienzsteigerung eröffnet KI Unternehmen auch völlig neue Geschäftsmodelle und Einnahmequellen. Besonders hervorzuheben sind hierbei innovative Ansätze wie *Pay-per-Outcome-Modelle* und KI-gestützte Subscription-Services. Diese neuen Geschäftsmodelle verändern traditionelle Wertschöpfungsketten, indem nicht mehr der reine Produktverkauf im Mittelpunkt steht, sondern vielmehr das Erreichen konkreter Ergebnisse oder der kontinuierliche Mehrwert durch KI-basierte Leistungen.

Beispiel: SAP Consulting Capability

Ein konkretes Beispiel im SAP-Ökosystem ist das SAP-Consulting-Capability-Modell. Hierbei setzen Beratungsunternehmen KI-Technologien ein, um Beratungsleistungen nicht mehr stundenbasiert, sondern auf Basis konkreter, erzielter Ergebnisse (Outcomes) abzurechnen. KI-basierte Analysen und automatisierte Prozessoptimierungen reduzieren dabei erheblich die benötigten Beratungsstunden und ermöglichen eine erfolgsorientierte Vergütung.

Ebenso ermöglichen KI-gestützte *Subscription-Modelle* Unternehmen, Kunden kontinuierlich wertvolle Einblicke und intelligente Services anzubieten. So könnten beispielsweise Wartungsverträge für Maschinen und Anlagen durch KI-basierte Zustandsüberwachung und vorausschauende

Wartung (Predictive Maintenance) kontinuierlich erweitert und deutlich effizienter gestaltet werden. Dies schafft langfristige Kundenbindung und kontinuierlich steigenden Nutzen – für Anbieter und Kunden gleichermaßen.

Schnellerer Nutzen durch vorkonfigurierte KI-Funktionen

Ein entscheidender Vorteil moderner KI-Technologien liegt auch in der erheblichen Verkürzung der sogenannten *Time to Value*, also der Zeitspanne, bis Unternehmen aus der Technologieinvestition tatsächlichen Nutzen ziehen. Traditionell erforderte der Aufbau KI-gestützter Lösungen umfangreiche Vorarbeiten, komplexe Integrationen und hohe personelle Investitionen.

Zusammengefasst bedeutet der Einsatz von KI im Unternehmenskontext nicht nur Effizienzsteigerungen oder kurzfristige Verbesserungen, sondern vielmehr die Möglichkeit, fundamentale Innovationen voranzutreiben und neuartige Geschäftsmodelle zu etablieren. Der wirtschaftliche Nutzen ist dabei unmittelbar spürbar, langfristig nachhaltig und öffnet für Unternehmen, die auf KI setzen, eine Vielzahl neuer Potenziale, um im digitalen Zeitalter erfolgreich zu sein.

1.4 Relevanz für SAP-Anwenderinnen und Anwender

KI bietet immense Chancen – doch diese müssen konkret für den jeweiligen Kontext greifbar gemacht werden. Für SAP-Anwenderinnen und Anwender unterschiedlicher Rollen und Verantwortlichkeiten bedeutet KI jeweils etwas anderes. Von der Managerin über System- und Datenverantwortliche bis hin zum Entwickler profitieren alle von KI-Technologien, allerdings auf jeweils unterschiedliche Weise. Im Folgenden betrachten wir genauer, welchen konkreten Nutzen KI für diese unterschiedlichen SAP-Personas bietet und welche SAP-Werkzeuge dabei besonders relevant sind.

Führungskräfte und Entscheider

Für Führungskräfte und Entscheider steht die strategische Dimension der KI im Vordergrund. Sie nutzen KI-Technologien, um fundierte Entscheidungen zu treffen, Geschäftsprozesse zu optimieren und nachhaltige Wettbewerbsvorteile zu sichern.

Mögliche KI-Mehrwerte für Entscheiderinnen und Entscheider sind die folgenden:

- **Business-Case-KPIs**
  KI unterstützt Entscheiderinnen und Entscheider dabei, konkrete Leistungskennzahlen (KPIs) präziser und zuverlässiger zu ermitteln und dadurch Entscheidungen mit höherer Genauigkeit zu treffen.

- **Wettbewerbsdifferenzierung**
  Unternehmen, die KI frühzeitig integrieren, profitieren von einer nachhaltigen Abgrenzung gegenüber Wettbewerbern, etwa durch innovative Serviceangebote oder automatisierte Prozesse.
- **Compliance mit regulatorischen Anforderungen (EU AI Act)**
  Entscheiderinnen und Entscheider müssen sicherstellen, dass KI-Einsätze im Einklang mit den gesetzlichen Vorgaben stehen – insbesondere durch den EU AI Act, der seit August 2024 verbindlich gilt.

System- und Datenverantwortliche

Für System- und Datenverantwortliche liegt der Fokus auf der zuverlässigen, skalierbaren und kosteneffizienten Bereitstellung von KI-Lösungen. Sie stellen sicher, dass KI nicht nur technisch funktioniert, sondern auch reibungslos in die bestehende Systemlandschaft integriert wird und höchsten Governance-Standards entspricht.

Mögliche KI-Mehrwerte für System- und Datenverantwortliche sind die folgenden:

- **Governance und Compliance**
  Sicherstellung, dass KI-Lösungen transparent und nachvollziehbar arbeiten, inklusive Einhaltung regulatorischer Vorgaben
- **MLOps (Machine Learning Operations)**
  Gewährleistung der Skalierbarkeit, Wartbarkeit und Robustheit von KI-Systemen im Produktivbetrieb
- **Kostenkontrolle und Skalierung**
  Optimierung des Ressourceneinsatzes und effizientes Management von KI-Projekten, um wirtschaftliche Nutzung zu sichern

SAP-Entwicklung (ABAP, CAP und Low-Code)

Für SAP-Entwicklerinnen und SAP-Entwickler liegt der Mehrwert von KI darin, intelligente Anwendungen schneller und effizienter zu entwickeln. KI-Technologien erweitern dabei die Möglichkeiten von Entwicklerinnen und Entwicklern, innovative Lösungen umzusetzen – sei es im ABAP-Umfeld, mit dem SAP Cloud Application Programming Model oder im Low-Code-Bereich.

Mögliche KI-Mehrwerte für SAP-Entwicklerinnen und SAP-Entwickler sind die folgenden:

- **API-Zugriff auf KI-Skills über Joule**
  SAP-Entwicklerinnen und SAP-Entwickler integrieren KI-basierte Services direkt in SAP-Anwendungen, etwa intelligente Assistenten oder automatische Prozessoptimierungen.

- **Prompt-basierte Codegenerierung**
  Generative KI ermöglicht es SAP-Entwicklerinnen und SAP-Entwicklern, große Teile des Programmiercodes automatisiert zu erzeugen und so Entwicklungsgeschwindigkeit und Qualität deutlich zu erhöhen.
- **AI-Events in SAP Event Mesh**
  Echtzeitintegration von KI-Lösungen in bestehende SAP-Prozesse, sodass Anwendungen unmittelbar auf KI-gesteuerte Ereignisse reagieren können.

Erste Schritte leicht gemacht

Um SAP-Anwenderinnen und SAP-Anwendern einen schnellen Einstieg in KI zu ermöglichen, bietet SAP zahlreiche Free-Tier-Services. Beispielsweise können Unternehmen mit der SAP Document AI im Free Tier sofort praktische Erfahrungen sammeln und KI-basierte Prozesse ausprobieren, ohne zunächst große Investitionen tätigen zu müssen. Ebenso bietet das SAP AI Launchpad einen einfachen Zugang zu verschiedensten KI-Funktionalitäten, die sich schnell evaluieren und bei Bedarf in produktive Umgebungen überführen lassen.

Erfolgreich mit KI durch gezielte Weiterbildung

Neben der technischen Infrastruktur ist es entscheidend, dass Mitarbeitende über die erforderlichen Fähigkeiten verfügen, um KI effektiv zu nutzen. Hierbei unterstützt SAP durch umfassende Lernangebote wie die SAP Learning Journeys *SAP Business AI*, die speziell auf die Anforderungen von Geschäftsanwenderinnen und -anwendern abgestimmt sind. Diese Learning Journeys finden Sie unter den folgen URLs:

- *http://s-prs.de/v10958001*
- *http://s-prs.de/v10958002*
- *http://s-prs.de/v10958003*
- *http://s-prs.de/v10958004*

Ergänzend dazu stellt SAP zahlreiche Community-Tutorials bereit, die konkrete KI-Anwendungsfälle erläutern und praxisnahes Know-how vermitteln.

Ein zusätzlicher Anreiz zur Investition in KI-Kompetenzen: Bereits heute nutzen zahlreiche Unternehmen KI-Funktionalitäten in ihrem SAP-System – teilweise bewusst, teilweise aber auch unbewusst. KI ist schlichtweg zur Normalität geworden in vielen Bereichen. Dies zeigt deutlich, dass umfangreiche Praxiserfahrungen und erfolgreiche Einsatzmöglichkeiten vorhanden sind, auf die Unternehmen unmittelbar zurückgreifen können, um KI rasch und erfolgreich zu implementieren.

1.5 Zusammenfassung

Das Kapitel bietet eine Einführung in die Grundlagen und Potenziale von KI im SAP-Kontext. Es zeigt, dass KI längst keine Vision mehr ist, sondern ein zentraler Treiber für Effizienz, Automatisierung und Innovation. Nach dem wir die historische Entwicklung von den symbolischen Anfängen über Machine Learning und Deep Learning bis hin zu modernen Ansätzen wie Generative AI und Agentic AI beleuchtet haben, haben wir die wichtigsten Begriffe definiert und Data Science abgegrenzt. Dabei wird deutlich, dass KI nicht nur bestehende Prozesse optimiert, sondern die DNA moderner Unternehmen verändert und den Wandel vom reinen System of Record zum System of Intelligence vorantreibt. Für SAP-Anwenderinnen und Anwender eröffnet dies vielfältige Chancen: Manager und Entscheiderinnen sichern sich strategische Wettbewerbsvorteile, System- und Datenverantwortliche sorgen für Governance und Betriebssicherheit, während Entwicklerinnen und Entwickler durch neue KI-Tools und generative Ansätze schneller innovative Lösungen realisieren können. Insgesamt verdeutlicht das Kapitel, dass KI kein Hype, sondern ein unverzichtbares Werkzeug für die Zukunftsfähigkeit von Unternehmen ist.

Kapitel 2
Der KI-Baukasten von SAP: Ein Überblick über die SAP-Produktlandschaft

Welche Möglichkeiten bietet SAP für den Einsatz von KI? In diesem Kapitel lernen Sie die verfügbaren Tools kennen.

Nachdem Sie nun eine kurze Einführung in die KI-Grundlagen erhalten haben, wenden wir uns in diesem Kapitel den SAP-Produkten zu, die Sie bei der Umsetzung Ihrer KI-Business-Cases unterstützen.

SAP BTP

Die Integration von KI in Unternehmensprozesse ist ein zentraler Bestandteil der digitalen Transformation. SAP hat mit der SAP Business Technology Platform (SAP BTP) eine umfassende Grundlage geschaffen, um KI-Technologien effizient in bestehende SAP-Systeme zu integrieren. Die SAP BTP bietet mit SAP Business AI vordefinierte KI-Funktionen für typische Geschäftsanforderungen wie Automatisierung und Prognosen. Ergänzend ermöglichen die SAP AI Services die Entwicklung individueller KI-Lösungen, während SAP AI Core und SAP AI Launchpad die Bereitstellung und Verwaltung solcher Modelle zentral steuern. Der Generative AI Hub erleichtert den Zugang zu modernen Technologien wie Large Language Models (LLMs) zur Unterstützung textbasierter Prozesse. Diese Tools stellen wir Ihnen in Abschnitt 2.1, »SAP BTP: Das Fundament für KI-Projekte im SAP-Kosmos«, vor.

Joule und SAP Analytics Cloud

Im gleichnamigen Abschnitt 2.2 beschäftigen wir uns mit Joule, einem intelligenten Assistenten, der durch Grounding-Mechanismen kontextbezogene und präzise Empfehlungen bietet, um die Arbeit mit SAP-Systemen effizienter zu gestalten. Abschließend besprechen wir in Abschnitt 2.3 Synergien zwischen KI und Technologien wie Process Mining, Robotic Process Automation (RPA) und der SAP Analytics Cloud. Diese Kombination ermöglicht optimierte Analysen, präzisere Vorhersagen und eine stärkere Automatisierung in Geschäftsprozessen.

In diesem Kapitel werden die Kernbestandteile des SAP-KI-Baukastens detailliert beschrieben und in ihrer praktischen Anwendung erläutert. Dabei liegt der Fokus darauf, sowohl technisch versierte Leserinnen und Leser als auch Personen ohne tiefgehendes technisches Wissen in das Thema einzuführen.

2.1 SAP BTP: Das Fundament für KI-Projekte im SAP-Kosmos

Die *SAP Business Technology Platform* (SAP BTP) ist das technologische Herzstück der digitalen Transformation im SAP-Umfeld. Sie vereint App-Development, Integration, Data und Analytics sowie Business AI in einer integrierten Cloud-Umgebung.

Cloud-native Architektur

Die Plattform bietet eine cloud-native Architektur, die auf Skalierbarkeit, Sicherheit und Interoperabilität ausgelegt ist. Dies ermöglicht Unternehmen, bestehende SAP-Systeme mit innovativen KI-Lösungen zu erweitern, ohne ihre Kernprozesse zu unterbrechen.

Technologien und Services aus vier Bereichen

Die SAP BTP ist eine modulare, cloud-orientierte Plattform, die Unternehmen eine flexible technologische Grundlage für die Entwicklung und Integration innovativer Lösungen bietet. Sie vereint unterschiedliche Technologien und Services unter einem Dach, die in vier zentrale Funktionsbereiche gegliedert sind. Jeder dieser Bereiche ist darauf ausgelegt, spezifische Herausforderungen im modernen Unternehmensalltag zu adressieren und gleichzeitig eine einheitliche Plattformbasis zu schaffen. In Abbildung 2.1 sehen Sie die unterschiedlichen Bereiche der SAP BTP.

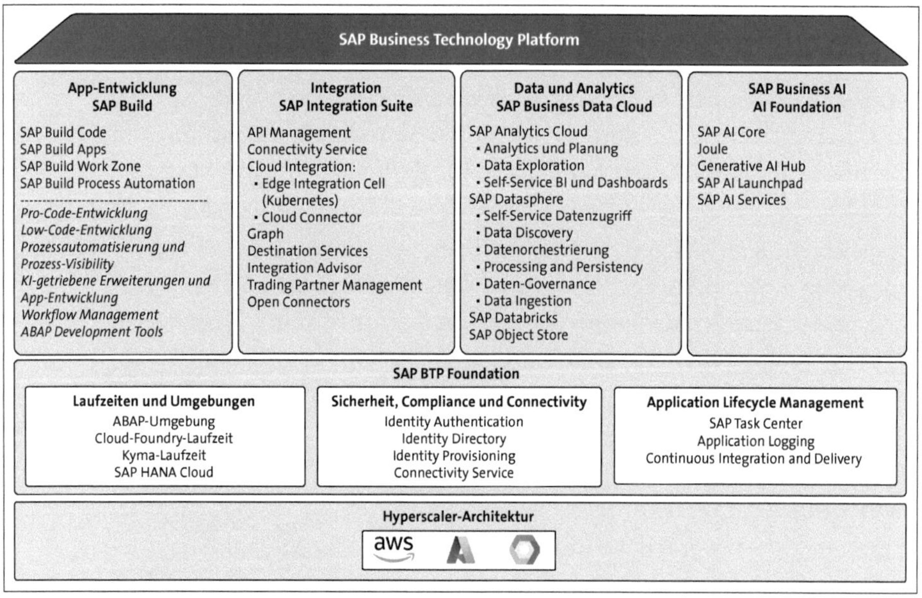

Abbildung 2.1 SAP-BTP-Portfolio

1. **App-Enwicklung**

   Datenqualität und Entwicklungstools

   Eine wesentliche Voraussetzung für die Entwicklung erfolgreicher KI-Anwendungen ist der Zugriff auf konsistente, qualitativ hochwertige Daten. Die SAP BTP stellt hierzu leistungsfähige Werkzeuge bereit, darunter SAP HANA Cloud als zentrale In-Memory-Datenbank. Sie erlaubt die Verwaltung, Speicherung und Verarbeitung großer Datenmengen nahezu in Echtzeit. Darüber hinaus unterstützen integrierte Funktionen wie Data Governance und Datenvirtualisierung Unternehmen dabei, strukturierte und unstrukturierte Datenquellen effizient zu verbinden und für analytische sowie operative Zwecke verfügbar zu machen. Dies schafft die Grundlage, um KI-Modelle mit aktuellen und hochwertigen Daten zu versorgen.

   Tools für die App-Entwicklung

   Die SAP BTP bietet zudem flexible Optionen für die Entwicklung und Integration von Anwendungen. Mithilfe von Low-Code- und No-Code-Tools wie dem *SAP Business Application Studio* (der Service ist noch aktiv, aber das SAP Business Application Studio ist in SAP Build Code übergegangen) oder *SAP Build Code* können Fachbereiche ohne tiefgehende Programmierkenntnisse eigene Anwendungen erstellen. Abbildung 2.2 zeigt einen Überblick über einige SAP-BTP-Services aus dem Bereich der App-Entwicklung.

   App-Entwicklung
   SAP Build

   SAP Build Code
   SAP Build Apps
   SAP Build Work Zone
   SAP Build Process Automation

   Pro-Code-Entwicklung
   Low-Code-Entwicklung
   Prozessautomatisierung und Prozess-Visibility
   KI-getriebene Erweiterungen und App-Entwicklung
   Workflow Management
   ABAP Development Tools

   Abbildung 2.2 App-Entwicklung in der SAP BTP

2. **Integration**

   Maßgeschneiderte Anwendungen bereitstellen

   Auf der SAP BTP stehen API-gesteuerte Integrationswerkzeuge bereit, um SAP- und Drittanbieteranwendungen miteinander zu verbinden. Dies ermöglicht es Unternehmen, maßgeschneiderte Anwendungen schnell bereitzustellen, bestehende Prozesse zu erweitern oder vollständig neue

Geschäftsmodelle auf der Grundlage von Cloud-Technologien zu entwickeln. Dies geschieht in der SAP BTP mittels der *SAP Integration Suite*. Abbildung 2.3 zeigt einen Überblick über einige SAP-BTP-Services aus dem Bereich der Integration.

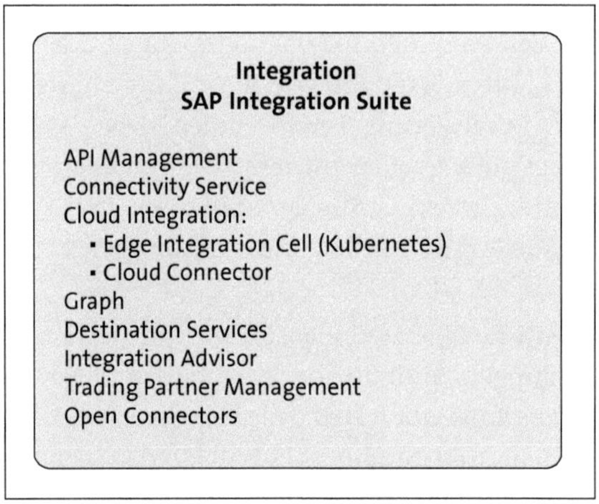

Abbildung 2.3 Integration in der SAP BTP

3. **Data und Analytics**

Tools für Analytics und Datenmanagement

Der Bereich Analytics der SAP BTP umfasst moderne Werkzeuge für die Echtzeitanalyse, Visualisierung und Berichterstellung. Unternehmen können mit Lösungen wie der *SAP Analytics Cloud* komplexe Datenmengen auswerten, intuitive Dashboards erstellen und Entscheidungen datenbasiert treffen. Die Datenmodellierung findet in der *SAP Datasphere* statt, wo mittels *SAP Databricks* auch große Datenmengen verarbeitet und DataLakes gebildet werden können. Das Herzstück bildet dabei die *SAP Business Data Cloud* (SAP BDC), die als Single Point of Entry fungiert. Von der SAP BDC aus lässt sich ein direkter Absprung in jede Data-und-Analytics-Anwendung der SAP vornehmen.

Besonders relevant ist hier die Kombination von klassischen BI-Funktionen mit prädiktiven Analysen und KI-gestützten Prognosen, die es ermöglichen, künftige Entwicklungen proaktiv zu steuern – ein wichtiger Vorteil im Vergleich zu rein reaktiven Analyseansätzen. Abbildung 2.4 zeigt einen Überblick über die SAP-Services aus dem Bereich Data und Analytics.

4. **SAP Business AI**

Services für KI und Automatisierung

Im vierten Bereich werden KI- und ML-Funktionalitäten bereitgestellt, die Unternehmen bei der Automatisierung und Optimierung von Geschäftsprozessen unterstützen. Dazu gehören Services wie *Joule*, *SAP Pre-*

dictive Analytics, *SAP Intelligent Robotic Process Automation* sowie die Integration eigener oder externer KI-Modelle über *SAP AI Core*.

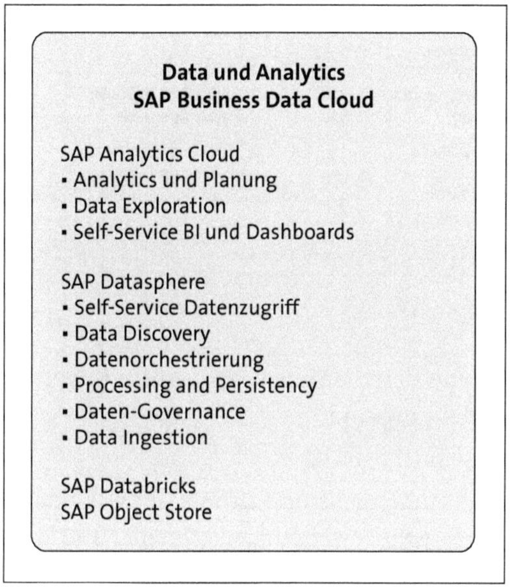

Abbildung 2.4 Data und Analytics in der SAP BTP

Diese Technologien versetzen Unternehmen in die Lage, repetitive Aufgaben zu automatisieren, Entscheidungsprozesse datenbasiert zu verbessern und Innovationen schneller in den operativen Betrieb zu überführen. Abbildung 2.5 zeigt ebenfalls einen Überblick über die einzelnen SAP-Services aus dem Bereich SAP Business AI.

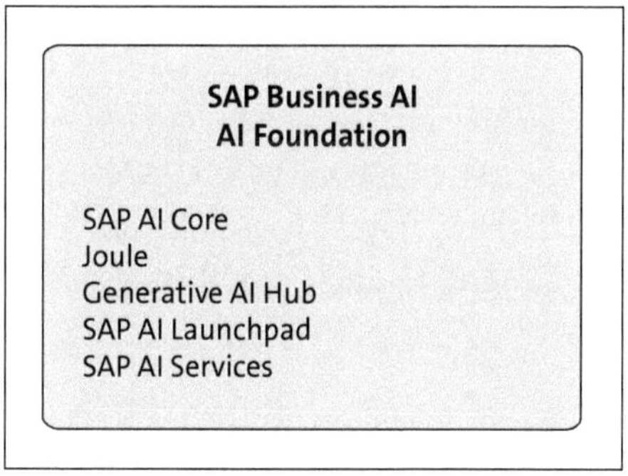

Abbildung 2.5 Business AI in der SAP BTP

Fundament der SAP BTP

Aber auch der Bereich rund um Laufzeiten und Umgebungen, Sicherheit, Compliance und Connectivity oder das Application Lifecycle Management in der SAP BTP Foundation sind nicht zu vernachlässigen und bilden einen großen Bereich in der SAP BTP. Abbildung 2.6 zeigt das Zusammenspiel der einzelnen Services, die das Fundament der SAP BTP bilden.

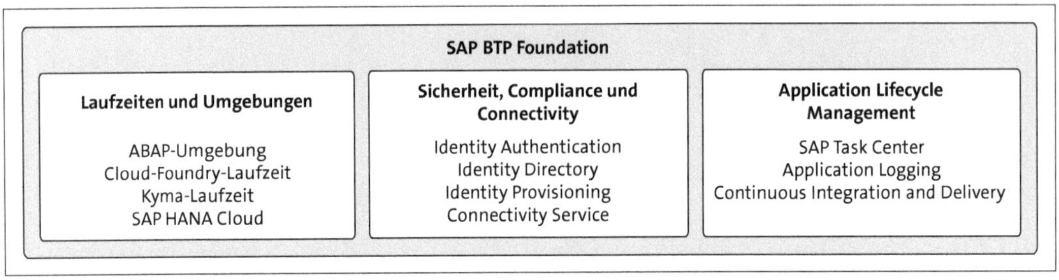

Abbildung 2.6 SAP BTP Foundation

Vorteile der SAP BTP

Die SAP BTP bietet eine Reihe von Vorteilen, die besonders für KI-gestützte Anwendungen von großer Bedeutung sind:

- **Standardisierte Plattform**
  Unternehmen erhalten eine einheitliche und sichere Entwicklungsumgebung, die es ermöglicht, neue KI-Anwendungen schneller und konsistenter zu erstellen. Die standardisierte Plattformarchitektur reduziert Integrationsaufwände und sorgt für eine reibungslose Zusammenarbeit zwischen Entwicklungsteams.
- **Flexibilität und Skalierbarkeit**
  Die SAP BTP ist cloud-nativ, unterstützt aber auch Hybrid- und On-Premise-Szenarien. Unternehmen können klein beginnen und bei Bedarf flexibel skalieren, ohne ihre bestehende IT-Infrastruktur grundlegend umstrukturieren zu müssen. Dies macht die Plattform zukunftssicher und anpassbar an unterschiedliche Geschäftsanforderungen.
- **Nahtlose Integration**
  Die SAP BTP ist auf Interoperabilität ausgelegt. Dies ermöglicht eine reibungslosere Anbindung an bestehende SAP-Lösungen wie SAP S/4HANA oder SAP SuccessFactors sowie an Drittanbietersysteme. Daten- und Prozesssilos werden abgebaut, sodass ein End-to-End-Datenfluss gewährleistet wird.
- **Sicherheit und Compliance**
  Die Plattform erfüllt höchste Sicherheitsstandards und berücksichtigt branchenspezifische Compliance-Vorgaben wie die DSGVO. Unternehmen können sich darauf verlassen, dass Daten nicht nur performant verarbeitet, sondern auch zuverlässig geschützt werden. Dies ist besonders bei der Arbeit mit sensiblen Daten und KI-Modellen von großer Relevanz.

2.1.1 SAP Business AI

Dieser Abschnitt widmet sich dem Bereich SAP Business AI. In Abschnitt 2.1.2 erfahren Sie mehr über die SAP AI Services. Den SAP AI Core und das SAP AI Launchpad lernen Sie in Abschnitt 2.1.3 kennen. In Abschnitt 2.1.4 stellen wir abschließend den Generative AI Hub vor. Joule ist mit Abschnitt 2.2 dann der darauf folgende Abschnitte gewidmet.

SAP Business AI bildet das zentrale Element der SAP-Strategie zur Integration von KI in unternehmenskritische Geschäftsprozesse. Ziel ist es, Unternehmen eine Sammlung von intelligenten Funktionen bereitzustellen, die speziell auf geschäftliche Anforderungen zugeschnitten sind.

Integration

Anstatt lediglich generische KI-Services anzubieten, verfolgt SAP einen Business-First-Ansatz: Die bereitgestellten KI-Funktionen sind direkt auf branchenspezifische Herausforderungen ausgelegt und können unmittelbar in bestehende SAP-Prozesse integriert werden. Sie sind bereits in verschiedene SAP-Produkte eingebettet:

- SAP S/4HANA: Nutzung für Finanzbuchhaltung, Logistik und Fertigung
- SAP SuccessFactors: Optimierung von HR-Prozessen wie Recruiting oder Personalentwicklung
- SAP Customer Experience: Verbesserung von Kundenservice und -bindung durch intelligente Empfehlungen und Analysen

Die enge Verzahnung ermöglicht es Unternehmen, KI-Funktionalitäten ohne komplexe Integrationsprojekte zu nutzen. Anwender können somit sofort von intelligenten Funktionen profitieren, ohne dass tiefgreifende Anpassungen ihrer bestehenden SAP-Landschaft notwendig sind.

Zentrale Funktionen

Zentrale Funktionen von SAP Business AI sind die Automatisierung von Workflows, die Optimierung von Entscheidungsprozessen, die Verarbeitung natürlicher Sprache sowie datengetriebene Erkenntnisse:

- **Automatisierung von Workflows**
  SAP Business AI ermöglicht die Automatisierung wiederkehrender und manueller Geschäftsprozesse. Dies umfasst beispielsweise die automatische Verarbeitung von Kreditorenrechnungen, die automatische Generierung von Standardberichten oder die Klassifizierung von Kundenanfragen. Durch die KI-gestützte Workflow-Automatisierung werden Prozesse nicht nur schneller und kosteneffizienter, sondern auch fehlerresistenter, da menschliche Eingabefehler reduziert werden.

[zB]

Automatische Bestellfreigaben

Ein Unternehmen kann mithilfe von SAP Business AI Bestellfreigaben automatisch durchführen lassen, sobald bestimmte definierte Kriterien erfüllt sind, ohne dass ein manueller Eingriff notwendig ist.

- **Optimierung von Entscheidungsprozessen**
  SAP Business AI unterstützt und verbessert Management- und Fachentscheidungen. Durch prädiktive Analysen und Szenariobewertungen können Unternehmen zukünftige Entwicklungen besser einschätzen und fundierte Entscheidungen treffen.

[zB]

Vorausschauende Supply-Chain-Planung

In der Supply-Chain-Planung kann SAP Business AI vorausschauend auf Engpässe hinweisen oder alternative Lieferanten empfehlen, bevor kritische Störungen auftreten.

- **Verarbeitung natürlicher Sprache**
  Mit der Verarbeitung natürlicher Sprache (Natural Language Processing, NLP) wird die Interaktion zwischen Mensch und System erheblich vereinfacht. Anwender können mithilfe von Spracheingaben Berichte abrufen, Statusabfragen stellen oder Aktionen auslösen, ohne sich durch komplexe Menüs und Masken klicken zu müssen.

[zB]

Spracheingabe

Ein Mitarbeiter kann einfach sagen oder eingeben: »Zeige mir alle offenen Bestellungen über 10.000 €.« – und das System liefert direkt die passenden Ergebnisse. Dies verbessert nicht nur die Benutzerfreundlichkeit, sondern auch die Akzeptanz von KI-gestützten Anwendungen im Unternehmensalltag.

- **Datengetriebene Erkenntnisse**
  Die Stärke von SAP Business AI liegt auch in der Analyse großer, heterogener Datenmengen. Die Algorithmen sind darauf ausgelegt, Muster, Abhängigkeiten und Anomalien zu erkennen, die in klassischen Analyseszenarien häufig verborgen bleiben. Dadurch entstehen neue, wertvolle Einblicke in Geschäftsprozesse, die helfen, Risiken zu minimieren und Chancen schneller zu nutzen.

[zB]

Kundenanalyse

In der Kundenanalyse können so bislang unerkannte Kaufmuster identifiziert und zielgerichtete Marketingkampagnen entwickelt werden.

2.1.2 SAP AI Services

Verkürzter Time to Value

Die *SAP AI Services* sind ein wesentlicher Bestandteil des SAP-KI-Ökosystems und bieten vorkonfigurierte, sofort nutzbare KI-Funktionalitäten, die ohne umfangreiche Entwicklungs- oder Data-Science-Kenntnisse implementiert werden können. Ziel dieser Services ist es, Unternehmen den Einstieg in die Nutzung von KI-Technologien zu erleichtern und den Time to Value erheblich zu verkürzen. Mit diesen Diensten können bestehende Geschäftsprozesse um intelligente Funktionen erweitert werden, ohne dass eigene Modelle von Grund auf entwickelt, trainiert und gewartet werden müssen.

Integration

Ein besonderer Vorteil der SAP AI Services ist ihre einfache Integration. Über standardisierte APIs lassen sich die Services schnell und unkompliziert in bestehende SAP-Anwendungen wie SAP S/4HANA, SAP Customer Experience oder SAP SuccessFactors einbinden. Diese nahtlose Anbindung stellt sicher, dass Unternehmen bestehende Prozesse intelligent erweitern können, ohne zusätzliche Integrationsprojekte mit hohem Entwicklungsaufwand umsetzen zu müssen.

Services und Anwendungsfelder

Zentrale Services und Anwendungsfelder sind dabei folgende:

- **Image Recognition (Bildverarbeitung)**

  Die Bildverarbeitung gehört zu den häufigsten Einsatzgebieten der KI in industriellen Anwendungen. Die SAP AI Services bieten vorkonfigurierte Bilderkennungsmodelle, die beispielsweise zur automatischen Inspektion von Produkten in der Fertigung oder zur Kontrolle von Lieferungen in der Logistik genutzt werden können.

[zB]

Automatische Erkennung beschädigter Bauteile

Ein Unternehmen nutzt den Image-Recognition-Service, um beschädigte Bauteile direkt am Wareneingang zu erkennen und automatisch eine Nachbestellung auszulösen. Dies spart Zeit, reduziert Fehler und verbessert die Qualitätssicherung.

[zB]

Beantwortung von Fragen in Echtzeit

Ein Kundenservice-Chatbot beantwortet Standardanfragen rund um Bestellungen, Lieferstatus oder Rechnungen in Echtzeit, wodurch Mitarbeitende entlastet und Reaktionszeiten deutlich verkürzt werden.

- **SAP Predictive Analytics (vorausschauende Analytik)**
  SAP Predictive Analytics nutzt historische Daten, um zukünftige Entwicklungen und Ereignisse vorherzusagen. Dies ist besonders hilfreich für Planungs- und Entscheidungsprozesse, beispielsweise in der Nachfrageplanung, der Lagerhaltung oder der Produktionssteuerung.

[zB]

Automatische Nachbestellungen

Auf Basis von Verkaufsdaten kann das System vorhersagen, wann bestimmte Produkte voraussichtlich vergriffen sein werden, und automatisch entsprechende Nachbestellungen vorbereiten.

- **Anomalieerkennung (Anomaly Detection)**
  Anomalieerkennung spielt eine wichtige Rolle bei der Überwachung von Finanztransaktionen, Produktionsprozessen und IT-Systemen. Die SAP AI Services ermöglichen es, Unregelmäßigkeiten frühzeitig zu identifizieren und sofort Maßnahmen einzuleiten.

[zB]

Automatische Auslösung von Prüfprozessen

Das System erkennt ungewöhnlich hohe Transaktionen in der Finanzbuchhaltung, die auf einen möglichen Betrugsversuch hinweisen könnten, und löst automatisch einen Prüfprozess aus.

2.1.3 SAP AI Core und SAP AI Launchpad

Individuelle KI-Modelle einsetzen

Die erfolgreiche Integration von KI in Unternehmensprozesse erfordert mehr als nur den Einsatz vorgefertigter Modelle oder einzelner KI-Services. Viele Unternehmen verfügen über eigene Daten, individuelle Geschäftsprozesse oder spezielle Anforderungen, die den Einsatz maßgeschneiderter KI-Modelle notwendig machen. Genau hier setzt SAP AI Core in Kombination mit dem SAP AI Launchpad an. SAP AI Core stellt die technologische Infrastruktur bereit, um KI-Modelle in großem Maßstab zu betreiben. SAP AI Launchpad fungiert als zentrale Verwaltungsoberfläche, über die Data-Science-Teams und Entwickler ihre Modelle bereitstellen, überwachen und kontinuierlich optimieren können.

SAP AI Core – Die skalierbare Laufzeitumgebung für KI

Funktionen

Der *SAP AI Core* ist das Backend für die Entwicklung, Bereitstellung und den Betrieb von KI-Modellen innerhalb des SAP-Ökosystems. Es bietet die folgenden Funktionen:

- **Skalierbare Infrastruktur**
  Durch cloud-native Technologien wie Kubernetes können KI-Modelle sowohl in der SAP-Cloud als auch in hybriden IT-Landschaften betrieben werden. Unternehmen sind damit flexibel und können ihre Ressourcen dynamisch an den tatsächlichen Bedarf anpassen.
- **Unterstützung gängiger ML-Frameworks**
  SAP AI Core unterstützt beliebte ML-Frameworks wie TensorFlow, PyTorch oder Scikit-learn, sodass Data-Science-Teams ihre bestehenden Modelle direkt einbinden und produktiv nutzen können.
- **Automatisiertes Modell-Deployment**
  Modelle können mit minimalem Aufwand in Produktivumgebungen integriert werden, inklusive Versionierung, Rollbacks und Updates.
- **Sicherheits- und Governance-Funktionalitäten**
  SAP AI Core gewährleistet die Einhaltung von Unternehmensrichtlinien, Compliance-Anforderungen und Sicherheitsstandards, was insbesondere bei sensiblen Daten von großer Bedeutung ist.

Das SAP AI Launchpad – die Steuerzentrale

Funktionen

Das SAP AI Launchpad dient als grafische Benutzeroberfläche und ergänzt die Funktionalitäten des SAP AI Core. Es richtet sich an Entwickler, Data Scientists und Projektleiterinnen, die KI-Projekte zentral und effizient verwalten möchten. Abbildung 2.7 zeigt die Startseite des SAP AI Launchpad. Es bietet die folgenden Funktionen:

- **Projekt- und Modellübersicht**
  Alle KI-Modelle, ihre Versionen und die jeweiligen Deployments können in einer klar strukturierten Oberfläche überwacht werden.
- **Trainings- und Überwachungsfunktionen**
  Modelle lassen sich über das SAP AI Launchpad trainieren, und ihre Performance kann kontinuierlich überwacht werden (KPIs, Modell-Drift, Ressourcenauslastung).
- **Workflows und Automatisierung**
  Das Tool bietet die Möglichkeit, automatisierte Abläufe einzurichten – vom Datenupload über das Training bis hin zur Bereitstellung im Produktivsystem.

- **Zusammenarbeit im Team**
  Dank rollenbasierter Zugriffsrechte können unterschiedliche Teams (z. B. IT-Betrieb, Data Science, Fachbereiche) gemeinsam an einem Modell arbeiten, ohne dass Verantwortlichkeiten oder Sicherheitsrichtlinien verletzt werden.

Abbildung 2.7 Startseite des SAP AI Launchpad

End-to-End-Umgebung

Durch die Kombination von SAP AI Core und SAP AI Launchpad erhalten Unternehmen eine End-to-End-Umgebung für die Modellentwicklung, das Training, die Bereitstellung und die Überwachung von KI-Lösungen sowie geringeren Verwaltungsaufwand, da viele Prozesse automatisiert und über eine zentrale Oberfläche gesteuert werden. Aber auch eine höhere Agilität, um neue Modelle schneller in die Produktion zu bringen und so Innovationszyklen deutlich zu verkürzen.

2.1.4 Generative AI Hub

Zugriff auf moderne LLMs

Der *Generative AI Hub* ist eine Schlüsselkomponente der SAP BTP, die Unternehmen den Zugriff auf modernste Large Language Models (LLMs) ermöglicht. Während klassische KI-Anwendungen vor allem auf strukturierte Daten und vortrainierte, spezifische Modelle fokussiert sind, erweitert der Generative AI Hub die Möglichkeiten um generative KI-Funktionen.

Diese Technologie ist in der Lage, natürlichsprachliche Inhalte zu verstehen, zu generieren und zu optimieren, und eröffnet damit neue Anwendungsfelder innerhalb der SAP-Umgebungen – von der automatisierten Textverarbeitung bis hin zu kontextbasierten Handlungsempfehlungen.

Texte automatisch generieren

Durch die Integration von LLMs können Unternehmen automatisch Texte erzeugen, die zuvor manuell erstellt werden mussten. Dies umfasst:

- **Berichte**
  Automatisch generierte Finanz- oder Projektberichte auf Basis von Unternehmensdaten
- **Produktbeschreibungen**
  Erstellung konsistenter und suchmaschinenoptimierter Inhalte für E-Commerce-Kataloge
- **Kundenkommunikation**
  Generierung von personalisierten E-Mails, Angeboten oder Support-Antworten

[zB]

Automatisierte Generierung von Angeboten

Vertriebsmitarbeitende können sich vom System automatisch einen Angebotsentwurf erstellen lassen, der alle relevanten Produktinformationen und Preisdetails bereits enthält.

Texte analysieren

Mithilfe generativer KI können außerdem unstrukturierte Texte automatisch analysiert, klassifiziert und relevante Informationen extrahiert werden. Dadurch entfällt die zeitaufwendige manuelle Durchsicht von Dokumenten.

[zB]

Automatisierte Vertragsanalyse

Vertragsdokumente werden automatisch auf bestimmte Klauseln geprüft, Risiken identifiziert und Ergebnisse in strukturierter Form bereitgestellt, die sofort in Entscheidungsprozesse einfließen können.

Handlungsempfehlungen geben

Generative KI kann auch als intelligenter Ratgeber fungieren, der auf Basis vorhandener Daten und historischer Muster Handlungsempfehlungen gibt.

[zB]

Alternative Lieferstrategien vorschlagen

Das System schlägt alternative Lieferstrategien vor, wenn es auf Basis von Lieferantenbewertungen und Marktpreisdaten erkennt, dass Kosteneinsparungen möglich sind. Solche Vorschläge werden direkt in die Benutzeroberflächen von SAP-Anwendungen integriert und können sofort umgesetzt werden.

Zusammenfassung

Der Generative AI Hub bietet Unternehmen einen einfachen Zugang zu leistungsstarken KI-Modellen, ohne dass diese selbst komplexe KI-Infrastrukturen aufbauen oder eigene Sprachmodelle trainieren müssen. Gleichzeitig profitieren Unternehmen von schnellerer Prozessautomatisierung durch generative Textfunktionen, besseren Entscheidungen dank KI-gestützter Empfehlungen sowie höherer Effizienz bei der Verarbeitung unstrukturierter Datenquellen.

Sicher und regelkonform

Darüber hinaus ist der Generative AI Hub so konzipiert, dass er sicher und regelkonform innerhalb der SAP-Umgebung betrieben wird und damit Unternehmensdaten zuverlässig geschützt bleiben.

Die in Abschnitt 2.1, »SAP BTP: Das Fundament für KI-Projekte im SAP-Kosmos«, vorgestellten Bausteine der SAP Business Technology Platform bilden das technologische Fundament für den Einsatz moderner KI im SAP-Ökosystem. Mit SAP Business AI, den vorkonfigurierten SAP AI Services, der flexiblen Entwicklungsumgebung von SAP AI Core und dem SAP AI Launchpad sowie dem Generative AI Hub steht Unternehmen ein leistungsfähiger Werkzeugkasten zur Verfügung, um sowohl standardisierte als auch individuell angepasste KI-Funktionen zu entwickeln und zu betreiben.

All diese Technologien entfalten ihren vollen Nutzen jedoch erst, wenn sie für Endanwenderinnen und -anwender in einer intuitiven Form verfügbar sind. Hier setzt Joule an. Der folgende Abschnitt beleuchtet daher, wie Joule als KI-Copilot die zuvor beschriebenen technologischen Grundlagen in praxisrelevante, sofort nutzbare Unterstützung umsetzt – und damit den Schritt von der technischen Infrastruktur zur spürbaren Produktivitätssteigerung vollzieht.

2.2 Joule: Der intelligente Assistent

Dieser Abschnitt widmet sich mit Joule einem zentralen Element der aktuellen SAP-KI-Strategie. Joule wird als generativer, kontextbewusster KI-Assistent beschrieben, der unmittelbar in zentrale SAP-Anwendungen wie SAP S/4HANA, SAP Ariba und SAP SuccessFactors integriert ist und dort als KI-Copilot fungiert. Ziel des Einsatzes von Joule ist es, die Komplexität moderner ERP-Umgebungen zu reduzieren und Anwenderinnen und Anwender durch präzise, faktenbasierte Informationen, proaktive Handlungsempfehlungen und automatisierte Workflows zu unterstützen.

Die technologische Grundlage von Joule beruht auf einer Kombination aus generativer KI und spezifischen Grounding-Mechanismen, die die Genauigkeit und Verlässlichkeit der generierten Inhalte sichern.

Die in Abschnitt 2.2.3, »Grounding-Mechanismen: Wie Joule spezifisches Fachwissen einbettet«, vertiefte Darstellung der Grounding-Mechanismen verdeutlicht, dass Joule neben der Datenanbindung auch die Kontextintegration, die Einbindung von Unternehmensrichtlinien und Best Practices sowie technische Verfahren wie API-Integrationen, Knowledge Graphs, Validierungs-Layer und kontinuierliche Feedback-Schleifen nutzt. Auf diese Weise wird Joule von einem allgemeinen KI-Assistenten zu einem fachlich spezialisierten digitalen Experten, der nicht nur sprachlich überzeugende, sondern auch inhaltlich korrekte und unternehmensspezifisch relevante Antworten liefert.

2.2.1 Was ist Joule?

Proaktiver Ansatz

Joule ist ein innovativer KI-gestützten digitaler Assistenten, der die Arbeitsweise von SAP-Anwenderinnen und -anwendern nachhaltig verändert. Während klassische ERP-Systeme Anwenderinnen und Anwender oft vor die Herausforderung stellen, Daten manuell zu suchen, komplexe Prozesse zu steuern oder wiederkehrende Aufgaben eigenständig auszuführen, verfolgt Joule einen proaktiven Ansatz: Der Assistent liefert kontextbezogene Handlungsempfehlungen und kann auf Basis von Unternehmensdaten automatisierte Prozesse initiieren. Joule ist damit ein wesentlicher Schritt in Richtung einer intelligenten, benutzerzentrierten Interaktion mit SAP-Anwendungen. Im Folgenden besprechen wir seine wichtigsten Funktionen.

Automatische Workflow-Generierung

Erkennung wiederkehrender Nutzeraktionen

Ein Kernmerkmal von Joule ist die Fähigkeit zur automatischen Generierung von Workflows. Joule beobachtet wiederkehrende Nutzeraktionen und erkennt Muster, die sich zur Automatisierung eignen. Dies geschieht, ohne dass die Anwenderin oder der Anwender explizit Prozessautomatisierungen definieren muss.

Beispielsweise kann Joule erkennen, dass ein bestimmter Genehmigungsprozess in der Einkaufsabteilung regelmäßig manuell durchgeführt wird, etwa das Prüfen und Freigeben von Lieferantenrechnungen. Basierend auf dieser Erkenntnis schlägt Joule einen automatisierten Workflow vor, der unter Einsatz von Robotic Process Automation (RPA) repetitive Schritte übernimmt, etwa das automatische Abgleichen von Rechnungsdaten mit Bestellungen oder die Vorbereitung von Freigabeentscheidungen.

Dieser Ansatz reduziert den manuellen Arbeitsaufwand, minimiert Fehlerquellen und beschleunigt den gesamten Prozess. Durch maschinelles Lernen verbessert Joule seine Vorschläge kontinuierlich und lernt, welche Workflows in der Praxis den größten Mehrwert bringen.

Analyse und Optimierung von Prozessen

Zugriff auf Echtzeitdaten

Joule bietet nicht nur punktuelle Unterstützung, sondern unterstützt umfassend bei der Prozessanalyse und -optimierung. Durch den Zugriff auf Echtzeitdaten aus unterschiedlichen SAP-Modulen (z. B. SAP S/4HANA, SAP Ariba, SAP SuccessFactors) kann Joule Schwachstellen in Prozessen identifizieren und Verbesserungspotenziale aufzeigen.

Ein typisches Beispiel ist die Beschaffungsoptimierung: Joule erkennt anhand von Live-Daten, dass Materialbestellungen häufig in kleinen Mengen und in kurzen Abständen erfolgen, was höhere Transportkosten verursacht. Basierend auf historischen Bestelldaten, Lieferanteninformationen und aktuellen Preisentwicklungen schlägt Joule eine konsolidierte Bestellstrategie vor. Diese Empfehlung wird zusätzlich mit einem konkreten Umsetzungsplan verbunden, den die Anwenderin oder der Anwender sofort aktivieren kann.

Auch in anderen Bereichen wie der Finanzbuchhaltung (z. B. Identifikation von Zahlungsverzögerungen), der Personalplanung (z. B. Optimierung von Schichtplänen) oder dem Vertrieb (z. B. Verbesserung der Angebotsprozesse) zeigt Joule konkrete Handlungsoptionen auf.

Dynamische Anpassung an veränderte Geschäftsumfelder

Joule erkennt außerdem Veränderungen in Datenstrukturen, Berechtigungen oder Geschäftsprozessen und passt seine Empfehlungen dynamisch an. So bleibt die Unterstützung auch bei sich wandelnden Rahmenbedingungen aktuell und valide.

Nahtlose Integration in bestehende SAP-Anwendungen

Ein wesentlicher Vorteil von Joule ist die direkte Integration in die bestehende SAP-Benutzeroberfläche. Der Assistent ist vollständig in SAP Fiori eingebettet und damit direkt in den gewohnten Arbeitsablauf integriert, ohne dass Nutzerinnen und Nutzer zwischen verschiedenen Anwendungen oder Oberflächen wechseln müssen.

Bereitstellung kontextbezogener Informationen

Durch die enge Anbindung an zentrale Systeme wie SAP S/4HANA, SAP Ariba oder SAP SuccessFactors kann Joule auf umfangreiche Datenquellen zugreifen und kontextbezogene Informationen bereitstellen. Bestehende Wissensquellen – z. B. Stammdaten, Prozessdokumentationen, Compliance-Richtlinien oder historische Transaktionsdaten – werden aktiv in die

KI-Modelle eingebunden. Dies steigert die Genauigkeit und Relevanz der Ergebnisse, da die Modelle auf ein unternehmensspezifisches Wissensfundament zugreifen können.

Nahtlose Benutzererfahrung

Diese enge Integration ermöglicht außerdem eine nahtlose Benutzererfahrung: Die Anwenderin oder der Anwender erhält Vorschläge, Hinweise und Automatisierungsoptionen genau dort, wo sie gebraucht werden – im Kontext der aktuellen Arbeitssituation (siehe beispielhaft Abbildung 2.8).

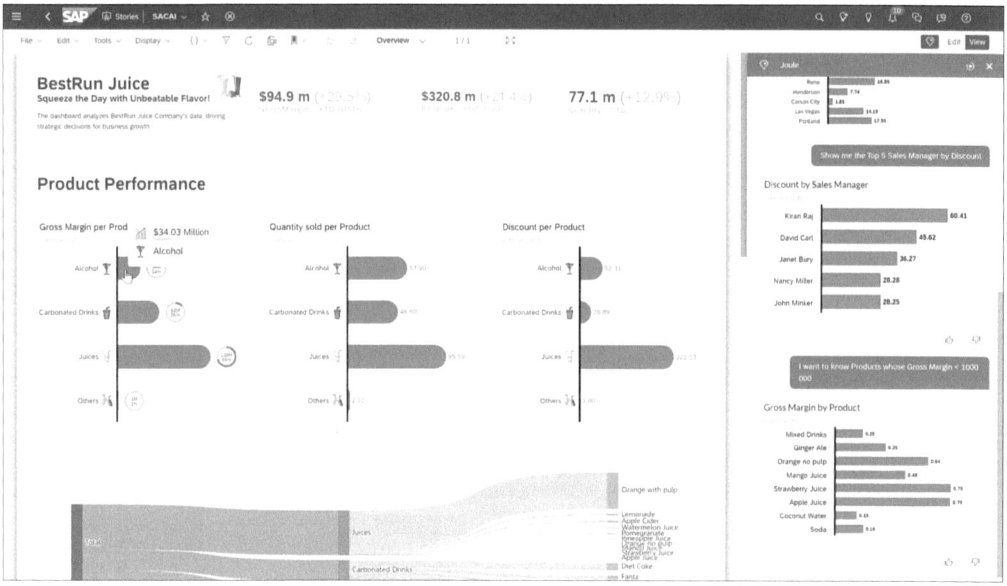

Abbildung 2.8 Joule in der Benutzeroberfläche

Wir geben Ihnen ein typisches Anwendungsbeispiel, dass diese Funktionsweise verdeutlicht.

[zB]

Materialbestellung

Eine Produktionsleiterin oder der Produktionsleiter stellt fest, dass steigende Transportkosten die Rentabilität beeinträchtigen. Joule analysiert die Bestellhistorie und erkennt ein Muster: Es werden häufig mehrere kleine Materialbestellungen bei demselben Lieferanten ausgelöst, anstatt größere Sammelbestellungen vorzunehmen.

Joule schlägt daraufhin vor, Bestellungen für bestimmte Materialien zu konsolidieren. Zusätzlich bietet der Assistent einen fertigen Workflow an, mit dem diese Sammelbestellungen automatisch generiert werden können. Auf Wunsch des Anwenders kann Joule diesen Workflow sofort aktivieren, wodurch nicht nur Kosten gesenkt, sondern auch administrative Aufwände reduziert werden.

2.2.2 Wie funktioniert Joule?

Aber wie funktioniert Joule eigentlich? Die technologische Basis und die Funktionalität von Joule beruhen auf einem Zusammenspiel mehrerer Schlüsseltechnologien:

- **Grounding-Mechanismen**
  Unternehmensdaten dienen als primäre Wissensquelle, um das Risiko falscher oder kontextferner Inhalte signifikant zu reduzieren. Im folgenden Abschnitt befassen wir uns genauer mit diesen Mechanismen.
- **Echtzeitdaten-Zugriff**
  Joule greift unmittelbar auf operative Systeme zu und kann dadurch kontextrelevante Informationen in Echtzeit liefern.
- **Adaptive Lernalgorithmen**
  Durch die kontinuierliche Interaktion mit Anwenderinnen und Anwendern lernt Joule hinzu, versteht Rollen, Berechtigungen und Präferenzen besser und entwickelt sich so zu einem personalisierten, intelligenten Begleiter.

Mit diesen Technologien bietet Joule eine hochwertige, kontextbewusste Unterstützung, die die Arbeitseffizienz steigert und Entscheidungsprozesse verbessert. Anwenderinnen und Anwender profitieren von verlässlichen, faktenbasierten Antworten, personalisierten Empfehlungen sowie automatisierten Workflows direkt im SAP-Umfeld.

Zusammenfassung

Zusammenfassend kann über Joule gesagt werden, dass es eine neue Generation intelligenter Assistenzsysteme darstellt, die nicht nur Daten präsentiert, sondern Handlungsoptionen vorschlägt und direkt umsetzt. Mit seiner Fähigkeit, Workflows automatisch zu generieren, Prozesse zu optimieren und nahtlos in bestehende SAP-Systeme integriert zu sein, liefert Joule einen klaren Mehrwert für Unternehmen, die ihre Effizienz steigern und gleichzeitig die Benutzerfreundlichkeit ihrer SAP-Systeme erhöhen wollen. Joule ist somit weit mehr als ein einfacher digitaler Assistent – er ist ein intelligenter Co-Pilot, der die Potenziale von generativer KI verantwortungsvoll und sicher in den Unternehmensalltag bringt.

2.2.3 Grounding-Mechanismen: Wie Joule spezifisches Fachwissen einbettet

Grounding in Joule

Generative KI-Modelle sind leistungsfähig, neigen aber ohne zusätzliche Sicherheitsmechanismen zu ungenauen oder kontextfernen Antworten (Halluzinationen). Um dieses Problem zu vermeiden, verwendet Joule Grounding-Mechanismen, die die generativen Fähigkeiten moderner KI-Modelle mit den validierten, autoritativen Datenquellen des Unternehmens verbinden. Das Ergebnis sind Antworten, die nicht nur sprachlich korrekt, sondern auch faktenbasiert und geschäftlich relevant sind.

Grounding-Mechanismen

Unter *Grounding* versteht man die folgenden Arten von Mechanismen:

- **Data Binding**
  Bevor Antworten ausgegeben werden, erfolgt ein Abgleich mit autoritativen Unternehmensquellen. Joule greift dabei direkt auf SAP-Quellsysteme wie SAP S/4HANA, SAP Ariba oder SAP SuccessFactors zu und verwendet die dort gespeicherten Daten als Single Source of Truth. Wenn ein Anwender also nach offenen Bestellungen fragt, erhält er keine generisch berechnete Schätzung, sondern exakte Zahlen aus den Echtzeitdaten des ERP-Systems. Dies stellt sicher, dass alle Empfehlungen und Inhalte korrekt, konsistent und nachvollziehbar sind.
- **Role-Aware AI**
  Joule berücksichtigt automatisch die Benutzerrolle, Rechte und Verantwortlichkeiten des jeweiligen Nutzers. Ein Finance Controller erhält daher andere, für seine Aufgaben relevante Informationen als eine HR-Spezialistin – selbst bei identischen Anfragen. Vertrauliche Daten werden dadurch geschützt und nur für autorisierte Personen angezeigt.
- **Echtzeit- und Kontextintegration**
  Joule analysiert den aktuellen Kontext der Nutzerinnen und Nutzer, wie geöffnete SAP-Anwendungen oder den laufenden Geschäftsprozess, und passt die Antworten daran an. In einem Einkaufsprozess liefert Joule nicht nur eine Übersicht offener Bestellungen, sondern auch Vorschläge zur Bündelung oder Lieferantenbewertung basierend auf den aktuellen Arbeitsschritten. Empfehlungen sind deshalb nicht nur datenbasiert, sondern prozessspezifisch und relevant für den aktuellen Arbeitsschritt.
- **Compliance und Sicherheit**
  Alle Datenverarbeitungen erfolgen unter strenger Einhaltung geltender Sicherheits- und Datenschutzrichtlinien (z. B. DSGVO). Sensible Informationen sind nur für autorisierte Anwenderinnen und Anwender zugänglich, was Vertrauen und rechtliche Sicherheit schafft. Neben Rohdaten werden auch unternehmensspezifische Richtlinien, Workflows und Best Practices in die Antworten einbezogen. Bei der Erstellung eines Angebots berücksichtigt Joule also beispielsweise automatisch definierte Rabatt- oder Genehmigungsrichtlinien. KI-Empfehlungen sind daher nicht nur technisch korrekt, sondern auch konform mit den Unternehmensrichtlinien.

Zweck des Groundings

Grounding hat das Ziel, Antworten von Joule nicht nur generisch, sondern maßgeschneidert für den konkreten Unternehmenskontext bereitzustellen. Damit wird sichergestellt, dass Informationen aus autoritativen Unternehmensquellen stammen, Antworten revisionssicher und nachvollziehbar sind und Empfehlungen an Rollen, Rechte und Berechtigungen der jeweiligen Anwenderinnen und Anwender angepasst werden. Dies hebt Joule von klassischen Chatbots oder allgemeinen KI-Assistenten ab, die ohne solche Mechanismen oft fehleranfällige oder nicht relevante Informationen liefern.

Technische Ansätze

Die Grounding-Mechanismen nutzen verschiedene technische Ansätze:

- API-Integration: direkte Schnittstellen zu Unternehmensdatenbanken und Fachsystemen
- Knowledge Graphs: Abbildung und Verknüpfung von Unternehmenswissen, um semantische Zusammenhänge zu verstehen
- Validierungs-Layer: Jede generierte Antwort wird vor der Ausgabe auf Konsistenz und Berechtigungen geprüft.
- Feedback-Loops: Nutzerinteraktionen fließen in den Lernprozess ein, wodurch die Genauigkeit und Relevanz der Empfehlungen im Zeitverlauf steigt.

Stärken von Joule

Durch Grounding wird Joule von einem allgemeinen Assistenten zu einem fachlich spezialisierten digitalen Experten. Zu seinen Stärken gehören die folgenden:

- Höhere Genauigkeit: Antworten sind kontextbezogen und verlässlich.
- Erhöhte Sicherheit: Datenzugriffe sind berechtigungsbasiert und konform mit Compliance-Anforderungen.
- Bessere Nutzerakzeptanz: Anwenderinnen und Anwender vertrauen dem System mehr, weil es nachvollziehbare und überprüfbare Empfehlungen gibt.
- Effizienzgewinne: Fachkräfte erhalten nicht nur schnelle, sondern auch qualitativ hochwertige Unterstützung.

2.3 Synergien zwischen KI und anderen Technologien

KI in Kombination mit Schlüsseltechnologien

Die Integration von KI in Unternehmen ist nicht nur auf isolierte Anwendungsfälle beschränkt. Ihren größten Mehrwert entfaltet KI, wenn sie in Verbindung mit anderen digitalen Schlüsseltechnologien eingesetzt wird.

Besonders deutlich wird dies in der Kombination von KI mit Process Mining, Robotic Process Automation (RPA) und der SAP Analytics Cloud. Diese

Technologien adressieren unterschiedliche Aspekte der Unternehmensprozesse, profitieren jedoch enorm von den intelligenten, lernenden Fähigkeiten der KI. Das Ergebnis sind intelligente, automatisierte und zukunftsorientierte Geschäftsprozesse. In diesem Abschnitt stellen wir diese Technologien vor und gehen auf die Details ihrer Kombination mit KI ein.

2.3.1 Process Mining und KI

Process Mining

Process Mining ist eine Technologie, die Ist-Prozesse auf Basis von Event-Logs und Systemdaten visualisiert und analysiert. Sie ermöglicht es Unternehmen, ihre realen Prozessabläufe im Detail nachzuvollziehen, Abweichungen von definierten Soll-Prozessen zu erkennen und Optimierungspotenziale systematisch zu identifizieren. Bereits diese Transparenz stellt für viele Organisationen einen erheblichen Fortschritt dar, da auf diese Weise versteckte Ineffizienzen sichtbar und gezielt angegangen werden können.

Kombination mit KI

Durch den Einsatz von KI wird Process Mining auf eine neue Ebene gehoben. Während klassische Ansätze den aktuellen Status quo abbilden und Ursachen für Prozessprobleme aufzeigen, erweitert KI die Analyse um prädiktive Fähigkeiten. Auf Basis historischer Daten und erkannter Muster kann sie zukünftige Engpässe oder Verzögerungen vorhersagen. Zudem generiert die KI automatisch Handlungsempfehlungen, die auf Prozessverbesserungen abzielen, beispielsweise die Automatisierung fehleranfälliger Arbeitsschritte oder die dynamische Anpassung von Ressourcen an veränderte Bedingungen. Die Systeme lernen darüber hinaus kontinuierlich hinzu, indem sie sich an neue Daten und Entwicklungen anpassen, wodurch die Genauigkeit ihrer Prognosen und Empfehlungen im Zeitverlauf stetig steigt. Wir geben Ihnen ein praktisches Beispiel, um diesen Mehrwert zu verdeutlichen.

[zB]

Manuelle Nachbearbeitung von Lieferantenbestellungen reduzieren

Ein Unternehmen stellt mithilfe von Process Mining fest, dass Lieferantenbestellungen regelmäßig manuell nachbearbeitet werden müssen, was sowohl Verzögerungen als auch zusätzlichen administrativen Aufwand verursacht. Die KI-gestützte Analyse identifiziert, dass ein Teil der Probleme auf unvollständig gepflegte Lieferantenstammdaten zurückzuführen ist. Als Lösung schlägt das System vor, die Datenqualität automatisch zu verbessern und parallel einen RPA-gestützten Workflow einzuführen, der Bestellungen überprüft und bei Bedarf automatisch korrigiert. Das Ergebnis sind weniger manuelle Eingriffe, eine höhere Datenqualität und verkürzte Durchlaufzeiten.

2.3.2 Robotic Process Automation und KI

RPA

Robotic Process Automation (RPA) dient der Automatisierung regelbasierter, sich wiederholender Aufgaben. Dabei führen Software-Roboter klar definierte Schritte nach festgelegten Regeln aus, etwa das Übertragen von Daten aus E-Mails in SAP-Systeme oder das automatisierte Buchen von Standardtransaktionen. Dieser Ansatz reduziert den manuellen Aufwand erheblich, stößt jedoch an Grenzen, sobald Prozesse unstrukturierte Daten enthalten oder dynamische Entscheidungen erforderlich sind.

Kombination mit KI

In Verbindung mit KI entwickelt sich RPA von einem starren Makro-Ausführungswerkzeug zu einem flexiblen, intelligenten digitalen Agenten. KI befähigt die Bots, Inhalte zu verstehen und kontextbezogen zu verarbeiten. Dies umfasst die semantische Analyse von Texten, Dokumenten und E-Mails, wodurch die Bots in die Lage versetzt werden, komplexe Informationen eigenständig zu interpretieren. Sie können auf Basis von KI-Prognosen unterschiedliche Handlungen ausführen, anstatt lediglich starre, vorab definierte Abläufe abzuarbeiten. Darüber hinaus optimieren sich solche intelligenten Bots im Laufe der Zeit selbst, indem sie aus Fehlern und Nutzer-Feedback lernen und ihre Abläufe kontinuierlich anpassen.

[zB]

Verarbeitung von eingehenden Rechnungen per E-Mail

Früher mussten E-Mails manuell geöffnet, geprüft und in SAP S/4HANA eingetragen werden. Mit der Erweiterung durch KI identifiziert das System automatisch relevante Felder wie Rechnungsnummer, Betrag oder Fälligkeitsdatum, klassifiziert die Dokumente und prüft ihre Vollständigkeit. Anschließend übernimmt ein RPA-Bot automatisch die Buchung im ERP-System. Der gesamte Prozess wird schneller, fehlerärmer und entlastet die Mitarbeitenden erheblich.

2.3.3 SAP Analytics Cloud und KI

SAP Analytics Cloud

SAP Analytics Cloud ist eine zentrale Plattform für Business Intelligence, Planung und erweiterte Analysen. Sie bietet Unternehmen die Möglichkeit, Daten aus verschiedenen Quellen zusammenzuführen, interaktive Dashboards zu erstellen und Berichte zu automatisieren, wodurch ein umfassender Überblick über geschäftsrelevante Kennzahlen entsteht.

Kombination mit KI

Mit KI-Funktionalitäten wird die SAP Analytics Cloud noch leistungsfähiger. KI erkennt automatisch Trends und liefert prädiktive Prognosen, die zukünftige Geschäftsentwicklungen sichtbar machen. Darüber hinaus werden komplexe Szenarioanalysen möglich, die es Entscheidungsträgern erlauben, hypothetische Situationen wie Preisänderungen oder Marktveränderungen schnell und präzise zu simulieren. Die Integration externer Datenquellen wie Rohstoffpreise, Social-Media-Analysen oder Wechselkursentwicklungen erfolgt weitgehend automatisiert, wodurch sich ein noch vollständigeres Bild der geschäftlichen Rahmenbedingungen ergibt.

In einem Praxisfall nutzt ein Finanzteam diese Möglichkeiten, um einen Predictive Forecast für das kommende Geschäftsjahr zu erstellen. Neben den internen Unternehmensdaten werden externe Einflussfaktoren wie Rohstoffpreise und Wechselkursschwankungen berücksichtigt. Die KI schlägt auf dieser erweiterten Datenbasis verschiedene Szenarien vor und zeigt potenzielle Risiken und Chancen auf. Dadurch können fundierte Entscheidungen schneller und robuster getroffen werden.

2.3.4 Zusammenwirken von Process Mining, RPA und SAP Analytics Cloud mit KI

Die größten Potenziale entstehen, wenn diese Technologien kombiniert und gemeinsam mit KI genutzt werden. Process Mining sorgt für Transparenz und identifiziert Verbesserungspotenziale. RPA setzt Optimierungen effizient in automatisierten Abläufen um, während die SAP Analytics Cloud die erforderlichen Analyse- und Planungskompetenzen bereitstellt, um strategische Entscheidungen datenbasiert und vorausschauend zu treffen. KI fungiert dabei als verbindendes Element, das die gewonnenen Erkenntnisse veredelt, Prozesse intelligenter macht und Automatisierungen dynamisch steuert. Auf diese Weise entsteht eine End-to-End-Automatisierung, bei der Unternehmensprozesse nicht nur transparent und effizient, sondern auch selbstlernend und adaptiv gesteuert werden.

2.4 Zusammenfassung

Die SAP BTP bildet das Fundament für die Integration von KI in SAP-Umgebungen. Sie vereint App-Entwicklung, Integration, Data und Analytics und SAP Business AI in einer cloud-nativen, skalierbaren Architektur – unterstützt durch Hyperscaler wie AWS, Azure oder Google Cloud. Unternehmen profitieren von einer einheitlichen Plattform, flexibler Skalierung, nahtloser Integration in bestehende SAP-Systeme sowie hohen Sicherheits- und Compliance-Standards.

SAP Business AI stellt branchenspezifische, vordefinierte KI-Funktionen bereit, um Workflows zu automatisieren, Entscheidungsprozesse zu verbessern, Sprache zu verarbeiten und datengetriebene Erkenntnisse zu gewinnen – direkt eingebettet in Produkte wie SAP S/4HANA, SAP SuccessFactors oder SAP Customer Experience. Ergänzend bieten die SAP AI Services sofort nutzbare KI-Bausteine wie Bilderkennung, Predictive Analytics und Anomaly Detection.

Für eigene KI-Modelle stehen SAP AI Core und das SAP AI Launchpad bereit – als skalierbare Laufzeitumgebung und zentrale Steuerzentrale für Entwicklung, Training, Deployment und Monitoring. Der Generative AI Hub ermöglicht den sicheren Einsatz moderner LLMs für Textgenerierung, Vertragsanalyse und kontextbasierte Empfehlungen.

Joule, der intelligente Assistent, nutzt generative KI mit Grounding-Mechanismen, um präzise und kontextbezogene Handlungsoptionen zu liefern, automatisch Workflows zu erstellen und Prozesse zu optimieren.

Besonders leistungsfähig wird der KI-Baukasten in Kombination mit weiteren Technologien: Process Mining sorgt für Prozess-Transparenz, Robotic Process Automation (RPA) automatisiert Arbeitsschritte und die SAP Analytics Cloud liefert Analyse-, Prognose- und Planungskompetenzen. Zusammen entsteht eine End-to-End-Automatisierung, die Unternehmensprozesse effizient, adaptiv und zukunftsfähig macht.

Kapitel 3
Systemlandschaften und deren Folgen: Public, Private und On-Premise

Die digitale Transformation hat die Art und Weise, wie Unternehmen ihre IT-Systeme betreiben und verwalten, grundlegend verändert. Dabei stehen Organisationen vor der Herausforderung, die richtige Systemlandschaft für ihre geschäftlichen und technologischen Anforderungen zu wählen.

In diesem Kapitel bespreche wir, welche Systemlandschaften Unternehmen für ihre KI-Projekte nutzen können und wie diese sich hinsichtlich Leistungsfähigkeit, Datenschutz, Skalierbarkeit und Wirtschaftlichkeit unterscheiden. Wir verdeutlichen die Auswirkungen der verschiedenen Systemlandschaften auf die Entwicklung, das Training und den Betrieb von KI-Lösungen. Zudem wird die Rolle moderner Plattformen wie der SAP Business Technology Platform (SAP BTP) und die Unterstützung durch große Cloud-Anbieter (Hyperscaler) aufgezeigt.

Drei zentrale Architekturen dominieren das heutige IT-Umfeld: Public Cloud, Private Cloud und On-Premise. Jede dieser Architekturen bietet spezifische Vor- und Nachteile, die sowohl die technologische Flexibilität als auch Sicherheits- und Compliance-Anforderungen beeinflussen. Insbesondere im Bereich der KI hat die Wahl der richtigen Architektur eine entscheidende Bedeutung, da sie den Zugriff auf Rechenleistung, Datenquellen und Integrationsmöglichkeiten bestimmt.

Im gleichnamigen Abschnitt 3.1 geben wir eine Einführung in die unterschiedlichen Systemlandschaften und erläutern deren Architektur, ebenso wie die Architektur der SAP BTP. Sie erfahren auch, welche Vor- und Nachteile diese Architekturen für KI-Anwendungen haben.

In Abschnitt 3.2 geben wir Ihnen einen Überblick über die technischen und organisatorischen Herausforderungen der KI-Integration.

Im Anschluss erfahren Sie in Abschnitt 3.3, welche Tools und Technologien Sie bei der KI-Integration unterstützen.

In Abschnitt 3.4 geben wir Ihnen vier Fallbeispiele, um den Einfluss der unterschiedlichen Systemlandschaften auf KI-Anwendungen zu verdeutlichen.

Abschließend entwickeln wir in Abschnitt 3.5 eine strategische Entscheidungsgrundlage, um Sie bei der Auswahl der richtigen Architektur für Ihre KI-Projekte zu unterstützen.

3.1 Einführung in Systemlandschaften

Dieser Abschnitt bietet eine grundlegende Übersicht über die verschiedenen Systemarchitekturen, die Unternehmen für ihre IT-Infrastruktur nutzen können. Dabei liegt der Fokus insbesondere auf den drei Hauptarchitekturen: Public Cloud, Private Cloud und On-Premise.

Architekturen

Wir erläutern zunächst in Abschnitt 3.1.1, »Architektur der SAP-S/4HANA-Versionen und der SAP BTP«, die strukturellen und funktionalen Unterschiede dieser Architekturen. Während die Public Cloud in der Regel von Hyperscalern bereitgestellt wird und eine hohe Skalierbarkeit bietet, ermöglicht die Private Cloud eine unternehmensspezifische Infrastruktur mit größerer Kontrolle über Sicherheits- und Datenschutzrichtlinien. On-Premise-Systeme hingegen werden vollständig intern verwaltet und bieten die maximale Kontrolle, erfordern jedoch auch einen erheblichen Wartungsaufwand.

Auswirkungen auf die Nutzung von KI

In Abschnitt 3.1.2, »Vor- und Nachteile für KI-Anwendungen«, beleuchten wir die Auswirkungen dieser unterschiedlichen Systemlandschaften auf die Integration und Nutzung von KI – vor allem in Hinblick auf den Einsatz der SAP-Architektur in Form der SAP BTP. Hierbei spielen Aspekte wie Rechenleistung, Latenzzeiten, Datenschutz, Betriebskosten und Wartungsaufwand eine entscheidende Rolle. Die Public Cloud ist beispielsweise besonders für datenintensive KI-Anwendungen geeignet, da sie nahezu unbegrenzte Ressourcen bereitstellen kann, während On-Premise-Systeme Vorteile für besonders sicherheitskritische Anwendungen bieten, jedoch nicht von einer nahezu unendlichen Skalierbarkeit Gebrauch machen und somit nicht davon profitieren können.

3.1.1 Architektur der SAP-S/4HANA-Versionen und der SAP BTP

Systemlandschaften bestimmen die technologische Basis für Unternehmensanwendungen und beeinflussen maßgeblich die Möglichkeiten zur Integration von KI.

Die drei Hauptarchitekturen – Public Cloud, Private Cloud und On-Premise – weisen unterschiedliche Merkmale auf, die je nach Unternehmensanforderungen Vor- oder Nachteile mit sich bringen.

Public Cloud

Public-Cloud-Umgebungen werden von externen Anbietern, meistens handelt es sich dabei um einen der Hyperscaler (Amazon Web Services (AWS) Microsoft Azure, Google Cloud Platform (GCP) oder AliCloud), bereitgestellt und sind über das Internet zugänglich. *Hyperscaler* sind große Cloud-Anbieter, die umfangreiche Rechen- und Speicherressourcen zur Verfügung stellen, bieten eine hohe Skalierbarkeit und ermöglichen Unternehmen den Zugriff auf leistungsstarke Hardware wie spezialisierte KI-Prozessoren. In der Public Cloud steht eine Vielzahl von Diensten zur Verfügung, darunter Machine Learning, Echtzeit-Analytics und flexible KI-Modelle. Der Nachteil dieser Umgebung ist jedoch die Abhängigkeit von Drittanbietern sowie potenzielle Sicherheitsrisiken durch externe Datenverarbeitung.

Merkmale

Public-Cloud-Umgebungen zeichnen sich also durch die folgenden Merkmale aus:

- Skalierbarkeit: Ressourcen können je nach Bedarf dynamisch skaliert werden.
- Kostenmodell: Nutzt u. a. ein Pay-as-you-go-Modell, wodurch initiale Investitionskosten entfallen.
- Wartung: Updates und Security-Patches werden vom Anbieter übernommen.
- Interoperabilität: Ermöglicht eine breite Palette an Integrationen mit KI-Diensten.
- Datenhoheit: Unternehmen haben oft weniger Kontrolle über ihre Daten.

Private Cloud

Im Gegensatz dazu stellt eine *Private Cloud* eine unternehmensspezifische IT-Umgebung dar, die entweder im eigenen Rechenzentrum oder durch einen dedizierten Anbieter betrieben wird. Sie bietet eine erhöhte Kontrolle über Daten und Sicherheit, sodass sie besonders für Unternehmen mit hohen Compliance-Anforderungen attraktiv ist. Die Skalierbarkeit ist allerdings begrenzter als in der Public Cloud, da Kapazitäten im Voraus geplant werden müssen. Zudem sind die Investitions- und Wartungskosten in einer Private Cloud erheblich höher, da das Unternehmen selbst für die Bereitstellung und Wartung der Infrastruktur verantwortlich ist.

Merkmale

Private-Cloud-Umgebungen weisen die folgenden Merkmale auf:

- höhere Kontrolle über Daten und Sicherheit
- Flexibilität hinsichtlich individueller Anpassungen

- höhere Implementierungs- und Wartungskosten im Vergleich zur Public Cloud
- Skalierung ist möglich, aber erfordert zusätzliche Investitionen

On-Premise

On-Premise-Lösungen hingegen erfordern den kompletten Betrieb der IT-Infrastruktur innerhalb des Unternehmens. Dies bedeutet maximale Kontrolle über Hardware, Software und Sicherheitsmaßnahmen, aber auch eine erhebliche finanzielle Belastung durch hohe Anfangsinvestitionen und fortlaufende Wartungskosten. On-Premise ist besonders für Unternehmen geeignet, die mit sensiblen Daten arbeiten oder eine konstante, unternehmenseigene IT-Infrastruktur benötigen. Allerdings sind hier die Skalierungsmöglichkeiten eingeschränkt, und Innovationen wie neue KI-Technologien können oft nicht so schnell implementiert werden wie in einer Cloud-Umgebung.

Merkmale

On-Premise-Umgebungen besitzen die folgenden Merkmale:

- maximale Kontrolle über Hardware und Software
- hohe Sicherheitsstandards durch physische Kontrolle
- höhere Anfangsinvestitionen und laufende Wartungskosten
- begrenzte Skalierbarkeit, insbesondere für datenintensive KI-Anwendungen

Die Wahl zwischen diesen Systemarchitekturen hängt maßgeblich von den individuellen Anforderungen eines Unternehmens ab. Während Public Clouds durch ihre Flexibilität und Innovationskraft punkten, bieten Private Clouds und On-Premise-Lösungen mehr Sicherheit und Kontrolle. Viele Unternehmen entscheiden sich daher für hybride Modelle, die die Vorteile verschiedener Architekturen kombinieren und eine maßgeschneiderte IT-Strategie ermöglichen. Um diese Möglichkeiten auch innerhalb der Unternehmenslandschaft mehr oder weniger out of the box nutzen zu können, hat SAP ebendiese Cloud-Lösungen in seiner Cloud-Plattform – der SAP BTP – bereitgestellt.

Systemarchitektur der SAP BTP

Die *SAP Business Technology Platform* (SAP BTP) stellt eine zentrale technologische Grundlage für Unternehmen dar, die SAP-Anwendungen und KI-Lösungen in moderne Systemarchitekturen integrieren möchten. Die SAP BTP basiert auf einer cloud-nativen Architektur, die verschiedene Infrastruktur- und Plattform-Services bietet. Sie unterstützt Unternehmen dabei, datengetriebene Entscheidungen zu treffen, Anwendungen zu entwickeln und geschäftskritische Prozesse zu automatisieren.

Vier Architekturkomponenten der SAP BTP

Die Architektur der SAP BTP umfasst vier zentrale Komponenten (siehe Kapitel 2, »Der KI-Baukasten von SAP: Ein Überblick über die SAP-Produktlandschaft«):

- App-Entwicklung
- Integration
- Daten und Analytics
- SAP Business AI

Unternehmen können je nach Bedarf verschiedene Services aus diesen Bereichen nutzen, um ihre individuellen Anforderungen abzudecken. Die Plattform ist so konzipiert, dass die Services der SAP BTP sowohl in der Public Cloud als auch in hybriden und On-Premise-Umgebungen betrieben werden können. Dies ermöglicht eine flexible Anpassung an unterschiedliche IT-Landschaften und geschäftliche Anforderungen.

Hyperscaler

Ein wesentlicher Bestandteil der SAP-BTP-Architektur ist die Unterstützung durch Hyperscaler. Die SAP BTP wird über verschiedene Hyperscaler betrieben, darunter *Microsoft Azure*, *Amazon Web Services* (AWS), *Google Cloud Platform* (GCP) oder die *Alibaba Cloud*. Diese Anbieter ermöglichen es Unternehmen, ihre SAP-Workloads in einer global verfügbaren, hochverfügbaren Cloud-Umgebung zu betreiben.

Einfluss der Hyperscaler auf Compliance

Die Wahl des Hyperscalers beeinflusst verschiedene Aspekte der SAP-Architektur, darunter die geografische Datenverarbeitung, Sicherheitsstandards und Compliance-Anforderungen. Unternehmen, die beispielsweise strengen Datenschutzrichtlinien unterliegen, können durch die Auswahl eines bestimmten Hyperscalers sicherstellen, dass ihre Daten in einem bestimmten Land oder einer bestimmten Region gespeichert und verarbeitet werden. Darüber hinaus bietet jeder Hyperscaler spezifische KI- und Analyse-Services, die nahtlos in die SAP BTP integriert werden können, um leistungsstarke KI-Anwendungen zu entwickeln.

Bedeutung der SAP-BTP-Architektur für KI-Anwendungen

Die Architektur der SAP BTP ist besonders relevant für die Integration von KI-Anwendungen, da sie eine nahtlose Verbindung zwischen Datenquellen, Machine-Learning-Tools und geschäftlichen Anwendungen ermöglicht. Die Plattform stellt Services wie den SAP AI Core, das SAP AI Launchpad, SAP Translation Hub, SAP Document AI, Data Attribute Recommendation oder Joule-Funktionen in der AI Foundation bereit, die Unternehmen bei der Entwicklung, Bereitstellung und Verwaltung von KI-Modellen unterstützen. Zudem erleichtert die Integration mit den Hyperscalern den Zugriff auf hochleistungsfähige Rechenressourcen, die für das Training und die Inferenz von KI-Modellen erforderlich sind.

Unternehmen, die die SAP BTP für KI-Projekte nutzen, profitieren von einer flexiblen und skalierbaren Architektur, die es ermöglicht, bestehende SAP-Systeme mit modernen KI-Technologien zu erweitern. Die Kombination aus cloud-nativen Services, Hyperscaler-Integration und der tiefen Verbindung zu Unternehmensprozessen macht die SAP BTP zu einer idealen Plattform für den erfolgreichen Einsatz von KI in unterschiedlichen Systemlandschaften.

Fazit

Die Wahl zwischen diesen Systemarchitekturen hängt maßgeblich von den individuellen Anforderungen eines Unternehmens ab. Während Public Clouds durch ihre Flexibilität und Innovationskraft punkten, bieten Private Clouds und On-Premise-Lösungen mehr Sicherheit und Kontrolle. Viele Unternehmen entscheiden sich daher für hybride Modelle, die die Vorteile verschiedener Architekturen kombinieren und eine maßgeschneiderte IT-Strategie ermöglichen.

3.1.2 Vor- und Nachteile für KI-Anwendungen

Die Wahl der Systemlandschaft beeinflusst maßgeblich die Einsatzmöglichkeiten von KI und deren Effizienz. Jede Architektur bringt spezifische Vorteile und Herausforderungen mit sich, die sich auf Faktoren wie Skalierbarkeit, Rechenleistung, Datenverfügbarkeit und Sicherheitsanforderungen auswirken.

Vor- und Nachteile der Public Cloud

In der Public Cloud profitieren KI-Anwendungen vor allem von der unbegrenzten Skalierbarkeit und der Verfügbarkeit spezialisierter Hardware. Cloud-Anbieter stellen Hochleistungsrechenkapazitäten bereit, die für das Training und die Inferenz komplexer KI-Modelle erforderlich sind. Zudem ermöglichen kontinuierliche Updates den Zugriff auf die neuesten Entwicklungen im Bereich des maschinellen Lernens. Unternehmen können flexibel Ressourcen hinzubuchen oder reduzieren, um Kosten effizient zu steuern. Ein wesentlicher Nachteil dieser Architektur besteht jedoch in den Sicherheitsrisiken, die durch die externe Verarbeitung sensibler Daten entstehen können. Zudem kann es durch die Notwendigkeit, große Datenmengen über das Internet zu übertragen, zu Latenzproblemen kommen, die besonders bei Echtzeit-Anwendungen kritisch sind.

Vorteile

Vorteile der Public Cloud für KI-Anwendungen sind die folgenden:

- Unbegrenzte Skalierbarkeit: Die Public Cloud ermöglicht das einfache Hoch- und Runterskalieren von KI-Modellen je nach Bedarf.
- Leistungsstarke Hardware: Zugriff auf spezialisierte KI-Hardware wie GPUs und TPUs für Machine Learning und Deep Learning.

- Schnelle Innovationszyklen: Stetige Updates und Verbesserungen der Cloud-Plattformen ermöglichen Zugang zu den neuesten KI-Technologien.
- Globaler Datenzugriff: Ermöglicht verteilte KI-Systeme mit hoher Verfügbarkeit.

Nachteile

Die Public Cloud bringt die folgenden Nachteile für KI-Anwendungen mit sich:

- Datenhoheit und Sicherheit: Unternehmen müssen sich auf Sicherheitsmechanismen der Cloud-Anbieter verlassen.
- Latenzzeiten: Daten müssen über das Internet übertragen werden, was die Reaktionszeit von KI-Anwendungen beeinflussen kann.
- Kostenmodell: Skalierbare Nutzung kann bei intensiver Verarbeitung schnell hohe Kosten verursachen.

Vor- und Nachteile der Private Cloud

Die Private Cloud bietet hingegen eine kontrollierte Umgebung, in der Unternehmen ihre KI-Anwendungen betreiben können, ohne die vollständige Abhängigkeit von externen Anbietern. Besonders für Branchen mit hohen Datenschutzanforderungen, wie das Gesundheitswesen oder der Finanzsektor, stellt diese Architektur eine attraktive Option dar. Die private Infrastruktur erlaubt es Unternehmen, ihre Modelle in einer sicheren Umgebung auszuführen und den Datenfluss innerhalb definierter Grenzen zu halten. Allerdings sind die Kosten für den Betrieb einer Private Cloud hoch, und die Skalierbarkeit ist im Vergleich zur Public Cloud begrenzter. Unternehmen müssen ihre Rechenkapazitäten frühzeitig planen, um zukünftigen Anforderungen gerecht zu werden.

Vorteile

Zu den Vorteilen der Private Cloud für KI-Anwendungen gehören die folgenden:

- Erhöhte Sicherheit: Daten und KI-Modelle verbleiben innerhalb der Unternehmensgrenzen.
- Geringere Abhängigkeit von Drittanbietern: Unternehmen behalten die volle Kontrolle über ihre Infrastruktur.
- Hybride KI-Modelle: Kombination von Public Cloud für Trainingsprozesse und Private Cloud für geschützte Inferenzprozesse.

Nachteile

Die Private Cloud hat die folgenden Nachteile für KI-Anwendungen:

- Begrenzte Skalierbarkeit: Kapazitäten müssen vorab geplant werden und können nicht so flexibel skaliert werden wie in der Public Cloud.

- Hohe Implementierungskosten: Einrichtung und Wartung einer Private Cloud erfordern hohe Anfangsinvestitionen.
- Technologische Herausforderungen: Nicht alle KI-Frameworks sind für Private-Cloud-Umgebungen optimiert.

Vor- und Nachteile von On-Premise

On-Premise-Infrastrukturen bieten die maximale Kontrolle über KI-Anwendungen, da sämtliche Daten innerhalb des Unternehmens bleiben und keine externen Schnittstellen genutzt werden. Dies minimiert Sicherheitsrisiken und gewährleistet eine hohe Leistung ohne Verzögerungen durch Netzwerkabhängigkeiten. Besonders in der industriellen Automatisierung, wo Echtzeitverarbeitung eine entscheidende Rolle spielt, ist diese Architektur von Vorteil. Der Hauptnachteil liegt jedoch in den hohen Investitionskosten und dem Wartungsaufwand. Zudem ist es für On-Premise-Umgebungen oft schwieriger, von den schnellen Innovationszyklen im KI-Bereich zu profitieren, da neue Technologien und Updates manuell implementiert werden müssen.

Vorteile

On-Premise-Infrastrukturen bieten die folgenden Vorteile für KI-Anwendungen:

- Maximale Kontrolle: Unternehmen haben die vollständige Kontrolle über Hardware, Software und Daten.
- Optimale Sicherheit: Keine externen Schnittstellen zu Cloud-Diensten minimieren das Risiko von Datenschutzverletzungen.
- Stabile Leistung: Keine externen Netzwerkabhängigkeiten bedeuten konsistente Performance.

Nachteile

Die folgenden Nachteile entstehen für KI-Anwendungen in On-Premise-Infrastrukturen:

- Hohe Investitionskosten: Notwendigkeit für leistungsstarke Server, Speicherlösungen und spezialisierte KI-Hardware.
- Hoher Wartungsaufwand: IT-Teams müssen sich um Updates, Sicherheitspatches und Skalierung kümmern.
- Eingeschränkte Innovationsgeschwindigkeit: Weniger flexible Updates und Zugriff auf neue KI-Technologien im Vergleich zur Public Cloud.

Letztendlich gibt es keine universell beste Architektur für KI-Anwendungen. Während Public Clouds eine hohe Flexibilität und Leistung bieten, ermöglichen Private Clouds und On-Premise-Lösungen eine bessere Kontrolle über Daten und Sicherheit.

Hybride Architekturen

Viele Unternehmen setzen daher auf hybride Architekturen, die eine Kombination aus Cloud- und lokalen Lösungen nutzen, um die Vorteile beider Welten zu vereinen. Die Entscheidung für eine Systemlandschaft sollte auf einer detaillierten Analyse der geschäftlichen Anforderungen, technischen Voraussetzungen und Compliance-Richtlinien basieren.

Vorteile von Hyperscaler-Architekturen

Letztendlich bietet die Nutzung einer Hyperscaler-Architektur für KI-Anwendungen zahlreiche Vorteile, aber auch Herausforderungen, die berücksichtigt werden müssen. Ein zentraler Vorteil der Hyperscaler-Architektur ist die nahezu unbegrenzte Skalierbarkeit. Unternehmen können flexibel auf steigende Rechenanforderungen reagieren und große Datenmengen für das Training von KI-Modellen verarbeiten. Insbesondere für Deep-Learning-Anwendungen, die enorme Rechenkapazitäten erfordern, bieten Hyperscaler spezialisierte Hardware wie GPUs (Graphics Processing Unit) und TPUs (Tensor Processing Units) an, die den Trainingsprozess erheblich beschleunigen.

Ein weiterer Vorteil liegt in der globalen Verfügbarkeit und Hochverfügbarkeit der Infrastruktur. Unternehmen können ihre KI-Anwendungen geografisch verteilen und so Latenzzeiten minimieren, indem sie Rechenzentren in der Nähe ihrer Nutzerinnen und Nutzer oder Datenquellen nutzen. Zudem bieten Hyperscaler umfangreiche Sicherheitsmaßnahmen und Compliance-Zertifizierungen, die den Anforderungen internationaler Datenschutzbestimmungen entsprechen.

Nachteile von Hyperscaler-Architekturen

Trotz dieser Vorteile gibt es auch Herausforderungen. Eine der größten ist die Abhängigkeit von externen Cloud-Anbietern, was zu Vendor Lock-in führen kann. Unternehmen, die ihre KI-Modelle und Daten ausschließlich in einer bestimmten Cloud betreiben, sind stark an die Preisgestaltung, Verfügbarkeiten und technischen Restriktionen des jeweiligen Anbieters gebunden. Zudem können laufende Kosten für Rechenleistung und Speicher mit zunehmendem Datenvolumen erheblich steigen.

Zusammenfassung und Empfehlung

Je nach Unternehmensstrategie und KI-Anwendungsfall bieten sich unterschiedliche Systemlandschaften an. Unternehmen, die hohe Flexibilität und Skalierbarkeit benötigen, profitieren von der Public Cloud. Wenn Datenschutz und Kontrolle über die Daten oberste Priorität haben, ist eine Private Cloud oder On-Premise die bessere Wahl. In der Praxis setzen viele Unternehmen auf hybride Lösungen, die eine Kombination aus Cloud- und On-Premise-Technologien nutzen, um das Beste aus beiden Welten zu vereinen.

3.2 Herausforderungen bei der KI-Integration

Die Integration von KI in bestehende IT-Systeme stellt Unternehmen vor eine Vielzahl an Herausforderungen, die sowohl technischer als auch organisatorischer Natur sind. Diese Herausforderungen betreffen insbesondere die Datenmigration, die Interoperabilität zwischen verschiedenen Systemen, die Einhaltung regulatorischer Anforderungen sowie die notwendigen Anpassungen an Geschäftsprozesse und Mitarbeiterkompetenzen.

3.2.1 Technische Herausforderungen der KI-Integration und ihre Lösungen

Datenmigration

Eine der zentralen technischen Herausforderungen besteht in der Datenmigration. KI-Modelle benötigen große Mengen an qualitativ hochwertigen, strukturierten und unstrukturierten Daten. In vielen Unternehmen liegen diese Daten jedoch in unterschiedlichen Formaten, verteilten Datenbanken oder isolierten Systemen vor. Die Harmonisierung und Bereinigung dieser Daten kann daher ein äußerst aufwendiger Prozess sein. Zudem müssen Unternehmen sicherstellen, dass ihre Dateninfrastruktur in der Lage ist, kontinuierlich neue Daten für KI-Modelle bereitzustellen. Dies erfordert leistungsstarke Data-Lake- oder Data-Fabric-Architekturen, um eine nahtlose Integration zwischen Datenquellen, KI-Modellen und Anwendungsplattformen zu gewährleisten.

Heterogene Systemlandschaft

Ein weiteres technisches Hindernis ist die Interoperabilität von KI-Anwendungen mit bestehenden IT-Systemen. Unternehmen nutzen oft eine Vielzahl von Anwendungen, darunter ERP-Systeme, CRM-Lösungen, industrielle Steuerungssoftware oder Data-Warehouse-Plattformen. KI-Anwendungen müssen mit diesen heterogenen Systemlandschaften kompatibel sein, was durch unterschiedliche Datenformate, Kommunikationsprotokolle und Sicherheitsrichtlinien erschwert wird. Hier sind Middleware-Lösungen, APIs und standardisierte Schnittstellen von entscheidender Bedeutung, um eine reibungslose Integration sicherzustellen.

Benötigte Rechenleistung

Darüber hinaus kann die benötigte Rechenleistung für KI-Modelle je nach Systemarchitektur eine Herausforderung darstellen. Besonders in On-Premise-Umgebungen müssen Unternehmen sicherstellen, dass ihre IT-Infrastruktur über ausreichend Rechenkapazitäten verfügt. Public-Cloud-Umgebungen bieten hier eine höhere Skalierbarkeit, erfordern jedoch eine stabile Netzwerkanbindung und verursachen laufende Kosten für die Nutzung externer Rechenzentren.

Zentrale Lösungen zur KI-Integration in Geschäftsprozesse

Die SAP BTP bietet verschiedene Lösungen, die Unternehmen bei der Integration von KI-Anwendungen in bestehende Systeme unterstützen. Eine zentrale Rolle spielen dabei SAP AI Core und AI Foundation, die als technologische Basis für das Training, die Bereitstellung und das Management von KI-Modellen dienen. SAP AI Core bietet eine skalierbare Umgebung zur Verarbeitung von Machine-Learning-Modellen und unterstützt Unternehmen dabei, KI-Funktionalitäten direkt in ihre Geschäftsprozesse zu integrieren. Die AI Foundation ergänzt diese Umgebung durch Werkzeuge für das Modellmanagement, die Modellüberwachung und die kontinuierliche Verbesserung von KI-Anwendungen.

Harmonisierung

Für die Datenintegration stellt SAP die *SAP Business Data Cloud* als eine leistungsfähige Plattform bereit, die Unternehmen dabei hilft, Daten aus verschiedenen Quellen zu verarbeiten, zu harmonisieren und für KI-Modelle nutzbar zu machen. Besonders in hybriden IT-Landschaften, in denen Unternehmen sowohl On-Premise- als auch Cloud-Systeme nutzen, spielt die SAP Business Data Cloud eine entscheidende Rolle. Die Plattform bietet leistungsfähige Data-Pipelining-Funktionalitäten, mit denen Unternehmen große Datenmengen aus SAP- und Nicht-SAP-Systemen aggregieren und analysieren können.

Abbildung 3.1 zeigt die Verknüpfung der Business Data Tools von SAP durch die SAP Business Data Cloud. Es wird deutlich, dass die SAP BDC als Single Point of Entry fungiert und dabei die einzelnen SaaS-Komponenten von SAP aus dem Bereich Daten und Analytics miteinander vereint: Durch das SAP BDC Cockpit werden die SAP Datasphere, die SAP Analytics Cloud, SAP Databricks aber auch andere SAP Data Products miteinander vereint und an einer Stelle bereitgestellt. Auch die Integration der SAP BDC in eine bestehende Systemlandschaft ist somit deutlich einfacher umsetzbar. Es können nicht nur SAP-Systeme, sondern auch Nicht-SAP-Systeme in dieser Systemarchitektur genutzt werden und von den Vorteilen des SAP BDC Cockpits profitieren.

Integration

Ein weiteres wichtiges Tool ist die *SAP Integration Suite*, die als Middleware-Lösung die Kommunikation zwischen KI-gestützten Anwendungen und bestehenden IT-Systemen erleichtert. Über standardisierte APIs und Konnektoren ermöglicht die SAP Integration Suite eine nahtlose Anbindung von KI-Diensten an ERP-, CRM- oder Supply-Chain-Systeme. Damit können Unternehmen ihre Geschäftsprozesse optimieren, indem sie KI-gestützte Vorhersagemodelle, Automatisierungslösungen und Entscheidungsunterstützung in bestehende Workflows integrieren. Abbildung 3.2 zeigt die SAP Integration Suite und die vielen unterschiedlichen Möglichkeiten und Funktionen, die die SAP Integration Suite bietet.

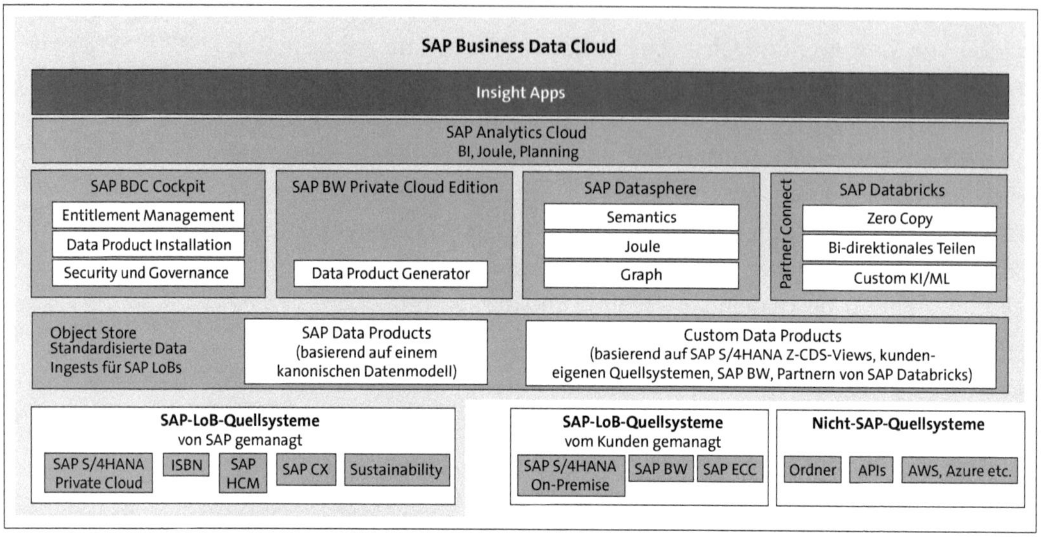

Abbildung 3.1 Architektur der SAP Business Data Cloud

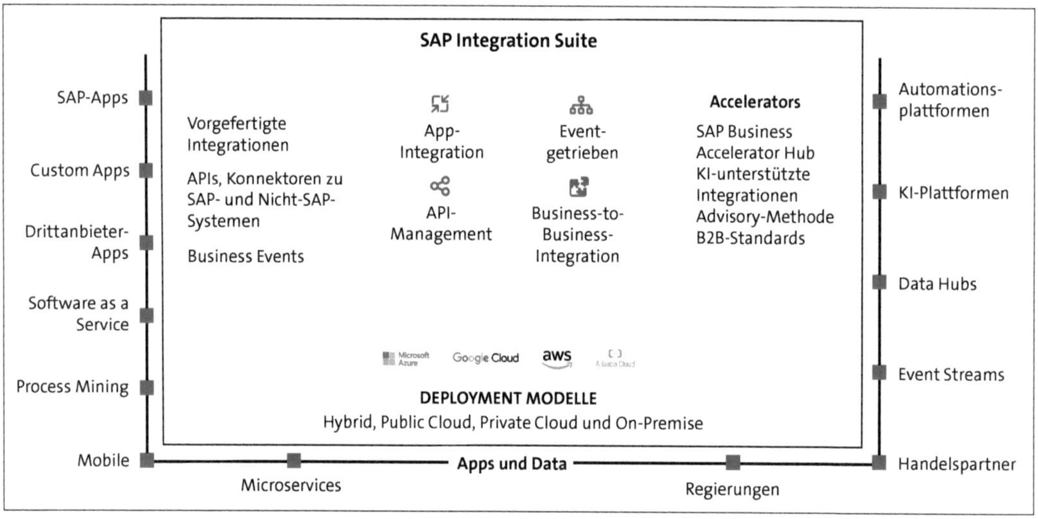

Abbildung 3.2 SAP Integration Suite und ihre Funktionen

3.2.2 Organisatorische Herausforderungen der KI-Integration und ihre Lösungen

Change Management

Neben den technischen Aspekten erfordert die Einführung von KI eine Anpassung bestehender Geschäftsprozesse. Automatisierte Entscheidungen, maschinelle Vorhersagen und KI-gestützte Optimierungsalgorithmen verändern die Art und Weise, wie Unternehmen arbeiten. Dies kann zu Widerständen innerhalb der Belegschaft führen, da sich Arbeitsabläufe und Verantwortlichkeiten verändern. Unternehmen müssen daher gezielt Change-Management-Strategien implementieren, um Akzeptanz für KI-Technologien zu schaffen. Schulungen und Weiterbildungen spielen hierbei eine entscheidende Rolle, um Mitarbeitende auf die Zusammenarbeit mit KI-Systemen vorzubereiten.

KI-Modelle kontinuierlich evaluieren

Zudem benötigen Unternehmen klare Strategien zur Überwachung und Qualitätssicherung von KI-gestützten Prozessen. Da KI-Modelle aus historischen Daten lernen, besteht die Gefahr von Verzerrungen (Bias) in den Ergebnissen. Unternehmen müssen daher Mechanismen zur kontinuierlichen Evaluierung und Nachjustierung von KI-Modellen etablieren, um eine faire und zuverlässige Entscheidungsfindung zu gewährleisten.

Zusammenarbeit zwischen IT, Fachabteilungen und Geschäftsleitung

Die Herausforderungen bei der KI-Integration erfordern eine enge Zusammenarbeit zwischen IT-Teams, Fachabteilungen und Geschäftsleitung. Unternehmen, die eine durchdachte Strategie entwickeln, moderne Datenintegrationsplattformen nutzen und gezielt in Change-Management-Maßnahmen investieren, sind in der Lage, das volle Potenzial von KI für ihre Geschäftsprozesse zu erschließen.

DSGVO und branchenspezifische Regularien

Die Einhaltung gesetzlicher Vorgaben ist ein zentraler Faktor bei der KI-Integration. Besonders in regulierten Branchen wie dem Finanz-, Gesundheits- oder dem öffentlichen Sektor gelten strenge Vorschriften hinsichtlich des Datenschutzes, der Compliance und der Transparenz von Algorithmen. Unternehmen müssen sicherstellen, dass ihre KI-Anwendungen die Anforderungen der Datenschutz-Grundverordnung (DSGVO) sowie weiterer branchenspezifischer Regularien erfüllen. Dies betrifft insbesondere die Speicherung und Verarbeitung personenbezogener Daten sowie die Nachvollziehbarkeit von KI-gestützten Entscheidungen.

Schutz vor Angriffen

Ein weiteres sicherheitsrelevantes Thema ist der Schutz vor Cyberangriffen. KI-Systeme, die sensible Unternehmensdaten verarbeiten, sind potenzielle Ziele für Hackerangriffe. Unternehmen müssen daher robuste Sicherheitsstrategien implementieren, darunter Verschlüsselungstechnologien, Zugriffskontrollen und kontinuierliche Sicherheitsüberwachungen. Besonders in Public-Cloud-Umgebungen müssen Unternehmen genau prüfen, welche Daten extern verarbeitet und welche Schutzmaßnahmen von Cloud-Anbietern bereitgestellt werden.

3.3 Tools und Technologien für die Integration von KI-Lösungen

Die Integration von KI in bestehende IT-Systeme erfordert den Einsatz leistungsfähiger Tools und Technologien, die eine reibungslose Einbettung in unterschiedliche Systemlandschaften ermöglichen. Dabei spielen Middleware-Lösungen, APIs sowie KI-spezifische Erweiterungen eine zentrale Rolle. Diese Technologien ermöglichen es Unternehmen, KI-Modelle in bestehende Prozesse zu integrieren, Daten effizient zu verarbeiten und sicherzustellen, dass die KI-Modelle mit vorhandenen Unternehmenssystemen interagieren können.

Middleware-Lösungen

Middleware-Lösungen agieren als Vermittler zwischen verschiedenen Anwendungen und Systemen. Sie ermöglichen die Kommunikation und den Datenaustausch zwischen KI-gestützten Anwendungen und bestehenden IT-Systemen, ohne dass diese direkt miteinander verbunden sein müssen. Ein Beispiel aus der SAP-Welt ist die SAP Integration Suite, die als zentrale Plattform für die Anbindung externer Systeme, Datenquellen und KI-Dienste dient. Sie stellt standardisierte Schnittstellen bereit, um Machine-Learning-Modelle mit SAP ECC, SAP S/4HANA oder anderen Unternehmenslösungen zu verbinden.

Neben SAP existieren auch Nicht-SAP-Middleware-Lösungen, die in Unternehmen für die KI-Integration genutzt werden.

Drittanbieter-Lösungen

Apache Kafka ist beispielsweise eine Open-Source-Plattform, die für die Echtzeitverarbeitung von Datenströmen verwendet wird. Unternehmen nutzen Apache Kafka, um KI-Modelle mit Live-Daten aus IoT-Geräten, Produktionsanlagen oder CRM-Systemen zu versorgen. *MuleSoft Anypoint Platform* ist eine weitere Middleware-Lösung, die eine API-gesteuerte Integration von KI-Modellen in verschiedene Unternehmenssysteme ermöglicht.

APIs und Schnittstellen für die KI-Integration

APIs sind essenziell für die Integration von KI-Lösungen in bestehende IT-Systeme, da sie eine standardisierte Kommunikation zwischen KI-Diensten und Unternehmenssoftware ermöglichen. In der SAP-Welt bietet der SAP AI Core eine leistungsfähige API, mit der Unternehmen KI-Modelle innerhalb der SAP BTP verwalten und in Unternehmensprozesse einbinden können. Dies ermöglicht es, maschinelles Lernen und Automatisierung in bestehende Geschäftsabläufe zu integrieren.

APIs für Bilderkennung und Sprachanalyse

Ein weiteres Beispiel ist die *Google AI Platform*, die eine breite Palette von APIs für maschinelles Lernen bereitstellt, darunter die *Google Cloud Vision API* für Bilderkennung oder die *Google Natural Language API* für die Verarbeitung natürlicher Sprache. Unternehmen, die KI-gestützte Chatbots oder

Sprachanalyse in ihre Prozesse integrieren möchten, können diese APIs nutzen, um ihre bestehenden Systeme um intelligente Funktionen zu erweitern.

KI-spezifische Erweiterungen der SAP-Umgebung

Innerhalb der SAP-Umgebung gibt es verschiedene KI-spezifische Erweiterungen, die Unternehmen nutzen können, um maschinelles Lernen in ihre Geschäftsprozesse zu integrieren. Die AI Foundation stellt eine Plattform bereit, um KI-Modelle zu trainieren, zu verwalten und in SAP-Anwendungen zu nutzen. Sie bietet eine einheitliche Umgebung für die Entwicklung von KI-Modellen, die sich nahtlos mit SAP S/4HANA, der SAP Business Data Cloud, der SAP Analytics Cloud, der SAP Datasphere und anderen SAP-Lösungen verbinden lassen.

Verbindung unterschiedlicher Datenquellen für ML

Zudem bietet die SAP Business Data Cloud eine leistungsfähige Lösung für das Datenmanagement und die Integration von KI-gestützten Prozessen. Unternehmen können damit große Datenmengen aus verschiedenen Quellen zusammenführen, bereinigen und für maschinelles Lernen vorbereiten. Diese Plattform unterstützt auch hybride KI-Architekturen, bei denen KI-Modelle sowohl in der Cloud als auch On-Premise ausgeführt werden.

Fazit und strategische Bedeutung der Technologien

Die Integration von KI in Unternehmenssysteme erfordert leistungsfähige Technologien, die Datenverarbeitung, Modellverwaltung und Prozessautomatisierung ermöglichen. Middleware-Lösungen wie die SAP Integration Suite, Apache Kafka oder MuleSoft erleichtern den Datenaustausch und die Interoperabilität zwischen KI-Anwendungen und bestehenden IT-Systemen. APIs und Plattformen wie der SAP AI Core oder die Google AI bieten standardisierte Schnittstellen zur Nutzung von KI-Funktionen. Darüber hinaus spielen KI-spezifische Erweiterungen wie die AI Foundation oder die SAP Business Data Cloud eine entscheidende Rolle bei der Operationalisierung von KI-Modellen in SAP-Umgebungen.

Unternehmen, die KI-Technologien erfolgreich in ihre Geschäftsprozesse integrieren möchten, sollten eine umfassende Strategie zur Nutzung dieser Technologien entwickeln. Dabei gilt es, sowohl die technische Architektur als auch die geschäftlichen Anforderungen zu berücksichtigen, um den größtmöglichen Nutzen aus KI-gestützten Prozessen zu ziehen.

3.4 Fallbeispiele

Die erfolgreiche Integration von KI-Lösungen in verschiedene IT-Landschaften erfordert bewährte Vorgehensweisen, die sowohl technische als auch organisatorische Aspekte berücksichtigen. In diesem Abschnitt stellen wir verschiedene Best Practices sowie praxisnahe Beispiele aus unterschiedlichen Branchen vor, die zeigen, wie Unternehmen KI effizient implementieren können.

3.4.1 Fallbeispiel 1: KI-gestützte vorausschauende Wartung in der Fertigungsindustrie

Reduzierung ungeplanter Stillstände

Ein Unternehmen implementierte eine KI-gestützte Lösung zur vorausschauenden Wartung, um ungeplante Stillstände in der Produktion zu minimieren. Die zentrale Herausforderung bestand darin, Sensordaten von Maschinen in Echtzeit zu erfassen und mittels maschinellen Lernens Anomalien frühzeitig zu erkennen. Die Architektur dieser Lösung basierte auf einer Kombination aus Edge-Computing, einer Private-Cloud-Umgebung für die Analyse und einem On-Premise-SAP-System für die Automatisierung der Wartungsprozesse. In Abbildung 3.3 sehen Sie diese Architektur.

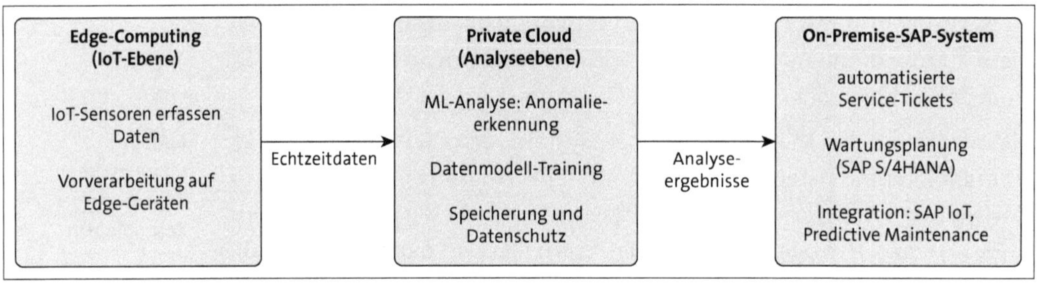

Abbildung 3.3 Architekturbild eines KI-gestützten Predictive-Maintenance-Szenarios

Vorverarbeitung von Sensordaten direkt an der Maschine

Die Sensordaten wurden direkt an den Maschinen über IoT-fähige Sensoren erfasst und zunächst auf Edge-Geräten vorverarbeitet, um irrelevante Daten auszuschließen und eine erste Analyse durchzuführen. Diese gefilterten Daten wurden anschließend in einer Private-Cloud-Umgebung gespeichert und mithilfe von maschinellen Lernalgorithmen analysiert, die Muster von sich anbahnenden Maschinenausfällen erkannten. Die Ergebnisse dieser Analysen wurden in das zentrale On-Premise-SAP-System des Unternehmens eingespeist, wo automatisierte Service-Tickets generiert wurden, um Wartungsarbeiten gezielt auszulösen.

Kombination aus SAP Predictive Asset Insights, SAP IoT und TensorFlow

Technologisch wurde die Lösung durch eine Kombination von SAP Predictive Asset Insights für die Anomalieerkennung, SAP IoT zur Verwaltung der Sensordaten und maschinelle Lernbibliotheken wie TensorFlow und Scikit-learn für das Modelltraining realisiert. Die Echtzeit-Datenübertragung zwischen den Systemen erfolgte über Apache Kafka, während SAP S/4HANA als zentrale ERP-Plattform die Umsetzung der Wartungsmaßnahmen steuerte. Abbildung 3.4 zeigt diese Architektur.

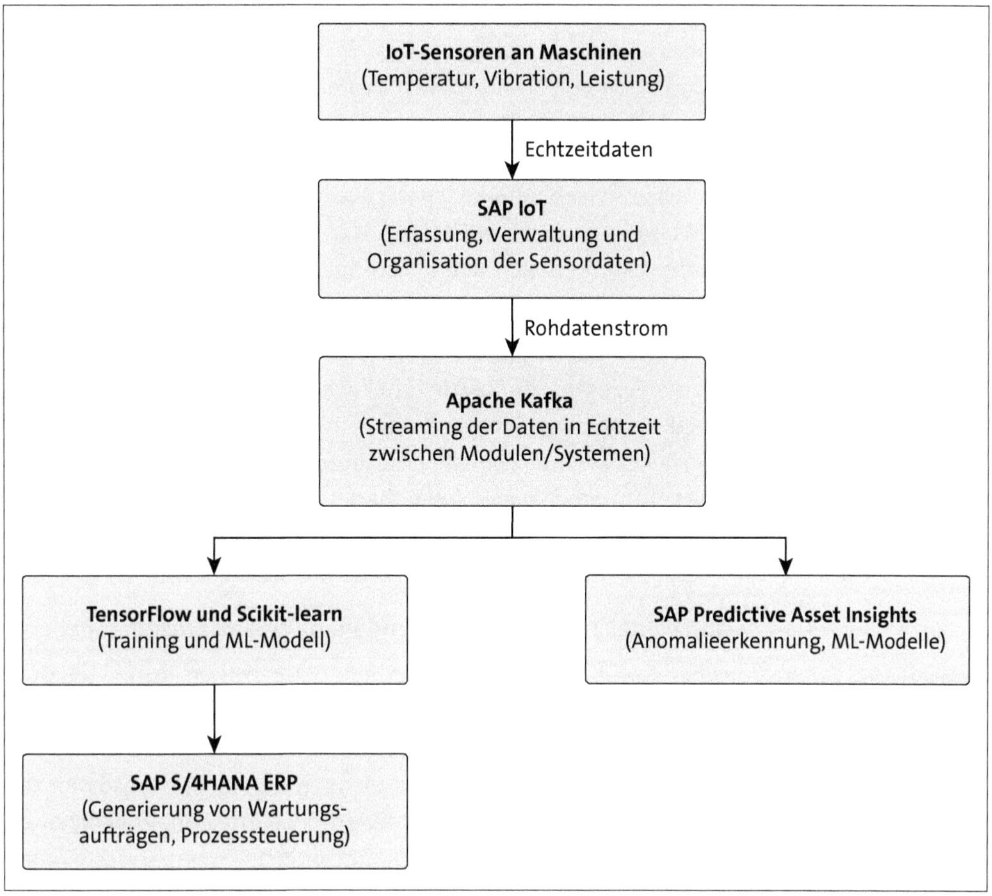

Abbildung 3.4 Architektur des Technologie-Stacks der Predictive-Maintenance-Lösung mit SAP

Bei der Implementierung dieser Lösung traten verschiedene Herausforderungen auf. Unterschiedliche Maschinentypen lieferten Sensordaten in uneinheitlichen Formaten, sodass zunächst eine umfassende Harmonisierung und Normalisierung der Daten erforderlich war. Die Echtzeitverarbeitung der Sensordaten erforderte eine leistungsfähige Edge-Computing-Infrastruktur, da die Datenmengen extrem groß waren und nicht ausschließlich in die Cloud übertragen werden konnten. Zudem mussten Sicherheits- und Datenschutzanforderungen berücksichtigt werden, da viele der Sensordaten innerhalb der Unternehmensfirewall verbleiben mussten.

30 Prozent weniger Maschinenstillstände und 20 Prozent geringere Wartungskosten

Die Einführung dieser KI-gestützten Predictive-Maintenance-Lösung führte zu signifikanten Verbesserungen. Die Anzahl ungeplanter Maschinenstillstände konnte um 30 Prozent reduziert werden, da frühzeitig erkannt wurde, wann Wartungsmaßnahmen notwendig waren. Durch die genaueren Vorhersagen des Verschleißverhaltens einzelner Komponenten konnten die Ersatzteilbestände optimiert werden, was zu einer Senkung der Lagerkosten führte. Zudem ergaben sich Kosteneinsparungen von bis zu 20 Prozent bei Wartungsaufwänden, da vorbeugende Maßnahmen gezielter durchgeführt wurden und teure Notfallreparaturen vermieden werden konnten. Auch aus Nachhaltigkeitsperspektive zeigte sich ein positiver Effekt, da die Maschinen durch optimierte Wartungsintervalle effizienter betrieben wurden und weniger Energie verbrauchten.

Diese Fallstudie verdeutlicht, wie durch die intelligente Kombination von IoT-Sensortechnologie, KI-gestützter Datenanalyse und ERP-Integration die Effizienz in der Fertigungsindustrie erheblich gesteigert werden kann. Unternehmen, die eine vergleichbare Lösung implementieren möchten, sollten sicherstellen, dass eine robuste Dateninfrastruktur vorhanden ist und maschinelle Lernmodelle regelmäßig mit neuen Daten aktualisiert werden, um ihre Vorhersagegenauigkeit kontinuierlich zu verbessern.

3.4.2 Fallbeispiel 2: KI-gestützte Kundenanalyse im Einzelhandel

KI-Modelle für personalisierte Angebote und Bestandsoptimierung

Ein Einzelhandelsunternehmen setzte eine KI-gestützte Kundenanalyse ein, um das Kaufverhalten seiner Kundinnen und Kunden besser zu verstehen und gezieltere Marketingstrategien zu entwickeln. Die zentrale Herausforderung bestand darin, große Mengen an Transaktionsdaten aus verschiedenen Filialen und Onlineplattformen zu erfassen, in Echtzeit zu analysieren und daraus verwertbare Erkenntnisse für personalisierte Angebote und eine optimierte Bestandsplanung abzuleiten.

SAP BTP für Datenintegration und Analyse

Die technologische Basis dieser Lösung war eine Public-Cloud-Architektur, die es ermöglichte, die anfallenden Datenmengen flexibel zu skalieren und gleichzeitig moderne KI-Algorithmen für die Analyse zu nutzen. Über die SAP BTP wurden die Transaktionsdaten aus verschiedenen Quellen in einer zentralen Datenbank gesammelt. Diese Daten umfassten nicht nur klassische Verkaufsinformationen, sondern auch ergänzende Faktoren wie Wetterdaten, saisonale Trends und Kundenprofile, die aus Loyalty-Programmen gewonnen wurden. Abbildung 3.5 zeigt eine Referenzarchitektur, wie sie für dieses Szenario umgesetzt wurde.

Die Analyse der Daten erfolgte mit ML-Algorithmen, die Muster im Kaufverhalten erkannten und auf Basis historischer Daten Prognosen für zukünftige Käufe erstellten. Diese Modelle wurden in regelmäßigen Abständen mit neuen Daten trainiert, um sich kontinuierlich an veränderte Marktbedingungen anzupassen. Durch die Integration dieser Modelle in die bestehende SAP-S/4HANA-Umgebung konnten automatisch Preisoptimierungen, Sortimentsanpassungen und gezielte Rabattaktionen in den Filialen und im Onlineshop gesteuert werden.

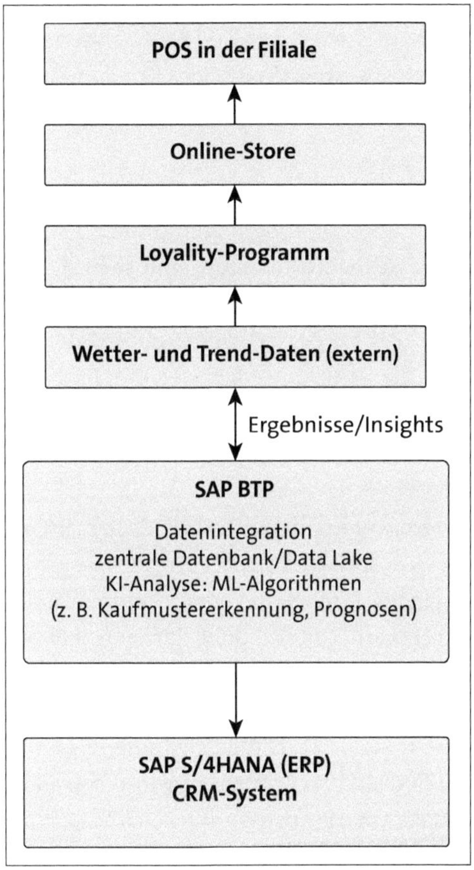

Abbildung 3.5 Architektur: KI-gestützte Kundenanalyse im Einzelhandel mit der SAP BTP

Ein besonders erfolgreiches Anwendungsbeispiel war die dynamische Preisgestaltung. Das KI-System analysierte in Echtzeit die Verkaufszahlen bestimmter Produkte und passte Preise entsprechend der Nachfrage an. Bei hoher Nachfrage wurden die Preise stabil gehalten, während bei langsam laufenden Artikeln automatisch Rabattaktionen ausgelöst wurden. Dies führte dazu, dass das Unternehmen seine Lagerhaltungskosten um 20 Prozent reduzieren konnte und zugleich der Umsatz durch personalisierte Angebote deutlich gesteigert wurde.

Ein weiteres zentrales Element der Lösung war die Integration von KI in die Kundenkommunikation. Mithilfe des SAP Copilots wurden Chatbots implementiert, die Kunden individuell zugeschnittene Produktempfehlungen gaben und Fragen zu Verfügbarkeiten und Sonderaktionen beantworteten. Die Chatbots nutzten dabei die Erkenntnisse aus den Kundenanalysen und verbesserten die Interaktion mit den Konsumentinnen und Konsumenten erheblich, indem sie relevante Produktempfehlungen auf Basis früherer Käufe und Interessen ausspielten.

Die Umsetzung dieser Lösung brachte jedoch auch Herausforderungen mit sich. Die Verarbeitung und Speicherung von Kundendaten unterlag strengen Datenschutzrichtlinien, weshalb das Unternehmen eine hybride Lösung einsetzte: Während aggregierte Analysedaten in der Public Cloud gespeichert und verarbeitet wurden, blieben personenbezogene Daten in einer Private-Cloud-Umgebung, um die Anforderungen der Datenschutz-Grundverordnung (DSGVO) zu erfüllen. Zudem mussten bestehende IT-Systeme mit der neuen KI-Plattform verknüpft werden, was eine aufwendige API-Integration erforderlich machte.

20 Prozent geringere Lagerhaltungskosten und 25 Prozent höhere Conversion-Rate

Die Implementierung der KI-gestützten Kundenanalyse erwies sich als äußerst erfolgreich. Neben der bereits erwähnten Reduzierung der Lagerhaltungskosten und der Umsatzsteigerung konnte das Unternehmen auch die Kundenbindung signifikant verbessern. Die personalisierten Angebote führten zu einer um 25 Prozent höheren Conversion-Rate bei digitalen Werbemaßnahmen, während die automatisierte Kommunikation über Chatbots die Kundenzufriedenheit spürbar steigerte. Diese Fallstudie zeigt, wie Unternehmen durch den gezielten Einsatz von KI nicht nur ihre betriebliche Effizienz steigern, sondern auch ihre Marktposition stärken und sich im Wettbewerb differenzieren können.

3.4.3 Fallbeispiel 3: Automatisierte Rechnungsverarbeitung mit KI in einem Finanzunternehmen

Automatische Erfassung und Validierung mit KI und ML

Ein global agierendes Finanzdienstleistungsunternehmen implementierte eine KI-gestützte Lösung zur automatisierten Rechnungsverarbeitung, um den manuellen Aufwand in der Finanzbuchhaltung erheblich zu reduzieren. Vor der Einführung dieser Lösung mussten eingehende Rechnungen manuell geprüft, relevante Informationen extrahiert und anschließend in das bestehende ERP-System eingepflegt werden. Dies war nicht nur zeitaufwendig, sondern führte aufgrund der manuellen Dateneingabe auch zu einer hohen Fehleranfälligkeit. Die Herausforderung bestand darin, einen durchgängigen, effizienten und skalierbaren Prozess zu schaffen, der mit einer Vielzahl von Rechnungsformaten und Sprachen umgehen konnte.

Die technologische Grundlage dieser Lösung basierte auf einer Kombination aus Optical Character Recognition (OCR), Natural Language Processing (NLP) und ML. Dafür wurde SAP Document AI genutzt. Die Rechnungen wurden über verschiedene Kanäle, darunter E-Mail-Anhänge, gescannte Dokumente oder elektronische Rechnungsformate, in das System eingespielt. Eine KI-gestützte OCR-Engine analysierte die Dokumente, erkannte automatisch relevante Felder wie Rechnungsnummer, Betrag, Mehrwertsteuer und Lieferantendetails und konvertierte diese Informationen in strukturierte Daten.

Die extrahierten Daten wurden anschließend durch ein ML-Modell validiert, das anhand historischer Buchhaltungsdaten trainiert wurde. Das Modell konnte Abweichungen in Rechnungen erkennen, Plausibilitätsprüfungen durchführen und auf verdächtige Anomalien hinweisen. Rechnungen, die den vordefinierten Geschäftsregeln entsprachen, wurden direkt an das SAP-S/4HANA-System zur Weiterverarbeitung übergeben. Falls Unstimmigkeiten festgestellt wurden, wurde automatisch ein Prüfprozess angestoßen, bei dem die zuständigen Mitarbeiter über ein Dashboard informiert wurden und eine manuelle Überprüfung vornehmen konnten.

Ein zentraler Bestandteil dieser Lösung war die Integration mit der SAP BTP und der SAP Integration Suite. Diese Plattformen ermöglichten eine nahtlose Anbindung an externe Lieferantensysteme sowie eine automatische Synchronisierung mit den internen Finanzbuchhaltungssystemen. Darüber hinaus ermöglichte die Anbindung an den SAP AI Core die kontinuierliche Verbesserung der ML-Modelle durch Feedback-Mechanismen. Jede manuelle Korrektur einer Rechnung wurde genutzt, um das KI-Modell weiter zu trainieren und dessen Erkennungsgenauigkeit sukzessive zu verbessern.

Abbildung 3.6 zeigt eine mögliche Zielarchitektur zur Umsetzung der KI-gestützten Rechnungsverarbeitung mit der SAP BTP, der SAP Integration Suite und dem SAP AI Core.

Reduzierung manueller Arbeit und 80 Prozent geringere Fehlerquote

Die Implementierung dieser KI-gestützten Rechnungsverarbeitung führte zu erheblichen Effizienzgewinnen. Die Bearbeitungszeit pro Rechnung konnte um 60 Prozent gesenkt werden, da der Großteil der Dokumente ohne menschliche Interaktion verarbeitet wurde. Zudem reduzierte sich die Fehlerquote um 80 Prozent, da durch die KI-gestützte Validierung inkorrekte Eingaben und Rechenfehler weitgehend vermieden wurden. Neben den direkten Kosteneinsparungen profitierte das Unternehmen auch von einer verbesserten Einhaltung von Zahlungsfristen, wodurch Skonti besser genutzt und Mahngebühren vermieden werden konnten.

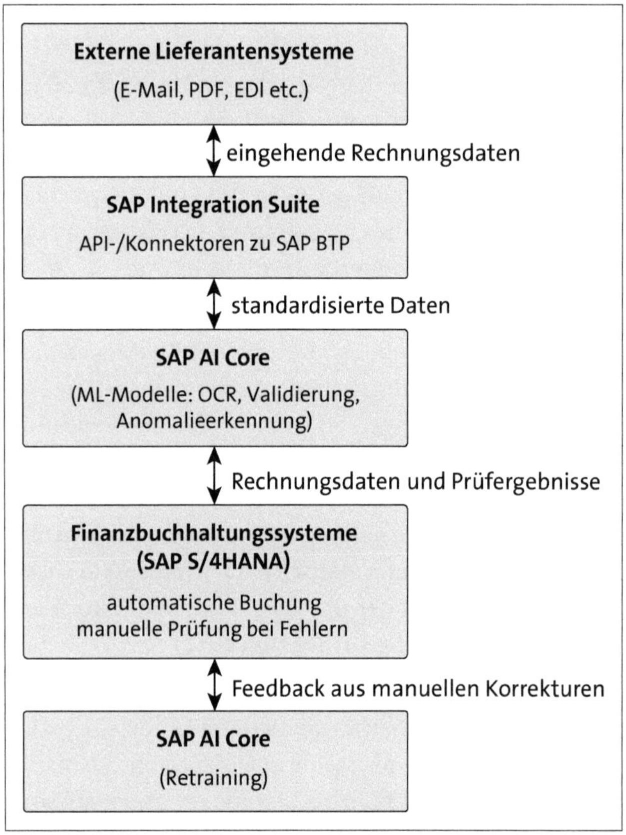

Abbildung 3.6 Architektur der KI-gestützten Rechnungsverarbeitung mit der SAP BTP

Anpassung der OCR-Modelle und DSGVO-Konformität

Herausforderungen traten insbesondere bei der Integration mit bestehenden Finanzsystemen auf, da die Rechnungsformate stark variierten und viele Lieferanten individuelle Layouts verwendeten. Dies erforderte eine kontinuierliche Anpassung der OCR-Modelle sowie eine enge Zusammenarbeit mit den Geschäftspartnern, um standardisierte Rechnungsformate zu etablieren. Zudem mussten regulatorische Anforderungen berücksichtigt werden, da Rechnungsdaten sensible Informationen enthalten und die Verarbeitung in Übereinstimmung mit Datenschutzvorgaben wie der DSGVO erfolgen musste.

Die Einführung der KI-gestützten Rechnungsverarbeitung zeigte eindrucksvoll, wie moderne Technologien in der Finanzbranche zur Prozessautomatisierung und Fehlerreduktion beitragen können. Durch die Kombination aus OCR, maschinellem Lernen und intelligenter Integration in bestehende

ERP-Systeme konnte das Unternehmen nicht nur seine Effizienz steigern, sondern auch seine Compliance-Anforderungen besser erfüllen und Mitarbeitende von repetitiven Aufgaben entlasten. Diese Best Practice verdeutlicht, dass der Einsatz von KI in der Finanzbuchhaltung einen erheblichen Mehrwert schafft und eine zukunftsfähige Lösung für die Automatisierung administrativer Prozesse darstellt.

3.4.4 Fallbeispiel 4: KI-gesteuerte Automatisierung im Gesundheitswesen

Entlastung des Personals und effizientere Abläufe

Ein Krankenhausverband entschied sich für die Implementierung einer KI-gestützten Lösung, um Prozesse in der Patientenverwaltung und medizinischen Diagnostik effizienter zu gestalten. Der bestehende manuelle Verwaltungsaufwand war mit hohen Kosten und langen Bearbeitungszeiten verbunden, insbesondere bei der Verarbeitung von Patientendaten, der Terminplanung und der Dokumentation von medizinischen Befunden. Ziel war es, durch die Automatisierung dieser Abläufe eine bessere Patientenversorgung zu ermöglichen, medizinisches Personal zu entlasten und Fehlerquoten zu reduzieren.

Die technologische Grundlage dieser Lösung bestand aus einer Kombination von Natural Language Processing (NLP), Machine Learning und cloudbasierten Datenanalysen. Patientendaten, die aus elektronischen Gesundheitsakten, Laborberichten und medizinischen Bildgebungsdaten stammten, wurden mithilfe von NLP-Technologien analysiert und strukturiert aufbereitet. Ein KI-gestütztes Entscheidungsunterstützungssystem ermöglichte Ärztinnen und Ärzten die automatische Identifikation von potenziellen Diagnosen auf Basis historischer Patientenfälle und aktueller medizinischer Forschung.

Sensible Daten On-Premise, Analysen in der Cloud

Die Lösung wurde in einer hybriden Cloud-Architektur implementiert. Die Analyse medizinischer Daten erfolgte in einer Public-Cloud-Umgebung, um die Skalierbarkeit und Rechenleistung für große Datenmengen zu gewährleisten, während sensible Patientendaten in einer Private Cloud oder On-Premise-Infrastruktur gespeichert blieben, um Datenschutz- und Compliance-Anforderungen wie die DSGVO einzuhalten. Die Integration mit bestehenden Krankenhausverwaltungssystemen erfolgte über die SAP BTP, die eine standardisierte Anbindung an elektronische Patientenakten und SAP Patient Management ermöglichte.

Abbildung 3.7 zeigt eine Zielarchitektur zur KI-gestützten Analyse von Daten im Gesundheitswesen als hybrides Cloud-Modell.

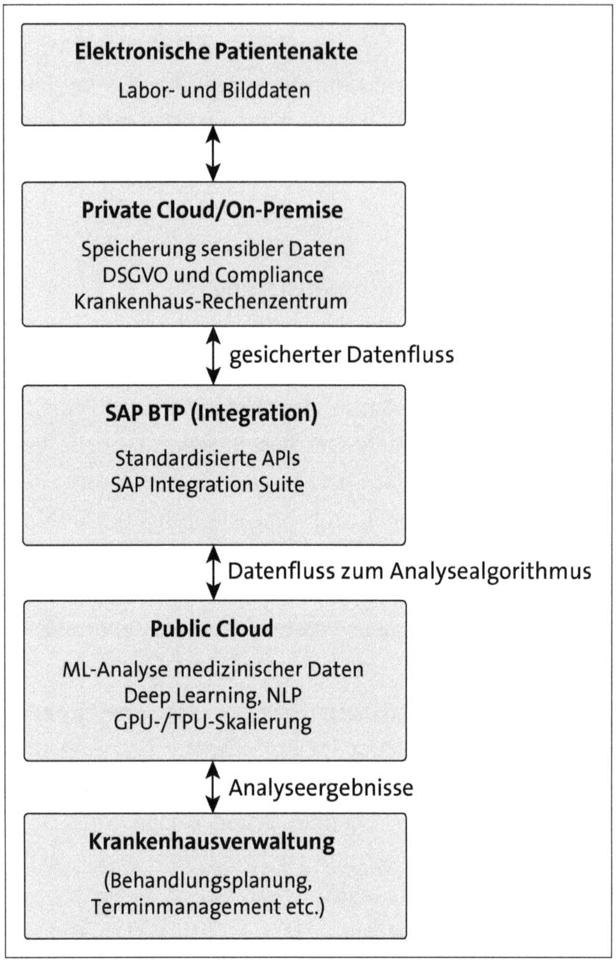

Abbildung 3.7 Architektur zur KI-gestützten Analyse im Gesundheitswesen

Ein weiterer zentraler Aspekt war die Automatisierung der Terminvergabe. Ein intelligenter KI-gestützter Planungsalgorithmus analysierte die Verfügbarkeiten von Ärztinnen und Ärzten, Behandlungsräumen und medizinischen Geräten, um automatisch die effizientesten Termine für Patienten vorzuschlagen. Gleichzeitig wurden Erinnerungen und relevante Informationen über Chatbots, die auf dem Generative AI Hub basierten, an die Patienten verschickt, wodurch die Anzahl der verpassten Termine um 25 Prozent reduziert werden konnte.

Neben der administrativen Optimierung wurde KI auch zur Unterstützung bei der Diagnosestellung eingesetzt. Eine speziell entwickelte Deep-Learning-Software analysierte medizinische Bildgebungsdaten aus CT- und MRT-Scans und konnte mit hoher Genauigkeit Anomalien wie Tumore oder Frakturen erkennen. Diese automatisierten Analysen wurden Ärztinnen und Ärzten zur Verfügung gestellt, die auf Basis dieser Vorhersagen fundiertere Entscheidungen treffen konnten. Die KI-Modelle wurden kontinuierlich mit neuen medizinischen Daten angereichert, um ihre Präzision und Verlässlichkeit zu steigern.

Schnellere Prozesse und genauere Diagnosen

Die Implementierung dieser Lösung führte zu erheblichen Effizienzsteigerungen im Krankenhausbetrieb. Die Bearbeitungszeit für administrative Prozesse konnte um 40 Prozent reduziert werden, während sich die diagnostische Genauigkeit durch KI-gestützte Analysemethoden messbar verbesserte. Zudem profitierte das medizinische Personal von einer Entlastung bei Routineaufgaben, sodass mehr Zeit für die persönliche Betreuung der Patienten zur Verfügung stand. Die Einhaltung strenger Datenschutzrichtlinien wurde durch eine klare Trennung der Datenverarbeitung zwischen Public Cloud und Private Cloud gewährleistet.

Die größte Herausforderung bei der Umsetzung bestand in der Integration der KI-Lösung mit bestehenden IT-Systemen und der Akzeptanz bei den medizinischen Fachkräften. Um eine reibungslose Einführung sicherzustellen, wurden umfangreiche Schulungsprogramme für Ärztinnen und Ärzte und Pflegekräfte durchgeführt, in denen der praktische Nutzen und die Handhabung der KI-Anwendungen vermittelt wurden. Zudem wurde eine enge Zusammenarbeit mit medizinischen Ethikkommissionen und Datenschutzbeauftragten etabliert, um sicherzustellen, dass die Nutzung der KI-Technologien ethischen und gesetzlichen Standards entsprach.

Diese Fallstudie zeigt, wie KI-gesteuerte Automatisierung im Gesundheitswesen nicht nur zu einer höheren Prozesseffizienz beiträgt, sondern auch die Qualität der Patientenversorgung erheblich verbessert. Durch den gezielten Einsatz von KI zur Analyse medizinischer Daten, zur Terminverwaltung und zur Entscheidungsunterstützung für Ärztinnen und Ärzte konnten sowohl die Behandlungszeiten als auch die Genauigkeit medizinischer Diagnosen optimiert werden. Der Einsatz von KI im Gesundheitswesen erweist sich somit als ein wegweisender Ansatz für eine moderne, datengetriebene Medizin, die Patienten schneller und präziser versorgen kann.

Fazit und strategische Erkenntnisse

Die erfolgreiche Implementierung von KI in unterschiedliche IT-Systemlandschaften erfordert eine durchdachte Strategie, die sich an den individuellen Anforderungen des Unternehmens orientiert. Die oben genannten Fallbeispiele zeigen, dass eine maßgeschneiderte Architektur – sei es On-

Premise, Private Cloud, Public Cloud oder eine hybride Lösung – entscheidend für den Erfolg ist. Unternehmen sollten sicherstellen, dass ihre KI-Modelle gut in bestehende Geschäftsprozesse integriert sind und dass Datenmanagement, Skalierbarkeit und Sicherheitsanforderungen berücksichtigt werden. Zudem ist eine kontinuierliche Optimierung der KI-Modelle durch regelmäßige Trainings und Anpassungen an sich verändernde Rahmenbedingungen essenziell.

Effizienzsteigerung, Kostenreduktion und Prozessoptimierung

Durch die konsequente Anwendung der in den Fallbeispielen beschriebenen Best Practices können Unternehmen die Effizienz steigern, Kosten reduzieren und Wettbewerbsvorteile durch den gezielten Einsatz von KI-Technologien erzielen.

3.5 Entscheidungsfindung: Die richtige Architektur für Ihre KI-Lösung

Balance zwischen Skalierbarkeit, Sicherheit, Kosten und Performance

Die Auswahl der geeigneten Architektur für KI-Projekte ist ein komplexer Entscheidungsprozess, der sowohl technische als auch geschäftliche Faktoren berücksichtigen muss. Unternehmen stehen vor der Herausforderung, eine Balance zwischen Skalierbarkeit, Datensicherheit, Kosten und Performance zu finden. Eine fundierte Entscheidung erfordert eine detaillierte Analyse der spezifischen Anforderungen des Unternehmens, der bestehenden IT-Landschaft sowie der zukünftigen strategischen Ausrichtung in Bezug auf KI-Technologien.

Ein zentraler Aspekt bei der Wahl der Architektur ist die Skalierbarkeit der KI-Lösung. Während Public-Cloud-Umgebungen nahezu unbegrenzte Rechenkapazitäten und elastische Skalierungsmöglichkeiten bieten, sind Private-Cloud- und On-Premise-Lösungen oft durch physische Ressourcen begrenzt.

Flexible Nutzung von GPUs und TPUs

Unternehmen mit hohen Anforderungen an rechenintensive KI-Modelle, wie etwa Deep Learning, profitieren häufig von der Public Cloud, da hier spezialisierte Hardware wie GPUs und TPUs flexibel genutzt werden können. In sicherheitskritischen Umgebungen, beispielsweise im Gesundheitswesen oder im Finanzsektor, ist hingegen eine Private Cloud oder eine hybride Lösung vorzuziehen, um sensible Daten innerhalb der Unternehmensgrenzen zu halten.

Neben der Skalierbarkeit spielt die Integration in bestehende Systeme eine entscheidende Rolle. Unternehmen, die bereits eine umfangreiche SAP-Infrastruktur nutzen, können von der tiefen Integration der SAP BTP profitieren, die KI-Modelle direkt mit ERP-, CRM- und SCM-Systemen verbindet. Für Unternehmen mit einer heterogenen IT-Landschaft ist eine Middleware-Lösung oder eine API-gesteuerte Architektur essenziell, um KI-Modelle effizient mit bestehenden Anwendungen zu verknüpfen. Die Wahl einer offenen, modularen Architektur ermöglicht eine flexiblere Integration und erleichtert die kontinuierliche Weiterentwicklung der KI-gestützten Prozesse.

SAP BTP

Die SAP BTP spielt eine entscheidende Rolle bei der Bereitstellung einer flexiblen und leistungsfähigen Infrastruktur für KI-Projekte. Sie ermöglicht Unternehmen, KI-Modelle zu entwickeln, bereitzustellen und in bestehende Geschäftsprozesse zu integrieren. Die SAP BTP unterstützt sowohl Public-Cloud- als auch hybride Architekturen und bietet Unternehmen damit maximale Flexibilität bei der Wahl ihrer Infrastruktur.

SAP AI Core und AI Foundation

Der SAP AI Core und die AI Foundation sind zentrale Komponenten innerhalb der SAP BTP, die Unternehmen dabei unterstützen, KI-Modelle zu verwalten und zu betreiben. Der SAP AI Core stellt eine standardisierte Laufzeitumgebung für maschinelles Lernen bereit, die sich nahtlos in SAP-Geschäftsprozesse einfügt. Die AI Foundation bietet darüber hinaus Werkzeuge für das Modellmanagement, die Bereitstellung und das Monitoring von KI-Anwendungen.

Ein weiterer wichtiger Bestandteil der SAP BTP ist die SAP Business Data Cloud, die Plattform für Datenmanagement und KI-gestützte Analysen. Sie ermöglicht Unternehmen, Daten aus verschiedenen Quellen – sowohl SAP- als auch Nicht-SAP-Systemen – zu verarbeiten, zu bereinigen und für KI-Modelle bereitzustellen. Besonders für Unternehmen mit hybriden Architekturen ist dies von entscheidender Bedeutung, da Daten sowohl aus On-Premise-Systemen als auch aus der Cloud verarbeitet werden müssen.

3.5.1 Hyperscaler und deren Bedeutung für KI-Architekturen

Skalierbare Infrastruktur und spezialisierte Rechenleistung

Hyperscaler wie Microsoft Azure, Amazon Web Services (AWS), Google Cloud Platform (GCP) oder Alibaba Cloud sind zentrale Bausteine für moderne KI-Architekturen. Sie bieten skalierbare Rechenleistung, leistungsfähige Speicherlösungen und spezialisierte KI-Services, die Unternehmen bei der Implementierung von KI-Anwendungen unterstützen.

Kombination aus On-Premise und Cloud für optimale Performance

Die Integration von SAP BTP mit Hyperscalern ermöglicht Unternehmen, die Vorteile beider Welten zu nutzen. So können Unternehmen beispielsweise ihre SAP-Kernsysteme in einer Private Cloud oder On-Premise betreiben, während sie gleichzeitig auf die Rechenleistung und die spezialisierten KI-Dienste eines Hyperscalers zugreifen. Dies ist besonders vorteilhaft für

Anwendungen, die eine hohe Rechenkapazität benötigen, wie etwa Deep-Learning-Modelle oder Echtzeit-Analysen.

Skalierbarkeit

Die Nutzung von Hyperscalern für KI-Projekte bringt zahlreiche Vorteile, aber auch Herausforderungen mit sich. Einer der größten Vorteile ist die Skalierbarkeit, da Unternehmen flexibel auf steigende Anforderungen reagieren können. Hyperscaler bieten zudem spezialisierte KI-Services wie AutoML, neuronale Netzwerke und vortrainierte Modelle, die Unternehmen in ihre eigenen Anwendungen integrieren können.

Globale Verfügbarkeit

Ein weiterer Vorteil ist die globale Verfügbarkeit. Hyperscaler betreiben Rechenzentren auf der ganzen Welt, sodass Unternehmen ihre KI-Modelle in geografisch verteilten Regionen ausführen können. Dies reduziert Latenzzeiten und ermöglicht eine effizientere Verarbeitung großer Datenmengen.

Kritische Daten On-Premise oder in der Private Cloud

Jedoch gibt es auch Herausforderungen, insbesondere im Hinblick auf Datensicherheit und Compliance. Unternehmen, die mit sensiblen Daten arbeiten, müssen sicherstellen, dass ihre Architektur den Datenschutzanforderungen entspricht. In vielen Fällen kann eine hybride Lösung, bei der kritische Daten On-Premise oder in einer Private Cloud gespeichert werden, während rechenintensive KI-Prozesse in der Public Cloud ausgeführt werden, eine optimale Lösung darstellen.

Multi-Cloud-Strategien und Kubernetes für Flexibilität

Ein weiterer Nachteil ist die Abhängigkeit von Cloud-Anbietern. Unternehmen, die sich für einen bestimmten Hyperscaler entscheiden, sind oft an dessen technische Infrastruktur und Preisgestaltung gebunden. Um dieser Abhängigkeit zu entgehen, setzen viele Unternehmen auf Multi-Cloud-Strategien oder nutzen containerisierte Anwendungen mit Kubernetes, um die Flexibilität bei der Wahl der Cloud-Umgebung zu erhöhen.

Skalierbarkeit, Sicherheit und Kosten abwägen

Die Wahl der richtigen Architektur für KI-Projekte hängt von verschiedenen Faktoren ab, darunter Skalierbarkeit, Integration, Sicherheit und Kosten. Unternehmen, die SAP-Technologien nutzen, können von der tiefen Integration der SAP BTP profitieren, während Hyperscaler leistungsstarke Rechenressourcen und spezialisierte KI-Dienste bereitstellen.

Für Unternehmen mit strikten Datenschutzanforderungen kann eine hybride Architektur eine geeignete Lösung sein, da sie die Vorteile der Cloud mit der Kontrolle über unternehmenseigene Daten kombiniert. Unternehmen, die maximale Skalierbarkeit und Agilität benötigen, können hingegen von einer Public-Cloud-Strategie profitieren, die ihnen Zugang zu leistungsstarken KI-Diensten und flexibler Rechenleistung bietet.

Letztendlich hängt die Wahl der richtigen Architektur von den spezifischen Anforderungen des Unternehmens ab. Unternehmen sollten eine detaillierte Kosten-Nutzen-Analyse durchführen, die die langfristige Skalierbarkeit und Flexibilität berücksichtigt. Der Einsatz von SAP BTP in Kombination mit Hyperscalern kann eine leistungsstarke Grundlage für die erfolgreiche Implementierung von KI-Projekten bieten und Unternehmen dabei unterstützen, ihre digitalen Transformationsziele zu erreichen.

3.5.2 Betriebskosten der SAP BTP

Langfristige Kostenplanung entscheidend für Wirtschaftlichkeit

Auch die langfristigen Betriebskosten sind ein wesentliches Entscheidungskriterium. Während Public-Cloud-Dienste durch ihr Pay-as-you-go-Modell zunächst kosteneffizient erscheinen, können sich langfristige Nutzungskosten durch steigende Rechen- und Speicheranforderungen erheblich erhöhen. Private-Cloud- und On-Premise-Lösungen erfordern hingegen hohe Anfangsinvestitionen, bieten jedoch eine bessere Kostenkontrolle über den gesamten Lebenszyklus der Infrastruktur hinweg. Unternehmen sollten daher eine detaillierte Kosten-Nutzen-Analyse durchführen, um die wirtschaftlich nachhaltigste Architektur für ihre KI-Projekte zu bestimmen. Abbildung 3.8 zeigt die unterschiedlichen Abrechnungsmodelle in der Cloud-Welt.

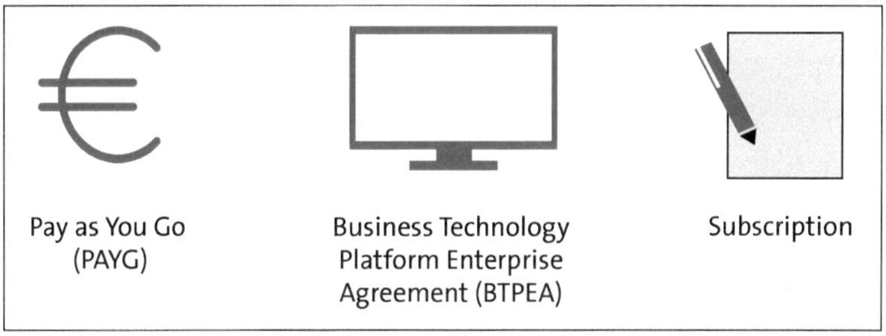

Abbildung 3.8 Die unterschiedlichen Abrechnungsmodelle in der Cloud

Das Pay-as-you-go-Abrechnungsmodell

Das *Pay-as-you-go-Abrechnungsmodell* (PAYG) in der SAP BTP ist ein flexibles Zahlungsmodell, bei dem Unternehmen nur für die tatsächlich genutzten Ressourcen und Services zahlen, ohne eine feste Abonnementgebühr oder langfristige Verpflichtungen einzugehen.

Hauptmerkmale des PAYG-Modells in SAP BTP sind die folgenden:

- Keine Vorabkosten.
- Kunden zahlen nur für die tatsächliche Nutzung der Services, ohne feste Grundgebühren oder Mindestabnahmen.
- Flexibilität: Unternehmen können Services nach Bedarf aktivieren und deaktivieren, ohne sich an langfristige Verträge zu binden.

- Dynamische Skalierbarkeit: Die Nutzung der SAP BTP kann je nach Geschäftsanforderungen skaliert werden, z. B. durch eine Erhöhung oder Reduzierung von Computing-Ressourcen.
- Automatische Abrechnung: Die Abrechnung erfolgt monatlich basierend auf der tatsächlichen Nutzung einzelner SAP-BTP-Services.
- Zugriff auf eine große Anzahl von Services: Unternehmen können auf eine Vielzahl von SAP-BTP-Services zugreifen (z. B. SAP Integration Suite, SAP AI Core, SAP HANA Cloud), ohne eine dedizierte Lizenz für jeden Service im Voraus zu erwerben.
- Wechselmöglichkeit auf das BTPEA-Modell: Kunden können später auf das Modell Business Technology Platform Enterprise Agreement (BTPEA) wechseln, falls ein planbares Kontingent benötigt wird.

Wann ist Pay as you go sinnvoll?

Das PAYG-Modell der SAP BTP ist besonders sinnvoll für Unternehmen, die maximale Flexibilität bei der Nutzung von Cloud-Services benötigen und eine kosteneffiziente, bedarfsorientierte Abrechnung bevorzugen. Dieses Modell richtet sich vor allem an Unternehmen, die ihre Cloud-Strategie noch entwickeln oder testen möchten, ohne sich langfristig zu binden oder hohe Anfangsinvestitionen tätigen zu müssen.

Ein wesentlicher Vorteil von PAYG besteht darin, dass Unternehmen SAP BTP erstmals testen oder pilotieren können, ohne ein großes finanzielles Risiko einzugehen. Unternehmen, die beispielsweise eine Proof-of-Concept-Phase (PoC) durchführen oder neue SAP-BTP-Services evaluieren möchten, profitieren von diesem Modell, da sie nur für die tatsächliche Nutzung zahlen. Dadurch können sie verschiedene Cloud-Services ausprobieren, deren Mehrwert für ihre Geschäftsprozesse bewerten und fundierte Entscheidungen über eine mögliche langfristige Nutzung treffen.

Ein weiteres Szenario, in dem PAYG besonders vorteilhaft ist, ergibt sich bei schwankendem oder unvorhersehbarem Bedarf an Cloud-Services. In vielen Branchen, insbesondere im E-Commerce, in der Fertigungsindustrie oder in projektbasierten Unternehmen, kann die Nachfrage nach IT-Ressourcen stark variieren. PAYG ermöglicht es Unternehmen, flexibel auf veränderte Geschäftsanforderungen zu reagieren, indem sie Cloud-Ressourcen nach Bedarf hoch- oder herunterskalieren. So lassen sich Spitzenlasten effizient bewältigen, ohne dauerhaft überdimensionierte Infrastrukturkosten tragen zu müssen.

Ein weiteres zentrales Argument für PAYG ist die Möglichkeit, mit niedrigen Anfangsinvestitionen zu starten und flexibel zu skalieren. Unternehmen, die ihre Cloud-Nutzung erst nach und nach ausbauen möchten, profitieren von der nutzungsbasierten Abrechnung, da sie keine langfristigen Verträge oder hohe Vorauszahlungen leisten müssen. Insbesondere für Start-ups, kleine und mittelständische Unternehmen (KMU) oder Abteilungen mit begrenztem IT-Budget ist dies eine attraktive Option, da sie Cloud-Services genau dann aktivieren können, wenn sie gebraucht werden, ohne sich finanziell zu überlasten.

Zusammenfassend eignet sich das Pay-as-you-go-Modell vor allem für Unternehmen, die SAP BTP zunächst testen, unvorhersehbare oder schwankende Cloud-Nutzungsmuster haben oder mit minimalen Investitionen starten und ihre Cloud-Infrastruktur nach Bedarf skalieren möchten. Es bietet maximale Flexibilität, Risikominimierung und Kostenkontrolle, sodass Unternehmen ihre Cloud-Strategie anpassen können, bevor sie in eine langfristige Nutzung oder ein festes Abrechnungsmodell wie das Business Technology Platform Enterprise Agreement (BTPEA) übergehen.

SAP bietet eine kostenlose Testversion von PAYG, sodass Kunden das Modell ausprobieren können, bevor sie in größere Projekte investieren.

Das Business Technology Platform Enterprise Agreement (BTPEA)

Das *Business Technology Platform Enterprise Agreement* (BTPEA) ist ein flexibles Abrechnungsmodell in der SAP BTP, das Unternehmen die Nutzung einer Vielzahl von Cloud-Services auf einer Guthabenbasis ermöglicht.

Dies sind die Hauptmerkmale des BTPEA-Modells:

- Vorausbezahltes Nutzungsguthaben.
- Unternehmen kaufen ein bestimmtes Guthaben (z. B. 50.000 EUR) im Voraus und nutzen dieses für verschiedene SAP-BTP-Services.
- Flexible Nutzung innerhalb des Guthabens: Das Guthaben kann für verschiedene SAP-BTP-Dienste verwendet werden (z. B. SAP Integration Suite, SAP HANA Cloud, SAP AI Core etc.), ohne dass für jeden Dienst eine separate Lizenz erworben werden muss.
- Automatische Abrechnung nach Nutzung: Die Nutzung der Services wird automatisch mit dem Guthaben verrechnet, ähnlich einem Prepaid-Modell.
- Zugriff auf ein breites Spektrum an Services: Unternehmen können flexibel zwischen über 90 verschiedenen Cloud-Services wählen und diese je nach Bedarf einsetzen.
- Rabattierte Preise bei höherem Volumen: Größere Guthabenpakete bieten oft günstigere Servicepreise im Vergleich zum PAYG-Modell.

- Kontinuierliche Nutzung und Skalierung: Falls das Guthaben aufgebraucht ist, kann es problemlos aufgestockt werden, um die Nutzung fortzusetzen.
- Mindestlaufzeit von einem Jahr: Unternehmen müssen sich für mindestens 12 Monate binden, können aber innerhalb dieser Zeit flexibel Services nutzen.

Wann ist BTPEA sinnvoll?

Das BTPEA ist besonders sinnvoll für Unternehmen, die eine kontinuierliche und planbare Nutzung der SAP BTP anstreben. Durch das vorausbezahlte Guthabenmodell profitieren Unternehmen von einem strukturierten und kosteneffizienten Ansatz zur Nutzung einer Vielzahl von Cloud-Services.

Ein zentraler Vorteil des BTPEA-Modells liegt in der regelmäßigen Nutzung von SAP-BTP-Services. Unternehmen, die bestimmte Services wie die SAP Integration Suite, SAP HANA Cloud oder SAP AI Core kontinuierlich einsetzen, können durch das vorab erworbene Guthaben eine stabilere und langfristig besser kalkulierbare Kostenstruktur aufbauen. Anders als das PAYG-Modell, bei dem die Abrechnung rein nutzungsbasiert erfolgt, erlaubt BTPEA eine strategische Planung der Cloud-Ressourcen und sorgt für eine zuverlässige Budgetierung.

Ein weiteres wichtiges Kriterium für den Einsatz von BTPEA ist die Verfügbarkeit eines festgelegten Budgets. Unternehmen, die bereits im Voraus ein gewisses Cloud-Kontingent einplanen können, profitieren von besseren Konditionen und möglichen Rabatten im Vergleich zu PAYG. Da größere Guthabenpakete oft zu günstigeren Preisen pro genutzter Einheit führen, kann BTPEA insbesondere für größere Unternehmen oder Organisationen mit klar definierten Cloud-Strategien eine erhebliche Kosteneinsparung bedeuten.

Zusätzlich ist BTPEA ideal für Unternehmen, die mehrere Cloud-Services flexibel kombinieren möchten. In einer dynamischen IT-Landschaft ist es oft erforderlich, verschiedene SAP-BTP-Dienste parallel zu nutzen – sei es für Integration, Datenanalyse, KI oder Anwendungsentwicklung. Das BTPEA-Modell ermöglicht es, verschiedene Services bedarfsgerecht zu aktivieren oder zu deaktivieren, ohne separate Verträge für jeden einzelnen Dienst abschließen zu müssen. Diese Flexibilität macht es besonders attraktiv für Unternehmen, die innovative digitale Lösungen implementieren und ihre SAP-Landschaft schrittweise erweitern möchten.

Zusammenfassend eignet sich das BTPEA-Modell für Unternehmen, die eine langfristige Nutzung der SAP BTP planen, über ein entsprechendes Budget zur Optimierung der Cloud-Kosten verfügen und gleichzeitig eine hohe Flexibilität bei der Auswahl und Kombination von Cloud-Services benötigen.

Das Subscription-Modell

Das *Subscription-Modell* in der SAP BTP ist ein traditionelles Abrechnungsmodell, bei dem Unternehmen eine feste monatliche oder jährliche Gebühr für die Nutzung bestimmter Cloud-Services zahlen. Dieses Modell eignet sich besonders für Unternehmen, die eine kalkulierbare, stabile Kostenstruktur benötigen und genau wissen, welche SAP-BTP-Services sie über einen längeren Zeitraum nutzen möchten.

Die Hauptmerkmale des Subscription-Modells sind die folgenden:

- **Feste Abonnementgebühren**
  - Kunden zahlen eine fixe monatliche oder jährliche Gebühr, unabhängig von der tatsächlichen Nutzung der Cloud-Services.
  - Das Preismodell ist planbar, da es keine Schwankungen durch unvorhersehbare Nutzung gibt.
- **Definierte Servicepakete**
  - Unternehmen wählen spezifische SAP-BTP-Services aus, die in einem Paket oder als Einzelservice gebucht werden.
  - Häufig sind diese Services in verschiedenen Lizenzstufen (Basic, Professional, Enterprise etc.) verfügbar.
- **Planbare und stabile Kostenstruktur**
  - Da die Gebühren fix sind, können Unternehmen ihre IT-Budgets besser verwalten und haben eine langfristige finanzielle Planungssicherheit.
  - Ideal für Unternehmen, die keine stark schwankende Nutzung von Cloud-Ressourcen haben.
- **Langfristige Bindung**
  - Das Subscription-Modell hat in der Regel eine Vertragslaufzeit von mindestens 12 Monaten oder länger.
  - Während dieser Zeit sind Unternehmen an die gebuchten Services gebunden und können nicht einfach auf andere Modelle umsteigen.
- **Eingeschränkte Skalierbarkeit**
  - Skalierung ist nur bedingt möglich, da Unternehmen sich für ein festes Servicepaket entscheiden.
  - Zusätzliche Services müssen häufig getrennt von einander gebucht und lizenziert werden.

Ideal für Unternehmen mit planbarem, konstantem Cloud-Bedarf

Das Subscription-Modell der SAP BTP eignet sich besonders für Unternehmen, die eine langfristige, stabile Nutzung bestimmter Cloud-Services planen. Es richtet sich an Organisationen, die bereits genau wissen, welche SAP-BTP-Dienste sie über einen längeren Zeitraum benötigen, ohne kurzfristige Anpassungen oder Skalierungen durchführen zu müssen. Durch die fixe Abrechnungsmethode ermöglicht dieses Modell eine hohe Kostenkontrolle und Planbarkeit, da Unternehmen monatliche oder jährliche Gebühren für definierte Services zahlen, unabhängig von Schwankungen in der tatsächlichen Nutzung.

Unternehmen mit einem konstanten Cloud-Bedarf profitieren besonders von diesem Modell. Wenn ein Unternehmen regelmäßig auf bestimmte SAP-BTP-Services angewiesen ist und diese kontinuierlich im Betrieb benötigt, stellt das Subscription-Modell eine wirtschaftlich sinnvolle Wahl dar. Durch die festen Abonnementgebühren können Unternehmen ihre IT-Kosten zuverlässig kalkulieren, ohne unerwartete Preissteigerungen oder nutzungsbedingte Mehrkosten zu riskieren. Dadurch eignet sich das Modell besonders für Unternehmen, die eine stabile IT-Infrastruktur mit vorhersehbarem Ressourcenbedarf betreiben.

Darüber hinaus ist das Subscription-Modell besonders attraktiv für Organisationen mit festen IT-Budgets, wie beispielsweise Unternehmen im öffentlichen Sektor oder größere Konzerne. Da viele dieser Organisationen ihre IT-Ausgaben frühzeitig planen und über begrenzte Budgets verfügen, ist eine klare Kostenstruktur ohne variable Abrechnungen von Vorteil.

Verlässliche Planungssicherheit

Das Subscription-Modell bietet hierbei eine verlässliche Planungssicherheit, da es keine Schwankungen durch unvorhersehbare Nutzungsspitzen gibt. Unternehmen können sich darauf verlassen, dass die gebuchten Cloud-Services zum vereinbarten Preis zur Verfügung stehen, was eine effektive Budgetkontrolle ermöglicht.

Auch für Unternehmen mit klar definierten Cloud-Strategien stellt das Subscription-Modell eine kosteneffiziente Lösung dar. Falls ein Unternehmen bereits genau weiß, welche SAP-BTP-Dienste es benötigt – beispielsweise die SAP Integration Suite, SAP HANA Cloud oder SAP AI Core –, können diese gezielt über das Subscription-Modell lizenziert werden. Dies vermeidet unnötige Overhead-Kosten, da Unternehmen nur für die festgelegten Services zahlen und nicht Gefahr laufen, ungenutzte Ressourcen zu finanzieren. Besonders Unternehmen, die bereits eine klare IT-Architektur und langfristige Digitalisierungsstrategien verfolgen, profitieren von dieser gezielten und vorhersehbaren Nutzung.

Ein weiterer wichtiger Anwendungsfall für das Subscription-Modell sind Organisationen mit langfristigen IT-Projekten. Unternehmen, die über mehrere Jahre hinweg ein klar definiertes Projekt umsetzen – sei es eine Digitalisierungsinitiative, die Einführung neuer Datenanalyseplattformen oder eine unternehmensweite Cloud-Migration –, profitieren von der Stabilität und Planbarkeit dieses Modells. Da die benötigten Cloud-Services während der gesamten Projektlaufzeit fest gebucht sind, können Unternehmen sicherstellen, dass ihre IT-Umgebung zuverlässig und ohne Unterbrechungen verfügbar bleibt.

Zusammenfassend ist das Subscription-Modell ideal für Unternehmen mit einem festen, planbaren IT-Bedarf, die Wert auf kalkulierbare Kosten, langfristige Stabilität und klare Cloud-Strategien legen. Es bietet Unternehmen eine verlässliche, vorhersehbare Kostenstruktur, die insbesondere bei längerfristigen IT-Initiativen oder bei festen Budgetvorgaben entscheidend sein kann.

Tabelle 3.1 zeigt eine Gegenüberstellung der unterschiedlichen Abrechnungsmodelle in der Cloud-Welt – speziell der SAP BTP.

Merkmal	Subscription-Modell	Pay as you go (PAYG)	Business Technology Platform Enterprise Agreement (BTPEA)
Kostenstruktur	Feste monatliche/jährliche Gebühren	Abrechnung nach tatsächlicher Nutzung	Vorausbezahltes Guthaben, flexible Nutzung
Flexibilität	Gering (gebuchte Services bleiben gleich)	Sehr hoch (jederzeit neue Services nutzbar)	Hoch (freie Nutzung innerhalb des Guthabens)
Budgetkontrolle	Sehr hoch (fixe Kosten)	Mittel (schwankende Kosten)	Hoch (vorausbezahltes Budget)
Laufzeitbindung	Langfristig (mind. 12 Monate)	Keine (monatliche Abrechnung)	Mindestens 12 Monate
Skalierbarkeit	Eingeschränkt (zusätzliche Lizenzen erforderlich)	Sehr hoch (nach Bedarf)	Hoch (innerhalb des Guthabens flexibel)

Tabelle 3.1 Gegenüberstellung der unterschiedlichen Abrechnungsmodelle der SAP BTP

Merkmal	Subscription-Modell	Pay as you go (PAYG)	Business Technology Platform Enterprise Agreement (BTPEA)
Geeignet für	Unternehmen mit stabiler Nutzung und fixem Budget	Unternehmen mit variabler Nutzung oder Tests	Unternehmen mit planbarer Cloud-Strategie
Kostenstruktur	Feste monatliche/jährliche Gebühren	Abrechnung nach tatsächlicher Nutzung	Vorausbezahltes Guthaben, flexible Nutzung

Tabelle 3.1 Gegenüberstellung der unterschiedlichen Abrechnungsmodelle der SAP BTP (Forts.)

Kontinuierliche Innovation

Schließlich muss die Architektur auch zukünftige Entwicklungen im Bereich der KI berücksichtigen. KI-Technologien entwickeln sich rasant weiter, und Unternehmen sollten sicherstellen, dass ihre gewählte Architektur flexibel genug ist, um neue Algorithmen, erweiterte Datenquellen und innovative KI-Anwendungsfälle zu integrieren. Eine cloud-native Architektur bietet hier Vorteile, da sie kontinuierliche Updates und die Nutzung neuester KI-Dienste ermöglicht, während On-Premise-Lösungen oft mit längeren Innovationszyklen verbunden sind.

Die Auswahl der richtigen Architektur für KI-Projekte erfordert somit eine ganzheitliche Betrachtung aller relevanten Faktoren. Unternehmen, die eine fundierte Entscheidung treffen möchten, sollten eine umfassende Analyse ihrer Anforderungen durchführen und sowohl technische als auch wirtschaftliche Aspekte berücksichtigen.

Hybride Strategie

Eine hybride Strategie, die die Vorteile von Public Cloud, Private Cloud und On-Premise kombiniert, kann in vielen Fällen eine optimale Lösung darstellen, da sie Flexibilität, Sicherheit und Skalierbarkeit miteinander verbindet. Letztendlich hängt die Wahl der richtigen Architektur von den individuellen Geschäftsanforderungen und der strategischen Zielsetzung des Unternehmens ab.

3.6 Zusammenfassung

Die digitale Transformation zwingt Unternehmen, ihre IT-Architektur sorgfältig auszuwählen und auf die Anforderungen moderner Geschäftsprozesse – insbesondere beim Einsatz von KI – abzustimmen.

Drei zentrale Architekturmodelle dominieren: Public Cloud, Private Cloud und On-Premise. Jedes Modell bringt charakteristische Vor- und Nachteile mit sich, die sich auf Skalierbarkeit, Datensicherheit, Kosten und Innovationsfähigkeit auswirken. In der Praxis setzen viele Unternehmen auf hybride Ansätze, um das Beste aus mehreren Welten zu kombinieren.

Public Clouds bieten nahezu unbegrenzte Skalierung und Zugang zu spezialisierter Hardware (GPU, TPU) für datenintensive KI-Anwendungen. Sie ermöglichen schnelle Innovationszyklen, bergen jedoch Sicherheits- und Compliance-Risiken und können bei hoher Nutzung kostenintensiv werden. Private Clouds geben Unternehmen mehr Kontrolle über Daten und Sicherheit, sind aber teurer und weniger flexibel skalierbar.

On-Premise-Lösungen bieten maximale Datenhoheit und konstante Performance, erfordern aber hohe Investitionen und haben geringe Agilität bei neuen Technologien. Die SAP BTP wird als verbindendes Element hervorgehoben. Sie unterstützt Public-, Private- und hybride Architekturen, bindet SAP- und Nicht-SAP-Systeme zusammen und stellt zentrale KI-Services bereit (SAP AI Core, AI Foundation, SAP Business Data Cloud, SAP Integration Suite und viele weitere Lösungen). Hyperscaler wie AWS, Microsoft Azure, Google Cloud oder Alicloud liefern ergänzend skalierbare Infrastruktur und spezialisierte KI-Dienste, erfordern aber strategisches Management zur Vermeidung von Abhängigkeiten.

Die Herausforderungen bei der KI-Integration sind vielfältig: technisch (Datenmigration, Interoperabilität, Rechenleistung), organisatorisch (Prozessanpassungen, Schulung, Change Management) und regulatorisch (DSGVO, Branchengesetze, Cybersicherheit). Tools wie Middleware-Lösungen (SAP Integration Suite, Apache Kafka) und standardisierte APIs sind entscheidend, um KI-Modelle nahtlos einzubinden. Anhand Best Practices aus Fertigung, Einzelhandel, Finanzwesen und Gesundheitswesen wird gezeigt, wie KI gewinnbringend eingesetzt werden kann – von Predictive Maintenance über Kundenanalyse bis hin zur automatisierten Rechnungsverarbeitung und medizinischen Diagnostik.

TEIL II

KI-Anwendungsfälle

Kapitel 4
Anomalieerkennung in Finanztransaktionen

Deep Learning und Machine Learning erkennen in Finanzdaten potenziell betrügerische oder fehlerhafte Transaktionen. Der Einsatz des SAP AI Core erlaubt die Echtzeitanalyse großer Datenmengen, was Risiken reduziert und Compliance verbessert.

Nachdem wir nun schon einige Anwendungsfälle in der Logistik besprochen haben, wenden wir uns in diesem Kapitel einem Anwendungsfall aus dem Finanzwesen zu.

Die Erkennung von Auffälligkeiten in Finanzdaten ist eine zentrale Herausforderung im digitalen Zeitalter. Gerade aufgrund großer Datenmengen und zunehmend automatisierter Prozesse ist es wichtig, geeignete Methoden für die zuverlässige Detektion von Abweichungen zu kennen und praktisch einzusetzen. Hierbei spielen die Auswahl und Vorbereitung der Daten ebenso eine Rolle wie die Definition, was im jeweiligen Kontext als »normal« oder »anomal« gilt. Aufbauend darauf lernen Sie, wie sich geeignete Algorithmen – exemplarisch der Isolation Forest – für die Anomalieerkennung implementieren lassen.

Neben der technischen Umsetzung rückt auch die Einbettung der Lösung in bestehende IT-Landschaften in den Fokus. Sie sehen, wie Sie APIs entwickeln, Trainings- und Deploymentszenarien mit Docker und ArgoFlows in SAP AI Core automatisieren und KI-Services mit KServe produktiv bereitstellen. Abschließend wird die Integration und Bereitstellung der KI-Lösung auf der SAP Business Technology Platform (SAP BTP) praxisnah erläutert.

Welche Voraussetzungen für die Entwicklung einer zuverlässigen Anomalieerkennung geschaffen werden müssen, zeigt Abschnitt 4.2, »Die richtigen Voraussetzungen schaffen«. Die technischen Details der Umsetzung, von der Algorithmus-Implementierung bis zur Bereitstellung als Service, werden in Abschnitt 4.3, »Technische Umsetzung«, behandelt. Wie Sie die Lösung auf der SAP BTP integrieren und betreiben, erläutert Abschnitt 4.4, »Die KI-Lösung auf der SAP BTP bereitstellen«. Schritt für Schritt erhalten

Sie so einen praxisorientierten Leitfaden, um Anomalieerkennung in Ihren Finanzprozessen erfolgreich einzusetzen.

4.1 Einleitung und Zielsetzung

Ausgangssituation

Data Scientists bei der fiktiven SecureBank AG, einer mittelgroßen europäischen Bank, die ein modernes und breites Portfolio aus Online-Banking, Kreditkarten und Mobile Payment anbietet, beginnen ihren Arbeitstag routinemäßig mit einer genauen Prüfung der aktuellen Transaktionsübersicht auf dem Dashboard für Betrugserkennung. Hinter diesem Dashboard steht ein komplexes technisches System, das täglich mehrere Tausend Finanztransaktionen in Echtzeit analysiert und überwacht.

Gewöhnliche und legitime Transaktionen dominieren typischerweise das Bild: Kundinnen und Kunden kaufen Lebensmittel im örtlichen Supermarkt, tanken ihre Fahrzeuge, besuchen Restaurants zur Mittagszeit oder erwerben abends online Kleidung und Unterhaltungselektronik. Die Beträge solcher alltäglichen Zahlungen liegen meist zwischen 10 und 100 Euro und erfolgen während der üblichen Geschäftszeiten – insbesondere während der Mittagszeit oder am frühen Abend. Die Händlerkategorien sind vertraut und umfassen Lebensmittelgeschäfte, Tankstellen, Bekleidungsgeschäfte sowie Elektronikfachhändler.

Aufällige Muster

Doch an diesem Morgen fällt den Expertinnen und Experten auf, dass sich einige Transaktionen ungewöhnlich verhalten: Um 2:43 Uhr nachts wird zunächst eine extrem niedrige Zahlung von nur 19 Cent bei einer Tankstelle registriert. Solche kleinen Beträge könnten Testtransaktionen sein, bei denen Betrügerinnen und Betrüger prüfen, ob gestohlene oder kompromittierte Karten funktionieren. Nur eine Stunde später folgt eine auffällig hohe Abbuchung von über 3.000 Euro beim selben Händler, allerdings diesmal aus einer Kleinstadt, in der üblicherweise kaum Transaktionen stattfinden. Noch später in der Nacht, um etwa 4:30 Uhr, erfolgt erneut eine winzige Transaktion von lediglich 30 Cent in einem Restaurant. Kurze Zeit darauf wird eine Zahlung über 4.500 Euro für eine Reisebuchung festgestellt. Ein Betrag, der deutlich außerhalb des üblichen Transaktionsrahmens der betroffenen Kundinnen und Kunden liegt.

Nicht der Händler, sondern das Muster ist relevant

Diese Kombinationen von ungewöhnlich kleinen Testbeträgen, gefolgt von großen Transaktionen an Orten und zu Zeiten, die nicht zum üblichen Kundenverhalten passen, bilden ein typisches Muster für Betrugsversuche. Dabei sind nicht die Händlerkategorien selbst verdächtig, denn Tankstellen, Restaurants und Reisebüros sind etablierte und legitime Zahlungsempfänger, sondern vielmehr die ungewöhnlichen Kombinationen aus Uhrzeit, Standort und Betrag, die die Transaktionen verdächtig machen.

Um betrügerische Aktivitäten künftig noch schneller und zuverlässiger erkennen zu können, plant die SecureBank AG den Einsatz moderner KI-gestützter Methoden. Derzeit werden verschiedene Machine-Learning-Algorithmen – insbesondere spezialisierte Verfahren wie Isolation Forests oder neuronale Netze – evaluiert, um eine automatisierte Echtzeiterkennung von Anomalien in Finanztransaktionen zu ermöglichen. Ziel ist es, mithilfe von KI-Modellen aus historischen Daten typische Muster und Abweichungen zu identifizieren und verdächtige Transaktionen unmittelbar an das Fraud-Prevention-Team der Bank zu melden.

Dabei ist den Verantwortlichen bewusst, dass nicht jede ungewöhnliche Transaktion zwangsläufig auf Betrug hindeutet. Beispielsweise kann auch eine spontane Tankaktion einer jungen Kundin oder eines Kunden nach einer nächtlichen Party eine Auffälligkeit im System erzeugen, ohne dass ein Betrugsfall vorliegt. Umso wichtiger ist es, die Algorithmen sorgfältig zu trainieren und das Zusammenspiel zwischen automatisierter Erkennung und manueller Überprüfung optimal zu gestalten. Die frühzeitige Identifikation echter Betrugsversuche soll dazu beitragen, finanzielle Schäden zu vermeiden und den Aufwand für Rückerstattungen und Schadenregulierung zu minimieren.

Die Einführung einer automatisierten und KI-gestützten Anomalieerkennung soll somit das Vertrauen der Kundinnen und Kunden in die SecureBank AG stärken, finanzielle Risiken reduzieren und gleichzeitig sicherstellen, dass regulatorische Anforderungen an Sicherheit und Compliance umfassend erfüllt werden.

Vielfältige Anwendungsmöglichkeiten

Doch die angestrebte Lösung bietet Potenzial weit über die reine Betrugserkennung bei Finanztransaktionen hinaus. Künftig sollen auch weitere Anwendungsfelder geprüft werden: beispielsweise die Überwachung interner Buchungen in SAP-Buchungsjournalen oder die automatisierte Detektion ungewöhnlicher Materialbewegungen im Bereich Lager- und Materialwirtschaft. So kann die SecureBank AG von der Anomalieerkennung in verschiedenen Unternehmensbereichen profitieren und die Lösung sukzessive weiter ausbauen.

Im weiteren Verlauf dieses Kapitels begleiten Sie die SecureBank AG bei der schrittweisen Einführung und technischen Umsetzung der KI-basierten Anomalieerkennung – von den notwendigen Voraussetzungen über die Implementierung bis hin zur produktiven Bereitstellung auf der SAP Business Technology Platform.

4.2 Die richtigen Voraussetzungen schaffen

Klarheit von Anfang an

Die automatische Erkennung von Betrugsfällen oder fehlerhaften Transaktionen mithilfe von KI-Verfahren erfordert ein systematisches und methodisches Vorgehen. Entscheidend für den Erfolg eines solchen Projekts ist, von Beginn an klar zu definieren, welche Art von Anomalien erkannt werden soll und wie diese sich vom normalen Verhalten abgrenzen lässt. Ebenso wichtig ist es, die erforderlichen Voraussetzungen zu schaffen, wie z. B. die Verfügbarkeit qualitativ hochwertiger Daten, geeignete technische Infrastruktur sowie die Auswahl und Integration passender KI-Methoden in bestehende Geschäftsprozesse.

Zusammenarbeit ist Pflicht

Ein systematischer Ansatz stellt sicher, dass die Anomalieerkennung nicht nur technisch einwandfrei funktioniert, sondern auch organisatorisch und regulatorisch tragfähig umgesetzt werden kann. Dabei ist es unerlässlich, dass Fachbereich, IT und Compliance von Anfang an eng zusammenarbeiten. Klar definierte Prozesse, Zuständigkeiten und Schnittstellen zwischen den beteiligten Teams helfen dabei, erkannte Anomalien schnell und effizient zu bearbeiten sowie Maßnahmen rechtzeitig einzuleiten.

Die drei Erfolgsfaktoren

Um diese Herausforderung erfolgreich zu meistern, sollten die folgenden drei zentralen Aspekte im Detail betrachtet werden:

- Welche Daten werden benötigt und wie müssen diese vorbereitet sein?
- Was genau ist *normal* und was gilt als *anomal*?
- Welche Algorithmen und KI-Verfahren eignen sich besonders gut zur Erkennung von Anomalien?

Diese drei Kernelemente bilden das Fundament für ein robustes und effizientes Anomalieerkennungssystem, das Betrugsversuche automatisiert und zuverlässig identifiziert, bevor sie Schaden verursachen können. Wir besprechen diese Kernelemente in den folgenden Unterabschnitten dieses Abschnitts.

4.2.1 Daten auswählen und vorbereiten

Relevanz der Datenbasis

Die Qualität und Aussagekraft einer KI-gestützten Anomalieerkennung steht und fällt mit den verfügbaren Daten. Deshalb gilt es zunächst, sorgfältig zu definieren, welche Daten benötigt werden, wie umfangreich diese sein müssen und in welcher Form sie vorliegen sollten. Generell gilt: Je besser und vollständiger die Datenbasis, desto zuverlässiger kann die Anomalieerkennung potenzielle Betrugsfälle identifizieren.

Im Kontext der automatischen Erkennung von Anomalien in Finanztransaktionen kommen typischerweise folgende Datentypen in Betracht:

Datentypen

- **Transaktionsdaten (strukturiert)**

  Die zentrale Datenquelle bilden hier transaktionsbezogene Daten aus Zahlungssystemen oder Buchungsjournalen im SAP-System. Dazu gehören unter anderem:

  Transaktionen im Blick

  - Datum und Uhrzeit der Transaktion

  Beispiel: 25.06.2025, 14:35 Uhr

  - Transaktionsbetrag und Währung

  Beispiel: EUR 54,99

  - Händlerkennung oder Merchant-Kategorie

  Beispiel: Tankstelle, Restaurant, Online-Händler, Reisebüro

  - Zahlungsmethode und Kontotyp

  Beispiel: Visa-Kreditkarte, EC-Karte, Mobile Payment

  - Standortdaten

  Beispiel: Hamburg Innenstadt, Tankstelle München-Süd

  - Kundenidentifikator (anonymisiert)

  Beispiel: Kunden-ID 345987

- **Kundendaten (strukturiert)**

  Diese Daten erlauben Rückschlüsse auf das Verhalten spezifischer Kundengruppen und umfassen beispielsweise:

  Kundengruppen verstehen

  - Demografische Daten

  Beispiel: Alter, Wohnort (Stadt/Land), berufliche Tätigkeit (Student, Rentner, Berufstätige)

  - Kundensegmente oder Verhaltensprofile

  Beispiel: Premiumkunde, Gelegenheitskunde, Intensivnutzer digitaler Kanäle

- **Historische Transaktions- und Verhaltensdaten (zeitlich strukturiert)**

  Vergangenheit analysieren

  Historische Daten sind unerlässlich, um Muster und Abweichungen effektiv zu erkennen. Typische Beispiele sind:

  - Transaktionshistorie der letzten Monate/Jahre

  Beispiel: Kundinnen und Kunden kaufen normalerweise werktags tagsüber zwischen 8 und 20 Uhr.

  - Langzeitprofile einzelner Kundinnen und Kunden

  Beispiel: Eine Kundin bzw. ein Kunde gibt monatlich durchschnittlich ca. 600 Euro aus, jeweils in einem Radius von 50 km um seinen Wohnort.

Technische Spuren nutzen

- **Technische Daten und Metadaten (teilweise unstrukturiert)**

  Darunter fallen weitere technische Parameter, die ergänzende Hinweise geben können:

  – IP-Adressen und Geräteinformationen bei Online-Transaktionen

  Beispiel: Transaktion von einem unbekannten Gerät oder Standort.

  – Verbindungsdaten

  Beispiel: Ungewöhnliche Fehlversuche bei der Anmeldung

Externe Infos einbeziehen

- **Zusatzdaten aus externen Quellen (teilweise unstrukturiert)**

  Zur Ergänzung können externe Daten herangezogen werden, wie etwa:

  – Informationen aus öffentlichen Quellen oder Bonitätsdatenbanken

  Beispiel: Warnungen oder Meldungen zu gestohlenen Kreditkartendaten.

  – Geografische und sozioökonomische Daten

  Beispiel: Regionale Statistiken zu erhöhter Betrugsaktivität.

Daten bereinigen

Um KI-Modelle zur Anomalieerkennung erfolgreich zu trainieren und einzusetzen, ist es unabdingbar, die Rohdaten zunächst sorgfältig aufzubereiten und zu validieren. Dies beginnt mit der *Datenbereinigung*, bei der inkonsistente, fehlerhafte oder unvollständige Datensätze entfernt oder korrigiert werden, um sicherzustellen, dass das KI-Modell auf einer zuverlässigen Datenbasis arbeitet.

Daten normalisieren und skalieren

Danach folgen die *Normalisierung* und die *Skalierung* der Daten: Beträge, Zeitstempel und andere Kennzahlen müssen in eine vergleichbare Form gebracht werden, damit das Modell unterschiedliche Merkmale angemessen miteinander in Verbindung setzen kann.

Wertvolle Merkmale hervorheben

Zudem spielt das sogenannte *Feature Engineering* eine entscheidende Rolle. Dabei werden aus vorhandenen Daten neue, aussagekräftige Merkmale generiert, etwa die Anzahl der Transaktionen einer Kundin oder eines Kunden pro Tag, durchschnittliche Ausgaben je Händlerkategorie oder zeitliche Muster des Zahlungsverhaltens.

Die sorgfältige Auswahl, Aufbereitung und Nutzung geeigneter Daten bilden somit die unverzichtbare Grundlage für eine präzise und zuverlässige KI-gestützte Anomalieerkennung.

Anomalieerkennung in anderen Branchen

Doch nicht nur im Bereich der Finanztransaktionen sind solche Ansätze erfolgsversprechend. In nahezu jeder Branche finden sich vergleichbare Herausforderungen, bei denen Anomalien entscheidende Hinweise auf Risiken oder Probleme liefern können. In der Logistik beispielsweise können ungewöhnliche Materialbewegungen oder Verzögerungen in Lieferketten auf drohende Engpässe oder Qualitätsprobleme hindeuten. In der Produktion können plötzliche Abweichungen im Maschinenverhalten Vorboten eines bevorstehenden Ausfalls oder einer verringerten Produktqualität sein.

Unabhängig von der Branche und dem konkreten Anwendungsfall gilt jedoch immer: Anomalien existieren überall. Entscheidend ist es, neben dem reinen Verständnis der Daten (*Data Understanding*) auch das Verständnis für den Geschäftskontext (*Business Understanding*) konsequent einzubeziehen. Nur wenn klar ist, was die verfügbaren Daten über das jeweilige Business aussagen, welche Geschäftsprozesse sie abbilden und welche Entscheidungen sie beeinflussen, lassen sich geeignete Anomalien identifizieren, bewerten und entsprechend nutzen, um nachhaltige Mehrwerte zu generieren.

4.2.2 Normal und anomal definieren

Die zentrale Frage bei der Anomalieerkennung ist: Was genau macht eine Transaktion, ein Verhalten oder einen Datenpunkt *normal* oder *anomal*? Diese Unterscheidung klingt zunächst einfach, doch sie ist in der Praxis eine der komplexesten Herausforderungen im Bereich KI-gestützter Analysen.

Definition: Anomalie

Generell gilt: Eine *Anomalie* ist ein Ereignis oder eine Beobachtung, die deutlich von dem abweicht, was allgemein als typisch oder erwartet gilt. Demgegenüber beschreibt »normal« das Verhalten oder Muster, das regelmäßig auftritt und somit vorhersehbar und typisch ist. Um dies zu verdeutlichen, betrachten wir ein einfaches Beispiel.

[zB]

Beispiel für eine normale Datenreihe

Stellen Sie sich eine Datenreihe vor, die Tankstellen-Umsätze einer Kundin über mehrere Wochen hinweg zeigt:

- Montag, 30.06.: 55 €
- Dienstag, 15.07.: 47 €
- Montag, 28.07.: 60 €
- Mittwoch, 13.08.: 52 €
- Donnerstag, 28.08.: 48 €

Dieses Muster wiederholt sich regelmäßig und spiegelt typische Tankgewohnheiten wider.

[zB]

Beispiel für eine Anomalie

Plötzlich taucht an einem Mittwoch um 03 Uhr nachts eine Transaktion von 3.000 € bei derselben Tankstelle auf. Eindeutig ungewöhnlich in Bezug auf Betrag, Zeitpunkt und übliche Tankgewohnheiten. Genau diese Abweichung kennzeichnet hier eine Anomalie.

Noise statt Anomalie

Doch nicht jede Auffälligkeit ist zwangsläufig eine Anomalie: Der Begriff *Noise* beschreibt zufällige Schwankungen in Daten, die zwar auffällig erscheinen, aber keine echte Bedeutung oder keinen geschäftlichen Hintergrund haben.

[zB]

Beispiel für Noise

Ein Kunde, der regelmäßig 40 bis 60 € an der Tankstelle ausgibt, tankt einmalig für 74 €. Etwas höher als gewöhnlich, aber noch innerhalb plausibler Schwankungen. Obwohl leicht auffällig, stellt dies eher Noise als eine echte Anomalie dar.

Anomalien vom Rauschen unterscheiden

Damit KI-Modelle effizient arbeiten, ist es entscheidend, echte Anomalien von einfachem Rauschen zu unterscheiden. Denn, während echte Anomalien häufig geschäftliche Risiken signalisieren, sind Noise-Daten zufällige Ereignisse, die nicht weiter untersucht werden müssen (siehe Abbildung 4.1).

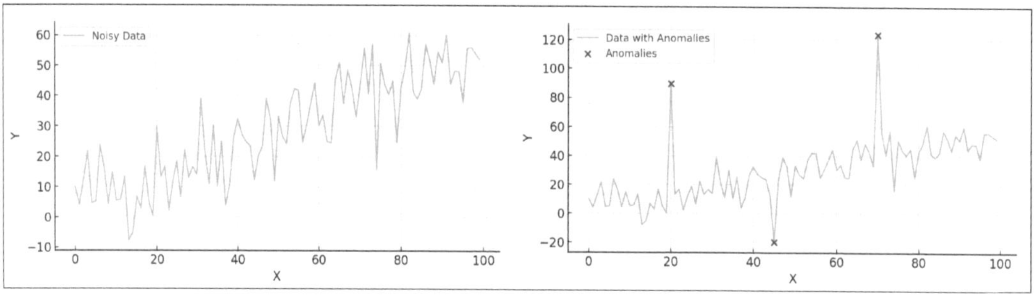

Abbildung 4.1 Noisy Data in der Gegenüberstellung zu Anomalien

Zusammenfassend gilt daher: Anomalieerkennung bedeutet, zuverlässig zwischen relevantem und irrelevantem Verhalten unterscheiden zu können. Dies gelingt am besten, wenn man zunächst klar definiert, was typischerweise normal ist, um anschließend alle deutlichen Abweichungen davon automatisiert und gezielt zu erfassen. Die Definition des Normalverhaltens erfolgt dabei häufig durch statistische Analysen oder durch maschinelles Lernen, wobei etwa Schwellen- oder Grenzwerte festgelegt werden, die bestimmte Kennzahlen nicht überschreiten dürfen. Alternativ können Modelle trainiert werden, die Muster im Normalverhalten erkennen und Abweichungen davon als potenzielle Anomalien markieren. Nur wenn diese Klarheit besteht, erzeugen KI-basierte Systeme wirklichen Mehrwert und unterstützen Entscheidungen zuverlässig – ganz gleich, ob im Finanzbereich, der Produktion, der Logistik oder in anderen Geschäftsbereichen.

4.2.3 Den passenden Algorithmus auswählen

Vielfalt statt Standardlösung

Wenn Sie einen geeigneten Algorithmus zur Anomalieerkennung finden möchten, können Sie aus einer großen Vielfalt potenzieller Methoden wählen. Von einfachen statistischen Verfahren über Machine-Learning-basierte Ansätze bis hin zu komplexen Deep-Learning-Modellen gibt es zahlreiche Möglichkeiten, Auffälligkeiten in Daten automatisiert zu identifizieren. Dabei sollten Sie sich vor Augen führen: Den einen perfekten Algorithmus gibt es nicht. Die Wahl hängt immer von der jeweiligen Problemstellung, dem Umfang und der Qualität der Daten sowie den konkreten Anforderungen des Unternehmens ab.

Klassische statistische Verfahren

Zu den traditionellen statistischen Methoden zählen zum Beispiel Verfahren wie Mittelwertvergleiche, Z-Score-Analysen, Standardabweichungen oder Benford-Analysen. Diese Verfahren sind besonders effektiv, wenn die Daten weitgehend stabil sind und klare, statistisch messbare Grenzwerte existieren.

Vor- und Nachteile

Statistische Verfahren sind schnell implementierbar und leicht interpretierbar. Allerdings funktionieren sie nur bei definierten und stationären Datenmustern. Dynamische oder komplexe Datenmuster werden oft nur unzureichend erkannt. Klassische statistische Verfahren eignen sich beispielsweise für die Erkennung von ungewöhnlich hohen Überweisungen, wenn diese regelmäßig festgelegte Grenzwerte (z. B. dreifache Standardabweichung vom Durchschnittsbetrag) überschreiten.

ML-Verfahren als Allrounder

Algorithmen wie Decision Trees, Random Forests, XGBoost oder Isolation Forest haben sich als besonders vielseitige Ansätze erwiesen und dominieren sogar oft in Hackathons oder Data Challenges. Diese Modelle lernen komplexe Muster und Abweichungen aus historischen Daten. Im Folgenden stellen wir Ihnen diese vier Ansätze vor.

Decision Trees und Random Forests

Decision Trees und *Random Forests* nutzen baumartige Entscheidungsregeln, um Daten zu klassifizieren. Ein Decision Tree trifft Entscheidungen anhand einfacher Ja-/Nein-Fragen (»Ist der Betrag größer als 100 €?«, »Erfolgt die Zahlung nachts?«). Random Forests erweitern dieses Prinzip, indem mehrere Entscheidungsbäume kombiniert und deren Ergebnisse aggregiert werden, um robustere und präzisere Ergebnisse zu erzielen (siehe Abbildung 4.2).

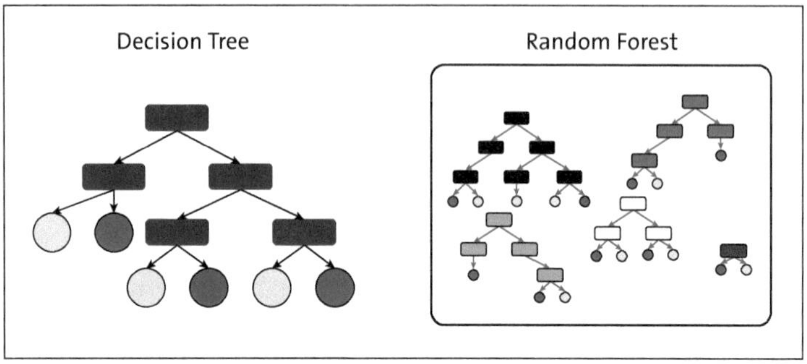

Abbildung 4.2 Decision Tree vs. Random Forest

Einsatzgebiete

Typische Einsatzgebiete sind Kreditwürdigkeitsprüfung, Risikobewertungen, Kundensegmentierungen sowie Entscheidungsunterstützung bei operativen Prozessen wie Kundenservice und Vertragsmanagement. Aufgrund der einfachen Interpretierbarkeit und der schnellen Umsetzung eignen sie sich zudem hervorragend für initiale Machbarkeitsanalysen und Pilotprojekte im Kontext von Predictive Analytics.

Vor- und Nachteile

Die beiden Verfahren treffen transparente und nachvollziehbare Entscheidungen und bieten eine gute Performance insbesondere bei tabellarischen Daten. Allerdings besteht bei ihnen auch die Gefahr des Überanpassens (Overfitting) bei zu kleinen oder zu spezifischen Trainingsdatensätzen.

XGBoost

XGBoost (Extreme Gradient Boosting) ist ein leistungsstarker Machine-Learning-Algorithmus, der auf dem Prinzip des Gradient-Boosting basiert. Dabei werden mehrere schwächere Entscheidungsbäume sequenziell so trainiert, dass jeder neue Baum gezielt die Fehler der vorherigen korrigiert. Dadurch entsteht ein äußerst präzises und leistungsfähiges Modell. XGBoost ist optimal für komplexere und datenintensivere Szenarien, bei denen es auf höchste Genauigkeit und Vorhersageleistung ankommt.

Einsatzbereiche

Typische Einsatzbereiche sind beispielsweise Betrugserkennung in Finanzdaten, Vorhersagen von Kundenverhalten (Churn-Prediction), dynamische Preisanpassungen oder komplexe Risikovorhersagen. XGBoost zeigt seine Stärke besonders dann, wenn sehr umfangreiche historische Datensätze mit vielen Merkmalen vorliegen. Allerdings erfordert der Einsatz von XGBoost ein gewisses Maß an Erfahrung beim Tuning und bei der Optimierung der Modelle, um bestmögliche Ergebnisse zu erzielen.

Vor- und Nachteile

Zu den Vorteilen von XGBoost gehören eine hohe Genauigkeit und Anpassbarkeit und eine besonders hohe Effizienz bei großen Datenmengen. Allerdings ist XGBoost auch sehr komplex und bedarf eines höheren Aufwands im Finetuning, also dem Finden der optimalen Parametereinstellungen.

Isolation Forest

Der *Isolation Forest* wurde speziell für die Anomalieerkennung entwickelt und basiert auf dem Konzept, dass Anomalien einfacher und schneller von anderen Datenpunkten isoliert werden können, indem man sie durch zufällige Teilungen der Datenmenge separiert (siehe Abbildung 4.3). Datenpunkte, die sich schnell isolieren lassen, gelten als potenzielle Anomalien. Damit sind sie ideal für Szenarien geeignet, bei denen es primär um die Erkennung ungewöhnlicher Ereignisse geht, ohne dass zuvor definierte auffällige Muster existieren.

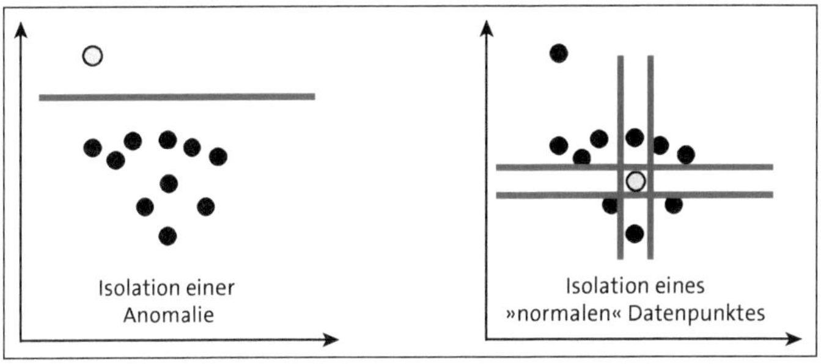

Abbildung 4.3 Darstellung der Funktionsweise eines Isolation Forests

Einsatzbereiche

Konkrete Anwendungsbeispiele sind die Erkennung betrügerischer Finanztransaktionen, das automatische Aufspüren fehlerhafter Buchungen in SAP-Systemen, die Überwachung von Produktionsprozessen auf ungewöhnliche Maschinendaten oder die Analyse von IT-Systemen zur frühzeitigen Erkennung von Cyberangriffen.

Vor- und Nachteile

Der Isolation Forest wurde speziell für die Anomalieerkennung entwickelt und benötigt keine zuvor gelabelten Daten (unsupervised Verfahren). Er verliert bei extrem hochdimensionalen oder stark verrauschten Daten allerdings an Präzision und ist anfällig für Noise (zufällige Schwankungen).

Deep-Learning-Verfahren für komplexere Zusammenhänge

Deep-Learning-Ansätze, insbesondere Autoencoder, rekurrente neuronale Netze (RNN, speziell LSTM) und Transformer-Modelle, eignen sich vor allem für komplexe Datenstrukturen, zeitliche Abfolgen oder sehr große Datenmengen. Diese Algorithmen basieren auf künstlichen neuronalen Netzen mit vielen hintereinander geschalteten Schichten (also tiefen Architekturen), die aus großen Mengen an Trainingsdaten eigenständig Muster und komplexe Zusammenhänge erlernen können.

Autoencoder

Autoencoder sind spezielle neuronale Netze, die darauf ausgelegt sind, Eingabedaten zunächst auf eine stark komprimierte, sogenannte latente Repräsentation zu reduzieren (*Encoding*) und anschließend wieder originalgetreu zu rekonstruieren (*Decoding*). Autoencoder folgen dem Grundprinzip, typische Muster sehr genau zu rekonstruieren, während Anomalien oder untypische Muster schlecht rekonstruiert werden. Diese Rekonstruktionsfehler werden genutzt, um Anomalien zu erkennen – hohe Fehlerwerte weisen dabei auf eine potenzielle Anomalie hin.

Einsatzgebiete

Typische Einsatzgebiete sind Betrugserkennung im Zahlungsverkehr, bei dem viele verschiedene Transaktionsmerkmale (z. B. Zeit, Ort, Betrag, Händler) gleichzeitig analysiert werden. Auch bei der Überwachung technischer Systeme, beispielsweise von Maschinenparks in der Produktion oder IT-Systemen in Rechenzentren, liefern Autoencoder hervorragende Ergebnisse, indem sie kleinste Abweichungen vom Normalverhalten automatisiert erkennen. Ein weiterer typischer Anwendungsfall ist die Qualitätskontrolle, beispielsweise die automatisierte Inspektion von Produkten mittels Kameras und Bildverarbeitung: Autoencoder erkennen zuverlässig fehlerhafte oder abweichende Produkte allein durch die Analyse visueller Muster.

Vor- und Nachteile

Autoencoder sind sehr effektiv bei komplexen Mustern und hochdimensionalen Daten, sie lernen automatisch, was als typisches Verhalten gilt, ohne dass explizit Anomalien gezeigt werden müssen. Allerdings erfordern sie vergleichsweise große Mengen sauberer Trainingsdaten sowie tiefergehendes technisches Know-how in Bezug auf neuronale Netze und deren Optimierung.

Rekurrente neurale Netze

Rekurrente neuronale Netze (RNNs), insbesondere *Long-Short-Term-Memory-Netze* (LSTM-Netze), sind auf die Verarbeitung sequenzieller oder zeitlicher Daten spezialisiert. Ihre besondere Stärke liegt darin, Zusammenhänge und Muster über Zeiträume hinweg zu erkennen und Informationen im Gedächtnis zu behalten. Das ermöglicht es, untypische Abfolgen oder ungewöhnliche zeitliche Entwicklungen schnell zu identifizieren. Ein LSTM-Netz erkennt beispielsweise, wenn sich ein normalerweise stabiles Zahlungsverhalten einer Kundin oder eines Kunden plötzlich stark verändert, etwa durch unerwartete Transaktionen in ungewöhnlichen zeitlichen Mustern. Sie sind besonders effektiv in Szenarien, in denen zeitliche Abfolgen oder historische Entwicklungen eine entscheidende Rolle spielen.

Einsatzgebiete

Typische Anwendungsfälle sind etwa die kontinuierliche Analyse von Finanztransaktionen, um plötzliche Änderungen in Zahlungsverhalten frühzeitig zu erkennen. Auch die vorausschauende Wartung (Predictive Maintenance) komplexer Maschinen und Anlagen basiert häufig auf LSTM-Netzen, da diese frühzeitig auf ungewöhnliche Abweichungen in Sensordaten reagieren können. In der Logistik eignen sich LSTM-Modelle sehr gut zur Prognose von Nachfrage- oder Lieferkettenstörungen, indem sie kontinuierlich und automatisiert ungewöhnliche Muster in der Lieferhistorie oder im Bestellverhalten erkennen und rechtzeitig Warnungen generieren.

Vor- und Nachteile

LSTM-Netze sind hervorragend geeignet, um Muster in zeitlichen Abfolgen zu erkennen und besonders effektiv bei der frühzeitigen Identifikation von Veränderungen im Verhalten über längere Zeiträume hinweg. Sie haben allerdings auch einen hohen Ressourcenbedarf hinsichtlich Rechenleistung und qualitativ hochwertiger Daten. Sie sind außerdem anspruchsvoll in der Implementierung, Wartung und Optimierung.

Transformer-Modelle

Transformer-Modelle haben in den letzten Jahren insbesondere im Bereich Natural Language Processing (NLP) stark an Bedeutung gewonnen, werden aber zunehmend auch zur Anomalieerkennung eingesetzt. Im Gegensatz zu rekurrenten Netzen verwenden Transformer sogenannte *Attention-Mechanismen*, um Zusammenhänge in Datenfolgen zu erkennen. Dabei berechnen sie, welche Datenelemente in einer Sequenz besonders relevant sind, und richten ihre Aufmerksamkeit gezielt darauf. Gerade bei komplexen zeitlichen Mustern oder großen Datenmengen zeigen Transformer oft eine überlegene Leistung, weil sie Langzeitabhängigkeiten noch präziser und effizienter erkennen können als klassische RNN- oder LSTM-Ansätze.

Einsatzgebiete

Ursprünglich im Bereich des NLP populär geworden, erweisen sie sich zunehmend auch in Bereichen wie Finanzmarktanalysen, Anomalieerkennung in IT-Netzwerken (Cybersecurity) und komplexen Vorhersage-Szenarien wie Absatz- oder Bedarfsplanung als äußerst effektiv. In der Finanzindustrie etwa ermöglichen Transformer die genaue Erkennung ungewöhnlicher Verhaltensmuster, selbst wenn diese über lange Zeiträume verteilt auftreten. Ebenso profitieren Unternehmen mit komplexen Lieferketten von Transformer-Modellen, da sie subtile Veränderungen im globalen Liefernetzwerk präzise erkennen und frühzeitig auf Störungen hinweisen können.

Vor- und Nachteile

Transformer-Modelle bieten eine exzellente Erkennung komplexer Muster und Langzeitabhängigkeiten, eine effiziente Verarbeitung paralleler Daten sowie sehr gute Skalierbarkeit bei großen Datensätzen. Sie erfordern allerdings auch umfangreiche Trainingsdaten und eine hohe Rechenleistung. Die Modelle sind außerdem komplexer zu implementieren und erfordern tiefgehendes technisches Know-how.

LSTM- oder Transformer-Modell?

Die Wahl zwischen LSTM- und Transformer-Modellen hängt stark vom konkreten Anwendungsfall und den verfügbaren Ressourcen ab. Während LSTMs bewährte und robuste Ansätze bieten, glänzen Transformer insbesondere dann, wenn sehr komplexe Zusammenhänge oder besonders lange Zeiträume betrachtet werden sollen.

Den passenden Algorithmus auswählen

Bei der Wahl des richtigen Algorithmus sind stets der konkrete Business-Kontext sowie die verfügbare Datenbasis entscheidend. Ein eher statischer Geschäftskontext mit klar definierten Regeln profitiert von einfachen statistischen Methoden oder klassischen Machine-Learning-Modellen. Komplexe, dynamische Umfelder oder sehr große, unstrukturierte Datenmengen profitieren hingegen stark von Deep-Learning-Verfahren. Häufig zeigt sich in der Praxis, dass eine Kombination mehrerer Ansätze die besten Ergebnisse liefert.

Passgenau statt möglichst komplex

Zusammenfassend gilt deshalb: Nicht der komplexeste Algorithmus gewinnt automatisch, sondern derjenige, der am besten auf das konkrete Geschäftsumfeld, die Qualität und Struktur der Daten und die spezifischen Ziele der Anomalieerkennung abgestimmt ist. Die Auswahl ist daher immer eine bewusste Abwägung der jeweiligen Vor- und Nachteile unter Berücksichtigung der individuellen Rahmenbedingungen.

Datengrundlage der SecureBank AG

Ein gutes Beispiel dafür ist die SecureBank AG: Sie möchte historische Transaktionsdaten mithilfe eines Isolation Forests analysieren, um verdächtige Transaktionen automatisch aufzudecken. Die Entscheidung für dieses vergleichsweise schlanke Verfahren wurde bewusst getroffen – gerade weil die zugrunde liegenden Daten sehr strukturiert vorliegen. Die SecureBank verfügt über eine umfangreiche Historie an Transaktionsdaten, die typischerweise in einem SAP-System gespeichert und verwaltet werden. Diese Daten enthalten Informationen wie den Zeitpunkt der Transaktion (Wochentag, Uhrzeit), den Betrag, die Händlerkategorie (zum Beispiel Lebensmittelgeschäft, Elektronikhändler oaxder Restaurant) sowie die Information, ob es sich tatsächlich um eine betrügerische Transaktion handelte oder nicht (siehe Tabelle 4.1).

transaction_id	amount (€)	weekday	hour	category	is_fraud
521	60.87	Fri	14	Electronics	0
737	69.65	Sat	9	Groceries	0
740	13.18	Mon	11	Electronics	0
411	2731.51	Sun	11	Groceries	1
636	66.46	Sun	14	Electronics	0

Tabelle 4.1 Historischen Transaktionsdaten inklusive Klassifikation (Anomalie/keine Anomalie)

Angesichts dieser klar strukturierten und wenig hochdimensionalen Daten war der Einsatz klassischer Machine-Learning-Verfahren wie Isolation Forest nicht nur ausreichend, sondern auch effizient. Der Vorteil: Solche Modelle liefern schnelle und gut interpretierbare Ergebnisse bei gleichzeitig geringem Ressourcenaufwand. Für die SecureBank bedeutete dies einen pragmatischen und risikoarmen Einstieg in die Anomalieerkennung – ohne direkt mit »Kanonen auf Spatzen zu schießen«. Dies ist ein Vorgehen, das sich auch für viele andere Unternehmen empfiehlt, bevor in aufwendigere Modellarchitekturen investiert wird.

4.3 Technische Umsetzung

Nachdem Sie nun die theoretischen Grundlagen und Einsatzmöglichkeiten verschiedener Algorithmen zur Anomalieerkennung kennengelernt haben, geht es nun an die praktische Umsetzung.

Inhalt dieses Abschnitts

Wie kann die SecureBank AG nun mithilfe eines Isolation Forests automatisiert Anomalien in ihren Daten erkennen? In den folgenden Abschnitten zeigen wir Schritt für Schritt, wie Sie ein solches Modell vorbereiten, trainieren und effektiv einsetzen können, um betrügerische Transaktionen zu identifizieren, bevor ein Schaden entsteht. Angefangen bei der Datenvorbereitung und Modellentwicklung in Python auf Ihrem lokalen Rechner bis hin zur skalierbaren und cloudbasierten Bereitstellung Ihres Modells als API. Anhand konkreter Codebeispiele, Dockerfiles und Konfigurationsdateien lernen Sie, wie Sie Ihre KI-Lösung stabil und effizient in Ihre SAP-Infrastruktur integrieren und produktiv einsetzen können.

Zunächst wird in Abschnitt 4.3.1 gezeigt, wie ein Isolation Forest in Python implementiert und auf die strukturierten Transaktionsdaten der SecureBank AG angewendet werden kann. Darauf aufbauend wird in Abschnitt 4.3.2 erläutert, wie sich das trainierte Modell in eine REST-API überführen lässt, um es programmgesteuert abfragen zu können. Im anschließenden Abschnitt 4.3.3 bereiten wir eine Docker-Umgebung vor, die sowohl das Training als auch das Deployment der API kapselt und damit eine saubere und wiederholbare Ausführung gewährleistet. In Abschnitt 4.3.4 zeigen wir, wie sich diese Umgebung in automatisierte Workflows überführen lässt – mithilfe von ArgoFlows in SAP AI Core. Den Abschluss bildet Abschnitt 4.3.5, in dem Sie lernen, wie Sie den so erstellten KI-Service mit KServe produktiv in SAP AI Core bereitstellen und damit nahtlos in bestehende Geschäftsprozesse integrieren können.

So entsteht ein vollständiger End-to-End-Prozess – von der ersten Idee bis zur skalierbaren und wartbaren KI-Lösung im SAP-Umfeld.

Lokale Entwicklung vs. Cloud-Entwicklung bei KI-Modellen

Bei der Entwicklung von KI-Modellen stellt sich oft die Frage: Sollte ich zunächst lokal arbeiten oder direkt auf eine cloudbasierte Umgebung wie die SAP Business Technology Platform (BTP) setzen?

Lokale Entwicklung bietet sich vor allem in frühen Projektphasen an, wenn Sie schnell erste Experimente durchführen, verschiedene Algorithmen ausprobieren und unmittelbare Ergebnisse sehen möchten. Lokales Arbeiten ist ideal für kleinere Datensätze, Prototypenentwicklung und schnelles, iteratives Arbeiten – und es benötigt anfangs keine aufwendige Einrichtung oder Cloud-Infrastruktur.

Cloud-Entwicklung empfiehlt sich, sobald die Datensätze groß werden, komplexe Modelle trainiert werden müssen oder eine Integration in produktive SAP-Umgebungen geplant ist. Die Cloud bietet Ihnen skalierbare Ressourcen, professionelle Infrastruktur und nahtlose Integration in bestehende Unternehmensprozesse. Außerdem erleichtert sie kollaborative Arbeit und sorgt für bessere Nachvollziehbarkeit und Wartbarkeit Ihrer KI-Lösungen.

Faustregel: Starten Sie lokal, um Ideen schnell zu validieren, und wechseln Sie zur Cloud, sobald es darum geht, Ihr KI-Modell produktiv, skalierbar und dauerhaft in Ihre Geschäftsprozesse einzubinden.

Dabei startet die SecureBank AG zunächst lokal: Das bedeutet, wir entwickeln, trainieren und evaluieren den Isolation Forest zunächst in einer lokalen Umgebung, beispielsweise auf einem Notebook oder PC. Dieser lokale Start ermöglicht es, schnell erste Ergebnisse zu erzielen, Parameter einfach anzupassen und unmittelbares Feedback zur Modellqualität zu erhalten.

4.3.1 Isolation Forest implementieren

Bibliotheken importieren

Wir starten mit der Implementierung eines Algorithmus, in diesem Fall Isolation Forests, in Python. Ziel ist die Erstellung und das Training eines Modells, das in der Lage ist, Anomalien in Transaktionsdaten zu erkennen. Wie im Python-Universum generell üblich, können verschiedene Pakete genutzt werden, um bestimmte Funktionalitäten abzubilden (siehe Listing 4.1).

```
import pandas as pd
from sklearn.ensemble import IsolationForest
from sklearn.preprocessing import LabelEncoder
import pickle
```

Listing 4.1 Bibliotheken importieren

Python-Bibliotheken

Importieren Sie diese notwendige Python-Bibliotheken:

- pandas für die Datenverarbeitung und Verwaltung in tabellarischer Form
- IsolationForest (aus scikit-learn) als Algorithmus zur Anomalieerkennung
- LabelEncoder (ebenfalls aus scikit-learn) zur Umwandlung kategorischer Daten in numerische Werte
- pickle, um das trainierte Modell und Encoder zu speichern und später wiederverwenden zu können

CSV-Datensatz laden

Laden Sie den CSV-Datensatz mit synthetischen Finanztransaktionen und speichern Sie ihn in einem DataFrame df:

```
df = pd.read_csv("/app/src/synthetic_financial_transactions.csv")
```

Dies bildet die Grundlage für die nachfolgende Analyse und Modellentwicklung.

Kategorische Daten umwandeln

Der Isolation-Forest-Algorithmus benötigt numerische Eingabedaten. Übersetzen Sie deshalb kategorische Merkmale wie weekday (Wochentag) und merchant_category (Händlerkategorie) mittels LabelEncoder in numerische Werte (siehe Listing 4.2).

```
le_weekday = LabelEncoder()
le_category = LabelEncoder()

df['weekday_enc'] = le_weekday.fit_transform(df['weekday'])
df['merchant_category_enc'] = le_category.fit_transform(df['merchant_
category'])
```

Listing 4.2 Vorverarbeitung – kategorische Daten umwandeln

Relevante Features auswählen

Speichen Sie diese neuen numerischen Features anschließend als zusätzliche Spalten im DataFrame (siehe Listing 4.3).

```
features = ['amount', 'hour', 'weekday_enc', 'merchant_category_enc']
X = df[features]
```

Listing 4.3 Relevante Features auswählen

Isolation Forest initialisieren und trainieren

Wählen Sie nun aus dem vollständigen Datensatz gezielt diejenigen Spalten aus, die das KI-Modell verwenden soll, um Anomalien zu erkennen (siehe Listing 4.4). Das Ergebnis ist eine Feature-Matrix X, die für das Training verwendet wird.

```
iso_forest = IsolationForest(contamination=0.02, random_state=42)
iso_forest.fit(X)
```

Listing 4.4 Isolation Forest initialisieren und trainieren

Der Isolation Forest wird in diesem Fall mit zwei Parametern initialisiert:

- `contamination=0.02`: Gibt an, welcher Anteil der Daten als anomal erwartet wird (in diese Fall 2 %).
- `Random_state=42`: Sorgt für die Reproduzierbarkeit der Ergebnisse durch das Setzen eines Seeds.

Modell trainieren Anschließend trainieren Sie das Modell mit den ausgewählten Features, wodurch es lernt, was typische Muster in den Transaktionen sind.

Modell speichern Um das trainierte Modell nicht bei jedem Einsatz erneut trainieren zu müssen, wird es mittels `pickle` dauerhaft gespeichert (also persistiert). Neben dem Modell werden auch die verwendeten `LabelEncoder` gespeichert, um später neue Daten entsprechend zu verarbeiten (siehe Listing 4.5).

```
with open("/app/src/isolation_forest_model.pkl", "wb") as f:
    pickle.dump(iso_forest, f)

with open("/app/src/label_encoders.pkl", "wb") as f:
    pickle.dump({'le_weekday': le_weekday, 'le_category':
    le_category}, f)
```

Listing 4.5 Modell speichern (Persistenz)

Vorhersagen generieren In Listing 4.6 sehen Sie, wie das gespeicherte Modell wieder geladen und auf neue oder bestehende Daten angewendet werden kann. Das Modell generiert hierbei eine Vorhersage (`anomaly_score`):

- `-1` bedeutet, dass die Transaktion als Anomalie erkannt wurde.
- `1` bedeutet, dass die Transaktion normal ist.

Zusätzlich wird eine binäre Spalte `anomaly_detected` eingeführt, die eine schnelle Übersicht darüber gibt, ob eine Anomalie erkannt wurde (1) oder nicht (0).

```
with open("/app/src/isolation_forest_model.pkl", "rb") as f:
    loaded_model = pickle.load(f)

with open("/app/src/label_encoders.pkl", "rb") as f:
    encoders = pickle.load(f)

le_weekday = encoders['le_weekday']
```

```
le_category = encoders['le_category']

df['anomaly_score'] = loaded_model.predict(X)
df['anomaly_detected'] = (df['anomaly_score'] == -1).astype(int)
print(df.head())
print("Training abgeschlossen!")
```

Listing 4.6 Modell laden und anwenden (optional)

Das gesamte Skript in der Übersicht

In Listing 4.7 sehen Sie das gesamte Skript mit allen besprochenen Elementen. Sie finden es ebenfalls im Download-Material dieses Buchs unter *www.sap-press.de/6149*.

```
import pandas as pd
from sklearn.ensemble import IsolationForest
from sklearn.preprocessing import LabelEncoder
import pickle

# 1. Daten laden
df = pd.read_csv("/app/src/synthetic_financial_transactions.csv")

# 2. Vorverarbeitung: Kategorische Daten in Zahlen umwandeln
le_weekday = LabelEncoder()
le_category = LabelEncoder()
df['weekday_enc'] = le_weekday.fit_transform(df['weekday'])
df['merchant_category_enc'] = le_category.fit_transform(df['merchant_
category'])

# 3. Features für das Modell auswählen
features = ['amount', 'hour', 'weekday_enc', 'merchant_category_enc']
X = df[features]

# 4. Isolation Forest initialisieren und trainieren
iso_forest = IsolationForest(contamination=0.02, random_state=42)
iso_forest.fit(X)

# 5. Modell mit pickle speichern
with open("/app/src/isolation_forest_model.pkl", "wb") as f:
    pickle.dump(iso_forest, f)

# 6. LabelEncoder ebenfalls speichern
with open("/app/src/label_encoders.pkl", "wb") as f:
    pickle.dump({'le_weekday': le_weekday, 'le_category':
    le_category}, f)
```

```
# 7. Optional: Modell laden und anwenden
with open("/app/src/isolation_forest_model.pkl", "rb") as f:
    loaded_model = pickle.load(f)
with open("/app/src/label_encoders.pkl", "rb") as f:
    encoders = pickle.load(f)

le_weekday = encoders['le_weekday']
le_category = encoders['le_category']

df['anomaly_score'] = loaded_model.predict(X)
df['anomaly_detected'] = (df['anomaly_score'] == -1).astype(int)
print(df.head())
print("Training abgeschlossen!")
```

Listing 4.7 Gesamtes Skript zur Erstellung und zum Training des Isolation Forests (»predictor.py«)

Optinal: S3-Bucket verwenden

In diesem einfachen Beispiel wird das Modell zunächst lokal gespeichert. Möglich wäre es auch, das Modell nach dem abgeschlossenen Training in einen Object Storage (S3-Bucket) in die SAP BTP zu laden, um das Modell dort in weiteren Services zu nutzen. Gleichermaßen könnten auch die Daten nicht lokal, sondern aus einem S3-Bucket geladen werden.

Dieser Programmcode bietet eine vollständige Pipeline für die Erkennung von Anomalien in Finanztransaktionen. Er umfasst das Laden und Vorbereiten der Daten, das Training eines Isolation-Forest-Modells, dessen Speicherung sowie die anschließende Nutzung des gespeicherten Modells zur Anomalieerkennung in neuen Daten. Die hier gezeigte Methode ist exemplarisch für den Einsatz von Machine Learning in der Praxis und lässt sich flexibel auf ähnliche Szenarien übertragen.

4.3.2 API entwickeln

Um das trainierte Modell nun wirklich nutzen zu können, wird ein Service oder eine API benötigt, um neue Daten hinsichtlich ihrer Anomalität zu prüfen. Auch dieser Service wird zunächst lokal implementiert, um ihn dann im weiteren Verlauf in der Cloud zu deployen.

Benötigte Python-Bibliotheken laden

Laden Sie zunächst die benötigten Python-Bibliotheken (siehe Listing 4.8):

- `pickle` ermöglicht das Laden des gespeicherten Machine-Learning-Modells.
- `FastAPI` ist ein Framework zur schnellen Erstellung von REST-APIs.

- `pydantic` stellt sicher, dass die übermittelten Daten eine definierte Struktur und Datentypen einhalten.
- `pandas` erleichtert das Handling der Daten in Form von Tabellen (DataFrames).


```
import pickle
from fastapi import FastAPI
from pydantic import BaseModel
from typing import List
import pandas as pd
```

Listing 4.8 Bibliotheken und Module importieren

Isolation-Forest-Modell und LabelEncoder laden

Laden Sie nun das zuvor gespeicherte Isolation-Forest-Modell sowie die `LabelEncoder`, die für die Verarbeitung neuer Transaktionsdaten benötigt werden (siehe Listing 4.9). Dies ermöglicht eine konsistente Verarbeitung von neuen Eingabedaten und gewährleistet, dass neue Transaktionen exakt so verarbeitet werden wie beim ursprünglichen Training.

```
with open("/app/src/isolation_forest_model.pkl", "rb") as f:
    model = pickle.load(f)

with open("/app/src/label_encoders.pkl", "rb") as f:
    encoders = pickle.load(f)

le_weekday = encoders['le_weekday']
le_category = encoders['le_category']
```

Listing 4.9 Isolation-Forest-Modell und LabelEncoder laden

API und Datenstruktur definieren

Initialisieren Sie die API (`FastAPI`). Anschließend definieren Sie mithilfe von `pydantic` zwei Datenmodelle (siehe Listing 4.10):

- `Transaction` beschreibt die Struktur einer einzelnen Finanztransaktion.
- `Transactions` ermöglicht die Verarbeitung einer Liste mehrerer Transaktionen gleichzeitig.

Diese Modelle sorgen dafür, dass alle Daten, die an die API geschickt werden, eine festgelegte und validierte Struktur haben.

```
app = FastAPI()

class Transaction(BaseModel):
    amount: float
    hour: int
```

```
    weekday: str
    merchant_category: str

class Transactions(BaseModel):
    data: List[Transaction]
```

Listing 4.10 API und Datenstruktur definieren

API-Endpunkt definieren

Bei der Definition der API-Endpunkte ist besonders wichtig, dass diese stets über eine Versionsnummer "/v<Nummer>/" verfügen müssen (siehe Listing 4.11). Andernfalls sind diese im späteren Deployment nicht nutzbar. Der *Healthcheck-Endpunkt* dient dazu, schnell zu überprüfen, ob die API erreichbar ist und ordnungsgemäß läuft. Dies ist insbesondere in Produktionsumgebungen von großer Bedeutung.

```
@app.get("/v2/health")
def health():
    return {"status": "ok"}
```

Listing 4.11 Healthcheck-Endpunkt der API

Prediction-Endpunkt implementieren

Der *Prediction-Endpunkt* ist ebenfalls von zentraler Bedeutung für die API: Er ermöglicht die eigentliche Anomalieerkennung (siehe Listing 4.12):

- Wandeln Sie zunächst die empfangenen Transaktionen in ein pandas-DataFrame um, um eine effiziente Verarbeitung zu ermöglichen.
- Wandeln Sie anschließend die kategorischen Merkmale (weekday und merchant_category) mithilfe der zuvor geladenen LabelEncoder um. Dadurch wird gewährleistet, dass die Daten exakt auf dieselbe Weise verarbeitet werden wie beim Modelltraining.
- Das Isolation-Forest-Modell generiert anschließend eine Vorhersage (predict) für jede Transaktion mit den folgenden Werten:
  - -1 (Anomalie erkannt)
  - 1 (normale Transaktion)
- Diese Ergebnisse werden dann in eine eindeutige, einfach interpretierbare Binärform (anomaly_detected: 1 oder 0) umgewandelt.
- Zuletzt werden sowohl die ursprünglichen Eingabedaten als auch das Ergebnis der Anomalieerkennung strukturiert zurückgegeben.

```
@app.post("/v2/predict")
def predict(transactions: Transactions):
    df = pd.DataFrame([t.dict() for t in transactions.data])
```

```
    # Encodieren der Eingabedaten analog zum Training
    df['weekday_enc'] = le_weekday.transform(df['weekday'])
    df['merchant_category_enc'] = le_category.transform(df['merchant_
    category'])

    X = df[['amount', 'hour', 'weekday_enc',
    'merchant_category_enc']]
    preds = model.predict(X)
    anomaly = (preds == -1).astype(int)

    result = []
    for idx, t in enumerate(transactions.data):
        result.append({
            "input": t.dict(),
            "anomaly_detected": int(anomaly[idx])
        })

    return {"predictions": result}
```

Listing 4.12 Prediction-Endpunkt implementieren

Diese API stellt ein produktionsfähiges Interface zur Verfügung, das es erlaubt, Anomalien in Finanztransaktionen automatisiert zu erkennen. Der bereitgestellte Endpoint `/v2/predict` empfängt Transaktionsdaten im JSON-Format, verarbeitet sie genau wie im Modelltraining und liefert anschließend unmittelbar eine eindeutige Aussage über potenzielle Anomalien.

Das gesamte Skript in der Übersicht

In Listing 4.13 sehen Sie das gesamte Skript mit allen besprochenen Elementen. Sie finden es ebenfalls im Download-Material dieses Buchs unter *www.sap-press.de/6149*.

```
import pickle
from fastapi import FastAPI
from pydantic import BaseModel
from typing import List
import pandas as pd

# Modell und LabelEncoder laden
with open("/app/src/isolation_forest_model.pkl", "rb") as f:
    model = pickle.load(f)
with open("/app/src/label_encoders.pkl", "rb") as f:
    encoders = pickle.load(f)
le_weekday = encoders['le_weekday']
```

```
le_category = encoders['le_category']

app = FastAPI()

# Datenmodell für Input
class Transaction(BaseModel):
    amount: float
    hour: int
    weekday: str
    merchant_category: str

class Transactions(BaseModel):
    data: List[Transaction]

@app.get("/v2/health")
def health():
    return {"status": "ok"}

@app.post("/v2/predict")
def predict(transactions: Transactions):
    # Eingabedaten in DataFrame
    df = pd.DataFrame([t.dict() for t in transactions.data])

    # Encodieren wie im Training
    df['weekday_enc'] = le_weekday.transform(df['weekday'])
    df['merchant_category_enc'] = le_category.transform(df['merchant_
    category'])

    X = df[['amount', 'hour', 'weekday_enc',
    'merchant_category_enc']]
    preds = model.predict(X)
    anomaly = (preds == -1).astype(int)

    # Ergebnisse zurückgeben
    result = []
    for idx, t in enumerate(transactions.data):
        result.append({
            "input": t.dict(),
            "anomaly_detected": int(anomaly[idx])
        })

    return {"predictions": result}
```

Listing 4.13 Skript für die API (»main.py«)

Durch diese API-Lösung können Sie das lokal entwickelte KI-Modell effektiv in eine cloudbasierte Infrastruktur wie die SAP BTP integrieren und nahtlos in bestehende Geschäftsprozesse einbinden.

4.3.3 Docker-Umgebung für das Training und Deployment der API vorbereiten

Dockerfile erstellen

Sie können das Training der Anomalieerkennung nun lokal und manuell starten. Dies kann entweder über die `predictor.py`-Datei oder – und dieser Weg ist flexibler –über einen Docker-Container erfolgen. Der Docker-Container kann dann lokal oder auf der SAP BTP genutzt werden (auf Letzteres gehen wir in Abschnitt 4.4 ein). Dazu muss zunächst ein Dockerfile erstellt werden. Als Basis verwenden wir ein offizielles Python-Image (Version 3.13.1). Damit steht direkt eine stabile Python-Laufzeitumgebung zur Verfügung:

```
FROM python:3.13.1
```

Arbeitsverzeichnis innerhalb des Docker-Images erstellen

Erstellen Sie innerhalb des Docker-Images ein Arbeitsverzeichnis (`/app/src`) und legen Sie es als Standardordner für alle weiteren Befehle fest:

```
WORKDIR /app/src
```

Stellen Sie explizit sicher, dass das benötigte Verzeichnis existiert:

```
RUN mkdir -p /app/src/
```

Alle relevanten lokalen Dateien in das Docker-Image kopieren

Kopieren Sie nun alle relevanten lokalen Dateien in das Docker-Image (siehe Listing 4.14):

- `predictor.py` enthält den Programmcode zum Training oder zur Analyse des Isolation-Forest-Modells.
- `synthetic_financial_transactions.csv` ist der Datensatz für die lokale Entwicklung und Tests.
- `requirements.txt` ist die Liste aller benötigten Python-Pakete und Abhängigkeiten.

```
COPY predictor.py ./
COPY synthetic_financial_transactions.csv ./
COPY requirements.txt ./
```

Listing 4.14 Dateien in das Docker-Image kopieren

Notwendige Python-Bibliotheken installieren

Installieren Sie automatisch alle notwendigen Python-Bibliotheken, die in `requirements.txt` angegeben sind, sodass das Modell problemlos ausgeführt werden kann:

```
RUN pip3 install -r requirements.txt
```

Berechtigungen setzen

Setzen Sie die Berechtigungen für den Ordner `/app` so, dass jeder Nutzer im Container Zugriff erhält (zugegeben, ein sehr offener Ansatz für lokale Entwicklungszwecke). Dies ist nützlich, um Dateizugriffe und Entwicklungstests einfacher durchzuführen:

```
RUN chgrp -R 65534 /app && \
    chmod -R 777 /app
```

Inhalt des Dockerfiles

Dieses Dockerfile kann nun genutzt werden, um entsprechend ein Docker-Image aufzubauen und den zugehörigen Container ausführen, um das Training des Modells zu starten. Äquivalent dazu kann auch beim Deployment des fertigen Service (API) vorgegangen werden. Sie finden den Inhalt des Dockerfiles in Listing 4.15.

```
from python:3.13.1

WORKDIR /app/src

# Directory in Ihrem Docker-Image erstellen
RUN mkdir -p /app/src/
#
# File aus Ihrem lokalen System zum Pfad im Docker-Image kopieren
COPY predictor.py ./
COPY synthetic_financial_transactions.csv ./
COPY requirements.txt ./
#
# Abhängigkeiten innerhalb Ihres Docker-Image installieren
RUN pip3 install -r requirements.txt
#
# Berechtigung für den Zugriff auf den Ordner /app aktivieren
RUN chgrp -R 65534 /app && \
    chmod -R 777 /app
```

Listing 4.15 Gesamter Inhalt des Dockerfiles

Docker-Image aufbauen

Bauen Sie das Docker-Image auf (siehe Listing 4.16):

- Basisimage (`FROM python:3.13.1`): Analog zum ersten Dockerfile wird hier ebenfalls ein Python-Standardimage in der Version 3.13.1 genutzt.

- Arbeitsverzeichnis definieren (`WORKDIR /app/src`): Erneut wird das Verzeichnis `/app/src` festgelegt, das als zentrale Stelle für die Anwendung dient.
- Verzeichnis anlegen (`RUN mkdir -p /app/src/`): So wird sichergestellt, dass das Arbeitsverzeichnis existiert.


```
FROM python:3.13.1

WORKDIR /app/src

RUN mkdir -p /app/src/

COPY main.py ./
COPY isolation_forest_model.pkl ./
COPY label_encoders.pkl ./
COPY requirements.txt ./

RUN pip3 install -r requirements.txt

RUN chgrp -R nogroup /app && \
    chmod -R 777 /app
```

Listing 4.16 Docker-Image aufbauen

Dateien in das Docker-Image übertragen

Übertragen Sie die folgende Dateien in das Docker-Image (siehe Listing 4.17):

- `main.py`: Die FastAPI-basierte API zur Echtzeit-Anomalieerkennung.
- `isolation_forest_model.pkl`: Das bereits trainierte Modell.
- `label_encoders.pkl`: Die Encoder zur Verarbeitung neuer Transaktionsdaten.
- `requirements.txt`: Enthält alle notwendigen Abhängigkeiten (z. B. `FastAPI`, `sklearn`, `pandas`), um die API produktiv laufen zu lassen.

```
COPY main.py ./
COPY isolation_forest_model.pkl ./
COPY label_encoders.pkl ./
COPY requirements.txt ./
```

Listing 4.17 Dateien für den produktiven Betrieb kopieren

Installieren Sie alle Python-Bibliotheken, die für die API erforderlich sind:

```
RUN pip3 install -r requirements.txt
```

Offene Zugriffsrechte setzen

Ähnlich wie beim ersten Dockerfile setzen Sie nun offene Zugriffsrechte, allerdings mit der Benutzergruppe nogroup, die in vielen Linux-Distributionen als Standardgruppe für nicht zugewiesene Nutzer gilt. Dies erleichtert insbesondere die problemlose Ausführung in cloudbasierten oder containerisierten Umgebungen:

```
RUN chgrp -R nogroup /app && \
    chmod -R 777 /app
```

Inhalt des zweiten Dockerfiles

Den Inhalt des zweiten Dockerfiles sehen Sie in Listing 4.18.

```
from python:3.13.1

WORKDIR /app/src

# Directory in Ihrem Docker-Image erstellen
RUN mkdir -p /app/src/
#
# File aus Ihrem lokalen System zum Pfad im Docker-Image kopieren
COPY main.py ./
COPY isolation_forest_model.pkl ./
COPY label_encoders.pkl ./
COPY requirements.txt ./
#
# Abhängigkeiten innerhalb Ihres Docker-Image installieren
RUN pip3 install -r requirements.txt
#
# Berechtigung für den Zugriff auf den Ordner /app aktivieren
RUN chgrp -R nogroup /app && \
    chmod -R 777 /app
```

Listing 4.18 Gesamter Inhalt des zweiten Dockerfiles

Beide Dockerfiles unterstützen also eine flexible, effiziente und skalierbare Entwicklung sowie den nahtlosen Übergang von lokaler Entwicklung hin zur cloudbasierten Bereitstellung der Lösung für die Anomalieerkennung:

- **Dockerfile 1 (für die lokale Entwicklung)**
  Ideal für schnelles Entwickeln, Testen und Experimentieren mit Daten und Modellvarianten.
- **Dockerfile 2 (für die API/Produktion)**
  Geeignet für den stabilen, produktiven Einsatz einer REST-API zur automatisierten Anomalieerkennung, etwa auf der SAP BTP oder lokal.

Docker-Registry nutzen

Beide Dockerfiles lassen sich entweder lokal ausführen oder – was oftmals der professionellere Ansatz ist – als Image in eine Docker-Registry hochladen. In vielen Unternehmen existiert bereits eine interne Docker-Registry; alternativ kann auch eine öffentliche Registry wie beispielsweise Docker Hub genutzt werden.

Liegt das Dockerfile im aktuellen Verzeichnis, lässt sich das Image mit folgendem Befehl im Terminal erstellen:

```
docker build -t username/imagename:tag .
```

Anmelden

Dabei müssen `username`, `imagename` und `tag` durch eigene Werte ersetzt werden. Nach einer Registrierung auf *hub.docker.com* erfolgt die Anmeldung über:

```
docker login
```

Docker-Image hochladen

Anschließend kann das erstellte Image mit dem folgenden Befehl in die Registry hochgeladen werden:

```
docker push username/imagename:tag
```

Sobald das Image erfolgreich gepusht wurde, steht es auch anderen Ressourcen zur Verfügung.

4.3.4 Automatisierte KI-Workflows mit ArgoFlows in SAP AI Core erstellen

Nachdem die SecureBank AG den Entwicklungsprozess zunächst lokal gestartet hatte, ist nun ein entscheidender Meilenstein erreicht: Das Anomalieerkennungsmodell auf Basis des Isolation Forests wurde erfolgreich entwickelt und in eine lauffähige API überführt. Die Kernkomponenten der Lösung liegen damit vor. An diesem Punkt im Projekt haben Sie also bereits die lokale Entwicklung und Testphase abgeschlossen und verfügen über eine funktionierende technische Grundlage.

Im nächsten Schritt geht es darum, diese Komponenten in den produktiven Betrieb zu überführen. Das bedeutet, Sie stehen nun vor der Aufgabe, Ihr lokal erstelltes Modell und die dazugehörige API in eine skalierbare, cloudbasierte Umgebung zu bringen. Dabei spielt der SAP AI Core als zentrale Runtime-Plattform eine entscheidende Rolle. In diesem Abschnitt zeigen wir Ihnen, wie Sie die zuvor entwickelten Komponenten auf die SAP Business Technology Platform (SAP BTP) übertragen und dort betreiben können – damit Ihre KI-Lösung zuverlässig, skalierbar und wartbar im Unternehmenskontext eingesetzt werden kann.

ArgoFlows

In SAP AI Core spielen sogenannte *ArgoFlows* eine zentrale Rolle, wenn es darum geht, komplexe KI-Workflows zuverlässig, wiederholbar und skalierbar zu automatisieren. ArgoFlows basieren auf der Open-Source-Technologie *Argo Workflows* und ermöglichen die präzise Steuerung sämtlicher Schritte im Lebenszyklus von KI-Modellen – vom Training bis zur produktiven Bereitstellung. Mithilfe von YAML-basierten Workflow-Templates lässt sich definieren, wie beispielsweise ein Isolation-Forest-Modell automatisiert trainiert und verwaltet werden kann. Diese Templates beschreiben detailliert, welche Container ausgeführt werden, wie Daten verarbeitet werden und wie SAP AI Core nahtlos mit Docker-Images interagiert. Dadurch werden manuelle Eingriffe auf ein Minimum reduziert und höchste Effizienz bei der Entwicklung und beim Betrieb von KI-Lösungen sichergestellt. SAP stellt dabei Workflow-Templates bereit, die nach den eigenen Anforderungen angepasst werden können.

Training des Isolation Forests

Hier ist ein Beispiel für das Training des Isolation Forests:

```
apiVersion: argoproj.io/v1alpha1
kind: WorkflowTemplate
```

`apiVersion` definiert hier die verwendete Version der Argo-Workflows-API, die SAP AI Core zugrunde liegt. `kind` gibt den Typ des Templates an (`WorkflowTemplate`), das in SAP AI Core verwendet wird, um wiederverwendbare Workflow-Abläufe zu definieren.

Definieren Sie die Metadaten des Workflows (siehe Listing 4.19). Der Parameter `name` definiert einen eindeutigen Namen für den Workflow – in diesem Fall `train-predictor`. Dieser Name muss eindeutig sein, insbesondere wenn mehrere Workflows parallel in SAP AI Core betrieben werden, da er der zentrale Identifikator für die Ausführung und Verwaltung ist.

»annotations«

Unter `annotations` werden zusätzliche beschreibende Informationen hinterlegt:

- `scenarios.ai.sap.com/description` bietet eine kurze Beschreibung des Zwecks des Workflows.
- `scenarios.ai.sap.com/name` benennt das übergeordnete Szenario, dem der Workflow zugeordnet ist.
- `executables.ai.sap.com/description` beschreibt die konkrete Aufgabe des Workflows – in diesem Fall das Training eines Isolation-Forest-Modells.
- `executables.ai.sap.com/name` benennt den Anwendungsfall klar als »Financial Transaction Anomaly«.

»labels«

Die unter labels angegebenen Metadaten helfen dabei, Workflows in SAP AI Core systematisch zu organisieren, zu versionieren und effizient zu verwalten. Sie ermöglichen eine strukturierte Zuordnung und eine bessere Nachvollziehbarkeit in komplexeren Umgebungen mit vielen Szenarien.


```
metadata:
  name: train-predictor
  annotations:
    scenarios.ai.sap.com/description: "Tutorial to add custom code to
SAP AI Core"
    scenarios.ai.sap.com/name: "Code (AI Business Cases)"
    executables.ai.sap.com/description: "Trains Isolation Forest"
    executables.ai.sap.com/name: "Financial Transaction Anomaly
(Sklearn Example)"
  labels:
    scenarios.ai.sap.com/id: "train-predictor"
    ai.sap.com/version: "3.0"
```

Listing 4.19 Metadaten (Namen und Annotationen)

»imagePullSecrets«

Legen Sie nun die Workflow-Spezifikationen fest (siehe Listing 4.20). Der Parameter imagePullSecrets referenziert ein sogenanntes Secret, das die Zugangsdaten zu einer privaten Docker-Registry enthält. Dieses Secret wird benötigt, damit SAP AI Core das angegebene Docker-Image aus einer geschützten Registry abrufen kann. Ohne diese Angabe könnte das Image nicht geladen werden, wenn es nicht öffentlich zugänglich ist.

»entrypoint«

Der Eintrag entrypoint legt fest, welcher Teil des Workflows beim Start ausgeführt werden soll. In diesem Fall ist mypipeline der Einstiegspunkt – also die benannte Pipeline, mit der der Workflow beginnt. Diese Pipeline definiert die konkreten Schritte, die im Rahmen der Ausführung nacheinander abgearbeitet werden.

```
spec:
  imagePullSecrets:
    - name: ai-business-cases
  entrypoint: mypipeline
```

Listing 4.20 Workflow-Spezifikation (»spec«)

»mypipeline«

Definieren Sie nun die Template- und Pipeline-Struktur (siehe Listing 4.21). Der Abschnitt mypipeline beschreibt die eigentliche Pipeline, die den Ablauf des Workflows definiert. In dieser Pipeline wird festgelegt, dass als Erstes ein Schritt namens mypredictor ausgeführt wird. Dieser verweist auf das Template mycodeblock1, das wiederum die Konfiguration des Containers und dessen auszuführenden Befehl enthält.

»steps« Die Struktur basiert auf einem hierarchischen Aufbau: Innerhalb von steps können eine oder mehrere Aktionen nacheinander oder parallel ausgeführt werden. Diese Form der Definition erlaubt es, auch komplexere, mehrstufige Workflows abzubilden, beispielsweise für das sequenzielle Training, Testen und Bereitstellen von KI-Modellen oder für die parallele Ausführung von Vorverarbeitungsschritten.

```
templates:
  - name: mypipeline
    steps:
    - - name: mypredictor
        template: mycodeblock1
```

Listing 4.21 Template- und Pipeline-Struktur

»mycodeblock1« Der Abschnitt mycodeblock1 beschreibt die konkrete Ausführungseinheit innerhalb des Workflows. Hier wird der Container definiert, in dem das KI-Modelltraining durchgeführt wird. Dieser Container bildet das Herzstück der Pipeline, da er den eigentlichen Programmcode zur Anomalieerkennung enthält.

»image« Mit dem Parameter image wird das Docker-Image angegeben, das in SAP AI Core verwendet werden soll. In diesem Fall handelt es sich um das Image docker.io/<user>/anomaly-predictor:03, das den vollständigen Python-Code (predictor.py), alle notwendigen Abhängigkeiten sowie – je nach Aufbau – auch Trainingsdaten und gegebenenfalls ein initiales Modell beinhaltet.

»command« und »args« Als Nächstes legen Sie die Container-Definition fest und führen das Modell aus (siehe Listing 4.22). Die Einträge command und args geben an, was im Container nach dem Start ausgeführt werden soll. Mit /bin/sh -c wird eine Shell geöffnet, in der dann das Skript predictor.py ausgeführt wird. Dieses Python-Skript enthält die Logik zum Training oder zur Anwendung des Isolation-Forest-Modells und stellt sicher, dass der Anomalieerkennungsprozess vollständig automatisiert im Container abläuft.

```
  - name: mycodeblock1
    container:
      image: docker.io/<user>/anomaly-predictor:03
      command: ["/bin/sh", "-c"]
      args:
        - "python /app/src/predictor.py"
```

Listing 4.22 Container definieren und Modell ausführen

Das gesamte Skript in der Übersicht

In Listing 4.23 sehen Sie das gesamte Skript mit allen besprochenen Elementen. Sie finden es ebenfalls im Download-Material dieses Buchs unter *www.sap-press.de/6149*.

```
apiVersion: argoproj.io/v1alpha1
kind: WorkflowTemplate
metadata:
  name: train-predictor # executable id, must be unique across all
your workflows (YAML files), please modify this to any value (e.g.
code-pipeline-12345) if you are not the only user of your SAP AI Core
instance.
  annotations:
    scenarios.ai.sap.com/description: "Tutorial to add custom code to
SAP AI Core"
    scenarios.ai.sap.com/name: "Code (AI Business Cases)"
    executables.ai.sap.com/description: "Trains Isolation Forest"
    executables.ai.sap.com/name: "Financial Transaction Anomaly
(Sklearn Example)"
  labels:
    scenarios.ai.sap.com/id: "train-predictor"
    ai.sap.com/version: "3.0"
spec:
  imagePullSecrets:
    - name: ai-business-cases # your docker registry secret
  entrypoint: mypipeline
  templates:
  - name: mypipeline
    steps:
    - - name: mypredictor
        template: mycodeblock1

  - name: mycodeblock1
    container:
      image: docker.io/<user>/anomaly-predictor:03 # Your docker
image name
      command: ["/bin/sh", "-c"]
      args:
        - "python /app/src/predictor.py"
```

Listing 4.23 Gesamtes Workflow-File (»train-predictor.yaml«)

Diese YAML-Datei bildet eine vollständige Workflow-Vorlage für SAP AI Core ab. Sie automatisiert das Ausführen eines KI-Modells im Kontext von Finanztransaktionsanomalien, das einen Isolation Forest nutzt, und stellt sicher, dass das Training bzw. die Ausführung sauber und reproduzierbar über Docker-Container abläuft.

Damit kann ein lokal entwickeltes KI-Modell auf einfache Weise professionell und skalierbar in der SAP-AI-Core-Umgebung betrieben werden.

4.3.5 KI-Services mit KServe und SAP AI Core produktiv bereitstellen

KServe

Nachdem in Abschnitt 4.3.4 gezeigt wurde, wie das KI-Modell mithilfe von ArgoFlows erfolgreich trainiert werden kann, rückt die nächste Herausforderung in den Fokus: die produktive Bereitstellung des Modells als skalierbarer Service. SAP AI Core setzt hier auf den KServe-Standard und sogenannte *Serving-Templates*, um den produktiven Einsatz von KI-Modellen in der Cloud zu automatisieren. *KServe* ist ein Open-Source-Framework, das speziell für das Bereitstellen und Skalieren von Machine-Learning-Modellen in Kubernetes-Umgebungen entwickelt wurde.

Die YAML-basierte Definition ermöglicht es, Modell-Container mit wenigen Zeilen Konfiguration als performante und skalierbare REST-API bereitzustellen – etwa auf Basis von FastAPI und Gunicorn. Dank ausgefeilter Autoscaling-Mechanismen und der tiefen Integration in SAP AI Core lassen sich so auch anspruchsvolle Use Cases wie die Anomalieerkennung im Finanzbereich einfach, zuverlässig und zukunftssicher produktiv machen.

»apiVersion«

Der Eintrag `apiVersion` legt die verwendete Version der SAP-AI-Core-API fest: In diesem Fall `v1alpha1`. Diese Versionierung stellt sicher, dass die YAML-Struktur und die enthaltenen Funktionen mit dem jeweiligen Stand der SAP-AI-Core-Plattform kompatibel sind. Gleichzeitig kann so sichergestellt werden, dass Lösungen, die stetig weiterentwickelt werden, auch nachvollziehbar versioniert werden können.

»kind«

Der Parameter `kind` definiert den Typ der Ressource. Mit `ServingTemplate` wird angegeben, dass es sich um eine Vorlage zur Bereitstellung eines Modells handelt. Solche Templates ermöglichen es, ein trainiertes KI-Modell als dauerhaft erreichbaren Service bereitzustellen – beispielsweise in Form einer REST-API – und es so produktiv im Unternehmen zu nutzen:

```
apiVersion: ai.sap.com/v1alpha1
kind: ServingTemplate
```

»name«

Als Nächstes definieren Sie die Metadaten des Modells (siehe Listing 4.24). Der Parameter `name` dient zur eindeutigen Kennzeichnung des Serving-Templates – in diesem Fall unter dem Namen `anomaly-predictor-server`. Dieser Name identifiziert den Bereitstellungsprozess des Modells eindeutig innerhalb von SAP AI Core und sollte daher konsistent und sprechend gewählt werden.

Die `annotations` enthalten zusätzliche beschreibende Informationen zum Szenario. Sie helfen dabei, den Zweck und Kontext der Bereitstellung schnell zu erfassen – hier geht es um die Bereitstellung eines Anomalieerkennungsmodells auf Basis von FastAPI und Isolation Forest. Diese Informationen werden später in der Benutzeroberfläche von SAP AI Core angezeigt und unterstützen die Dokumentation und Verständlichkeit des Modells. **»annotations«**

Die `labels` ermöglichen eine strukturierte Kategorisierung, Filterung und Versionierung innerhalb der SAP-AI-Core-Plattform. Sie erleichtern insbesondere in umfangreicheren Projekten mit mehreren Modellen und Versionen die Übersicht und Verwaltung. **»labels«**

```
metadata:
  name: anomaly-predictor-server
  annotations:
    scenarios.ai.sap.com/description: "Anomaly detection with
FastAPI"
    scenarios.ai.sap.com/name: "Anomaly FastAPI"
    executables.ai.sap.com/description: "FastAPI Isolation Forest"
    executables.ai.sap.com/name: "server"
  labels:
    scenarios.ai.sap.com/id: "anomaly-predictor-server"
    ai.sap.com/version: "3.0"
```

Listing 4.24 Metadaten (Name und Annotationen)

Spezifizieren Sie nun das Serving-Template (siehe Listing 4.25). Die Angabe der KServe-API-Version (`apiVersion: serving.kserve.io/v1beta1`) zeigt, dass dieses Serving-Template auf dem KServe-Standard basiert. SAP AI Core verwendet KServe als technische Grundlage, um KI-Modelle effizient, skalierbar und standardisiert bereitzustellen. Dadurch lassen sich Modelle als Services betreiben, die bei Bedarf automatisch hoch- oder herunterskaliert werden können – je nachdem, wie viele Anfragen verarbeitet werden müssen. Die Nutzung von KServe ermöglicht damit eine moderne, cloud-native Infrastruktur für produktionsreife KI-Anwendungen. **»apiVersion«**

```
spec:
  template:
    apiVersion: "serving.kserve.io/v1beta1"
```

Listing 4.25 Spezifikation (»spec«) des Serving-Templates

Autoscaling konfigurieren

Anschließend konfigurieren Sie das Autoscaling und die Ressourcenplanung (siehe Listing 4.26). Die Autoscaling-Konfiguration legt fest, wie SAP AI Core auf Basis der Nutzungslast automatisch die Anzahl der laufenden Instanzen (Pods) skaliert:

- `metric: concurrency` bedeutet, dass die Skalierung sich an der Anzahl gleichzeitiger Anfragen orientiert. Wenn mehrere Anfragen parallel verarbeitet werden müssen, kann das System zusätzliche Instanzen starten.
- `target: 1` definiert, dass ein Pod im Durchschnitt eine Anfrage gleichzeitig bedienen soll. Wird dieser Schwellenwert überschritten, wird automatisch ein weiterer Pod gestartet – so wird eine gleichbleibende Antwortzeit sichergestellt.
- `targetBurstCapacity: 0` deaktiviert die sogenannte Burst-Kapazität, d. h., es wird keine zusätzliche Reservekapazität für plötzliche Lastspitzen bereitgehalten. Die Skalierung erfolgt kontrolliert und verzichtet auf spontane Hochskalierung über die definierte Maximalanzahl hinaus.

»resourcePlan«

Die Angabe `resourcePlan: starter` legt fest, welche Ressourcenklasse in SAP AI Core verwendet wird – in diesem Fall das sogenannte Starterpaket, das typischerweise eine begrenzte Menge an CPU und Arbeitsspeicher bereitstellt. Dies ist ideal für Entwicklung, Tests oder kleinere produktive Modelle mit moderatem Ressourcenbedarf.

```
metadata:
  annotations: |
    autoscaling.knative.dev/metric: concurrency
    autoscaling.knative.dev/target: 1
    autoscaling.knative.dev/targetBurstCapacity: 0
  labels: |
    ai.sap.com/resourcePlan: starter
```

Listing 4.26 Autoscaling und Ressourcenplanung

»imagePullSecrets«

Definieren Sie nun den Container, um das Modell bereitzustellen (siehe Listing 4.27). Der Eintrag `imagePullSecrets` ermöglicht den Zugriff auf private oder geschützte Docker-Registries. Über das angegebene Secret kann SAP AI Core das benötigte Docker-Image sicher abrufen, auch wenn es nicht öffentlich zugänglich ist.

»minReplicas« und »maxReplicas«

Mit den Parametern `minReplicas` und `maxReplicas` wird definiert, wie viele Instanzen (Pods) des bereitgestellten KI-Modell-Service mindestens und maximal gleichzeitig laufen dürfen. In diesem Fall bedeutet `minReplicas: 1`, dass der Service dauerhaft verfügbar bleibt, während `maxReplicas: 3` eine automatische Skalierung bis zu drei parallelen Instanzen erlaubt – abhängig von der aktuellen Auslastung.

»containers«

Im Abschnitt containers wird der technische Aufbau des Deployments beschrieben:

- name identifiziert den Container eindeutig innerhalb des Serving-Prozesses.
- image gibt an, welches Docker-Image verwendet wird. Dieses Image enthält das trainierte Modell, die API-Logik (z. B. mit FastAPI) und alle Abhängigkeiten.
- ports definiert, über welchen Port (hier: 9001) der Service erreichbar gemacht wird. Über diesen Port nimmt der Container API-Anfragen entgegen.

»command« und »args«

Die Felder command und args legen fest, wie der Container beim Start den Webservice ausführt. Hierbei wird mit /bin/sh -c zunächst eine Shell geöffnet, in der dann der Befehl

```
gunicorn --chdir /app/src main:app -k uvicorn.workers.UvicornWorker
-b 0.0.0.0:9001
```

»gunicorn« und »uvicorn«

ausgeführt wird. Dabei übernimmt gunicorn die Rolle eines robusten und skalierbaren Server-Hosts, der auch im produktiven Umfeld zuverlässig läuft. uvicorn fungiert als performanter ASGI-kompatibler Server, der speziell für moderne Python-Webframeworks wie FastAPI entwickelt wurde. Gemeinsam sorgen sie dafür, dass die FastAPI-Anwendung performant, stabil und produktionsfähig betrieben werden kann.

```
  spec: |
    predictor:
      imagePullSecrets:
        - name: ai-business-cases
      minReplicas: 1
      maxReplicas: 3
      containers:
      - name: kserve-container
        image: "docker.io/<user>/anomaly-predictor-server:02"
        ports:
          - containerPort: 9001
            protocol: TCP
        command: ["/bin/sh", "-c"]
        args:
```

```
              - >
                set -e && echo "Starting" && gunicorn --chdir /app/src
main:app -k uvicorn.workers.UvicornWorker -b 0.0.0.0:9001
```

Listing 4.27 Container definieren zur Modellbereitstellung

Das gesamte Skript in der Übersicht

In Listing 4.28 sehen Sie das gesamte Skript mit allen besprochenen Elementen. Sie finden es ebenfalls im Download-Material dieses Buchs unter *www.sap-press.de/6149*.

```
apiVersion: ai.sap.com/v1alpha1
kind: ServingTemplate
metadata:
  name: anomaly-predictor-server
  annotations:
    scenarios.ai.sap.com/description: "Anomaly detection with
    FastAPI"
    scenarios.ai.sap.com/name: "Anomaly FastAPI"
    executables.ai.sap.com/description: "FastAPI Isolation Forest"
    executables.ai.sap.com/name: "server"
  labels:
    scenarios.ai.sap.com/id: "anomaly-predictor-server"
    ai.sap.com/version: "3.0"
spec:
  template:
    apiVersion: "serving.kserve.io/v1beta1"
    metadata:
      annotations: |
        autoscaling.knative.dev/metric: concurrency
        autoscaling.knative.dev/target: 1
        autoscaling.knative.dev/targetBurstCapacity: 0
      labels: |
        ai.sap.com/resourcePlan: starter
    spec: |
      predictor:
        imagePullSecrets:
          - name: ai-business-cases
        minReplicas: 1
        maxReplicas: 3
        containers:
        - name: kserve-container
          image: "docker.io/<user>/anomaly-predictor-server:02"
          ports:
            - containerPort: 9001
```

```
            protocol: TCP
          command: ["/bin/sh", "-c"]
          args:
            - >
              set -e && echo "Starting" && gunicorn --chdir /app/src
main:app -k uvicorn.workers.UvicornWorker -b 0.0.0.0:9001
```

4

Listing 4.28 Gesamtes Workflow-File für das Ausführen des API-Service (»run_predictor.yaml«)

Dieses Serving-Template erlaubt es, einen KI-basierten Anomalieerkennungsservice, der einen Isolation Forest nutzt, effizient, skalierbar und produktiv in SAP AI Core bereitzustellen. Die Konfiguration nutzt Industriestandards (KServe, Knative Autoscaling, FastAPI, Gunicorn/Uvicorn), um optimale Performance, automatisierte Skalierung und die zuverlässige Bereitstellung der KI-Lösung sicherzustellen.

Durch diese YAML-Datei wird die lokale KI-Lösung nahtlos in der Cloud betrieben und in die bestehenden Unternehmensprozesse integriert.

4.4 Die KI-Lösung auf der SAP BTP bereitstellen

Nach der lokalen Entwicklung des KI-Modells und der technischen Vorbereitung aller relevanten Komponenten – wie Python-Skripte, Docker-Container, YAML-Workflows und Serving-Konfigurationen – folgt nun der entscheidende Schritt: die Überführung in eine produktive Umgebung innerhalb der *SAP Business Technology Platform* (SAP BTP).

Inhalt dieses Abschnitts

In diesem Abschnitt zeigen wir Ihnen, wie Sie Ihre KI-Anwendung auf der SAP BTP operationalisieren. Sie lernen, wie Sie:

- Ihre Code-Artefakte und Container registrieren,
- Workflows in SAP AI Core deployen,
- Servings für Vorhersagen einrichten
- und Ihre Anomalieerkennung als produktionsfähigen Service bereitstellen.

Dabei liegt der Fokus bewusst nicht nur auf der technischen Umsetzung, sondern auch auf den administrativen und operativen Schritten im SAP BTP Cockpit – von der Projektstruktur bis zur Anbindung an das SAP AI Launchpad. Mit dieser Anleitung machen Sie aus einem lokal entwickelten KI-Prototyp eine skalierbare, wartbare und integrierbare Lösung im SAP-Ökosystem.

4.4.1 Administrative Grundlagen in SAP AI Core

Service Key

Bevor ein lokal entwickeltes KI-Modell auf SAP AI Core deployt werden kann, muss ein sogenannter *Service Key* erstellt werden. Dieser Schlüssel enthält alle notwendigen Verbindungsinformationen (z. B. API-URL, Token-Endpunkte, Zugriffstoken), die benötigt werden, um per Skript, CLI oder Workflow-Engine sicher auf den SAP AI Core zuzugreifen.

Service Key erstellen

Im Fall der SecureBank AG gehen wir davon aus, dass der SAP AI Core Service bereits im entsprechenden Space innerhalb der BTP konfiguriert und erfolgreich aktiviert wurde. Die Instanz ist unter dem Namen `aicore` sichtbar und hat den Status **Created**. Ein Klick auf **Create** im Bereich **Service Keys** erzeugt einen neuen Schlüssel, der anschließend exportiert oder direkt für lokale Workflows genutzt werden kann (siehe Abbildung 4.4).

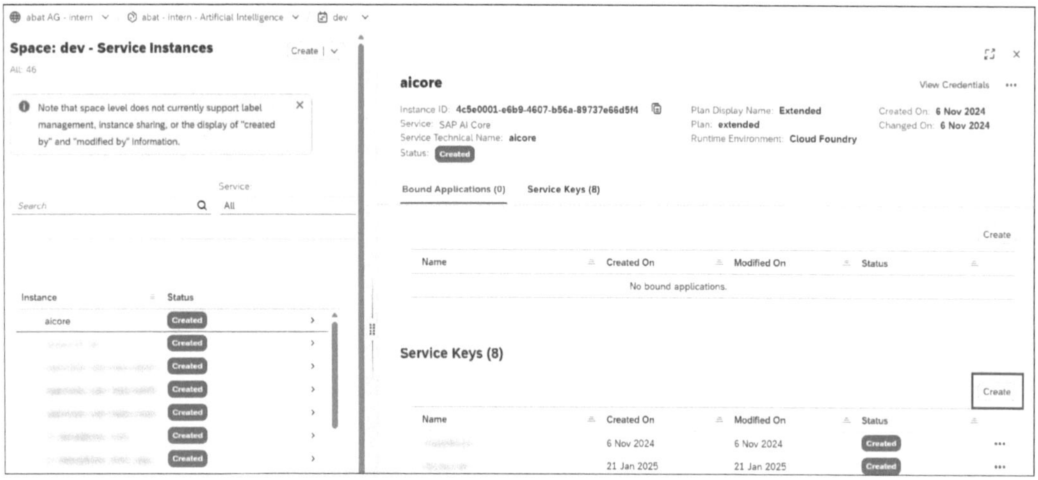

Abbildung 4.4 Service Key erstellen

Service Key im SAP AI Launchpad einbinden

Nachdem Sie den Service Key (Serviceschlüssel) für den SAP AI Core erstellt haben, muss dieser im SAP AI Launchpad eingebunden werden, um den Zugriff auf die API und die bereitgestellten Workflows zu ermöglichen. Hierzu legen Sie eine neue AI-API-Verbindung an.

Benötigte Angaben

In der Maske **AI-API-Verbindung anlegen** benötigen Sie die folgenden Angaben (siehe Abbildung 4.5):

- ein eindeutiger **Verbindungsname** (z. B. »ai-business-cases-conn«)
- der zuvor exportierte **Serviceschlüssel** (z. B. als Textdatei)
- die **Verbindungsart** (in der Regel **Geheimer Schlüssel**)
- der automatisch extrahierte Wert für die **AI-API-URL** – also der Endpunkt zur Kommunikation mit dem AI Core

- der automatisch extrahierte Wert für die **XSUAA-URL**, **Client-ID** und den geheimen **Client-Schlüssel**, die aus dem Serviceschlüssel stammen

AI-API-Verbindung anlegen

Nach dem Klick auf **Anlegen** steht die Verbindung im SAP AI Launchpad zur Verfügung und kann für Trainings, Servings und Deployments verwendet werden.

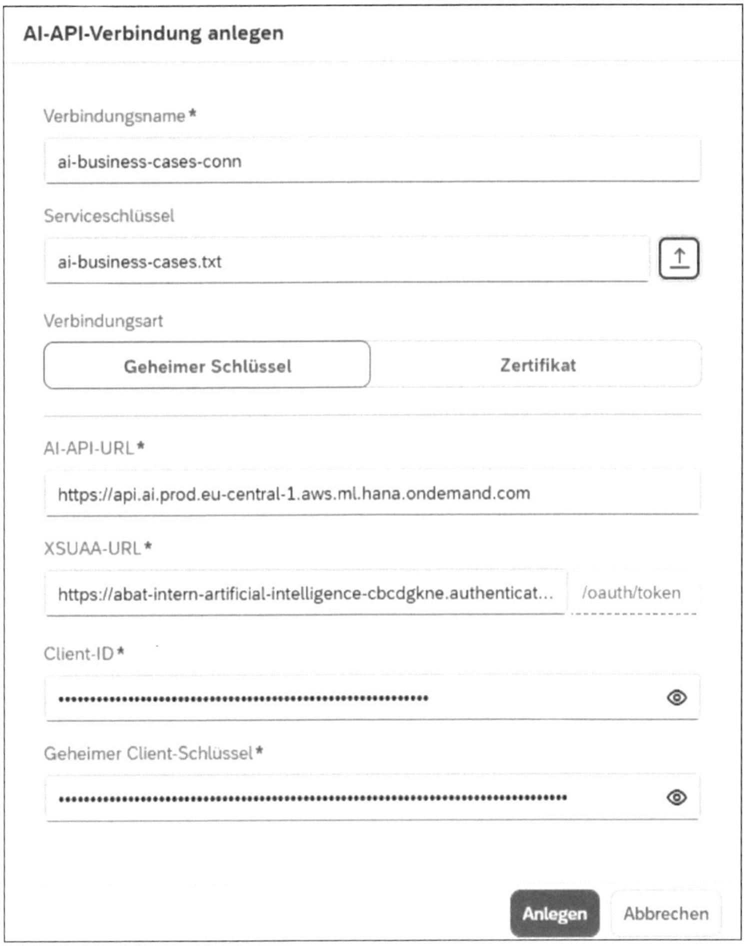

Abbildung 4.5 Neue AI-API-Verbindung erstellen

Im nächsten Schritt verknüpfen Sie Ihr Git-Repository mit dem SAP AI Launchpad. In diesem Repository befinden sich die zuvor bereits entwickelten Workflow-Templates, Serving-Definitionen und Konfigurationsdateien. Durch diese Verbindung werden die Inhalte des Repositorys automatisch in SAP AI Core übernommen und stehen dort zur weiteren Verwendung (z. B. für Trainings oder Deployment-Prozesse) zur Verfügung.

Repository hinzufügen

Fügen Sie dazu im Bereich **SAP-AI-Core-Administration • Git-Repositorys** ein neues Repository hinzu oder bearbeiten Sie ein bestehendes. Die folgenden Angaben sind dabei erforderlich (siehe Abbildung 4.6):

- die vollständige **URL** des Repositorys (z. B. GitHub)
- ein frei wählbarer **Name** zur Identifikation im SAP AI Launchpad
- der persönliche (GitHub-)**Benutzername**
- ein gültiges **Zugriffs-Token**, um SAP AI Core den sicheren Zugriff auf die Repository-Inhalte zu ermöglichen

Sobald der Onboarding-Prozess erfolgreich abgeschlossen ist (erkennbar am Status **COMPLETED**), stehen die Inhalte des Repositorys in SAP AI Core zur Verfügung – etwa zur Ausführung von Trainingsworkflows oder zum Anlegen von Servings.

Abbildung 4.6 Git-Repository im SAP AI Launchpad anbinden

Neben dem Zugriff auf das Git-Repository muss SAP AI Core auch auf die Docker-Images zugreifen können, die Ihre trainierten Modelle oder Serving-Anwendungen enthalten. Dazu ist es notwendig, dass Sie Ihre Docker-Registry mit SAP BTP verbinden – etwa Docker Hub oder eine private Container-Registry.

Geheimen Docker-Registry-Schlüssel hinterlegen

Dafür hinterlegen Sie einen sogenannten *geheimen Docker-Registry-Schlüssel* (Docker Secret) im Bereich **SAP-AI-Core-Administration • Geheime Docker-Registry-Schlüssel** (siehe Abbildung 4.7).

Abbildung 4.7 Geheimen Docker-Registry-Schlüssel in SAP AI Core hinterlegen

Zugangsdaten

Sie benötigen dafür ein JSON-Format mit Zugangsdaten (siehe Listing 4.29).

```
json
{
  ".dockerconfigjson": "{\"auths\": {\"<DOCKER_REGISTRY_URL>\": {\
"username\": \"<DOCKER_USERNAME>\", \"password\": \"<DOCKER_ACCESS_
TOKEN>\"}}}"
}
```

Listing 4.29 Aufbau des JSON für den geheimen Docker-Registry-Schlüssel

Passwort generieren

Das Passwort ist in diesem Fall ein sogenannter *Personal Access Token*, den Sie zuvor direkt in der Docker-Registry (z. B. *hub.docker.com*) generieren müssen. Benutzername und Token ermöglichen SAP AI Core das automatisierte Pullen (also das Herunterladen) der Images bei Workflows und Deployments.

4.4.2 Anwendung registrieren

Sobald das Git-Repository und die Docker-Registry erfolgreich mit der SAP BTP verbunden wurden, synchronisiert SAP AI Core automatisch alle verfügbaren Inhalte aus dem Repository. Im nächsten Schritt müssen Sie nun eine sogenannte *Anwendung* registrieren. Diese verknüpft einen bestimmten Pfad im Repository mit der SAP-AI-Core-Umgebung.

Neue Anwendung erstellen

Dazu navigieren Sie zu **SAP-AI-Core-Administration • Anwendungen** und erstellen eine neue Anwendung. Für die Konfiguration benötigen Sie die folgenden Angaben (siehe Abbildung 4.8):

- einen eindeutigen **Anwendungsname**n
- das gewünschte **Repository** (z. B. »ai-business-cases-demo«)
- den anzugebenden relevanten **Pfad im Repository** (z. B. »run«)
- eine festzulegende **Revision** (z. B. »HEAD« für den neuesten Stand im Haupt-Branch)

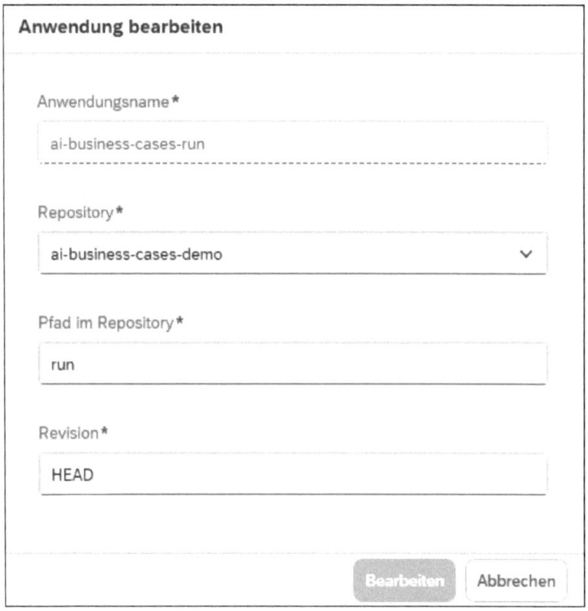

Abbildung 4.8 Anwendung in SAP AI Core registrieren

Diese Anwendung dient anschließend als Grundlage für Trainings-, Deployment- oder Serving-Prozesse – je nachdem, welche Workflows und Codedateien sich im angegebenen Pfad befinden.

4.4.3 Szenario konfigurieren

Definition: Szenario

Nach erfolgreicher Konfiguration und Synchronisation der Anwendung durch den SAP AI Core stehen die Inhalte nun für operative Prozesse bereit. Unter **ML Operations • Szenarios** sind alle registrierten Anwendungen in Form sogenannter *Szenarien* sichtbar (siehe Abbildung 4.9). Ein Szenario repräsentiert dabei eine Einheit, mit der ein konkreter Trainings-, Serving- oder Ausführungsprozess initiiert werden kann.

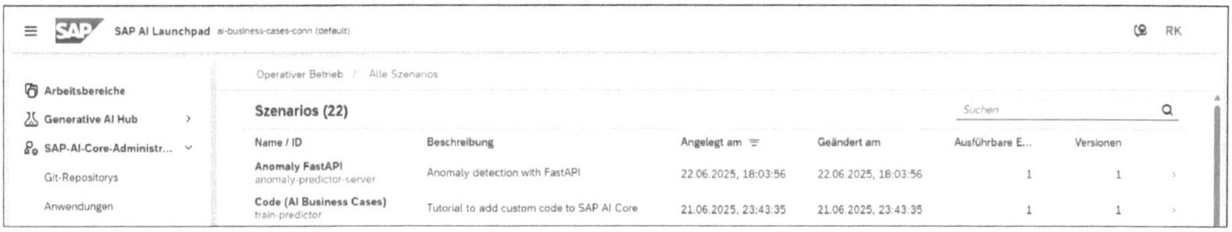

Abbildung 4.9 Übersicht der verfügbaren Szenarien im SAP AI Launchpad

Details der Szenarien

Die Szenarien sind jeweils mit einem Namen, einer Beschreibung, dem Erstellungsdatum sowie den verfügbaren Versionen versehen. Sie bieten den zentralen Einstiegspunkt für den weiteren Betrieb der KI-Anwendung im SAP AI Launchpad.

Konfiguration erstellen

Um ein registriertes Szenario tatsächlich ausführen zu können – sei es ein Training, ein Inferenzserver oder eine Vorhersage –, müssen Sie im nächsten Schritt eine sogenannte *Konfiguration* erstellen. Die Konfiguration enthält alle notwendigen Angaben darüber, welche Einheit (z. B. ein Skript oder Container) in welchem Szenario ausgeführt werden soll.

Dieser Schritt erfolgt über den Menüpunkt **ML Operations • Konfigurationen** (siehe Abbildung 4.10). Mit einem Klick auf **Anlegen** öffnet sich ein Dialog, in dem Sie eine bestehende Einheit (aus dem Szenario) auswählen, benennen und bei Bedarf mit weiteren Parametern versehen können.

Abbildung 4.10 Übersicht über Konfigurationen im SAP AI Launchpad

Die Konfiguration ist damit der konkrete Startpunkt, um z. B. das Training des Anomalieerkennungsmodells oder den Betrieb eines FastAPI-basierten Inferenzservers auszulösen.

Konfigurations-Wizard

Nachdem Sie den Konfigurationsprozess gestartet haben, führt Sie ein Wizard Schritt für Schritt durch die benötigten Einstellungen (siehe Abbildung 4.11). Im ersten Schritt wird die neue Konfiguration benannt und das gewünschte **Szenario**, die entsprechende **Version** sowie die **Ausführbare Einheit** (z. B. ein Trainingsskript oder Vorhersagemodell) festgelegt.

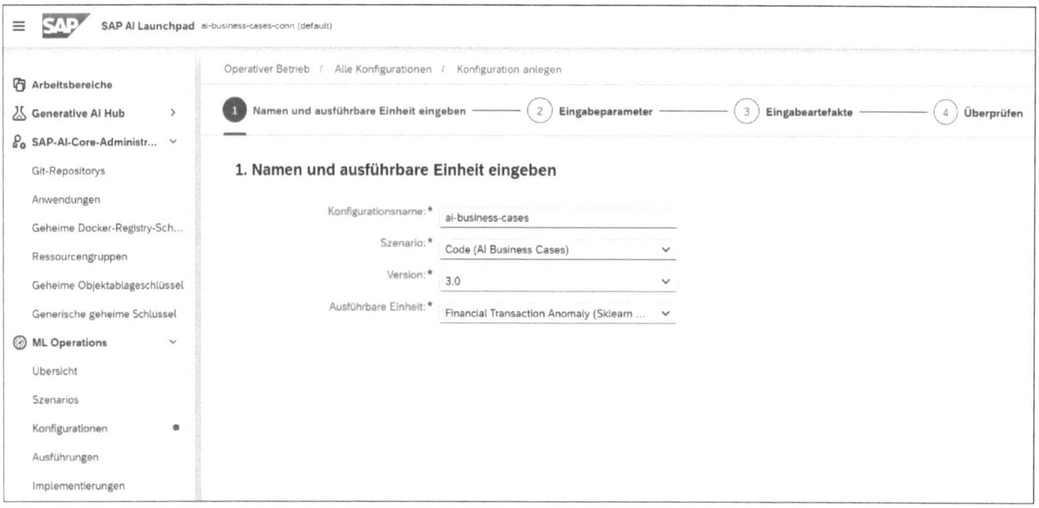

Abbildung 4.11 Konfigurations-Wizard

Angaben überprüfen

In den weiteren Schritten des Wizards können Sie bei Bedarf zusätzliche **Eingabeparameter** (z. B. Schwellenwerte oder Flags) und **Eingabeartefakte** (z. B. Dateien, Modelle oder Datensätze) definieren. Am Ende erfolgt eine Überprüfung aller Angaben, bevor Sie die Konfiguration erstellen und aktivieren.

Damit ist der Weg zur automatisierten Ausführung Ihrer individuellen KI-Pipeline in SAP AI Core geebnet.

4.4.4 Workflow ausführen

Ausführungs-Wizard

Nachdem Sie die Konfiguration erfolgreich abgeschlossen haben, kann die eigentliche Ausführung des Szenarios gestartet werden – z. B. für das initiale Training eines KI-Modells. Dies erfolgt im Bereich **ML Operations • Ausführungen**. Durch einen Klick auf **Anlegen** startet der Ausführungs-Wizard, in dem Sie das entsprechende Szenario auswählen und die gewünschte ausführbare Einheit (z. B. ein Trainingsskript) festlegen (siehe Abbildung 4.12).

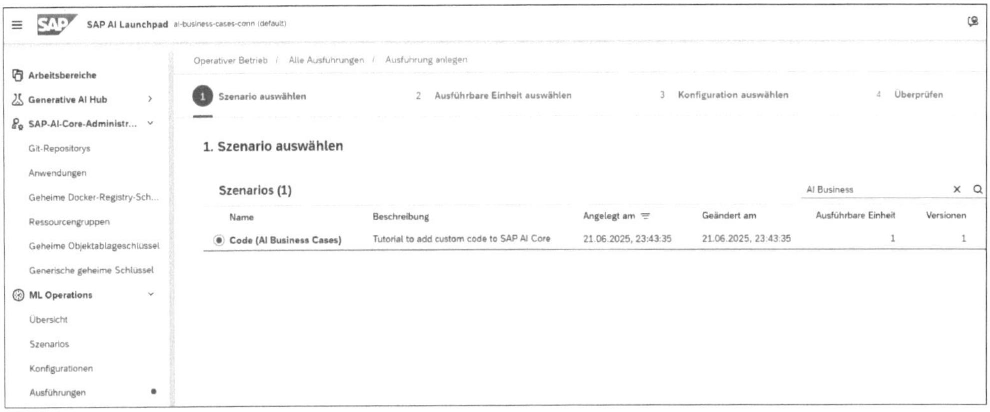

Abbildung 4.12 Ausführungs-Wizard

Optional können Sie die Ausführung auch planen – etwa zur regelmäßigen Aktualisierung des Modells auf Basis neuer Daten. Dies eröffnet die Möglichkeit, Machine-Learning-Workflows vollständig automatisiert in der SAP BTP zu betreiben.

Optional: Ausführung planen

Nach dem Start einer Ausführung lässt sich der Fortschritt direkt im SAP AI Launchpad nachvollziehen. Unter **ML Operations • Ausführungen** kann jede gestartete Instanz anhand ihrer ID und ihres aktuellen Status überwacht werden – z. B. ob sie gerade läuft, abgeschlossen oder fehlgeschlagen ist.

Status überwachen

Neben dem visuellen Prozessdiagramm sind dort auch Start-/Endzeiten, Dauer, Logs und etwaige Ergebnisse abrufbar (siehe Abbildung 4.13).

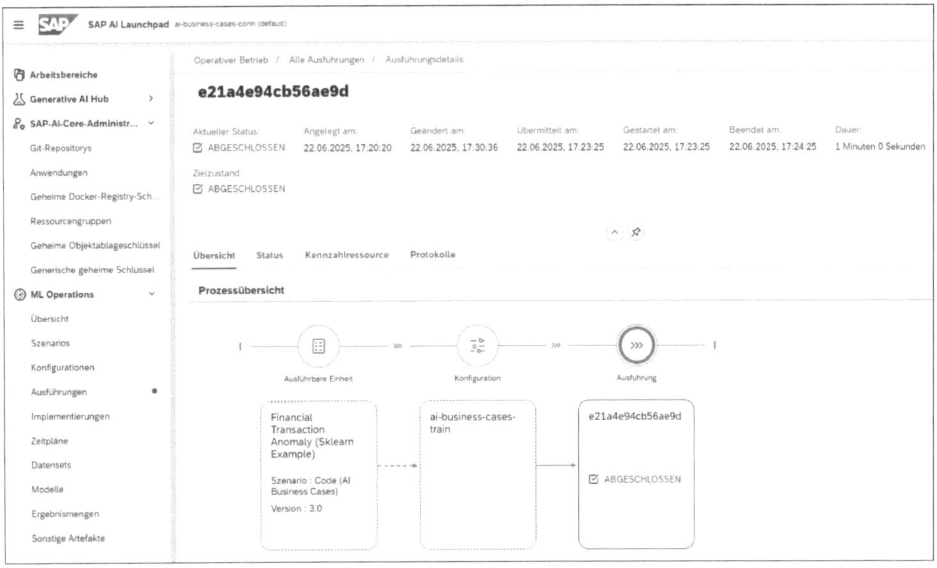

Abbildung 4.13 Prozessübersicht: Ablauf der Ausführung

Das erleichtert sowohl die Fehlersuche als auch die Nachverfolgung wiederkehrender Trainings- oder Inferenzprozesse.

4.4.5 Modell implementieren

Handelt es sich nicht um eine einmalige Ausführung wie beim Modelltraining, sondern um ein dauerhaft erreichbares Modell (z. B. via REST-API), erfolgt die Bereitstellung über **ML Operations • Implementierungen**.

Neues Deployment erstellen

Über **Anlegen** können Sie ein neues Deployment erstellen. Dabei wird das gewünschte, zuvor synchronisierte Serving-Template ausgewählt – in unserem Fall das Modell zur Anomalieerkennung mit FastAPI, »Anomaly FastAPI« (siehe Abbildung 4.14). Es wird anschließend dauerhaft bereitgestellt und ist für Anfragen von außen erreichbar.

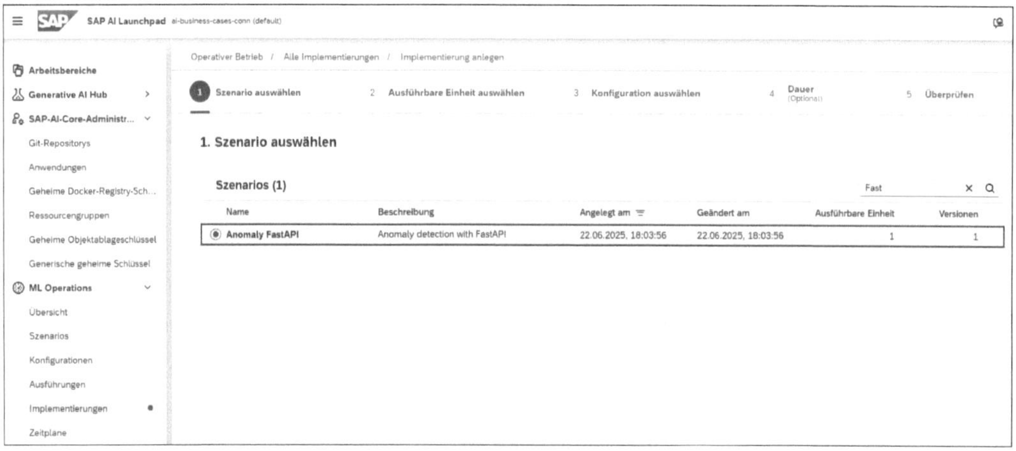

Abbildung 4.14 Synchronisiertes Serving-Template auswählen

Bereitstellungseinheit auswählen

Nachdem das Szenario gewählt wurde, erfolgt im zweiten Schritt die Auswahl der ausführbaren Bereitstellungseinheit. Diese Einheit definiert den konkreten Bereitstellungsbaustein – also zum Beispiel eine API, die später Anfragen entgegennimmt und Vorhersagen trifft. In unserem Fall wird die Einheit `server` verwendet, die unsere FastAPI-Anwendung mit unserem Isolation-Forest-Modell bereitstellt (siehe Abbildung 4.15).

Konfiguration auswählen

Im dritten Schritt wählen Sie eine bestehende Konfiguration aus, die zur gewählten ausführbaren Bereitstellungseinheit gehört. Diese Konfiguration legt fest, wie das Modell beim Deployment verwendet wird – inklusive möglicher Parameter oder Eingabeartefakte. In unserem Fall ist die Konfiguration »anomaly-inference-server« bereits vorhanden und ausgewählt (siehe Abbildung 4.16). Alternativ können Sie an dieser Stelle auch eine neue Konfiguration erstellen.

Abbildung 4.15 Ausführbare Einheit auswählen

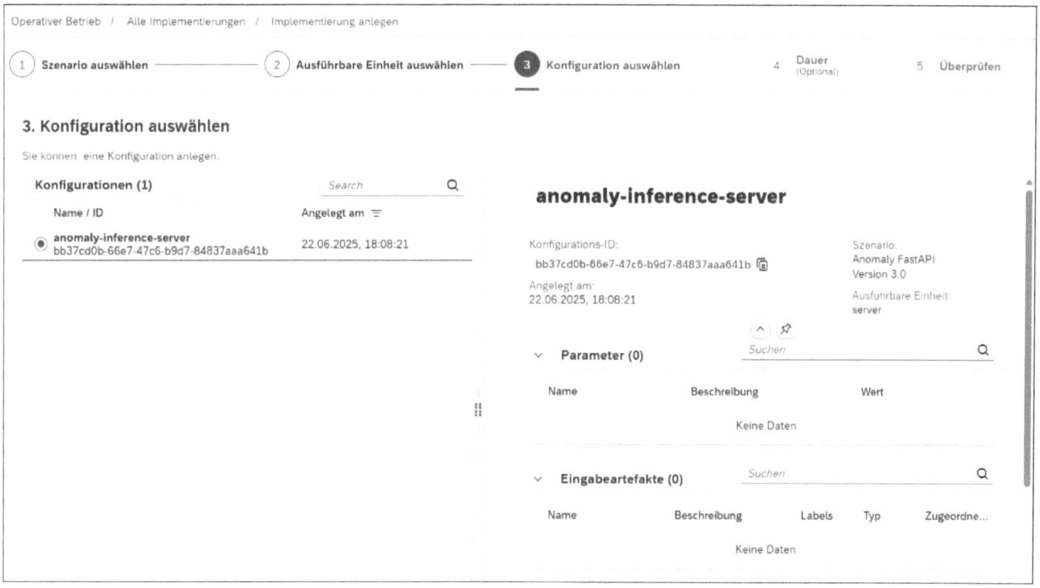

Abbildung 4.16 Eine bestehende Konfiguration auswählen

Dauer wählen

In nächsten Schritt des Deployment-Wizards kann die gewünschte **Dauer** der Bereitstellung gewählt werden. Dies ermöglicht entweder eine benutzerdefinierte Laufzeit (z. B. für Tests oder geplante Offline-Stellungen) oder eine Nutzung der Standarddauer, die systemseitig vordefiniert ist (siehe Abbildung 4.17). So wird gesteuert, wie lange das Modell aktiv im System verfügbar ist.

Einstellungen überprüfen

Im letzten Schritt des Wizards werden alle zuvor getroffenen Einstellungen zusammengefasst dargestellt: **Szenario**, **Ausführbare Einheit**, **Konfiguration** sowie die gewählte **Dauer** (siehe Abbildung 4.18). So lässt sich vor dem finalen Schritt noch einmal alles überprüfen und bei Bedarf korrigieren. Mit einem Klick auf **Anlegen** wird das Deployment in der SAP BTP angestoßen und automatisch ausgeführt.

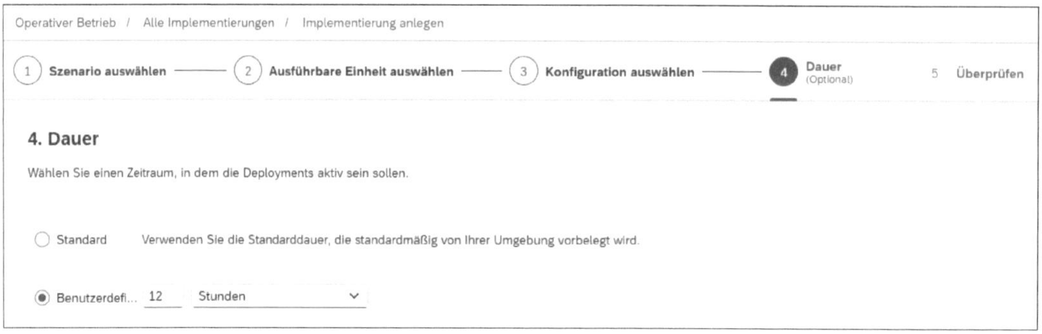

Abbildung 4.17 Dauer des Deployments festlegen

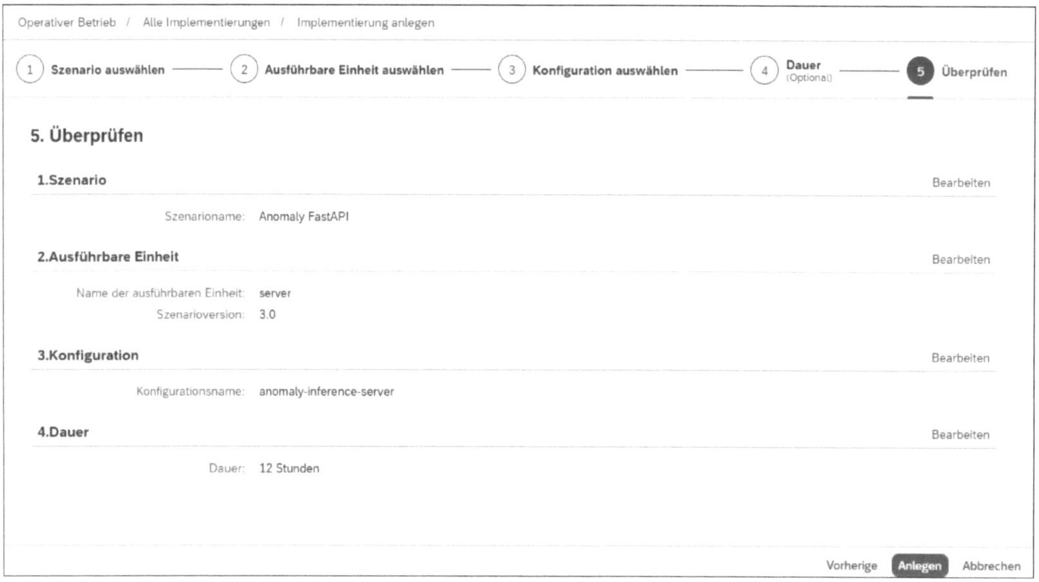

Abbildung 4.18 Deployment-Einstellungen überprüfen

Status prüfen

Nach der Ausführung kann der aktuelle Status des Deployments in der Detailansicht überprüft werden (siehe Abbildung 4.19). Es wird angezeigt, ob das Deployment bereits aktiv ist oder sich noch in Vorbereitung befindet. Sobald es vollständig aktiv ist, wird auch die zugehörige **URL** zur API-Nutzung angezeigt.

Sobald das Modell erfolgreich deployt wurde, wechselt der Status zu **WIRD AUSGEFÜHRT** (siehe Abbildung 4.20). In diesem Zustand ist das Modell aktiv und kann über die angegebene **URL** angesprochen werden. Damit ist der Service produktiv nutzbar – beispielsweise für Inferenzanfragen aus externen Anwendungen.

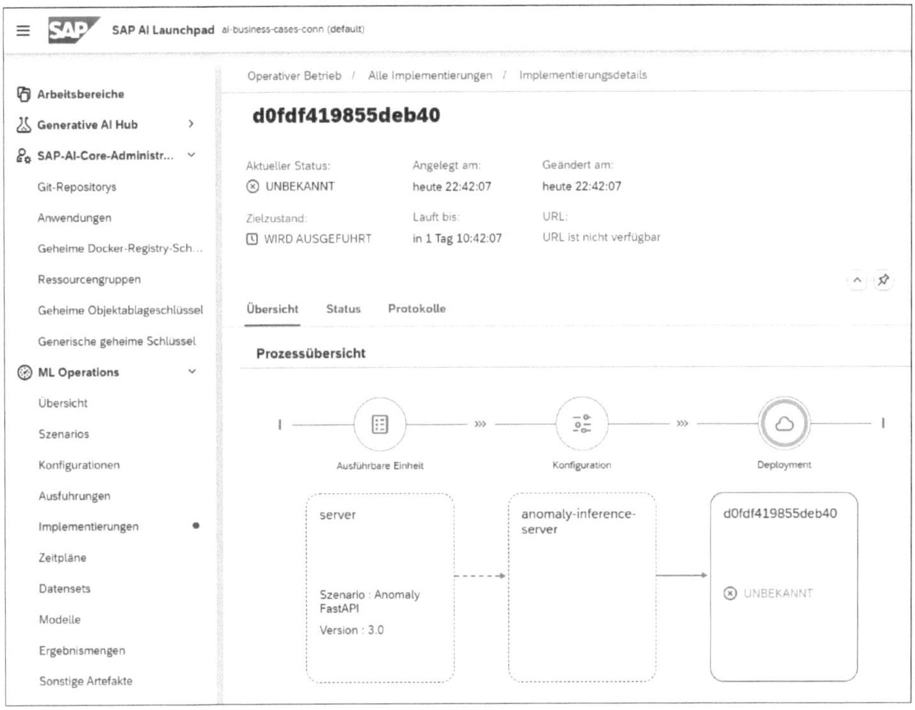

Abbildung 4.19 Status des Deployments

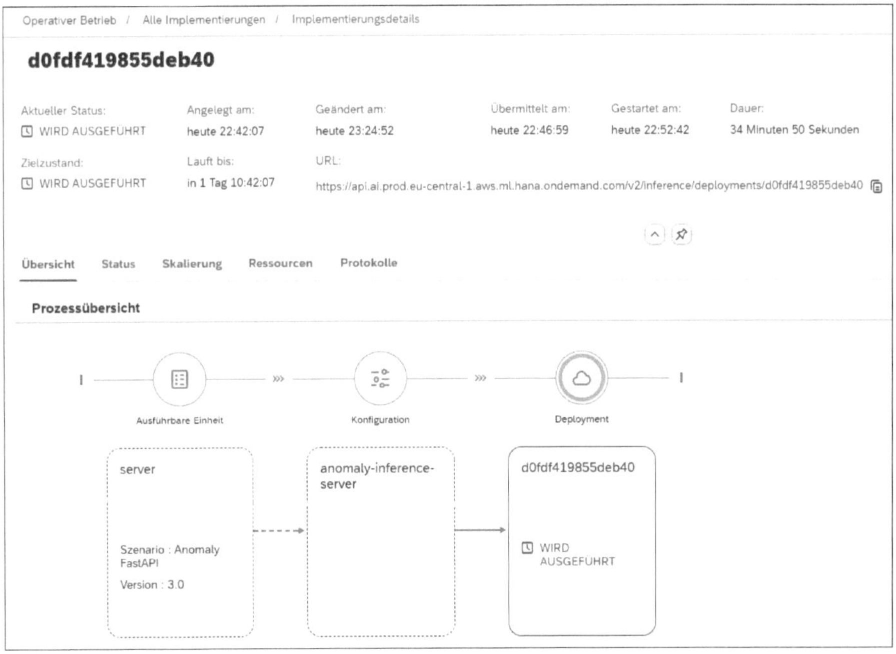

Abbildung 4.20 Aktiver Deployment-Status mit verfügbarer URL

4.4.6 Das Modell über eine API in neue oder bestehende Anwendungen integrieren

Nachdem das Modell erfolgreich deployt wurde und der Status auf **WIRD AUSGEFÜHRT** steht, kann der bereitgestellte Service nun programmgesteuert über eine REST-API angesprochen werden. Dies ermöglicht es, externe Anwendungen oder Testszenarien direkt mit dem Anomalieerkennungsmodell zu verbinden.

Voraussetzungen

Um die API nutzen zu können, müssen folgende Voraussetzungen erfüllt sein:

1. **Zugriffstoken (Access Token)**
   Für den Aufruf der geschützten API-Endpunkte ist ein gültiger *Bearer Token* erforderlich. Dieser kann mithilfe des zu Beginn erstellten Service Keys generiert werden – typischerweise über ein OAuth2-Flow mit Client Credentials.
2. **API-Endpunkt (URL)**
   Die vollständige URL zum Deployment wird in der Übersicht der SAP-AI-Launchpad-Deployment-Details angezeigt. Sie setzt sich aus der Basis-URL und dem spezifischen Pfad zusammen.

```
https://api.ai.prod.eu-central-1.aws.ml.hana.ondemand.com/v2/
inference/deployments/<deployment-id>/v2/predict
```

In unserem Fall lautet der Endpunkt:

```
https://api.ai.prod.eu-central-1.aws.ml.hana.ondemand.com/v2/
inference/deployments/d0fdf419855deb40/v2/predict
```

Beispiel-Request

Für die Kommunikation mit dem Service wird ein POST-Request an die oben genannte URL gesendet. Im Header wird der Access Token im Format `Authorization: Bearer <token>` übermittelt (siehe Listing 4.30).

```
POST /v2/inference/deployments/d0fdf419855deb40/v2/predict HTTP/1.1
Host: api.ai.prod.eu-central-1.aws.ml.hana.ondemand.com
Authorization: Bearer <ACCESS_TOKEN>
Content-Type: application/json
```

Listing 4.30 Request-Header

Body

Der Body enthält die Transaktionsdaten, die auf Anomalien überprüft werden sollen (siehe Listing 4.31).

```
{
    "data": [
        {
            "amount": 35.75,
            "hour": 15,
            "weekday": "Tue",
            "merchant_category": "Groceries"
        },
        {
            "amount": 10000.72,
            "hour": 10,
            "weekday": "Wed",
            "merchant_category": "Groceries"
        }
    ]
}
```

Listing 4.31 Request-Body (Beispiel)

API-Antwort

Die Antwort enthält für jede übergebene Transaktion eine Vorhersage (siehe Listing 4.32). Dabei signalisiert das Feld `anomaly_detected`, ob es sich bei der jeweiligen Transaktion um eine Anomalie handelt:

- `0`: Keine Anomalie erkannt
- `1`: Anomalie erkannt

```
{
    "predictions": [
        {
            "input": {
                "amount": 35.75,
                "hour": 15,
                "weekday": "Tue",
                "merchant_category": "Groceries"
            },
            "anomaly_detected": 0
        },
        {
            "input": {
                "amount": 10000.72,
                "hour": 10,
                "weekday": "Wed",
                "merchant_category": "Groceries"
            },
```

```
            "anomaly_detected": 1
        }
    ]
}
```

Listing 4.32 Beispielantwort

In diesem Beispiel wurde die erste Transaktion als normal erkannt, während die zweite Transaktion aufgrund des ungewöhnlich hohen Betrags als Anomalie klassifiziert wurde.

Nahtlose Integration möglich

Mit dem erfolgreich erstellten und getesteten Service steht nun ein voll funktionsfähiger Anomalieerkennungsdienst zur Verfügung, der über eine standardisierte REST-API angesprochen werden kann. Dadurch lässt sich der Service nahtlos in bestehende Applikationen, Workflows oder Backend-Systeme integrieren – sei es zur Überwachung von Transaktionen, zur Vorprüfung von Buchungen oder als Bestandteil eines größeren Analyseprozesses.

Da der Service auf der SAP BTP betrieben wird, profitiert die Einbindung zusätzlich von den Vorteilen einer skalierbaren, sicheren und cloud-nativen Infrastruktur.

Ob Webanwendung, mobile App oder automatisierter Job im Backend – der KI-Service kann an jeder Stelle eingebunden werden, an der Anomalien erkannt und weiterverarbeitet werden sollen.

Mit dem in diesem Kapitel entwickelten Anomalieerkennungsmodell auf Basis des Isolation Forests hat die SecureBank AG einen wichtigen Schritt in Richtung automatisierte Betrugserkennung gemacht. Durch die Bereitstellung des Modells als API steht eine flexible Schnittstelle zur Verfügung, die sich problemlos in bestehende Systeme integrieren lässt. Die Operationalisierung über GitHub und Docker sorgt dabei nicht nur für eine saubere Versionierung, sondern ermöglicht auch eine unkomplizierte Nutzung an verschiedenen Standorten. Dank der nahtlosen Einbindung in die SAP Business Technology Platform (SAP BTP) über den SAP AI Core ist eine vollständige Integration in die SAP-Infrastruktur der SecureBank AG gewährleistet.

Für die Mitarbeiter bedeutet das: Sie können sich künftig auf die gezielt als auffällig gemeldeten Transaktionen konzentrieren, anstatt jede einzelne Buchung manuell prüfen und überwachen zu müssen. Die Anomalieerkennung wird so zum immer aktiven »Service-Begleiter«, der verdächtige Vorgänge automatisch identifiziert und zur weiteren Überprüfung bereitstellt.

Damit ist die SecureBank AG in der Lage, Risiken effizienter zu managen und ihre Geschäftsprozesse nachhaltig zu optimieren.

4.5 Zusammenfassung

Moderne KI-gestützte Anomalieerkennung ist ein zentrales Werkzeug, um Betrug und Fehler in Transaktionen frühzeitig zu erkennen und Schäden wirksam zu verhindern. Durch die intelligente Kombination aus hochwertigen Daten, durchdachter Vorbereitung und dem gezielten Einsatz spezialisierter Machine-Learning- und Deep-Learning-Algorithmen wie Isolation Forests, Autoencodern oder Transformer-Modellen können auch in großen Datenmengen in Echtzeit verdächtige Muster zuverlässig identifiziert werden.

Der Weg von der lokalen Entwicklung über das Training und Deployment des Modells bis hin zur professionellen Integration als produktiver Cloud-Service (etwa mit SAP AI Core) zeigt, wie technische Exzellenz, Automatisierung und Skalierbarkeit in der Praxis Hand in Hand gehen. Die konsequente Einbindung von DevOps-Methoden, API-Schnittstellen und automatisierten Workflows garantiert nicht nur Effizienz und Reproduzierbarkeit, sondern auch die Einhaltung regulatorischer Vorgaben.

Das Anwendungsspektrum reicht dabei weit über die klassische Betrugserkennung hinaus und bietet auch in anderen Bereichen – von der internen Buchhaltung über die Logistik bis zur Produktion – einen echten Mehrwert. Entscheidend für den Erfolg sind stets eine klare Zieldefinition, eine enge Zusammenarbeit aller beteiligten Fachbereiche und die kontinuierliche Anpassung der Systeme an sich wandelnde Bedrohungen und Geschäftsprozesse.

Die automatisierte Anomalieerkennung mit KI ist heute ein wesentlicher Erfolgsfaktor für moderne Unternehmen. Sie schafft nicht nur Sicherheit und Vertrauen, sondern bildet auch die Grundlage für Innovation, Effizienz und nachhaltigen Geschäftserfolg.

Kapitel 5

Analyse und Optimierung von Transportwegen

In diesem Anwendungsfall werden mithilfe von ML sowohl historische als auch Echtzeitdaten analysiert, um effizientere Routen zu identifizieren und die Transportkosten zu senken.

In diesem Kapitel begleiten Sie die SmartTrans Logistics GmbH auf dem Weg zur KI-gestützten Transportplanung: von den Voraussetzungen über die praktische Implementierung bis hin zum Mehrwert im Tagesgeschäft.

Abschnitt 5.1, »Einleitung und Zielsetzung«, beleuchtet zunächst die Ausgangssituation und Zielsetzung am Beispiel der SmartTrans Logistics GmbH und stellt den Wandel vom manuellen SAP-Zugriff zur KI-gestützten, dialogbasierten Arbeitsweise vor.

Im Abschnitt 5.2, »Die richtigen Voraussetzungen schaffen«, werden die technologischen und organisatorischen Voraussetzungen für den erfolgreichen Einsatz von AI Agents im SAP-Umfeld erläutert. Hier werden zentrale Begriffe, Komponenten und Funktionsweisen von modernen AI Agents eingeführt.

Der gleichnamige Abschnitt 5.3 widmet sich der technischen Umsetzung: von der Auswahl geeigneter KI-Modelle im Generative AI Hub über die Architektur und Modularisierung der Lösung bis hin zur detaillierten Beschreibung der wichtigsten Softwarekomponenten und Best Practices für die Implementierung.

Abschnitt 5.4, »Der Agent in der praktischen Anwendung«, veranschaulicht das Zusammenspiel der entwickelten Module anhand typischer Anwendungsfälle und Screenshots aus der Praxis. Hier wird sichtbar, wie die Lösung konkrete Fragestellungen aus dem Tagesgeschäft der SmartTrans Logistics GmbH adressiert – von der schnellen Analyse bis zur automatisierten Routenplanung.

5.1 Einleitung und Zielsetzung

Ausgangssituation

Bei der SmartTrans Logistics GmbH, einem europaweit tätigen Logistikdienstleister, beginnt der Tag für die Disponentinnen und Disponenten mit einem Blick ins SAP Transportation Management (SAP TM). Die Systemlandschaft umfasst nicht nur aktuelle Aufträge und Transportpläne, sondern auch eine große Datenbasis aus vergangenen Transporten, Liefernachweisen und Schadensmeldungen – ein wertvoller Datenschatz für die tägliche Arbeit. Bisher mussten viele dieser Informationen jedoch mühsam manuell recherchiert werden, häufig war sogar ein direkter Zugriff auf das SAP-System erforderlich.

Ziel

Seit der Einführung von AI Agents hat sich der Arbeitsalltag spürbar verändert: Nun können die Disponentinnen und Disponenten ihre Fragen und Aufgaben einfach in natürlicher Sprache formulieren – sei es, um sich einen schnellen Überblick über aktuelle Lieferungen zu verschaffen, gezielt abgeschlossene Transporte eines bestimmten Kunden abzufragen oder die Transportdokumente und Bilder einer problematischen Lieferung anzeigen zu lassen. Auch die Planung neuer Routen funktioniert auf Zuruf: »Zeige mir die optimale Route für die heutigen Express-Lieferungen nach Mailand!« – und der AI Agent liefert innerhalb von Sekunden eine datenbasierte, optimierte Lösung.

Self-Service für alle – auch ohne SAP-Kenntnisse

Diese neue Flexibilität spart nicht nur Zeit, sondern senkt auch die Fehlerquote. Die Nutzerinnen und Nutzer reichen von klassischen Disponenten über Teamleiterinnen bis hin zu Logistikmanagern, die nun auf Knopfdruck Analysen zu Kosten, Auslastung oder Schadensquoten abrufen können. Selbst externe Partnerinnen und Partner – etwa aus dem Kundenservice oder Qualitätsmanagement – profitieren davon, da sie relevante Dokumente oder Statusmeldungen unkompliziert per Chat abrufen können, ohne selbst SAP-Expertise mitbringen zu müssen.

Auch der Außendienst profitiert

Auch für die Außendienstmitarbeiterinnen und -mitarbeiter von SmartTrans Logistics eröffnen sich durch den Einsatz von AI Agents neue Möglichkeiten: Fahrerinnen und Fahrer können direkt vom Smartphone oder Tablet aus in natürlicher Sprache nach dem Status einer Lieferung fragen, Fotos von beschädigten Sendungen einfach hochladen oder sich unterwegs die Route zum nächsten Kunden berechnen lassen. Außendienstmitarbeiterinnen und -mitarbeiter im Vertrieb können vor Ort beim Kunden Informationen zu vergangenen oder anstehenden Transporten abrufen, Lieferbestätigungen anzeigen oder Rückfragen zu bestimmten Sendungen direkt klären – und das alles ohne langwierige Rücksprachen mit der Zentrale.

Dadurch wird nicht nur der Informationsfluss beschleunigt, sondern auch die Servicequalität gegenüber den Kunden deutlich erhöht. Gleichzeitig bleibt der Außendienst jederzeit flexibel und handlungsfähig – ein klarer Wettbewerbsvorteil in der Logistikbranche.

5.2 Die richtigen Voraussetzungen schaffen

In diesem Abschnitt geht es um die Voraussetzungen, die nötig sind, damit KI im SAP-Umfeld praxisnah eingesetzt werden kann. Zunächst stellen wir in Abschnitt 5.2.1 AI Agents vor – digitale Assistenten, die natürliche Sprache verstehen, Prozesse automatisieren und als intelligente Schnittstelle zwischen Mensch und System agieren. Danach werfen wir in Abschnitt 5.2.2 einen Blick auf Joule, den von SAP bereitgestellten KI-Co-Piloten, und das Joule Studio, mit dem sich eigene Agents schnell und ohne tiefes Coding entwickeln lassen. Anschließend erklären wir in Abschnitt 5.2.3, wie der Generative AI Hub und das zugehörige SDK als technisches Fundament dienen, um leistungsfähige KI-Modelle sicher, skalierbar und tief in SAP-Prozesse einzubinden.

Ein zentrales Thema ist die Entscheidung zwischen Low-Code und klassischer Entwicklung: Wir zeigen, wann einfache, schnelle Anpassungen über Low-Code sinnvoll sind und wann eine codebasierte Umsetzung die nötige Flexibilität, Sicherheit und On-Premise-Integration bietet. So entsteht ein klarer Überblick über die organisatorischen und technischen Voraussetzungen, um KI im SAP-Kontext erfolgreich einzusetzen – vom schnellen Einstieg bis hin zu komplexen, maßgeschneiderten Szenarien.

5.2.1 AI Agents

AI Agents

AI Agents, also KI-Agenten, sind softwarebasierte, digitale Assistenten, die eigenständig Aufgaben ausführen, Entscheidungen treffen oder Nutzerinnen und Nutzer bei der Arbeit unterstützen können. Im Unterschied zu klassischen, regelbasierten Systemen zeichnen sich AI Agents dadurch aus, dass sie mithilfe von Methoden des maschinellen Lernens oder der Verarbeitung natürlicher Sprache (Natural Language Processing, kurz NLP) flexibel und kontextabhängig reagieren. Sie können dabei nicht nur fest definierte Abläufe automatisieren, sondern auch mit komplexen, dynamischen Situationen umgehen – und sogar aus neuen Daten lernen.

Sprache verstehen, Muster erkennen und proaktiv agieren

Statt wie früher einzelne, starre Regeln abzuarbeiten, analysieren sie große Datenmengen, erkennen Zusammenhänge und entwickeln daraus Handlungsempfehlungen oder erledigen Prozesse selbstständig. Im Unternehmenskontext – etwa rund um SAP-Systeme – werden AI Agents heute häufig so eingesetzt, dass sie als Schnittstelle zwischen Mensch und System agieren. Die Interaktion erfolgt dabei oft in natürlicher Sprache, wie wir sie von Chatbots oder Sprachassistenten kennen: Mitarbeitende stellen Fragen oder geben Aufgaben per Chat oder Sprache ein, und der AI Agent liefert Antworten, Analysen oder stößt direkt Aktionen an.

[zB]

Typische Fähigkeiten und Anwendungsbereiche von AI Agents

- automatisiertes Beantworten von Nutzeranfragen
- Auswertung und Analyse von Unternehmensdaten
- Unterstützung bei Entscheidungsprozessen durch Empfehlungen
- automatische Ausführung von Aufgaben in IT-Systemen, z. B. das Anlegen, Ändern oder Auslesen von Datensätzen
- Erkennen und Melden von Auffälligkeiten, z. B. im Monitoring oder in der Qualitätskontrolle

Vorteile gegenüber klassischer Software

Im Unterschied zu klassischen Software-Bots können moderne AI Agents flexibel zwischen unterschiedlichen Datenquellen und Anwendungen vermitteln, und sie verstehen Anweisungen auch dann, wenn diese nicht exakt vorgegeben sind. So können sie z. B. direkt auf SAP-Transaktionsdaten zugreifen, Transportaufträge analysieren oder Statusmeldungen generieren, sobald sie in natürlicher Sprache danach gefragt werden.

Bestandteile moderner AI Agents

Moderne AI Agents setzen sich aus verschiedenen, ineinandergreifenden Komponenten zusammen (siehe Abbildung 5.1). Erst das Zusammenspiel dieser Elemente macht es möglich, dass ein Agent flexibel, zuverlässig und sicher mit Usern und IT-Systemen – wie beispielsweise SAP-Lösungen – interagieren kann.

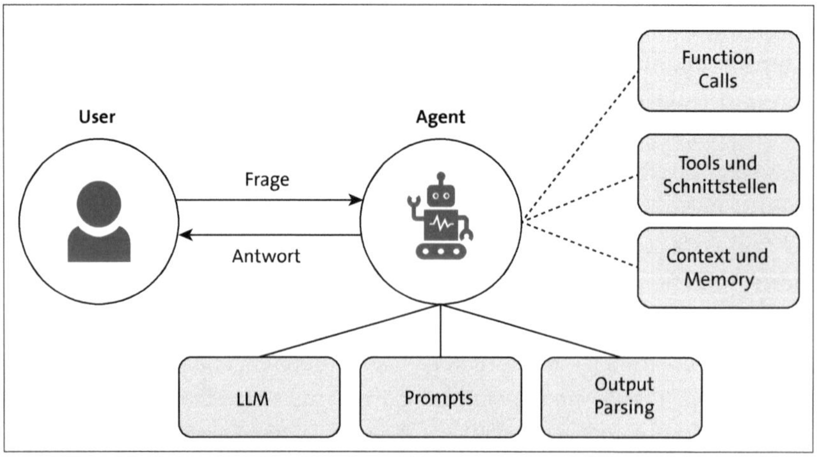

Abbildung 5.1 Komponenten eines Agents

- **Large Language Models (LLMs)**
  Im Kern vieler AI Agents arbeiten LLMs, wie etwa GPT-4 von OpenAI. Diese leistungsfähigen KI-Modelle sind auf enorme Mengen an Textdaten trainiert und können damit natürliche Sprache verstehen, interpretieren und in menschenähnlicher Qualität erzeugen. Sie bilden das Herzstück des AI Agents: LLMs sind dafür verantwortlich, die Eingaben der User (z. B. Fragen, Befehle oder Anweisungen in natürlicher Sprache) zu analysieren und sinnvolle Antworten oder Handlungsvorschläge zu generieren.

LLMs als Herzstück von AI Agents

- **Prompts**
  Prompts sind die Texteingaben oder -vorlagen, mit denen ein LLM gesteuert wird. Ein Prompt kann eine einfache Frage (»Wie ist der Status der heutigen Lieferungen?«), aber auch eine komplexe Aufgabenbeschreibung sein. Professionell gestaltete Prompts sorgen dafür, dass der AI Agent präzise und relevante Antworten liefert. In der Praxis werden oft auch System-Prompts genutzt, die dem LLM bestimmte Rollen, Regeln oder Ziele vorgeben, z. B. »Antworte wie ein SAP-Logistikexperte«.

Prompts: Rollen und Regeln für die KI

- **Output Parsing**
  Damit die vom LLM erzeugten Antworten auch von IT-Systemen weiterverarbeitet werden können, müssen sie in eine strukturierte Form gebracht werden. Hier kommt das sogenannte *Output Parsing* ins Spiel: Dieser Mechanismus prüft, ob und wie die generierte Antwort beispielsweise in Form eines Datenobjekts, Befehls oder einer API-Anfrage weiterverwendet werden kann. Gerade im SAP-Kontext ist das wichtig, damit Informationen aus dem SAP-System korrekt interpretiert und genutzt werden können.

Vom Text zur verwertbaren Antwort

- **Function Calls**
  AI Agents können nicht nur Fragen beantworten, sondern auch konkrete Aktionen auslösen. Hierfür werden sogenannte *Functions* (Funktionen) bereitgestellt, die spezifische Aufgaben übernehmen – z. B. das Abrufen von Transportstatus aus SAP TM, das Anlegen neuer Aufträge oder das Auslesen von Dokumenten. Der AI Agent erkennt anhand der Nutzeranfrage, welche Funktion benötigt wird, und ruft diese dann gezielt (Function Call) auf. So entsteht ein nahtloses Zusammenspiel zwischen natürlicher Sprache und den eigentlichen Systemaktionen.

Nahtlose Verbindung von Sprache und System

- **Tools und Schnittstellen**
  Tools sind zusätzliche Hilfsmittel oder spezialisierte Module, die der AI Agent zur Problemlösung heranziehen kann. Das können beispielsweise Übersetzer, Datenbanken, Reporting-Module oder externe APIs sein. Über klar definierte Schnittstellen (APIs) erfolgt der Zugriff auf verschie-

Vielseitigkeit durch modulare Integration

dene Systeme – etwa auf SAP TM, Dokumentenmanagement oder externe Services. Die Integration unterschiedlicher Tools macht AI Agents besonders vielseitig und erweiterbar.

Kontextualisierung und Erinnerung

- **Context und Memory**
  Um sinnvoll und konsistent zu agieren, benötigen AI Agents die Fähigkeit, Kontexte zu erkennen und über mehrere Interaktionen hinweg im Gedächtnis zu behalten. Moderne Agenten speichern z. B. Gesprächsverläufe, Nutzerpräferenzen oder relevante Vorgangsnummern zwischen. Dadurch können sie gezielt Rückfragen stellen, personalisierte Antworten liefern oder Aufgaben über längere Zeiträume verfolgen.

AI Agent als smarter Vermittler

AI Agents agieren wie intelligente Vermittler zwischen Mensch und System: Sie nehmen Anfragen in natürlicher Sprache entgegen, analysieren deren Inhalt, wählen automatisch die passenden Funktionen oder Tools aus, führen die notwendigen Schritte direkt in angebundenen Systemen wie SAP TM aus und liefern die Ergebnisse wiederum in verständlicher Sprache zurück. Jeder Schritt dieses Ablaufs – von der Interpretation der Nutzeranfrage über die technische Ausführung bis hin zur Antwort – läuft für die Anwenderin oder den Anwender unsichtbar und in wenigen Sekunden ab. So entsteht ein nahtloser, automatisierter Prozess: vom gesprochenen oder geschriebenen Wunsch bis zur konkreten Handlung im System.

Agent Flow

Der Ablauf, auch *Agent Flow* genannt, lässt sich in mehrere typische Schritte gliedern:

1. **Nutzeranfrage in natürlicher Sprache**
   Der Prozess startet mit einer Eingabe durch die Nutzerin oder den Nutzer, z. B. per Chat, Spracheingabe oder Weboberfläche, beispielsweise: *»Wie viele meiner heutigen Lieferungen sind bereits zugestellt, und gibt es Auffälligkeiten?«*
2. **Verstehen und Interpretieren der Anfrage**
   Das LLM analysiert die Eingabe und erkennt Absicht, relevante Begriffe sowie den Kontext der Frage. In unserem Beispiel identifiziert der AI Agent, dass Informationen zu aktuellen Lieferungen und deren Status sowie Hinweise auf Auffälligkeiten abgefragt werden.
3. **Auswahl und Ausführung von Funktionen/Tools**
   Anhand des erkannten Ziels entscheidet der AI Agent, welche Funktion(en) oder Tools benötigt werden. Das kann beispielsweise das Auslesen von Lieferstatus aus SAP TM sein, kombiniert mit einer Analyse auf Unregelmäßigkeiten (z. B. verspätete oder beschädigte Lieferungen).

4. **Interaktion mit SAP-Systemen**
   Der AI Agent ruft – über definierte Schnittstellen und Function Calls – gezielt die notwendigen Daten direkt aus SAP TM ab. Das erfolgt vollautomatisch und ohne dass die Nutzerin oder der Nutzer das SAP-System selbst bedienen muss.
5. **Verarbeitung und Output Parsing**
   Die aus dem System gewonnenen Daten werden verarbeitet und gegebenenfalls weiter analysiert. Anschließend bereitet der AI Agent die Ergebnisse so auf, dass sie für die Nutzerin oder den Nutzer verständlich und umsetzbar sind.
6. **Antwort in natürlicher Sprache**
   Der Agent gibt die Ergebnisse in einer klaren, verständlichen Form an die Nutzerin oder den Nutzer zurück, oft ergänzt um Visualisierungen, Grafiken oder Handlungsoptionen.

[zB]

Beispiel für einen Agent Flow

Maria Müller ist Disponentin bei SmartTrans Logistics. Sie öffnet am Morgen ihren KI-basierten Chat im Webbrowser und schreibt:

Zeige mir bitte alle heutigen Lieferungen, die noch nicht zugestellt sind, und liste eventuelle Verzögerungen auf.

Der AI Agent arbeitet im Hintergrund folgenden Ablauf ab:

1. **Analyse der Anfrage**
   Das LLM erkennt, dass es um eine Liste offener Lieferungen und um Verzögerungen geht.
2. **Function Call an SAP TM**
   Der Agent ruft eine spezielle Funktion auf, um die aktuellen Transportaufträge aus SAP TM zu laden und deren Status abzufragen.
3. **Datenanalyse**
   Die Daten werden geprüft: Welche Lieferungen sind noch offen? Welche haben den geplanten Lieferzeitpunkt überschritten?
4. **Ergebnisaufbereitung**
   Der Agent bereitet die Ergebnisse auf, fasst sie zusammen und hebt problematische Fälle hervor.
5. **Antwort an Maria Müller**
   Der Agent schreibt zurück:
   Heute sind noch 5 Lieferungen offen. Davon haben 2 den geplanten Lieferzeitpunkt überschritten: Auftrag 2301 (45 Minuten verspätet) und Auftrag 2305 (12 Minuten verspätet). Die übrigen Lieferungen befinden sich planmäßig auf dem Weg.

AI Agents vs. klassische Software

AI Agents unterscheiden sich in vielerlei Hinsicht grundlegend von klassischer Software. Während traditionelle Anwendungen meist auf festen Regeln, vorab definierten Masken und klar strukturierten Prozessen beruhen, setzen AI Agents auf Flexibilität, Sprachverständnis und die Fähigkeit, dynamisch auf neue Anforderungen zu reagieren. In der klassischen SAP-Welt bedeutet das: Wer eine Information sucht oder eine Aktion auslösen möchte, muss wissen, an welcher Stelle im System diese Funktion zu finden ist, welche Felder auszufüllen sind und wie der richtige Ablauf aussieht. Jede Änderung am Prozess oder der Oberfläche ist mit Aufwand verbunden und muss technisch umgesetzt und getestet werden.

Intuitive Nutzung komplexer Systeme

Im Gegensatz dazu ermöglichen AI Agents einen deutlich natürlicheren und direkteren Zugang zu komplexen Systemen. Sie verstehen Anfragen in ganz normaler Sprache und können selbst dann helfen, wenn die Frage nicht präzise oder vollständig ist. Zum Beispiel reicht es, einem Agenten zu schreiben: »Welche meiner Lieferungen sind heute verspätet?« – der Agent erkennt selbstständig, was gemeint ist, sucht die passenden Daten im Hintergrund heraus und bereitet die Antwort verständlich auf. Dabei kann er sogar auf Rückfragen eingehen oder Folgeaktionen auslösen, ohne dass die Nutzerin oder der Nutzer wissen muss, wie diese Schritte technisch im System umgesetzt werden.

Vorteil in dynamischen Bereichen

Der große Vorteil von AI Agents liegt also in ihrer Flexibilität und ihrer Fähigkeit, sich an neue Fragestellungen oder sich verändernde Abläufe anzupassen. Sie können nicht nur einfache Informationen bereitstellen, sondern auch komplexe Analysen durchführen, Entscheidungen unterstützen und verschiedene Systeme miteinander verknüpfen. Für Anwenderinnen und Anwender bedeutet das: Sie sparen Zeit, reduzieren die Fehleranfälligkeit bei der Dateneingabe und können auch ohne tiefes SAP-Know-how effizient arbeiten. Besonders in dynamischen Bereichen, in denen Anforderungen und Prozesse sich häufig ändern – etwa im Außendienst, im Kundenservice oder im Management –, spielen AI Agents ihre Stärken voll aus.

Stabilität und Nachvollziehbarkeit

Dennoch gibt es auch weiterhin Aufgaben und Prozesse, bei denen klassische Softwarelösungen ihre Vorteile ausspielen. Immer dann, wenn Abläufe streng standardisiert, rechtlich geregelt oder besonders sicherheitskritisch sind, bieten fest definierte Softwareprozesse eine hohe Stabilität und Nachvollziehbarkeit. Bei großen Datenmengen, die mit maximaler Geschwindigkeit und Effizienz verarbeitet werden müssen, ist klassische Software meist ressourcenschonender und schneller, da sie ohne den Umweg über Sprache oder Interpretation auskommt.

Kurz gesagt: AI Agents bieten sich überall dort an, wo Flexibilität, Nutzerfreundlichkeit und Integration im Vordergrund stehen, während klassische Software überall dort ihre Stärken hat, wo es auf Stabilität, Geschwindigkeit und vollständige Kontrolle über die Prozesse ankommt. In der Praxis ergänzen sich beide Ansätze häufig ideal: AI Agents machen den Zugang zu bestehenden Systemen intuitiver und effizienter – und greifen bei Bedarf auf die bewährten Funktionen der klassischen Software zurück.

Flexibilität und Integration vs. Stabilität und Kontrolle

AI Agents eröffnen im SAP-Umfeld eine völlig neue Dimension der Interaktion und Automatisierung. Während SAP-Systeme traditionell durch transaktionsorientierte Oberflächen, komplexe Menüs und feste Abläufe geprägt sind, schaffen AI Agents eine intuitive, dialogbasierte Brücke zwischen User und System. Sie ermöglichen es, auf SAP-Daten und -Prozesse so zuzugreifen, wie es dem menschlichen Arbeitsalltag entspricht: durch natürliche Sprache, flexible Fragestellungen und intelligente Unterstützung im konkreten Kontext.

Zugriff auf SAP per natürlicher Sprache

Im Alltag vieler Unternehmen gibt es zahlreiche Mitarbeitende, die zwar regelmäßig Informationen aus SAP benötigen, aber keine tiefergehende SAP-Expertise besitzen – etwa im Außendienst, im Kundenservice, in der Logistik oder im Management. Hier bieten AI Agents einen niedrigschwelligen Zugang: Anwenderinnen und Anwender können einfach per Chat, Spracheingabe oder sogar per E-Mail Anfragen stellen, wie z. B. »Zeige mir alle offenen Aufträge für Kunde XY«, »Welche Lieferungen sind heute verspätet?« oder »Fasse mir die wichtigsten Kostenabweichungen dieses Monats zusammen«. Der AI Agent versteht die Intention, ruft die passenden Informationen ab und präsentiert sie verständlich und übersichtlich.

AI Agents als Schnittstelle für Anwenderinnen und Anwender

Darüber hinaus sind AI Agents in der Lage, wiederkehrende Aufgaben zu automatisieren. Sie können z. B. selbstständig Statusabfragen ausführen, Dokumente suchen, Workflows anstoßen oder Freigabeprozesse initiieren – und das alles, ohne dass die Nutzerin oder der Nutzer durch verschiedene SAP-Transaktionen klicken muss. So werden viele Routineaufgaben schneller, weniger fehleranfällig und unabhängiger von der jeweiligen SAP-Expertise erledigt.

Automatisierung von Standardaufgaben und Prozessen

Im Kontext von SAP Analytics oder SAP S/4HANA Embedded Analytics können AI Agents dabei helfen, komplexe Auswertungen oder Simulationen in natürlicher Sprache zu initiieren. Sie analysieren Datenquellen, erstellen Berichte oder Dashboards und liefern Handlungsempfehlungen – etwa zur Optimierung von Lagerbeständen, zur frühzeitigen Erkennung von Risiken oder zur Steuerung von Kosten und Ressourcen. Führungskräfte und Fachexperten profitieren, weil sie schneller zu relevanten Erkenntnissen gelangen, ohne tief ins System einsteigen zu müssen.

Unterstützung bei Analysen und Entscheidungen

Integration über Systemgrenzen hinweg

Eine weitere wichtige Rolle übernehmen AI Agents an den Schnittstellen zu anderen Systemen: Sie können nicht nur innerhalb des SAP-Kosmos agieren, sondern auch Informationen aus Drittsystemen oder externen Datenquellen integrieren. Damit werden abteilungsübergreifende Prozesse effizienter – etwa bei der Abstimmung zwischen Einkauf, Logistik und Buchhaltung oder beim automatisierten Austausch von Statusmeldungen mit Partnern.

5.2.2 Joule

Joule: KI-Co-Pilot

Mit *Joule* hat SAP einen KI-basierten Co-Piloten geschaffen, der als intelligenter, dialogbasierter Assistent in die SAP Business Suite integriert ist. Joule ermöglicht es Anwenderinnen und Anwendern, Informationen aus verschiedenen SAP-Anwendungen direkt per Chat oder Sprache abzurufen, Analysen zu starten oder Aufgaben anzustoßen – ohne spezielle SAP-Kenntnisse. Typische Beispiele sind etwa das Zusammenfassen von Kennzahlen, die Analyse von Verkaufszahlen oder das Abrufen von Lieferstatus. Joule ist dabei out of the box nutzbar, d. h., Unternehmen erhalten einen sofort einsatzbereiten, allgemein trainierten Agenten, der Standardaufgaben und häufige Fragestellungen unterstützt (siehe Abbildung 5.2).

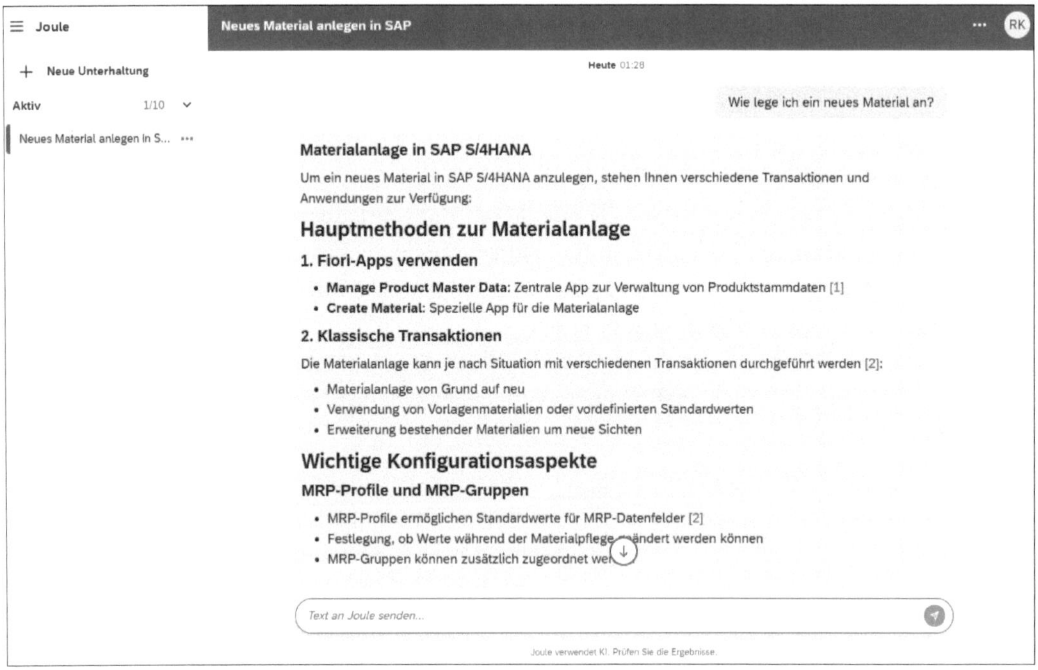

Abbildung 5.2 Beispielfrage mit Antwort von Joule

Maßgeschneiderte Workflows und Integrationen

Joule Studio geht einen entscheidenden Schritt weiter: Hier können Unternehmen oder Partner eigene, unternehmensspezifische Agents entwickeln und bereitstellen. Das Joule Studio bietet eine Entwicklungsumgebung, in der gezielt individuelle Workflows, Funktionen und Integrationen für die jeweiligen SAP-Landschaften gestaltet werden. Damit lassen sich z. B. branchenspezifische Anforderungen, eigene Prozesse oder besondere Compliance-Vorgaben direkt abbilden. So entstehen maßgeschneiderte AI Agents, die exakt auf die Bedürfnisse des jeweiligen Unternehmens zugeschnitten sind – bis hin zur Integration von Drittanwendungen, eigenen Datenquellen oder individuellen Sprachmodellen.

Joule ist also ein sofort verfügbarer, generischer Assistent für gängige Standardaufgaben in SAP, während Joule Studio eine Plattform für die Entwicklung und Auslieferung individueller, unternehmensspezifischer AI Agents ist.

5.2.3 Generative AI Hub und Generative AI Hub SDK

Der *Generative AI Hub* und das *Generative AI Hub SDK* bilden das technologische Fundament für die Einbindung und Steuerung von GenAI-Funktionalitäten in der SAP-Welt:

- Das Generative AI Hub SDK (Software Development Kit) ist ein Entwicklerwerkzeug, das es ermöglicht, generative KI-Funktionen (z. B. LLMs, spezielle KI-Services) direkt in eigene SAP-Anwendungen, Erweiterungen oder individuelle Agents zu integrieren. Entwickler können damit auf verschiedene KI-Modelle zugreifen, Function Calls definieren, Prompts gestalten und nahtlos SAP-eigene wie auch externe KI-Dienste nutzen. Es fungiert als Brücke zwischen den generativen KI-Modellen und der SAP-Business-Logik.
- Der Generative AI Hub ist die zentrale Plattform innerhalb der SAP BTP, über die Unternehmen generative KI-Modelle (eigene oder von Partnern) bereitstellen, orchestrieren und verwalten können. Hier lassen sich z. B. verschiedene LLMs auswählen, überwachen und mit SAP-Systemen verbinden. Der Generative AI Hub erleichtert die Verwaltung, das Monitoring und die Einhaltung von Governance- und Compliance-Anforderungen für KI-Anwendungen im SAP-Kontext.

Im Zusammenspiel

Entwickeln Sie eigene Agents mit dem Joule Studio, dann nutzen Sie das Generative AI Hub SDK und den Generative AI Hub, um leistungsfähige KI-Modelle und Funktionen sicher, performant und skalierbar in die eigenen SAP-Prozesse einzubetten. So entsteht eine flexible und kontrollierbare Infrastruktur für die Entwicklung und Nutzung von AI Agents – sei es auf Basis von Standardlösungen wie Joule oder über individuelle, passgenau entwickelte AI Agents.

Low Code vs. klassische Entwicklung

Bei der Entwicklung von AI Agents im SAP-Kontext stehen grundsätzlich zwei Wege offen: Unternehmen können entweder Low-Code-Lösungen wie das Joule Studio nutzen, um Agents ohne tiefgehende Programmierung und mit grafischer Unterstützung zu erstellen – oder sie setzen auf die klassische, codebasierte Entwicklung, beispielsweise unter Einsatz des Generative AI Hub und des Generative AI Hub SDK. Beide Ansätze haben ihre Berechtigung und spezifische Stärken, abhängig vom gewünschten Einsatzzweck und den Anforderungen im Unternehmen.

Die Frage, ob Sie für die Entwicklung von AI Agents auf eine Low-Code-Plattform wie das Joule Studio oder auf eine klassisch codebasierte Lösung setzten, hängt maßgeblich von den individuellen Anforderungen, den gewünschten Freiheitsgraden und der Komplexität des jeweiligen Anwendungsfalls ab.

Low-Code-Ansatz

Low-Code-Ansätze ermöglichen es Fachbereichen sowie Entwicklerinnen und Entwicklern, ohne tiefgreifende Programmierkenntnisse eigene Agents zu erstellen, Workflows zusammenzufügen und grundlegende Automatisierungen sowie einfache Integrationen umzusetzen. Sie bieten grafische Oberflächen, vorgefertigte Bausteine und Drag-and-Drop-Funktionalität.

Schnelle Anpassungen ohne Coding-Skills

Das ist besonders dann sinnvoll, wenn:

- sich Anforderungen häufig ändern und schnelle Anpassungen notwendig sind,
- keine extrem individuellen Schnittstellen, Logiken oder Sicherheitsmechanismen gefordert sind,
- Agenten für Standardprozesse, häufige Routineaufgaben oder erste Prototypen gebraucht werden oder
- Fachbereiche selbstständig, ohne IT-Abhängigkeit, digitale Assistenten bereitstellen möchten.

Low-Code-Tools sind hervorragend geeignet, um in kurzer Zeit Mehrwert zu schaffen, den Betrieb und die Wartung zu vereinfachen und die Innovationsgeschwindigkeit zu erhöhen – gerade bei typischen Standardaufgaben im SAP-Kontext.

Klassische, codebasierte Entwicklung

Demgegenüber steht die klassische, codebasierte Entwicklung. Hier werden die Agents von Softwareentwicklerinnen und -entwicklern individuell programmiert, meist unter Nutzung leistungsfähiger SDKs und flexibler

Entwicklungsumgebungen. Das eröffnet den maximalen Gestaltungsspielraum für:

- sehr spezifische Geschäftslogiken,
- komplexe, mehrstufige Abläufe und Integrationen,
- anspruchsvolle Schnittstellenanbindungen (z. B. SAP, Non-SAP, externe APIs),
- spezielle Anforderungen an Sicherheit, Datenschutz oder Compliance,
- Performance-Optimierungen und Skalierbarkeit
- sowie den Einsatz neuester, individueller KI-Modelle und Technologien.

Codebasierte Agents sind immer dann die erste Wahl, wenn die Anforderungen über das hinausgehen, was Low-Code-Plattformen (auch langfristig) leisten können – z. B. bei unternehmenskritischen Kernprozessen, komplexen Integrationen oder hohem Anpassungsbedarf.

Codebasierte Agents für maximale Kontrolle

In unserem Szenario der Transportoptimierung und der tiefen Integration in SAP TM geht es nicht nur um die Beantwortung einfacher Nutzeranfragen, sondern um komplexe, unternehmensspezifische Prozesse: etwa das gezielte Auslesen und Analysieren von Transportdaten, die automatisierte Erkennung von Optimierungspotenzialen, den Zugriff auf Dokumente und Bilder oder das Starten von Folgeaktionen in mehreren Systemen gleichzeitig.

Diese Anforderungen lassen sich meist nicht mit den Bordmitteln einer Low-Code-Plattform abbilden – insbesondere, wenn individuelle Analysen, spezielle Sicherheitsanforderungen oder die Integration externer Datenquellen notwendig sind. Nur eine codebasierte Lösung bietet die nötige Flexibilität und Kontrolle, um alle technischen und fachlichen Besonderheiten umzusetzen und SAP TM optimal mit AI Agents zu verbinden.

Joule und Joule Studio ausschließlich für Cloud-Umgebungen

Ein wichtiger Aspekt bei der Einführung von AI Agents im SAP-Kontext ist die zugrunde liegende Systemlandschaft. Joule und das Joule Studio stehen derzeit ausschließlich für die SAP-S/4HANA-Cloud-Editionen zur Verfügung. Unternehmen, die weiterhin SAP-Systeme im eigenen Rechenzentrum (On-Premise) betreiben – etwa aus Gründen der Datensouveränität, spezifischer Compliance-Anforderungen oder aufgrund bestehender IT-Infrastrukturen –, können diese Lösungen nicht direkt nutzen.

On-Premise – und jetzt?

Gerade in der Praxis existieren jedoch viele hybride oder reine On-Premise-Landschaften, in denen der Bedarf an intelligenten, KI-gestützten Assistenten ebenso groß ist. Hier zeigt sich die Stärke eines codebasierten Ansatzes: Mithilfe des Generative AI Hub SDK und entsprechender Integrationen lassen sich auch klassische SAP-Systeme, wie z. B. SAP TM On-Premise, an moderne AI Agents anbinden. Durch gezielte Schnittstellen- und API-Anbindungen wird es möglich, generative KI-Funktionalitäten und smarte Automatisierung auch in bestehenden On-Premise-Systemen zu realisieren – eine Lösung, die für viele Unternehmen nach wie vor von zentraler Bedeutung ist.

Deshalb konzentrieren wir uns in diesem Kapitel auf die codebasierte Entwicklung von AI Agents. Sie stellt sicher, dass auch komplexe, maßgeschneiderte Szenarien umgesetzt werden können und alle Potenziale der KI-Integration im SAP-Kontext ausgeschöpft werden.

5.3 Technische Umsetzung

Genug von der Theorie – jetzt geht es an die Praxis! Wie unser Beispiel der SmartTrans Logistics GmbH bereits gezeigt hat, eröffnen AI Agents völlig neue Möglichkeiten im SAP-Umfeld: von der schnellen Informationsabfrage bis hin zur automatisierten Unterstützung komplexer Logistikprozesse. In diesem Abschnitt zeigen wir Ihnen, wie eine solche Lösung technisch umgesetzt wird, speziell mit Fokus auf die Anbindung von On-Premise-SAP-Systemen.

Sie begleiten die SmartTrans Logistics GmbH auf dem Weg von den technischen Voraussetzungen über die eigentliche Implementierung bis hin zur Integration in den Arbeitsalltag.

Technische Umsetzung: LLMs, SAP BTP und Frontend

Für die technische Umsetzung setzen wir auf eine kombinierte Lösung: Wir nutzen leistungsfähige LLMs, die direkt aus dem Generative AI Hub der SAP BTP bezogen werden. Das *SAP Cloud SDK for AI* kommt zum Einsatz, um generative KI-Funktionalitäten und die nahtlose Integration der LLMs in unsere Lösung zu ermöglichen. Für die spezifische Anbindung an On-Premise-SAP-Systeme entwickeln wir eigenen Code in Python und binden notwendige APIs ein. Als Frontend dient ein schlankes, benutzerfreundliches Chat-Interface auf Basis von *Streamlit*, das den Zugang zur KI für alle Anwenderinnen und Anwender – von der Disposition bis zum Außendienst – besonders niedrigschwellig gestaltet.

So entsteht eine flexible, praxisnahe Lösung, die die Stärken moderner SAP-Technologien mit individueller Erweiterbarkeit und einer intuitiven Benutzeroberfläche verbindet.

5.3.1 Auswahl und Einbindung des LLMs

Integration verschiedener Anbieter

Für die Implementierung eines AI Agent bildet die Auswahl des passenden LLM einen entscheidenden ersten Schritt. Im Generative AI Hub steht Ihnen hierfür eine umfangreiche Modellbibliothek zur Verfügung (siehe Abbildung 5.3). Hier finden Sie eine breite Auswahl aktueller Modelle verschiedenster Anbieter – beispielsweise GPT-4.1, Gemini 2.5 Pro, Claude 4 Sonnet von Anthropic sowie Modelle von Aleph Alpha und weiteren Anbietern.

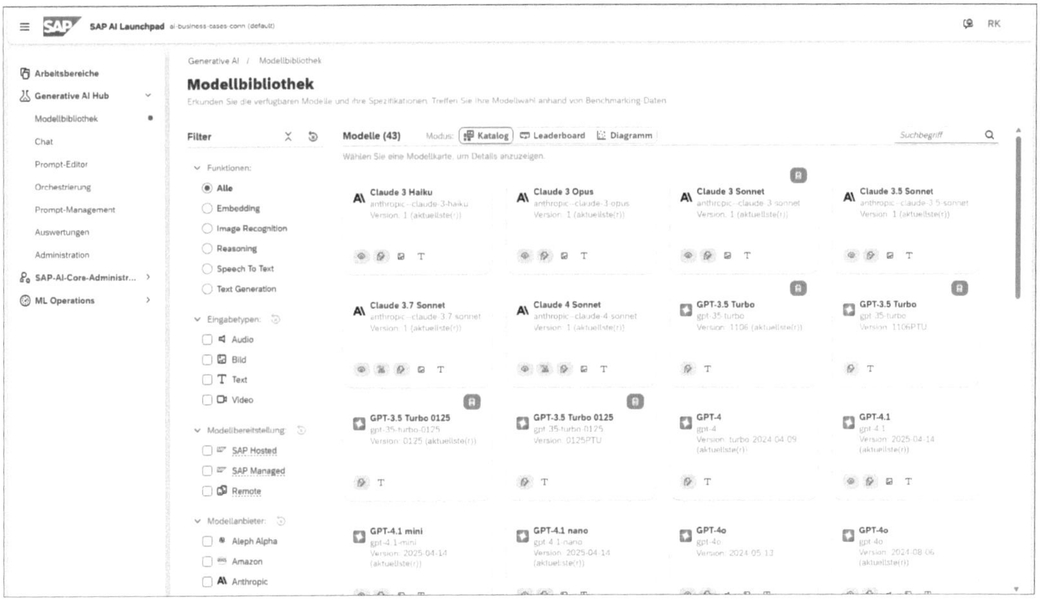

Abbildung 5.3 Modellbibliothek im Generative AI Hub mit einer Auswahl aktueller LLMs verschiedener Anbieter

Vielfalt und Flexibilität

Die SAP BTP integriert diese Modelle zentral, sodass Sie sich nicht separat bei Azure, AWS oder Google Cloud anmelden oder deren APIs einzeln anbinden müssen. Stattdessen wählen und testen Sie direkt in der SAP BTP das für Ihren Anwendungsfall optimale Modell – ein enormer Vorteil im Hinblick auf Flexibilität, Kosten und technische Komplexität.

Abrechnung nach Verbrauch

Die Nutzung der Modelle erfolgt rein nutzungsbasiert: Sie zahlen nur für die tatsächlichen API-Aufrufe bzw. Tokens, die Ihr Agent verbraucht. Damit bleibt das Kostenmodell transparent und gut kalkulierbar – auch für die Entwicklung von Prototypen oder den Betrieb im produktiven Alltag.

Modellvielfalt im Generative AI Hub

Je nach Anforderungen Ihres AI Agent können Sie im Generative AI Hub gezielt filtern – beispielsweise nach Modellen für reine Textgenerierung, für Bild- oder Audioverarbeitung oder für spezielle Sprachverständnisaufgaben. Ein besonderer Vorteil: Über die SAP BTP stehen exklusive Modelle und

Funktionen bereit, die kontinuierlich erweitert und gepflegt werden. Dadurch können Sie flexibel zwischen verschiedenen Anbietern und Modellgenerationen wählen, vergleichen und testen, welches Modell am besten zu Ihrem Use Case passt.

Ist die Wahl für ein LLM getroffen, kann das gewünschte Modell einfach über die entsprechende Kachel ausgewählt werden. Im Beispiel in Abbildung 5.4 sehen Sie die Detailansicht von Claude 4 Sonnet.

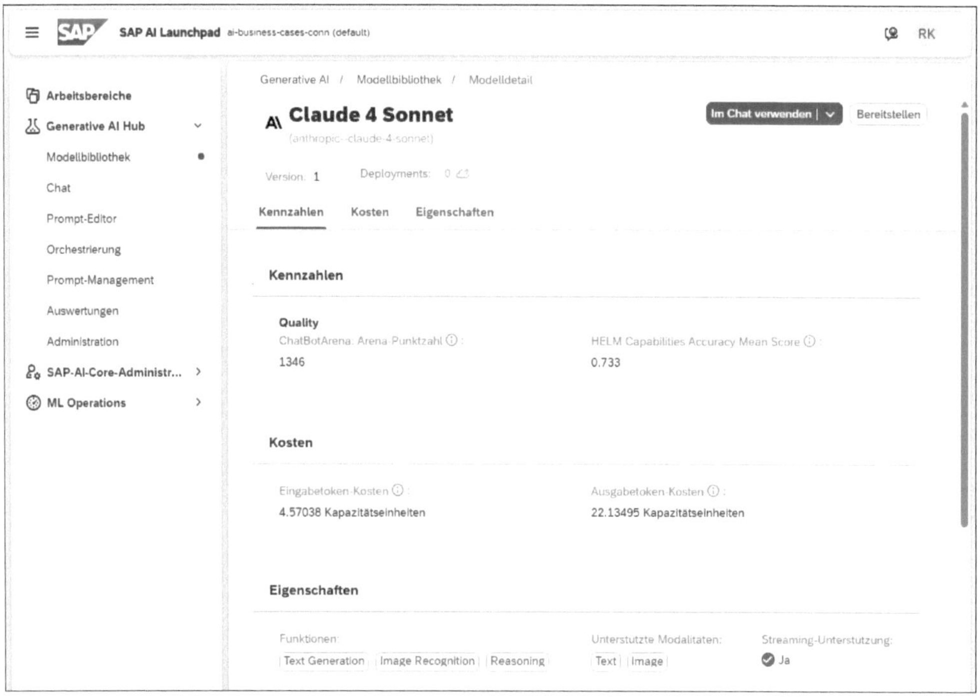

Abbildung 5.4 Detailansicht von Claude 4 Sonnet

LLMs direkt im Chatfenster ausprobieren

Hier erhalten Sie einen Überblick über zentrale Kennzahlen wie Qualitätswerte, Kosten (z. B. für Ein- und Ausgabetokens) sowie die unterstützten Funktionen und Modalitäten. Zusätzlich lässt sich das Modell direkt über den Button **Im Chat verwenden** testen. Dafür wird das gewählte Modell direkt geladen und es öffnet sich ein Chatfenster, in dem Sie mit dem LLM interagieren können (siehe Abbildung 5.5). So lässt sich das Modell unkompliziert prüfen und ein erster Vibecheck durchführen: Wie reagiert das Modell auf typische Fragen? Passt die Antwortqualität zu Ihrem Anwendungsfall?

Ist das Ergebnis überzeugend, kehren Sie zur Detailseite des Modells zurück, um die eigentliche Bereitstellung für Ihren AI Agent einzuleiten.

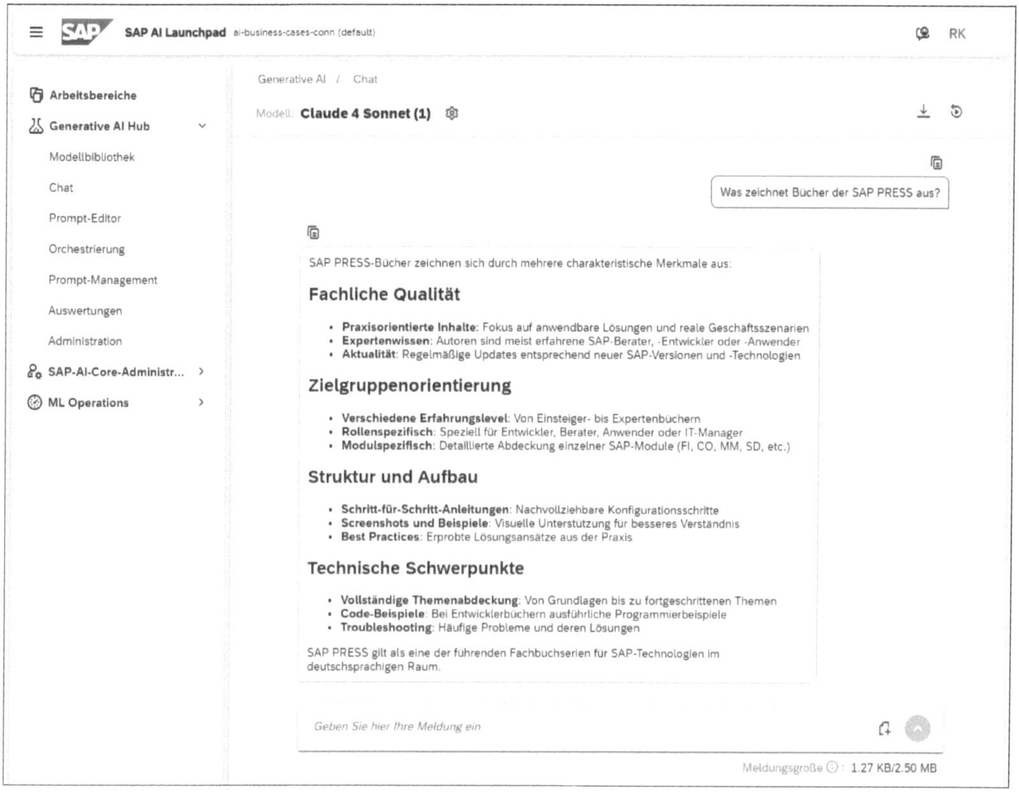

Abbildung 5.5 Chatfenster zum Testen des LLM

Einfache Bereitstellung mit nur einem Klick

Zurück auf der Detailseite des Modells können Sie nun über den Button **Bereitstellen** ein eigenes Deployment anlegen. Damit wird ein dedizierter Endpunkt für das Modell erzeugt, der direkt in Ihrem AI Agent auf der SAP BTP genutzt werden kann. Gerade für unterschiedliche Anwendungsfälle – etwa bei speziellen Anforderungen an Lastverteilung oder Kostenkontrolle – empfiehlt es sich, eigene Deployments pro Use Case anzulegen. Das ist unkompliziert möglich, indem Sie einfach mehrere Bereitstellungen erstellen.

Nach erfolgreicher Anlage erscheint die Meldung **Deployment wurde angelegt**, und das Modell steht Ihnen für Ihre Anwendung bereit (siehe Abbildung 5.6).

Einfache Überwachung der Deployments

Für die weitere Anbindung Ihres AI Agent ist es notwendig zu wissen, wie Sie programmatisch auf das bereitgestellte Modell zugreifen können. Hierfür wechseln Sie in der SAP-BTP-Navigation wie gewohnt auf **ML Operations • Implementierungen**. In der Übersicht sehen Sie alle Ihre aktuellen Deployments und deren Status (siehe Abbildung 5.7).

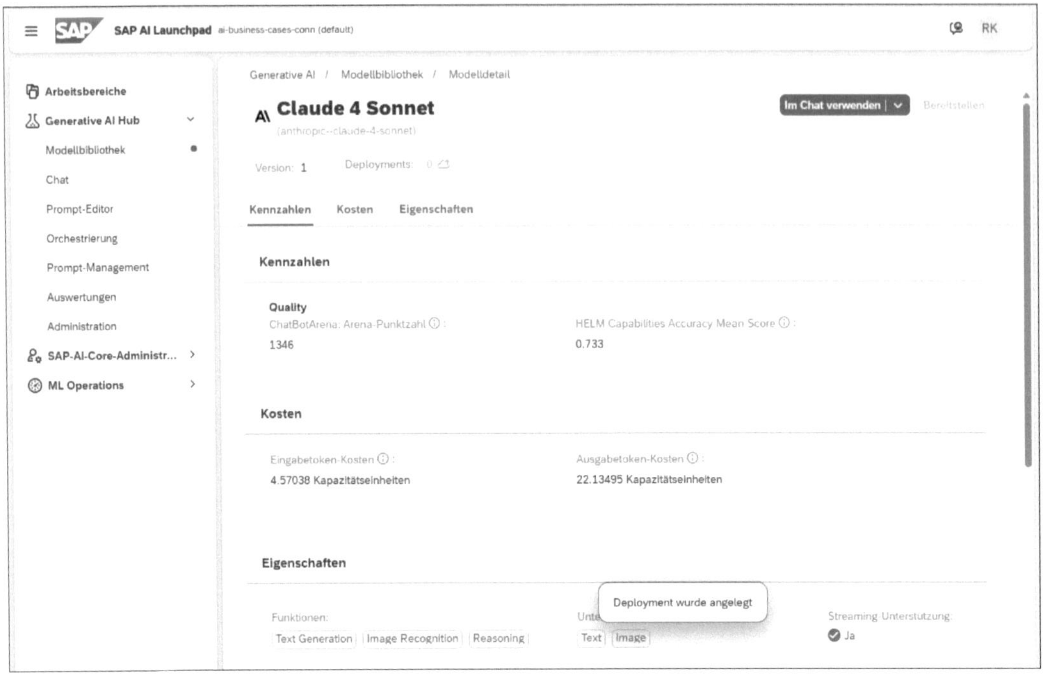

Abbildung 5.6 Meldung über die erfolgreiche Bereitstellung des Modells

Sobald in der Spalte **Aktueller Status** der Eintrag **WIRD AUSGEFÜHRT** erscheint, ist das Modell vollständig bereitgestellt und über einen eigenen Endpunkt nutzbar. Während des Deployments steht dort zunächst **UNBEKANNT**, in der Spalte **Zielzustand** steht dann **WIRD AUSGEFÜHRT**.

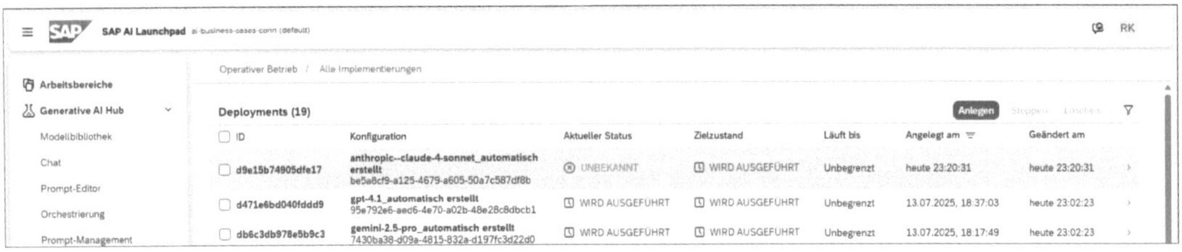

Abbildung 5.7 Übersicht aller Deployments in »ML Operations«

Überblick über alle Deployments

Diese Ansicht hilft Ihnen, jederzeit den Überblick über alle genutzten LLM-Deployments zu behalten – inklusive deren Status, Laufzeit und Konfiguration.

Ist das Modell erfolgreich deployt und einsatzbereit – wie hier am Beispiel von GPT-4o –, kann durch einen Klick auf den jeweiligen Eintrag in der Liste die Detailseite aufgerufen werden (siehe Abbildung 5.8).

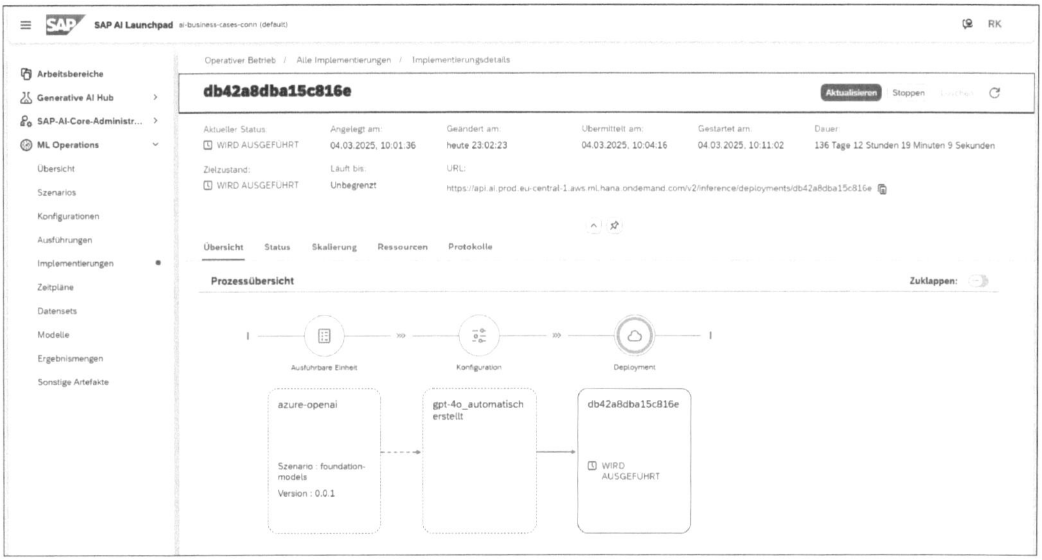

Abbildung 5.8 Detailseite des Modell-Deployments

Per URL direkt zum eigenen Endpunkt

Hier erhalten Sie alle relevanten Informationen zum Deployment: neben Status und Konfiguration vor allem auch die **URL**, über die das Modell für Anfragen erreichbar ist. Für die Anbindung im eigenen Code oder im AI Agent können Sie diese URL direkt verwenden. Ein großer Vorteil: Die Anfragen werden im etablierten OpenAI-API-Format abgesetzt, sodass bestehende Libraries und Integrationen in der Regel ohne großen Anpassungsaufwand genutzt werden können.

5.3.2 Implementierung des AI Agent

Ihr eigener AI Agent mit der SAP BTP

Nachdem wir die Auswahl und Bereitstellung des passenden LLM abgeschlossen haben, widmen wir uns nun der eigentlichen Implementierung unseres AI Agent. Im diesem Abschnitt skizzieren wir den grundlegenden Projektaufbau, stellen die benötigten Bibliotheken vor und erklären Schritt für Schritt den Code sowie alle erforderlichen Voraussetzungen. Sie sollen in die Lage versetzt werden, einen eigenen AI Agent zu entwickeln, der über ein einfaches Chat-Frontend (z. B. Streamlit) mit dem bereitgestellten LLM in der SAP BTP kommuniziert und dabei flexibel an die Anforderungen Ihres Unternehmens angepasst werden kann.

Funktionalitäten des Beispiels

Der in diesem Kapitel entwickelte AI Agent soll verschiedene Kernfunktionen abdecken, um den Arbeitsalltag in der Transportlogistik deutlich zu erleichtern:

- **Beantwortung von Fragen zu Transportaufträgen**
  Nutzer können unkompliziert Auskünfte zu ihren laufenden oder vergangenen Transportaufträgen einholen.
- **Erstellung von optimalen Routen für einen bestimmten Transportauftrag**
  Für einen ausgewählten Auftrag kann der Agent auf Basis der verfügbaren Daten automatisch eine optimale Route berechnen.
- **Anzeigen von Zusatzdokumenten und Bildern zu einem Transportauftrag**
  Der Agent liefert auf Wunsch die zugehörigen Dokumente und Bilder – etwa Lieferpapiere oder Schadensfotos – direkt aus dem SAP-System.

Mögliche Fragen

Alle diese Funktionen werden ausschließlich über natürliche Sprache angesteuert. Typische Beispielfragen, die Anwenderinnen und Anwender an den Agenten stellen könnten, sind z. B.:

- »Wie ist der aktuelle Status des Transports für Auftrag 4711?«
- »Zeig mir die optimale Route für die heutige Express-Lieferung nach Mailand.«
- »Gibt es Auffälligkeiten oder Verzögerungen bei den heutigen Transporten?«
- »Bitte zeige alle zugehörigen Dokumente und Bilder für Transportauftrag 5120 an.«
- »Wie hoch waren die Schadensquoten der letzten zehn Lieferungen an Kunde Müller?«

So ermöglicht der Agent eine vollkommen neue, intuitive Form der Interaktion mit dem SAP-System und stellt die relevanten Informationen und Funktionen genau dann zur Verfügung, wenn sie im Arbeitsalltag benötigt werden.

Im Folgenden gehen wir systematisch vor: Wir beginnen mit der Projektstruktur, besprechen die wichtigsten technischen Bausteine und führen Sie anschließend durch die komplette Implementierung – inklusive aller relevanten Anforderungen und Konfigurationsschritte.

Struktur des Projekts

Die Projektstruktur für unseren AI Agent ist übersichtlich gehalten und in einzelne, logisch getrennte Komponenten untergliedert (siehe Listing 5.1). Dies erleichtert sowohl die Entwicklung als auch die spätere Wartung und Erweiterung der Lösung.

```
├── code
│   ├── agent.py
│   ├── api.py
│   ├── auth_utils.py
│   ├── chat.py
│   ├── map_utils.py
│   ├── route_utils.py
│   └── ui_utils.py
├── .aicore
│   └── config.json
├── pyproject.toml
└── uv.lock
```

Listing 5.1 Projektstruktur

Module des AI Agent

code/ enthält sämtliche Programmlogik des AI Agent, aufgeteilt in spezialisierte Module:

- **agent.py**: Hauptlogik und Orchestrierung des Agent
- **api.py**: Anbindung und Kommunikation mit dem On-Premise-SAP-TM und weiteren Systemen
- **auth_utils.py**: Hilfsfunktionen zur Authentifizierung
- **chat.py**: UI zur Verarbeitung natürlicher Sprache und Dialogmanagement
- **map_utils.py**, **route_utils.py**: Kartendarstellung und Routenberechnung
- **ui_utils.py**: Funktionen für das User Interface (z. B. Streamlit)

Konfiguration

Unter **.aicore/config.json** ist die Konfiguration für die Anbindung an die SAP BTP bzw. SAP-AI-Core-Umgebung definiert: Dort wird im Wesentlichen der Service Key des SAP AI Core eingebettet und dieser um den Link aus dem Deployment des LLM im Generative AI Hub ergänzt. Diese Config-Datei muss verfügbar sein, damit im Python-Kontext später auf den SAP AI Core zugegriffen werden kann. In Listing 5.2 finden Sie ein Beispiel für den Inhalt der Config-Datei.

```
{
  "AICORE_AUTH_URL": "<hier_individuelle_auth_url_einfügen>",
  "AICORE_CLIENT_ID": "<hier_individuelle_client_id_einfügen>",
  "AICORE_CLIENT_SECRET": "<hier_individuelles_client_secret_einfügen>",
  "AICORE_RESOURCE_GROUP": "<hier_resource_group_einfügen>",
  "AICORE_BASE_URL": "<hier_zuvor_bereitgestelltes_llm_via_url_einfügen>"
}
```

Listing 5.2 Aufbau der ».aicore/config.json«-Datei

Requirements

Ergänzt wird das Python-Projekt nun durch die **pyproject.toml**- sowie die **uv.lock**-Datei, die alle Abhängigkeiten und Einstellungen für das Projekt und Paketmanagement enthalten (siehe Listing 5.3).

```
[project]
name = "ai-agent"
version = "0.1.0"
description = "Add your description here"
readme = "README.md"
requires-python = ">=3.13"
dependencies = [
    "fastapi[standard]>=0.116.1",
    "folium>=0.20.0",
    "geopy>=2.4.1",
    "grandalf>=0.8",
    "langchain-experimental>=0.3.4",
    "pandas>=2.3.1",
    "polyline>=2.0.2",
    "sap-ai-sdk-gen[all]>=5.4.2",
    "streamlit>=1.46.1",
    "streamlit-folium>=0.25.0",
    "tabulate>=0.9.0",
]
```

Listing 5.3 »pyproject.toml« für das exemplarische Projekt

Diese Struktur sorgt für eine klare Trennung von Verantwortlichkeiten und ermöglicht die einfache Erweiterung um zusätzliche Funktionen.

Im Anschluss an die Projektstruktur und -organisation sehen wir uns nun die einzelnen, implementierten Module, ihre Funktionsweise und Orchestrierung an.

Die Benutzeroberfläche

Der Einstiegspunkt einer modernen KI-Anwendung ist die Benutzeroberfläche. Hier entscheidet sich, wie intuitiv und zugänglich eine Anwendung für die Nutzerinnen und Nutzer ist. Im Folgenden zeigen wir, wie eine schlanke, aber dennoch mächtige Chatoberfläche mit Streamlit gestaltet werden kann, die verschiedene KI-gestützte Funktionen integriert – von klassischen Textantworten über interaktive Karten bis hin zur Anzeige von Dokumenten und Bildern. Die Datei **chat.py** bildet die zentrale Schnittstelle zwischen Nutzer und KI-basiertem Backend. Der Einstieg in den Code erfolgt mit den notwendigen Imports. Neben Standardbibliotheken wie `streamlit` und `io.BytesIO` werden vor allem modular aufgebaute Hilfsmodule importiert, um die Hauptdatei übersichtlich zu halten (siehe Listing 5.4).

```
import streamlit as st
from io import BytesIO

from ui_utils import (
    setup_page_config, apply_custom_styling,
    display_header, display_usage_instructions,
    init_session_state, clear_chat
)
from auth_utils import setup_auth_sidebar
from map_utils import display_map_container, create_route_map
from agent import handle_user_query
```

Listing 5.4 Übersicht über die Imports und die Modularisierung der Komponenten in »chat.py«

Gerade im Unternehmensumfeld empfiehlt es sich, generische Logik wie das Layout, das Styling oder die Authentifizierung von der eigentlichen Dialoglogik zu trennen. Das sorgt für bessere Wartbarkeit und erlaubt es, einzelne Komponenten gezielt auszutauschen oder zu erweitern.

Grundlegende Konfiguration

Direkt nach den Imports werden grundlegende Einstellungen und die Initialisierung der Seite vorgenommen. Die entsprechenden Funktionen sorgen für ein einheitliches Erscheinungsbild und stellen sicher, dass die Anwendung bei jedem Seitenaufruf in einem konsistenten Zustand startet. Auch die Einbindung einer Authentifizierungsleiste erfolgt in diesem Block. Den Code sehen Sie in Listing 5.5.

```
# --------- Grundkonfiguration ---------

setup_page_config()
apply_custom_styling()
init_session_state()

display_header()
setup_auth_sidebar()
```

Listing 5.5 Layout, Styling und Authentifizierung initialisieren

Vorteile des modularen Aufbaus

Jede Zeile hat eine klar erkennbare Aufgabe, und die eigentliche Chatlogik bleibt davon unberührt. Nach der Initialisierung werden die zentralen Funktionen der Chatoberfläche aktiviert. Dazu gehört unter anderem ein Button zum Zurücksetzen des Chatverlaufs, der durch einen einfachen Klick sämtliche bisherigen Nachrichten entfernt und das Interface in den Ausgangszustand versetzt (siehe Listing 5.6). Dies ist insbesondere für Testzwecke oder bei mehreren Benutzer-Sessions hintereinander hilfreich.

```
# ---------- Chat-Funktionen ----------

if st.button("Chat löschen"):
    clear_chat()
    st.rerun()  # Seite wird neu geladen

display_usage_instructions()
display_map_container()
```

Listing 5.6 Interaktive UI-Elemente wie Chat-Reset, Anweisungen und Kartenintegration

Über die Funktion `display_usage_instructions()` können bei Bedarf kontextbezogene Hinweise angezeigt werden, was gerade für neue Nutzerinnen und Nutzer von Vorteil ist. Mit `display_map_container()` wird eine Kartenkomponente eingebunden, die etwa für die Visualisierung von Lieferstrecken oder Standorten genutzt werden kann – ein typisches Anwendungsbeispiel im SAP-Kontext.

Schlankes Frontend für die Demo

Ein wichtiger Bestandteil der Interaktion ist die Visualisierung des bisherigen Chatverlaufs. In einem Container werden alle bisherigen Nachrichten zwischen User und KI systematisch dargestellt. Jede Nachricht, egal ob von der Nutzer- oder der Systemseite, wird mit ihrer jeweiligen Rolle versehen und in Markdown-Syntax ausgegeben (siehe Listing 5.7).

```
chat_container = st.container()
with chat_container:
    for message in st.session_state.messages:
        with st.chat_message(message["role"]):
            st.markdown(message["content"])
```

Listing 5.7 Anzeige des bisherigen Chatverlaufs für maximale Transparenz

Diese Struktur ermöglicht eine intuitive, an Messenger-Anwendungen angelehnte User Experience, bei der der Dialogkontext stets sichtbar bleibt – was insbesondere bei komplexeren fachlichen Rückfragen oder Folgefragen einen klaren Mehrwert bietet.

Eingabe- und Nachrichtenverarbeitung

Im nächsten Schritt folgt die Eingabe- und Nachrichtenverarbeitung (siehe Listing 5.8). Sobald die Nutzerin oder der Nutzer eine neue Nachricht absendet, wird diese direkt zum Verlauf hinzugefügt und sogleich dem User im Interface angezeigt. Im Hintergrund übernimmt der AI Agent die fachliche

Verarbeitung. Dieser Agent analysiert die Eingabe und entscheidet anhand ihres Inhalts, welches Antwortformat am besten passt. Es können etwa klassische Antworten auf Tabellenabfragen (DataFrames), mathematische Berechnungen, Kartenvisualisierungen oder auch Dokumenten- und Bildausgaben angestoßen werden.


```
with st.chat_message("assistant"):
    st.markdown(response)
st.session_
state.messages.append({"role": "assistant", "content": response})
```

Listing 5.8 Darstellung der Agent-Antwort und Pflege des Verlaufs

Insgesamt zeigt sich an diesem Beispiel, wie durch konsequente Modularisierung, klare Verantwortlichkeiten und einen durchdachten Aufbau eine professionelle, erweiterbare und nutzerfreundliche KI-Schnittstelle entstehen kann. Genau diese Architektur ist essenziell, wenn KI-Anwendungen im SAP-Umfeld dauerhaft überzeugen und produktiv genutzt werden sollen.

Brücken zwischen Frontend, Backend und SAP-System

Im nächsten Schritt werfen wir einen Blick auf die Backend-Logik. Die Datei `api.py` stellt die Schnittstelle der Anwendung zur Außenwelt bereit. Sie implementiert eine moderne, leichtgewichtige HTTP-API mithilfe von FastAPI. Auf diese Weise lassen sich Anfragen an die KI unkompliziert aus beliebigen Frontends oder anderen Systemen stellen – ein entscheidender Aspekt für jede flexible, integrierbare SAP-Lösung.

Der Einstieg erfolgt mit den notwendigen Imports (siehe Listing 5.9). Neben FastAPI selbst wird *Pydantic* verwendet, um die Datenmodelle für Anfragen und Antworten zu definieren. Auch hier bleibt die eigentliche Logik zur Verarbeitung von Benutzeranfragen ausgelagert und wird über das bereits bekannte `agent`-Modul importiert. Dadurch ist gewährleistet, dass die gesamte fachliche Intelligenz der Anwendung zentral gekapselt bleibt.

```
from fastapi import FastAPI
from pydantic import BaseModel
from agent import handle_user_query
```

Listing 5.9 Imports und Modularisierung in »api.py«

Anschließend wird die FastAPI-Anwendung initialisiert – ein Vorgang, der nur wenige Zeilen benötigt, aber den Grundstein für die gesamte API legt:

```
app = FastAPI()
```

Um eine konsistente Kommunikation zu ermöglichen, werden die Datenstrukturen für eingehende Anfragen und ausgehende Antworten als Pydantic-Modelle festgelegt. So kann sichergestellt werden, dass immer genau das erwartet wird, was das Backend verarbeiten kann. Die ChatRequest-Klasse definiert, dass eine Anfrage stets ein Nachrichtenfeld enthalten muss. Die Antwort wird ebenfalls klar strukturiert über die ChatResponse-Klasse zurückgegeben (siehe Listing 5.10).

```
class ChatRequest(BaseModel):
    message: str  # Die Benutzernachricht


class ChatResponse(BaseModel):
    answer: str  # Die Antwort der KI
```

Listing 5.10 Definition der Request- und Response-Modelle für den Chatendpunkt

Endpunkt zum Chatten mit dem Agent

Das eigentliche Herzstück der API ist der /chat-Endpunkt, der HTTP-POST-Anfragen entgegennimmt. Hier zeigt sich die enge Verzahnung zwischen Schnittstelle und Businesslogik: Bei jeder eingehenden Anfrage wird die von der Nutzerin oder dem Nutzer gestellte Nachricht entgegengenommen und unmittelbar an den Agenten weitergereicht. Dieser verarbeitet die Anfrage (z. B. durch die Ausführung einer SAP-Analyse, den Aufruf einer KI-Logik oder eine beliebige Business-Rule) und gibt eine Antwort zurück, die wiederum sauber als ChatResponse zurückgesendet wird. Durch das Verwenden von async können auch rechenintensive oder langsame Backend-Vorgänge elegant gehandhabt werden, ohne die Performance der API zu beeinträchtigen (siehe Listing 5.11).

```
@app.post("/chat", response_model=ChatResponse)
async def chat(req: ChatRequest):
    """
    Endpoint für die Verarbeitung von Chat-Anfragen.
    Nimmt eine Nachricht entgegen, gibt die Antwort der KI zurück.
    """
    answer = await handle_user_query(req.message)
    return ChatResponse(answer=answer)
```

Listing 5.11 Definition des asynchronen Chatendpunkts

Abschließend bietet die Datei eine kleine Einstiegshilfe für Entwicklerinnen und Entwickler oder Testumgebungen: Wird das Skript direkt ausgeführt, startet automatisch ein Uvicorn-Server auf Port 8000 (siehe Listing 5.12). Damit lässt sich die Anwendung sofort lokal oder in der Cloud bereitstellen und mit gängigen HTTP-Tools (z. B. Postman oder über eigene Frontends) ansprechen.

```
if __name__ == "__main__":
    import uvicorn
    uvicorn.run("api:app", host="0.0.0.0", port=8000, reload=True)
```

Listing 5.12 FastAPI-Servers via Uvicorn starten

Flexible Schnittstelle trotz wenigen Codezeilen

Insgesamt macht **api.py** eindrucksvoll deutlich, wie wenig Code nötig ist, um eine robuste und gleichzeitig flexible Schnittstelle für KI-gestützte SAP-Anwendungen bereitzustellen. Durch die konsequente Nutzung moderner Python-Frameworks und klarer Modularisierung entsteht ein System, das sowohl aus Entwicklersicht als auch für Integratoren und Entscheiderinnen optimal nutzbar ist.

Im nächsten Schritt schauen wir uns das Modul **agent.py** an, das die eigentliche Intelligenz der Anwendung kapselt und sämtliche Anfragen zentral verarbeitet.

Das Herz der Logik: der Agent als zentraler KI-Router

Die Datei **agent.py** bildet das intelligente Zentrum der Anwendung. Hier laufen alle Fäden zusammen: die Kommunikation mit externen KI-Modellen, der Zugriff auf SAP-OData-Dienste, das Routing der Benutzeranfragen zu den richtigen Tools und schließlich die Zusammenführung aller Ergebnisse für das Frontend oder die API. Das Ziel: Sämtliche fachliche Intelligenz – sei es Datenanalyse, SAP-Integration, Kartenfunktionen oder mathematische Operationen – ist hier gekapselt und modular aufgebaut.

Die Datei beginnt mit den notwendigen Imports, die bereits den breiten Funktionsumfang andeuten: Neben Standardbibliotheken für Logging, OS- und JSON-Handling sowie Pandas für Datenanalysen werden externe Bibliotheken für HTTP-Kommunikation, Geocodierung und generative KI eingebunden (siehe Listing 5.13). Besonders hervorzuheben ist dabei die Einbindung des SAP Cloud SDK – die eine flexible Auswahl von LLM-Anbietern ermöglicht.

```
import os
import json
import logging

import pandas as pd
import requests
from requests.auth import HTTPBasicAuth
from geopy.geocoders import Nominatim

from gen_ai_hub.proxy.native.openai import chat
from langchain_experimental.agents.agent_toolkits import create_
pandas_dataframe_agent
```

Listing 5.13 Imports und Vorbereitung für Datenzugriff, KI und Logging

Im Anschluss folgt eine solide Logging-Konfiguration, die für die Überwachung und spätere Fehlersuche in produktiven Umgebungen unerlässlich ist. Ebenfalls wichtig ist der Abschnitt zu den Einstellungen und Zugangsdaten – mit dem deutlichen Hinweis, dass solche Informationen *niemals* hart im Code hinterlegt werden dürfen. Stattdessen kommen Umgebungsvariablen zum Einsatz, um die Integration in DevOps- und Cloud-Umgebungen zu erleichtern (siehe Listing 5.14).

```
logging.basicConfig(level=logging.INFO)
logger = logging.getLogger("agent")
BASE_URL = os.environ.get("SAP_BASE_URL", "https://
sap-system.abat.de:44300")
USERNAME = os.environ.get("SAP_USERNAME", "my_user")
PASSWORD = os.environ.get("SAP_PASSWORD", "my_password")
# Achtung: Niemals in produktiven Code!
```

Listing 5.14 Logging-Konfiguration und Einbindung von Konfigurationsparametern

Definition von Hilfsfunktionen

Im nächsten Schritt werden die wichtigsten Hilfsfunktionen für den Zugriff auf SAP-Daten und die Initialisierung des LLM-Agent definiert. Die Funktion `fetch_odata_df()` lädt per OData-Request einen kompletten Datensatz aus einem SAP-System und wandelt ihn in einen bereinigten Pandas DataFrame um. Die Funktion `initialize_df_agent()` erstellt dann auf Basis dieses DataFrames und eines KI-Modells einen Agenten, der in der Lage ist, Nutzereingaben in natürliche Sprache zu interpretieren und mit den SAP-Daten zu kombinieren (siehe Listing 5.15).

```
def fetch_odata_df():
    """
    Holt SAP OData-Daten und gibt einen bereinigten DataFrame zurück.
    """
    url = f"{BASE_URL}/sap/opu/odata/sap/YTM_ON_STREET_SRV/EtFreight-
    OrderSet?"
    headers = {"Accept": "application/json", "Content-
    Type": "application/json"}
    response = requests.get(url, auth=
HTTPBasicAuth(USERNAME, PASSWORD), headers=headers, timeout=10)
    response.raise_for_status()
    odata = response.json()
    df = pd.DataFrame(odata['d']['results'])
    # Wandelt Dictionary-Spalten zu Strings und ersetzt NAs
    for col in df.select_dtypes(include=['object']).columns:
```

```
        df[col] = df[col].apply(lambda x: json.dumps(x) if
        isinstance(x, dict) else x).fillna("")
    return df

def initialize_df_agent(df):
    """
    Erstellt einen DataFrame-Agenten für Analysen und Abfragen.
    """
    chat_agent = create_pandas_dataframe_agent(
        ChatVertexAI(
            temperature=0,
            model_name="gemini-2.5-pro",
        ),
        df,
        verbose=True,
        handle_parsing_errors=True,
        allow_dangerous_code=True
    )
    return chat_agent

# Initialisiere OData und LLM-Agent (Lazy Loading wäre performanter
im Produktivbetrieb)
df = fetch_odata_df()
df_agent = initialize_df_agent(df)
```

Listing 5.15 Zugriff auf SAP OData und KI-gestützten DataFrame-Agenten initialisieren

Dynamisches Routing

Eine Besonderheit des Agenten-Designs ist das dynamische Routing der Benutzeranfragen. Mittels einer Funktionsdefinition im OpenAI-Format wird beschrieben, welche Tools das System kennt – von der Kartenvisualisierung über Dokumentenanzeige bis hin zur allgemeinen Datenanalyse und mathematischen Funktionen. Die Funktion `route_and_call_tool()` nutzt diese Definitionen und entscheidet – unterstützt durch ein LLM –, welches Tool zu einer konkreten Nutzerfrage passt (siehe Listing 5.16). Die Übergabe erfolgt dabei strukturiert als Funktionsaufruf mit den extrahierten Parametern.

```
functions = [
    {
        "name": "visualize_map",
        "description": "Erstelle eine Kartenansicht für eine Route zu
        einem Auftrag.",
```

```
        "parameters": {
            "type": "object",
            "properties": {
                "doc_
number": {"type": "string", "description": "Die Nummer des Dokuments
oder Auftrags"}
            },
            "required": ["doc_number"]
        }
    },
    {
        "name": "show_document",
        "description": "Zeigt ein Dokument basierend auf einer
        Dokumentnummer.",
        "parameters": {
            "type": "object",
            "properties": {
                "doc_
number": {"type": "string", "description": "Die Nummer des Dokuments"
}
            },
            "required": ["doc_number"]
        }
    },
    {
        "name": "chat_with_df",
        "description": "Allgemeine Analyse oder Chat mit den Daten.",
        "parameters": {
            "type": "object",
            "properties": {
                "query": {"type": "string", "description":
                "Benutzerfrage"}
            },
            "required": ["query"]
        }
    }
]

def route_and_call_tool(user_query, model="gpt-4o"):
    """
    Nutzt OpenAI Functions, um für die User-Frage das passende
    Tool zu bestimmen.
    """
```

```
    messages = [
        {"role": "system", "content": "Du bist ein intelligenter
        Tool-Router für Transportmanagement. Nutze IMMER eines der
        Tools passend zur Anfrage."},
        {"role": "user", "content": user_query}
    ]
    response = chat.completions.create(
        model_name=model,
        messages=messages,
        functions=functions,
        function_call="auto"
    )
    call = response.choices[0].message.function_call
    tool_name = call.name
    arguments = json.loads(call.arguments)
    return tool_name, arguments
```

Listing 5.16 Definierte Functions und Routing einer Benutzeranfrage an das passende Tool mittels OpenAI API Function Calling

Implementierung der Tools ist bewusst einfach gehalten

Es gibt Hilfsfunktionen für die Geocodierung (für Kartenfunktionen), die eigentliche Kartenvisualisierung, den Dialog mit SAP-Daten und das Abrufen von Dokumenten aus dem SAP-System. Jede dieser Funktionen ist einzeln getestet und kann bei Bedarf erweitert werden (siehe Listing 5.17).

```
def geocode_address(city):
    """
    Geocodiert eine Stadt in Deutschland. Gibt Latitude und Longitude
    zurück.
    """
    try:
        geolocator = Nominatim(user_agent="gc_demo_geocoder")
        location = geolocator.geocode(f"{city}, Deutschland")
        if location:
            return location.latitude, location.longitude
        return None, None
    except Exception as e:
        logger.error(f"Geocoding Error: {e}")
        return None, None

def visualize_map(src, dest):
    """
    Gibt Koordinaten für Start- und Zielort zurück.
    """
```

```
    src_latlon = geocode_address(src)
    dest_latlon = geocode_address(dest)
    return {"src": src_latlon, "dest": dest_latlon}

def chat_with_df(query):
    """
    Führt eine LLM-Abfrage auf dem DataFrame durch.
    """
    result = df_agent.invoke(query)
    return result.get('output', "Ich konnte keine Antwort generieren.
")

def get_doc(doc_number):
    """
    Holt ein zu einer Auftragsnummer passendes Dokument (z. B. Bild)
    aus SAP.
    """
    try:
        # Suche RootUUID zur doc_number
        rootuuid_arr = df.loc[df['TransportationOrderID'] ==
        doc_number, 'RootUUID'].values
        if not len(rootuuid_arr):
            return False, "Keine RootUUID gefunden."
        check_url = f"EtFreightOrderSet('{rootuuid_arr[0]}')/
        Documents"
        doc_check_url = f"{BASE_URL}/sap/opu/odata/sap/YTM_ON_STREET_
        SRV/{check_url}"
        headers = {"Accept": "application/json", "Content-Type":
        "application/json"}
        response = requests.get(doc_check_url, auth=
HTTPBasicAuth(USERNAME, PASSWORD), headers=headers, timeout=10)
        odata = response.json()
        doc_df = pd.DataFrame(odata['d']['results'])
        for col in doc_df.select_dtypes(include=['object']).columns:
            doc_df[col] = doc_df[col].apply(lambda x: json.dumps(x)
            if isinstance(x, dict) else x).fillna("")
        if not len(doc_df):
            return False, "Kein Dokument gefunden."
        doc_url = (f"EtDocumentSet(RootUUID='{doc_df.loc[0,
                   'RootUUID']}',"
                   f"DocumentUUID='{doc_df.loc[0,
                   'DocumentUUID']}')/$value/")
```

```
        return True, f"{BASE_URL}/sap/opu/odata/sap/YTM_ON_STREET_
        SRV/{doc_url}"
    except Exception as e:
        logger.error(f"get_doc error: {e}")
        return False, "Fehler beim Dokumentabruf."
```

Listing 5.17 Beispielhafte Implementierung einzelner Tool-Funktionen

Zentrale Router-Funktion

Das finale Bindeglied bildet die zentrale Router-Funktion `handle_user_query()`. Hier wird für jede eingehende Nutzeranfrage – unabhängig, ob sie von der API oder der Oberfläche kommt – zunächst das passende Tool bestimmt und anschließend mit den richtigen Parametern aufgerufen. Je nach Tool erfolgen die Ausführung und die Rückgabe von Ergebnissen in der jeweils geeigneten Form (etwa als Zahlenwert, Bilddaten oder Kartenkoordinaten). Fehlermeldungen werden geloggt und an das aufrufende System weitergegeben (siehe Listing 5.18).

```
def handle_user_query(user_query):
    """
    Hauptrouter: Leitet die Benutzerfrage an das richtige Tool weiter
    und ruft es auf.
    """
    tool_name, args = route_and_call_tool(user_query)

    if tool_name == "visualize_map":
        transport_order_id = args["doc_number"]
        if len(transport_order_id) > 4:
            filtered_row = df[df['TransportationOrderUUID'] ==
            transport_order_id]
        else:
            filtered_row = df[df['TransportationOrderID'] ==
            transport_order_id]

        if not filtered_row.empty:
            source_city =
            filtered_row['SourceLocationCityName'].iloc[0] if
            'SourceLocationCityName' in df.columns else "Unbekannt"
            dest_city =
            filtered_row['DestinationLocationCityName'].iloc[0] if
            'DestinationLocationCityName' in df.columns else "Unbekannt"
            source_lat_lon = geocode_address(source_city)
            dest_lat_lon = geocode_address(dest_city)
```

```
        else:
            source_lat_lon = (None, None)
            dest_lat_lon = (None, None)
        return tool_name, [source_lat_lon, dest_lat_lon]

    elif tool_name == "show_document":
        found, doc_url = get_doc(args['doc_number'])
        if not found:
            return tool_name, None
        headers = {
            "Accept": "application/json",
            "Content-Type": "application/json"
        }
        r = requests.get(
            url=doc_url.strip().replace('\\', ''),
            auth=HTTPBasicAuth(USERNAME, PASSWORD),
            headers=headers,
            timeout=10)
            bytes_data = r.content
            return tool_name, bytes_data

    elif tool_name == "chat_with_df":
        result = chat_with_df(args["query"])
        return tool_name, result

    else:
        logger.warning(f"Unbekanntes Tool: {tool_name}")
        return "Unbekanntes Tool.", None
```

Listing 5.18 Zentrale Routing-Logik

Mit diesem Aufbau zeigt sich die Stärke eines intelligenten, modularen Agenten: Die Anwendung lässt sich nicht nur problemlos erweitern – etwa um weitere SAP-Funktionen, zusätzliche LLMs oder neue Datenquellen –, sondern ist auch optimal auf den Einsatz in produktiven, skalierbaren Unternehmensumgebungen vorbereitet. Die enge Integration mit SAP-OData, modernen KI-Diensten und strukturierter API-Kommunikation ist die ideale Basis für innovative Business Cases im SAP-Kontext.

Im Folgenden betrachten wir nun die Komponenten **map_utils.py** und **route_utils.py**.

Interaktive Visualisierung von Karten

Das Modul **map_utils.py** erweitert die Benutzeroberfläche um eine moderne, interaktive Kartenfunktion, wie sie in vielen Business Cases rund um

Logistik, Transportmanagement und Standortvisualisierung im SAP-Umfeld von großem Mehrwert ist. Die Umsetzung nutzt das leistungsstarke Python-Ökosystem rund um Streamlit und Folium und integriert dabei SAP-spezifische Informationen und Workflows nahtlos in das UI.

Am Anfang werden die benötigten Bibliotheken geladen. Neben Streamlit und Folium (für die Kartenerstellung) kommt `streamlit_folium` zur Einbettung der Karte in das Streamlit-Frontend zum Einsatz. Außerdem wird mit `route_utils.get_route_details` eine Hilfsfunktion importiert, die die eigentlichen Routing-Informationen – also Distanz, Dauer und Koordinaten der Route – berechnet (siehe Listing 5.19).


```
import streamlit as st
import folium
from streamlit_folium import st_folium
from route_utils import get_route_details
```

Listing 5.19 Imports für Kartenvisualisierung und Routing

Aufbaue des Kartencontainers

Zentraler Einstieg in die Kartenintegration ist die Funktion `display_map_container()`. Sie steuert die gesamte Darstellung des Kartenbereichs sowie der zugehörigen Bedienelemente. Die Karte und die zugehörigen Controls werden in zwei Spalten aufgeteilt: Links finden sich Steueroptionen (etwa ein Button zum Schließen der Karte), rechts wird die eigentliche Karte angezeigt, sofern die Anzeige aktiviert ist (siehe Listing 5.20).

```
def display_map_container():
    """Zeigt den Kartencontainer und die Steuerungselemente an."""
    map_column1, map_column2 = st.columns([1, 3])

    # Linke Spalte: Steuerung (z. B. Karte schließen)
    with map_column1:
        if st.session_state.show_map:
            st.subheader("Kartenansicht")
            if st.button("Karte schließen"):
                st.session_state.show_map = False
                st.rerun()

    # Rechte Spalte: Kartenanzeige
    with map_column2:
        if st.session_state.show_map:
            render_map()
```

Listing 5.20 Aufbau des Kartencontainers und Einbindung ins UI

Darstellung der Karte

Für die eigentliche Darstellung der Karte ist die Funktion `render_map()` verantwortlich. Hier wird basierend auf dem aktuellen Session-State eine neue Folium-Karte erzeugt, in die dynamisch Marker und – falls vorhanden – eine Route als Polyline eingefügt werden. Die Karte bleibt so stets aktuell und spiegelt den aktuellen Workflow der Nutzerin oder des Nutzers wider. Die Integration in Streamlit erfolgt mit `st_folium()`, was eine nahtlose User Experience bietet (siehe Listing 5.21).

```
def render_map():
    """Zeichnet die aktuelle Karte basierend auf Session-State."""
    try:
        # Erstelle eine neue Folium-Karte auf Basis der aktuellen
        Map-Daten
        m = folium.Map(
            location=st.session_state.map_data["location"],
            zoom_start=st.session_state.map_data["zoom"]
        )

        # Marker auf die Karte setzen
        for marker in st.session_state.map_data.get("markers", []):
            folium.Marker(
                marker["location"],
                popup=marker.get("popup", ""),
                tooltip=marker.get("tooltip", ""),
                icon=folium.Icon(
                    color=marker.get("color", "blue"),
                    icon=marker.get("icon", "")
                )
            ).add_to(m)

        # Route als Linie einzeichnen, falls vorhanden
        route = st.session_state.map_data.get("route")
        if route and route.get("coordinates"):
            folium.PolyLine(
                locations=route["coordinates"],
                color="blue",
                weight=4,
                opacity=0.8,
                tooltip=f"Distanz: {route[
'distance']:.1f} km, Dauer: {route['duration']:.1f} min"
            ).add_to(m)
```

```
        # Karte im Streamlit-Fenster anzeigen
        st_folium(m, width=725)
    except Exception as e:
        st.error(f"Fehler beim Rendern der Karte: {e}")
```

Listing 5.21 Dynamisches Rendern der Folium-Karte mit Markern und Route

Berechnung von Routen

Das Anlegen und Aktualisieren der Karte – etwa nach einer erfolgreichen Routenberechnung – wird über die Funktion create_route_map() gesteuert. Sie übernimmt die Koordinaten für Start und Ziel, fragt über eine Utility-Funktion die Route ab und legt alle relevanten Kartendaten im Session-State ab. Neben den Koordinaten werden Marker für Start und Ziel gesetzt und die berechnete Route samt Entfernung und Fahrzeit gespeichert. Für die Nutzerin oder den Nutzer entsteht so eine interaktive, stets aktuelle Karte mit klarer visueller Führung. Sollte es zu Fehlern kommen, wird eine Default-Karte angezeigt, und die Nutzerin oder der Nutzer erhält eine verständliche Rückmeldung (siehe Listing 5.22).

```
def create_route_map(source_location, destination_location):
    """
    Erstellt eine Karte mit Route zwischen zwei Orten.

    Args:
        source_location: Startkoordinaten [lat, lng]
        destination_location: Zielkoordinaten [lat, lng]

    Returns:
        Tuple (Erfolg: bool, Nachricht: str)
    """
    try:
        # Konvertiere Koordinaten zu float, falls nötig
        source_location = [float(source_location[0]),
        float(source_location[1])]
        destination_location = [float(destination_location[0]),
        float(destination_location[1])]

        # Routeninformationen abfragen
        route_coords, distance, duration = get_route_details(source_
        location, destination_location)

        # Mittelpunkt für die Kartenansicht berechnen
        center_lat = (source_location[0] + destination_location[0]) / 2
        center_lng = (source_location[1] + destination_location[1]) / 2
```

```
        # Map-Daten mit Route und Markern im Session-State speichern
        st.session_state.map_data = {
            "location": [center_lat, center_lng],  # Kartenmittelpunkt
            "zoom": 8,  # Angepasster Zoom für Übersicht
            "markers": [
                {"location": source_location, "popup": "Start",
                "tooltip": "Start", "color": "green", "icon": "play"},
                {"location": destination_location, "popup": "Ziel",
                 "tooltip": "Ziel", "color": "red", "icon": "stop"}
            ],
            "route": {
                "coordinates": route_coords,
                "distance": distance,
                "duration": duration
            }
        }

        # Nutzerfreundliche Rückmeldung
        if distance and duration:
            route_info = f" (Entfernung: {distance:.1f} km,
            Fahrzeit: {duration:.1f} min)"
            return True, f"Hier ist die Karte. Infos zur Route: {route_
            info}"
        else:
            return True, "Hier ist die Karte. Leider konnten keine
            Routeninformationen abgerufen werden."
    except Exception as e:
        # Fehlerbehandlung: Fallback-Karte anzeigen
        st.session_state.map_data = {
            "location": [53.073635, 8.806422],  # Bremen als Default
            "zoom": 10,
            "markers": [{"location": [53.073635, 8.806422],
            "popup": "Bremen", "tooltip": "Bremen"}]
        }
        return False, f"Es gab ein Problem bei der Kartendarstellung:
        {e}"
```

Listing 5.22 Erstellung und Aktualisierung der Karte mit Routing und Marker-Platzierung

Automatisierte Wegeführung im SAP-Kontext

Wir betrachten nun, wie die Route tatsächlich berechnet wird. Das Modul **route_utils.py** übernimmt eine zentrale Rolle in der Umsetzung moderner, KI-gestützter Business-Anwendungen im SAP-Umfeld: Es ist für die Berechnung und das effiziente Handling von Routen zwischen zwei geografischen Punkten verantwortlich. Gerade in Transportmanagement-, Logistik- und Außendienstszenarien – klassische SAP-Anwendungsfälle – ist diese Funktionalität ein wichtiger Baustein für Transparenz und Automatisierung.

Die Implementierung setzt bewusst auf Klarheit, Robustheit und Fehlertoleranz. Bereits mit den Imports wird deutlich, dass das Modul externe Routen-APIs anspricht (`requests`), die für viele Geodatenanwendungen übliche Polyline-Codierung nutzt (`polyline`) und zusätzliche Standardbibliotheken wie `time` und Typisierungen für bessere Lesbarkeit und Wartbarkeit verwendet (siehe Listing 5.23).

```
import requests
import polyline
import time
from typing import Tuple, List, Optional
```

Listing 5.23 Einbindung der für Routenberechnung und Fehlerbehandlung notwendigen Bibliotheken

Wichtig ist hier die Funktion `get_route_details()`. Sie nimmt Start- und Zielkoordinaten entgegen, kann aber auch verschiedene Transportmodi berücksichtigen und wurde so entwickelt, dass sie auf unterschiedliche Routingdienste erweitert werden kann. Die Funktion prüft zunächst, ob die Eingaben gültig sind – eine wichtige Vorstufe, um Fehler und unerwartete Ergebnisse zu vermeiden.

Routenberechnung mit externer API

Die eigentliche Routenberechnung erfolgt über den Open-Source-Routing-Machine-(OSRM-)Dienst. In mehreren Versuchen wird die gewünschte Route angefragt. Die Implementierung achtet darauf, im Fehlerfall nicht sofort abzubrechen, sondern mehrere Retries zu machen – jeweils mit kurzen Pausen. Werden Daten erfolgreich abgerufen, werden die Koordinaten der Route (als Liste von Punkten), die Distanz (in Kilometern) und die erwartete Fahrzeit (in Minuten) extrahiert und als Rückgabe bereitgestellt (siehe Listing 5.24).

```
def get_route_details(
    start_coords: List[float],
    end_coords: List[float],
    transport_mode: str = "driving",
    max_retries: int = 3
```

```
) -> Tuple[List[Tuple[float, float]], Optional[float],
Optional[float]]:
    """
    Holt Routing-Details (Route, Entfernung, Dauer) zwischen zwei
    Koordinaten mit Fehlerbehandlung und Fallback.
    ...
    """
    # Prüfe Eingabe
    if not all(isinstance(coord, (int, float)) for coord in
    start_coords + end_coords):
        print(f"Ungültige Koordinaten: start={start_coords},
        end={end_coords}")
        return [], None, None

    # Haupt-API-Endpoint (OSRM)
    base_url = "http://router.project-osrm.org/route/v1"

    # Fallback-Endpoints (werden in diesem Beispiel nicht genutzt,
    aber vorbereitet)
    fallback_endpoints = [
        "https://routing.openstreetmap.de/routed-car/route/v1",
        "https://api.openrouteservice.org/v2/directions/
        driving-car"  # benötigt API-Key
    ]

    # Versuche Hauptrouting-API mehrfach
    for attempt in range(max_retries):
        try:
            # Bei OSRM: Längengrad kommt vor Breitengrad!
            url = f"{base_url}/{transport_mode}/{start_coords[1]},
            {start_coords[0]};{end_coords[1]},{end_coords[0]}"
            params = {
                "overview": "full",
                "geometries": "polyline",
                "steps": "false"
            }
            headers = {
                "User-Agent": "AI-Agent-App/1.0"
            }

            # API-Request absetzen
            response = requests.get(url, params=params,
            headers=headers, timeout=20)
```

```
        data = response.json()

        if "routes" in data and len(data["routes"]) > 0:
            # Route & Infos extrahieren
            geometry = data["routes"][0]["geometry"]
            route_coords = polyline.decode(geometry)
            distance = data["routes"][0]["distance"] / 1000 # km
            duration = data["routes"][0]["duration"] / 60   # min
            return route_coords, distance, duration
        else:
            print(f"Keine Route gefunden (Versuch {attempt+1}):
            {data}")

    except requests.exceptions.Timeout:
        print(f"Timeout (Versuch {attempt+1}), neuer Versuch in
        1 Sekunde...")
        time.sleep(1)

    except requests.exceptions.RequestException as e:
        print(f"API-Fehler (Versuch {attempt+1}): {e}")
        time.sleep(1)

    except Exception as e:
        print(f"Unerwarteter Fehler (Versuch {attempt+1}): {e}")
        time.sleep(1)
```

Listing 5.24 Kernfunktion zur Anbindung der OSRM-Routing-API mit Fehlerbehandlung und Retries

Fallback: immer ein Ergebnis, auch bei Ausfall einer API

Ein besonderes Augenmerk liegt auf der Fehlertoleranz. Sollte auch nach mehreren Versuchen keine Route von der externen API geliefert werden, greift das System auf einen Fallback-Mechanismus zurück: Es wird eine einfache Gerade zwischen Start- und Zielpunkt berechnet und die Distanz mittels Haversine-Formel geschätzt. Auch eine grobe Schätzung der Dauer (etwa mit Durchschnittsgeschwindigkeit) wird ermittelt (siehe Listing 5.25). So bleibt das System selbst dann nutzbar, wenn externe APIs vorübergehend nicht erreichbar sind – ein entscheidender Vorteil im produktiven Einsatz.

```
# Fallback: gerade Linie zwischen Start und Ziel berechnen
(falls alles fehlschlägt)
print("Alle Routing-API-Versuche fehlgeschlagen. Fallback:
direkte Linie.")
```

```
try:
    # Einfacher Pfad Start -> Ziel
    route_coords = [
        (start_coords[0], start_coords[1]),
        (end_coords[0], end_coords[1])
    ]

    # Entfernung schätzen (Haversine-Formel)
    from math import radians, cos, sin, asin, sqrt
    def haversine(lat1, lon1, lat2, lon2):
        lat1, lon1, lat2, lon2 = map(radians,
        [lat1, lon1, lat2, lon2])
        dlon = lon2 - lon1
        dlat = lat2 - lat1
        a = sin(dlat/2)**2 + cos(lat1) * cos(lat2) *
        sin(dlon/2)**2
        c = 2 * asin(sqrt(a))
        r = 6371  # Erdradius in km
        return c * r

    distance = haversine(start_coords[0], start_coords[1],
    end_coords[0], end_coords[1])
    # Grobe Dauer-Schätzung (60 km/h Durchschnitt)
    duration = (distance / 60) * 60

    return route_coords, distance, duration

except Exception as e:
    print(f"Fallback-Routenberechnung gescheitert: {e}")
    return [], None, None
```

Listing 5.25 Fallback-Mechanismus: Distanzberechnung per Haversine-Formel und gerade Verbindungslinie

Dank dieser robusten, fehlertoleranten Architektur kann die Anwendung in unterschiedlichsten Umgebungen zuverlässig eingesetzt werden. Auch wenn Routingdienste zeitweise ausfallen oder Netzwerkprobleme auftreten, bleibt die Kernfunktionalität erhalten – und die Nutzerinnen und Nutzer erhalten stets eine sinnvolle Rückmeldung statt einer Fehlermeldung.

Einheitliches Design und zielführende UX

Das Modul **ui_utils.py** bündelt sämtliche Hilfsfunktionen, die für eine konsistente, ansprechende und benutzerfreundliche Gestaltung der Oberfläche notwendig sind. Hier werden nicht nur grundlegende Streamlit-Seiteneinstellungen und individuelles CSS-Styling definiert – inklusive Logo, Farben, Chat-Bubbles und Button-Designs –, sondern auch zentrale Elemente wie der Header und ein Bereich für Nutzungsanweisungen bereitgestellt. Darüber hinaus sorgt **ui_utils.py** für die Initialisierung und das Management wichtiger Session-Variablen, etwa für den Chatverlauf, Authentifizierungsstatus oder Kartenansicht. Auch das komfortable Zurücksetzen des gesamten Chats und der UI-Zustände wird hier realisiert. So stellt das Modul sicher, dass die Anwendung zu jedem Zeitpunkt einheitlich und professionell erscheint, unabhängig davon, welcher Business Case gerade umgesetzt wird.

Authentifizierung und Anbindung an das SAP-System

Im Modul **auth_utils.py** sind alle Funktionen zur Authentifizierung und zum Handling der SAP-OData-Anbindung gebündelt. Es bietet eine übersichtliche Sidebar, in der sich Nutzerinnen und Nutzer – je nach Konfiguration und Sicherheitslevel – mit ihren Zugangsdaten einloggen können. Das Modul prüft die Verbindung zum OData-Service, verarbeitet Rückmeldungen und zeigt übersichtlich an, ob die Authentifizierung sowie das Laden der Daten erfolgreich waren. Im Erfolgsfall werden relevante Metadaten und Beispielzeilen für die Nutzerin oder den Nutzer sichtbar gemacht, während bei Fehlern hilfreiche Hinweise erscheinen. Neben dem Anmeldeprozess werden auch alle notwendigen Schritte für das Management der Session und ein sicheres Logout bereitgestellt. Durch diese klare Kapselung von Authentifizierung und Datenerstzugriff bildet **auth_utils.py** die Grundlage für eine sichere und transparente SAP-Integration in allen nachgelagerten Business Cases.

5.4 Der Agent in der praktischen Anwendung

Nachdem die technischen Komponenten und ihre Integration beschrieben wurden, soll in diesem Abschnitt nun das Gesamtergebnis anhand von Screenshots und typischen Beispielen verdeutlicht werden. Dabei steht im Mittelpunkt, wie der Agent in der Anwendung konkrete Aufgaben löst, etwa das Analysieren von SAP-Daten, die Verarbeitung natürlicher Sprache, das Visualisieren von Routen oder das Anzeigen von Dokumenten.

Module im Zusammenspiel

Anhand ausgewählter Anwendungsfälle wird nachvollziehbar, wie die entwickelten Module im Zusammenspiel wirken und wie sich komplexe Fragestellungen oder Anforderungen mit wenigen Schritten direkt im System abbilden lassen. Die folgenden Beispiele zeigen typische Interaktionen und Ergebnisse – und machen das Potenzial des Agenten für unterschiedliche SAP-getriebene Business Cases greifbar.

Das User Interface ist bewusst minimalistisch und klar strukturiert gehalten. Im Mittelpunkt steht das zentrale Chatfenster, in dem Nutzerinnen und Nutzer ihre Fragen oder Anweisungen direkt eingeben können. Auf zusätzliche Bedienelemente oder ablenkende Elemente wurde verzichtet, um die Interaktion mit dem Agenten so einfach und intuitiv wie möglich zu gestalten (siehe Abbildung 5.9).

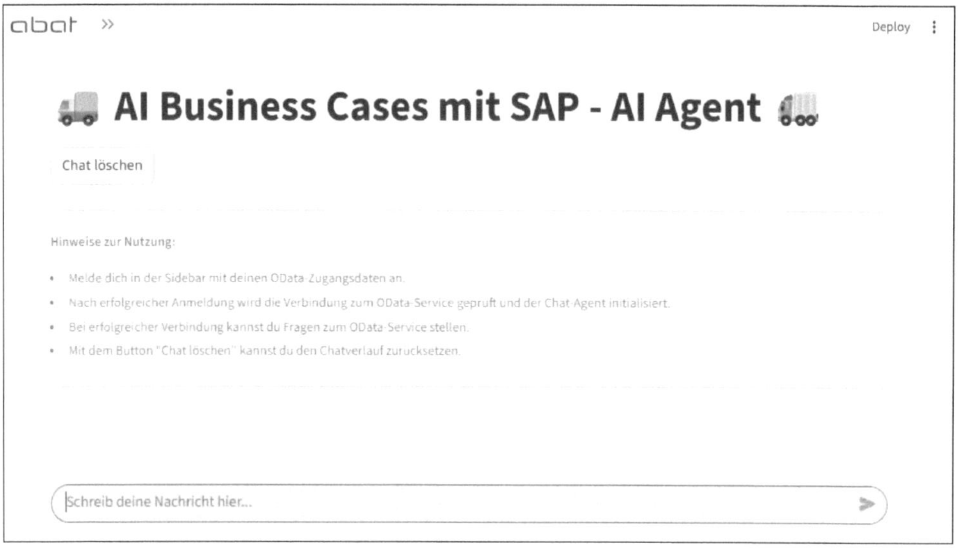

Abbildung 5.9 Startansicht der Anwendung

Orientierung durch kurze Hinweise

Die **Hinweise zur Nutzung** geben eine kurze Orientierung, wie der Einstieg in den Dialog mit dem System funktioniert, während die eigentliche Steuerung und Kommunikation vollständig über das Chatfeld abläuft. Diese Reduktion auf das Wesentliche erleichtert die Nutzung im Arbeitsalltag, unabhängig vom jeweiligen Business Case oder Anwendungsbereich.

Frage stellen – Antwort erhalten

Im nächsten Schritt kann die Nutzerin oder der Nutzer eine fachliche Frage ganz einfach in natürlicher Sprache formulieren und im Chatfenster eingeben. Die Anwendung versteht frei formulierte Anfragen, wie z. B. »Wie oft fahren wir nach Bremen?« (siehe Abbildung 5.10), und verarbeitet diese automatisch im Hintergrund.

Analyse der Frage im Hintergrund

Der Agent übernimmt die Analyse, leitet daraus den passenden Datenbank- oder Analyseauftrag ab und bereitet die Antwort für die Nutzerin oder den Nutzer vor. Damit lässt sich komplexe Informationsbeschaffung auf eine einfache Texteingabe reduzieren – ohne dass spezifisches SAP- oder IT-Fachwissen erforderlich ist.

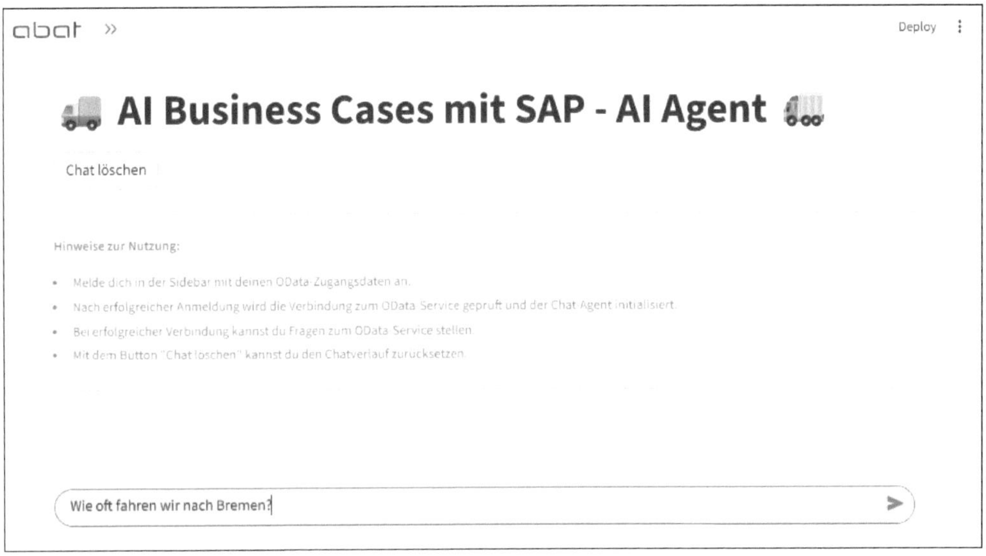

Abbildung 5.10 Eine Frage ins Chatfenster eingeben

Während der Bearbeitung der Frage erscheint ein Hinweis, dass der Agent »nachdenkt« (siehe Abbildung 5.11).

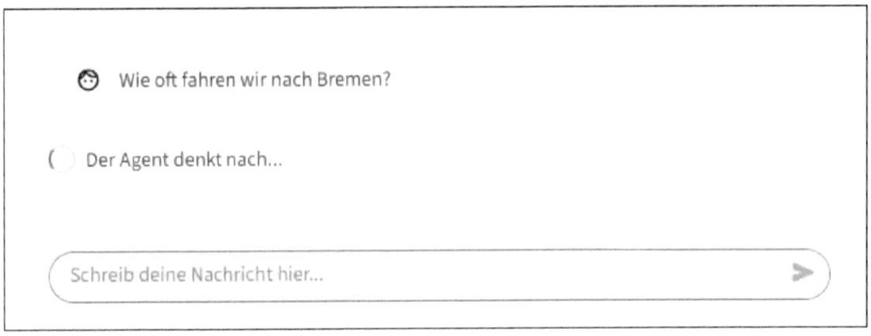

Abbildung 5.11 Hinweis nach Absenden der Frage

Im Hintergrund analysiert die Anwendung die Anfrage und entscheidet auf Basis der erkannten Intention, welche fachliche Route oder welches Tool für die Beantwortung genutzt werden soll – beispielsweise eine gezielte Auswertung von SAP-Daten oder eine Routenvisualisierung. Dieser Schritt läuft vollständig automatisiert ab.

Nach kurzer Zeit erscheint direkt im Chat die Antwort auf die gestellte Frage (siehe Abbildung 5.12).

Ergebnis in strukturierter Form

Der Agent liefert das Ergebnis in prägnanter, strukturierter Form zurück – in diesem Fall die Information, wie oft nach Bremen gefahren wurde, inklusive einer Auflistung der zugehörigen Auftragsnummern. Damit wird deutlich, wie der Agent komplexe SAP-Daten auswertet und die relevanten Informationen für die Nutzerin oder den Nutzer auf den Punkt bringt. Die Antwort ist so gestaltet, dass sie sofort weiterverwendet oder als Entscheidungsgrundlage genutzt werden kann.

Abbildung 5.12 Ergebnisdarstellung im Chat

Zugriff auf verschiedene Functions und Tools

Wenn nach zusätzlichen Dokumenten oder Bildern zu einem bestimmten Auftrag gefragt wird, erkennt der Agent automatisch die relevante Auftragsnummer und steuert gezielt das entsprechende SAP-Backend an. Mithilfe von Function Calling werden passende Dokumente recherchiert und – sofern verfügbar – direkt im Chat angezeigt, wie hier am Beispiel eines hinterlegten Bilds für Auftrag 1506 zu sehen ist (siehe Abbildung 5.13). Die Nutzerin oder der Nutzer erhält so nicht nur eine Bestätigung, dass Dokumente vorhanden sind, sondern sieht diese unmittelbar im Chatfenster. Damit wird die Verknüpfung zwischen SAP-Daten und multimedialen Inhalten nahtlos in den Dialog integriert.

Auch bei Anfragen zu Routen funktioniert der Prozess vollautomatisch: Der Agent erkennt die Auftragsnummer aus der Nutzerfrage, identifiziert im System die relevanten Adressen und ermittelt anschließend – unterstützt durch externe APIs und Function Calling – die optimale Route (siehe Abbildung 5.14).

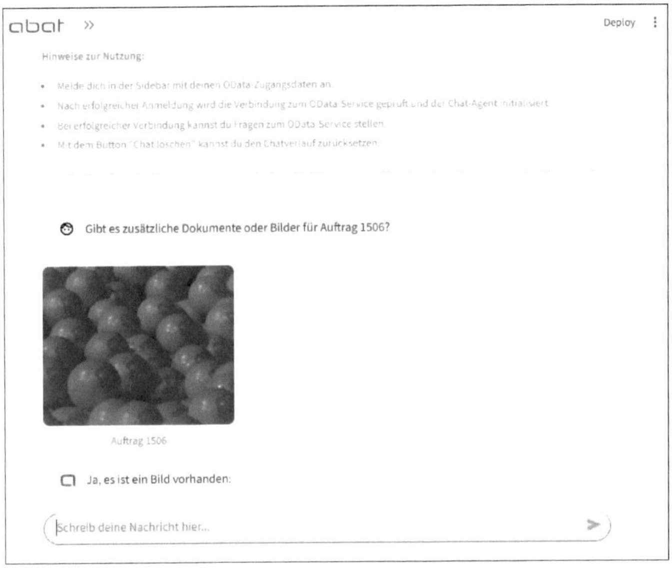

Abbildung 5.13 Auftragsdokumente abrufen und anzeigen

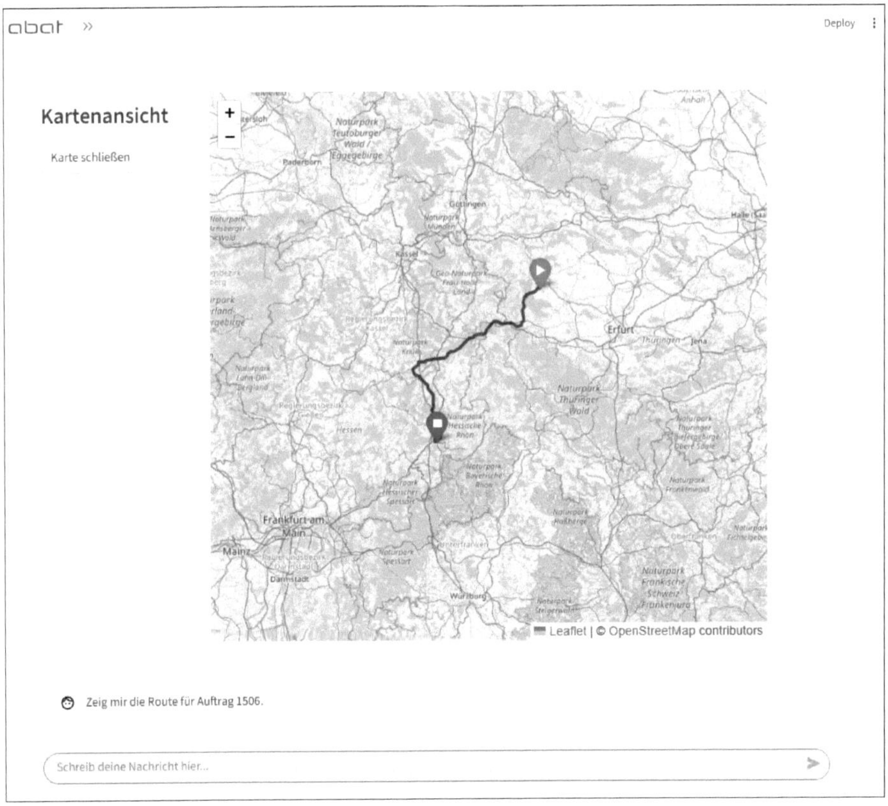

Abbildung 5.14 Automatisierte Routenberechnung und Darstellung

Das Ergebnis wird als interaktive Karte direkt im Chat dargestellt. So kann die Nutzerin oder der Nutzer auf einen Blick sehen, wie die Route für den gewünschten Auftrag verläuft, inklusive Start- und Zielpunkt. Komplexe Logik und externe Datenquellen werden so unsichtbar für die Anwenderin oder den Anwender im Hintergrund orchestriert.

Praxisnutzen

Für unsere SmartTrans Logistics GmbH eröffnen die beschriebenen Funktionen erhebliche Effizienzgewinne im operativen Alltag. Anfragen zu Aufträgen, Fahrten, Dokumenten oder Routen können direkt in natürlicher Sprache gestellt und sofort beantwortet werden – ohne aufwendige SAP-Recherchen oder die Kenntnis komplexer Transaktionscodes. Die automatisierte Auswertung von Transportdaten, die Visualisierung von Routen sowie der direkte Zugriff auf begleitende Dokumente ermöglichen eine deutliche Zeitersparnis in Disposition und Kundenservice. Entscheidungen werden datenbasiert unterstützt, und die Transparenz über laufende Prozesse steigt erheblich. Damit schafft die Lösung eine neue, dialogorientierte Schnittstelle zum SAP-System und macht Unternehmenswissen jederzeit einfach verfügbar.

5.5 Zusammenfassung

AI Agent, integriert in SAP TM und SAP AI Core

In diesem Kapitel wurde gezeigt, wie moderne AI Agents – nahtlos integriert in SAP TM und SAP AI Core – die tägliche Arbeit in der Transportlogistik revolutionieren. Am Beispiel der SmartTrans Logistics GmbH wurde deutlich, wie AI-basierte Chat- und Automatisierungsfunktionen den Zugang zu SAP-Daten massiv vereinfachen: Mitarbeitende in der Disposition, im Außendienst und Management können per natürlicher Sprache komplexe Auswertungen, Routenberechnungen oder Dokumentenabrufe initiieren, ohne SAP-Expertinnen oder SAP-Experten zu sein oder sich durch Menüs zu klicken.

Modularer Aufbau

Die praktische Umsetzung erfolgte mit einer modularen Architektur, bei der LLMs, spezialisierte Tools und Function Calls gemeinsam agieren. Die technische Integration demonstrierte, wie KI-Modelle aus dem Generative AI Hub mit individuellen Python-Komponenten verbunden werden, um eine dialogorientierte und flexible Benutzeroberfläche zu schaffen. Dabei spielt die Automatisierung von Standardabfragen ebenso eine Rolle wie die dynamische Kombination verschiedener SAP- und Drittquellen (z. B. für Karten, Routen, Dokumente oder Bilder).

Das Ergebnis sind handfeste Mehrwerte für Unternehmen wie die Smart-Trans Logistics GmbH: schnellere Informationsbeschaffung, weniger Fehlerquellen, eine Entlastung der Fachabteilungen und vor allem eine ganz neue Transparenz im operativen Geschäft. AI Agents machen SAP-Daten und -Prozesse so einfach zugänglich wie nie zuvor – und schaffen damit die Grundlage für datengetriebene Entscheidungen und eine nachhaltige Optimierung von Transportwegen.

Kapitel 6
Automatisierte Rechnungsprüfung

Dieser Anwendungsfall eliminiert manuelle Dokumentenprüfungen durch KI-gestützte Automatisierung. Rechnungen werden validiert und mit Bestellungen abgeglichen. Mit Robotic Process Automation (RPA) können weitere Workflows nahtlos integriert werden.

Rechnungsverarbeitung gehört in nahezu jedem Unternehmen zu den zentralen und zugleich besonders aufwendigen Geschäftsprozessen. Trotz weitreichender Digitalisierung sind manuelle Prüfungen, Abgleiche und Freigaben noch weit verbreitet – mit allen Nachteilen in Bezug auf Fehleranfälligkeit, Zeitaufwand und Kosten. KI-gestützte Lösungen wie SAP Document AI setzen genau hier an: Sie automatisieren die Extraktion und Validierung von Rechnungsdaten, gleichen diese mit Bestellungen ab und ermöglichen durch die Integration in nachgelagerte Prozesse eine deutliche Effizienzsteigerung.

In Abschnitt 6.1, »Einleitung und Zielsetzung«, wird zunächst der aktuelle Status quo vieler Unternehmen aufgezeigt: papierbasierte oder unstrukturierte Dokumente stellen häufig das letzte analoge Überbleibsel in ansonsten digitalisierten Prozessen dar. Wir gehen hier auf die typischen Herausforderungen ein – von fehleranfälliger manueller Datenerfassung über Medienbrüche bis hin zu Zeit- und Kostenbelastungen. Anschließend zeigen wir auf, wie KI-basierte Services wie SAP Document AI diese Schwachstellen gezielt adressieren und welchen unmittelbaren Geschäftswert Unternehmen dadurch erzielen können. Ein praxisnahes Szenario mit der fiktiven BauTech GmbH verdeutlicht die Potenziale und den Nutzen der automatisierten Rechnungsverarbeitung.

Der gleichnamige Abschnitt 6.2 beschreibt die technischen und funktionalen Grundlagen für den erfolgreichen Einsatz von SAP Document AI. Dabei werden zunächst die verfügbaren Editionen sowie die zentralen Kernfunktionen wie OCR, Datenextraktion und Enrichment erläutert. Im weiteren Verlauf werden die zugrunde liegende Servicearchitektur, Aspekte der Sicherheit und Compliance, unterstützte Dateiformate und Sprachen sowie die Unterschiede zwischen Template-basierter und Template-freier Extraktion vorgestellt. Ergänzt wird dies durch Informationen zur Validierung, zur Ausgabe der Ergebnisse im JSON-Format und zum Error-Handling.

Abschnitt 6.3, »Technische Umsetzung«, zeigt die praktische Umsetzung. Schritt für Schritt wird dargestellt, wie Rechnungen mithilfe von SAP-Standardvorlagen automatisiert verarbeitet werden können – von der Auswahl des passenden Schemas über das Anlegen von Templates bis hin zur Validierung und dem Export der extrahierten Daten. Darüber hinaus wird gezeigt, wie individuelle Anforderungen mit Custom-Schemas abgebildet werden können und wie sich SAP Document AI über die API in bestehende Systeme integrieren lässt.

[»]

SAP Document Information Extraction ist jetzt SAP Document AI

Die in diesem Kapitel beschrieben Anwendung *SAP Document AI* hieß bis März 2025 noch offiziell *SAP Document Information Extraction*. An einigen Stellen, beispielsweise in der SAP BTP, ist zum Zeitpunkt der Erstellung dieses Buchs noch der alte Name zu finden. Wir haben uns in diesem Buch für die Verwendung des neuen Namens entschieden. In den Screenshots in diesem Buch steht teilweise noch der alte Name.

6.1 Einleitung und Zielsetzung

In vielen Unternehmen stellen papierbasierte oder nicht strukturierte Dokumente noch immer den letzten analogen Rest ansonsten weitgehend digitalisierter und automatisierter Kernprozesse dar. Rechnungen, Lieferscheine oder Belege werden häufig manuell erfasst, bearbeitet und in IT-Systeme übertragen. Besonders in Bereichen wie der Logistik, im Bauwesen oder bei Behörden und Verwaltungsvorgängen dominieren Papierdokumente oft noch den Alltag. Diese Vorgehensweise bringt eine Reihe typischer Herausforderungen mit sich.

Fehleranfälligkeit und Bindung von Ressourcen

Ein wesentliches Problem besteht in der aufwendigen manuellen Datenerfassung, die hohe personelle Ressourcen bindet und gleichzeitig anfällig für Fehler ist. Typische Beispiele hierfür sind Zahlendreher bei der Erfassung von Beträgen oder falsche Zuordnungen von Rechnungspositionen, die zu falschen Überweisungen oder verspäteten Zahlungen führen können. Auch das Übersehen wichtiger Details wie Skontofristen oder Rabatte ist nicht selten und resultiert in finanziellen Nachteilen.

Medienbrüche und Verzögerungen

Darüber hinaus entstehen durch Medienbrüche, beispielsweise beim Übergang von Papierdokumenten zu digitalen Prozessen, Verzögerungen und

Ineffizienzen. So führt etwa das manuelle Scannen und anschließende Eingeben von Rechnungen in SAP-Systeme zu unnötigen Verzögerungen im Freigabeprozess und mangelnder Transparenz über den aktuellen Bearbeitungsstatus.

KI-Lösungen für Effizienz und Wertschöpfung

An diesem Punkt setzen KI-basierte Services innerhalb der SAP-Architektur an. Insbesondere der SAP Document AI ermöglicht es Unternehmen, Daten aus Rechnungen und anderen Dokumenten automatisiert und zuverlässig zu extrahieren und direkt in digitale Geschäftsprozesse einzubinden. Beispielsweise können Rechnungsbeträge, Lieferantendaten und Zahlungsziele automatisch ausgelesen und direkt in den entsprechenden SAP-Modulen weiterverarbeitet werden. Durch die Integration solcher KI-Lösungen lassen sich bisherige Schwachstellen effektiv adressieren und signifikante Effizienz- und Qualitätssteigerungen realisieren. Damit entsteht ein unmittelbarer Geschäftswert, da sich der Fokus der Mitarbeiter von zeitaufwendigen Routinearbeiten hin zu wertschöpfenden Tätigkeiten verlagern kann.

Ausgangssitation

Die BauTech GmbH, ein mittelständisches Bauunternehmen mit rund 500 Mitarbeitenden, kämpfte lange mit einem hohen manuellen Aufwand in der Rechnungsbearbeitung. Pro Monat gingen durchschnittlich 3.000 Lieferantenrechnungen ein – in Papierform oder als PDF per E-Mail. Die Mitarbeitenden der Buchhaltung mussten diese Dokumente bisher manuell öffnen, relevante Daten wie Rechnungsnummer, Betrag, Lieferant oder Zahlungsziel erfassen und anschließend in das SAP-System übertragen. Dieser Prozess war nicht nur zeitaufwendig, sondern auch fehleranfällig: Zahlendreher oder übersehene Skontofristen führten regelmäßig zu Verzögerungen und unnötigen Kosten.

Ziel

Um diese Probleme zu lösen, entschied sich die BauTech GmbH für den Einsatz von SAP Document AI. Der Service extrahiert automatisch alle relevanten Rechnungsdaten und übergibt sie strukturiert an die entsprechenden SAP-Module, z. B. SAP S/4HANA Finance. Der Freigabeprozess wurde dadurch erheblich beschleunigt: Während zuvor mehrere Tage zwischen Rechnungseingang und Buchung vergingen, werden Rechnungen nun innerhalb weniger Stunden digital erfasst, geprüft und weitergeleitet.

Die Vorteile sind deutlich spürbar: Die BauTech GmbH konnte die Bearbeitungszeit pro Rechnung um mehr als 60 Prozent reduzieren, Skontofristen zuverlässig einhalten und Fehler bei der manuellen Erfassung praktisch eliminieren. Gleichzeitig wurden die Mitarbeitenden in der Buchhaltung entlastet und können sich stärker auf wertschöpfende Tätigkeiten wie die Analyse von Zahlungsströmen oder die Optimierung von Lieferantenbeziehungen konzentrieren.

6.2 Die richtigen Voraussetzungen schaffen: SAP Document AI

Um die Potenziale von SAP Document AI im Unternehmenskontext gezielt nutzen zu können, ist es entscheidend, die technologischen Grundlagen, Editionsmodelle und Kernfunktionen des Service zu verstehen. Dieser Abschnitt zeigt auf, welche Voraussetzungen geschaffen werden müssen, um eine erfolgreiche Einführung und den operativen Einsatz sicherzustellen.

Zunächst werden die Editionen (Base und Premium) vorgestellt, die sich in Funktionsumfang und technologischem Ansatz unterscheiden und Unternehmen je nach Bedarf unterschiedliche Möglichkeiten eröffnen. Darauf aufbauend erläutern wir die zentralen Funktionen von SAP Document AI, die von Optical Character Recognition (OCR) über Klassifikation bis hin zu Datenanreicherung reichen.

Ein weiterer Schwerpunkt liegt auf der Cloud-Architektur (Cloud Foundry und Kyma), die für Flexibilität, Skalierbarkeit und eine nahtlose Integration in bestehende SAP-Landschaften sorgt. Ebenso werden die hohen Anforderungen an Sicherheit und Compliance thematisiert, die SAP durch Zertifizierungen, SLAs und klare Prozesse absichert.

Anschließend wird der End-to-End-Prozess der Dokumentenverarbeitung beschrieben – von der Eingabe bis zur validierten Ausgabe – sowie die vielfältigen unterstützten Dokumentarten, Formate und Sprachen, die eine breite Anwendbarkeit ermöglichen. Schließlich gehen wir auf die Methoden der Extraktion (Template-basiert und Template-frei), die automatische Validierung sowie die klare Strukturierung der Ergebnisse und das definierte Error-Handling ein.

So entsteht ein vollständiges Bild davon, wie SAP Document AI als Cloud-Service in der SAP BTP eingesetzt werden kann, um Geschäftsprozesse effizient, sicher und skalierbar zu unterstützen.

SAP Document AI ist als KI-gestützter Cloud-Service auf der SAP BTP verfügbar und bietet unterschiedliche Editionen, die auf spezifische Anforderungen zugeschnitten sind:

- *Base-Edition*
  Diese Edition ermöglicht die grundlegende Extraktion von Daten aus Geschäftsdokumenten wie Rechnungen, Lieferscheinen und Bestellungen. Sie nutzt vortrainierte ML-Modelle für die Extraktion von Kopf- und Tabelleninformationen.

- *Premium-Edition*
  Erweitert die Basisfunktionen durch den Einsatz generativer KI-Technologien, einschließlich großer Sprachmodelle, um komplexe Dokumente mit hoher Genauigkeit zu verarbeiten. Zudem unterstützt sie eine breitere Palette von Dateiformaten und bietet Funktionen wie Instant Learning und Datenanreicherung.

Diese Editionen ermöglichen es Unternehmen, ihre Dokumentenverarbeitungsprozesse entsprechend ihren spezifischen Anforderungen und dem gewünschten Automatisierungsgrad zu skalieren.

Kernfunktionen

Je nach genutzter Edition sind grundsätzlich unterschiedliche Funktionen nutzbar. Dabei bietet SAP Document AI insgesamt eine Vielzahl von Funktionen zur automatisierten Verarbeitung von Geschäftsdokumenten:

- Optical Character Recognition (OCR): erkennt und extrahiert Text aus verschiedenen Dokumentenformaten, einschließlich gescannter PDFs und Bilddateien.
- Feld- und tabellenbasierte Extraktion: identifiziert und extrahiert strukturierte Daten aus Kopfzeilen und Tabellen, wie Rechnungsnummern, Beträge und Positionsdetails.
- Klassifikation: bestimmt den Dokumententyp (z. B. Rechnung, Bestellung) automatisch, um den entsprechenden Extraktionsprozess anzuwenden.
- Datenanreicherung (Enrichment): verknüpft extrahierte Daten mit vorhandenen Stammdaten, wie Lieferanten-IDs, um die Datenqualität und -konsistenz zu verbessern.

Diese Funktionen ermöglichen eine effiziente und genaue Verarbeitung großer Mengen von Geschäftsdokumenten, reduzieren manuelle Eingaben und minimieren Fehlerquellen.

Flexible Cloud-Architektur

Die Basis für SAP Document AI stellt die SAP BTP dar – SAP Document AI ist vollständig in die SAP BTP integriert und unterstützt zwei Hauptlaufzeitumgebungen:

- Cloud Foundry: bietet eine Platform-as-a-Service-(PaaS-)Umgebung für die Entwicklung und den Betrieb von Anwendungen. Sie ermöglicht eine einfache Bereitstellung und Skalierung von Services.
- Kyma: eine Kubernetes-basierte Laufzeitumgebung, die sich besonders für die Entwicklung von Microservices und ereignisgesteuerten Architekturen eignet. Sie bietet erweiterte Flexibilität und Kontrolle über die Servicebereitstellung.

Die Wahl zwischen diesen Umgebungen hängt von den spezifischen Anforderungen und der vorhandenen Infrastruktur des Unternehmens ab. Beide Optionen gewährleisten eine nahtlose Integration von SAP Document AI in bestehende Geschäftsprozesse.

Hohe Sicherheits- und Compliance-Standards

Wie bei allen Diensten in der SAP BTP legt SAP auch bei SAP Document AI großen Wert auf Sicherheit und Compliance:

- ISO-Zertifizierungen: SAP Document AI entspricht internationalen Sicherheitsstandards, einschließlich ISO 27001, und gewährleistet damit den Schutz sensibler Geschäftsdaten.
- Service Level Agreements (SLAs): SAP bietet klare SLAs für Verfügbarkeit und Support, um einen zuverlässigen Betrieb des Service sicherzustellen.
- Wartungsfenster: Regelmäßige Wartungsarbeiten werden geplant und kommuniziert, um Unterbrechungen im Geschäftsbetrieb zu minimieren.

Diese Maßnahmen gewährleisten, dass Unternehmen SAP Document AI vertrauensvoll in ihre kritischen Geschäftsprozesse integrieren können.

End-to-End-Prozess

Die Nutzung von SAP Document AI zielt stets auf einen klar strukturierten End-to-End-Prozess ab, der von der Eingabe der Dokumente bis hin zur Ausgabe der extrahierten und validierten Daten reicht.

Vielfältige Dokumentenarten und Dateiformate

Wie bereits zuvor beschrieben, hängt die Verfügbarkeit von bestimmten Funktionen von der gewählten Edition ab. Ähnlich verhält es sich bei der Nutzung der breiten Palette an Dokumentarten und Dateitypen:

- **Standarddokumentarten**
  Rechnungen (invoice), Zahlungsavise (paymentAdvice), Bestellungen (purchaseOrder) und Visitenkarten (businessCard). Diese profitieren von vortrainierten ML-Modellen, die eine sofortige Nutzung ohne zusätzliches Training erlauben.
- **Benutzerdefinierte Dokumentarten (Custom)**
  Mithilfe generativer KI-Technologien sowie Schema- und Vorlagen-APIs können individuelle Dokumente verarbeitet werden, für die keine vortrainierten Modelle existieren.

Darüber hinaus unterstützt SAP Document AI auch die Verarbeitung elektronischer Rechnungen (E-Rechnungen), beispielsweise im ZUGFeRD- oder Factur-X-Format, die speziell strukturierte, maschinenlesbare Daten enthalten und so eine schnelle und fehlerfreie Verarbeitung ermöglichen.

Die Base-Edition unterstützt die folgenden Dateiformate:

- Bilddateien: JPEG, JPG, PNG, TIF, TIFF
- Dokumentdateien: PDF
- Tabellenformate (für paymentAdvice): XLS, XLSX

Die Premium-Edition erweitert das Angebot erheblich und umfasst unter anderem:

- Dokumentdateien: DOC, DOCX, DOCM, DOT, DOTX, DOTM, ODT, RTF, TXT
- Tabellenformate: CSV, XLS, XLSX, XLSB, XLSM, XLAM, XLTX, XLTM, XML, TSV, NUMBERS, ODS
- E-Mail-Dateien: EML, EMLX, MSG, OFT, OLM
- Präsentations- und weitere Formate: PAGES, PDF, JPG, JPEG, PNG, TIF, TIFF

Diese umfassende Unterstützung ermöglicht die flexible Integration von SAP Document AI in verschiedenste Geschäftsanwendungen und Workflows.

Mehrsprachigkeit für globale Unternehmen

Neben Dokumentarten und -typen spielt natürlich auch der Support unterschiedlicher Sprachen eine wichtige Rolle bei der automatischen Informationsextraktion aus Dokumenten – auch hier kommt es wieder auf die genutzte Edition an.

- **Base-Edition**
  Primär unterstützt werden gängige Sprachen wie Englisch, Deutsch, Französisch, Italienisch, Spanisch, Niederländisch, Polnisch, Portugiesisch, Japanisch und Chinesisch. Weitere europäische Sprachen wie Tschechisch, Dänisch, Finnisch, Norwegisch, Schwedisch, Ungarisch sowie Hebräisch und Koreanisch sind für spezifische Dokumenttypen verfügbar.
- **Premium-Edition**
  Die Premium-Edition bietet eine deutlich umfangreichere Unterstützung von Sprachen, einschließlich zahlreicher europäischer, asiatischer und afrikanischer Sprachen wie Arabisch, Russisch, Türkisch, Vietnamesisch, Hindi, Indonesisch, Serbisch, Slowenisch, Thailändisch und viele weitere. Zudem können auch weniger verbreitete oder spezifische regionale Sprachvarianten verarbeitet werden, was besonders multinational agierenden Unternehmen entgegenkommt.

Bei der Extraktion der Informationen können zwei verschiedene Extraktionsmethoden genutzt werden:

- *Template-basierte Extraktion*
  Nutzt vorab definierte Vorlagen zur gezielten Datenerhebung aus standardisierten oder halb strukturierten Dokumenten. Dies eignet sich besonders für klar definierte, regelmäßig wiederkehrende Dokumenttypen.
- *Template-freie Extraktion*
  Verwendet ML- und generative KI-Technologien, um flexibel und ohne vorherige Vorlagendefinition komplexe und vielfältig strukturierte Dokumente akkurat auszuwerten.

Automatische Validierung und Stammdatenanreicherung

Die extrahierten Daten durchlaufen anschließend eine Validierungsphase. Dabei werden Datenqualität, Vollständigkeit und Konsistenz automatisiert überprüft. Zusätzlich ermöglicht die Enrichment-API eine Datenanreicherung durch Abgleich mit bestehenden Stammdaten, etwa um fehlende Informationen wie Lieferanten-IDs zu ergänzen oder Kontaktdaten zu validieren. Dies verbessert signifikant die Genauigkeit und Nutzbarkeit der extrahierten Informationen.

Strukturierter Output und klares Errorhandling

Die Ergebnisse der Datenextraktion werden im JSON-Format ausgegeben, das eine problemlose Integration in bestehende IT-Infrastrukturen und Geschäftsprozesse erlaubt. Die JSON-Ausgabe enthält präzise Angaben über extrahierte Felder, deren Werte und eventuelle Unsicherheiten.

Das Error-Handling ist klar definiert: Fehlerhafte oder nicht extrahierbare Dokumente werden eindeutig gekennzeichnet und dokumentiert, ergänzt durch detaillierte Fehlercodes und Beschreibungen. Dies unterstützt eine schnelle Fehlerbehebung und garantiert eine hohe Verlässlichkeit des gesamten Prozesses.

6.3 Technische Umsetzung

Sofort nutzbare SAP-Vorlagen

In diesem Abschnitt zeigen wir am Beispiel der BauTech GmbH, wie mithilfe von SAP Document AI und den von SAP bereitgestellten Standardvorlagen sowie selbst erstellten Dokumenten-Templates Rechnungen automatisiert verarbeitet werden können. Schritt für Schritt erläutern wir den Prozess – vom Hochladen der Rechnung bis hin zur Ausgabe der extrahierten Daten. Wir leiten Sie durch den gesamten Workflow und geben konkrete Einblicke in die Nutzung der SAP-Standardvorlagen.

6.3.1 Automatisierte Informationsextraktion mit Standardschemas

Das passende Schema auswählen

Im ersten Schritt erfolgt die Auswahl des passenden Schemas für die jeweilige Dokumentenart. SAP Document AI stellt standardisierte, von SAP gewartete Schemas für die gängigsten Geschäftsdokumente bereit, wie beispielsweise Rechnungen, Bestellungen, Zahlungsavise und Visitenkarten. Diese vordefinierten Schemas bilden die Grundlage für die automatisierte Informationsextraktion und enthalten sämtliche Felder, die für die jeweilige Belegart relevant sind.

Wie in Abbildung 6.1 dargestellt, zeigt die Übersichtsseite in der Anwendung die verschiedenen verfügbaren Schemas, jeweils mit Angabe des Dokumententyps und einer kurzen Beschreibung. Die Standardschemas, wie etwa das **SAP_invoice_schema** für Rechnungen, sind bereits im System hinterlegt und können direkt verwendet werden. Neben den Standarddokumentarten steht zusätzlich ein Schema für benutzerdefinierte Dokumente zur Verfügung (z. B. **SAP_OCROnly_schema**), das für individuelle Anforderungen angepasst werden kann.

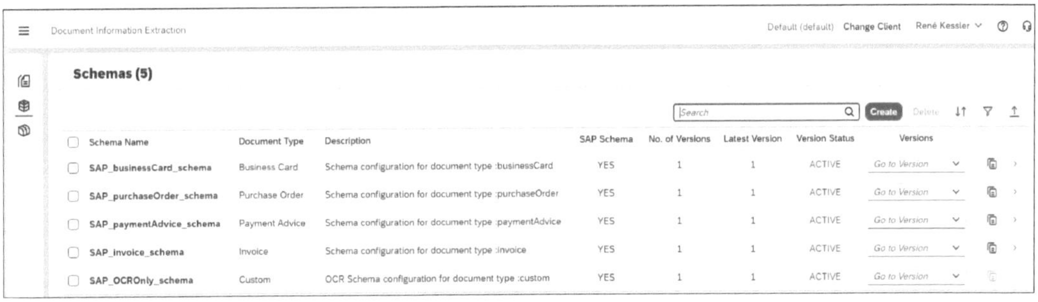

Abbildung 6.1 Übersicht der verfügbaren Schemas in SAP Document AI

Die Auswahl des geeigneten Schemas ist essenziell, da sie bestimmt, welche Datenfelder bei der weiteren Verarbeitung aus dem Dokument extrahiert werden. Im Rahmen der Verarbeitung einer Rechnung wird in der Regel das **SAP_invoice_schema** verwendet.

Vordefinierte Felder sichern Kompatibilität

Nachdem das passende Schema – in diesem Fall das **SAP_invoice_schema** – in der Übersicht ausgewählt wurde, öffnet sich die Detailansicht. In dieser Ansicht sind alle im Schema definierten Felder einsehbar, die für die Extraktion aus Rechnungen vorgesehen sind. Die Felder sind in sogenannte **Header Fields** (Kopfdaten) und **Line Item Fields** (Positionsdaten) unterteilt (siehe Abbildung 6.2).

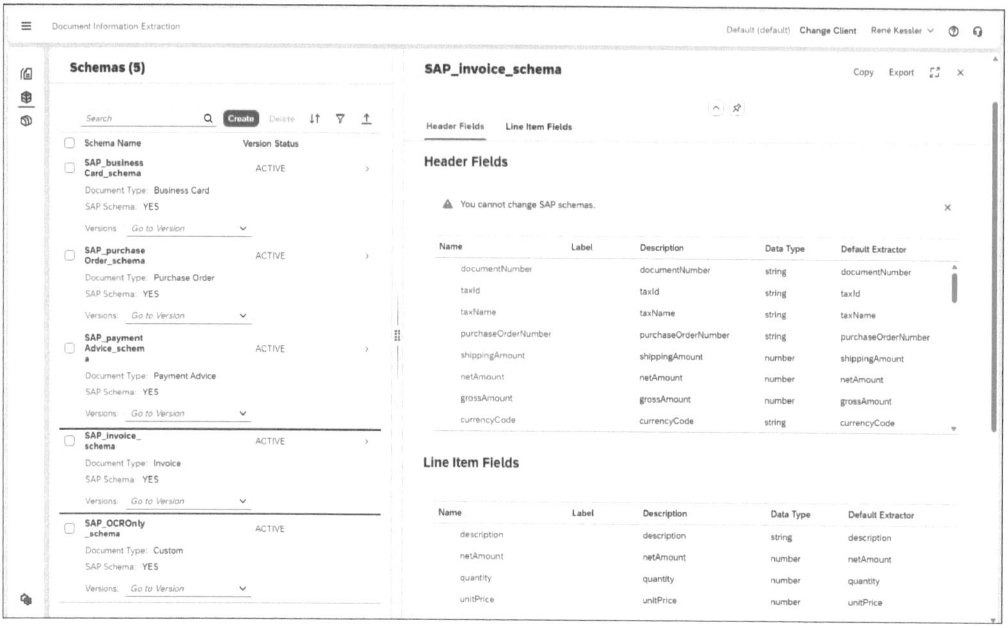

Abbildung 6.2 Detailansicht des Schemas »SAP_invoice_schema« mit Übersicht der vordefinierten Header- und Positionsfelder

Die Kopfdaten umfassen zentrale Informationen wie Rechnungsnummer, Steuer-ID, Bestellnummer, Nettobetrag, Bruttobetrag oder Währung. Die Positionsdaten betreffen Details zu einzelnen Rechnungsposten, etwa Beschreibung, Menge, Einzelpreis und Positionsbeträge. Für jedes Feld werden die technische Bezeichnung, der Datentyp und der zugehörige Extraktor angezeigt.

Wie in Abbildung 6.2 zu sehen ist, sind die Standardfelder durch SAP vordefiniert und können nicht verändert werden. Diese strikte Vorgabe stellt sicher, dass die Extraktion auf Basis eines stabilen, standardisierten Schemas erfolgt und eine hohe Kompatibilität mit nachgelagerten SAP-Prozessen gewährleistet ist.

Neue Vorlage für die Rechnungsextraktion anlegen

Definieren Sie nun eine neue Vorlage (Template) für die automatisierte Verarbeitung von Rechnungen. In SAP Document AI geschieht dies über die zentrale Template-Verwaltung. Nach Auswahl des entsprechenden Menüpunkts öffnet sich der Dialog zur Erstellung eines neuen Templates (siehe Abbildung 6.3).

Hier werden grundlegende Eigenschaften der Vorlage festgelegt: Neben dem frei wählbaren Namen (in diesem Fall »InvoiceExtraction«) und einer Beschreibung für die interne Dokumentation werden der Dokumenttyp (in diesem Fall »Invoice«) sowie das zugrunde liegende Schema ausgewählt.

Für die standardisierte Rechnungsextraktion wird das **SAP_invoice_schema** als Schema verwendet, das alle erforderlichen Felder zur Extraktion von Rechnungsdaten beinhaltet. Die Schema-Version wird üblicherweise auf »1 (default)« belassen, sofern keine individuellen Anpassungen vorliegen.

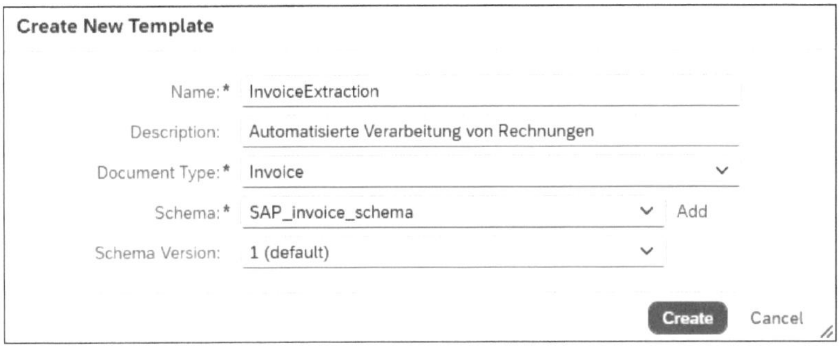

Abbildung 6.3 Neue Vorlage zur automatisierten Rechnungsextraktion anlegen

Mit einem Klick auf **Create** wird die neue Vorlage gespeichert und aktiviert. Sie bildet nun die Basis für die nachfolgenden Schritte der Dokumentenverarbeitung.

Dokument hochladen und Vorlage auswählen

Laden Sie als Nächstes das zu verarbeitende Rechnungsdokument in das System hoch. Über die Benutzeroberfläche lässt sich die gewünschte Datei – etwa eine digitale Rechnung im PDF-Format – bequem bereitstellen. Direkt im Anschluss wählen Sie die zuvor angelegte Vorlage **InvoiceExtraction** aus, die auf dem **SAP_invoice_schema** basiert. Damit wird sichergestellt, dass alle für die Weiterverarbeitung relevanten Felder automatisch erkannt und extrahiert werden.

Wie in Abbildung 6.4 zu sehen ist, erfolgt der Upload des Dokuments sowie die Auswahl des entsprechenden Templates zentral über die intuitive Benutzeroberfläche. Nach dem Start des Prozesses wird das Dokument dem gewählten Template zugeordnet und die automatisierte Datenextraktion initiiert.

Verarbeitung abschließen und Verfügbarkeit der Ergebnisse

Nachdem das Dokument erfolgreich hochgeladen und der Extraktionsprozess gestartet wurde, erfolgt die Verarbeitung im Hintergrund. Bereits nach wenigen Sekunden wechselt der Status des Dokuments von **in Bearbeitung** auf **DONE** (siehe Abbildung 6.5). Dies signalisiert, dass die Analyse und Extraktion der relevanten Rechnungsdaten abgeschlossen ist und die Ergebnisse nun zur weiteren Verwendung bereitstehen. Sie können also nun die extrahierten Daten einsehen, validieren und exportieren. Damit ist die automatisierte Rechnungserkennung abgeschlossen und die extrahierten Informationen können nahtlos in nachgelagerte Geschäftsprozesse überführt werden.

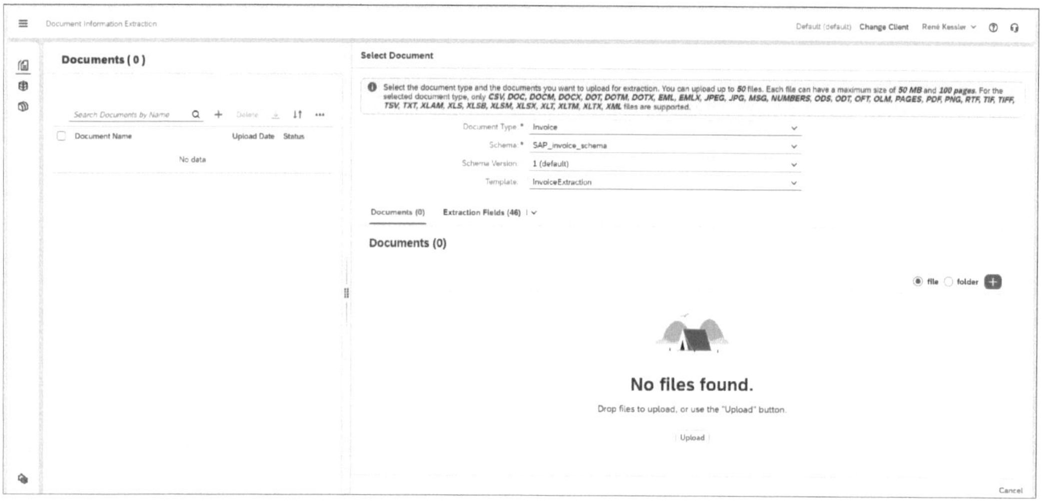

Abbildung 6.4 Rechnung hochladen und Templates auswählen

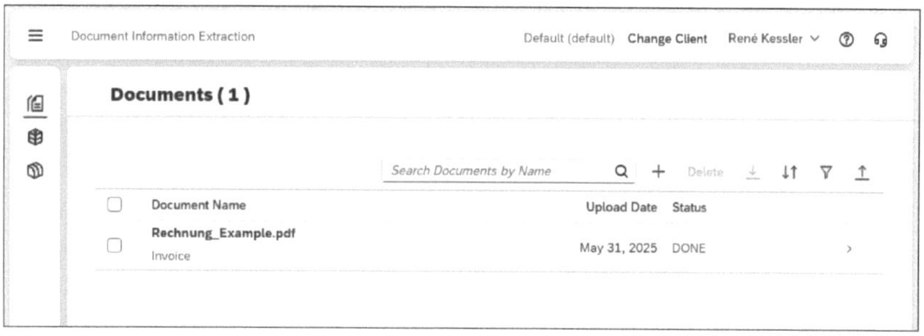

Abbildung 6.5 Statusübersicht nach Abschluss der automatisierten Rechnungsextraktion

Extrahierte Informationen in der Übersicht validieren

Öffnen Sie nach Abschluss des Extraktionsprozesses das verarbeitete Dokument, um die erkannten Daten detailliert zu prüfen. In der Ergebnisansicht werden sowohl das Originaldokument als auch die extrahierten Informationen nebeneinander dargestellt. SAP Document AI hebt dabei im Beleg selbst alle erkannten Bereiche visuell durch sogenannte *Bounding Boxes* hervor, sodass nachvollziehbar ist, welche Inhalte aus welchem Dokumentbereich extrahiert wurden (siehe Abbildung 6.6).

Rechts daneben erscheint eine strukturierte Liste aller erkannten Felder samt ihrer Werte. Jedes extrahierte Feld ist zusätzlich mit einer sogenannten *Confidence*-Bewertung versehen. Diese gibt an, wie sicher das System ist, den korrekten Wert erkannt zu haben. Die Confidence-Werte werden farblich codiert dargestellt:

- **Grün (80–100 %)**: sehr hohe Erkennungssicherheit. Der extrahierte Wert kann mit hoher Wahrscheinlichkeit als korrekt angesehen werden.
- **Orange (51–80 %)**: mittlere Erkennungssicherheit. Hier empfiehlt sich eine Überprüfung, insbesondere bei kritischen Feldern.
- **Rot (0–51 %)**: geringe Erkennungssicherheit. Diese Werte sollten unbedingt manuell validiert werden, da sie mit erhöhter Unsicherheit behaftet sind.

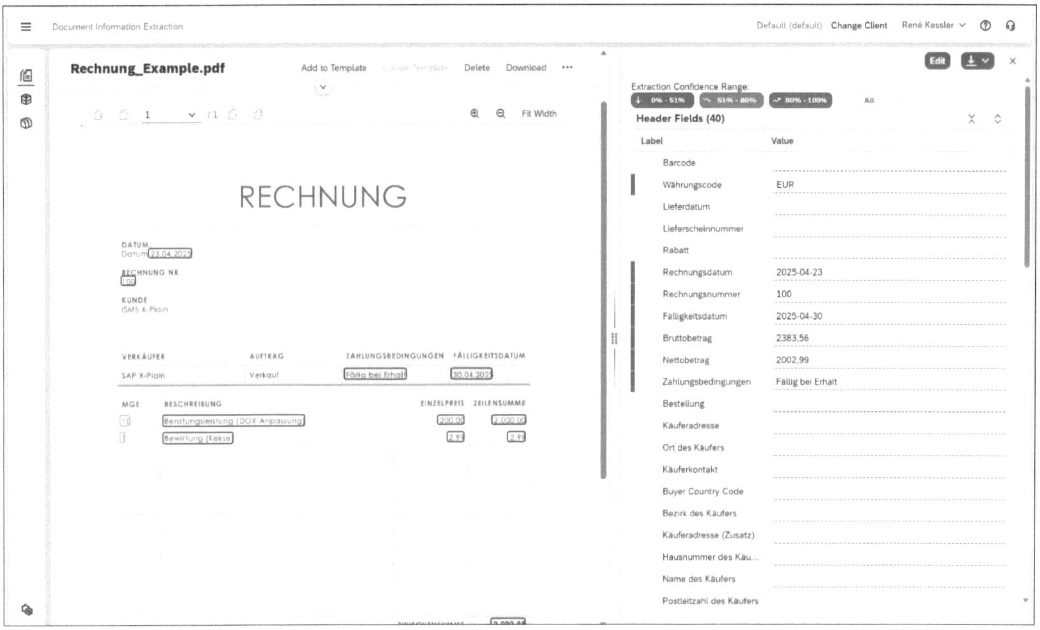

Abbildung 6.6 Ergebnisansicht der automatisierten Rechnungsextraktion

Die Confidence-Werte unterstützen Anwenderinnen und Anwender gezielt dabei, potenzielle Unsicherheiten oder fehlerhafte Extraktionsergebnisse zu erkennen und gezielt nachzubearbeiten. Sie ermöglichen einen effizienten Prüfprozess, da insbesondere Felder mit niedrigen Confidence-Werten im Fokus der Validierung stehen sollten. So können Sie sowohl die Qualität der automatisierten Erkennung als auch die Vollständigkeit und Richtigkeit der extrahierten Rechnungsdaten schnell und effizient überprüfen.

Extrahierte Ergebnisse exportieren

Nach erfolgreicher Extraktion und Validierung der Rechnungsdaten können die Ergebnisse für die Weiterverarbeitung exportiert werden. Über die Weboberfläche von SAP Document AI auf der SAP BTP steht dazu eine Exportfunktion bereit, die es erlaubt, die erkannten Daten in unterschiedlichen Formaten – etwa als CSV, TXT oder bevorzugt als JSON – herunterzuladen. Besonders das JSON-Format eignet sich ideal für die Integration in nachgelagerte Systeme oder die Weiterverarbeitung in automatisierten Workflows.

Wie in Abbildung 6.7 zu sehen ist, lässt sich das gewünschte Zielformat bequem über ein Drop-down-Menü auswählen und der Export mit einem Klick anstoßen. So können die strukturierten Daten unkompliziert in die eigenen Prozesse übernommen oder für Archivierungs- und Analysezwecke bereitgestellt werden.

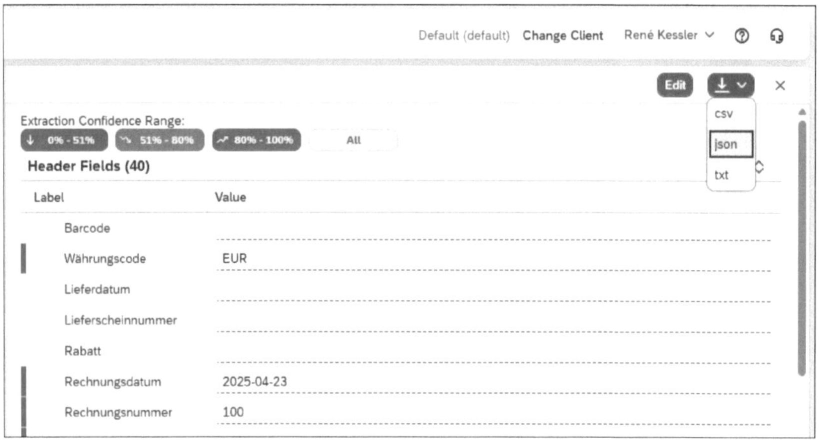

Abbildung 6.7 Exportfunktion in SAP Document AI

Custom-Schemas für spezifische Anwendungsfälle

Während die SAP-Standardschemas eine schnelle und effiziente Lösung für weit verbreitete Geschäftsdokumente bieten, kommt es im Unternehmensalltag häufig vor, dass spezielle oder individuelle Belegarten verarbeitet werden müssen. Gerade Lieferscheine sind ein typisches Beispiel: Obwohl sie in nahezu jedem Unternehmen verwendet werden, unterscheiden sie sich oft stark in Aufbau, Feldbezeichnungen und Layout – insbesondere, wenn sie von unterschiedlichen Lieferanten, Partnern oder aus verschiedenen Branchen stammen. In solchen Fällen ist der Einsatz eines individuell konfigurierten (»Custom«-)Schemas unerlässlich.

6.3.2 Custom-Schemas

Wann sind Custom-Schemas notwendig?

Custom-Schemas kommen zum Einsatz, wenn die vorhandenen SAP-Standardschemas nicht alle relevanten Informationen abdecken. Die folgenden Fälle sind Beispiele, die die Verwendung eines Custom-Schemas notwendig machen:

- **Unterschiedliche Tabellenstrukturen**
  Die gelieferten Positionen werden je nach Unternehmen unterschiedlich angeordnet und benannt, oft mit zusätzlichen Spalten für Chargennummern, Lieferzeiten oder individuelle Artikelnummern.
- **Firmenspezifische Kopf- und Fußzeilen**
  Neben klassischen Angaben wie Lieferant, Lieferdatum und Adresse finden sich häufig spezielle Felder für interne Buchungs- oder Prüfvermerke.
- **Branchenbesonderheiten**
  Im technischen Handel oder in der Fertigung sind auf Lieferscheinen oft zusätzliche Qualitätsangaben, Seriennummern oder Verpackungseinheiten aufgeführt, die von Standardfeldern abweichen.

Gerade wenn verschiedene Lieferanten oder Dienstleister im Spiel sind, variieren die Dokumente in Struktur und Inhalt so stark, dass eine Standardextraktion nicht mehr zuverlässig funktioniert. Hier bietet SAP Document AI mit Custom-Schemas die Möglichkeit, diese individuellen Anforderungen präzise abzubilden.

Vorteile individueller Schemas

Mit einem eigenen Schema für Lieferscheine kann festgelegt werden, welche Informationen extrahiert werden sollen – etwa Artikelnummer, Menge, Liefereinheit, Chargennummer oder Abweichungsvermerke. Das Custom-Schema wird exakt auf das verwendete Layout und die betrieblichen Anforderungen zugeschnitten, sodass auch komplexere oder sehr spezifische Dokumente automatisiert und fehlerfrei verarbeitet werden können.

[zB]

Praxisbeispiel: Lieferscheine

Ein Unternehmen im Großhandel erhält täglich Lieferscheine von zahlreichen Zulieferern. Jeder Lieferant verwendet dabei ein eigenes Format: Manche setzen auf klassische tabellarische Auflistungen, andere auf Fließtexte mit Positionsnummern. Einige Dokumente enthalten zusätzlich separate Felder für Abweichungen, Rückstände oder besondere Hinweise zum Transport. Um diese Vielfalt effizient und automatisiert verarbeiten zu können, wird ein Custom-Schema erstellt, das alle benötigten Felder für die weitere Bearbeitung im SAP-System zuverlässig extrahiert.

6.3.3 Automatisierte Informationsextraktion mit Custom-Schemas

Wir zeigen Ihnen nun Schritt für Schritt, wie ein solches individuelles Schema für Lieferscheine in SAP Document AI angelegt und genutzt wird.

Custom-Schema anlegen

Um spezifische Dokumenttypen wie individuelle Lieferscheine verarbeiten zu können, erstellen Sie zunächst ein neues, benutzerdefiniertes Schema. Dies geschieht über die zentrale Schema-Verwaltung von SAP Document AI. Nach dem Aufruf der Übersichtsseite werden dort alle bestehenden Schemas aufgelistet – sowohl die von SAP bereitgestellten Standardschemas als auch bereits angelegte Custom-Schemas. Wie in Abbildung 6.8 zu sehen ist, wird ein neues Schema über den Button **Create** angelegt. Damit wird der Prozess gestartet, ein individuelles Schema nach eigenen Anforderungen zu konfigurieren.

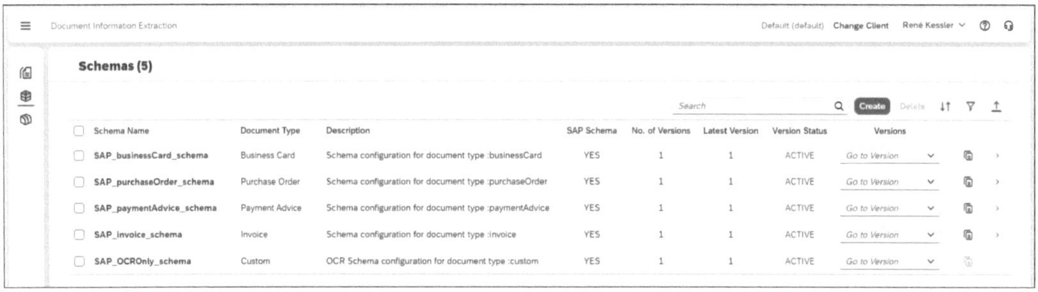

Abbildung 6.8 Übersicht der bestehenden Schemas in SAP Document AI

Custom-Schema erstellen und benennen

Im nächsten Schritt benennen und konfigurieren Sie das neue Schema. Im Dialogfeld **Create New Schema** werden die grundlegenden Parameter für das Custom-Schema festgelegt. Zunächst erhält das Schema einen eindeutigen Namen, zum Beispiel »Custom_DeliveryNote_Schema«, und eine aussagekräftige Beschreibung, etwa »Custom Extraktionsschema für Lieferscheine«. Damit wird die spätere Zuordnung und Wiederverwendung erleichtert.

Basiskonfiguration des Custom-Schemas

Als **Document Type** wird **Custom** gewählt, um klarzustellen, dass es sich um ein individuelles Schema handelt. Für den »OCR Engine Type« wird in diesem Fall **Document** ausgewählt – dies ist die empfohlene Einstellung für klassische Massendokumente wie Lieferscheine, bei denen strukturierte Inhalte erkannt werden sollen. Alternativ könnte **Scene Text** gewählt werden, wenn beispielsweise Text aus Fotos von realen Objekten oder Schildern extrahiert werden soll. Wie in Abbildung 6.9 zu sehen ist, können mit wenigen Angaben die wesentlichen Grundlagen für das neue Schema definiert und der Anlageprozess durch Klick auf **Create** abgeschlossen werden.

Felder im Custom-Schema anlegen

Nach der Basiskonfiguration befüllen Sie das individuelle Schema mit den benötigten Feldern. Je nach Dokumentenart und Prozessanforderung kann es notwendig sein, sowohl **Header Fields** als auch **Line Item Fields** anzulegen. *Header Fields* werden für zentrale, dokumentübergreifende Informationen wie Bestellnummer, Lieferdatum, Empfänger oder Absender genutzt – also für alle Angaben, die im Kopfbereich des Lieferscheins zu finden sind. *Line Item Fields* hingegen erfassen wiederkehrende, tabellarische Angaben auf Positionsebene, zum Beispiel Artikelnummer, Menge, Beschreibung oder Liefermenge. Diese Struktur erlaubt es, auch Lieferscheine mit variabler Zahl an Positionen oder umfangreichen Tabellen automatisiert auszulesen.

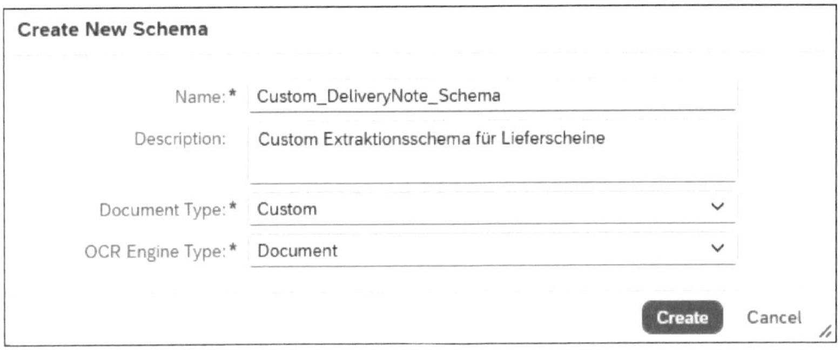

Abbildung 6.9 Neues Custom-Schema in SAP Document AI anlegen

Wie in Abbildung 6.10 gezeigt, wird ein neues Feld über den Button **Add** angelegt. Im rechts angezeigten Dialog werden Name, Label, Beschreibung und Datentyp definiert – im Beispiel hier das Header-Feld **Bestellnummer**, das als Zahl gespeichert wird.

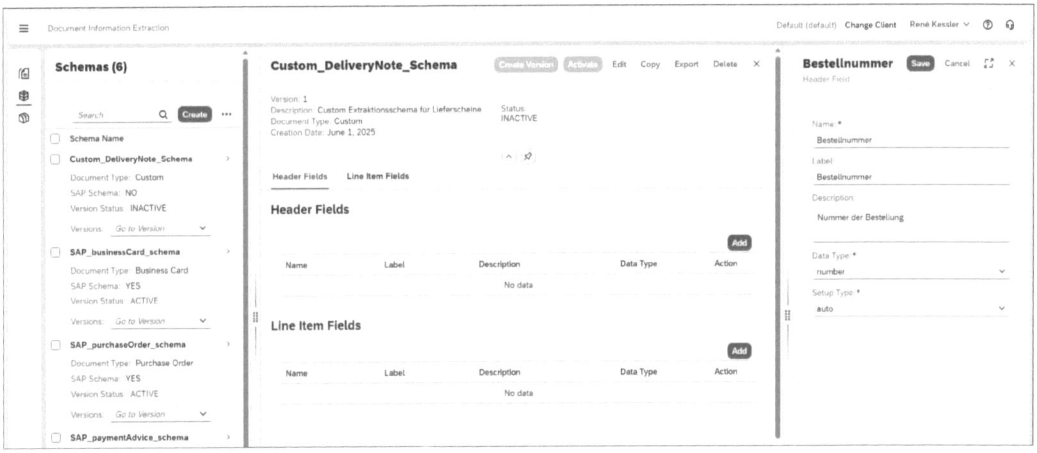

Abbildung 6.10 Custom-Schema konfigurieren

Übersicht über angelegten Felder im Custom-Schema

Nachdem alle gewünschten Felder konfiguriert wurden, bietet das Custom-Schema eine übersichtliche Darstellung der erfassten Header und Line Item Fields. In der Übersicht sind sowohl die zentralen Kopfdaten – wie Auftragsnummer, Datum, Lieferanten- und Kundennummer – als auch die positionsbezogenen Felder, beispielsweise Positionsnummer, Artikelnummer,

Artikelname und Menge, aufgeführt (siehe Abbildung 6.11). Die Felder können bei Bedarf angepasst oder erweitert werden.

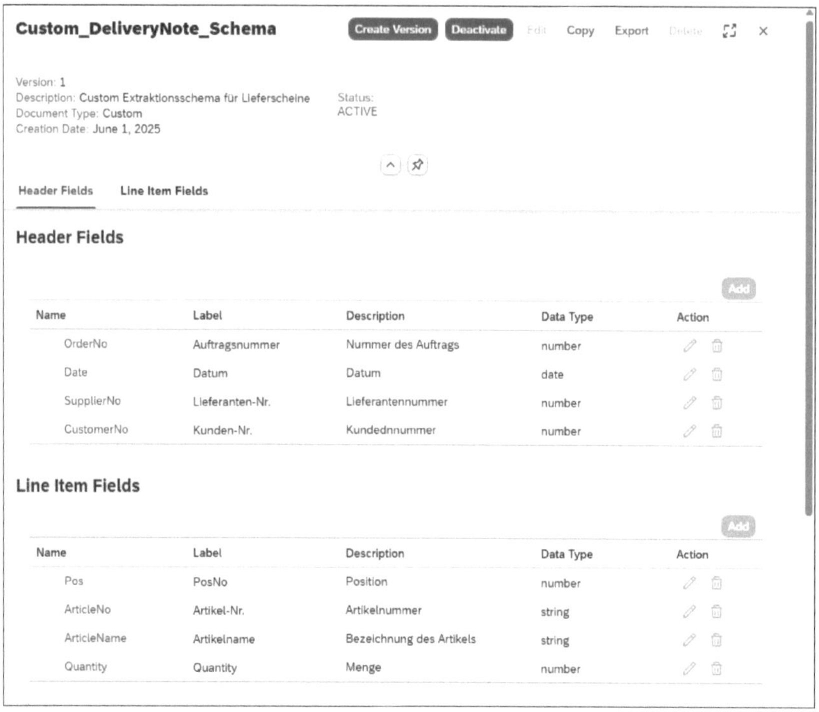

Abbildung 6.11 Übersicht die Felder im Custom-Schema

Diese klare Trennung ermöglicht eine strukturierte und zuverlässige Extraktion sowohl für Informationen, die einmalig pro Dokument vorkommen, als auch für die tabellarischen Positionsdaten, die beliebig viele Zeilen umfassen können. Mit der getroffenen Auswahl ist das Custom-Schema nun optimal auf die spezifischen Anforderungen für Lieferscheine zugeschnitten und bereit für den Einsatz in der Dokumentenextraktion.

Dokument mit dem Custom-Schema analysieren

Nach Aktivierung des Schemas kann ein Lieferschein zur Analyse hochgeladen werden. SAP Document AI nutzt nun die zuvor im Custom-Schema definierten Felder, um die relevanten Informationen automatisiert aus dem Dokument zu extrahieren. Die extrahierten Werte werden übersichtlich angezeigt – analog zur Verarbeitung mit Standardschemas. Erfasste Kopf- und Positionsdaten werden auf der rechten Seite detailliert aufgelistet, wobei die jeweilige Erkennungssicherheit (Confidence) wieder farblich markiert ist.

Wie in Abbildung 6.12 zu sehen, können die erkannten Bereiche im Originaldokument auch wieder nachverfolgt werden. Alle extrahierten Werte sind zudem direkt editierbar, sodass eine manuelle Korrektur oder Ergänzung jederzeit möglich ist.

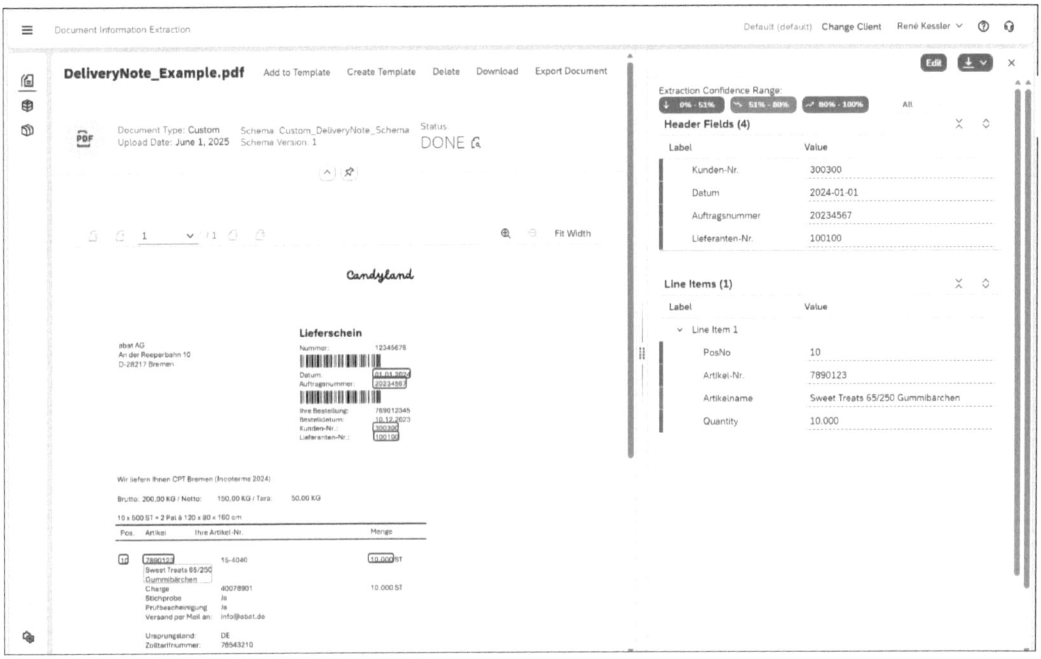

Abbildung 6.12 Analyse eines Lieferscheins mit Custom-Schema

6.3.4 SAP Document AI via API nutzen

Auch wenn die grafische Benutzeroberfläche von SAP Document AI eine komfortable Möglichkeit zur Konfiguration und Nutzung des Service bietet, entfaltet das System sein volles Potenzial erst durch die Integration in eigene Anwendungen und automatisierte Geschäftsprozesse. Über die umfassende REST-API kann die gesamte Funktionalität von SAP Document AI auch programmatisch angesprochen werden – unabhängig davon, ob innerhalb der SAP-Welt oder in Drittanwendungen.

API-Integration

Praktisch bedeutet dies: Alle Schritte, die über die UI ausgeführt werden können – von der Anlage und Verwaltung von Schemas und Templates über das Hochladen und Analysieren von Dokumenten bis hin zum Abruf und Export der Ergebnisse – sind vollständig über standardisierte API-Endpunkte abbildbar. So lassen sich etwa Rechnungseingänge direkt aus einer SAP-Fiori-/SAP-UI5-App, über SAP Build Process Automation oder auch aus externen Automatisierungslösungen heraus anstoßen und verarbeiten.

Gerade für große Unternehmen oder Szenarien mit hohen Dokumentenvolumina ist die API-Anbindung entscheidend, um den Prozess zu skalieren, durchgängig zu automatisieren und systemübergreifend einzubetten. Die Integration von SAP Document AI ist dabei nicht auf SAP-Anwendungen beschränkt, sondern eröffnet auch für Nicht-SAP-Systeme – etwa Portale, mobile Apps oder cloudbasierte Integrationslösungen – flexible Einsatzmöglichkeiten.

In diesem Abschnitt erläutern wir, wie die Nutzung von SAP Document AI per API funktioniert und welche Schritte für die Integration notwendig sind.

Überblick über die verfügbaren API-Routen

Die SAP-Document-Information-Extraction-API (die noch den alten Namen trägt) stellt eine Vielzahl von Endpunkten (Routen) bereit, mit denen sämtliche Aspekte des Dokumentenmanagements und der Informationsextraktion abgedeckt werden. Über die zentrale *Swagger-Oberfläche* können alle verfügbaren Routen und deren Funktionen komfortabel eingesehen und getestet werden.

Die API gliedert sich in verschiedene Bereiche, die jeweils bestimmte Funktionalitäten kapseln (siehe Abbildung 6.13):

- **Capabilities**: gibt Auskunft über die unterstützten Funktionen und Merkmale des Service
- **Client**: Verwaltung mandantenspezifischer Einstellungen
- **Identifier**: (veraltet) diente der Mandantenzuordnung, wird zukünftig abgelöst
- **Configuration**: Anpassung und Verwaltung von Service-Konfigurationen
- **Document**: Hochladen, Verarbeiten und Abrufen von Dokumenten – zentraler Bereich für die eigentliche Dokumentenextraktion
- **Data**: Zugriff auf extrahierte Daten und deren Verwaltung
- **Schema**: Anlage, Anpassung und Löschung von (Custom-)Schemas für die Dokumentenextraktion
- **Template**: Verwaltung und Anwendung von Extraktionstemplates zur gezielten Steuerung der Datenextraktion

Über diese klar strukturierten Routen ist es möglich, sämtliche Arbeitsschritte – von der Konfiguration über den Dokumentenimport bis hin zur Ergebnisabfrage und -weiterverarbeitung – vollständig zu automatisieren und in eigene Anwendungen einzubinden.

Authentifizierung

Um die SAP-Document-AI-API nutzen zu können, ist eine Authentifizierung per OAuth erforderlich. Dafür wird ein sogenannter *Access Token* benötigt, der den Zugriff auf die gewünschten Funktionen absichert und dem Service eindeutig zuordnet.

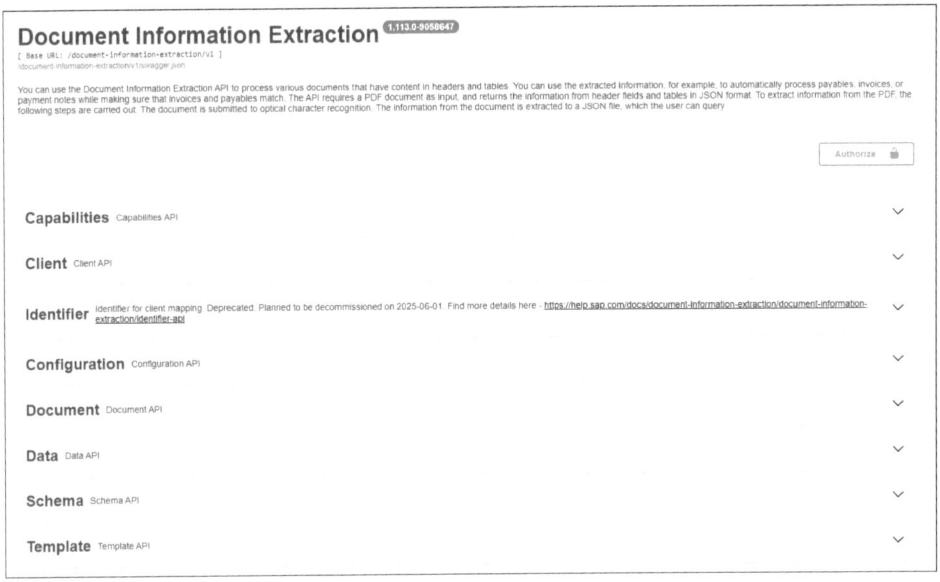

Abbildung 6.13 Swagger-Oberfläche der SAP-Document-AI-API

Die Generierung dieses Tokens ist unkompliziert und für Entwicklerinnen sowie Anwendungsintegratoren einfach durchführbar. Nach der Provisionierung der SAP-Document-AI-Instanz auf der SAP BTP erhält die Nutzerin oder der Nutzer einen Service Key. Dieser Service Key enthält unter anderem die benötigten Zugangsdaten: eine `clientid` und ein `clientsecret`.

Um nun einen gültigen Access Token zu generieren, wird eine Anfrage an den Token-Endpoint des OAuth-Servers gestellt – typischerweise in folgender Form:

```
POST https://<tenant-url>/oauth/token?grant_type=client_credentials
```

Im Rahmen dieser Anfrage werden die im Service Key hinterlegten Werte für `clientid` und `clientsecret` als Authentifizierung mitgesendet (z. B. im Header oder als Basic Auth). Das System gibt daraufhin einen Access Token zurück, der für nachfolgende API-Requests verwendet wird.

Mit diesem Token können sämtliche API-Endpunkte von SAP Document AI sicher angesprochen werden. Die Authentifizierung erfolgt dabei durch Übergabe des Tokens im Authorization-Header jeder Anfrage.

SAP Document AI über die API nutzen

Ein typisches Beispiel für die Nutzung der API ist der Abruf aller vorhandenen Schemas. Über die Route `/schemas` lassen sich sowohl die vordefinierten (Standard-)Schemas als auch eigene, benutzerdefinierte Schemas abfragen.

Das Ergebnis wird dabei als strukturierte JSON-Antwort geliefert, die alle relevanten Informationen zu den einzelnen Schemas wie Name, Beschreibung, Dokumententyp, Status und Version enthält. Der `GET-Request`

```
https://<your_dox_endpoint>/document-information-extraction/v1/
schemas?clientid=default
```

führt dabei beispielsweise zu dem Ergebnis in Listing 6.1.


```
{
    "schemas": [
        {
            "name": "SAP_businessCard_schema",
            "schemaDescription": "Schema configuration for document
            type :businessCard",
            "documentType": "businessCard",
            "documentTypeDescription": "businessCard",
            "id": "7448635f-bc08-4d0e-b00c-634db0b1ac88",
            "predefined": true,
            "version": "1",
            "created": "2023-05-07T04:03:05.480483+00:00",
            "settings": "",
            "updated": "2023-05-07T04:03:05.480484+00:00",
            "state": "active"
        },
        {
            "name": "SAP_invoice_schema",
            "schemaDescription": "Schema configuration for document
            type :invoice",
            "documentType": "invoice",
            "documentTypeDescription": "invoice",
            "id": "cf8cc8a9-1eee-42d9-9a3e-507a61baac23",
            "predefined": true,
            "version": "1",
            "created": "2023-05-07T04:03:05.480469+00:00",
            "settings": "",
            "updated": "2023-05-07T04:03:05.480474+00:00",
            "state": "active"
        }
    ]
}
```


Listing 6.1 Definition des Business-Card-Schemas zur Informationsextraktion von Business Cards

Im Ergebnis werden alle verfügbaren Schemas samt Eigenschaften übersichtlich im JSON-Format dargestellt – eine wichtige Grundlage für die weitere Automatisierung und Verwaltung der Dokumentenextraktion per API.

Dokument hochladen

Ein zentrales Szenario in der Praxis ist das Hochladen eines Dokuments zur automatisierten Analyse direkt über die API. Über die Route `/document/jobs` kann ein Beleg, wie etwa eine Rechnung im PDF-Format, zusammen mit den gewünschten Verarbeitungsoptionen an den Service gesendet werden. Dabei werden im API-Request sowohl die Datei (als `file`) als auch Konfigurationsparameter (als `options` im JSON-Format) übergeben.

Wesentliche Parameter im gezeigten Beispiel:

- `file`
  Dies ist der eigentliche Beleg, der analysiert werden soll – in unserem Beispiel eine PDF-Datei mit dem Namen **Rechnung_Example.pdf**. Die Datei wird als form-data im Body des Requests übertragen.
- `options`
  Dieses Feld enthält ein JSON-Objekt, das zahlreiche Optionen zur Steuerung der Analyse bietet. Zu den wichtigsten Parametern zählen:

  Parameter zur Steuerung der Informationsextraktion

  – `schemaName`

  Gibt an, welches Schema für die Extraktion genutzt werden soll. Im Beispiel `SAP_invoice_schema`, um das vordefinierte Rechnungs-Schema zu verwenden.

  – `clientId`

  Dient zur Mandantenzuordnung und ist für die meisten Umgebungen erforderlich. Im Beispiel ist dies `default`.

  – `documentType`

  Gibt den Typ des Dokuments an – hier `invoice` für eine Rechnung. Damit wird sichergestellt, dass die richtigen Extraktionsregeln angewendet werden.

  – `receivedDate`

  Das optionale Eingabefeld für das Empfangsdatum des Dokuments. Dies kann für die weitere Verarbeitung, etwa für Fristen oder Prüfungen, relevant sein.

  – `enrichment`

  Dieses Feld erlaubt die Definition zusätzlicher Anreicherungen. Im Beispiel werden mögliche Zuordnungen zum Sender (etwa Lieferant) und zu Mitarbeitenden spezifiziert, inklusive weiterer Sub-Typen oder Einschränkungen.

API zur Analyse der Dokumente nutzen

Nach Absenden des POST-Requests liefert die API eine Antwort mit dem aktuellen Status (**PENDING**), einer eindeutigen **Job-ID** und dem Zeitstempel (siehe Listing 6.2). Über die Job-ID kann später das Ergebnis der Analyse abgerufen werden.

```
curl -X POST \
  'https://<your_dox_endpoint>/document-information-extraction/v1/
  document/jobs' \
  -H 'Authorization: Bearer <DEIN_TOKEN_HIER_EINFUEGEN>' \
  -F 'file=@Rechnung_Example.pdf' \
  -F 'options={
    "schemaName": "SAP_invoice_schema",
    "clientId": "default",
    "documentType": "invoice",
    "receivedDate": "2020-02-17",
    "enrichment": {
      "sender": {
        "top": 5,
        "type": "businessEntity",
        "subtype": "supplier"
      },
      "employee": {
        "type": "employee"
      }
    }
  }'
```

Listing 6.2 Aufbau des POST-Requests für die Analyse eines Dokuments

Verwaltung und Status der Analysejobs

Nach dem Hochladen eines Dokuments zur Analyse erhalten Sie von der SAP-Document-AI-API eine eindeutige Job-ID zurück. Diese ID dient als Schlüssel, um im weiteren Verlauf sowohl den aktuellen Verarbeitungsstatus als auch die extrahierten Ergebnisse gezielt abzufragen. Sobald die Analyse abgeschlossen ist und der Status auf **DONE** steht, können die Ergebnisse über eine entsprechende API-Route abgerufen werden – im Beispiel über `/document/jobs/{id}/pages/text`.

Nachvollziehbare Ergebnisse durch Transparenz

Die API liefert die Analyseergebnisse im JSON-Format zurück, inklusive der erkannten Inhalte, deren Positionen im Dokument (Bounding Boxes) und weiterer Metadaten. Die Antwort enthält für jedes erkannte Feld sowohl den tatsächlichen Wert (z. B. »GESAMTSUMME« oder »2.383,56«) als auch dessen genaue Position auf der Seite. Diese Struktur macht die Ergebnisse für eine Vielzahl von Folgeanwendungen direkt weiterverwertbar.

Gerade in modernen Anwendungsarchitekturen – etwa in einer SAP-Fiori-/SAPUI5-App – lassen sich diese Daten ideal integrieren. Die Anwendung kann beispielsweise automatisch den Analysejob anstoßen, zyklisch den Status und die Ergebnisse abrufen und die extrahierten Inhalte direkt auf der Benutzeroberfläche darstellen oder in einen SAP-Prozess übernehmen. Auch die Visualisierung der erkannten Bounding Boxes, etwa zur Prüfung durch die Anwenderin oder den Anwender, ist auf Basis der gelieferten Koordinaten problemlos möglich. Ebenso können die extrahierten Werte zur automatisierten Befüllung von SAP-Business-Objekten, Formularen oder Workflows verwendet werden. Durch die vollständige API-Unterstützung lassen sich komplexe Integrations- und Automatisierungsszenarien realisieren – auch in Nicht-SAP-Systemen, mobilen Apps oder Portalen.

Extrahierte Informationen nutzen

6.4 Zusammenfassung

Die automatisierte Rechnungsprüfung mit SAP Document AI markiert einen entscheidenden Schritt zur vollständigen Digitalisierung und Effizienzsteigerung in Unternehmen. Durch den Einsatz von KI-gestützten Services können manuelle Tätigkeiten, wie das Erfassen, Prüfen und Übertragen von Rechnungsdaten, nahezu vollständig eliminiert werden. Die Automatisierung sorgt für eine deutliche Reduzierung von Fehlern und Verzögerungen, beschleunigt Freigabeprozesse und erhöht die Transparenz im gesamten Rechnungsworkflow.

SAP Document AI überzeugt durch flexible Einsatzmöglichkeiten – von der Verarbeitung standardisierter Belege mit vorkonfigurierten Schemas bis hin zur Abbildung individueller Anforderungen mit Custom-Schemas. Die tiefe Integration in die SAP BTP sowie die Möglichkeit der API-basierten Nutzung erlauben es, Dokumentenprozesse unternehmensweit und systemübergreifend zu automatisieren. Ergänzt durch umfassende Sicherheits- und Compliance-Standards ist SAP Document AI eine zukunftsfähige Lösung, um Medienbrüche abzubauen, Kosten zu senken und den Geschäftswert dokumentenbasierter Prozesse nachhaltig zu steigern.

Kapitel 7
Inventur mit KI

Mit KI-gestützter Bilderkennung automatisiert dieser Anwendungsfall die Erfassung von Lagerbeständen. Kameras und Computer Vision identifizieren Produkte, Zählungen und Lagerpositionen – mit Import von SAP-Daten und Export der Ergebnisse.

In diesem Kapitel zeigen wir Ihnen, wie Sie klassische SAP-basierte Inventurprozesse mithilfe moderner KI-Technologie deutlich effizienter gestalten können – ganz ohne Umstellung auf die SAP BTP oder spezielle KI-Module. Wir begleiten Sie praxisnah von den typischen Herausforderungen der manuellen Inventur bis hin zur Integration automatisierter Zählprozesse mit Computer Vision und Drohnentechnik in Ihr bestehendes SAP-Umfeld.

Sie erfahren in diesem Kapitel:

- wie Sie die größten Hürden klassischer Inventurprozesse überwinden,
- wie KI-gestützte Bilderkennung und Geokoordination den Aufwand drastisch reduzieren,
- wie die Verbindung zwischen Drohne, KI-Auswertung und SAP praktisch funktioniert
- und wie Sie die Ergebnisse automatisiert, nachvollziehbar und revisionssicher in Ihr SAP-System überführen.

In Abschnitt 7.1 wird die Ausgangssituation einer klassischen, SAP-gestützten Inventur beschrieben: manuelle Zählungen mit hohem Aufwand, hoher Fehleranfälligkeit und geringer Akzeptanz im Team. Am Beispiel der Fiktiv-Logistik AG wird deutlich, wie belastend und ineffizient diese Prozesse sein können. Als Ziel wird die Einführung einer automatisierten Inventur mit Drohnen, KI-gestützter Objekterkennung und Geokoordination formuliert. Die Ergebnisse sollen nahtlos in SAP integriert werden, sodass die vertrauten Abläufe bestehen bleiben, während die eigentliche Zählung künftig schnell, objektiv und fehlerfrei durch die Technik übernommen wird.

In Abschnitt 7.2 zeigen wir, welche organisatorischen und technischen Voraussetzungen für eine automatisierte Inventur mit KI notwendig sind.

Hier erfahren Sie, für welche Lagerszenarien sich die Lösung besonders eignet, welche Rahmenbedingungen geschaffen werden müssen und wie Sie typische Erfolgsfaktoren und Stolpersteine frühzeitig erkennen.

Abschnitt 7.3 widmet sich der technischen Umsetzung im Detail. Schritt für Schritt führen wir Sie von der Anbindung an das klassische SAP-System über den Aufbau der KI-gestützten Auswertung bis hin zur konkreten Anwendung. Sie sehen anhand praxisnaher Screenshots, wie der gesamte Prozess – von der Datenübernahme aus SAP über die Analyse der Drohnenbilder bis zum Export der Ergebnisse – in der Realität aussieht.

7.1 Einleitung und Zielsetzung

Ausgangssitation

Es ist ein grauer Dienstagmorgen auf dem weitläufigen Gelände der FiktivLogistik AG, einem der führenden Logistikdienstleister im Industriepark Süd. Gabelstapler surren über den Hof, draußen reiht sich Palette an Palette – teils ordentlich gestapelt, teils in behelfsmäßigen Blöcken. Im SAP-System laufen die Bestände, Buchungen und Bewegungen zusammen, doch jetzt steht ein besonderer Tag an: die jährliche Inventur.

Für das Lagerteam bedeutet das vor allem eines: zählen, zählen, zählen. Zu Fuß, mit Zählbrett, Klemmbrett und Barcode-Scanner geht es bei Wind und Wetter durch die Reihen. Viele Flächen, viel Aufwand, wenig Begeisterung. »Wir machen das jedes Jahr, aber schöner wird's nicht«, stöhnt Lagerleiterin Frau Sommer und blickt auf den Ausdruck der letzten Inventurliste aus SAP. Stunden später ist der Rücken krumm, die Stimmung gereizt und die Liste voller handschriftlicher Korrekturen.

Prozess und Problem – klassische Inventur mit SAP

Die FiktivLogistik AG steuert ihre Inventur vollständig mit SAP – ein bewährtes, aber eben auch traditionelles Vorgehen: Listen werden aus dem System generiert, Zählungen manuell durchgeführt, Ergebnisse wieder in SAP zurückgespielt. Die Verantwortung für die Korrektheit liegt bei den Mitarbeitenden vor Ort. Je größer das Lager, desto größer der Aufwand, die Fehleranfälligkeit und die Frustration im Team. Vor allem bei Blocklagerung unter freiem Himmel und unübersichtlichen Palettenstapeln kann die manuelle Erfassung zur Mammutaufgabe werden.

Ziel

Doch dieses Jahr schlägt das IT-Team eine neue Lösung vor: Warum nicht den Zählvorgang automatisieren – mit Kameras, KI und Drohnen? Die Idee: Drohnen überfliegen das Lager und fotografieren die Bestände aus der Luft. Eine KI-basierte Objekterkennung zählt Paletten und erkennt Produkte anhand ihrer Merkmale und Position. Mithilfe von Geokoordination und Photogrammetrie werden nicht nur die Mengen, sondern auch die Lagerorte präzise bestimmt. Die Ergebnisse werden nahtlos in das bestehende SAP-System importiert. Die Inventur-Logik, die Abläufe, die Verantwortung – all das bleibt im vertrauten SAP-Prozess. Aber: Die eigentliche Zählung erledigt jetzt die Maschine – schnell, objektiv, fehlerfrei.

7.2 Die richtigen Voraussetzungen schaffen

Für wen lohnt sich eine automatisierte Inventur?

Nicht jede Lagerhalle ist ein Fall für fliegende Kameras und KI – und nicht jedes Produkt lässt sich per Bildanalyse eindeutig erkennen und zählen. Bevor Sie also Zeit und Ressourcen in ein solches Projekt investieren, sollten Sie genau prüfen, ob Ihr Unternehmen, Ihr Lager und Ihre Produkte die nötigen Voraussetzungen mitbringen.

Typische Erfolgsfaktoren sind die folgenden:

- **Blocklager, große Außenflächen, viele Paletten**
  Je unübersichtlicher und großflächiger Ihr Lager ist, desto größer ist der Nutzen. In engen, verwinkelten Innenlagern oder bei chaotischer Lagerhaltung stößt die Technik an ihre Grenzen.
- **Witterungsbeständiges Lagergut**
  Die Technologie spielt ihre Stärken vor allem dort aus, wo Waren draußen lagern und sich für Menschen der Weg durch Wind, Regen und Sonne oft mühsam gestaltet. Objekterkennung per Drohne ist gerade bei wetterfesten Paletten, Baumaterialien oder Getränkekisten besonders attraktiv.
- **Wenig Sorten, klare Kennzeichnung**
  Ideal ist eine überschaubare Zahl an Produktarten, die sich optisch eindeutig voneinander unterscheiden lassen – sei es durch Größe, Farbe, Label oder Form. Produkte ohne klare Unterscheidungsmerkmale, Kleinteile oder Schüttgut eignen sich weniger gut für automatisierte Bildauswertung.
- **Hohe Zählintensität**
  Besonders wirtschaftlich ist der Einsatz, wenn viele Paletten oder große Mengen gezählt werden müssen. In kleinen Speziallagern mit wenigen Bewegungen rechnet sich die Investition seltener.

Kurz gesagt: Je mehr dieser Voraussetzungen auf Ihr Lager zutreffen, desto attraktiver und wirtschaftlicher ist der Einsatz von Drohne und KI für Ihre Inventur. Wenn Sie sich eine schnellere, effizientere und weniger fehleranfällige Inventur wünschen, kann der Einsatz moderner Technologien einen erheblichen Mehrwert bieten.

Rahmenbedingungen Damit die automatisierte Inventur wirklich reibungslos und zuverlässig funktioniert, müssen einige zusätzliche Voraussetzungen erfüllt sein. Sowohl aufseiten der Produkte als auch beim Lager selbst.

Sortenreinheit und Produktvielfalt Je sortenreiner Ihre Lagerplätze sind, desto einfacher und zuverlässiger funktioniert die Erkennung per Drohne und KI. Wenn auf einem Blocklagerplatz nur eine Artikelnummer lagert, kann die Software die gezählten Objekte eindeutig zuordnen. Bei gemischten Paletten oder Plätzen mit mehreren Produkten steigt die Komplexität deutlich – hier stoßen viele Erkennungssysteme (noch) an ihre Grenzen.

Optische Merkmale zur Produktidentifikation Die KI-gestützte Bilderkennung ist darauf angewiesen, dass sich Produkte eindeutig unterscheiden lassen. Dafür gibt es die folgenden Möglichkeiten:

- klar sichtbare QR-Codes, Barcodes oder Artikelnummern, die automatisiert ausgelesen werden können
- unterscheidbare Verpackungen (Farbe, Form, Größe, Label)
- Seriennummern oder weitere optische Merkmale

Fehlen diese Merkmale oder sind sie durch Folien oder Schmutz verdeckt, sinkt die Erkennungsrate der KI. Daher empfiehlt es sich, Produkte für die automatisierte Zählung entsprechend vorzubereiten.

Erreichbarkeit und Sichtbarkeit der Lagerplätze Nicht alle Lagerplätze sind gleichermaßen gut per Drohne oder Kamera erreichbar. Ideale Voraussetzungen bieten freie Flächen, auf denen alle Paletten von oben (oder zumindest seitlich) eingesehen werden können. Eng gestellte, überdachte oder verwinkelte Bereiche sind für die Flug- und Sichtachsen der Drohne schwer zugänglich. Je besser die Sichtbarkeit, desto verlässlicher die Zählung.

Geocodierung und Lagerstruktur Optimal ist es, wenn die Lagerplätze geocodiert sind – also jeder Platz eine eindeutige Position (z. B. GPS-Koordinaten) besitzt. So lassen sich die gezählten Objekte eindeutig einem SAP-Lagerplatz zuordnen. Gerade bei Block- oder Außenlagern ist die Kombination aus Luftbild, Geokoordinaten und SAP-Stammdaten der Schlüssel zu einer automatisierten und revisionssicheren Bestandsaufnahme.

Regulatorische und rechtliche Anforderungen Bevor Drohnen abheben, sollten die regulatorischen Rahmenbedingungen geprüft werden:

- Fluggenehmigungen: Nicht überall darf eine Drohne ohne Weiteres fliegen – informieren Sie sich über die lokalen und nationalen Vorschriften.
- Datenschutz: Insbesondere wenn auch Personen auf dem Gelände arbeiten, müssen die Datenschutzanforderungen beachtet werden.

- IT-Sicherheit: Die Übertragung und Speicherung der Bild- und Auswertungsdaten muss den unternehmensinternen Richtlinien und gesetzlichen Vorgaben entsprechen.

Eine KI-gestützte Inventur mit Drohne entfaltet ihr volles Potenzial dort, wo Produkte klar unterscheidbar, Lagerplätze gut sichtbar und strukturiert sowie die rechtlichen Rahmenbedingungen klar sind. Je besser Sie diese Voraussetzungen erfüllen, desto einfacher und wirtschaftlicher lässt sich Ihr Inventurprozess automatisieren.

Technische Rahmenbedingungen

Viele KI-Beispiele im SAP-Umfeld drehen sich um die SAP BTP, Cloud-Lösungen oder den SAP AI Core. Was aber, wenn Ihr Unternehmen – wie viele andere auch – noch klassische On-Premise-Systeme betreibt und bewusst keine Cloud-Anbindung nutzen möchte? Bedeutet das automatisch, dass moderne Technologien wie KI und automatisierte Prozesse außen vor bleiben müssen?

KI-Nutzung trotz On-Premise-System

Die klare Antwort lautet »Nein!« Auch mit einem traditionellen, lokal betriebenen SAP-System können Sie Ihre Prozesse deutlich fortschrittlicher und effizienter gestalten – ganz ohne SAP BTP oder Cloud. Entscheidend ist, die passende Schnittstelle zwischen neuer Welt (KI, Bildauswertung, Drohnen) und bewährter Welt (Ihr SAP ERP oder SAPEWM On-Premise) zu schaffen.

Stellen Sie sich das Prinzip als Brücke vor: Die eigentliche KI-Verarbeitung – etwa die Bildauswertung, Objekterkennung und Zählung – findet außerhalb von SAP statt. Die dafür nötige Software kann auf einem eigenen Server im Firmennetzwerk laufen oder sogar als lokal betriebene Lösung mit spezialisierten KI-Komponenten installiert werden. Sobald die Auswertung abgeschlossen ist, werden die Ergebnisse (z. B. gezählte Paletten mit Artikelnummern und Lagerplatzinformationen) strukturiert an das SAP-System zurückgegeben.

Anbindung an klassische SAP-Systeme

Das SAP-System bleibt dabei der Single Point of Truth: Die Inventurprozesse, Buchungen und Prüfungen laufen weiterhin im gewohnten System. Lediglich die aufwendige Zählung wird durch externe Intelligenz automatisiert und als Ergebnis importiert. Möglich wird das beispielsweise durch:

- den Import von Zähllisten über Standardschnittstellen (z. B. SAP-IDoc, RFC, BAPI, CSV-Upload)
- die Integration von Drittsoftware über klassische SAP-Integrationsmechanismen oder einfache Datenimporte
- eine dateibasierte Übertragung von Zählergebnissen, die von SAP automatisch weiterverarbeitet werden

Der Vorteil: Sie müssen keine grundlegende Infrastruktur ändern oder neue Cloud-Services etablieren. Die intelligenten Prozesse laufen dort, wo es am flexibelsten ist – die Kernprozesse bleiben sicher und kontrolliert in Ihrer eigenen SAP-Umgebung.

Erfolgsfaktoren für die KI-Nutzung mit On-Premise-Systemen

Worauf sollten Sie bei der Umsetzung achten? Zunächst ist es wichtig, von Anfang an klare Schnittstellen zwischen der externen KI-Anwendung und Ihrem SAP-System zu definieren. Legen Sie frühzeitig fest, in welchem Datenformat und auf welchem Weg die Ergebnisse der automatisierten Zählung zurück ins SAP importiert werden. Ein weiterer entscheidender Punkt ist die Datenqualität und Nachvollziehbarkeit: Die Zählergebnisse sollten transparent und revisionssicher dokumentiert werden, sodass sie auch im Nachgang jederzeit geprüft werden können. Vergessen Sie dabei nicht die IT-Sicherheit – externe Komponenten, wie die KI-Anwendung, müssen genauso sicher betrieben und angebunden werden wie alle anderen Bestandteile Ihrer IT-Landschaft. Schließlich sollten Sie auch die Performance und Integration im Blick behalten: Überlegen Sie, wie häufig und in welchem Umfang Zählergebnisse ins SAP-System übernommen werden sollen, um Systembrüche und zusätzlichen Aufwand zu vermeiden.

Grenzen und potenzielle Nachteile

So attraktiv der Ansatz auch klingt – die Kombination von externer KI und klassischen SAP-On-Premise-Systemen ist nicht automatisch für jedes Szenario die perfekte Lösung. Es gibt Anwendungsfälle und Rahmenbedingungen, in denen ein cloudbasierter Ansatz oder die tiefere Integration in moderne SAP-Plattformen Vorteile bieten kann. Mögliche Herausforderungen und Nachteile dieser Kombination sind die folgenden:

- **Wartung und Betrieb externer Systeme**
  Sie müssen die eingesetzte KI-Software und die erforderliche Hardware selbst betreiben, warten und updaten. Das kann zusätzlichen Aufwand und neue Abhängigkeiten für Ihr IT-Team bedeuten – insbesondere, wenn Know-how im Bereich KI oder Bilderkennung bislang nicht vorhanden ist.
- **Skalierbarkeit**
  On-Premise-Lösungen stoßen bei stark wachsenden Anforderungen (z. B. viele Standorte, sehr große Datenmengen, hohe Verarbeitungsgeschwindigkeit) schneller an Grenzen als flexible Cloud-Services, die sich dynamisch skalieren lassen.
- **Innovationsgeschwindigkeit**
  Viele neue KI-Funktionen und Verbesserungen werden zuerst als Cloud-Service verfügbar gemacht. Wer ausschließlich auf On-Premise setzt, muss oft länger auf Updates, neue Modelle oder zusätzliche Features warten.

- **Integrationstiefe und Automatisierung**
  Manche Automatisierungs- und Auswertungsfunktionen sind in der Cloud oder mit moderner SAP-BTP-Architektur leichter und nahtloser zu realisieren – etwa, wenn Sie Ergebnisse direkt in SAP-Fiori-Apps visualisieren oder automatisierte Workflows aufbauen möchten.
- **Datensilos und Medienbrüche**
  Wenn Daten auf mehreren Systemen liegen und erst nachträglich synchronisiert werden, kann das zu Zeitverzug und zusätzlichem Abstimmungsaufwand führen. Insbesondere dann, wenn mehrere Schnittstellen oder individuelle Lösungen entstehen, steigt die Komplexität und die Gefahr von Medienbrüchen.
- **Sicherheits- und Compliance-Anforderungen**
  Je nach Branche und Unternehmenspolitik kann es aufwendig sein, die gesamte Kette von der Drohne über KI-Software bis zum SAP-System sicher und auditierbar zu gestalten. In der Cloud sind viele Sicherheitsmechanismen standardmäßig integriert – in On-Premise-Systemen müssen diese selbst implementiert und gepflegt werden.

Kein Allheilmittel

Die Integration externer KI in klassische SAP-Landschaften ist kein Allheilmittel – aber ein pragmatischer Weg, um moderne Technologien Schritt für Schritt zu nutzen, ohne direkt in eine komplette Cloud-Transformation investieren zu müssen. Für viele Unternehmen ist es der perfekte Einstieg oder ein Übergangsmodell, das bestehende Investitionen schützt und gleichzeitig die Weichen für zukünftige Innovationen stellt.

Kurzfristige Lösungen – langfristig denken

Wichtig ist, die eigene Situation realistisch einzuschätzen: Wo liegen meine aktuellen und zukünftigen Anforderungen? Wie viel Flexibilität, Skalierbarkeit und Innovationspotenzial brauche ich wirklich? Und welche IT-Ressourcen und Kompetenzen habe ich im Haus? Erst dann lässt sich entscheiden, ob der klassische Weg – oder doch ein stärker cloudbasierter Ansatz – für Ihr Unternehmen am besten geeignet ist.

In unserem Praxisbeispiel haben wir eine eigenständige KI-Anwendung für die Inventur entwickelt, die unabhängig vom SAP-System betrieben wird. Die Anbindung an SAP erfolgt bewusst einfach und pragmatisch: Zunächst werden die benötigten Inventurbelege aus dem klassischen SAP-System exportiert und der KI-Anwendung zur Verfügung gestellt. Nach der automatisierten Zählung mit Drohne und KI werden die ermittelten Zählergebnisse anschließend im passenden Format wieder ins SAP-System importiert.

Mit diesem Ansatz bleibt das SAP-System der zentrale Dreh- und Angelpunkt für die Inventurprozesse, während die aufwendige Zählung flexibel ausgelagert und automatisiert wird – ganz ohne komplexe Schnittstellen oder Cloud-Anbindung.

Die technische Umsetzung und die notwendigen Komponenten stellen wir Ihnen im folgenden Abschnitt vor.

7.3 Technische Umsetzung

Automatisierte Inventur

Kommen wir nun zu den konkreten Anwendungsfällen, die durch die Lösung unterstützt werden sollen: Im Mittelpunkt steht die möglichst automatisierte Durchführung einer Inventur, bei der Drohnen das Lager befliegen und detaillierte Bilder der Bestände aufnehmen. Diese Bilddaten werden anschließend von einer KI-Anwendung analysiert, die sowohl die Anzahl der gelagerten Einheiten als auch deren Klassifikation übernimmt. Die entwickelte App bildet dabei gezielt den manuellen Zählprozess ab, übernimmt jedoch keine weitere Logik der Inventurabwicklung, wie sie im SAP-System bereits vorhanden ist.

Daten importieren und exportieren

Der Ablauf ist dabei klar strukturiert: Die für die Inventur relevanten Belege werden zunächst aus dem SAP-System exportiert und in die App importiert. Nach der Analyse der Drohnenbilder durch die KI stehen die Zählergebnisse für jeden Inventurbeleg zur Verfügung. Diese Ergebnisse lassen sich anschließend komfortabel als **.csv**-Datei exportieren. So können sie im Anschluss wieder ins SAP-System importiert werden und stehen dort für die weiteren Inventurprozesse zur Verfügung.

Fokus auf die manuelle Zählung

Dabei ist es wichtig, dass die eigentliche Logik des Inventurprozesses – etwa die Erstellung der Inventurbelege, die Steuerung von Nachzählungen oder die weitere Bearbeitung der Bestandsdifferenzen –vollständig im bestehenden SAP-System verbleibt. Die KI-Anwendung übernimmt ausschließlich die automatisierte Zählung und Klassifikation auf Basis der Drohnenbilder. Alle weiteren Prozessschritte und die Verantwortung für die Inventur liegen weiterhin im zentralen SAP-System, das damit auch nach wie vor als führendes System für die Abwicklung und Dokumentation der Inventur dient.

Auf diese Weise lässt sich die aufwendige Zählung effizient automatisieren, ohne die etablierten Abläufe und Prozesse im SAP-System zu verändern oder zu ersetzen. Die Lösung ergänzt die bestehende Systemlandschaft gezielt dort, wo der größte manuelle Aufwand entsteht – und fügt sich reibungslos in die bekannten Arbeitsabläufe ein.

7.3.1 Backend – Anwendungslogik und Integration

Im Mittelpunkt der Inventur-App steht ein Django-Backend. *Django* ist ein etabliertes Open-Source-Webframework für die Programmiersprache Python, das sich besonders für die schnelle und strukturierte Entwicklung von datengetriebenen Webanwendungen eignet. Es bringt von Haus aus viele Funktionen mit, die für Geschäftsanwendungen wie diese Inventur-App entscheidend sind – darunter ein flexibles Datenbankmanagement, eine leistungsfähige Nutzer- und Rechteverwaltung, integrierte Sicherheitsmechanismen sowie eine saubere Trennung von Datenhaltung, Logik und Benutzeroberfläche.

Konkreter Nutzen von Django

Das Django-Backend übernimmt die gesamte Verwaltung der Daten rund um die Inventur: Es importiert die aus SAP exportierten Inventurbelege, verwaltet alle Zwischenergebnisse der Bild- und KI-Auswertung und speichert die finalen Zählergebnisse, die später wieder ins SAP-System zurückgeführt werden können. Gleichzeitig bildet Django die zentrale Schnittstelle zwischen den einzelnen Komponenten der Anwendung. So sorgt es dafür, dass Requests aus dem Frontend (z. B. das Hochladen neuer Bilder oder das Starten eines KI-Analyseprozesses) korrekt verarbeitet und an die zuständige Komponente weitergeleitet werden. Auch die Kommunikation mit der KI-Logik – etwa die Übergabe der Bilder zur Analyse oder das Abrufen der Ergebnisse – läuft vollständig über das Backend.

Vorteile von Django

Das Django-Framework bietet dabei mehrere Vorteile für Anwendungen im Unternehmenskontext:

- **Hohe Sicherheit**
  Django bringt viele wichtige Sicherheitsmechanismen bereits out of the box mit, darunter Schutz vor häufigen Web-Sicherheitslücken und ein flexibles Rechte- und Benutzerrollen-Management.
- **Schnelle Entwicklung**
  Durch die zahlreichen vorgefertigten Komponenten und klaren Strukturen lassen sich stabile und wartbare Geschäftsanwendungen in kurzer Zeit realisieren.
- **Skalierbarkeit und Erweiterbarkeit**
  Django wächst mit Ihren Anforderungen. Neue Funktionalitäten – zum Beispiel für zusätzliche KI-Modelle oder Auswertungen – können modular ergänzt werden.
- **Erprobte Integration**
  Django ist für den Einsatz in professionellen IT-Landschaften konzipiert und lässt sich problemlos mit Datenbanken, Authentifizierungsdiensten, Dateispeichern und weiteren Systemen verbinden.

- **Große Community und gute Wartbarkeit**
  Django wird weltweit von vielen Unternehmen eingesetzt und kontinuierlich weiterentwickelt. So ist sichergestellt, dass die Lösung auch langfristig stabil und zukunftssicher bleibt.

  Gerade in Kombination mit modernen Python-basierten KI- und Bildverarbeitungsbibliotheken ist Django damit die ideale technische Basis, um die Prozesse zwischen SAP, KI und Nutzeroberfläche effizient und sicher zu steuern.

7.3.2 Frontend – Benutzeroberfläche im vertrauen SAP-Design

Die Benutzeroberfläche der Inventur-App wurde als moderne React-Anwendung umgesetzt. React ist eine weitverbreitete JavaScript-Bibliothek für die Entwicklung von interaktiven Webanwendungen. Sie ermöglicht es, dynamische und performante Benutzeroberflächen zu erstellen, die sich flexibel an verschiedene Anforderungen und Prozesse anpassen lassen.

UI5 Web Components

Um das für SAP-Nutzerinnen und -Nutzer typische Look and Feel zu realisieren, kommen im Frontend zusätzlich UI5 Web Components zum Einsatz. *UI5 Web Components* sind eine Sammlung wiederverwendbarer UI-Bausteine, die speziell von SAP entwickelt wurden, um das gewohnte Design, die Bedienlogik und die User Experience von SAP-Anwendungen nachzubilden – und das unabhängig vom eigentlichen SAP-System. So lassen sich auch eigenständige Apps, die technisch nicht direkt in SAP laufen, im bekannten Stil gestalten.

Vertraute Bedienoberfläche

Viele Nutzerinnen und Nutzer im SAP-Umfeld sind mit der Bedienoberfläche und den gewohnten Abläufen von SAP-Systemen vertraut. Sie erwarten eine bestimmte Struktur, Navigation und Optik, um sich schnell zurechtzufinden. Indem das Frontend bewusst auf UI5 Web Components setzt, sieht die Inventur-App nicht nur aus wie eine echte SAP-Anwendung, sondern fühlt sich auch genauso an. Das hat die folgenden Vorteile:

- kurze Einarbeitungszeiten, weil die Bedienung weitgehend vertraut ist
- hohe Akzeptanz bei Anwenderinnen und Anwendern, die regelmäßig mit SAP-Systemen arbeiten
- weniger Fehler, weil gewohnte UI-Elemente und Bedienkonzepte übernommen werden

Komponenten integrieren

Das Frontend kommuniziert mit dem Django-Backend über standardisierte Webschnittstellen (APIs). Nutzerinnen und Nutzer können Inventurbelege importieren, Bilder hochladen, die Ergebnisse der KI-Analyse einsehen und schließlich die Zählergebnisse als CSV-Datei exportieren – alles in einer modernen, übersichtlichen Oberfläche, die sich nahtlos in das SAP-Ökosystem einfügt.

Konsistente User Experience

Zu den wichtigsten Vorteilen dieser Architektur zählt vor allem die konsistente User Experience: Da das Design dem SAP-Fiori-Design entspricht, fühlen sich Anwenderinnen und Anwender sofort zu Hause und können die Anwendung intuitiv bedienen. Das Frontend ist darüber hinaus responsiv und flexibel gestaltet, sodass es problemlos auf verschiedenen Endgeräten wie Laptops oder Tablets genutzt werden kann. Durch die Kombination von React und UI5 Web Components ist die Lösung zudem zukunftssicher und erweiterbar – neue Funktionen oder Anpassungen lassen sich unkompliziert umsetzen und an veränderte Anforderungen anpassen. Ein weiterer Pluspunkt ist die klare Trennung von Backend und Frontend: Änderungen an der Benutzeroberfläche können unabhängig vom Backend erfolgen, was die Wartung und Weiterentwicklung der Anwendung erheblich vereinfacht.

Gerade in heterogenen IT-Landschaften, in denen nicht jede Fachanwendung direkt im SAP-System laufen kann oder soll, bietet diese Kombination aus React und UI5 Web Components eine elegante Lösung: Die Anwenderinnen und Anwender profitieren von einem konsistenten, vertrauten Nutzungserlebnis, ohne auf Flexibilität und moderne Technologie verzichten zu müssen.

7.3.3 KI-Komponenten – Intelligente Bildauswertung für die Inventur

Das Herzstück der Automatisierung bildet der KI-basierte Auswertungsprozess, der aus den Drohnenbildern konkrete, nutzbare Zählergebnisse erzeugt. Um eine möglichst genaue und nachvollziehbare Bestandsaufnahme zu ermöglichen, kommen dabei mehrere spezialisierte KI-Komponenten zum Einsatz, die unterschiedliche Aufgaben im Analyseprozess übernehmen.

NodeODM

Zunächst werden die von den Drohnen aufgenommenen Einzelbilder mithilfe der Open-Source-Software *NodeODM* (Node OpenDroneMap) verarbeitet. NodeODM erstellt aus den vielen Einzelbildern sogenannte *Orthophotos* – das sind entzerrte, maßstabsgetreue Luftbildaufnahmen, bei denen Verzeichnungen und Perspektivfehler mathematisch korrigiert wurden. Diese Orthophotos ermöglichen eine präzise Vermessung und Positionsbestimmung der Objekte im Lager, unabhängig von der Flughöhe oder dem Aufnahmewinkel der Drohne.

Zusätzlich berechnet NodeODM digitale Oberflächenmodelle (DOM), die eine dreidimensionale Darstellung der Oberflächenstruktur des Lagers liefern. Diese Modelle helfen dabei, Höhenunterschiede und Stapelungen zu erkennen – zum Beispiel, um übereinandergestapelte Paletten zuverlässig zu zählen oder Hindernisse zu identifizieren.

Objekterkennung mit YOLO

Im nächsten Schritt werden die erstellten Orthophotos durch moderne Bildverarbeitungsverfahren ausgewertet. Hier kommt das bewährte Deep-Learning-Modell *YOLO* (You Only Look Once) zum Einsatz. YOLO ist eines der weltweit führenden Echtzeit-Objekterkennungsverfahren und speziell darauf ausgelegt, auf Bildern verschiedenste Objekte (wie Paletten, Kisten oder andere Lagergüter) schnell und präzise zu erkennen und zu lokalisieren.

Die Stärke von YOLO liegt darin, dass es sämtliche relevanten Objekte in einem Bild mit nur einem einzigen Analysevorgang (daher »You Only Look Once«) erkennt und nicht – wie viele ältere Verfahren – Bildbereiche mehrfach oder schrittweise durchsuchen muss. So lassen sich auch große Mengen an Lagergütern in hoher Geschwindigkeit auswerten, was die Automatisierung der Inventur erst praktikabel macht.

Klassifikation der KI-Komponenten

Nach der reinen Objekterkennung folgt die Klassifikation: Es reicht nicht, nur zu wissen, *wo* sich eine Palette befindet, sondern auch, *was* sich darauf befindet. Für diese Aufgabe wird das moderne KI-Modell EfficientNet eingesetzt. *EfficientNet* ist eine besonders effiziente und leistungsstarke Deep-Learning-Architektur für die Bildklassifikation und kann auch feine Unterschiede zwischen verschiedenen Produktarten, Verpackungen oder Labeln erkennen.

EfficientNet analysiert die von YOLO erkannten Objekte im Detail und ordnet sie anhand von Merkmalen wie Form, Farbe, Aufdruck oder QR-/Barcodes der jeweils richtigen Produktklasse zu. Damit kann das System nicht nur Paletten zählen, sondern auch genau bestimmen, welche Artikel oder Warengruppen auf welchem Lagerplatz gelagert sind.

Zusammenspiel der KI-Komponenten

Im Zusammenspiel sorgen diese Komponenten für eine vollständige und automatisierte Erfassung der Lagerbestände:

- NodeODM berechnet aus den Drohnenbildern entzerrte, maßstabsgetreue Orthophotos und digitale Oberflächenmodelle.
- YOLO erkennt und lokalisiert auf diesen Bildern alle relevanten Objekte wie Paletten, Kisten oder andere Lagergüter.
- EfficientNet übernimmt anschließend die detaillierte Klassifikation der erkannten Objekte und ordnet sie den entsprechenden Artikeln oder Produktgruppen zu.

Die Ergebnisse – also die genaue Anzahl und Art der Produkte pro Lagerplatz – werden dann an das Backend übergeben und dort weiterverarbeitet.

KI sorgt für mehr Präzision, Tempo und Nachvollziehbarkeit

Ein wesentlicher Vorteil dieses Ansatzes liegt in seiner hohen Präzision: Durch den Einsatz spezialisierter Modelle und die intelligente Verknüpfung verschiedener KI-Verfahren wird die Auswertung besonders genau und fehlertolerant. Gleichzeitig ist das System äußerst skalierbar, sodass selbst große Lagerflächen und hohe Objektzahlen effizient verarbeitet werden können. Darüber hinaus zeichnet sich die Lösung durch eine hohe Flexibilität aus – die eingesetzten Modelle lassen sich bei Bedarf problemlos auf neue Produktarten, Verpackungen oder veränderte Lagerlayouts anpassen und weitertrainieren. Nicht zuletzt werden alle Zwischenergebnisse und Analyseschritte automatisiert und revisionssicher dokumentiert, sodass sie jederzeit für Nachprüfungen zur Verfügung stehen. Mit dieser modularen, KI-gestützten Auswertungsarchitektur gelingt es, die ehemals manuelle Zählung nicht nur zu automatisieren, sondern auch eine neue Qualität an Transparenz, Geschwindigkeit und Nachvollziehbarkeit in den Inventurprozess zu bringen.

7.3.4 Schritt für Schritt durch die Inventur-App

Nachdem wir die technischen Hintergründe und Komponenten vorgestellt haben, werfen wir nun einen Blick auf die konkrete Anwendung. In diesem Abschnitt zeigen wir Ihnen, wie die einzelnen Funktionen in der Praxis aussehen und wie der Inventurprozess Schritt für Schritt mit der Lösung abgebildet wird.

Übersicht über alle Inventurbelege

Beim Start der Anwendung gelangt Sie direkt in das sogenannte *Cockpit* (siehe Abbildung 7.1), in dem alle aktuellen und historischen Inventurbelege übersichtlich dargestellt werden. In einer tabellarischen Übersicht sieht man auf einen Blick die wichtigsten Informationen zu jedem Inventurbeleg – darunter die SAP-Belegnummer, den Ersteller, das Erstellungsdatum sowie den aktuellen Bearbeitungsstatus. Über die linke Navigation können Sie gezielt nach Status filtern, etwa um abgeschlossene, laufende oder fehlerhafte Inventuren anzuzeigen. Aktionen wie das Anzeigen von Details oder das Löschen eines Belegs sind komfortabel über die Aktionsspalte möglich. Damit erhalten Anwenderinnen und Anwender bereits zu Beginn maximale Transparenz über alle laufenden und abgeschlossenen Inventurprozesse.

Abbildung 7.1 Übersicht über alle Inventurbelege im Cockpit der Drohneninventur-Anwendung

SAP-Inventurbeleg hochladen

Nach dem Klick auf **Neue Inventur anlegen** startet ein intuitiv geführter Assistent (siehe Abbildung 7.2). Im ersten Schritt laden Sie die relevante Inventurbeleg-Datei als **.csv** hoch, die zuvor aus dem SAP-System exportiert wurde. Die Anwendung prüft dabei, ob die Material- und Lagerplatzstammdaten aktuell sind – ein wichtiger Hinweis, um die spätere Auswertung korrekt durchführen zu können. Dieser Schritt legt die Grundlage für die weitere Prozessautomatisierung und sorgt dafür, dass alle Zählungen exakt dem richtigen Inventurbeleg zugeordnet werden.

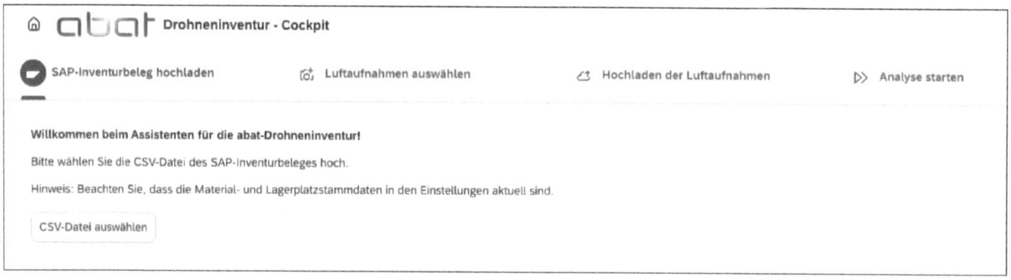

Abbildung 7.2 SAP-Inventurbeleg als ».csv«-Datei hochladen

Drohnenaufnahme hochladen

Im nächsten Schritt werden die benötigten Drohnenaufnahmen hochgeladen (siehe Abbildung 7.3). Sie wählen hier per Drag and Drop alle Bilddateien aus, die auf der SD-Karte der Drohne gespeichert wurden. Besonders wichtig ist, dass sowohl Fotos aus der Frontperspektive (also direkt von vorne auf die Lagergüter) als auch aus der Topperspektive (Vogelperspektive) hochgeladen werden. Nur durch die Kombination beider Blickwinkel kann die KI später zuverlässig Objekte erkennen, zählen und klassifizieren. Dieser Upload bildet damit die Grundlage für die Erstellung eines detaillierten 3D-Modells und die nachfolgende Auswertung der Bestände.

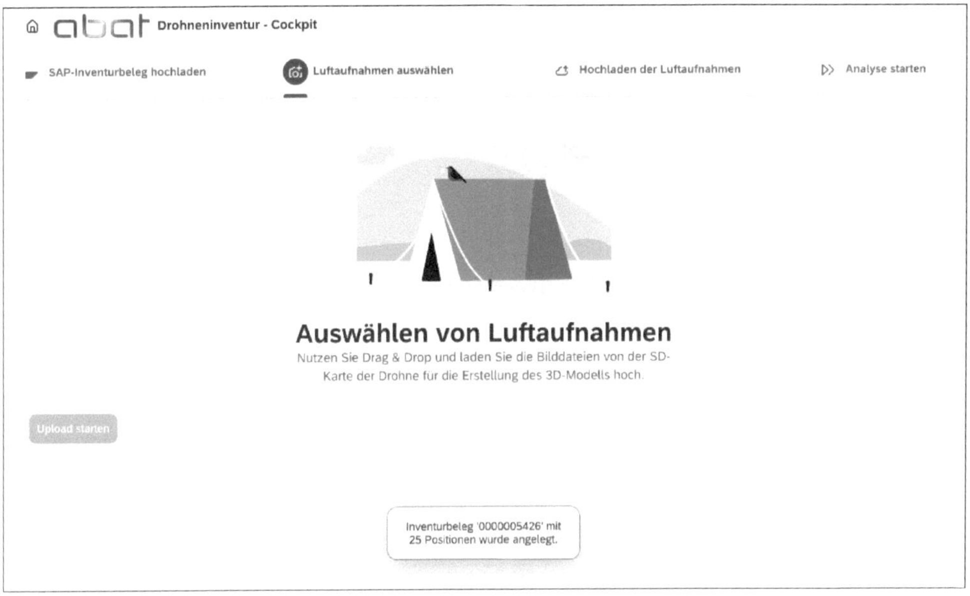

Abbildung 7.3 Luftaufnahmen aus Front- und Topperspektive hochladen

Übersicht über die Drohnenbilder

Nachdem die gewünschten Bilder ausgewählt wurden, zeigt die Anwendung alle Dateien in einer übersichtlichen Liste an (siehe Abbildung 7.4). Jede Bilddatei wird mit Vorschaubild, Dateiname und Größe dargestellt. Zusätzlich ist der aktuelle Upload-Status für jede Datei erkennbar, sodass Sie jederzeit den Fortschritt und eventuelle Probleme kontrollieren kann. So lässt sich bereits vor dem eigentlichen Hochladen sicherstellen, dass alle relevanten Aufnahmen korrekt ausgewählt wurden und keine Datei fehlt – ein wichtiger Schritt für die spätere, fehlerfreie Analyse durch die KI.

Analyse starten

Bevor die eigentliche Analyse der hochgeladenen Drohnenbilder gestartet wird, haben Sie die Möglichkeit, eine E-Mail-Adresse zu hinterlegen (siehe Abbildung 7.5). Sobald die Auswertung abgeschlossen ist, erhalten Sie automatisch eine Benachrichtigung und können sich so anderen Aufgaben widmen, ohne den Fortschritt ständig überwachen zu müssen. Zusätzlich kann die gewünschte Analysequalität ausgewählt werden – etwa **Standard** für eine schnelle Auswertung oder höhere Qualitätsstufen, falls maximale Genauigkeit gefordert ist.

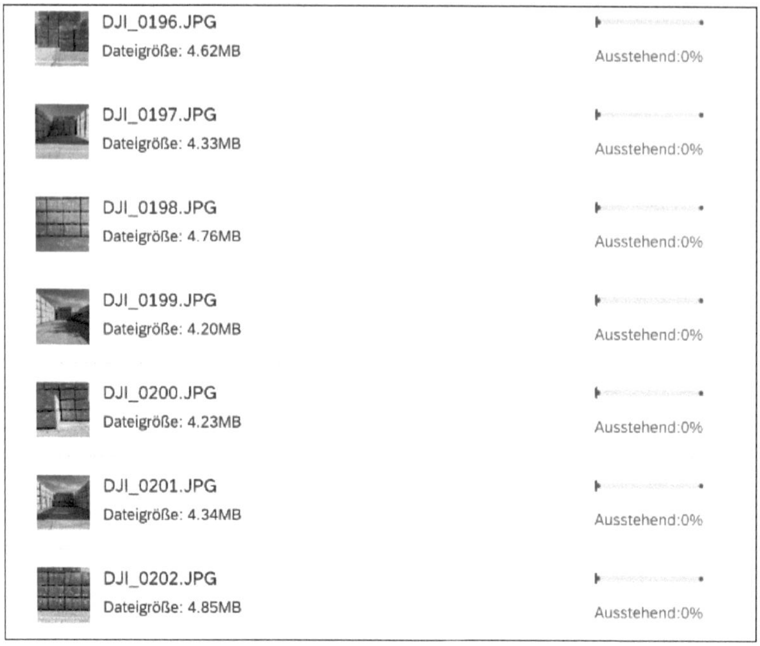

Abbildung 7.4 Übersicht und Statuskontrolle aller ausgewählten Drohnenbilder vor dem Upload

Mit einem Klick auf **Analyse starten** wird der Prozess angestoßen. Die Anwendung weist darauf hin, dass die Analyse abhängig vom Umfang der Daten einige Minuten in Anspruch nehmen kann.

Abbildung 7.5 Analyse mit optionaler E-Mail-Benachrichtigung starten

Analyseschritte nachvollziehen

Während die Auswertung der Drohnenbilder läuft, behalten Sie jederzeit den Überblick über den aktuellen Fortschritt (siehe Abbildung 7.6). Die Anwendung zeigt nicht nur an, dass die Inventurergebnisse ermittelt werden, sondern visualisiert den gesamten Prozess in einzelnen Schritten: vom Vorbereiten und Sortieren der Bilder über das Erstellen des 3D-Modells bis hin zur abschließenden Auswertung. Zusätzlich liefert eine Konsolenausgabe Log-Informationen, sodass auch technische Details und etwaige Fehler transparent nachvollzogen werden können. So wissen Sie jederzeit, in welchem Stadium sich die Analyse befindet und wie weit der Vorgang fortgeschritten ist.

Abbildung 7.6 Fortschrittsanzeige und detaillierte Statusinformationen während der laufenden Analyse

Transparente Ergebnisse

Nach Abschluss der Analyse werden die Inventurergebnisse unmittelbar in der Anwendung angezeigt (siehe Abbildung 7.7). Sie erhalten eine übersichtliche Tabelle mit allen relevanten Informationen zu den Lagerplätzen, den Soll- und Ist-Beständen sowie den erkannten Materialien. Zusätzlich werden die Ergebnisse auf einer Karte visualisiert: Jeder Lagerplatz und jede erkannte Palettenstapelung wird grafisch markiert, sodass auf einen Blick ersichtlich ist, wo wie viele Paletten gezählt wurden. Diese Kombination aus tabellarischer und visueller Darstellung sorgt für maximale Nachvollziehbarkeit – sämtliche durch die KI erkannten Objekte und Zählungen werden transparent und überprüfbar präsentiert. Damit wird dem Blackbox-Vorwurf vorgebeugt, und die Ergebnisse sind jederzeit plausibel nachvollziehbar.

ID	Lagerplatz	Material SOLL	Material IST	Anzahl SOLL	Anzahl IST
2605	4901	15.22104	k.A.	11	11
2606	4902	15.22104	k.A.	60	60
2607	4903	12.02674	k.A.	50	50
2608	4904	15.22183	k.A.	84	84
2609	4905	15.22183	k.A.	77	77
2610	4906	15.22183	k.A.	121	121
2611	4907	13.01181	k.A.	112	112
2612	4908	13.01181	k.A.	33	33
2613	4909	13.01181	k.A.	96	96
2614	4910	15.22292	k.A.	26	26
2615	4911	15.22292	k.A.	69	66
2616	4912	15.22292	k.A.	74	75
2617	4651	15.22292	15.22292	89	89

Abbildung 7.7 Übersichtliche Darstellung der Inventurergebnisse

Stapelhöhen werden sichtbar

Neben der klassischen Darstellung der Palettenblöcke auf der Lagerkarte ermöglicht die Anwendung auch die Visualisierung im digitalen Oberflächenmodell (DSM) (siehe Abbildung 7.8). Hier wird die Höhe der einzelnen Stapel farblich codiert dargestellt, sodass auf einen Blick erkennbar ist, wie hoch die Paletten an den verschiedenen Lagerplätzen gestapelt sind. Diese zusätzliche Perspektive hilft, Abweichungen und Besonderheiten sofort zu identifizieren – etwa ungewöhnlich hohe oder niedrige Stapelungen. Gerade für die Nachvollziehbarkeit und die Kontrolle der automatisierten Zählung ist diese 3D-Darstellung ein großer Mehrwert: Die Ergebnisse der KI sind damit nicht nur in der Fläche, sondern auch in der Höhe prüfbar.

KI-Ergebnis und Originalbild vergleichen

Fahren Sie mit der Maus über einen bestimmten Lagerplatz auf der Karte, wird das dazugehörige Bild aus der Frontperspektive eingeblendet (siehe Abbildung 7.9). Zusätzlich erscheinen alle relevanten Informationen wie Lagerplatznummer, Soll- und Ist-Material sowie die gezählten Mengen direkt im Overlay. Diese Funktion ermöglicht es, die KI-Ergebnisse direkt mit dem Originalbild zu vergleichen und Abweichungen auf einen Blick zu erkennen. Damit wird die Nachvollziehbarkeit und Plausibilisierung der Zählergebnisse weiter erhöht – Sie können sofort überprüfen, ob das Ergebnis der KI mit der tatsächlichen Situation vor Ort übereinstimmt.

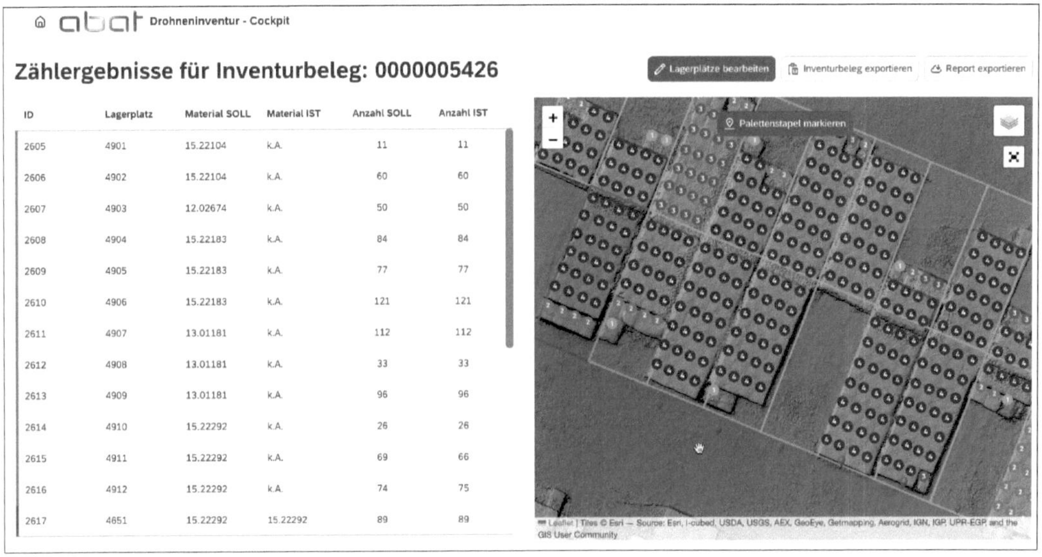

Abbildung 7.8 Visualisierung der Inventurergebnisse im digitalen Oberflächenmodell mit farblicher Darstellung der Höhe

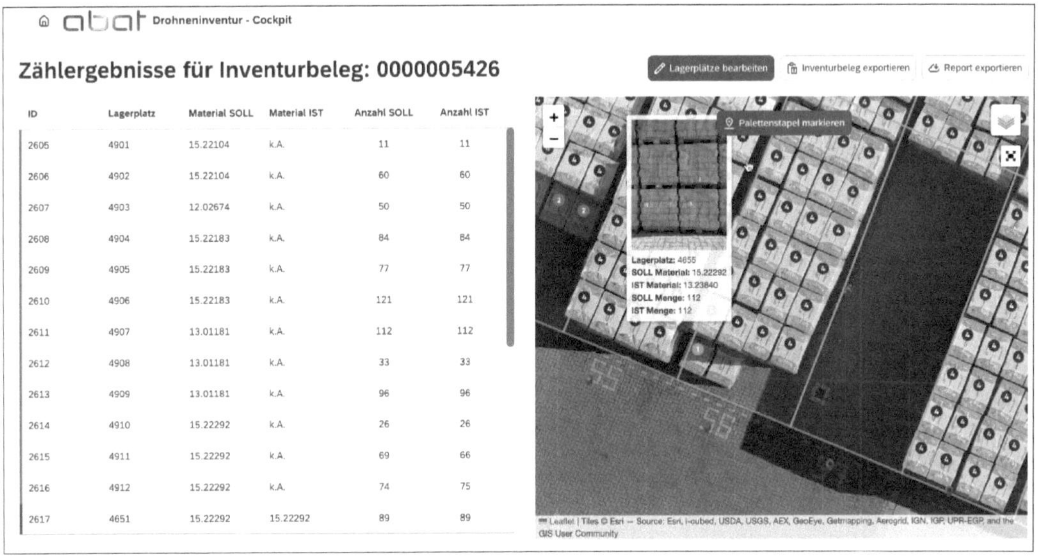

Abbildung 7.9 Detailansicht eines Lagerplatzes mit eingeblendetem Bild aus der Frontperspektive

Korrekturen bleiben jederzeit möglich

Sollte die KI ein Material nicht korrekt erkannt haben oder fehlen Daten, können Sie jederzeit manuelle Korrekturen vornehmen (siehe Abbildung 7.10). Über die Funktion **Materialauswahl** öffnet sich ein Suchdialog, in dem gezielt nach Materialnummern oder Bezeichnungen aus dem hinterlegten

Materialstamm gesucht werden kann. Die gewünschte Materialnummer wird einfach ausgewählt und direkt dem Lagerplatz zugewiesen. Ebenso lassen sich die Mengenangaben manuell anpassen. Damit bleibt die Kontrolle über die Inventurergebnisse stets bei den Anwenderinnen und Anwendern – selbst bei KI-basierten Verfahren ist eine einfache Nachbearbeitung jederzeit möglich.

Abbildung 7.10 Manuelle Korrektur von Materialnummern oder Mengen

Ergebnisse nahtlos weiterverarbeiten

Sobald alle Zählergebnisse geprüft und gegebenenfalls korrigiert wurden, können die Daten ganz einfach exportiert werden (siehe Abbildung 7.11). Mit einem Klick auf **Inventurbeleg exportieren** werden die Ergebnisse in einem passenden Format (z. B. als CSV-Datei) bereitgestellt. Diese Datei lässt sich anschließend direkt in das SAP-System importieren, sodass der gesamte Inventurprozess nahtlos und medienbruchfrei abgeschlossen werden kann. Auch ein zusätzlicher Report für Dokumentationszwecke steht zur Verfügung. Damit wird die Übergabe der automatisiert erfassten Zählergebnisse an SAP einfach gestaltet.

Strukturierte Inventurergebnisse bereit für den SAP-Import

Nach dem Export stehen die Inventurergebnisse im passenden Tabellenformat zur Verfügung (siehe Abbildung 7.12). Die Datei enthält alle für den SAP-Import relevanten Felder wie Lagerplatz, Materialnummer, Menge, Zählwerte und weitere Informationen. Diese Daten können jetzt direkt ins SAP-System übernommen oder vorab noch geprüft und angepasst werden. Durch die strukturierte Ausgabe ist ein reibungsloser Übergang von der automatisierten Zählung zur weiteren Bearbeitung im SAP-System sichergestellt.

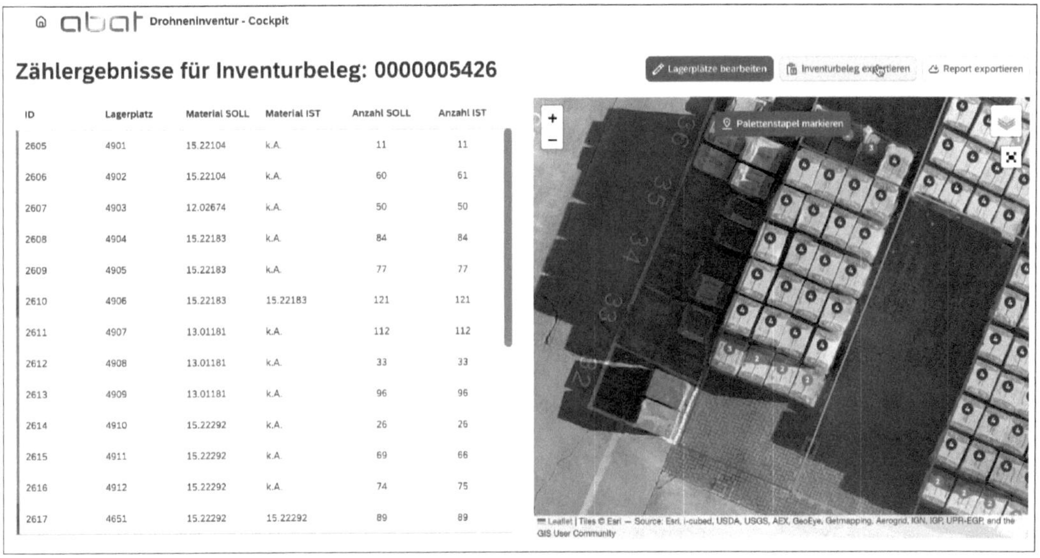

ID	Lagerplatz	Material SOLL	Material IST	Anzahl SOLL	Anzahl IST
2605	4901	15.22104	k.A.	11	11
2606	4902	15.22104	k.A.	60	61
2607	4903	12.02674	k.A.	50	50
2608	4904	15.22183	k.A.	84	84
2609	4905	15.22183	k.A.	77	77
2610	4906	15.22183	15.22183	121	121
2611	4907	13.01181	k.A.	112	112
2612	4908	13.01181	k.A.	33	33
2613	4909	13.01181	k.A.	96	96
2614	4910	15.22292	k.A.	26	26
2615	4911	15.22292	k.A.	69	66
2616	4912	15.22292	k.A.	74	75
2617	4651	15.22292	15.22292	89	89

Abbildung 7.11 Geprüfte und finale Ergebnisse exportieren

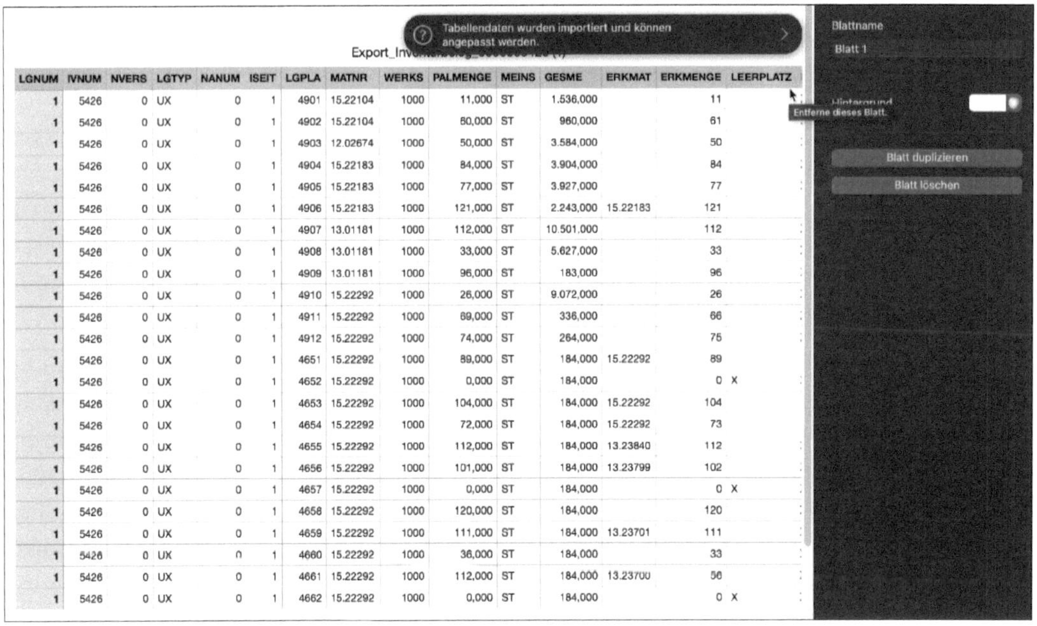

LGNUM	IVNUM	NVERS	LGTYP	NANUM	ISEIT	LGPLA	MATNR	WERKS	PALMENGE	MEINS	GESME	ERKMAT	ERKMENGE	LEERPLATZ
1	5426	0	UX	0	1	4901	15.22104	1000	11,000	ST	1.536,000		11	
1	5426	0	UX	0	1	4902	15.22104	1000	60,000	ST	960,000		61	
1	5426	0	UX	0	1	4903	12.02674	1000	50,000	ST	3.584,000		50	
1	5426	0	UX	0	1	4904	15.22183	1000	84,000	ST	3.904,000		84	
1	5426	0	UX	0	1	4905	15.22183	1000	77,000	ST	3.927,000		77	
1	5426	0	UX	0	1	4906	15.22183	1000	121,000	ST	2.243,000	15.22183	121	
1	5426	0	UX	0	1	4907	13.01181	1000	112,000	ST	10.501,000		112	
1	5426	0	UX	0	1	4908	13.01181	1000	33,000	ST	5.627,000		33	
1	5426	0	UX	0	1	4909	13.01181	1000	96,000	ST	183,000		96	
1	5426	0	UX	0	1	4910	15.22292	1000	26,000	ST	9.072,000		26	
1	5426	0	UX	0	1	4911	15.22292	1000	69,000	ST	336,000		66	
1	5426	0	UX	0	1	4912	15.22292	1000	74,000	ST	264,000		75	
1	5426	0	UX	0	1	4651	15.22292	1000	89,000	ST	184,000	15.22292	89	
1	5426	0	UX	0	1	4652	15.22292	1000	0,000	ST	184,000		0	X
1	5426	0	UX	0	1	4653	15.22292	1000	104,000	ST	184,000	15.22292	104	
1	5426	0	UX	0	1	4654	15.22292	1000	72,000	ST	184,000	15.22292	73	
1	5426	0	UX	0	1	4655	15.22292	1000	112,000	ST	184,000	13.23840	112	
1	5426	0	UX	0	1	4656	15.22292	1000	101,000	ST	184,000	13.23799	102	
1	5426	0	UX	0	1	4657	15.22292	1000	0,000	ST	184,000		0	X
1	5426	0	UX	0	1	4658	15.22292	1000	120,000	ST	184,000		120	
1	5426	0	UX	0	1	4659	15.22292	1000	111,000	ST	184,000	13.23701	111	
1	5426	0	UX	0	1	4660	15.22292	1000	36,000	ST	184,000		33	
1	5426	0	UX	0	1	4661	15.22292	1000	112,000	ST	184,000	13.23700	56	
1	5426	0	UX	0	1	4662	15.22292	1000	0,000	ST	184,000		0	X

Abbildung 7.12 Exportierte Inventurdaten im Tabellenformat zur einfachen Übernahme und Kontrolle vor dem SAP-Import

Das gezeigte Beispiel verdeutlicht, wie sich klassische SAP-Inventurprozesse durch den gezielten Einsatz von KI, Drohnentechnologie und moderner Softwareentwicklung effizient und praxisnah automatisieren lassen. Die vorgestellte Lösung integriert sich nahtlos in bestehende Systemlandschaften, ohne dass tiefgreifende Änderungen an der SAP-Architektur notwendig sind. Gleichzeitig bleibt die Kontrolle jederzeit bei den Anwenderinnen und Anwendern: Jeder Schritt – vom Upload der Inventurbelege über die automatisierte Auswertung bis hin zum Export der Ergebnisse – ist transparent, nachvollziehbar und bei Bedarf anpassbar.

Die Kombination aus intuitiver Benutzeroberfläche, leistungsstarkem Backend und KI-gestützter Bildauswertung sorgt für eine erhebliche Entlastung im Inventuralltag, steigert die Genauigkeit der Zählungen und macht Prozesse insgesamt flexibler. So profitieren Unternehmen sowohl von modernster Technologie als auch von der Sicherheit und Stabilität ihrer bewährten SAP-Umgebung.

Das gezeigte Szenario dient als Blaupause für die schrittweise Digitalisierung von Kernprozessen – ein Ansatz, der sich flexibel auf andere Anwendungsfälle übertragen lässt. Damit ist der Weg frei für mehr Effizienz, Transparenz und Innovationskraft im Lager- und Bestandsmanagement.

7.4 Zusammenfassung

Von der Zettelwirtschaft zur Digitalisierung

Die FiktivLogistik AG stand – wie viele andere Unternehmen – jedes Jahr vor derselben Herausforderung: ein riesiges Gelände, tausende Paletten, ein eingespieltes Team – aber eine manuelle Inventur, die Aufwand, Fehlerquellen und Frustration bedeutete. Das Beispiel im Einstieg hat gezeigt, wie klassische SAP-Prozesse an ihre Grenzen stoßen, sobald der Lagerbestand groß, das Gelände unübersichtlich und der Zeitdruck hoch wird.

Mit dem Einsatz von Drohnen, KI und automatisierter Bilderkennung wurde ein neuer Weg eingeschlagen: Die eigentliche Zählung wird nicht mehr vom Menschen, sondern von Maschinen übernommen. Die Drohnen liefern hochwertige Bilddaten, die KI erkennt und zählt Objekte zuverlässig – und die Ergebnisse werden transparent, revisionssicher und strukturiert wieder in das SAP-System importiert. Für das Lagerteam heißt das: weniger Zeit auf dem Hof, weniger Fehlerquellen und mehr Fokus auf die Ausnahmen, die tatsächlich Aufmerksamkeit benötigen.

KI geht auch ohne Cloud

Die Analyse dieses Praxisbeispiels zeigt, dass die größte Hürde oft nicht die Technologie selbst ist – sondern die Auswahl der richtigen Rahmenbedingungen und die Integration in bestehende Prozesse. Die vorgestellte Lösung kommt ohne SAP BTP oder Cloud aus, ist damit gerade für Unternehmen attraktiv, die klassische SAP-Landschaften betreiben und keine vollständige Transformation wollen oder können. Entscheidend ist die Schnittstelle zwischen SAP und KI – der Rest bleibt wie gewohnt. So kann Digitalisierung Schritt für Schritt und in überschaubaren Projekten gelingen.

Jede KI-Entscheidung bleibt nachvollziehbar

Neben dem Effizienzgewinn überzeugt vor allem die Transparenz: Jeder Zählvorgang ist durch Bilder, Daten und Karten nachvollziehbar dokumentiert. Wo vorher Blackbox und Zettelwirtschaft herrschten, sind heute alle Ergebnisse prüfbar – ein zentraler Faktor für Revision, Qualitätssicherung und Akzeptanz im Team. Die Möglichkeit, Zählergebnisse bei Bedarf manuell zu korrigieren, rundet den Ansatz ab und sichert die Praxistauglichkeit.

Technik als Werkzeug – nicht zum Selbstzweck

Das Kapitel hat die wichtigsten Erfolgsfaktoren, Grenzen und Risiken offengelegt. Klar ist: Nicht jedes Lager eignet sich für diese Lösung. Sichtbarkeit, Produktkennzeichnung und klare Strukturen sind Voraussetzung. Ebenso sollten rechtliche und technische Rahmenbedingungen beachtet werden, von Fluggenehmigungen bis Datenschutz. Doch dort, wo die Rahmenbedingungen passen, ist die Kombination aus klassischem SAP, Drohne und KI ein mächtiges Werkzeug, um die Inventur effizienter, genauer und zukunftssicher zu gestalten.

Abschließend lässt sich festhalten: Das Praxisbeispiel ist mehr als nur ein technischer Showcase. Es ist eine Blaupause, wie Unternehmen mit überschaubarem Aufwand einen echten Mehrwert schaffen und gleichzeitig die Tür für weitere Innovationen öffnen können. So wird aus der lästigen Pflichtübung Inventur ein moderner, digitaler Prozess, der Mitarbeitende entlastet und Unternehmensdaten verlässlich macht.

Kapitel 8

KI im Wareneingang und in der Warenkontrolle

Die visuelle Inspektion von Waren im Wareneingang wird durch Computer Vision beschleunigt und standardisiert. KI erkennt Schäden, Abweichungen oder fehlende Artikel. In Verbindung mit SAP EWM können Prozesse effizienter gestaltet und Rückfragen mit Kunden vereinfacht werden.

Der Wareneingang ist eine der zentralen Schnittstellen zwischen Lieferanten und Unternehmen – hier entscheidet sich, ob Materialflüsse reibungslos laufen oder Verzögerungen und Fehler entstehen. Gerade in stark ausgelasteten Lagern sind klassische manuelle Prüf- und Zählprozesse fehleranfällig, zeitintensiv und für die Mitarbeitenden belastend. KI-gestützte Bilderkennung eröffnet hier neue Möglichkeiten: Routineaufgaben wie das Zählen oder die visuelle Kontrolle lassen sich automatisieren und direkt in die SAP-Prozesse integrieren.

In Abschnitt 8.1 erhalten Sie einen Überblick über die typische Ausgangssituation im Wareneingang und die damit verbundenen Schwachstellen. Anschließend wird das Zielbild vorgestellt, das sich durch den Einsatz von KI und Cloud-Services in Verbindung mit SAP EWM erreichen lässt. Sie erfahren, welche unmittelbaren Vorteile die automatisierte Bilderkennung in Bezug auf Geschwindigkeit, Qualität und Entlastung der Mitarbeitenden bietet. und Am Beispiel der Noventis GmbH lernen Sie, wie der Weg vom klassischen Prozessen hin zur KI-gestützten Anlieferung aussehen kann.

In Abschnitt 8.2 widmen wir uns den nötigen Voraussetzungen für eine erfolgreiche Einführung von KI im Wareneingang. Dazu gehören neben einer geeigneten und robusten Hardware auch eine zuverlässige Netzwerkinfrastruktur im Lager, die passgenaue SAP-Systemlandschaft sowie die sichere Anbindung von Cloud-Services über die SAP BTP. Außerdem gehen wir darauf ein, welche Anforderungen an Bildqualität, Modelltraining und laufende Optimierung zu beachten sind – denn die Qualität der Daten entscheidet letztlich über den Erfolg der Bilderkennung.

In Abschnitt 8.3 konzentrieren wir uns wieder ganz auf die technische Umsetzung. Hier führen wir Sie durch die Integration eines externen KI-Service in die SAP BTP: Wir zeigen, wie Sie eine Destination für den Microsoft-Azure-Service anlegen, wie die Verbindung und Authentifizierung konfiguriert werden und wie Sie den Service praktisch im SAP-Prozess **Anlieferung anlegen** einsetzen. Sie lernen, wie ein Bild hochgeladen, vom KI-Service ausgewertet und das Zählergebnis automatisch in die App übernommen wird – und wie dadurch die klassische Zählarbeit vollständig entfällt. Besonderes Augenmerk liegt dabei auf der technischen Integration und Konfiguration. Aspekte wie die Entwicklung eigener KI-Modelle oder umfassende UI-Anpassungen werden an dieser Stelle nicht vertieft behandelt.

8.1 Einleitung und Zielsetzung

Ausgangssituation

Die Lkw fahren vor, Paletten werden abgeladen, der Wareneingang der Noventis GmbH, einem international tätigen Automobilzulieferer, startet in die neue Woche. Im Trubel zwischen Gitterboxen, Kartons und Lieferpapieren greifen die Mitarbeitenden wie gewohnt zu mobilen Geräten – der erste Schritt: Die tatsächlichen Mengen kontrollieren und im SAP-System erfassen. Noch bevor der erste Kaffee getrunken ist, herrscht Betriebsamkeit. »208 Kupplungen sollen es laut Lieferschein sein – aber passt das wirklich?«, fragt die Schichtleitung. Die Kartons sind gestapelt, das Zählen beginnt. Routine, aber oft fehleranfällig und zeitintensiv.

Zielbild

Früher war das normal: Zwei zählen, einer notiert, später wird alles in SAP EWM eingetragen. Passt etwas nicht, beginnt das Nachzählen – oder es hagelt Rückfragen vom Einkauf, weil die gebuchte Menge nicht mit dem Lieferschein übereinstimmt. Doch heute geht Noventis einen neuen Weg: Ein KI-basierter Cloud-Service, bereitgestellt in Microsoft Microsoft Azure und als Destination in der SAP BTP angebunden, unterstützt den Wareneingang. Das Prinzip ist einfach: Die Mitarbeitenden fotografieren die angelieferten Waren mit dem Tablet oder Smartphone. Die KI erkennt und zählt die Artikel in Sekunden – und gibt das Ergebnis direkt an den SAP-Prozess **Anlieferung anlegen** in SAP Extended Warehouse Management (SAP EWM) weiter.

Vorteile

Die Vorteile werden sofort spürbar: Fehlerquellen werden minimiert, das Team kann sich auf den nächsten Wareneingang konzentrieren. Die gezählte Menge wird direkt in der Anlieferung hinterlegt – manuelles Erfassen entfällt, die Buchung ist sofort möglich. Was hat sich verändert?

- Prozesse werden schneller: Wareneingänge werden ohne Verzögerung gebucht, das Lager bleibt aktuell.
- Fehler werden reduziert: keine Zahlendreher oder Übertragungsfehler mehr.

- Mitarbeitende werden entlastet: mehr Zeit für anspruchsvolle Aufgaben und weniger monotone Routine.

Am realitätsnahen Beispiel der Noventis GmbH führen wir Sie in den folgenden Abschnitten Schritt für Schritt von der klassischen Anlieferung bis zur KI-gestützten Anlieferung – inklusive Praxistipps zur Integration in Ihre SAP-Landschaft.

8.2 Die richtigen Voraussetzungen schaffen

Damit KI im Wareneingang zuverlässig funktioniert, braucht es mehr als nur eine gute Idee und einen Cloud-Service. Entscheidend sind die richtigen Voraussetzungen – von der passenden Hardware über eine stabile Netzwerkanbindung bis hin zur Integration in SAP EWM und die SAP BTP. Ebenso wichtig sind qualitativ hochwertige Trainingsdaten sowie klare Prozesse für Erweiterungen, Monitoring und Support. In diesem Abschnitt zeigen wir, welche Grundlagen geschaffen werden müssen, damit die Automatisierung im Lageralltag reibungslos funktioniert und langfristig Mehrwert bringt.

8.2.1 Hardware und Netzwerkanbindung

Technische Infrastruktur

Die erfolgreiche Einführung von *KI-gestützter Bilderkennung* im Wareneingang steht und fällt mit der passenden technischen Infrastruktur. Gerade in der Praxis zeigt sich: Ein klarer Blick auf die benötigte Hardware, eine stabile Netzwerkanbindung und die reibungslose Integration in die SAP-Landschaft sind entscheidend, um die Potenziale der Automatisierung voll auszuschöpfen.

Robuste Hardware

Im Mittelpunkt steht zunächst die Frage, mit welchen Geräten Bilder erfasst und verarbeitet werden können. In der Regel empfehlen sich robuste Tablets oder moderne Smartphones, die über ausreichend gute Kameras verfügen. Auch spezielle mobile Scanner mit integrierter Kamera sind denkbar, sofern sie sich in die Systemlandschaft einbinden lassen. Wichtig ist dabei nicht nur die reine Hardwarequalität, sondern auch die einfache Bedienbarkeit im oft hektischen Lageralltag. Die Geräte müssen stoßfest, benutzerfreundlich und für wechselnde Lichtverhältnisse geeignet sein.

Stabiles WLAN

Ein weiterer technischer Eckpfeiler ist die Netzwerkanbindung im Lager. Ein flächendeckendes und stabiles WLAN ist Voraussetzung, damit Bilddaten zuverlässig und verzögerungsfrei an den Cloud-Service übertragen werden können. Funklöcher oder Verbindungsabbrüche können Prozesse ausbremsen und sollten im Vorfeld ausgeschlossen werden.

[+]

Frühzeitiges Testen der Infrastruktur

Testen Sie die technische Infrastruktur frühzeitig in einem Pilotbereich des Lagers. So lassen sich Schwachstellen in der WLAN-Abdeckung, Geräteeignung oder -integration schnell erkennen und vor dem Rollout beheben.

8.2.2 SAP-Lösungen und Integrationen

SAP EWM konfigurieren

Die Bilderkennung entfaltet ihren vollen Nutzen erst dann, wenn sie eng mit den bestehenden SAP-Prozessen verzahnt ist. In der Praxis bedeutet das: SAP EWM muss so konfiguriert sein, dass die neuen, automatisierten Abläufe unterstützt werden. Hierzu zählt beispielsweise die Erweiterung des Prozesses **Anlieferung anlegen**, um externe KI-Services als Datenquelle für die Mengenübernahme einzubinden.

SAP BTP für die Cloud-Integration

Eine zentrale Rolle spielt die SAP BTP als Integrationsschicht zwischen dem SAP-System und externen Cloud-Services wie der Microsoft Azure-Bilderkennung. In der SAP BTP wird der Microsoft-Azure-Dienst als Destination angelegt und konfiguriert. Dies ermöglicht es, aus dem SAP-EWM-Prozess direkt auf den Cloud-Service zuzugreifen und Ergebnisse automatisiert weiterzuverarbeiten.

APIs dokumentieren und freischalten

Die Anbindung an externe Cloud-Dienste – etwa Microsoft Microsoft Azure – benötigt weitere technische Voraussetzungen. Zunächst müssen die notwendigen Schnittstellen (APIs) sauber dokumentiert und freigeschaltet sein. Ebenso sollte geprüft werden, ob firmeninterne Firewalls oder Netzwerkrichtlinien angepasst werden müssen, damit der Datenaustausch mit dem Cloud-Service reibungslos funktioniert.

Sicherheit von Anfang an mitdenken

Nicht zuletzt stehen bei Cloud-Lösungen immer auch Sicherheitsaspekte im Fokus. Bilddaten und Prozessinformationen müssen sicher übertragen und verarbeitet werden – Verschlüsselung und Authentifizierung sind dabei Pflicht. Darüber hinaus gilt es, die Rollen- und Berechtigungssteuerung sowohl in der SAP-Landschaft als auch in der Cloud im Blick zu behalten, damit nur autorisierte Personen Zugriff auf sensible Daten und Prozesse erhalten.

Prozesse definieren

Damit KI im Wareneingang echten Mehrwert liefern kann, ist ein grundlegendes Verständnis der verwendeten Technologien und ihrer Anforderungen unerlässlich. Die Bilderkennung bildet das Herzstück vieler Automatisierungsinitiativen im Lager – und verlangt nach definierten Prozessen rund um Bildqualität, Modelltraining und laufende Optimierung.

Nahtlose Prozessintegration

Die eigentliche Stärke KI-gestützter Bilderkennung zeigt sich erst, wenn sie nahtlos in die bestehenden SAP-Prozesse integriert ist. Nur dann entsteht ein automatisierter Ablauf vom ersten Foto im Wareneingang bis zur Buchung der Anlieferung – ohne Medienbruch, Zeitverlust oder manuelle Zwischenschritte. In SAP EWM muss sich die KI-Bilderkennung nahtlos in den Anlieferungsprozess einfügen. Die Verbindung erfolgt in der Regel über standardisierte Schnittstellen (APIs oder OData-Services), die es ermöglichen, Ergebnisse des KI-Service (z. B. gezählte Stückzahl) direkt in die SAP-Anwendung zu übernehmen. Die SAP BTP übernimmt dabei die Rolle des Vermittlers zwischen SAP EWM und externen Cloud-Services. Durch die Integration kann der SAP-Prozess **Anlieferung anlegen** automatisiert um die Funktion der Bilderkennung erweitert werden: Nach dem Erfassen eines Bilds im Lager wird die gezählte Menge automatisch übernommen, geprüft und im SAP-Backend verbucht.

Transparenter Umgang mit Ausnahmen

Auch die beste Automatisierung muss flexibel auf Ausnahmen reagieren können. Mengenabweichungen, unklare Bilder oder technische Störungen gehören zum Alltag. Das System muss in der Lage sein, solche Fälle zu erkennen und an die Mitarbeitenden zurückzuspielen – idealerweise in Echtzeit und mit klaren Handlungsempfehlungen. So können etwa bei einer Mengenabweichung automatisch Workflows angestoßen werden, die eine manuelle Nachprüfung oder Freigabe im SAP-System auslösen. Auch technische Fehler – beispielsweise eine unterbrochene Cloud-Verbindung – sollten sofort gemeldet und dokumentiert werden.

8.2.3 KI und Trainingsdaten

Die KI muss zählen können

Im Kern unterscheidet die KI zwischen verschiedenen Aufgaben der Bildverarbeitung: Bei der Klassifikation erkennt die KI, welche Art von Objekt auf einem Bild dargestellt ist (z. B. »Dies ist eine Kupplung.«). Die Objekterkennung geht einen Schritt weiter: Sie lokalisiert und identifiziert mehrere Objekte auf einem Bild und kann deren Position bestimmen. Im Lagerumfeld ist das Zählen besonders relevant – die Fähigkeit, nicht nur einzelne Objekte zu erkennen, sondern deren genaue Anzahl zu bestimmen, auch wenn sie sich überlappen oder gestapelt sind.

Qualität der Bilder

Die Leistungsfähigkeit jeder KI steht und fällt mit der Qualität der Bilder, die ihr zur Verfügung stehen. Hochauflösende, scharfe Bilder aus klaren Perspektiven bilden die beste Grundlage. Zu dunkle, unscharfe oder verwackelte Aufnahmen führen zu Fehlinterpretationen und falschen Ergebnissen. Auch der Blickwinkel spielt eine Rolle: Eine seitliche Perspektive kann dazu führen, dass hintere Objekte verdeckt bleiben oder falsch gezählt werden. Ebenso müssen Lagerspezifika wie Verpackungsfolien, Etiketten oder Verschmutzungen berücksichtigt werden. Die KI muss lernen, relevante von irrelevanten Bildinformationen zu unterscheiden und sich auf die eigentlichen Produkte zu konzentrieren.

Menge der Bilder

Neben der Qualität ist auch die Menge entscheidend: Je mehr unterschiedliche Beispiele (z. B. verschiedene Perspektiven, Verpackungen, Lichtverhältnisse) vorliegen, desto robuster ist die Bilderkennung – auch bei neuen Warenarten oder veränderten Rahmenbedingungen.

Realistische Bilder aus dem eigenen Lager

Typische Herausforderungen im Lageralltag sind vielfältig: Unübersichtliche Stapel, reflektierende Folien, unterschiedliche Verpackungsgrößen oder wechselnde Lichtverhältnisse stellen jede Bilderkennung vor Hürden. Schon kleine Störungen können dazu führen, dass das Modell falsch zählt oder Objekte nicht erkennt. Damit eine KI zuverlässig zählen kann, muss sie anhand zahlreicher Beispielbilder trainiert werden. Dafür sind große Mengen repräsentativer und vielfältiger Trainingsdaten notwendig. Besonders wichtig: Die Bilder sollten realistische Szenarien aus dem eigenen Lager abbilden – mit allen typischen Besonderheiten und Fehlerquellen.

Labeling

Das sogenannte *Labeling* oder die *Annotation* ist dabei ein entscheidender Schritt: Jedes Objekt auf den Trainingsbildern muss von Menschen korrekt markiert und mit Zusatzinformationen (z. B. Produkttyp, Stückzahl) versehen werden. Je besser und vollständiger dieser Schritt, desto besser lernt das Modell.

Flexibilität des KI-Modells

Ein KI-Modell muss nicht nur für den aktuellen Anwendungsfall funktionieren, sondern sollte auch an neue Produkte, Verpackungen oder Umgebungen anpassbar sein. Hier kommt die Übertragbarkeit ins Spiel: Kann das Modell schnell nachtrainiert werden, wenn sich das Sortiment ändert oder neue Herausforderungen auftreten?

Kontinuierliches Finetuning

Ein kontinuierlicher Verbesserungsprozess ist essenziell: Fehlerfälle müssen erkannt, gesammelt und ausgewertet werden. In regelmäßigen Feedback-Schleifen werden neue Bilder mit fehlerhaften oder nicht erkannten Objekten nachannotiert und ins Training eingespeist. So bleibt das System lernfähig und verbessert sich laufend.

[+]

Stetige Verbesserung der KI

Führen Sie von Beginn an ein einfaches System zur Rückmeldung von Fehlern und zur Nachannotation neuer Bilder ein. So können Mitarbeitende direkt zur Verbesserung der KI beitragen.

8.2.4 Notwendige Erweiterungen und Support

SAP-Fiori-Apps erweitern

Die Flexibilität von SAP zeigt sich besonders darin, dass bestehende Prozesse und Anwendungen gezielt erweitert werden können. Häufig empfiehlt es sich, Standard-SAP-Fiori-Apps an die neuen Anforderungen anzupassen – etwa um neue Buttons für die Ansteuerung der Bilderkennung, zusätzliche Anzeigefelder oder neue Prozessschritte zu integrieren. Das *SAPUI5 Adaptation Project* ermöglicht es, bestehende SAP-Fiori-Apps im *SAP Business Application Studio* ohne großen Entwicklungsaufwand zu erweitern. So können Unternehmen z. B. neue UI-Elemente, Felder oder Validierungen hinzufügen, ohne den SAP-Standard zu verlassen. Auch die Integration externer Services – wie des KI-Zählservice – lässt sich so elegant abbilden.

[+]

Erweiterung von Standard-Apps

Nutzen Sie die Möglichkeiten zur Erweiterung von Standard-Apps frühzeitig! Kleine Anpassungen im UI (z. B. neues Feld für KI-Ergebnis, Zusatzbutton für Bildaufnahme) bringen schnelle Mehrwerte und beschleunigen die Akzeptanz bei den Anwenderinnen und Anwendern.

Backend-Logik erweitern

Darüber hinaus bieten klassische Erweiterungspunkte in SAP (z. B. BAdIs, User Exits) die Möglichkeit, Backend-Logik gezielt zu erweitern oder an unternehmensspezifische Anforderungen anzupassen.

Monitoring und Alerts

Ein stabiler, produktiver Betrieb erfordert eine kontinuierliche Überwachung der angebundenen KI-Services und der Integrationsschnittstellen. Dazu gehören regelmäßiges Monitoring, automatisierte Logs sowie Alerts bei Störungen oder Fehlermeldungen. Das Ziel: Fehler werden frühzeitig erkannt und können schnell behoben werden – bevor sie Auswirkungen auf den Betrieb haben.

Support

In der Praxis bewährt sich ein mehrstufiges Supportkonzept: Fehlerhafte Prozesse werden automatisch protokolliert, im SAP-Backend dokumentiert und können im 2nd- oder 3rd-Level-Support gezielt analysiert werden. Idealerweise werden auch Nutzungsstatistiken und Erfolgsquoten regelmäßig ausgewertet, um das System laufend weiterzuentwickeln.

Zusammengefasst sollten Unternehmen auf folgende Voraussetzungen achten, um KI-gestützte Bilderkennung im Wareneingang erfolgreich einführen zu können:

- **Robuste Hardware**: Tablets, Smartphones oder Scanner mit guter Kameraqualität, stoßfest und benutzerfreundlich
- **Stabile Netzwerkanbindung**: flächendeckendes WLAN ohne Funklöcher, zuverlässige Datenübertragung
- **SAP-Integration**: Konfiguration von SAP EWM, Anbindung an die SAP BTP, saubere API-Dokumentation und Freischaltung
- **Sicherheit**: verschlüsselte Datenübertragung, Authentifizierung sowie Rollen- und Berechtigungskonzepte
- **Prozessdefinition**: klare Regeln für Bildqualität, Modelltraining, Optimierung und Ausnahmebehandlung
- **Qualitative Trainingsdaten**: ausreichend viele, realistische Bilder aus dem eigenen Lager mit korrektem Labeling
- **Flexibles KI-Modell**: Nachtrainierbarkeit bei neuen Produkten und kontinuierliches Finetuning
- **Erweiterungen im SAP-Umfeld**: Anpassung von SAP-Fiori-Apps, Backend-Logik und UI, Monitoring der Services
- **Supportkonzept**: mehrstufiger Support, Monitoring und regelmäßige Auswertung von Nutzungs- und Erfolgskennzahlen

8.3 Technische Umsetzung

In den vorangegangenen Kapiteln haben wir uns intensiv mit der Entwicklung, dem Training und der Bereitstellung von KI-Services beschäftigt. Die Grundlagen zu FastAPI und ML wurden dort ausführlich behandelt. Die intensive Betrachtung der Erweiterung von SAP-Standard-Apps würde den Umfang dieses Buchs sprengen.

In diesem Kapitel richten wir deshalb den Fokus auf die Integration des KI-Service in die SAP-Landschaft, insbesondere in die SAP BTP, und auf die praktische Einbindung dieses Service in einen beispielhaften Geschäftsprozess. Die eigentliche Erstellung und das Training des Bilderkennungsmodells ebenso wie das vollständige Customizing und die UI-Erweiterung von Standard-Apps werden an dieser Stelle nicht erneut thematisiert.

Kernfragen des Abschnitts

Kernfragen, die wir hier beantworten, sind die folgenden:

- Wie wird ein externer KI-Service, beispielsweise aus Microsoft Azure, als Destination in der SAP BTP angebunden?
- Was ist bei der Konfiguration hinsichtlich Sicherheit, Authentifizierung und Rollen zu beachten?

- Wie sieht eine beispielhafte Anwendung aus, die diesen Service im Geschäftsprozess (z. B. beim Anlegen einer Anlieferung in SAP EWM) nutzt?
- Welche Best Practices helfen bei der Umsetzung und vermeiden typische Stolpersteine?

SAP BTP als Brücke

Wir führen Sie in diesem Abschnitt Schritt für Schritt durch die technische Integration des bestehenden Service, von der Vorbereitung und Konfiguration der SAP BTP über die Einbindung in den SAP-Prozess bis hin zur Verwendung der KI-Ergebnisse im Geschäftsalltag. Im Mittelpunkt steht dabei die praktische Demonstration, wie ein KI-Service mit geringem Entwicklungsaufwand produktiv in einer SAP-Umgebung nutzbar gemacht werden kann.

Ziel ist es, Ihnen eine kompakte, praxiserprobte Anleitung an die Hand zu geben, um bestehende Services flexibel und sicher in SAP-Prozesse zu integrieren – unabhängig davon, ob Sie eigene KI-Modelle nutzen oder auf am Markt verfügbare Services zurückgreifen.

8.3.1 Destination in der SAP BTP anlegen

Destinations

Um den in Microsoft Azure bereitgestellten KI-Service aus SAP-Anwendungen heraus nutzen zu können, muss dieser zunächst als sogenannte *Destination* in der SAP BTP hinterlegt werden. Die Destination fungiert als zentrale Konfiguration für die Kommunikation zwischen SAP und externen Services und stellt sicher, dass Zugriffe einheitlich, sicher und wartbar sind.

Zählergebnis direkt zurück im SAP-System

Im vorliegenden Szenario handelt es sich um einen FastAPI-Service, der als Container Instance in Microsoft Azure betrieben wird. Dieser Service stellt verschiedene HTTP-Endpunkte zur Verfügung, darunter einen Endpunkt, an den ein Bild als base64-codierter String hochgeladen werden kann. Das Zählergebnis wird direkt als Antwort vom Service zurückgeliefert – zum Beispiel die Anzahl der erkannten Produkte auf dem Foto.

Destination anlegen

Das Anlegen der Destination erfolgt in wenigen Schritten:

- Öffnen Sie im SAP BTP Cockpit den Menüpunkt **Connectivity • Destinations**. Hier werden alle existierenden und neu zu erstellenden Destinations verwaltet.
- Klicken Sie auf **New Destination**, um eine neue Verbindung anzulegen.
- Füllen Sie die Konfigurationsmaske wie folgt aus:
  - **Name**: z. B. AI-Demo
  - **Type**: HTTP
  - **Description**: z. B. AI-Demo Endpoint

  - **URL**: die URL des gewünschten Microsoft-Azure-Endpunkts, etwa `http://51.105.176.83:8000/upload_and_summarize_detections_base64`
  - **Proxy Type**: Internet
  - **Authentication**: je nach Serviceanforderung, im Beispiel NoAuthentication
  - **Additional Properties**: je nach Bedarf, z. B. `WebIDEEnabled = true`, `WebIDESystem = AI-Demo`
- Speichern Sie die neue Destination durch einen Klick auf **Save**.

In Abbildung 8.1 sehen Sie beispielhaft die Anlage der HTTP-Destination für den Microsoft-Azure-basierten KI-Service, inklusive aller wesentlichen Parameter und Zusatzoptionen.

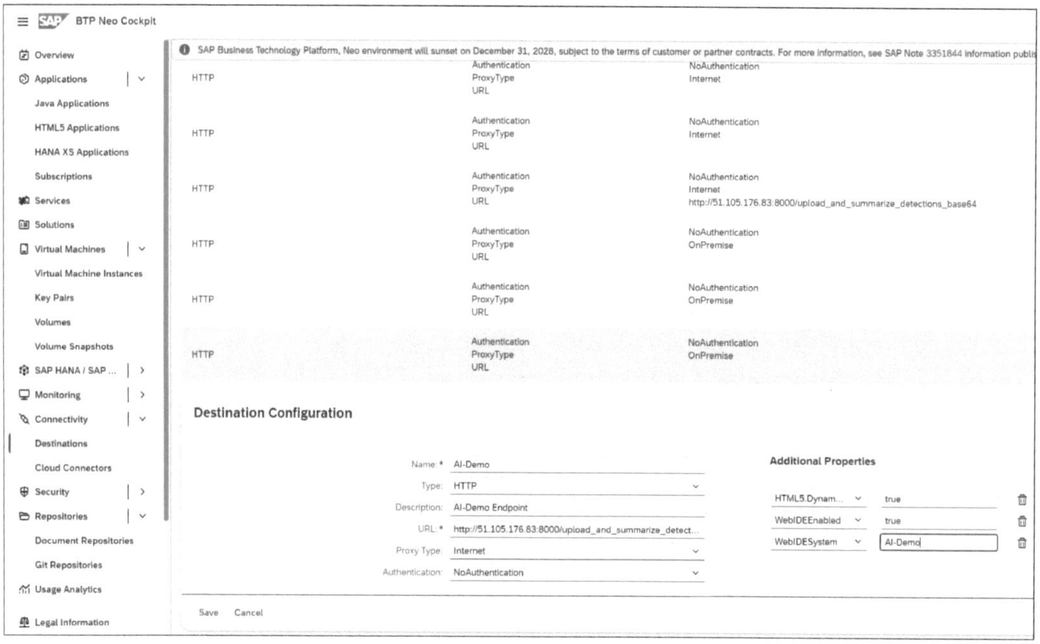

Abbildung 8.1 HTTP-Destination für den Microsoft-Azure-FastAPI-KI-Service anlegen

Mit dieser Destination ist der Weg frei für die Integration des KI-Service in SAP-Anwendungen und Workflows. Über diesen definierten Zugangspunkt können Bilddaten zur Analyse gesendet und das Zählergebnis automatisiert weiterverarbeitet werden. Durch das zentrale Management von Destinations bleiben Integrationen transparent und flexibel erweiterbar.

8.3.2 Services in der App für die Anlage einer Anlieferung nutzen

Nachdem der KI-Service erfolgreich als Destination in der SAP BTP hinterlegt wurde, steht der Integration in den operativen Prozess nichts mehr im Wege. In diesem Abschnitt zeigen wir, wie der Bilderkennungsservice konkret in eine Anwendung zur Anlage einer Anlieferung eingebunden werden kann. Anwenderinnen und Anwender sollen direkt im SAP-Prozess von der automatischen Zählung profitieren – das Zählergebnis soll ohne Medienbruch in die Anlieferung übernommen werden.

Intuitive Auswahl der Bestellung als Ausgangspunkt

Um eine neue Anlieferung im SAP EWM anzulegen, öffnet die Sachbearbeiterin oder der Sachbearbeiter zunächst die entsprechende SAP-Fiori-App. Nach Eingabe der Lagernummer und – falls gewünscht – der Filterkriterien für Lieferant oder geplantes Lieferdatum, zeigt die App alle relevanten Bestellungen an, die für den Wareneingang vorgesehen sind (siehe Abbildung 8.2).

Abbildung 8.2 Übersicht der offenen Bestellungen für den Wareneingang in der SAP-Fiori-App »Anlieferungen anlegen«

Im gezeigten Beispiel ist bereits die passende Bestellung für **red, Messematerial Murmel (EWMS4-MARBLE-RED)** ausgewählt. Mit einem Klick auf die Bestellnummer kann die Anlieferung gestartet und im nächsten Schritt mithilfe des KI-Service verarbeitet werden. Nach der Auswahl der Bestellung zeigt die App eine übersichtliche Detailansicht mit allen relevanten Positionen (siehe Abbildung 8.3).

Hier ist auf einen Blick ersichtlich, welche Produkte in welchen Mengen erwartet werden – etwa **red, Messematerial Murmel**, **yellow, Messematerial Murmel** und **blue, Messematerial Murmel**. Die jeweiligen Liefermengen könnten nun klassisch von Hand eingetragen werden.

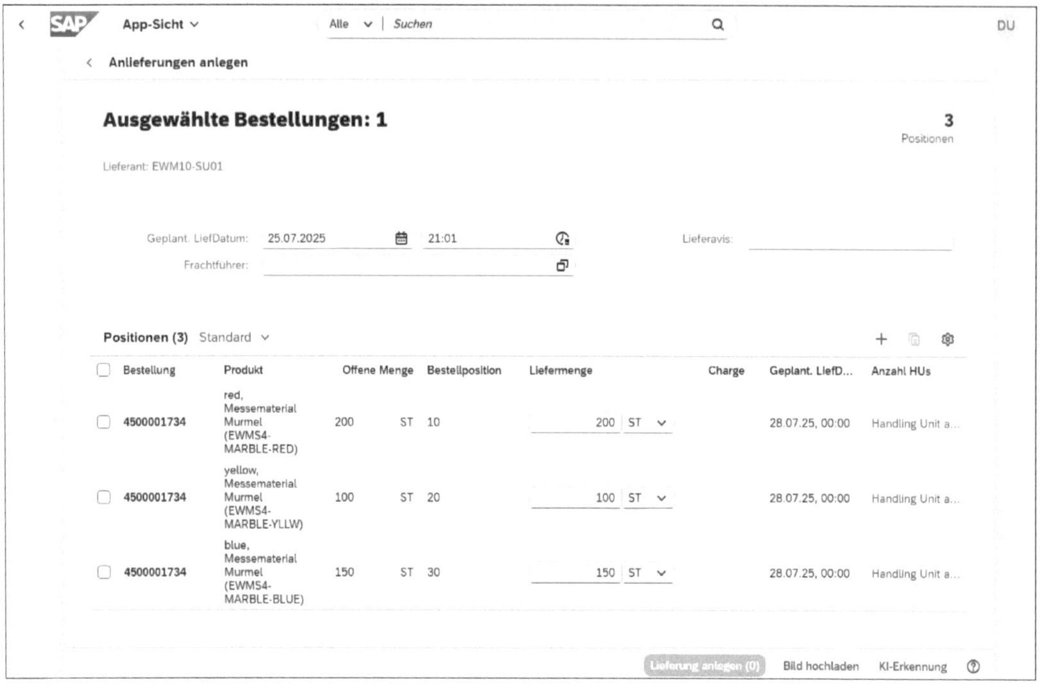

Abbildung 8.3 Detailansicht der ausgewählten Bestellung

Zusätzliche Buttons

Mit der integrierten KI-Lösung wird dieser Schritt jedoch automatisiert: Am unteren Bildschirmrand wurden zwei zusätzliche Buttons ergänzt – **Bild hochladen** und **KI-Erkennung**. Damit kann nun einfach ein Foto der gelieferten Ware aufgenommen oder ausgewählt werden, um die Mengen automatisiert durch den angebundenen Bilderkennungsservice zählen zu lassen. Das Ergebnis wird direkt in das Feld **Liefermenge** übernommen. Sobald das gewünschte Foto entweder vom mobilen Endgerät aufgenommen oder aus der Galerie ausgewählt wurde, lässt es sich bequem per Klick auf den Button **Bild hochladen** in die Anwendung einfügen. Eine entsprechende Bestätigung informiert die Nutzerin oder den Nutzer, dass das Bild erfolgreich hochgeladen wurde (siehe Abbildung 8.4).

Vom Bild zum automatisierten Wareneingang

Im nächsten Schritt kann das hochgeladene Bild nun direkt an den angebundenen KI-Service weitergeleitet werden – ganz einfach per Klick auf **KI-Erkennung**. Die zeitaufwendige manuelle Erfassung entfällt: Die Bilderkennung übernimmt das automatische Zählen und liefert das Ergebnis unmittelbar an die App zurück.

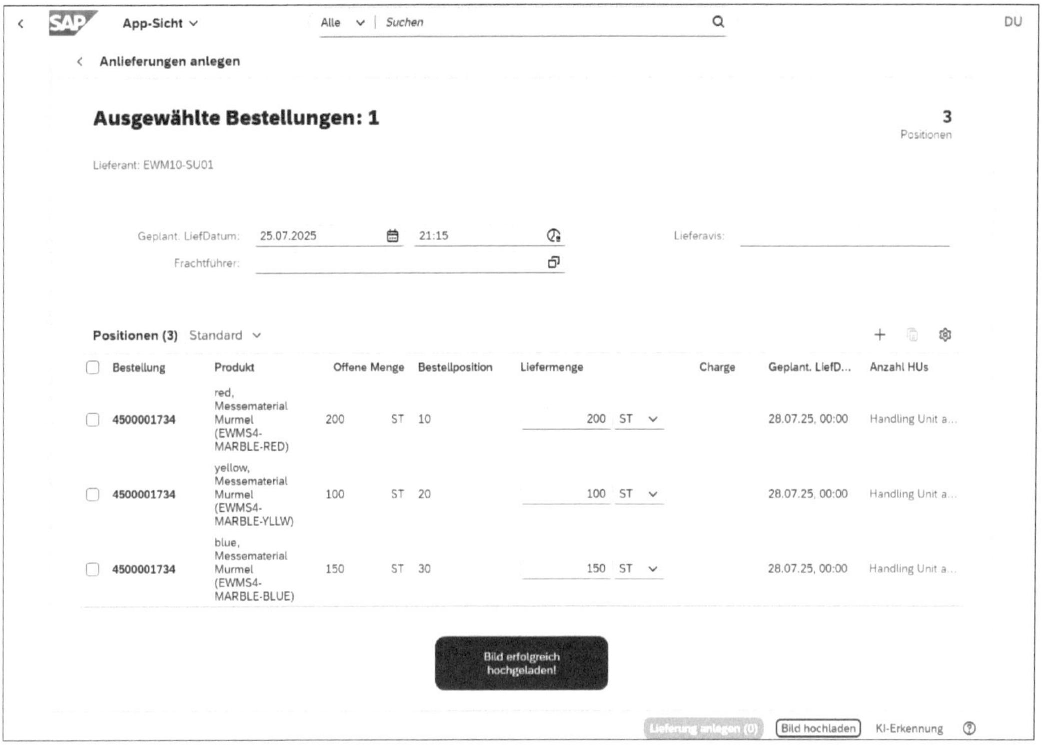

Abbildung 8.4 Das Bild der angelieferten Ware wurde erfolgreich hochgeladen.

Nach dem Klick auf **KI-Erkennung** wird das zuvor hochgeladene Bild an den angebundenen Service in Microsoft Azure übertragen. Innerhalb weniger Augenblicke – nach Abschluss der Inference im Modell – erscheinen die automatisch ermittelten Zählergebnisse direkt in den Feldern **Liefermenge** bei den jeweiligen Positionen (siehe Abbildung 8.5).

Anlieferung abschließen

So werden die tatsächlich erfassten Mengen für jedes Produkt unmittelbar und ohne Medienbruch eingetragen. Manuelle Nachzählungen und händische Eingaben entfallen vollständig. Die App signalisiert zusätzlich den erfolgreichen Abschluss mit einer kurzen Bestätigung am unteren Bildschirmrand. Sind die von der KI automatisch ermittelten Mengen übernommen, können die gewünschten Positionen einfach ausgewählt und die Anlieferung per Klick auf **Lieferung anlegen** abgeschlossen werden (siehe Abbildung 8.6).

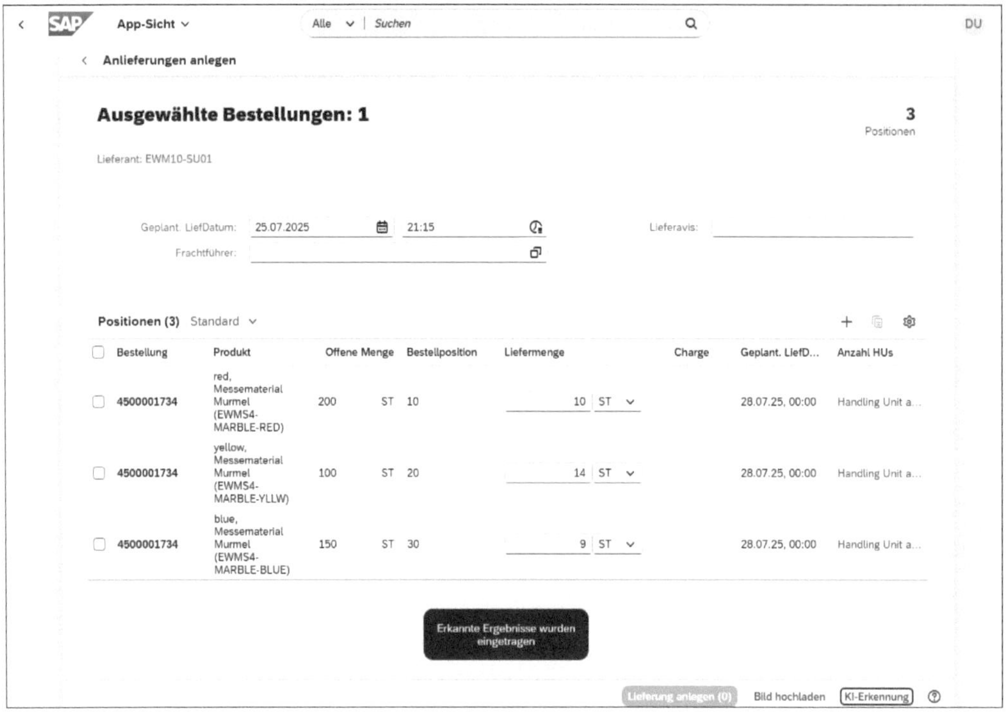

Abbildung 8.5 Ergebnis der KI-Erkennung in den Lieferpositionen

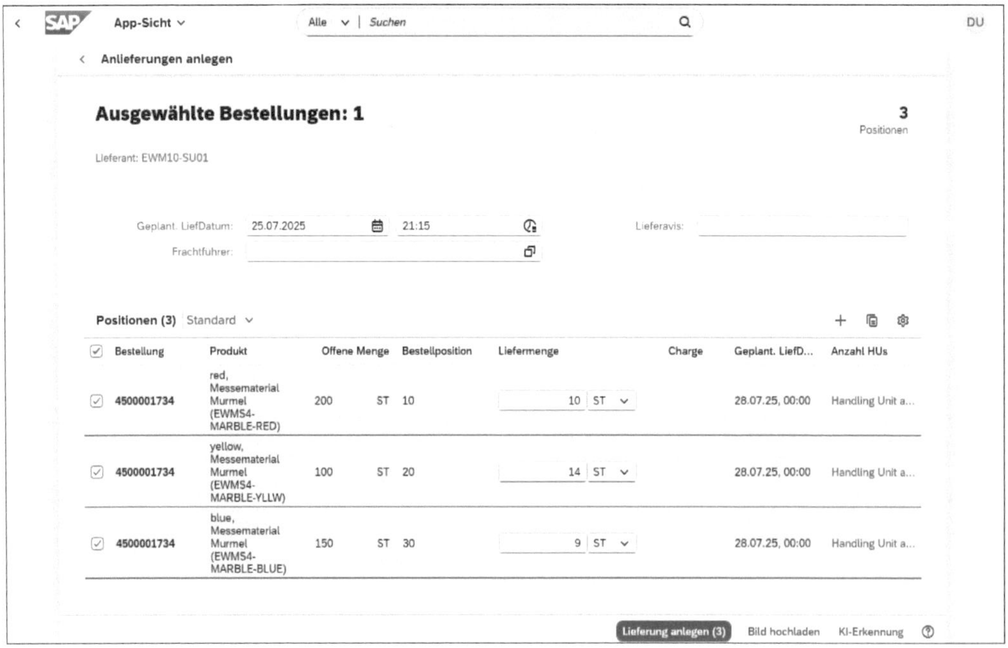

Abbildung 8.6 Anlieferung im SAP-System anlegen

Damit ist der Prozess im SAP-System sauber dokumentiert – und die bislang mühsame, fehleranfällige Zählarbeit gehört endgültig der Vergangenheit an. Gerade in stressigen Wareneingangsphasen sorgt diese Automatisierung nicht nur für Zeitersparnis, sondern auch für mehr Prozessqualität und Entlastung der Mitarbeitenden.

8.4 Zusammenfassung

Mit der in diesem Kapitel vorgestellten Lösung zeigen wir, wie moderne KI-Services nicht nur als Prototypen oder Insellösungen, sondern als vollwertige Bestandteile von SAP-Prozessen produktiv nutzbar sind. Durch die konsequente Integration des Bilderkennungsdiensts in die SAP BTP und die nahtlose Einbindung in die Anlieferungsprozesse von SAP EWM profitieren Unternehmen unmittelbar von Automatisierung und Digitalisierung im operativen Alltag.

Mehrwert für die Praxis

Die ehemals zeitaufwendige und fehleranfällige manuelle Mengenerfassung wird durch eine intuitive, KI-gestützte Lösung ersetzt. Mitarbeitende werden entlastet, Fehlerquellen reduziert und Prozesse spürbar beschleunigt. Besonders bei hohem Lieferaufkommen und engen Zeitfenstern kann das einen entscheidenden Unterschied machen – sowohl in der Lagerlogistik als auch in der Zusammenarbeit mit Einkauf und Buchhaltung.

Verbesserungs- und Erweiterungspotenzial

Die hier beschriebene Architektur ist bewusst offen und flexibel gehalten. Sie lässt sich auf zahlreiche Anwendungsfälle im Lager und darüber hinaus übertragen, beispielsweise auf:

- Qualitätskontrolle: Bilderkennung kann auch genutzt werden, um Beschädigungen, Falschlieferungen oder Verpackungsabweichungen automatisiert zu erkennen und zu dokumentieren.
- Inventurprozesse: Die automatisierte Zählung kann Inventuren effizienter und transparenter machen.
- Integration weiterer KI-Services: Neben der Stückzahlenerkennung sind auch Gewichtserfassung, Volumenmessung oder Texterkennung (OCR) denkbar.

Auch auf technischer Ebene gibt es zahlreiche Ansatzpunkte für eine Weiterentwicklung:

- Erweiterte Sicherheitsmechanismen: Einführung von OAuth2, Service-Keys oder SSO für die sichere Anbindung von Services
- Monitoring und Transparenz: Aufbau eines durchgängigen Monitorings für KI-Services und Schnittstellen, um Probleme frühzeitig zu erkennen

- Feedback- und Nachtrainingsschleifen: Möglichkeit, fehlerhafte oder nicht erkannte Fälle im Betrieb an das KI-Team zurückzumelden und so die Erkennungsrate stetig zu verbessern

Organisatorische Aspekte berücksichtigen

Nicht zuletzt ist die Akzeptanz der Mitarbeitenden ein kritischer Erfolgsfaktor. Nur wenn der neue Prozess intuitiv, zuverlässig und im Alltag praktikabel ist, wird er auch dauerhaft angenommen. Die enge Begleitung des Change Managements und die Möglichkeit, Rückmeldungen aus dem Lagerbetrieb aufzunehmen, sollten daher fest zum Einführungsprojekt gehören.

Die gezeigte Lösung ist ein praxisnaher Startpunkt – gleichzeitig aber auch nur der Beginn einer Reise: Mit jedem weiteren Anwendungsfall und jeder Optimierung steigt der Wert, den KI und SAP-BTP-basierte Integration für das Unternehmen bringen können. Die konsequente Nutzung und Weiterentwicklung solcher Lösungen wird die Effizienz, Transparenz und Qualität in der Logistik und darüber hinaus nachhaltig steigern.

Kapitel 9

Individuelle Chatbots mit RAG

Mit Retrieval-Augmented Generation (RAG) werden Chatbots entwickelt, die auf unternehmensspezifischen Informationen basieren. Der Generative AI Hub und der Orchestration-Service ermöglichen die schnelle Erstellung intelligenter, personalisierter Assistenten.

Dieses Kapitel zeigt praxisnah, wie Sie mit Retrieval-Augmented Generation und Orchestration im Generative AI Hub individuelle, SAP-nahe Chatbots für den Service-Desk entwickeln, typische Workflows zur automatischen Informationssuche und Antwortgenerierung abbilden und internes Wissen rund um SAP effizienter und nutzerfreundlicher zugänglich machen.

Am Beispiel des Service-Desks der Ecometrix AG führen wir Sie Schritt für Schritt von der Problemstellung über die technische Umsetzung bis zum einsatzbereiten, KI-gestützten Support-Assistenten – mit vielen Tipps für die Integration in Ihre eigene SAP-Landschaft.

Zunächst lernen Sie in Abschnitt 9.1, »Einleitung und Zielsetzung«, das Anwendungsszenario kennen und erfahren, warum klassische Ansätze im SAP-Service-Desk heute oft an ihre Grenzen stoßen. Hier wird deutlich, wie smarte Chatbots auf Basis von RAG das Support-Erlebnis nachhaltig verbessern können.

In Abschnitt 9.2, »Die richtigen Voraussetzungen schaffen«, werden die technischen und organisatorischen Grundlagen für den erfolgreichen Einsatz von KI im SAP-Umfeld gelegt. Neben der SAP Business Technology Platform (SAP BTP) werden alle zentralen Services wie SAP AI Core, SAP AI Launchpad und der Generative AI Hub vorgestellt und wichtige Aspekte wie Berechtigungen und Datenquellen behandelt.

Danach geht es in die Praxis: In Abschnitt 9.3, »Technische Umsetzung«, steigen Sie in die konkrete Implementierung ein – von der Konfiguration der benötigten Services auf der SAP BTP über die grafische Erstellung und Anpassung von Orchestration-Workflows im Generative AI Hub bis hin zur nahtlosen Integration der Lösung in eigene Anwendungen mittels FastAPI und Python. Die wichtigsten Codebeispiele und technischen Hintergründe werden dabei praxisnah erläutert.

9.1 Einleitung und Zielsetzung

Montagmorgen beim internen IT-Service-Desk der fiktiven Ecometrix AG, einem international aufgestellten Fertigungsunternehmen. Noch bevor der erste Kaffee aus dem Automaten läuft, gehen die ersten Support-Tickets in der SAP-Landschaft ein. In der Service-Desk-Zentrale laufen Monitore heiß, Mitarbeitende nehmen Anfragen entgegen, im Hintergrund verarbeitet das SAP-System dutzende Servicefälle – von vergessenen Passwörtern bis zu komplexen FI-/CO-Problemen.

Ausgangssituation

Mitten im morgendlichen Trubel meldet sich der Leiter des Service-Desks: »Wir verbringen zu viel Zeit damit, bei jedem Ticket aufs Neue nach Lösungen zu suchen. Häufig müssen wir uns durch alte Tickets, SAP-Hinweise, interne Dokumentationen und Release-Notes kämpfen. Das bindet Ressourcen, und die Nutzerinnen und Nutzer warten unnötig lange auf Rückmeldung. Können wir das nicht intelligenter lösen?«

Bisher war das eine klassische Herausforderung: Die Vielzahl an SAP-Modulen, Systemen und Dokumentationen machte es unmöglich, schnell und gezielt auf alle relevanten Informationen zuzugreifen. Jeder Mitarbeitende musste sich manuell durch Tickets, Wikis und SAP-Dokumente arbeiten. Wertvolles Know-how blieb oft in einzelnen Köpfen – und wurde im Alltag nicht optimal genutzt.

Ziel

Doch die Ecometrix AG geht jetzt einen neuen Weg. Mit dem Generative AI Hub und den Orchestration-Funktionen lassen sich heute innerhalb kürzester Zeit KI-gestützte Assistenten bauen, die direkt auf unternehmensspezifisches SAP-Wissen zugreifen. *Retrieval-Augmented Generation* (RAG) sorgt dafür, dass der Chatbot Informationen aus früheren Tickets, SAP-Hinweisen und interner Dokumentation extrahiert und kontextbezogen bereitstellt. Die Orchestration im Generative AI Hub steuert dabei alle Abläufe – vom Abruf der Ticketdaten bis zur Bereitstellung einer präzisen Antwort im Service-Portal.

Automatisierte Unterstützung

Geht ein neues Ticket ein – z. B. »FI-Beleg lässt sich nicht buchen, Fehlermeldung XYZ« – wird die Anfrage automatisch analysiert:

- Ticketdaten werden strukturiert ausgelesen und verarbeitet.
- Der RAG-gestützte Chatbot sucht gezielt in SAP-Dokumentationen, internen Anleitungen und vergangenen Tickets nach passenden Lösungsvorschlägen.

- Service-Desk-Mitarbeitende erhalten innerhalb von Sekunden eine verständliche Antwort inklusive relevanter Links und Dokumentenausschnitte.

Mehr Zeit fürs Wesentliche

Routineanfragen werden so schneller, präziser und konsistenter bearbeitet. Das Team hat mehr Zeit für anspruchsvolle Aufgaben und profitiert von automatisiertem Wissensmanagement, ohne das Rad jedes Mal neu erfinden zu müssen.

9.2 Die richtigen Voraussetzungen schaffen

Bevor Sie in die Praxis der Entwicklung individueller Chatbots mit RAG und Orchestration einsteigen, sollten Sie die notwendigen technischen und organisatorischen Grundlagen schaffen. Denn gerade im SAP-Umfeld ist es entscheidend, dass alle Bausteine optimal zusammenspielen und die Systemlandschaft sicher und skalierbar aufgestellt ist.

SAP BTP als Fundament

Die SAP BTP bildet die technologische Basis für moderne, KI-gestützte Lösungen im SAP-Kosmos. Sie verbindet Datenmanagement, Analytics, Integration, Applikationsentwicklung und – entscheidend für unser Szenario – innovative KI-Services in einer einheitlichen Plattform. Auf der SAP BTP bündeln Sie sämtliche Ressourcen und steuern zentral, welche Systeme, Datenquellen und Services Ihrem Chatbot zur Verfügung stehen.

Voraussetzung

Sie benötigen eine SAP-BTP-Subskription (Produktiv- oder Testumgebung), in der Sie Services wie den SAP AI Core, das SAP AI Launchpad und den Generative AI Hub nutzen können.

SAP AI Core – das KI-Backend

Der SAP AI Core übernimmt die Verwaltung und den Betrieb Ihrer KI-Modelle. Hier werden ML-Modelle trainiert, versioniert und produktiv bereitgestellt. Ihr Chatbot-Projekt sind die folgenden Funktionen besonders relevant:

- Sie können eigene Modelle einbinden oder vorgefertigte SAP-Modelle nutzen.
- Der Betrieb ist skalierbar und entspricht SAP-Sicherheitsstandards.
- Über Schnittstellen (APIs) lässt sich der SAP AI Core flexibel mit anderen SAP-Services und der SAP BTP integrieren.

SAP AI Launchpad – der zentrale Zugangspunkt

Das SAP AI Launchpad dient als zentrales Cockpit für die Verwaltung, das Monitoring und die Steuerung aller KI-Services auf der SAP BTP. Hier behalten Sie den Überblick über:

- Deployments und Versionen Ihrer Modelle
- Ausführungs- und Laufzeitumgebungen
- Zugriffsrechte und Benutzersteuerung

Für den Aufbau eines unternehmensweiten KI-Ökosystems ist das Launchpad unverzichtbar, denn es vereinfacht die Zusammenarbeit zwischen Entwicklung, IT und Fachbereichen.

Generative AI Hub

Der Generative AI Hub ist die Schaltzentrale für den produktiven Einsatz generativer KI im Unternehmen. Hier erstellen und verwalten Sie generative KI-Modelle (wie Large Language Models [LLMs]), bauen Retrieval-Komponenten für RAG-Anwendungen und orchestrieren die Abläufe über einfache Workflows. Gerade für unseren Anwendungsfall – die Entwicklung eines Service-Desk-Chatbots – bietet der Generative AI Hub folgende Vorteile:

- Integration unternehmensspezifischer Wissensquellen (z. B. technische SAP-Dokumentation, Tickets, interne Wikis)
- schnelle Anbindung an bestehende SAP-Prozesse und Oberflächen
- Orchestrierung von Aufgaben und Abläufen – von der Datenextraktion bis zur automatisierten Antwortgenerierung

Organisatorische Voraussetzungen

Neben den technischen Komponenten sollten Sie vor dem Start folgende Punkte klären:

- **Berechtigungen**
  Wer darf auf die BTP und die KI-Services zugreifen? Rollen und Rechte müssen sauber definiert sein.
- **Datenquellen**
  Welche internen Dokumentationen, SAP-Daten und Tickets sollen angebunden werden? Gibt es Datenschutz- oder Zugriffsrestriktionen?
- **Stakeholder**
  Beziehen Sie frühzeitig Fachbereiche, IT-Sicherheit und Datenschutz mit ein, um Akzeptanz und Compliance sicherzustellen.

Was ist RAG?

RAG (Retrieval-Augmented Generation) ist ein moderner Ansatz im Bereich der KI, um generative KI-Modelle wie Chatbots mit unternehmensspezifischem Wissen zu versorgen. Während klassische LLMs nur auf ihrem Trainingswissen basieren, kann ein RAG-gestützter Chatbot zusätzlich gezielt auf Ihre eigenen, aktuellen Daten und Dokumente zugreifen.

[zB]

Beispiel für RAG

Stellen Sie sich vor, ein Mitarbeiter fragt den Service-Desk-Chatbot: »Wie buche ich einen Rechnungsbeleg im SAP FI?«

Ein herkömmlicher Chatbot könnte eine allgemeine Antwort liefern – vielleicht sogar veraltet oder zu oberflächlich.

Ein RAG-Chatbot hingegen sucht parallel in Ihrer internen SAP-Dokumentation, vergangenen Tickets oder eigenen Prozessanweisungen und generiert eine Antwort, die genau zu Ihrem Unternehmen passt – und belegt sie auf Wunsch mit Quellenangaben.

Funktionsweise von RAG

Das Prinzip von RAG lässt sich in zwei zentrale Schritte unterteilen:

1. **Retrieval (Abruf)**
   Bei jeder Anfrage sucht das System zunächst in einem definierten Datenbestand nach relevanten Inhalten – z. B. technische Dokumentationen, FAQ, Wikis, SAP-Hinweise oder vergangene Tickets. Die Ergebnisse (sogenannte *Kontexte*) werden dem KI-Modell bereitgestellt.
2. **Augmented Generation (erweiterte Antwortgenerierung)**
   Das generative KI-Modell (z. B. ein LLM) nutzt diese spezifischen Inhalte, um eine fundierte, kontextbezogene Antwort zu formulieren. Die Antwort ist dadurch nicht nur sprachlich hochwertig, sondern auch inhaltlich maßgeschneidert auf Ihr Unternehmen.

Der Chatbot halluziniert weniger, da er auf echtes Unternehmenswissen zugreift. Er bleibt transparent: Die verwendeten Quellen werden mitgeliefert, was die Nachvollziehbarkeit und Akzeptanz im Unternehmen erhöht.

Wichtige Komponenten für RAG

Für eine RAG-Anwendung – insbesondere im SAP-Kontext – spielen folgende Komponenten eine zentrale Rolle:

- Datenquellen (*Knowledge Base*)
  Interne Dokumentationen, SAP-Handbücher, Tickets, Anleitungen, Release Notes etc. Diese müssen strukturiert und zugänglich vorliegen (z. B. als PDFs, in Wikis oder Datenbanken).
- *Vektordatenbank* (Vector Store)
  Damit das System relevante Inhalte schnell findet, werden alle Texte in Vektoren (semantische Repräsentationen) umgewandelt. Eine Vektordatenbank speichert diese und ermöglicht eine schnelle Ähnlichkeitssuche zu Anfragen.

- Retriever
  Die Komponente, die basierend auf einer Frage der Nutzerin oder des Nutzers die relevantesten Inhalte aus der Wissensdatenbank abruft.
- LLM
  Das generative KI-Modell (z. B. SAP-eigenes LLM oder ein Modell aus dem Generative AI Hub), das auf Basis der abgerufenen Kontexte eine Antwort formuliert.
- Orchestrierung und Schnittstellen
  Die Verbindung aller Komponenten: von der Anfragenannahme im Chatbot über das Retrieval bis zur Ausgabe der fertigen Antwort im SAP-Frontend.

RAG erweitert klassische Chatbots um unternehmensspezifisches Wissen – aktuell, transparent und nachprüfbar. Das macht Ihre KI-Anwendungen nicht nur intelligenter, sondern vor allem praxisrelevant für Ihren SAP-Alltag.

Stärken und Vorteile

RAG eröffnet viele neue Möglichkeiten, insbesondere im SAP-Kontext. Wie jede Technologie hat RAG aber auch klare Grenzen, die im Alltag von SAP-Verantwortlichen und Service-Teams beachtet werden sollten. Zu den wichtigsten Stärken von RAG zählt vor allem die Aktualität der bereitgestellten Informationen: Ein Chatbot auf RAG-Basis kann mit aktuellen, unternehmensspezifischen Daten und Dokumenten arbeiten – unabhängig davon, wann das zugrunde liegende KI-Modell trainiert wurde. Besonders wertvoll ist auch die Transparenz der Lösung. Die vom Chatbot generierten Antworten lassen sich auf Wunsch mit konkreten Quellenangaben versehen, sodass jederzeit nachvollziehbar bleibt, woher das Wissen stammt.

Ein weiterer Vorteil liegt in der reduzierten Gefahr von sogenannten *Halluzinationen*, also frei erfundenen oder nicht belegbaren Aussagen. Da das Sprachmodell gezielt auf Ihre Inhalte zugreift, sinkt dieses Risiko deutlich. Die Antworten des Chatbots werden dadurch nicht nur individueller, sondern auch deutlich passgenauer. Firmeninterne Prozesse, Richtlinien und Besonderheiten finden Berücksichtigung, anstatt lediglich allgemeine Standardlösungen zu liefern. Gleichzeitig bietet RAG eine hohe Skalierbarkeit: Neue Dokumente, FAQs oder Anleitungen können flexibel eingebunden werden – der Chatbot wächst mit Ihrem Unternehmenswissen mit. Nicht zuletzt sorgt die Automatisierung von wiederkehrenden Standardanfragen für eine spürbare Entlastung des Service-Desks. Das Team kann sich dadurch auf anspruchsvollere Aufgaben konzentrieren.

Herausforderungen und Schwächen

Natürlich gibt es auch Herausforderungen. Die Qualität der Antworten hängt unmittelbar von der Qualität und Struktur Ihrer Wissensbasis ab. Veraltete oder unstrukturierte Dokumente können zu wenig hilfreichen oder sogar falschen Ergebnissen führen. Hinzu kommt die Komplexität der Integration: Der initiale Aufbau und die Pflege von Datenquellen, Vektordatenbanken und Schnittstellen erfordern ein gewisses technisches Know-how. Auch die generative KI hat ihre Grenzen. Selbst mit RAG kann ein Chatbot nicht jedes komplexe, mehrdeutige oder völlig neue Problem perfekt lösen – die KI liefert zwar hilfreiche Vorschläge, doch die abschließende Bewertung und Umsetzung bleibt häufig beim Menschen.

Ein weiterer zentraler Punkt sind Datenschutz und Sicherheit. Interne Daten und sensible Informationen müssen jederzeit sorgfältig gemanagt werden. Klare Compliance-Regeln und ein durchdachtes Berechtigungsmanagement sind unerlässlich, um Missbrauch zu verhindern. Und nicht zuletzt verlangt die Lösung eine gewisse Wartung: Die Wissensbasis muss regelmäßig aktualisiert werden, damit der Chatbot dauerhaft verlässliche Antworten liefern kann.

Realistische Erwartungen

Was dürfen Sie also realistisch erwarten? Ein RAG-gestützter Chatbot ist kein allwissender SAP-Guru, sondern ein leistungsfähiges Werkzeug, das die Suche nach relevanten Informationen deutlich beschleunigt, fundierte Vorschläge liefert und den Service spürbar entlastet. Für besonders komplexe, unternehmensspezifische oder bisher noch nie dagewesene Anfragen braucht es jedoch weiterhin menschliche Expertise. Die Qualität des Systems steigt und fällt mit der Pflege und Aktualität der angebundenen Wissensdatenbank. Besonders gut eignet sich RAG für wiederkehrende Anfragen und die effiziente Informationssuche – sei es bei der Lösungsfindung im Service-Desk, beim Onboarding neuer Mitarbeitender, im Self-Service-Portal oder bei der schnellen Recherche in umfangreicher SAP-Dokumentation. Und auch wenn ein RAG-gestützter Chatbot nicht direkt zur richtigen Antwort führt, so kann zumindest der erste Anstoß, beispielsweise durch ein relevantes Dokument, gegeben sein.

9.3 Technische Umsetzung

Nachdem die Grundlagen geschaffen sind und wir das Potenzial von RAG im SAP-Service-Kontext erläutert haben, geht es nun an die Praxis: Wie setzen Sie einen RAG-basierten Chatbot für Ihren internen Service-Desk Schritt für Schritt um?

In diesem Abschnitt begleiten wir Sie exemplarisch durch die technische Realisierung des eingangs beschriebenen Szenarios: Ein intelligenter Chatbot unterstützt den Service-Desk dabei, eingehende Tickets automatisiert zu strukturieren, relevante Informationen aus unterschiedlichen Wissensquellen zu extrahieren und Lösungsvorschläge bereitzustellen.

Ziel ist es, einen voll funktionsfähigen RAG-gestützten Assistenten zu entwickeln, der Ihre Service-Mitarbeitenden im Alltag spürbar entlastet – von der ersten Anfrage bis zur konkreten Problemlösung.

9.3.1 SAP BTP konfigurieren

Bevor Sie mit der Entwicklung eigener RAG-basierter Chatbots beginnen, müssen die relevanten Services in Ihrer SAP BTP bereitstehen. Durch die Aktivierung des Generative AI Hub in der SAP BTP werden alle benötigten Komponenten – einschließlich des Orchestration-Service – automatisch eingerichtet. Eine manuelle Anlage ist in der Regel nicht erforderlich.

Orchestration als vorkonfiguriertes Szenario

Um zu prüfen, ob die benötigten Funktionen aktiv sind, öffnen Sie das SAP AI Launchpad und wechseln in den Bereich **Szenarios**. In der dortigen Übersicht sehen Sie, dass das Szenario **orchestration** bereits vorhanden ist (siehe Abbildung 9.1). Damit steht Ihnen der Orchestration-Service zur Verfügung, der für die Automatisierung Ihrer KI-Workflows essenziell ist.

Abbildung 9.1 Übersicht der verfügbaren Szenarien im SAP AI Launchpad

Konfiguration für Orchestration-Szenario anlegen

Nachdem das Szenario **orchestration** vorhanden ist, legen Sie im nächsten Schritt die Konfiguration für das spätere Deployment an. Dafür wechseln Sie in den Bereich **Konfigurationen** und starten den Anlegeprozess. Im ersten Schritt vergeben Sie einen sprechenden Namen, wählen das passende Szenario sowie die gewünschte Version aus und bestimmen die ausführbare Einheit – in der Regel ebenfalls **orchestration** (siehe Abbildung 9.2).

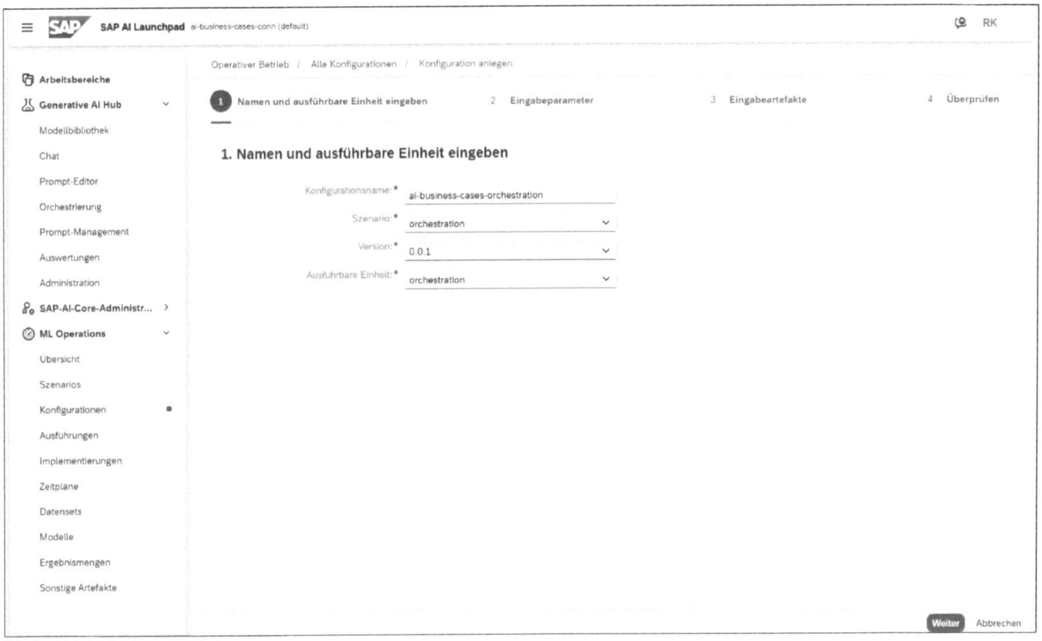

Abbildung 9.2 Konfiguration für das Orchestration-Szenario im SAP AI Launchpad anlegen

Input-Parameter für Orchestration festlegen

Im Anschluss können Sie für die Konfiguration spezifische Eingabeparameter festlegen. Damit steuern Sie beispielsweise, welche KI-Modelle für die Orchestrierung später überhaupt genutzt werden dürfen. In diesem Schritt definieren Sie Parameter wie **modelFilterList** und **modelFilterListType**. Mit diesen Einstellungen lässt sich steuern, ob bestimmte Modelle explizit zugelassen oder ausgeschlossen werden (siehe Abbildung 9.3).

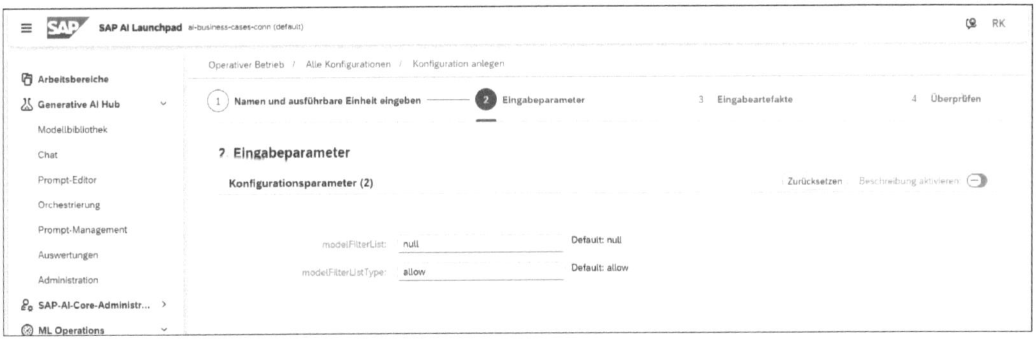

Abbildung 9.3 Eingabeparameter für die Orchestration-Konfiguration festlegen

Konfiguration prüfen und anlegen

Bevor die Konfiguration endgültig angelegt wird, können Sie alle Angaben noch einmal im Überblick prüfen. In der Zusammenfassung sehen Sie die gewählten Parameter für Name, Szenario, ausführbare Einheit und die definierten Eingabeparameter auf einen Blick. Erst wenn alle Einstellungen korrekt sind, schließen Sie den Prozess mit **Anlegen** ab (siehe Abbildung 9.4).

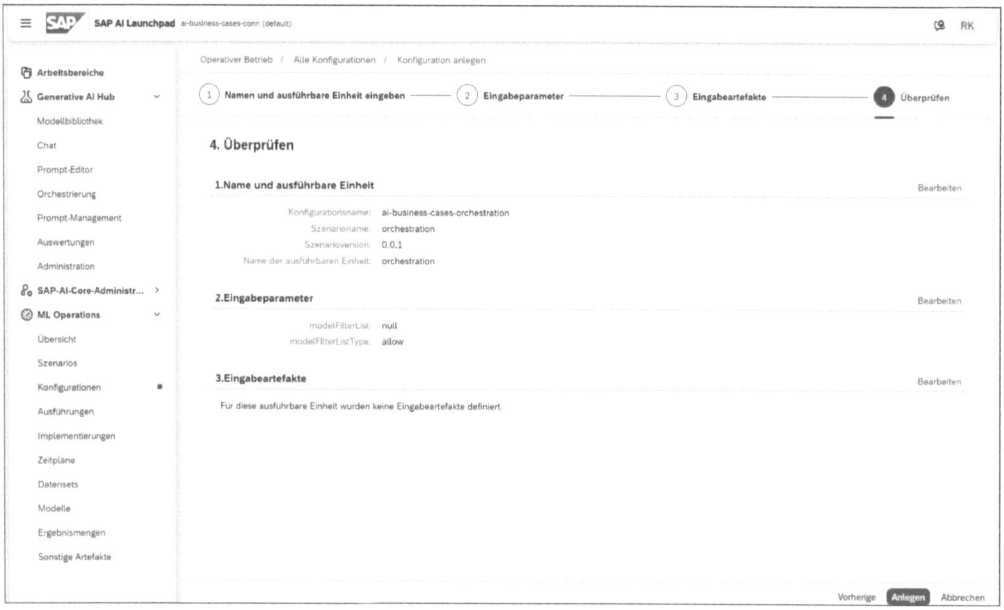

Abbildung 9.4 Übersicht und abschließende Kontrolle aller Einstellungen vor der Anlage der Konfiguration

Orchestration-Workflow im Generative AI Hub

Nach der erfolgreichen Anlage Ihrer Konfiguration können Sie im SAP AI Launchpad direkt in den Bereich **Orchestrierung** des Generative AI Hub wechseln. Hier legen Sie Schritt für Schritt den gewünschten Orchestrierungs-Workflow an. Im ersten Schritt – **Grounding** – definieren Sie, welche externen, kontextrelevanten oder unternehmensspezifischen Datenquellen in den KI-Prozess eingebunden werden sollen – sofern dies zuvor in der Resource Group definiert wurde (da dieses Feature noch in einer frühen Phase ist und ständiger Entwicklung unterliegt, gehen wir hier nicht weiter ins Detail). Die Oberfläche führt dabei intuitiv durch die weiteren Konfigurationsschritte wie **Templating**, **Eingabeübersetzung**, **Datenmaskierung**, **Eingabefilterung** und **Modellkonfiguration** (siehe Abbildung 9.5).

Prompts und Platzhalter definieren

Im nächsten Schritt des Orchestrierungs-Workflows legen Sie im Bereich **Templating** die Vorlagen für die Kommunikation zwischen Benutzer, Assistent und System fest. Hier können Sie wiederverwendbare Prompts definieren und individuell anpassen – beispielsweise für die Strukturierung eingehender Support-Tickets (siehe Abbildung 9.6).

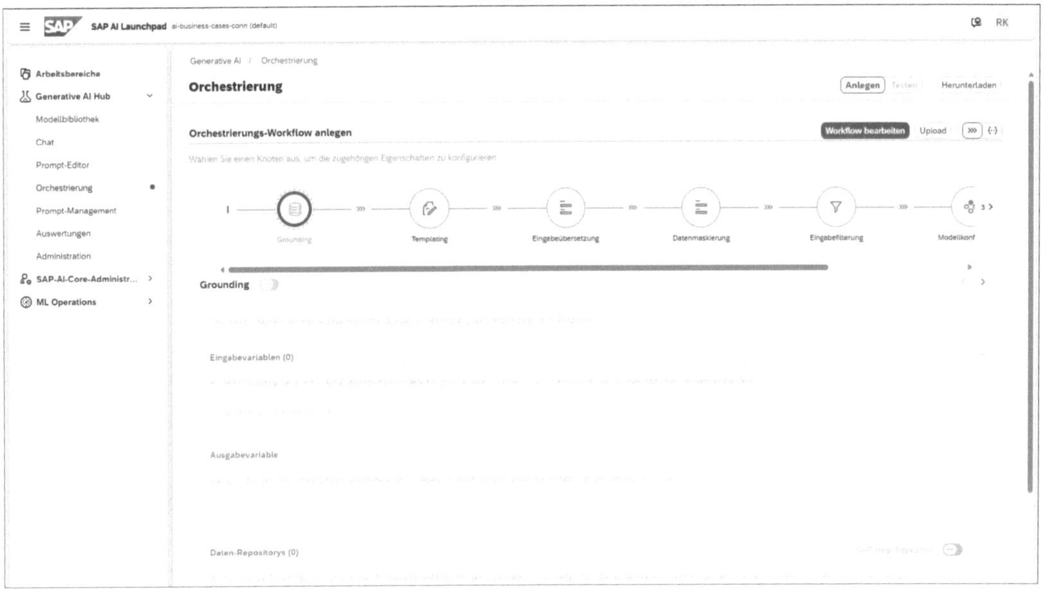

Abbildung 9.5 Orchestrierungs-Workflow-Konfiguration im Generative AI Hub starten

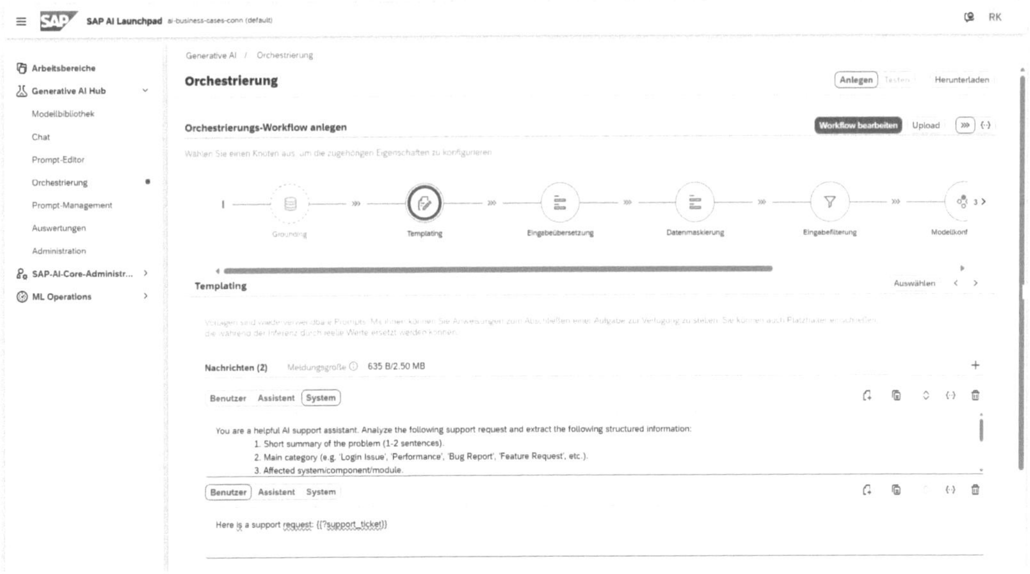

Abbildung 9.6 Templating konfigurieren

Besonders flexibel wird das Templating durch die Möglichkeit, eigene Platzhaltervariablen zu definieren. Im gezeigten Beispiel ist die Variable `support_ticket` als Platzhalter angelegt, die später mit dem tatsächlichen Inhalt eines Support-Tickets befüllt wird. So lassen sich Prompts dynamisch und kontextbezogen gestalten, ohne für jede Anfrage neue Vorlagen erstellen zu müssen (siehe Abbildung 9.7).

Abbildung 9.7 Platzhaltervariablen definieren

Automatische Eingabeübersetzung konfigurieren

Der nächste Schritt in der Orchestrierungs-Workflow-Konfiguration ist die **Eingabeübersetzung**. Hier können Sie festlegen, dass der Input – zum Beispiel ein Support-Ticket – automatisch in die gewünschte Zielsprache übersetzt wird. Die Quellsprache kann dabei entweder manuell gewählt oder per Auto-Detect automatisch erkannt werden. Dies ermöglicht es, Workflows und KI-Modelle sprachübergreifend und international nutzbar zu machen (siehe Abbildung 9.8).

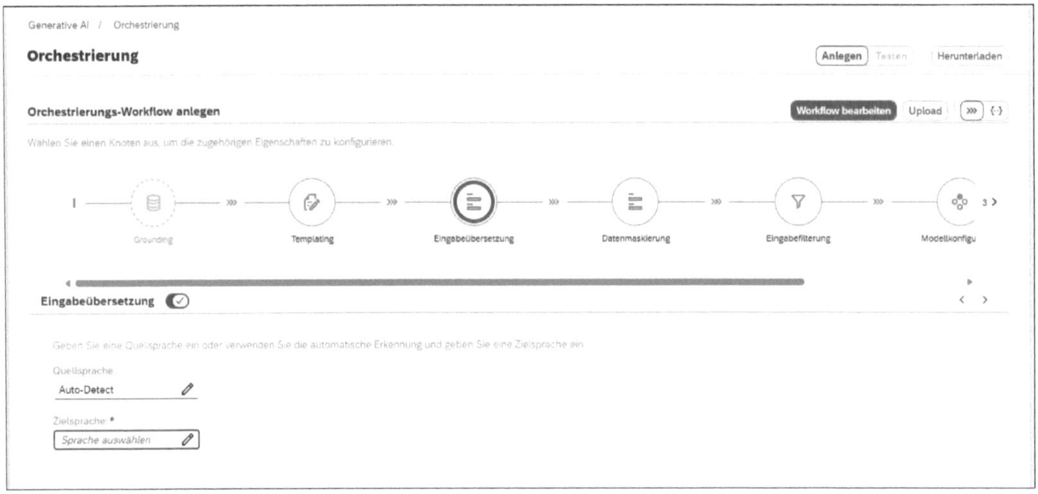

Abbildung 9.8 Eingabeübersetzung konfigurieren

Große Sprachauswahl

Für die Übersetzung können Sie aus einer Vielzahl unterstützter Sprachen wählen. So lässt sich der Workflow flexibel an internationale Anforderungen anpassen – von Englisch und Deutsch über Chinesisch bis hin zu weniger verbreiteten Sprachen wie Estnisch oder Vietnamesisch. Die Auswahl erfolgt bequem über eine übersichtliche Sprachauswahlmaske (siehe Abbildung 9.9).

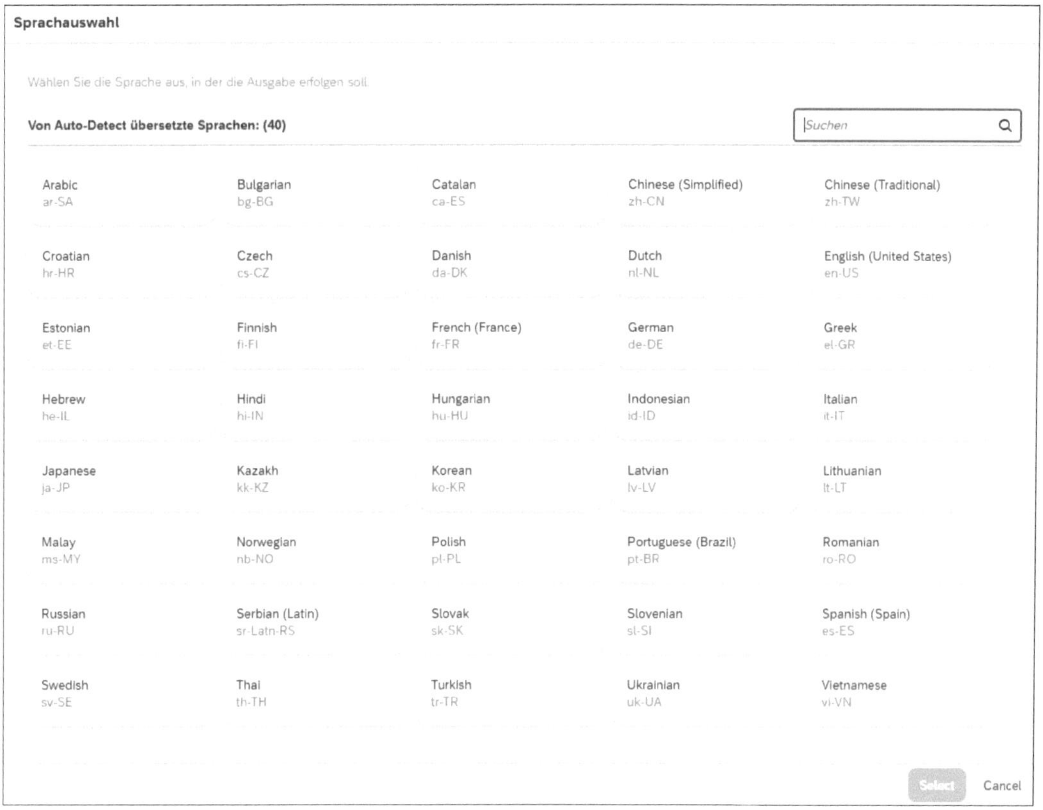

Abbildung 9.9 Zielsprache für die automatische Übersetzung auswählen

Sensible Daten schützen

Im nächsten Schritt konfigurieren Sie die **Datenmaskierung**. Hier können Sie festlegen, wie mit sensiblen oder personenbezogenen Daten umgegangen wird. Zur Auswahl stehen die Modi **Anonymisieren** oder **Pseudonymisieren**. Verschiedene Datentypen wie Benutzernamen, E-Mail-Adressen, Telefonnummern, IBANs oder sogar SAP-spezifische Felder können gezielt maskiert werden. So stellen Sie sicher, dass keine schützenswerten Informationen unbeabsichtigt an das KI-Modell weitergegeben werden (siehe Abbildung 9.10).

Inhaltsfilter gezielt für Sicherheit und Compliance einsetzen

Im Schritt **Eingabefilterung** können Sie gezielt steuern, welche Inhalte für den Workflow zugelassen sind und welche abgelehnt oder gefiltert werden sollen. Dazu stehen Ihnen verschiedene Filter-Engines wie Azure-Content-Sicherheit oder Llama Guard zur Verfügung. Es lassen sich unterschiedliche Kategorien wie Datenschutz, Hass, Gewalt, geistiges Eigentum oder sexuelle Inhalte individuell aktivieren oder deaktivieren. So wird sichergestellt, dass problematische oder nicht gewünschte Inhalte gar nicht erst im KI-Prozess verarbeitet werden (siehe Abbildung 9.11).

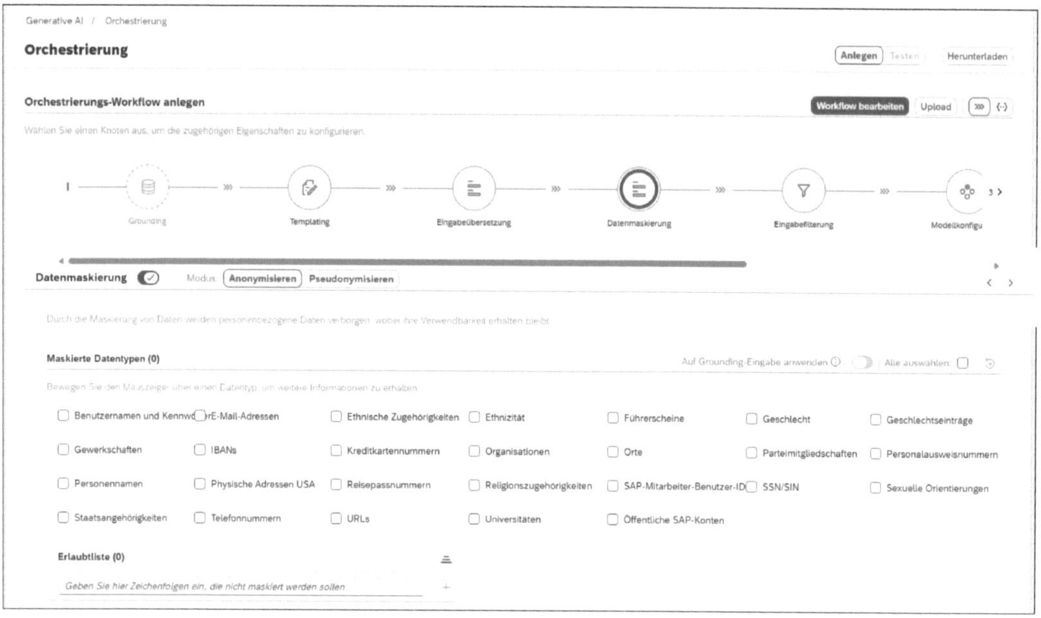

Abbildung 9.10 Datenmaskierung konfigurieren

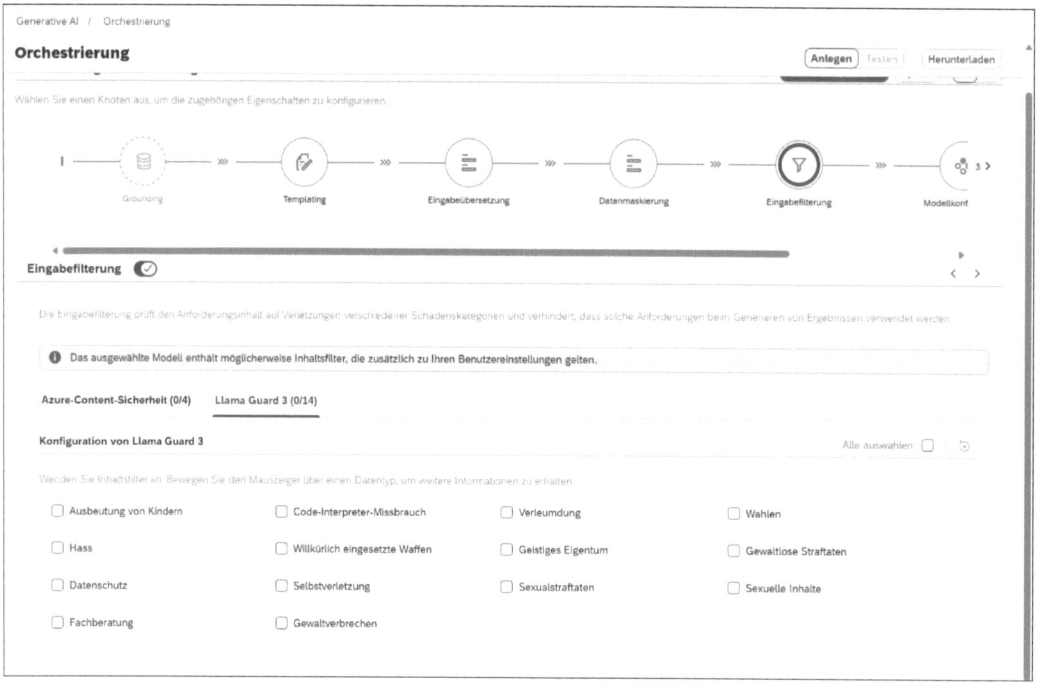

Abbildung 9.11 Eingabefilterung konfigurieren

Im Schritt **Modellkonfiguration** wählen Sie das KI-Modell aus, das für Ihren Workflow genutzt werden soll. In der Modellbibliothek des Generative AI Hub stehen verschiedene Modelle bereit – beispielsweise GPT-4.1, wie hier ausgewählt. Zusätzlich können Sie Parameter wie Temperatur, maximale Token-Anzahl und Penalties für Häufigkeit oder Wiederholungen individuell anpassen, um das Antwortverhalten des Modells optimal an Ihre Anforderungen anzupassen (siehe Abbildung 9.12).

Passendes KI-Modell auswählen und konfigurieren

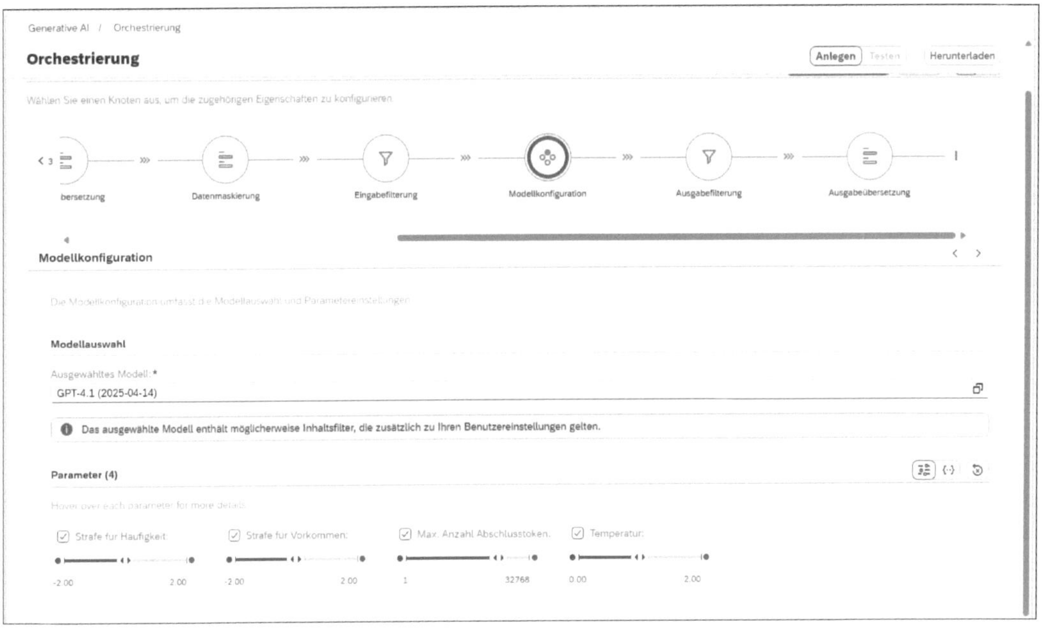

Abbildung 9.12 Modellkonfiguration konfigurieren

Auch für die vom Modell generierten Antworten kann eine **Ausgabefilterung** eingerichtet werden. Damit prüfen Sie, ob die Modellantwort problematische Inhalte wie Hass, Gewalt, sexuelle oder selbstverletzende Äußerungen enthält, und blockieren diese bei Bedarf automatisch. Sie können dabei nicht nur Kategorien auswählen, sondern auch Schwellwerte individuell anpassen – so lässt sich das Verhalten für unterschiedliche Schadenskategorien feingranular steuern (siehe Abbildung 9.13).

Ausgabefilterung

Abschließend kann im Schritt **Ausgabeübersetzung** auch die vom KI-Modell generierte Antwort bei Bedarf automatisch in eine gewünschte Zielsprache übersetzt werden. So stellen Sie sicher, dass die Ergebnisse in der passenden Sprache für die jeweiligen Nutzergruppen bereitgestellt werden – ein entscheidender Vorteil für den internationalen Einsatz und heterogene Teams (siehe Abbildung 9.14).

Automatische Übersetzung der Modellausgaben

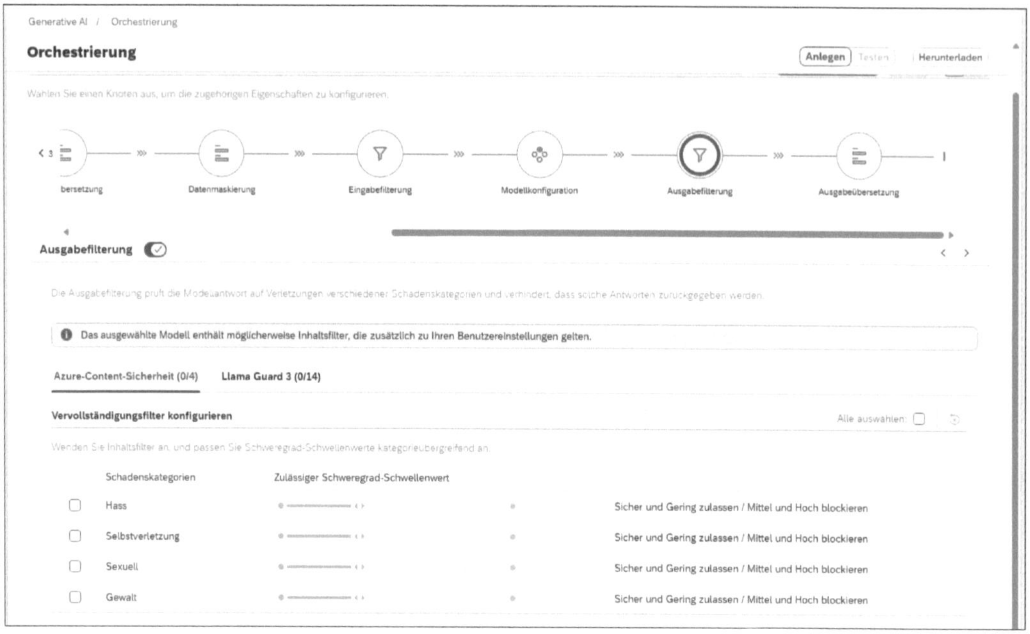

Abbildung 9.13 Ausgabefilterung konfigurieren

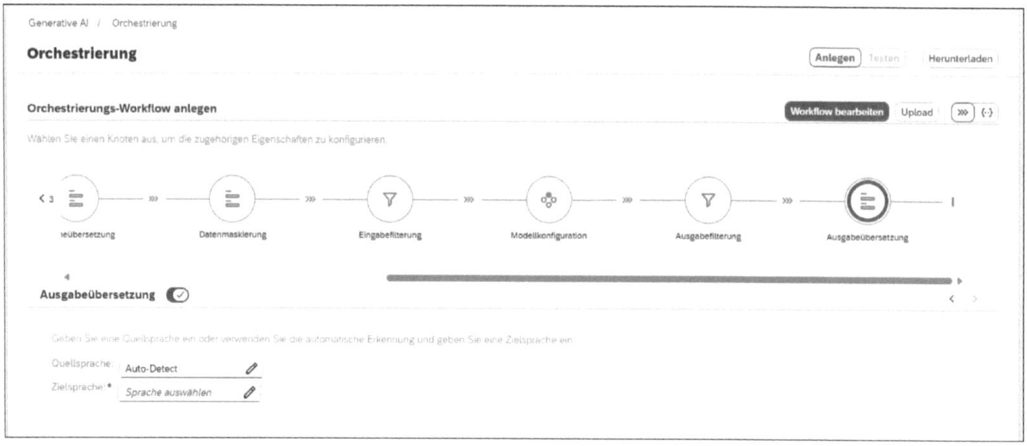

Abbildung 9.14 Ausgabeübersetzung konfigurieren

Workflow testen und für die Integration bereitstellen

Sobald alle Schritte des Orchestrierungs-Workflows konfiguriert sind, haben Sie die Möglichkeit, den Workflow direkt im SAP AI Launchpad anzulegen, zu testen oder herunterzuladen. Sie können den kompletten Ablauf auch online im Editor durchspielen und testen, bevor Sie den Workflow später im eigenen Code oder in der Systemintegration produktiv nutzen. So lassen sich Fehler frühzeitig erkennen und Anpassungen unkompliziert vornehmen.

Im nächsten Abschnitt sehen wir uns an, wie Sie diese Orchestration-Workflows anschließend im Code aufrufen und gezielt in Ihre eigenen SAP-Anwendungen und Prozesse integrieren können.

9.3.2 Vom Workflow-Template zur Lösung

Mit der grafischen Konfiguration im SAP AI Launchpad haben Sie den Grundstein gelegt: Ihr Orchestrierungs-Workflow ist fertiggestellt, getestet und einsatzbereit. Doch wie gelangt diese technische Vorlage nun in Ihre eigenen Anwendungen? Genau an dieser Stelle beginnt der entscheidende Praxisschritt: Die nahtlose Integration des Workflows in Ihren Code und die Automatisierung Ihrer Geschäftsprozesse.

In diesem Kapitel zeigen wir Ihnen, wie Sie den im Generative AI Hub erstellten Orchestration-Workflow sowie die zugehörige Konfiguration programmgesteuert ansprechen und in Ihre SAP-Landschaft einbinden. Schritt für Schritt erläutern wir anhand von Codebeispielen, wie Sie

- den Workflow aus Ihrer Anwendung heraus aufrufen,
- Parameter und Nutzdaten übergeben
- und die Ergebnisse des RAG-gestützten Chatbots weiterverarbeiten.

So wird aus dem konfigurierten Workflow ein echter Mehrwert im operativen Alltag: Routineaufgaben werden automatisiert, relevante Informationen direkt im Prozess bereitgestellt und der Nutzen Ihrer SAP-Integration spürbar gesteigert. Im Folgenden begleiten wir Sie dabei, den Weg von der Low-Code-Vorlage bis zur produktiven Lösung im Code konsequent zu gehen.

Projekt einrichten: die wichtigsten Libraries

Bevor Sie mit der eigentlichen Integration starten, richten Sie Ihr Python-Projekt ein. Dazu benötigen Sie einige spezialisierte Bibliotheken, die die Anbindung an den Generative AI Hub, Orchestration-Workflows sowie moderne KI- und Retrieval-Funktionalität ermöglichen.

Ihre `pyproject.toml`-Konfiguration könnte aussehen wie in Listing 9.1.

```
[project]
name = "genai-orchestration"
version = "0.1.0"
description = "Add your description here"
readme = "README.md"
requires-python = ">=3.13"
dependencies = [
    "fastapi[standard]>=0.116.1",
    "google>=3.0.0",
```

```
    "google-cloud-aiplatform>=1.104.0",
    "langchain-core>=0.3.69",
    "langchain-qdrant>=0.2.0",
    "pypdf2>=3.0.1",
    "sap-ai-sdk-core>=3.0.8",
    "sap-ai-sdk-gen>=5.4.2",
]
```

Listing 9.1 Definition der »pyproject.toml«

Diese Libraries sind die wichtigsten:

- `fastapi`: das Framework für die Entwicklung moderner, performanter REST-APIs in Python
- `google` / `google-cloud-aiplatform`: erlauben die Anbindung an Google Cloud und deren AI-Services (optional, falls Multi-Provider-Szenarien geplant sind)
- `langchain-core` / `langchain-qdrant`: für Retrieval- und RAG-Funktionalitäten, insbesondere bei der Nutzung von Vektordatenbanken wie *Qdrant*
- `pypdf2`: für das Extrahieren und Verarbeiten von Inhalten aus PDF-Dokumenten – wichtig für interne Wissensdatenbanken
- `sap-ai-sdk-core` / `sap-ai-sdk-gen`: die offiziellen SAP SDKs für die Anbindung an den Generative AI Hub und zur Nutzung der Orchestration-Workflows per API

Das Frontend lassen wir in diesem Beispiel bewusst außen vor – der Fokus liegt auf der Anbindung, Nutzung und Automatisierung des Workflows über eine schlanke, aber leistungsfähige FastAPI-Backend-Logik. Eine vergleichbare Umsetzung eines Frontends für solch einen Anwendungsfall wird in Kapitel 5, »Analyse und Optimierung von Transportwegen«, dargestellt.

SAP-AI-Core-Zugangsdaten pflegen

Damit Ihr Projekt mit dem SAP AI Core kommunizieren kann, werden die benötigten Zugangsdaten und Umgebungsinformationen zentral in der Datei **.aicore/config.json** hinterlegt. Diese Datei enthält Authentifizierungs-URLs, Client-ID, Client-Secret sowie die zu nutzende Resource Group. Ein Beispiel mit anonymisierten Werten finden Sie in Listing 9.2.

```
{
  "AICORE_AUTH_URL": "https://<your-authentication-endpoint>",
  "AICORE_CLIENT_ID": "<your-client-id>",
  "AICORE_CLIENT_SECRET": "<your-client-secret>",
  "AICORE_RESOURCE_GROUP": "<your-resource-group>"
}
```

Listing 9.2 »config.json«

[«]

Speicherung der Config-Datei

Speichern Sie diese Datei niemals im öffentlichen Repository und behandeln Sie die Zugangsdaten vertraulich. Im Produktivbetrieb sollten sensible Werte immer über sichere Umgebungsvariablen oder ein Secret Management bereitgestellt werden.

Semantische Suche: Qdrant und Embeddings initialisieren

Zuerst werden die Bausteine für die semantische Suche (RAG) vorbereitet: Eine Vektordatenbank für die Dokumente und ein Modell zur Berechnung von Embeddings (siehe Listing 9.3). Diese Kombination macht es später möglich, die interne SAP-Dokumentation automatisiert zu durchsuchen.


```
from gen_ai_hub.proxy.langchain.openai import OpenAIEmbeddings
from gen_ai_hub.proxy.core.proxy_clients import get_proxy_client
from langchain_qdrant import QdrantVectorStore
from qdrant_client import QdrantClient
from qdrant_client.http.models import Distance, VectorParams
```

Listing 9.3 Imports für die Initialisierung der Vektordatenbank

Besonders wichtig sind dabei die folgenden verwendeten Komponenten:

- `OpenAIEmbeddings` stellt eine Schnittstelle zu Embedding-Modellen über Generative AI Hub bereit.
- `QdrantVectorStore` und `QdrantClient` ermöglichen die Speicherung und Verwaltung der Vektoren.

In Listing 9.4 ist das Anlegen der Vector Collection und das Befüllen des Vector Stores zu sehen.

```
proxy_client = get_proxy_client('gen-ai-hub')
embeddings = OpenAIEmbeddings(proxy_model_name='text-embedding-ada-
002', proxy_client=proxy_client)

VECTOR_COLLECTION = "documentation"
VECTOR_SIZE = 1536

# In-Memory-VectorDB (Demo - Produktion: persistent!)
client = QdrantClient(":memory:")

try:
    client.get_collection(VECTOR_COLLECTION)
except Exception:
    client.create_collection(
```

```
        collection_name=VECTOR_COLLECTION,
        vectors_config=VectorParams(size=VECTOR_SIZE,
        distance=Distance.COSINE),
    )

vector_store = QdrantVectorStore(
    client=client,
    collection_name=VECTOR_COLLECTION,
    embedding=embeddings,
)
```

Listing 9.4 Code zur Initialisierung der Vektordatenbank

SAP-Doku als Vektoren: PDF-Indexierung für RAG

Im nächsten Schritt wird eine PDF-Dokumentation eingelesen und als Wissensquelle indexiert. Die einzelnen Seiten werden extrahiert und als Document-Objekte in der Vektordatenbank gespeichert (siehe Listing 9.5).

```
from langchain_core.documents import Document
from PyPDF2 import PdfReader
import os
from tqdm import tqdm
from uuid import uuid4
```

Listing 9.5 Imports für das Einlesen der Dokumente

Für die Verarbeitung und Indexierung der PDF-Dateien kommen folgende Bibliotheken und Funktionen zum Einsatz:

- `PyPDF2` liest PDF-Seiten ein.
- `tqdm` zeigt einen Fortschrittsbalken beim Indexieren.
- `uuid4` erzeugt eindeutige IDs für die Dokumente.

In Listing 9.6 wird gezeigt, wie ein PDF-Dokument als Datenquelle für eine Wissensbasis aufbereitet wird. Zunächst prüft das Skript, ob die Datei **ai_core_documentation.pdf** im angegebenen Pfad vorhanden ist. Anschließend werden mit dem PdfReader die einzelnen Seiten eingelesen und der extrahierte Text jeweils in ein Document-Objekt überführt – ergänzt um Metadaten wie Dateiname und Seitenzahl. Für jedes Dokument wird eine eindeutige ID (UUID) erzeugt. Falls der Vektorspeicher noch leer ist, werden die Dokumente samt IDs in den `vector_store` übernommen. Ist die PDF-Datei nicht vorhanden, gibt das Skript eine Warnung aus.

```
pdf_path = "/genai-orchestration/ai_core_documentation.pdf".
if os.path.exists(pdf_path):
    reader = PdfReader(pdf_path)
```

```
    documents = []
    for i, page in enumerate(tqdm(reader.pages, desc="PDF-Seiten
    indexieren")):
        text = page.extract_text() or ""
        doc = Document(
            page_content=text,
            metadata={"source": pdf_path, "page": i + 1}
        )
        documents.append(doc)
    uuids = [str(uuid4()) for _ in documents]
    if len(vector_store.similarity_search("test", k=1)) == 0:
        vector_store.add_documents(documents=documents, ids=uuids)
else:
    print(f"WARNUNG: PDF {pdf_path} nicht gefunden! Knowledge Base
    bleibt leer.")
```

Listing 9.6 Code zum Erzeugen der Vektordatenbank

Anschließend werden zwei *Prompt-Templates* für die beiden Anwendungsfälle festgelegt (siehe Listing 9.7):

- Analyse von Support-Tickets
- Beantwortung von Fragen mit RAG (Retrieval-Augmented Generation)

```
from gen_ai_
hub.orchestration.models.message import SystemMessage, UserMessage
from gen_ai_
hub.orchestration.models.template import Template, TemplateValue
```

Listing 9.7 Verwendete Imports für die Prompt-Templates

Das RAG-Template besteht aus folgenden zentralen Bausteinen:

- `SystemMessage` und `UserMessage` bestimmen die Rollen und Inhalte im Prompt.
- `Template` und `TemplateValue` fassen die Bausteine zusammen.

Prompt-Template für Ticketanalyse definieren

In Listing 9.8 sehen Sie die Definition eines Templates für ein Support-Szenario. Die Funktion `create_support_ticket_template()` legt fest, wie ein KI-Assistent Support-Anfragen strukturiert aufbereitet.

```
def create_support_ticket_template():
    return Template(
        messages=[
            SystemMessage(
```

```
                """
                You are a helpful AI support assistant. Analyze the
                following support request and extract the following
                structured information:
                1. Short summary of the problem (1-2 sentences).
                2. Main category (e.g. 'Login Issue', 'Performance',
                'Bug Report', 'Feature Request', etc.).
                3. Affected system/component/module.
                4. Urgency level (low, medium, high, critical).
                5. Steps already taken by the user.
                6. Suggested next troubleshooting steps (if possible).
                7. Additional notes or context.
                """
            ),
            UserMessage(
                "Here is a support request: {{?support_ticket}}"
            ),
        ],
        defaults=[
            TemplateValue(name="support_ticket", value="The user
            describes their problem here..."),
        ],
    )
```

Listing 9.8 Support-Ticket-Template

RAG-Template für Doku-Fragen erstellen

In Listing 9.9 sehen Sie die Definition eines Templates, das als Grundlage für ein Retrieval-Augmented-Generation-(RAG-)Szenario dient. Die Funktion `create_rag_qa_template()` legt fest, wie System- und Nutzermeldungen aufgebaut sind, wenn Fragen auf Basis von Dokumentationskontext beantwortet werden sollen.

```
def create_rag_qa_template():
    return Template(
        messages=[
            SystemMessage(
                """
                You are an expert assistant for answering questions
                based on the provided documentation context.
                Only use the retrieved context to answer the user's
                question as accurately and concisely as possible.
                If the answer is not present in the context, say "I
                could not find relevant information in the provided
                documentation."
```

```
            Do not use prior knowledge or make up information.
            """
        ),
        UserMessage(
            """
            Question:
            {{?user_question}}

            Retrieved context:
            {{?retrieved_context}}
            """
        ),
    ],
    defaults=[
        TemplateValue(name="user_question", value=
        "Your question here..."),
        TemplateValue(name="retrieved_context", value=
        "Relevant documentation snippets go here."),
    ],
)
```

Listing 9.9 RAG-QA-Template

Bei der Definition der Prompt-Templates wird das Format gemäß der Orchestration-Workflows aufgegriffen – hier kann der zuvor im SAP AI Launchpad definierte Workflow wiederverwendet werden.

Für jeden Anwendungsfall muss dann eine Modellkonfiguration erstellt werden. Hierbei kommt GPT-4.1 zum Einsatz, mit Einstellungen für maximale Token-Anzahl und Temperatur.

Modell und Template als OrchestrationConfig zusammenführen

Dazu werden folgende Imports definiert – dabei definiert `LLM` das verwendete Sprachmodell, und `OrchestrationConfig` kombiniert dann die LLMs und zuvor definierten Prompt-Templates (siehe Listing 9.10).

```
def create_model_config(template):
    model = LLM(name="gpt-4.1", version="latest", parameters={"max_
    tokens": 1000, "temperature": 0.3})
    config = OrchestrationConfig(
        template-template,
        llm=model,
    )
    return config, model
```

Listing 9.10 OrchestrationConfig erstellen

Orchestration ausführen

Um Nutzen aus den Config-Dateien und Workflows zu ziehen, müssen diese auch benutzt werden können. Hierzu werden Services definiert, die den Workflow ausführen. Die Ergebnisse werden als strukturierte Antwortobjekte zurückgegeben (siehe Listing 9.11).

```
from gen_ai_hub.orchestration.models.template import TemplateValue
from gen_ai_hub.orchestration.service import OrchestrationService
```

Listing 9.11 Verwendete Imports

Den Service für Support-Tickets sehen Sie in Listing 9.12.

```
def process_support_ticket_content(ticket_content):
    template = create_support_ticket_template()
    config, model = create_model_config(template)
    responses = []

    orchestration_service = OrchestrationService(config=config)
    result = orchestration_service.run(template_values=[
        TemplateValue(name="support_ticket", value=ticket_content)
    ])
    response = result.orchestration_result.choices[0].message.content
    responses.append({
        "model": model.name,
        "response": response
    })
    return responses
```

Listing 9.12 Ticket-Service

Den Code für die RAG-QA-Pipeline sehen Sie in Listing 9.13.

```
def process_rag_qa(question, retrieved_context):
    template = create_rag_qa_template()
    config, model = create_model_config(template)
    responses = []

    orchestration_service = OrchestrationService(config=config)
    result = orchestration_service.run(template_values=[
        TemplateValue(name="user_question", value=question),
        TemplateValue(name="retrieved_context", value=retrieved_
        context)
    ])
    response = result.orchestration_result.choices[0].message.content
    responses.append({
```

```
        "model": model.name,
        "response": response
    })
    return responses
```

Listing 9.13 RAG-QA-Service

Abschließend werden die Config-Dateien, Templates und Services über einen FastAPI-Service als Web-Service bereitgestellt (siehe Listing 9.14). Dieser stellt Endpunkte zum Hochladen von Support-Tickets und für das RAG-gestützte Q&A bereit. Alle Ergebnisse werden als JSON-Response zurückgegeben, ideal für die Integration in bestehende Portale oder Anwendungen.


```
from fastapi import FastAPI, File, UploadFile, Form
from fastapi.responses import JSONResponse
from typing import Optional
```

Listing 9.14 Verwendete Imports

Für die Umsetzung kommen folgende zentrale Komponenten von FastAPI zum Einsatz:

- `FastAPI` ist das API-Framework.
- `File`, `UploadFile`, `Form` regeln den Input.
- `JSONResponse` gibt die Ergebnisse zurück.

Bereitstellung als REST-API

Der eigentliche Code kann schlank gehalten werden, da die zuvor definierten Komponenten wiederverwendet werden (siehe Listing 9.15).

```
app = FastAPI()

@app.post("/analyze_support_ticket/")
async def analyze_support_ticket(
    file: Optional[UploadFile] = File(None),
    text: Optional[str] = Form(None)
):
    if file is not None:
        content = await file.read()
        ticket_content = content.decode("utf-8")
    elif text is not None:
        ticket_content = text
    else:
        return JSONResponse(
            status_code=400,
            content=
```

```
{"error": "Bitte entweder eine Datei hochladen oder Text bereitstellen."}
        )

    responses = process_support_ticket_content(ticket_content)
    return JSONResponse(content={"results": responses})

@app.post("/rag_qa/")
async def rag_qa(
    question: str = Form(...),
    k: int = Form(3)
):
    if not question:
        return JSONResponse(
            status_code=400,
            content={"error": "Bitte eine Frage angeben."}
        )

    search_results = vector_store.similarity_search(question, k=k)
    sources = []
    if not search_results:
        context = ""
    else:
        chunks = []
        for doc in search_results:
            page = doc.metadata.get("page", "?")
            file = doc.metadata.get("source", "?")
            filename = file.split("/")[-1] if "/" in file else file
            content_snippet = doc.page_content.strip()[:500]
            chunks.append(f"Seite {page} aus {filename}:\n{content_
            snippet}...")
            sources.append({
                "page": page,
                "filename": filename,
                "source_path": file
            })
        context = "\n\n".join(chunks)

    responses = process_rag_qa(question, context)
    return JSONResponse(content={
        "results": responses,
        "sources": sources
    })
```

```
@app.get("/")
def root():
    return {"message": "Support Ticket Analysis API is running!"}
```

Listing 9.15 Web-Service zur Nutzung der Orchestration-Workflows

Den vollständige Code finden Sie im Anhang und im Download-Material dieses Buchs unter *www.sap-press.de/6149*.

Abschließend kann der Web-Service nun testweise gestartet werden:

```
uv run fastapi run api.py
```

Interaktive API-Tests

Nach dem Starten der Anwendung steht automatisch eine interaktive Swagger UI zur Verfügung (siehe Abbildung 9.15). Hier werden die beiden zuvor definierten Endpunkte `/analyze_support_ticket/` und `/rag_qa/` übersichtlich angezeigt. Über diese Oberfläche können Sie die API bequem testen, ohne ein separates Tool wie Postman zu benötigen. Auch die zugrunde liegenden Schemas und mögliche Fehlermeldungen sind direkt einsehbar.

Abbildung 9.15 FastAPI-Anwendung mit den definierten Endpunkten

Ticketanalyse einfach testen

Im nächsten Schritt können Sie ein Support-Ticket ganz einfach über die Swagger-Oberfläche testen (siehe Abbildung 9.16). Dazu gibt es zwei Möglichkeiten: Entweder wird der Tickettext direkt im Feld **text** eingegeben oder eine Datei mit dem Ticketinhalt hochgeladen. Nach Klick auf **Execute** wird die Anfrage an den Endpunkt `/analyze_support_ticket/` gesendet und die automatische Analyse des Tickets gestartet.

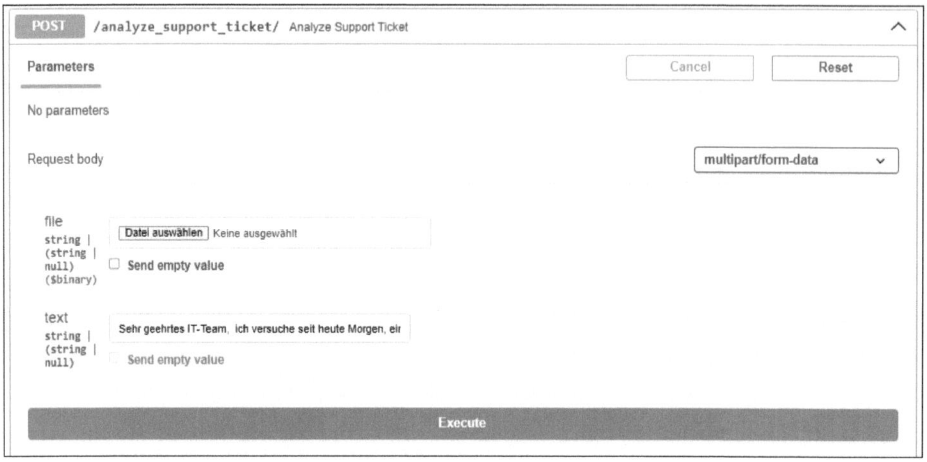

Abbildung 9.16 Support-Tickets als Freitext eingeben oder als Datei über die Swagger UI hochladen

Auswertung auf einen Blick

Nach dem Absenden des Tickets sehen Sie direkt die strukturierte Analyse als JSON-Response (siehe Abbildung 9.17). Die Antwort enthält die einzelnen geforderten Punkte aus dem Template, wie Problemzusammenfassung, Kategorie, betroffenes System/Modul, Dringlichkeit, bisherige Maßnahmen, nächste empfohlene Schritte sowie zusätzliche Hinweise. Zudem wird das verwendete Modell (**gpt-4.1**) als Metadatum ausgegeben.

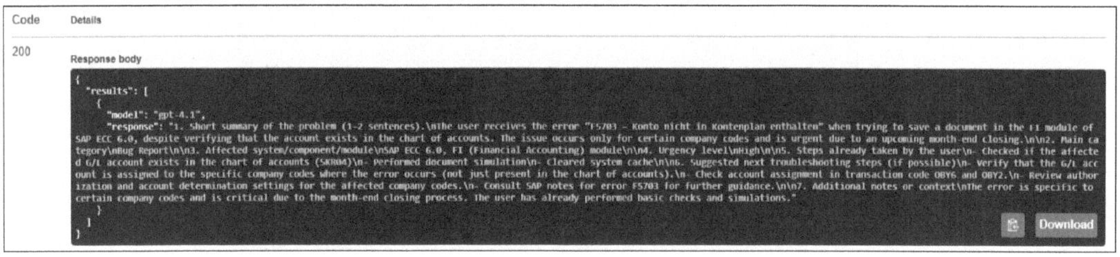

Abbildung 9.17 Das Ergebnis der Support-Ticket-Analyse

SAP-Doku direkt befragen

Der zweite Endpunkt `/rag_qa/` ermöglicht es, gezielte Fragen an die hinterlegte SAP-Dokumentation zu stellen (siehe Abbildung 9.18). Hier geben Sie Ihre Frage als Freitext ein – im Beispiel: »Welche Servicepläne sind im SAP AI Core verfügbar?« Zusätzlich können Sie einstellen, wie viele relevante Dokumentenabschnitte (**k**) aus der Vektordatenbank berücksichtigt werden sollen. Mit einem Klick auf **Execute** wird die Anfrage abgeschickt.

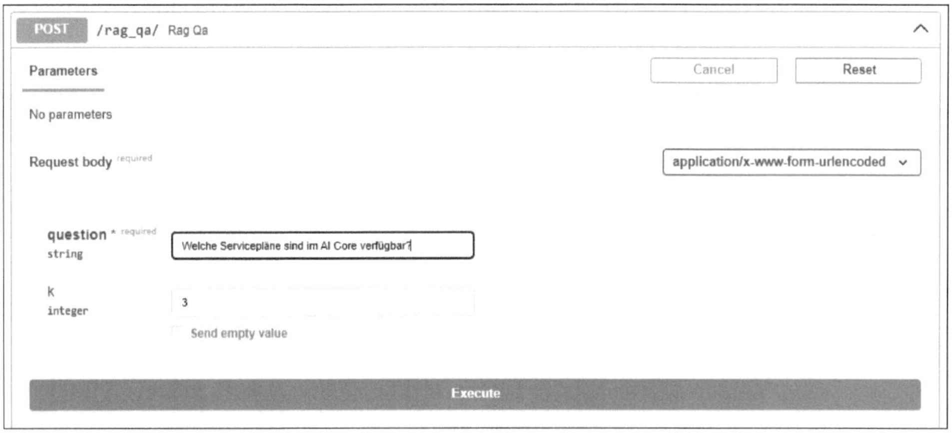

Abbildung 9.18 Dokumentationsabfrage per RAG-Workflow testen

Antwort mit Quelle

Das Ergebnis der RAG-Abfrage wird als strukturierte JSON-Response angezeigt (siehe Abbildung 9.19). Die KI liefert eine präzise Antwort aus der SAP-Dokumentation, z. B. zu den verfügbaren Serviceplänen im SAP AI Core (Free, Standard, Extended). Zusätzlich werden die genutzten Dokumentenquellen samt Seitenzahl und Dateipfad ausgegeben. So kann für jede Antwort sofort nachvollzogen werden, aus welchem Abschnitt der Doku die Information stammt.

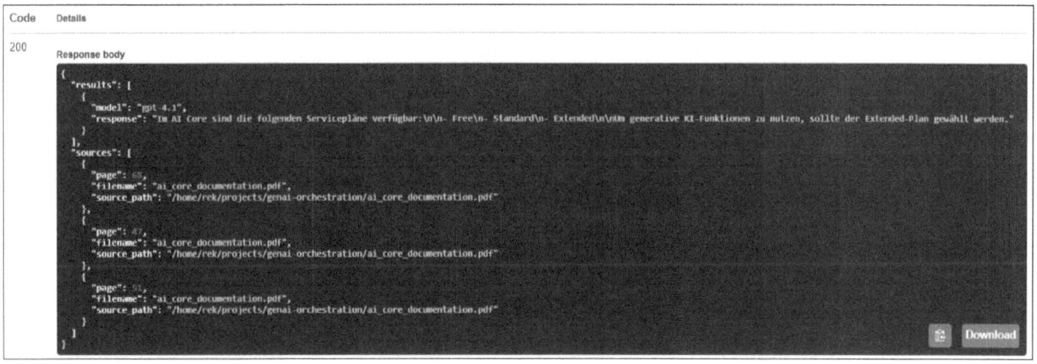

Abbildung 9.19 Ergebnis einer RAG-gestützten SAP-Dokumentationsabfrage inklusive Quellenangaben

Mit den beschriebenen Schritten haben wir eine robuste und praxisnahe Lösung geschaffen, die alle wesentlichen Bausteine moderner GenAI-Anwendungen im SAP-Kontext vereint. Unsere Services sind dabei bewusst als wiederverwendbare, eigenständige Schnittstellen (APIs) aufgebaut. Das bedeutet, Sie können die entwickelten Endpunkte für die Support-Ticket-Analyse sowie die RAG-basierte Dokumentenabfrage nicht nur einzeln nutzen und testen, sondern ganz flexibel in bestehende Prozesse und Applikationen integrieren.

Ob als eigenständige Webanwendung, als Teil eines Serviceportals, als Hintergrundprozess in einem Bot oder direkt als Embedded Service in SAP-Fiori-Apps – die hier gezeigte FastAPI-Implementierung bildet das technische Fundament für unterschiedlichste Einsatzszenarien. Dank der offenen, standardisierten REST-Schnittstellen lassen sich Anfragen problemlos von unterschiedlichsten Frontends oder Systemen aus absetzen. So können zum Beispiel Fachbereiche Tickets direkt analysieren lassen, Helpdesk-Mitarbeitende schneller zu relevanten SAP-Lösungen gelangen oder auch Self-Service-Portale für Endanwenderinnen und Endanwender um KI-Funktionen erweitert werden.

Services flexibel einsetzbar

Die eigentliche Stärke liegt in der klaren Trennung von Backend und UI: Die KI-gestützten Orchestrierungs-Workflows laufen unabhängig von der Oberfläche und können beliebig erweitert, angepasst oder auch skaliert werden – ganz nach den Anforderungen Ihres Unternehmens. Auch das Einbeziehen zusätzlicher Datenquellen, die Anbindung weiterer SAP-Systeme oder die Ergänzung um zusätzliche KI-Modelle ist mit dem gezeigten Baukastenprinzip jederzeit möglich.

Damit steht Ihnen ein modularer, zukunftssicherer Ansatz zur Verfügung, mit dem Sie GenAI- und RAG-Technologien zielgerichtet in Ihre SAP-Landschaft einbinden und Schritt für Schritt ausbauen können.

9.4 Zusammenfassung

Das Kapitel hat gezeigt, wie aus einer typischen Herausforderung im SAP-Service-Desk – wie sie am Beispiel der Ecometrix AG skizziert wurde – mit modernen KI-Technologien und den Werkzeugen des Generative AI Hub eine smarte, praxisnahe Lösung entstehen kann. Ausgehend von alltäglichen Problemen wie langen Suchzeiten, fragmentierten Wissensquellen und manuellen Routineaufgaben, wurden Schritt für Schritt die wichtigsten Bausteine einer GenAI-gestützten Service-Automatisierung zusammengeführt.

Von der Problemstellung zur Lösung

Der Service-Desk der Ecometrix AG stand vor der Aufgabe, täglich zahlreiche, oft ähnliche Anfragen schnell und präzise zu beantworten – ohne jedes Mal aufwendig recherchieren zu müssen. Mit RAG und dem Orchestration-Service wurde eine Lösung geschaffen, bei der KI-gestützte Workflows relevante Informationen aus internen SAP-Dokumentationen, vergangenen Tickets und Anleitungen automatisiert bereitstellen. Das Team gewinnt dadurch wertvolle Zeit, Routineanfragen werden strukturiert analysiert, und Anwender profitieren von schnellen, konsistenten Antworten.

Technische Umsetzung

Das im Kapitel beschriebene FastAPI-Backend macht diese Workflows als eigenständige, leicht konsumierbare Services verfügbar – egal, ob sie später in ein Serviceportal, einen Bot, das SAP Fiori Launchpad oder in beliebige eigene Anwendungen eingebunden werden. Die Trennung von KI-Logik, Wissensquellen und Nutzeroberfläche sorgt für maximale Flexibilität und Wartbarkeit. Durch die Integration von Datenmaskierung, Übersetzungsfunktionen und Ausgabefiltern bleiben Compliance, Datenschutz und Sicherheit stets gewährleistet.

Das Ergebnis

Mit wenigen Bausteinen und klar definierten Schnittstellen lässt sich heute ein intelligentes, skalierbares Support-System aufbauen, das Mitarbeitende im SAP-Umfeld zielgerichtet unterstützt. Statt langwieriger Suchen und manueller Wissenspflege können sich Service-Teams auf komplexere Fälle konzentrieren – die Routine übernimmt ein KI-gestützter Assistent, der spezifisches Unternehmenswissen auf Knopfdruck verfügbar macht. So werden Effizienz, Qualität und Anwenderzufriedenheit gleichermaßen gesteigert.

Kapitel 10

Forecasting von Sales und Lagerbeständen

Die Vorhersage von Verkaufszahlen und Lagerbeständen wird durch Machine Learning und die SAP Analytics Cloud präziser. Die KI berücksichtigt historische Daten, Trends und externe Einflüsse, was Unternehmen eine proaktive Planung ermöglicht und Über- oder Unterbestände reduziert.

Am Beispiel der fiktiven RetailPro GmbH zeigen wir, wie das Unternehmen seine zuvor manuellen und reaktiven Planungsprozesse durch eine datengetriebene Strategie ablöst. Technisch basiert dies auf den Planungsmodellen der SAP Analytics Cloud und dem Modul Smart Predict, das automatisierte ML-Verfahren nutzt, um komplexe Muster und externe Einflussfaktoren zu verarbeiten und damit die Grenzen klassischer Prognosemethoden zu überwinden. Die Datenmodellierung bei der RetailPro erfolgt mit tagesgenauer Granularität, unter Einbindung von internen SAP-S/4HANA-Daten und externen Quellen (wie Wetterdaten), wodurch präzisere, selbstlernende Prognosen mit Explainable AI ermöglicht werden. Diese Prognosen werden nahtlos über OData-Services in operative SAP-S/4HANA-Prozesse integriert, erlauben Szenario-Simulationen und ein kontinuierliches Monitoring der Prognosequalität.

Die Implementierung führt zu signifikanten Vorteilen wie reduzierten Lagerbeständen (um 12 %), weniger Out-of-Stock-Situationen (25 % weniger) und einer deutlichen Effizienzsteigerung (um 30 %) im Planungsprozess, was die Agilität und Wettbewerbsfähigkeit des Unternehmens stärkt. Das Zusammenspiel von der SAP Analytics Cloud, der SAP Business Data Cloud und der SAP Datasphere schafft dabei ein leistungsfähiges End-to-End-Datenökosystem für eine strategische, datengetriebene Unternehmensführung.

Wir geben Ihnen in Abschnitt 10.1 einen Überblick über die Ausgangssituation und besprechend die Zielsetzung. In Abschnitt 10.2 lernen Sie die Voraussetzung für ein solche Projekt kennen. Sie erfahren, wie die SAP Analytics Cloud für das Forecasting verwendet werden kann. In Abschnitt 10.3

widmen wir uns mit der Datenmodellierung und der Integration des Forecastings in operative Prozesse dann der technischen Umsetzung. Wir schließen das Kapitel mit Abschnitt 10.4, in dem Sie erfahren, welche Vorteile die Forecasting-Anwendung RetailPro gebracht hat und wie sich ihr Mehrwert beziffern lässt.

10.1 Einleitung und Zielsetzung

In diesem Abschnitt werden die Ausgangssituation bei RetailPro, die Schwächen ihrer bisherigen manuellen Prozesse und die strategische Entscheidung für eine Neuausrichtung hin zu einem datengetriebenen und KI-gestützten Forecasting-System detailliert betrachtet.

Traditionelle Prognosemethoden

Traditionelle Prognosemethoden, die auf statistischen Verfahren wie gleitendem Durchschnitt oder exponentieller Glättung (z. B. Holt-Winters-Verfahren) basieren, liefern für stabil verlaufende Nachfragezyklen oftmals zufriedenstellende Ergebnisse. Sie stoßen jedoch an ihre Grenzen, wenn komplexe, mehrdimensionale Einflussgrößen wie saisonale Schwankungen, Preis- und Marketingaktionen, externe Marktfaktoren oder kurzfristige Nachfrageänderungen berücksichtigt werden müssen. Solche Ansätze führen in der Praxis häufig zu systematischen Prognosefehlern und einer mangelnden Reaktionsfähigkeit auf unvorhergesehene Ereignisse.

Moderne ML-Verfahren

Mit der Einführung moderner Machine-Learning-Verfahren hat sich das Paradigma grundlegend verändert. Algorithmen wie Gradient Boosting Machines (GBM), Random Forests, Support Vector Machines oder Deep-Learning-Modelle wie Long Short-Term Memory (LSTM) sind in der Lage, hochdimensionale und nichtlineare Zusammenhänge automatisch zu erkennen. Sie können komplexe Muster in Nachfrageverläufen abbilden, externe Einflussgrößen integrieren und Prognosen nahezu in Echtzeit generieren. Damit lassen sich bisher ungenutzte Potenziale erschließen, beispielsweise die präzise Vorhersage von saisonalen Effekten oder die Berücksichtigung kurzfristiger externer Einflüsse wie Wetterereignisse, Feiertage oder Marketingkampagnen.

Beispielunternehmen RetailPro GmbH

Unser Beispielunternehmen, die RetailPro GmbH ist ein bundesweit tätiges Handelsunternehmen, das ein breites Produktportfolio aus den Bereichen Konsumgüter, Elektronik, Mode und saisonaler Aktionsware anbietet. Das Unternehmen betreibt mehr als 150 stationäre Filialen in unterschiedlichen Regionen und verfügt darüber hinaus über einen stark wachsenden E-Commerce-Kanal, der in den vergangenen Jahren einen erheblichen Anteil am

Gesamtumsatz erreicht hat. Diese heterogene Vertriebsstruktur und das vielfältige Produktportfolio stellen besondere Anforderungen an die Absatz- und Bestandsplanung, da sich die Nachfragezyklen je nach Warengruppe erheblich unterscheiden und saisonale Effekte eine wichtige Rolle spielen.

Ausgangssituation

Die bisherigen Planungsprozesse bei RetailPro waren stark manuell geprägt. Prognosen wurden vor allem auf der Basis von Excel-Reports erstellt, die historische Absatzdaten aus dem SAP-S/4HANA-System nutzten. Verantwortlich für die Planung waren einzelne Disponentinnen und Disponenten, die ihre Entscheidungen häufig auf Erfahrungswerte und persönliche Einschätzungen stützten. Eine systematische Validierung der Prognosen fand nur in begrenztem Umfang statt. Externe Einflussgrößen wie Wetterprognosen oder Marketingkampagnen wurden nicht oder nur vereinzelt berücksichtigt. Dieses Vorgehen führte regelmäßig zu ungenauen Forecasts und damit verbundenen Bestandsentscheidungen, die sich nachteilig auf die Wirtschaftlichkeit auswirkten.

Schwächen des manuellen Ansatzes

In der Praxis zeigten sich die Schwächen des bisherigen Ansatzes insbesondere bei saisonalen Artikeln, die in zu großen Mengen beschafft wurden und am Ende der Saison mit hohen Preisnachlässen verkauft werden mussten, was deutliche Margenverluste verursachte. Gleichzeitig kam es bei stark nachgefragten Produkten immer wieder zu Unterbeständen, was nicht nur Umsatzverluste, sondern auch eine potenzielle Abwanderung von Kunden zur Folge hatte. Diese Situation machte deutlich, dass die Planung vor allem reaktiv und nicht proaktiv erfolgte und kurzfristige Marktveränderungen nur unzureichend abgebildet werden konnten.

Zielsetzung

Das Management der RetailPro GmbH erkannte vor diesem Hintergrund die Notwendigkeit, die bestehenden Planungsprozesse grundlegend zu modernisieren und auf eine datengetriebene, skalierbare und automatisierte Plattform zu überführen. Ziel war es, Prognosen präziser und dynamischer zu gestalten und externe Einflussgrößen systematisch in die Planung zu integrieren, um sowohl die Bestände zu optimieren als auch die Lieferfähigkeit zu sichern. Die Entscheidung fiel auf die SAP Analytics Cloud, da sie eine nahtlose Integration in die bestehende SAP-Landschaft ermöglicht, ML-Funktionalitäten bereitstellt und externe Datenquellen, wie etwa Wetterprognosen oder Marketingpläne, flexibel einbeziehen kann. Die Einführung dieser Plattform sollte die Grundlage dafür schaffen, von einer überwiegend manuellen und reaktiven Bestandsplanung zu einem proaktiven, KI-gestützten Prognosesystem zu gelangen, das langfristig die Wettbewerbsfähigkeit von RetailPro sichert und die Effizienz in der Supply Chain erhöht.

10.2 Die richtigen Voraussetzungen schaffen: SAP Analytics Cloud für Forecasting

Nachdem im vorherigen Abschnitt die spezifischen Herausforderungen und die strategische Neuausrichtung der RetailPro vorgestellt wurden, die zu ihrer Entscheidung für ein datengetriebenes Forecasting führten, widmet sich dieser Abschnitt nun den technischen Fundamenten, die diese Transformation ermöglichen. Im Zentrum unserer Lösung steht die SAP Analytics Cloud. Als umfassende Cloud-Lösung vereint die sie Business Intelligence, Planung und prädiktive Analytik in einer integrierten Umgebung. Für die präzise Absatz- und Bestandsprognose bietet sie die notwendigen Werkzeuge und eine skalierbare Architektur.

In diesem Abschnitt wir die Architektur der SAP Analytics Cloud, ihre zentralen Komponenten – insbesondere die Planungsmodelle und das Modul Smart Predict – sowie die vielfältigen Möglichkeiten der Datenintegration detailliert betrachtet. Zudem werden die Rollen der SAP Business Data Cloud und SAP Datasphere als übergreifende Plattformen beleuchtet, die für eine konsistente und robuste Datenbasis unerlässlich sind. Ziel ist es, ein tiefgehendes Verständnis dafür zu entwickeln, wie diese technischen Grundlagen die Erstellung adaptiver und hochpräziser Prognosen ermöglichen, wie sie die RetailPro GmbH benötigt.

10.2.1 Software-Stack

SAP Analytics Cloud und SAP Business Data Cloud

Die *SAP Analytics Cloud* dient als zentrale Plattform, um diese Möglichkeiten in einem integrierten Workflow umzusetzen. Sie ist eine vollständig cloudbasierte Software-as-a-Service-(SaaS-)Lösung, die auf der SAP Business Technology Platform (SAP BTP) betrieben wird und die Kernfunktionalitäten Business Intelligence (BI), Planung und prädiktive Analytik in einer integrierten Architektur vereint. Mit dem Modul *Smart Predict* können Prognosemodelle automatisiert erstellt, getestet und iterativ verbessert werden, ohne dass tiefgehendes Data-Science-Know-how erforderlich ist. Historische Verkaufs- und Bestandsdaten werden hierbei durch externe Einflussgrößen wie Wetterdaten, Feiertagskalender, Marketingbudgets oder makroökonomische Kennzahlen ergänzt. ML-Algorithmen identifizieren relevante Einflussfaktoren, optimieren Hyperparameter und liefern Prognosen mit Konfidenzintervallen und erklärenden Variablen (Explainable AI).

SAP Business Data Cloud und SAP Datasphere

Eine besondere Rolle spielt die *SAP Business Data Cloud* (SAP BDC) in Verbindung mit der *SAP Datasphere*. Diese Plattformen bilden die zentrale Datenbasis, um heterogene Datenquellen aus SAP- und Nicht-SAP-Systemen in einer einheitlichen semantischen Schicht zu konsolidieren. Während die SAP Datasphere eine skalierbare und cloud-native Datenmanagementplattform bereitstellt, sorgt die Business Data Cloud für den standardisierten Zugriff auf Unternehmensdaten und externe Quellen in Echtzeit. So können Stammdaten aus SAP S/4HANA, Bewegungsdaten aus Drittsystemen, Sensordaten aus IoT-Plattformen oder externe Einflussgrößen wie Wetter- oder Marktdaten in einem harmonisierten Datenmodell zusammengeführt werden. Dies ermöglicht es, Forecasting-Modelle nicht nur auf einer sauberen, konsistenten Datenbasis aufzubauen, sondern auch neue Datenquellen dynamisch zu integrieren und die Prognosequalität kontinuierlich zu verbessern. Abbildung 10.1 zeigt das Cockpit der SAP BDC.

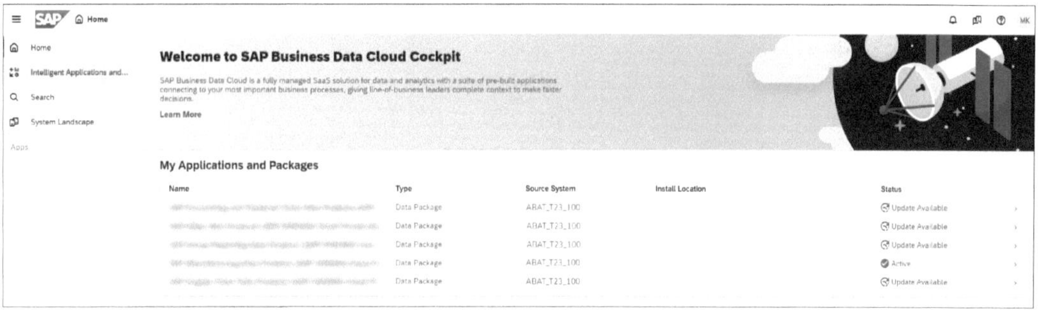

Abbildung 10.1 Das SAP Business Data Cloud Cockpit

SAP-Databricks-Integration für Advanced Analytics

Darüber hinaus kann die Einbindung von *SAP Databricks* als skalierbare Data-Science- und Analyseplattform zusätzliche Mehrwerte schaffen. SAP-Databricks bietet eine leistungsstarke Umgebung zur Entwicklung und zum Training von ML- und Deep-Learning-Modellen, die auf Massendaten aus der SAP Datasphere und anderen Quellen zugreifen. Über standardisierte Schnittstellen (z. B. SAP Datasphere Federation Services oder APIs) lassen sich fortgeschrittene ML-Pipelines, beispielsweise mit PyTorch oder TensorFlow, entwickeln und Ergebnisse direkt in die SAP Analytics Cloud zurückspielen. Dies eröffnet die Möglichkeit, komplexe Prognosemodelle – wie LSTM-Netzwerke für Zeitreihenanalysen oder hybride Modelle für Nachfrageprognosen mit exogenen Variablen – außerhalb der SAP Analytics Cloud zu trainieren, aber deren Ergebnisse nahtlos in die SAP-Planungsprozesse einzubinden.

End-to-End-Forecasting-Ökosystem

Durch diese Kombination aus SAP Analytics Cloud, SAP Business Data Cloud, SAP Datasphere und SAP Databricks entsteht ein End-to-End-Forecasting-Ökosystem, das nicht nur die Prognosequalität erhöht, sondern auch die Flexibilität und Skalierbarkeit der Lösung sicherstellt. Die Datenbasis kann flexibel um neue interne und externe Quellen erweitert werden, die Rechenleistung für Modelltraining und -optimierung skaliert mit den Anforderungen, und die Integration der Ergebnisse in operative Prozesse wie Disposition, Produktionsplanung und Bestandsmanagement erfolgt in Echtzeit. Unternehmen wie die RetailPro GmbH sind dadurch in der Lage, ihre Planung nicht mehr statisch, sondern dynamisch und hochgradig datengetrieben auszurichten.

Feature Engineering

Die Algorithmen der SAP Analytics Cloud führen ein automatisches Feature Engineering durch, bei dem relevante Variablen identifiziert, zeitliche Abhängigkeiten modelliert und Einflussstärken geschätzt werden, wodurch eine tiefere Abbildung der Nachfragecharakteristik möglich wird. In Abbildung 10.2 sehen Sie die Prognose vs. Ist-Zustand anhand eines automatisch generierten Prognosemodells in der SAP Analytics Cloud.

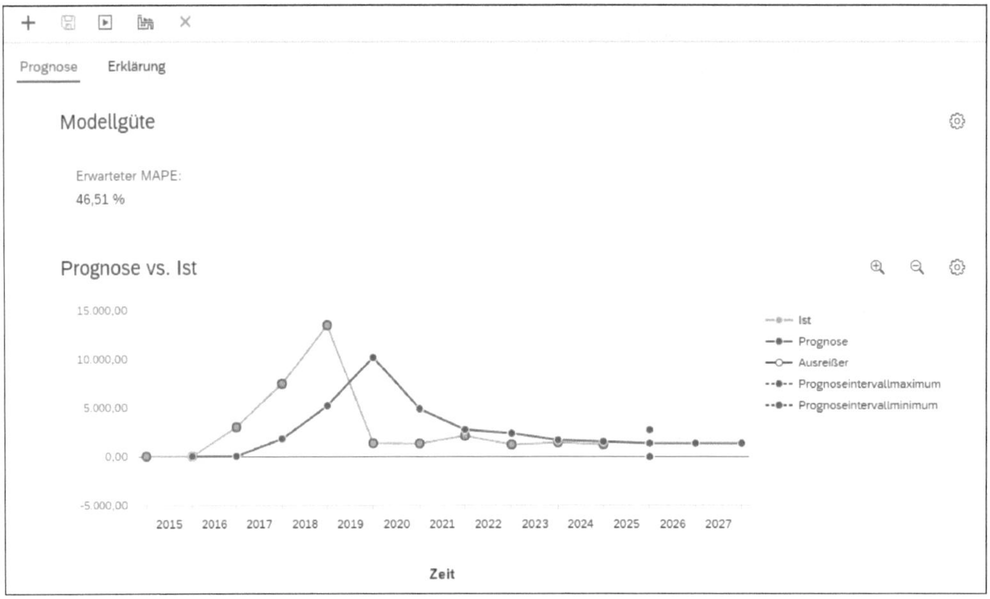

Abbildung 10.2 Prognose vs. Ist mit erwartetem MAPE (Mean Absolute Percentage Error)

Natürlich lässt sich mittels eines Drill-downs das Ganze auch auf Monats-, Wochen- und Tagesebene darstellen. Außerdem liefern die Prognosealgorithmen in der SAP Analytics Cloud entsprechende Erklärungen, auf welcher Grundlage die Prognosedaten erstellt und bereitgestellt wurden (siehe Abbildung 10.3).

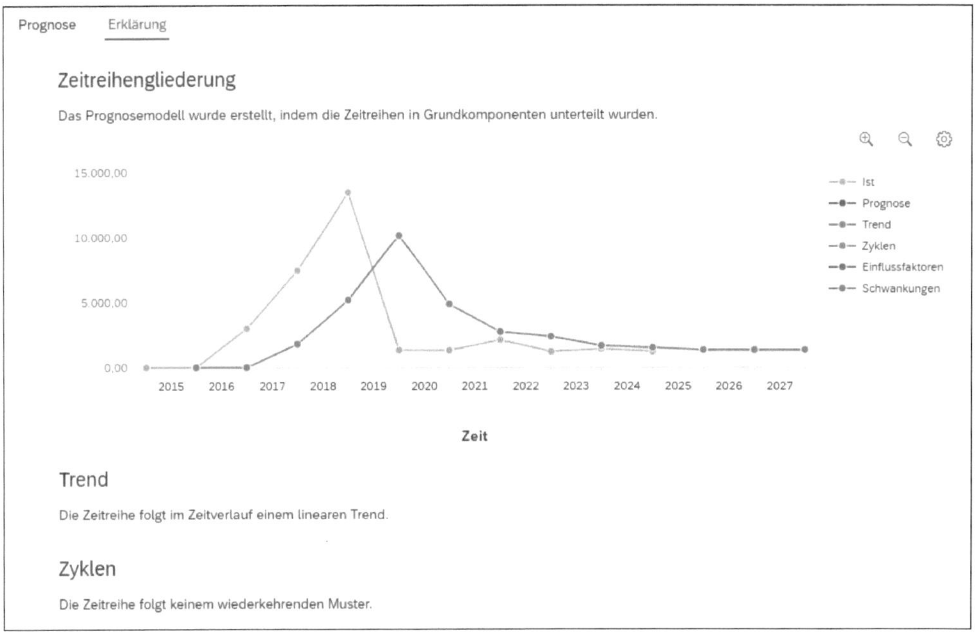

Abbildung 10.3 Darstellung der Zeitreihengliederung und Erklärung in der SAP Analytics Cloud

Externe Einflussfaktoren in ML-Modellen

Ein wesentliches Merkmal von ML-basierten Forecasting-Modellen in der SAP Analytics Cloud ist die Integration externer Einflussfaktoren. Während klassische statistische Verfahren meist nur interne historische Absatzzahlen nutzen, können die ML-Modelle der SAP Analytics Cloud Variablen wie Wetterdaten, Feiertagskalender, große Sport- oder Kulturevents, Marketingkampagnen oder Preisänderungen als erklärende Variablen einbeziehen. Dies geschieht durch die Einbindung externer Datenquellen über Schnittstellen (z. B. Wetter-APIs oder Marketingplanungsdatenbanken), die dann im Modellierungsprozess als Prädiktoren genutzt werden. So kann beispielsweise der Einfluss eines warmen Frühjahrs auf den Absatz von Grillgeräten oder Gartenmöbeln quantitativ erfasst und für präzisere Prognosen verwendet werden, während im Winter verstärkt auf Faktoren wie Feiertage oder saisonale Rabattaktionen fokussiert wird.

Retraining der ML-Modelle

Darüber hinaus sind die ML-Modelle in der SAP Analytics Cloud als selbstlernende Systeme konzipiert. Sie werden in definierten Intervallen oder bei Erreichen bestimmter Datenänderungsschwellen automatisch neu trainiert (Retraining), um sich an verändertes Nachfrageverhalten oder neue Einflussgrößen anzupassen. Dieser Ansatz ist insbesondere in volatilen Märkten von entscheidender Bedeutung, da sich Nachfrageparameter durch kurzfristige Marktverschiebungen, verändertes Konsumentenverhalten oder externe

Schocks wie politische Ereignisse oder Pandemien verändern können. Die kontinuierliche Modellanpassung stellt sicher, dass Prognosen nicht statisch sind, sondern auf Basis aktueller Muster und Korrelationen generiert werden.

RetailPro: differenzierte Modellierung

Am Beispiel der RetailPro GmbH zeigt sich der praktische Mehrwert dieses Ansatzes besonders deutlich. Produkte mit stark saisonabhängiger Nachfrage, wie Grillgeräte oder Gartenmöbel, werden automatisch mit Wetterdaten als erklärender Einflussvariable modelliert, da Temperatur- und Niederschlagsmuster unmittelbare Auswirkungen auf den Absatz dieser Warengruppen haben. Bei Produkten mit konstanter Nachfrage wie Grundnahrungsmitteln setzt die SAP Analytics Cloud hingegen robustere, weniger variabilitätsanfällige Zeitreihenmodelle ein, die auf der Stabilität der Basisnachfrage aufbauen und weniger externe Einflussfaktoren benötigen. Diese differenzierte Modellierung auf Artikelebene führt zu einer signifikanten Verbesserung der Prognosegüte und reduziert gleichzeitig den manuellen Aufwand in der Disposition, da komplexe Zusammenhänge automatisiert erkannt und in die Planung integriert werden.

Das Ergebnis ist eine präzisere Steuerung der Supply Chain, eine Reduktion von Sicherheitsbeständen, eine Minimierung von Out-of-Stock-Situationen und eine signifikante Verbesserung der Reaktionsfähigkeit auf volatile Marktbedingungen – ein entscheidender Wettbewerbsvorteil in einer zunehmend datengetriebenen Wirtschaft.

10.2.2 Architektur und Integration

Die Architektur der SAP Analytics Cloud folgt einem mehrschichtigen Cloud-Ansatz, bei dem Datenintegration, Datenmodellierung, analytische Verarbeitung und Visualisierung in unterschiedlichen logischen Schichten organisiert sind. Für das Forecasting sind zwei funktionale Komponenten besonders relevant: Planungsmodelle und das Modul Smart Predict.

Planungsmodelle

Die *Planungsmodelle* bilden die zentrale, semantische Schicht innerhalb der SAP Analytics Cloud, auf der sämtliche Analysen und Prognosen aufbauen. In diesen Modellen werden historische Absatzdaten, Bestandsinformationen, Produkt- und Standortstammdaten, logistische Parameter wie Lieferzeiten sowie unternehmensspezifische Planungskennzahlen zusammengeführt. Sie fungieren als harmonisierte Datenbasis, die sowohl Ist-Daten als auch Plan- und Prognosewerte auf einer gemeinsamen Zeit- und Dimensionenstruktur abbildet. Die Modellierung erfolgt in der Regel multidimensional und erlaubt damit eine granulare Aufschlüsselung von Daten bis auf Artikelebene, Standortebene oder spezifische Zeitperioden. Dies ermöglicht, dass Forecasts nicht nur aggregiert auf Unternehmensebene, sondern auch differenziert für einzelne Produktlinien, Filialen oder Märkte erstellt werden können.

Smart Predict

Das Modul *Smart Predict* stellt die prädiktive Intelligenz innerhalb der SAP Analytics Cloud bereit. Es ermöglicht, ohne explizite Data-Science- oder Programmierkenntnisse Prognosemodelle zu erstellen und produktiv einzusetzen. Smart Predict greift auf automatisierte maschinelle Lernverfahren zurück und kann verschiedene Modellklassen wie Zeitreihenmodelle (z. B. ARIMA oder exponentielle Glättung), Regressionsmodelle mit externen Einflussvariablen oder Kombinationsmodelle evaluieren. Dabei wird eine automatische Modellselektion durchgeführt, bei der für die zugrunde liegenden Daten die Modellklasse mit der besten Prognosegüte ausgewählt wird. Gleichzeitig werden Hyperparameter – wie Glättungsfaktoren, Lag-Strukturen oder Regularisierungsparameter – mithilfe von Optimierungsverfahren automatisch angepasst, um Fehlermaße wie den Mean Absolute Percentage Error (MAPE) oder den Root Mean Square Error (RMSE) zu minimieren. Der gesamte Modellbildungsprozess ist iterativ und wird mit jeder neuen Dateniteration fortgeführt, sodass sich das Modell an sich ändernde Nachfragebedingungen und externe Einflüsse dynamisch anpasst.

Datenintegration

Die Datenintegration in der SAP Analytics Cloud kann auf zwei Arten erfolgen, die je nach Anwendungsfall kombiniert werden: Live Connections und Import Connections. *Live Connections* ermöglichen einen direkten Echtzeitzugriff auf operative Daten aus Systemen wie SAP S/4HANA, ohne dass die Daten physisch repliziert werden müssen. Dadurch wird sichergestellt, dass aktuelle Bestands- und Bewegungsdaten jederzeit in den Forecasting-Prozess einfließen können. Im Gegensatz dazu erlauben *Import Connections* die physische Replikation von Daten in die SAP Analytics Cloud, was insbesondere für das Modelltraining und die Durchführung komplexer Simulationen vorteilhaft ist, da große Datenmengen unabhängig von der Performance des Quellsystems verarbeitet werden können.

Externe Daten integrieren

Darüber hinaus unterstützt die SAP Analytics Cloud die Einbindung externer Datenquellen, um Prognosemodelle mit zusätzlichen Einflussvariablen anzureichern. Typische Beispiele hierfür sind Wetterdaten (über Wetter-APIs), Feiertags- und Schulferienkalender, sozioökonomische Indikatoren oder Marktforschungsdaten, die über standardisierte Schnittstellen und Cloud-Konnektoren integriert werden können. Diese zusätzliche Datenebene erlaubt es, externe Nachfrageimpulse und Sondereffekte in die Prognosemodelle einzubeziehen, wodurch deren Prognosegenauigkeit erheblich gesteigert wird. Abbildung 10.4 zeigt einen Überblick über die gesamte Architektur und Integration der Daten.

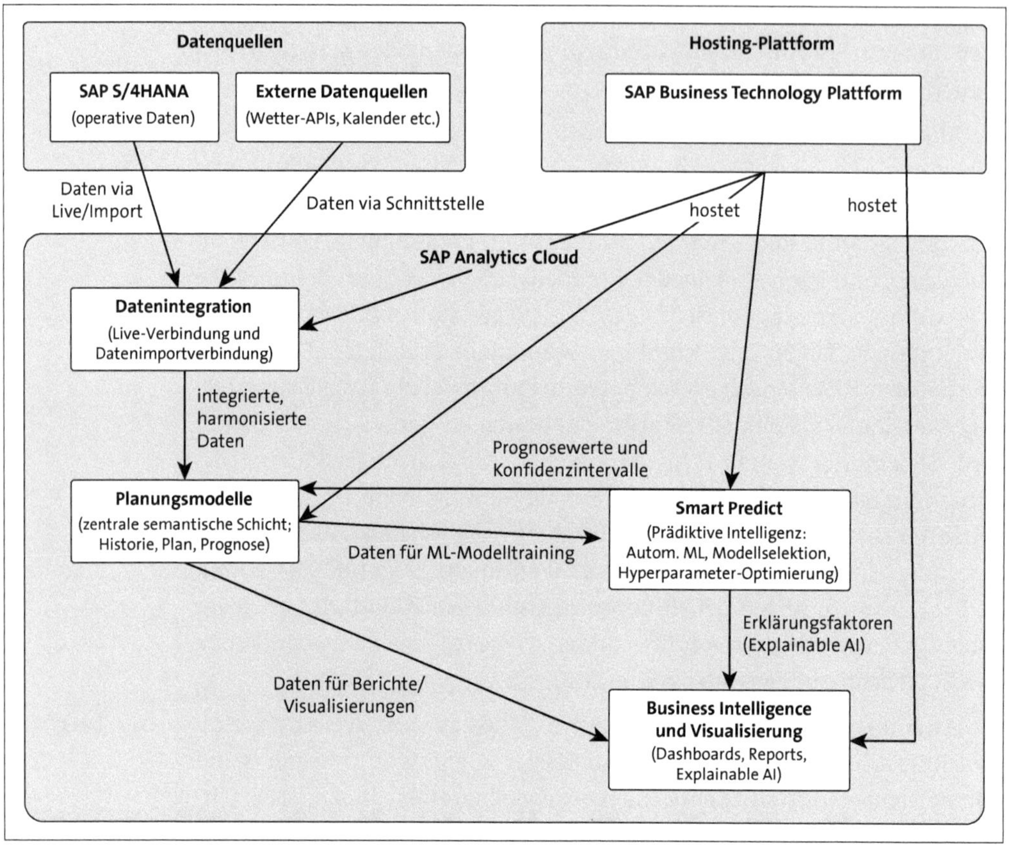

Abbildung 10.4 Architektur und Integration der Daten

Die technologische Kombination aus semantisch reichhaltigen Planungsmodellen, automatisierten ML-Algorithmen und flexibler Datenintegration bildet somit eine hochperformante Architektur für moderne Absatz- und Bestandsprognosen. Sie befähigt Unternehmen, Forecasts nicht nur präziser, sondern auch adaptiver und reaktionsfähiger zu gestalten und diese direkt in operative Planungs- und Steuerungsprozesse einzubetten.

10.3 Technische Umsetzung

Nachdem die technischen Grundlagen und die architektonischen Komponenten der SAP Analytics Cloud für das Forecasting erläutert wurden, folgt nun die konkrete technische Umsetzung der Prognosemodelle. Dieser Abschnitt beleuchtet, wie ML-Verfahren die Präzision und Adaptivität von Absatz- und Bestandsprognosen grundlegend verbessern, indem sie über die Fähigkeiten klassischer statistischer Methoden hinausgehen.

Zunächst werden die Grenzen traditioneller Prognoseverfahren beleuchtet. Es wird aufgezeigt, wie Methoden wie gleitende Durchschnitte oder exponentielle Glättung, die primär auf der Extrapolation historischer Daten basieren, in modernen, dynamischen Märkten an ihre Grenzen stoßen, da sie externe Einflussfaktoren, nicht-lineare Zusammenhänge und unregelmäßige Muster nur unzureichend berücksichtigen können.

Anschließend wird detailliert dargelegt, wie ML in der SAP Analytics Cloud diese Defizite adressiert. Hierbei werden die technischen Mechanismen beschrieben, durch die die SAP-Analytics-Cloud-Algorithmen komplexe Muster in Nachfragedaten automatisch erkennen, externe Einflussgrößen (wie Wetterdaten oder Marketingkampagnen) systematisch integrieren und sich durch kontinuierliches Retraining dynamisch an veränderte Marktbedingungen anpassen. Dies ermöglicht eine signifikant präzisere Abbildung der Realität und die Generierung adaptiver Prognosen, die für eine proaktive Steuerung der Supply Chain unerlässlich sind.

10.3.1 Datenmodellierung

Die RetailPro GmbH implementierte für die Absatz- und Bestandsprognose ein Planungsmodell in der SAP Analytics Cloud, das speziell auf die unternehmensspezifischen Anforderungen zugeschnitten wurde und sowohl interne Unternehmensdaten als auch externe Einflussgrößen integriert. Dieses Modell dient als zentrale Datengrundlage, auf der die prädiktiven ML-Algorithmen des Moduls Smart Predict aufsetzen, um differenzierte und hochpräzise Forecasts zu erstellen.

Die Datenanbindung wird über die SAP Datasphere bereitgestellt, wo entsprechende Modelle im Data Builder erstellt wurden (siehe Abbildung 10.5).

Tagesgenaue Granularität

Das Modell wurde so konzipiert, dass es eine Zeitachse auf Tagesebene abbildet. Diese feine Granularität ermöglicht die Erfassung kurzfristiger Nachfrageschwankungen, die beispielsweise durch kurzfristige Aktionen, Wetterveränderungen oder saisonale Effekte verursacht werden. Insbesondere für Produkte mit stark schwankendem Nachfrageprofil – wie Aktionsware oder saisonale Produkte – ist diese Detailtiefe entscheidend, um kurzfristige Peaks oder Einbrüche in der Nachfrage präzise abzubilden.

Abbildung auf unterschiedlichen Hierarchieebenen

Darüber hinaus ist das Planungsmodell in der Lage, die Produktdimension auf unterschiedlichen Hierarchieebenen abzubilden, von der detaillierten Artikelebene über Warengruppen bis hin zu gesamten Produktbereichen. Diese Struktur ermöglicht eine flexible Analyse und Vorhersage, sowohl für einzelne Produkte als auch für aggregierte Kategorien, und stellt sicher, dass die Disposition auf verschiedenen Planungsebenen erfolgen kann.

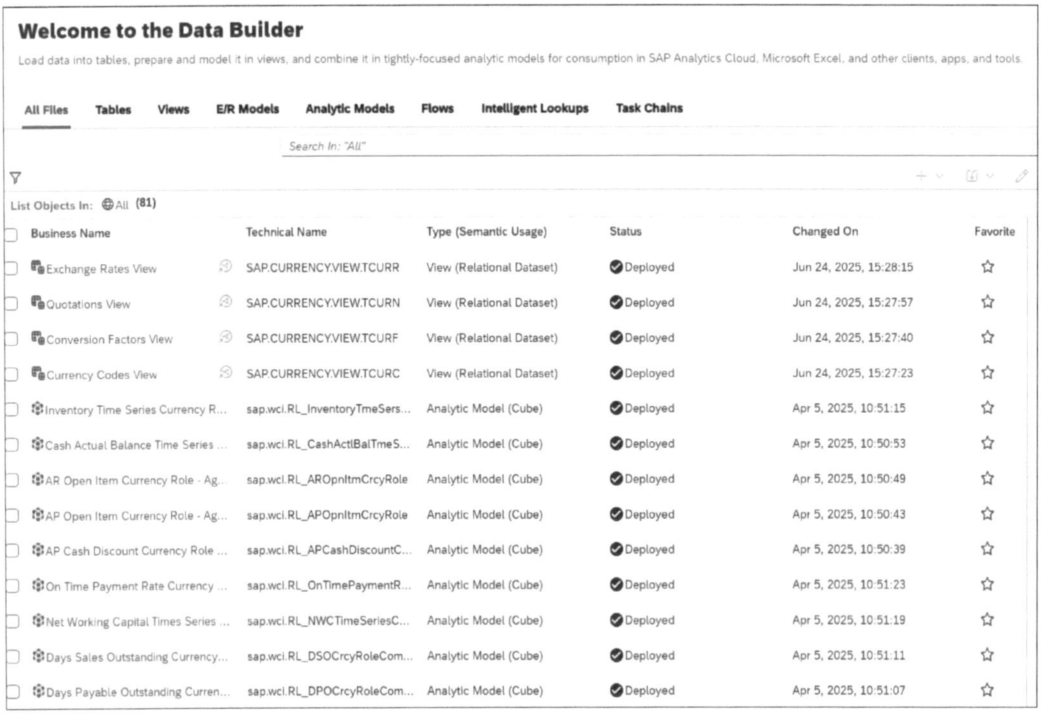

Abbildung 10.5 Modelle im Data Builder in der SAP Datasphere

Parallel dazu ist die Standortdimension modelliert, die alle relevanten logistischen Knotenpunkte abdeckt, darunter die Filialen des stationären Handels, zentrale Lagerstandorte und den E-Commerce-Kanal. Auf diese Weise lassen sich Nachfrage- und Lagerbestandsprognosen gezielt nach Standort differenzieren, was insbesondere für die Allokation von Beständen und die Optimierung der Supply-Chain-Flüsse von Bedeutung ist. In Abbildung 10.6 ist eines der zugrunde gelegten Planungsmodelle abgebildet.

Planungsmodell

Neben internen Daten berücksichtigt das Planungsmodell auch externe Variablen, die als erklärende Einflussgrößen in den Forecasting-Prozess einfließen. Dazu gehören insbesondere Wetterprognosen, die sich beispielsweise auf den Absatz von saisonalen Produkten wie Grillgeräten, Gartenmöbeln oder Winterkleidung auswirken können, Feiertagskalender, die Nachfrageanstiege oder -einbrüche verursachen, sowie Informationen zu geplanten Marketingaktionen, die die Verkaufszahlen einzelner Produkte direkt beeinflussen. Die Integration dieser externen Variablen erhöht die Prognosegüte erheblich, da kurzfristige Nachfrageveränderungen frühzeitig in den Planungsprozess einbezogen werden können.

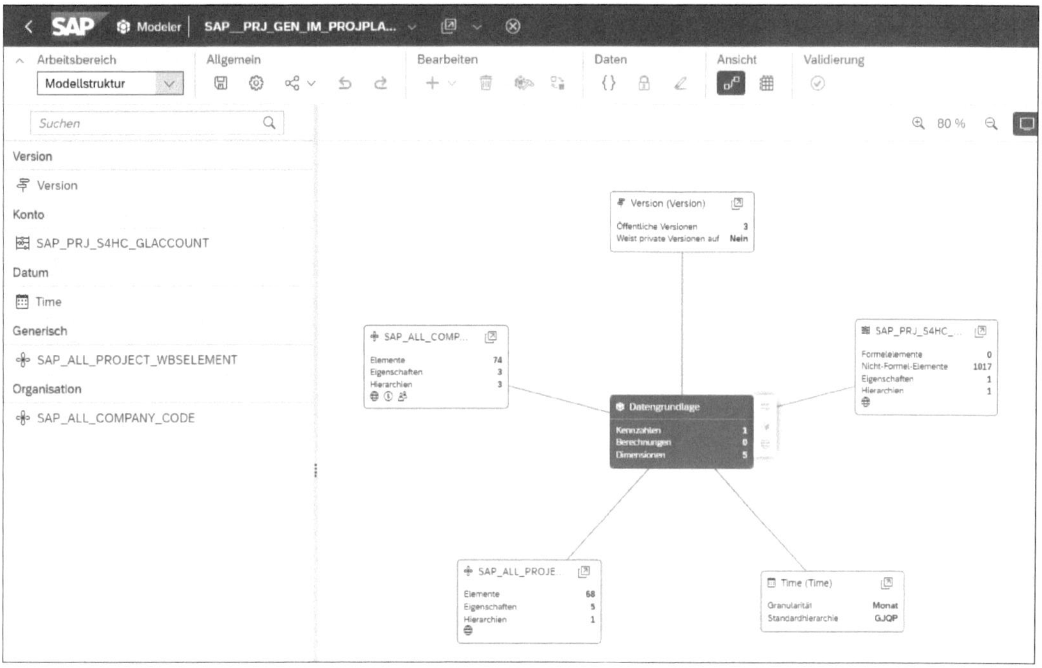

Abbildung 10.6 Planungsmodell in der SAP Analytics Cloud

SAP-S/4HANA-Datenquellen

Die zugrunde liegenden Daten werden aus dem SAP-S/4HANA-System extrahiert, wobei vor allem Tabellen wie **VBRK/VBRP** (Verkaufsbelege und Positionen) zur Erfassung historischer Absatzdaten sowie **MARC/MARD** für Bestands- und Dispositionsdaten genutzt werden. Diese Daten werden über Import Connections in die SAP Analytics Cloud geladen. Der Vorteil dieser Methode liegt in der physischen Replikation der Daten innerhalb der Cloud-Umgebung, was eine performante Verarbeitung großer Datenmengen und eine unabhängige Modellierung ohne Einfluss auf das operative SAP-S/4HANA-System ermöglicht. Die externen Variablen werden parallel über Schnittstellen zu Wetterdiensten, Feiertagskalendern und internen Marketingplanungssystemen integriert, sodass das Modell auf eine erweiterte Datenbasis zugreifen kann, die über rein historische Absatzinformationen hinausgeht.

In Abbildung 10.7 sehen Sie eine beispielhafte Darstellung aus der SAP Analytics Cloud, wo ebendieses »Beiwerk« – dank der große Fülle an bereitgestellten Daten – dargestellt und angezeigt werden kann. Dabei handelt es sich um eine obligatorische Darstellung des Nettoumlaufvermögens der RetailPro.

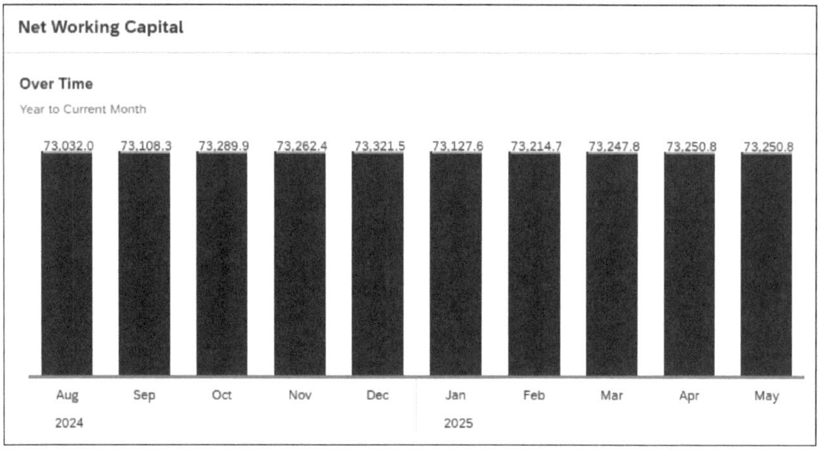

Abbildung 10.7 Darstellung der Umsatzzahlen in der SAP Analytics Cloud

Modellauswahl durch Smart Predict

Nach der Datenaufbereitung erfolgt die eigentliche Modellbildung und -auswahl durch das Modul Smart Predict der SAP Analytics Cloud. Dieses Modul testet automatisch verschiedene ML-Modelle – beispielsweise klassische Zeitreihenverfahren, Regressionsmodelle mit externen Einflussvariablen oder hybride Verfahren – und ermittelt anhand vordefinierter Gütemaße, wie Mean Absolute Percentage Error (MAPE) oder Root Mean Square Error (RMSE), das leistungsstärkste Modell. Hyperparameter werden im Rahmen eines automatisierten Optimierungsprozesses angepasst, um die Prognosegüte weiter zu maximieren.

Explainable-AI-Komponenten

Die Ergebnisse werden anschließend in Form von Vorhersagewerten mit Konfidenzintervallen bereitgestellt. Dies ermöglicht es den Planern, neben einem zentralen Erwartungswert auch die Unsicherheit der Prognose quantitativ zu bewerten und in ihre Entscheidungen einfließen zu lassen. Zusätzlich kommen Explainable-AI-Komponenten zum Einsatz, die die maßgeblichen Einflussfaktoren für die jeweilige Prognose visualisieren. So kann beispielsweise nachvollzogen werden, ob eine bestimmte Nachfrageabweichung primär durch Wetterveränderungen, Marketingmaßnahmen oder durch Trends in den historischen Verkaufszahlen verursacht wurde. Diese Transparenz fördert das Vertrauen der Anwenderinnen und Anwender in die Prognosemodelle und unterstützt eine datengetriebene Entscheidungsfindung.

Durch diese ganzheitliche Modellierung hat die RetailPro GmbH eine belastbare und erweiterbare Grundlage geschaffen, die nicht nur für die kurzfristige operative Disposition geeignet ist, sondern auch strategische Planungsprozesse wie Sortimentsgestaltung, Kapazitätsplanung und Supply-Chain-Optimierung unterstützt.

10.3.2 Integration in operative Prozesse

Prognosen in Geschäftsprozesse integrieren

Ein zentraler Mehrwert der SAP Analytics Cloud liegt in ihrer Fähigkeit, Prognosen nicht als isolierte Analyseergebnisse bereitzustellen, sondern diese nahtlos in die End-to-End-Geschäftsprozesse eines Unternehmens zu integrieren. Dies ist besonders relevant im Kontext von Absatz- und Bestandsprognosen, da diese nur dann einen tatsächlichen operativen Nutzen entfalten, wenn sie unmittelbar in dispositive Systeme einfließen und dort automatisiert weiterverarbeitet werden. Durch die direkte Anbindung an SAP S/4HANA kann die SAP Analytics Cloud auf die gleichen Datenmodelle und Geschäftsobjekte zugreifen, die auch für operative Kernprozesse wie Materialdisposition, Beschaffung, Produktion und Vertrieb genutzt werden.

Technische Integration der Prognosen

Die technische Realisierung dieser Integration erfolgt über eine Kombination aus OData-Services, Cloud Connector und API-basierten Schnittstellen. Über OData-Services werden die Prognosedaten, die in der SAP Analytics Cloud erzeugt werden, strukturiert an das ERP-System übergeben. Dabei handelt es sich nicht nur um einfache Zeitreihenwerte, sondern um umfangreiche Datenstrukturen, die Artikelnummern, Standortinformationen, Prognosezeiträume und Konfidenzintervalle enthalten. In SAP S/4HANA werden diese Daten direkt in die Dispositionslogik eingebunden. Die Dispositionsparameter, die dort normalerweise auf statischen Planwerten basieren (z. B. historische Mittelwerte oder einfache Bedarfsplanung), werden dynamisch durch die aus der SAP Analytics Cloud stammenden Prognosewerte ersetzt oder ergänzt. Dies hat den Vorteil, dass Bestellvorschläge im Modul Materialwirtschaft (MM) oder Planaufträge im Modul Produktionsplanung (PP) automatisch an den aktuellen Forecast angepasst werden, wodurch Lagerbestände optimiert und Versorgungslücken proaktiv geschlossen werden können.

Szenario-Simulation

Die Integration geht jedoch über die reine Datenübertragung hinaus. Ein wichtiger Bestandteil ist die Szenario-Simulation, die es Anwendern ermöglicht, alternative Handlungsoptionen in einer kontrollierten Umgebung zu evaluieren, bevor diese produktiv umgesetzt werden. Die SAP Analytics Cloud bietet dafür eine Simulations-Engine, die eng mit den Planungsmodellen und den ML-Prognosen verbunden ist. Nutzer können Parameter wie Preisänderungen, Marketingkampagnen, geänderte Lieferzeiten oder zusätzliche Vertriebsstandorte variieren und in Echtzeit deren Auswirkungen auf Absatz, Lagerbestände, Lieferzeiten und Kostenstruktur berechnen lassen. Diese Art von Was-wäre-wenn-Analysen sind besonders wichtig, um Risiken zu quantifizieren und Chancen gezielt zu nutzen. Beispielsweise kann vor dem Start einer groß angelegten Werbeaktion simuliert werden, wie sich der Absatz bestimmter Warengruppen entwickelt, welche zusätzlichen Mengen in den Filialen oder im E-Commerce-Lager vorgehalten werden müssen und wie sich dies auf die Logistikressourcen auswirkt.

Integration mit SAP IBP

Darüber hinaus ermöglicht die SAP Analytics Cloud eine enge Verzahnung mit Planungs- und Steuerungssystemen auf strategischer Ebene, wie dem SAP Integrated Business Planning (SAP IBP). So können Prognosen aus der SAP Analytics Cloud nicht nur kurzfristig in SAP-S/4HANA-Prozesse einfließen, sondern auch für mittelfristige und langfristige Planungen genutzt werden. Dies schafft ein integriertes Planungskonzept, bei dem operative und strategische Ebenen auf derselben Datenbasis arbeiten und konsistente Ergebnisse erzeugen. In Abbildung 10.8 sehen Sie ein Planungsmodell für unseren Anwendungsfall, wie es in der SAP Analytics Cloud erstellt wurde.

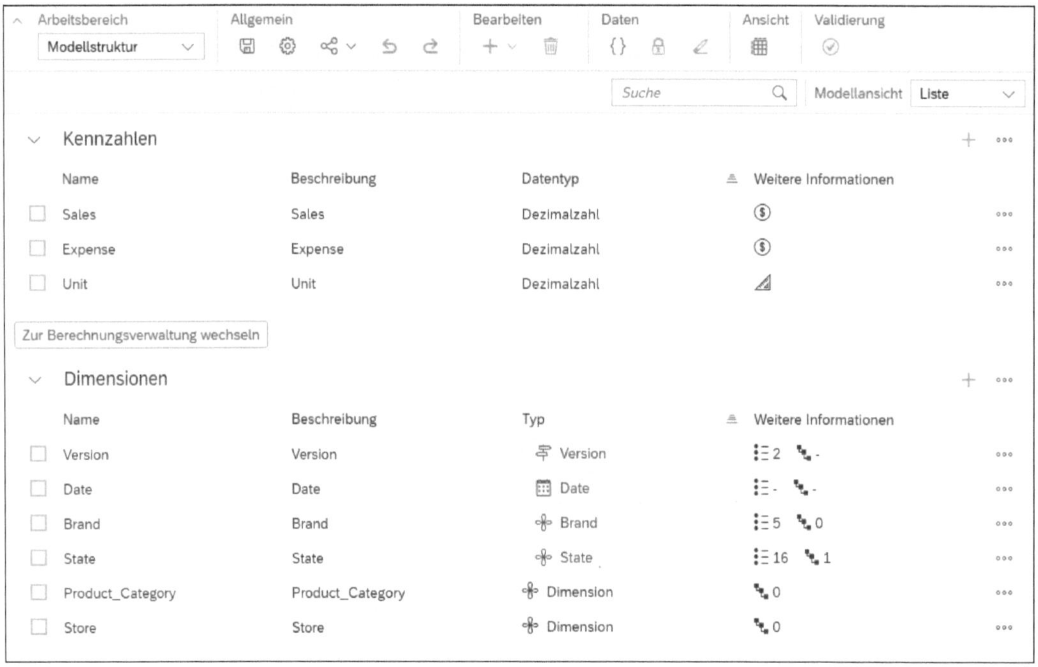

Abbildung 10.8 Planungsmodell für unseren Anwendungsfall

Reporting und Monitoring der Prognosequalität

Ein weiterer integraler Bestandteil der operativen Integration ist das Reporting und Monitoring der Prognosequalität. Die SAP Analytics Cloud stellt umfangreiche Dashboards und Management-Reports bereit, in denen nicht nur klassische Leistungskennzahlen wie Service-Level, Lagerumschlag oder Reichweitenüberschreitungen dargestellt werden, sondern auch die Güte der zugrunde liegenden Prognosemodelle selbst. Kennzahlen wie der Mean Absolute Percentage Error (MAPE), der Root Mean Square Error (RMSE) oder

Konfidenzintervalle für Prognosewerte können kontinuierlich überwacht werden. Die Integration von Explainable AI ermöglicht zudem die Analyse der Modellentscheidungen, sodass Anwenderinnen und Anwender nachvollziehen können, welche Einflussfaktoren (z. B. Wetter, Preisaktionen, historische Trends) zu einer bestimmten Prognose geführt haben. Dies fördert das Vertrauen der Anwenderinnen und Anwender in die Prognoseergebnisse und erhöht die Akzeptanz datengetriebener Entscheidungsprozesse im gesamten Unternehmen.

Aus prozessualer Sicht führt diese enge Integration zu einem Wandel der Planungsorganisation. Während früher Disponenten überwiegend reaktiv auf eingetretene Bestandsveränderungen reagierten, können sie nun proaktiv auf Basis von Prognosedaten handeln. Das System unterstützt diese Veränderung durch eine teil- oder vollautomatisierte Ableitung von Bestellvorschlägen, Produktionsplänen und Logistikaktivitäten. Dadurch wird nicht nur die Reaktionsgeschwindigkeit auf Marktveränderungen erhöht, sondern auch die Effizienz in der Supply Chain gesteigert, da Entscheidungen auf einer konsistenten, datengestützten Basis getroffen werden.

Insgesamt wird durch die Integration von SAP-Analytics-Cloud-Prognosen in operative Prozesse ein Closed-Loop-Planning realisiert: Von der Datenanalyse über die Szenario-Simulation bis hin zur operativen Umsetzung und der kontinuierlichen Erfolgskontrolle entsteht ein geschlossener Kreislauf, der es Unternehmen ermöglicht, ihre Planungsqualität kontinuierlich zu verbessern, Risiken frühzeitig zu erkennen und Chancen schnell zu nutzen. Diese enge Verzahnung zwischen Analyse und operativer Steuerung macht die SAP Analytics Cloud zu einem zentralen Werkzeug für moderne, agile und datengetriebene Unternehmensprozesse.

10.4 Ergebnisse und Nutzungspotenziale

Ergebnisse und Nutzen von KI-Forecasting

Die Implementierung des KI-gestützten Forecastings auf Basis der SAP Analytics Cloud führte bei der RetailPro GmbH zu signifikanten Verbesserungen entlang der gesamten Wertschöpfungskette. Durch die Kombination aus datengetriebener Prognoseerstellung, automatisierter Modellaktualisierung und direkter Integration der Ergebnisse in die operativen Kernprozesse des Unternehmens konnten sowohl operative Effizienz als auch strategische Planungsfähigkeit erheblich gesteigert werden.

Verbesserte Lagerbestandsquote

Eine der zentralen Kennzahlen, die nach Einführung des Systems eine deutliche Verbesserung aufwies, war die Lagerbestandsquote. Die Implementierung ermöglichte eine Reduktion der durchschnittlichen Lagerbestände um etwa zwölf Prozent, ohne dass die Lieferfähigkeit beeinträchtigt wurde. Dies wurde vor allem durch die präzisere Bedarfsermittlung und die damit verbundene Reduzierung von Sicherheitsbeständen erreicht, da die Prognosemodelle eine verlässlichere Vorhersage zukünftiger Bedarfe ermöglichten. Die Folge war eine Freisetzung gebundenen Kapitals, das zuvor in überhöhten Beständen investiert war, und eine Verringerung von Lagerhaltungskosten, insbesondere im Hinblick auf Flächen- und Energiekosten.

25 Prozent weniger Out-of-Stock

Darüber hinaus konnten die Out-of-Stock-Situationen signifikant reduziert werden. Nach Implementierung des neuen Systems zeigte sich ein Rückgang von etwa fünfundzwanzig Prozent. Dieser Effekt resultierte aus der verbesserten Genauigkeit der kurzfristigen Prognosen, die insbesondere bei Produkten mit stark schwankender Nachfrage, wie Aktionsware oder saisonale Artikel, bislang ein kritischer Engpassfaktor waren. Die verbesserte Warenverfügbarkeit führte unmittelbar zu einer höheren Kundenzufriedenheit und stärkte die Wettbewerbsposition des Unternehmens, da Kundenbedarfe zuverlässiger erfüllt werden konnten und Umsatzausfälle aufgrund fehlender Produkte seltener auftraten.

30 Prozent weniger Planungsaufwand

Ein weiterer signifikanter Nutzen lag in der Reduzierung des Planungsaufwands um etwa dreißig Prozent. Diese Effizienzsteigerung resultierte aus der Automatisierung der Prognoseprozesse. Die aufwendige, manuelle Erstellung und Aktualisierung von Forecasts entfiel, da die Prognosen automatisch generiert und direkt in die entsprechenden operativen Systeme wie das Dispositionsmodul von SAP S/4HANA übertragen wurden. Planer und Disponenten konnten sich somit verstärkt auf wertschöpfende Tätigkeiten wie die Bewertung von Ausnahmesituationen oder die Optimierung von Logistikprozessen konzentrieren.

Mehr Agilität und Resilienz

Schließlich führte die Einführung des KI-gestützten Forecastings zu einer erhöhten Reaktionsfähigkeit auf Marktveränderungen. Ereignisse wie kurzfristige Wetterumschwünge oder sich schnell ändernde saisonale Trends konnten durch die kontinuierliche Modellaktualisierung und den Einsatz externer Einflussgrößen (z. B. Wetterprognosen) frühzeitig erkannt und in der Planung berücksichtigt werden. Dadurch konnte RetailPro schneller auf Nachfrageverschiebungen reagieren, etwa durch eine kurzfristige Anpassung von Bestellmengen oder Umlagerungen zwischen Filialen und Lagern, was die Agilität und Resilienz der gesamten Supply Chain erhöhte.

Strategischer Mehrwert

Insgesamt verdeutlicht die Fallstudie von RetailPro, dass die Einführung eines KI-gestützten, datengetriebenen Forecasting-Systems nicht nur einen direkten operativen Nutzen bringt, sondern auch einen strategischen Mehrwert darstellt. Die Kombination aus präziseren Prognosen, automatisierter Integration in operative Prozesse und erhöhter Flexibilität gegenüber externen Einflussfaktoren bietet Unternehmen die Möglichkeit, ihre Wettbewerbsfähigkeit nachhaltig zu stärken und langfristig Effizienzgewinne zu realisieren.

10.5 Zusammenfassung

Dieser Anwendungsfall zeigt deutlich, dass Forecasting mit der SAP Analytics Cloud in Verbindung mit ML-Algorithmen eine leistungsfähige und zukunftsweisende Lösung darstellt, um Verkaufszahlen und Lagerbestände präzise, flexibel und datengetrieben zu prognostizieren. Die Fähigkeit, historische Daten mit externen Einflussfaktoren zu kombinieren und diese automatisiert in Vorhersagemodelle zu überführen, bietet Unternehmen wie der RetailPro GmbH erhebliche operative und strategische Vorteile. Die erzielten Verbesserungen – darunter optimierte Lagerbestände, reduzierte Out-of-Stock-Situationen, sinkender Planungsaufwand und eine deutlich erhöhte Reaktionsfähigkeit auf kurzfristige Marktveränderungen – unterstreichen den Nutzen einer datengetriebenen, prädiktiven Planung.

Eine besondere Rolle spielen hierbei die SAP Business Data Cloud und die SAP Datasphere, die eine konsistente und skalierbare Dateninfrastruktur für alle Analyse- und Planungsprozesse bereitstellen. Die SAP Business Data Cloud fungiert als integrative Plattform, die es ermöglicht, Daten aus verschiedensten Quellen – von SAP S/4HANA über Drittanbieter-ERP-Systeme bis hin zu externen Datenquellen wie Wetter- und Marktdaten – sicher, semantisch harmonisiert und in nahezu Echtzeit verfügbar zu machen. Durch diese Architektur entfällt die Notwendigkeit komplexer, manueller Datentransformationen und aufwendiger ETL-Prozesse, was die Datenbereitstellung beschleunigt und die Datenqualität nachhaltig verbessert.

Die SAP Datasphere erweitert diesen Ansatz, indem sie eine moderne, cloud-native Datenmanagementschicht bereitstellt, die semantische Beziehungen und Geschäftslogiken über unterschiedliche Systeme hinweg konsistent abbildet. Dies ist besonders relevant für ML-basierte Prognosen, da diese auf einer stabilen und einheitlichen Datenbasis aufbauen müssen, um konsistente und verlässliche Ergebnisse zu liefern. Darüber hinaus ermöglicht die SAP Datasphere die Einbindung externer Datenquellen in Echtzeit, sodass Variablen wie Wetterprognosen, makroökonomische Indikatoren oder Marketinginformationen nahtlos in die Prognosemodelle einfließen können. Damit werden Daten nicht länger isoliert in Silos gehalten, sondern in einem zentralen Datenökosystem orchestriert, das den Anforderungen moderner, dynamischer Supply-Chain- und Absatzplanung gerecht wird.

End-to-End-Datenökosystem

Durch die Kombination aus SAP Analytics Cloud, SAP Business Data Cloud und SAP Datasphere entsteht ein durchgängiges, leistungsfähiges Ökosystem für Datenanalyse, Planung und Prognose. Unternehmen profitieren nicht nur von präziseren Vorhersagen und einer höheren Automatisierung, sondern schaffen auch eine zukunftssichere, skalierbare Architektur, die sich flexibel an wachsende Datenmengen und neue Geschäftsanforderungen anpassen lässt. Dies hebt die prädiktive Planung von einem reinen Optimierungsinstrument auf die Ebene eines strategischen Steuerungselements, das datengetriebene Unternehmensführung im digitalen Zeitalter ermöglicht.

Kapitel 11
KI als Accelerator in der Softwareentwicklung

Dieser Anwendungsfall zeigt, wie KI-Tools die Softwareentwicklung unterstützen. Mit SAP Build Code und KI-gestützten Empfehlungen wird die Entwicklung beschleunigt, Fehler werden reduziert, und Entwicklerinnen und Entwickler können sich auf kreative Aufgaben konzentrieren.

Dieses Kapitel zeigt praxisnah, wie Sie mit Low-Code und KI-gestützter Codegenerierung die Softwareentwicklung in Ihrem Unternehmen beschleunigen und vereinfachen können. Sie erfahren, wie SAP Build Code und der KI-Assistent Joule die Entwicklung von Geschäftsanwendungen radikal vereinfachen und wie auch Personen ohne klassische Programmierkenntnisse (z. B. Fachbereichsmitarbeitende) Ideen direkt als Prototypen umsetzen können. Außerdem lernen Sie, wie aus einer simplen Aufgabenbeschreibung Schritt für Schritt eine einsatzfähige App entsteht und wie sich diese neuen Werkzeuge in Ihre bestehende SAP-Landschaft integrieren lassen.

Am Beispiel einer Task-Management-App führen wir Sie durch den gesamten Entwicklungsprozess – von der Idee über die Anforderungen bis zur fertigen Anwendung. Ziel ist es, Ihnen einen konkreten Einstieg in das Potenzial von KI und Low-Code-Entwicklung mit SAP zu geben und Wege aufzuzeigen, wie Sie diese Möglichkeiten in Ihrem eigenen Unternehmen erfolgreich nutzen können.

Anhand der fiktiven NovoLogistik GmbH wird in Abschnitt 11.1, »Einleitung und Zielsetzung«, gezeigt, wie klassische Softwareentwicklung mit langen Projektlaufzeiten durch den Einsatz von SAP Build Code und Joule radikal beschleunigt werden kann. Fachbereiche können ihre Anforderungen in natürlicher Sprache beschreiben und erhalten in kürzester Zeit funktionsfähige Prototypen – ohne tiefgreifende Programmierkenntnisse. Dadurch werden Business-Anwender selbst zu aktiven Gestaltern digitaler Lösungen, und neue Apps entstehen innerhalb von Stunden statt Wochen.

In Abschnitt 11.2, »Die richtigen Voraussetzungen schaffen«, erfahren Sie, welche technischen und organisatorischen Voraussetzungen notwendig sind, um Low-Code und KI-gestützte Entwicklung mit SAP im Unternehmen produktiv einzusetzen. Hier werden die wichtigsten Tools und Konzepte wie SAP Build Code, SAP Business Application Studio und Joule vorgestellt und die Besonderheiten von Vibe Coding erläutert.

Anschließend zeigen wir Ihnen in Abschnitt 11.3, »Technische Umsetzung«, wie Sie auf Basis dieser Grundlagen eine konkrete Geschäftsanwendung – in unserem Beispiel eine Task-Management-App – Schritt für Schritt entwickeln: von der Einrichtung der SAP BTP über das Projekt-Setup in SAP Build Code bis hin zur eigentlichen Anwendungsentwicklung mit KI-Unterstützung.

Wir möchten Ihnen einen vollständigen und praxisnahen Leitfaden an die Hand geben, mit dem Sie den Einstieg in KI-gestützte Entwicklung mit SAP meistern – unabhängig davon, ob Sie Entscheider, SAP-Verantwortliche oder Entwickler sind.

11.1 Einleitung und Zielsetzung

Ausgangssituation

Montagmorgen bei der fiktiven NovoLogistik GmbH, einem europaweit tätigen Logistik- und Transportunternehmen: Schon seit den frühen Morgenstunden brummt das Geschäft auf dem Betriebshof. Lkw werden beladen, Disponenten telefonieren mit Fahrern, im SAP-System laufen Dutzende von Transportaufträgen gleichzeitig auf.

Ad-hoc-Bedarf trifft auf klassische IT-Prozesse

Mitten im Trubel erhält das IT-Team eine Anfrage der Bereichsleiterin Operations: »Wir brauchen dringend eine kleine App, mit der unsere Teams Aufgaben und Sonderaufträge flexibel verteilen und den Bearbeitungsstatus jederzeit einsehen können – und zwar am besten noch diese Woche!«

Früher hätten die Kolleginnen und Kollegen in der IT vermutlich abgewunken. Eine solche Anwendung zu entwickeln, erforderte nicht nur Zeit, sondern auch spezialisierte Programmierkenntnisse. Anforderungen sammeln, Datenmodelle entwerfen, Schnittstellen prüfen, testen, ausrollen – ein klassisches Softwareprojekt, das sich über mehrere Wochen ziehen konnte.

Ziel

Doch bei NovoLogistik geht man neue Wege. Mit SAP Build Code und dem KI-Assistenten Joule steht ein Werkzeug zur Verfügung, das den gesamten Entwicklungsprozess revolutioniert. Die Business-Anwenderinnen und -Anwender selbst beschreiben ihr Wunsch-Szenario – ganz einfach in natürlicher Sprache. Innerhalb weniger Minuten macht die KI daraus einen konkreten Vorschlag für eine Task-Management-App. Oberflächen werden automatisiert generiert, Datenmodelle vorgeschlagen, und einfache Workflows lassen sich intuitiv zusammenstellen – ganz ohne eine Zeile klassischen Code zu schreiben.

Während das Team noch die Details der Anforderungen bespricht, wächst bereits ein funktionsfähiger Prototyp heran. Was vor Kurzem noch ein langwieriges IT-Projekt gewesen wäre, lässt sich heute in wenigen Stunden als erster, voll nutzbarer Prototyp realisieren. Die eigentliche Innovation: Mitarbeitende ohne Entwicklungshintergrund werden selbst zu Gestaltern ihrer digitalen Lösungen.

11.2 Die richtigen Voraussetzungen schaffen

Bevor Sie – wie bei NovoLogistik GmbH – in wenigen Stunden einen Prototypen mit KI-Unterstützung umsetzen können, sollten die wichtigsten Grundlagen geschaffen sein. Denn der Einstieg in die Low-Code- und KI-gestützte Entwicklung mit SAP gelingt am besten, wenn zentrale Tools und Rahmenbedingungen bereitstehen.

Schlüsseltechnologien

Im Zentrum stehen dabei drei Schlüsseltechnologien:

1. *SAP Build Code*
   Der Low-Code-Baukasten für Geschäftsanwendungen: Mit SAP Build Code stellt SAP eine leistungsstarke Entwicklungsumgebung bereit, die *Low-Code* und *Pro-Code* vereint. Hier können sowohl Fachbereiche als auch professionelle Entwicklerinnen und Entwickler Anwendungen modellieren, Oberflächen gestalten, Geschäftslogik abbilden und Datenmodelle definieren – und das alles weitgehend ohne klassische Programmierung. Die intuitive Benutzeroberfläche ermöglicht es, Anforderungen aus dem Business direkt in digitale Lösungen zu übersetzen. SAP Build Code integriert sich außerdem nahtlos in bestehende SAP-Systeme und beschleunigt so die Entwicklung von SAP-nahen Geschäftsanwendungen.
2. *SAP Business Application Studio*
   Die professionelle Entwicklungsumgebung in der Cloud: Für komplexere Projekte oder wenn tiefergehende technische Anpassungen notwendig sind, steht das SAP Business Application Studio bereit – eine moderne, cloudbasierte Entwicklungsumgebung, die professionelle Tools wie Editor, Debugger und Integrationen mit Git bereitstellt. Gerade für die Zusammenarbeit im Team, die Verwaltung größerer Projekte oder die Entwicklung eigener Erweiterungen bietet das SAP Business Application Studio die nötige Flexibilität und technische Tiefe.

3. *Joule*
   KI-gestützte Unterstützung und Codegenerierung: Das eigentliche Turboelement ist der KI-Assistent Joule. Ob beim Erstellen von Datenmodellen, der Generierung von Code oder der Formulierung von Geschäftsregeln – Joule unterstützt Sie direkt in SAP Build Code und im SAP Business Application Studio mit intelligenten Vorschlägen, automatisch generiertem Code und Kontext-Hilfen. So können auch Einsteiger anspruchsvolle Anforderungen umsetzen, während erfahrene Entwicklerinnen von Beschleunigung und Qualitätssicherung profitieren.

IT und Fachbereich rücken näher zusammen

Nachdem wir nun die wichtigsten Werkzeuge für die moderne SAP-Entwicklung kennengelernt haben – SAP Build Code als Low-Code-Plattform, das SAP Business Application Studio für professionelle Entwicklungsarbeit und Joule als KI-gestützten Assistenten –, stellt sich die Frage: Wie verändert diese neue Werkzeugkombination eigentlich den Arbeitsalltag in der Softwareentwicklung?

Gerade mit der Integration von Joule eröffnet sich eine ganz neue Art, zu entwickeln – eine, bei der natürliche Sprache, Kreativität und Geschwindigkeit im Mittelpunkt stehen. Die Vision: Fachbereiche und IT arbeiten noch enger zusammen, Anforderungen werden direkt als Dialog mit der KI formuliert, und der Schritt von der Idee zur ersten lauffähigen Anwendung wird radikal verkürzt.

Vibe Coding

Hier kommt das sogenannte *Vibe Coding* ins Spiel. Statt klassische Anforderungen zu dokumentieren und manuell in Code zu übersetzen, geben Sie Ihre Idee direkt an die KI weiter. Die KI generiert daraufhin fertige Codebausteine, UI-Komponenten oder komplette Anwendungslogik – und Sie können Ihre App in Echtzeit weiterentwickeln, ganz nach Ihren Bedürfnissen. Im Folgenden beleuchten wir das Konzept des Vibe Coding genauer und erläutern seine Potenziale sowie die damit verbundenen Herausforderungen im Unternehmenskontext.

Beim Vibe Coding beschreibt eine Entwicklerin – oder sogar ein Fachanwender – ihr Ziel oder Problem in einfachen Worten (beispielsweise »Ich möchte eine App, mit der das Team Aufgaben zuweisen kann«), und die KI schlägt daraufhin direkt einen fertigen Lösungsentwurf vor: von Datenmodell über UI bis hin zu Code-Snippets.

Gerade in SAP Build Code ist diese Form des Entwickelns durch den KI-Assistenten Joule prominent umgesetzt: Sie beschreiben, was Sie brauchen, Joule übersetzt die Anforderungen in lauffähigen Code und konfiguriert viele Komponenten automatisch. Hier ein beispielhafter Ablauf:

- Der Anwender beschreibt die gewünschte Funktionalität, z. B. in natürlicher Sprache.
- Die KI analysiert die Anforderungen und generiert direkt Vorschläge für Datenstrukturen, Oberflächen und Geschäftslogik.
- Der Anwender kann die Vorschläge anpassen, verfeinern oder direkt übernehmen.
- Änderungen oder Erweiterungen können ebenfalls dialogisch (per Chat) erfolgen: »Füge ein Feld für die Priorität hinzu« oder »Erstelle eine Benachrichtigung, wenn eine Aufgabe abgeschlossen wird«.
- Die generierten Anwendungen können sofort ausprobiert, angepasst und weiterentwickelt werden.

Wofür eignet sich Vibe Coding?

Vibe Coding ist besonders dann sinnvoll, wenn:

- Prototypen oder Minimal Viable Products (MVPs) in kurzer Zeit benötigt werden.
- Anforderungen noch nicht final definiert sind und sich im Dialog entwickeln.
- Personen ohne tiefgehende Entwicklungserfahrung eigene Ideen testen möchten (*Citizen Developer*).
- wiederkehrende, einfache Geschäftsanwendungen entstehen sollen.

Vorteile von Vibe Coding

Vibe Coding bietet eine Reihe von Vorteilen, die den Entwicklungsprozess erheblich beschleunigen können. Besonders beeindruckend ist die enorme Geschwindigkeit: Von der ersten Idee bis zur lauffähigen Anwendung vergehen oft nur wenige Stunden. Auch die Einstiegshürden sind deutlich niedriger als bei herkömmlicher Softwareentwicklung, da nicht nur Entwicklerinnen und Entwickler, sondern auch Fachbereiche selbstständig Anwendungen gestalten können. Durch die iterative Entwicklung lassen sich Änderungen und Feedback direkt umsetzen, sodass der Prototyp kontinuierlich weiterentwickelt und verbessert werden kann. Ein weiterer wichtiger Vorteil ist, dass Vibe Coding die Kreativität fördert: Entwicklerinnen und Anwender gewinnen Zeit für innovative Aufgaben und müssen sich weniger mit sich wiederholendem oder technisch anspruchslosem Boilerplate-Code aufhalten.

Nachteile von Vibe Coding

Trotz dieser positiven Aspekte dürfen jedoch auch die kritischen Punkte und Grenzen von Vibe Coding nicht außer Acht gelassen werden – insbesondere dann, wenn Lösungen über den Prototypenstatus hinausgehen und produktiv eingesetzt werden sollen. So sind beispielsweise Qualität und Wartbarkeit von KI-generiertem Code nicht immer optimal: Die Struktur kann uneinheitlich sein, Dokumentation fehlt häufig, und ohne entsprechende Kontrolle besteht die Gefahr, dass technischer Schuldenaufbau (*Technical Debt*) entsteht. Bei komplexeren Anforderungen oder Integrationen stößt das Prinzip zudem an seine Grenzen, da das Blackbox-Verhalten der KI es erschwert, wirklich nachzuvollziehen, was »unter der Haube« passiert. Gerade im Hinblick auf Sicherheit und Compliance müssen Unternehmen wachsam bleiben: Besonders in regulierten Branchen oder beim Umgang mit sensiblen Daten reichen schnell erstellte Prototypen meist nicht aus, um die geforderten Standards zu erfüllen. Hinzu kommt, dass KI-generierte Lösungen nicht immer etablierten Best Practices oder SAP-Standards folgen, was die spätere Integration in bestehende Systeme erschweren kann. Schließlich besteht auch eine gewisse Abhängigkeit von den verwendeten KI-Modellen: Sind die Anforderungen nicht klar beschrieben, kann die KI falsche oder unerwünschte Ergebnisse liefern – mit allen Konsequenzen für die spätere Nutzung.

Nach dieser Einordnung der Chancen und Risiken stellt sich nun die zentrale Frage: Wie sieht Vibe Coding mit SAP Build Code, SAP Business Application Studio und Joule konkret in der Praxis aus?

Im nächsten Abschnitt nehmen wir Sie mit in die technische Umsetzung und zeigen Schritt für Schritt, wie eine Task-Management-App – wie sie bei der NovoLogistik GmbH benötigt wird – mithilfe von Low-Code und KI-Unterstützung entsteht. Dabei erleben Sie nicht nur, wie eine Anwendung von der ersten Idee bis zum funktionierenden Prototypen aufgebaut wird, sondern erhalten auch praktische Hinweise, worauf Sie bei der technischen Umsetzung besonders achten sollten.

11.3 Technische Umsetzung

Von der Idee zur Anwendung

Mit der richtigen Vorbereitung auf der SAP Business Technology Platform (SAP BTP) und einem sauber angelegten Projekt ist der Weg frei für die eigentliche Entwicklungsarbeit. In diesem Abschnitt erfahren Sie, wie Sie mit SAP Build Code, dem SAP Business Application Studio und dem KI-Assistenten Joule eine praxisnahe Geschäftsanwendung Schritt für Schritt umsetzen – von der Modellierung des Datenmodells bis zur fertigen Benutzeroberfläche. Sie lernen, wie sich klassische Entwicklung mit KI-gestützter Automatisierung kombinieren lässt und wie Sie Ihre Ideen mit dem Baukastenprinzip effizient und nachvollziehbar in ein lauffähiges Produkt überführen.

11.3.1 Die Basis in der SAP BTP schaffen

Bevor Sie mit der eigentlichen Entwicklung beginnen, muss die technologische Grundlage geschaffen werden – und die liegt in der SAP BTP. Hier laufen alle Fäden zusammen: Sie ist der zentrale Dreh- und Angelpunkt für die Bereitstellung, Entwicklung und den Betrieb moderner Geschäftsanwendungen mit SAP.

Die richtige Serviceplan-Auswahl

Nicht jeder Service steht sofort und in jeder Ausprägung zur Verfügung. Um Joule und die KI-gestützte Codegenerierung nutzen zu können, müssen Sie die passenden Servicepläne innerhalb Ihrer BTP auswählen.

SAP Build Code muss mindestens im »standard«-Serviceplan bereitgestellt werden. Nur dann ist die Integration mit KI-Services wie Joule möglich. Für das SAP Business Application Studio benötigen Sie den Serviceplan »build-code«, damit die Integration mit SAP Build Code und den KI-Funktionen gewährleistet ist.

11

[+]

Servicepläne schon bei der Einrichtung des SAP-BTP-Subaccounts berücksichtigen

Achten Sie bei der Einrichtung Ihres SAP-BTP-Subaccounts direkt auf die richtigen Pläne, um späteren Konfigurationsaufwand zu vermeiden.

Booster

Gerade wer neu in der SAP BTP unterwegs ist, wird die sogenannten *Booster* schnell zu schätzen wissen. Ein Booster ist ein vorkonfiguriertes Installationsskript, das Ihnen viele manuelle Einzelschritte abnimmt – von der Aktivierung der Services über das Anlegen von Rollen und Berechtigungen bis hin zur Erzeugung der nötigen Serviceinstanzen. Das spart nicht nur Zeit und Nerven – Sie vermeiden damit auch typische Stolperfallen bei der manuellen Konfiguration.

11.3.2 Das erste Projekt einrichten

Einstieg in SAP Build Code

Nach dem erfolgreichen Login in SAP Build Code landen Sie zunächst auf der Lobby, dem zentralen Einstiegspunkt für Ihre Entwicklungsvorhaben (siehe Abbildung 11.1). Von hier aus können Sie bequem bestehende Projekte verwalten oder ein neues Projekt anlegen. Der Schnellstart-Bereich bietet direkten Zugriff auf häufig genutzte Vorlagen und Lernressourcen, um Ihnen den Einstieg zu erleichtern.

Im linken Navigationsmenü finden Sie außerdem weitere Bereiche wie **Konnektoren**, **Store**, **Monitoring** und den **Control Tower** – diese werden im weiteren Verlauf noch eine Rolle spielen. Für den Anfang konzentrieren wir uns jedoch auf die Projektverwaltung.

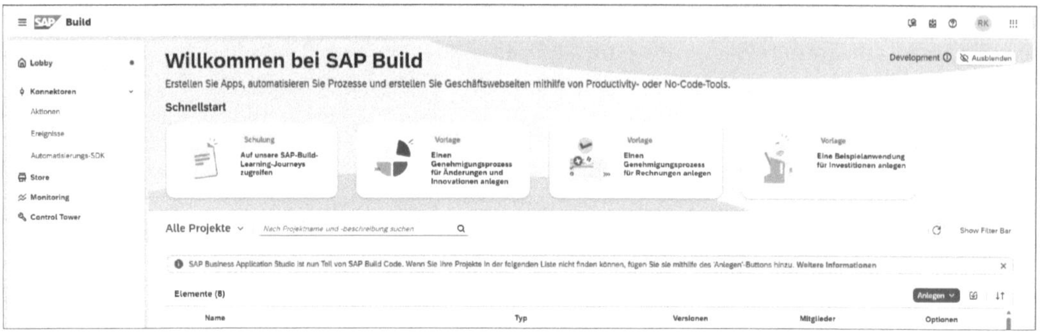

Abbildung 11.1 Die Lobby-Übersicht von SAP Build Code

Projektziel auswählen

Im nächsten Schritt wählen Sie das Ziel Ihres Projekts aus (siehe Abbildung 11.2). SAP Build Code unterscheidet hierbei zwischen drei grundsätzlichen Zielen:

- **Anwendung**: Hier nutzen Sie die Entwicklungswerkzeuge, um neue Geschäftsapplikationen oder Services zu erstellen und zu erweitern.
- **Automatisierter Prozess**: Mit dieser Option automatisieren Sie Prozesse und Aufgaben per Drag and Drop.
- **Unternehmenswebsite**: Diese Möglichkeit eignet sich, um einfache Unternehmenswebseiten im No-Code-Modus anzulegen und individuell anzupassen.

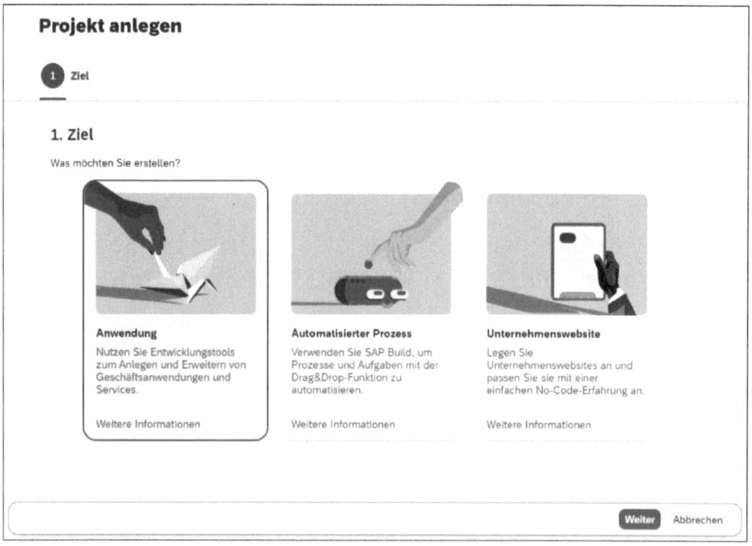

Abbildung 11.2 Projetziel auswählen

Für unser Beispiel entscheiden wir uns für die Option **Anwendung**, da wir eine eigene Geschäftsanwendung entwickeln möchten. Nach der Auswahl klicken Sie unten rechts auf **Weiter**.

Anwendungskategorie auswählen

Im folgenden Schritt wählen Sie die Kategorie des Projekts aus (siehe Abbildung 11.3). SAP Build Code bietet verschiedene Kategorien an, je nachdem, welchen Anwendungstyp Sie erstellen möchten:

- **Full-Stack**: eine Anwendung, die sowohl Frontend als auch Backend umfasst und sich besonders für umfassende Geschäftsanwendungen eignet
- **Frontend**: für reine Benutzeroberflächen ohne eigene Backend-Logik
- **Backend**: zum Erstellen leistungsfähiger, serverseitiger Anwendungen
- **Mobil**: für die Entwicklung und Verwaltung von mobilen iOS- und Android-Apps in der Cloud

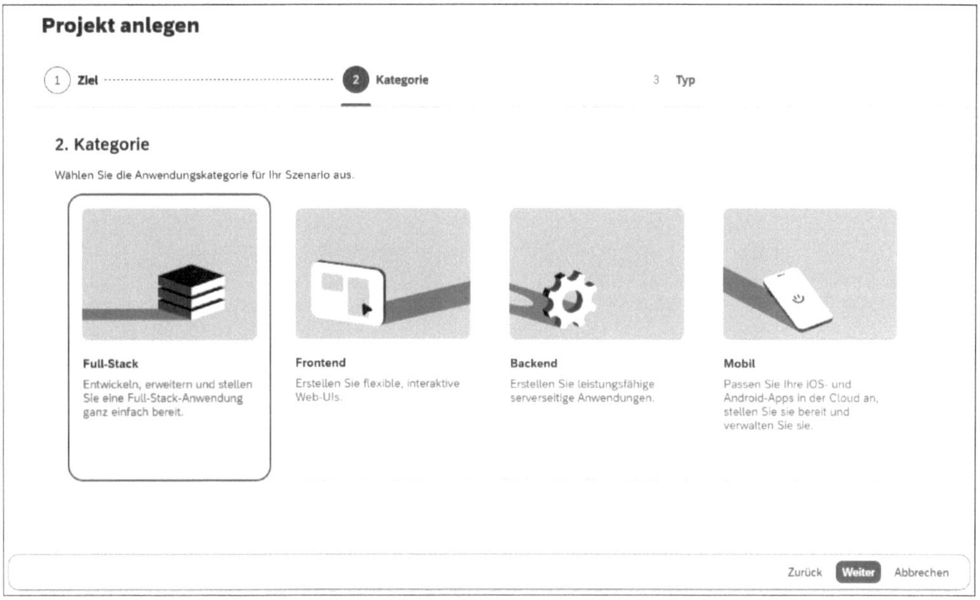

Abbildung 11.3 Anwendungskategorie auswählen

Für unser Beispielprojekt wählen wir **Full-Stack**, um eine komplette Geschäftsanwendung inklusive Benutzeroberfläche und Backend zu realisieren. Nach der Auswahl geht es mit **Weiter** zum nächsten Schritt.

Projekttyp auswählen

Im dritten Schritt legen Sie den Typ Ihres Projekts fest (siehe Abbildung 11.4). Bei einer Full-Stack-Anwendung stehen in SAP Build Code mehrere Technologien zur Auswahl:

- **Full-Stack-Node.JS**: Anwendungen auf Basis des SAP Cloud Application Programming Model für das Backend und SAP Fiori bzw. MDK für das Frontend
- **Full-Stack-Java**: ebenfalls auf SAP Cloud Application Programming Model basierende Full-Stack-Anwendungen, jedoch mit Java als Backend-Technologie
- **Full-Stack-ABAP**: Anwendungen auf Grundlage des ABAP-Cloud-Entwicklungsmodells

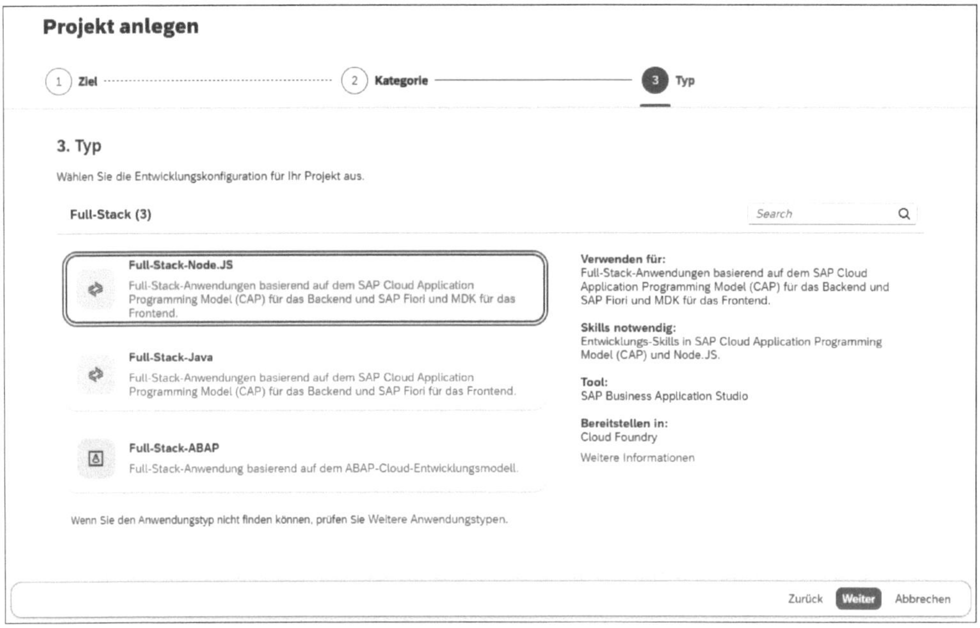

Abbildung 11.4 Projekttyp auswählen

Für unser Beispiel wählen wir **Full-Stack-Node.JS**, da sich diese Option in der Praxis besonders bewährt hat und von SAP besonders stark unterstützt wird. Mit **Weiter** gelangen Sie zum nächsten Schritt des Projekt-Setups.

Projektnamen und Beschreibung hinzufügen

Im letzten Schritt des Setups vergeben Sie einen Projektnamen und können optional eine Beschreibung hinzufügen (siehe Abbildung 11.5). Damit schaffen Sie Transparenz, gerade wenn mehrere Personen an verschiedenen Projekten arbeiten. Außerdem wird hier festgelegt, in welchem Dev Space das Projekt angelegt wird. Sie können einen neuen Dev Space anlegen oder einen vorhandenen auswählen.

Nach dem Ausfüllen der Felder klicken Sie auf **Überprüfen**, um die Zusammenfassung und abschließende Bestätigung Ihres Projekts zu sehen.

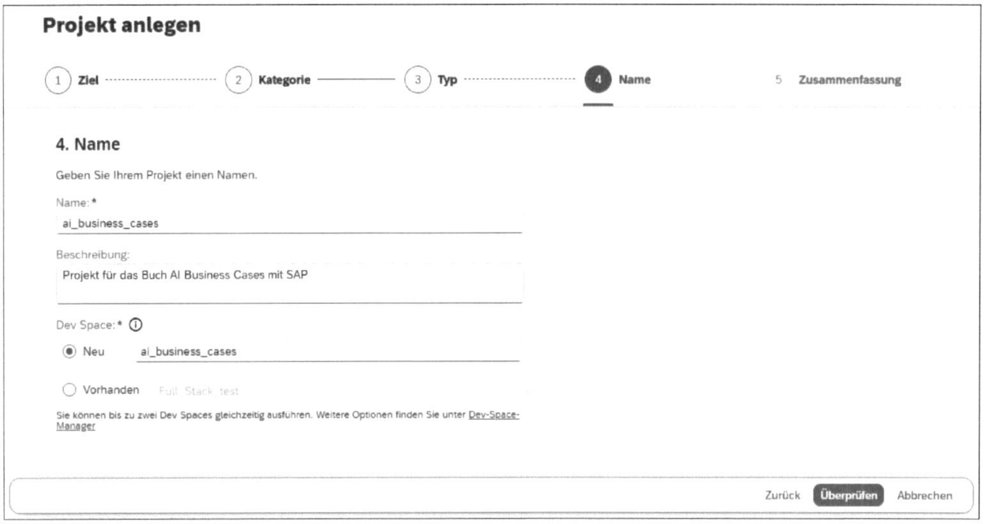

Abbildung 11.5 Projektnamen, Beschreibung und Dev Space festlegen

11

Übersicht über alle Projekte

Nach Abschluss des Setups erscheint Ihr neues Projekt direkt in der Übersicht der SAP Build Code Lobby (siehe Abbildung 11.6). In der Projektliste sehen Sie alle angelegten Projekte, einschließlich des Namens, der Beschreibung und des gewählten Typs. Auf der rechten Seite erhalten Sie zudem detaillierte Informationen zum Projekt, etwa den verwendeten Dev Space, das Erstellungsdatum und den Status.

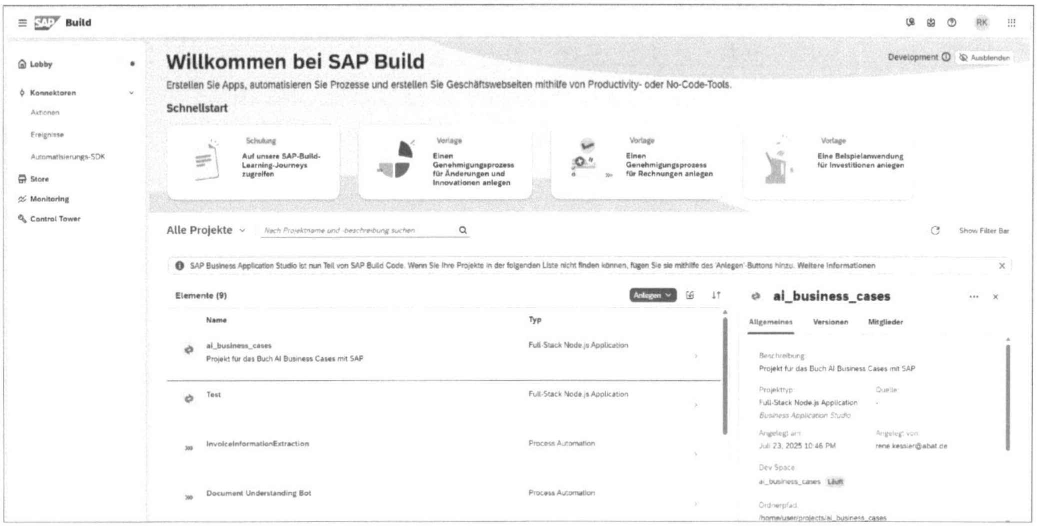

Abbildung 11.6 Das neue Projekt in der Projektübersicht in SAP Build Code

Damit ist Ihr Projekt erfolgreich angelegt, und Sie können direkt mit der eigentlichen Entwicklung starten.

11.3.3 Projekt entwickeln

Nachdem das Projekt angelegt wurde, kann die eigentliche Entwicklungsarbeit beginnen. Über die Projektübersicht in SAP Build Code gelangen Sie direkt ins SAP Business Application Studio (siehe Abbildung 11.7). Hier stehen Ihnen alle Werkzeuge zur Verfügung, um Ihr Vorhaben umzusetzen – von der Modellierung des Datenmodells bis zur Erstellung der Benutzeroberfläche.

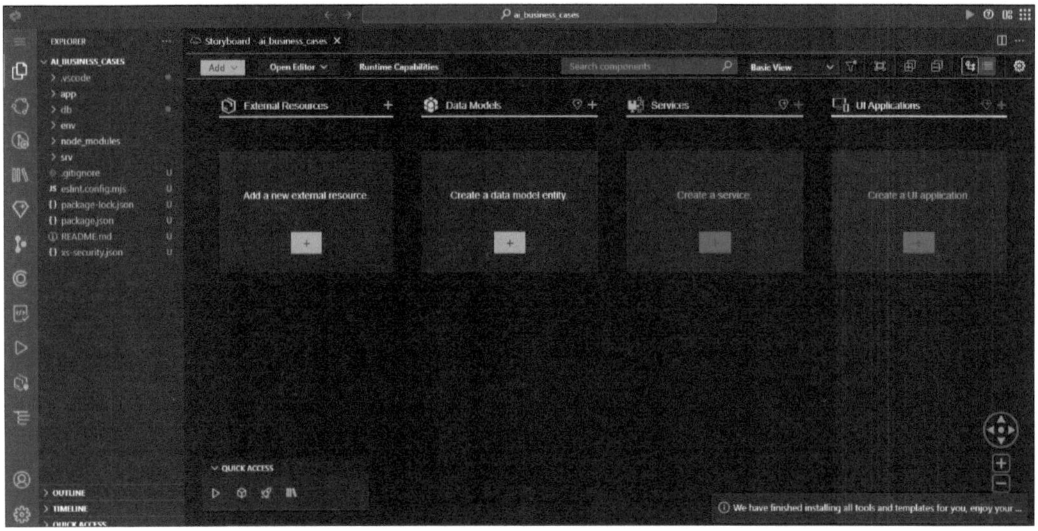

Abbildung 11.7 Startseite des SAP Business Application Studio

Vollständige IDE

Das zentrale Arbeitsfenster gliedert sich übersichtlich in verschiedene Bereiche: Links befindet sich die Projektstruktur mit allen relevanten Verzeichnissen und Dateien. Im Hauptbereich stehen Ihnen vier zentrale Optionen zur Verfügung, um direkt loszulegen:

- externe Ressourcen hinzufügen
- Datenmodelle anlegen
- Services erstellen
- UI-Anwendungen entwickeln

Sie entscheiden, ob Sie mit dem Datenmodell starten, zunächst das User Interface gestalten oder externe Ressourcen anbinden wollen. Besonders komfortabel: Sie können auch jederzeit Joule nutzen, um per natürlicher

Sprache Komponenten, Datenmodelle oder ganze Anwendungen generieren zu lassen. Gerade für schnelle Prototypen und erste Entwürfe ist dies ein enormer Beschleuniger.

Vom Prompt zum Code

Um Joule zu starten, klicken Sie im Business Application Studio auf das Joule-Symbol in der linken Seitenleiste (siehe Abbildung 11.8). Das Joule-Panel öffnet sich, und Sie können direkt mit der Eingabe Ihrer Anforderungen beginnen – entweder in natürlicher Sprache oder durch Auswahl eines der vorgeschlagenen Kommandos.

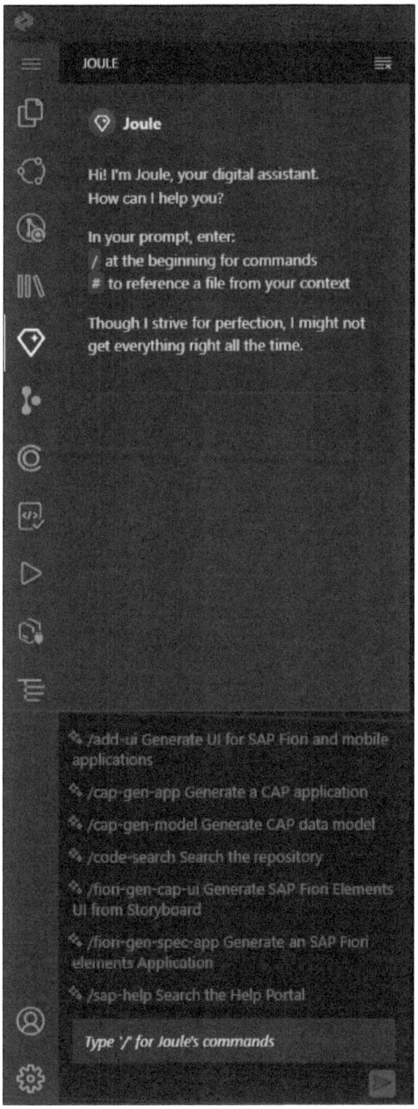

Abbildung 11.8 Joule in SAP Build Code starten

Joule unterstützt Sie dabei, z. B. eine Benutzeroberfläche, eine SAP-Cloud-Application-Programming-Model-Anwendung oder ein Datenmodell per Befehl oder Dialog zu generieren. Der Einstieg ist denkbar unkompliziert: Geben Sie einfach Ihr Anliegen ein oder wählen Sie aus den vorgeschlagenen Optionen, um direkt Ergebnisse zu erhalten.

Präzise Anweisungen für präzise Ergebnisse

Um nun das gewünschte Ziel – etwa die Entwicklung der bereits zuvor erwähnten Task-Management-App – zu erreichen, wird ein passender Prompt direkt an Joule übergeben (siehe Abbildung 11.9). Im Beispiel unten wird Joule gebeten, eine einfache Team-Task-Management-Anwendung zu generieren, einschließlich Beispieldaten für Benutzer und Aufgaben sowie grundlegender Logik für das Erstellen, Aktualisieren und Abschließen von Aufgaben.

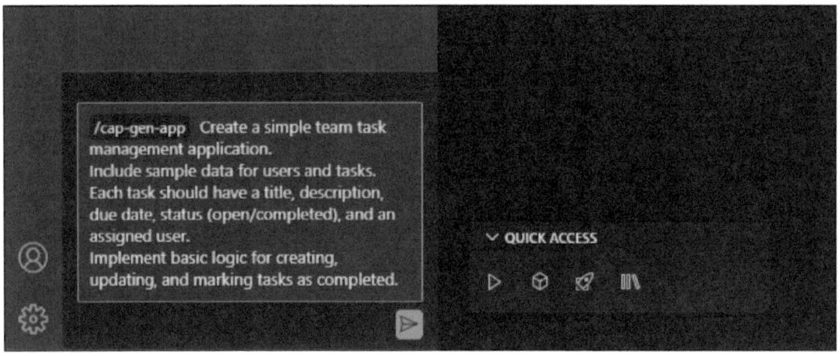

Abbildung 11.9 Ein klar formulierter Prompt an Joule

Im Prompt wird möglichst genau beschrieben, wie die Anwendung ausgestaltet werden soll. Je detaillierter die Formulierung der Anweisungen, desto passgenauer ist in der Regel das Ergebnis. Grundsätzlich ist Joule multilingual, also in verschiedenen Eingabesprachen nutzbar. Aufgrund der besseren Performance haben wir uns an dieser Stelle aber für englischsprachige Prompts entschieden. Für das vorliegende Beispiel haben wir den folgenden Prompt verwendet:

Beispiel für einen Prompt

/cap-gen-app Create a simple team task management application.

Include sample data for users and tasks.

Each task should have a title, description, due date, status (open/completed), and an assigned user.

Implement basic logic for creating, updating, and marking tasks as completed.

Gerade zu Beginn lohnt es sich, den Prompt schrittweise zu erweitern oder zu verfeinern. Joule kann auf Rückfragen eingehen und so gemeinsam mit Ihnen die gewünschte Lösung Schritt für Schritt ausgestalten.

[+]

Tipps für gute Prompts mit Joule

- Beschreiben Sie Ihr Ziel so präzise wie möglich – je klarer Ihre Anforderungen, desto besser das Ergebnis.
- Fassen Sie zusammen, welche Funktionen die Anwendung enthalten soll.
- Geben Sie Details zu den gewünschten Datenfeldern an (z. B. Titel, Status, Benutzer).
- Erwähnen Sie auch, welche Geschäftslogik umgesetzt werden soll (z. B. Aufgaben als abgeschlossen markieren).
- Nutzen Sie auf Wunsch Beispiele oder konkrete Formulierungen aus Ihrem Arbeitsalltag.

Auch die KI denkt nach

Nachdem der Prompt an Joule abgeschickt wurde, beginnt die KI mit der Analyse und Generierung der gewünschten Anwendung (siehe Abbildung 11.10). Während dieser sogenannten *Thinking*-Phase durchdringt Joule das beschriebene Problem, interpretiert die Anforderungen und entwickelt schrittweise eine passende Lösung. Dies kann je nach Komplexität des Prompts und der gewünschten Funktionalitäten einen kurzen Moment in Anspruch nehmen.

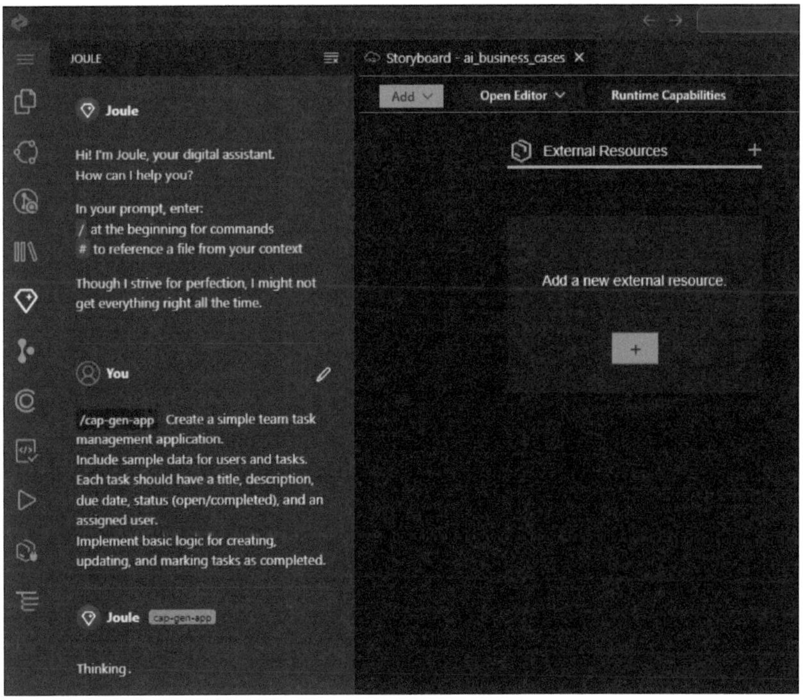

Abbildung 11.10 »Thinking«-Phase von Joule

Im Hintergrund werden dabei Datenmodelle, Logik und Strukturen auf Basis Ihrer Vorgaben vorbereitet, sodass im nächsten Schritt bereits ein konkreter Lösungsvorschlag präsentiert werden kann.

Erarbeitung der Ergebnisse

Nach kurzer Wartezeit präsentiert Joule die generierten Ergebnisse Schritt für Schritt (siehe Abbildung 11.11). Typischerweise unterteilt Joule die Entwicklung einer Anwendung in einzelne Phasen – zum Beispiel Datenmodell, Beispieldaten und Anwendungslogik.

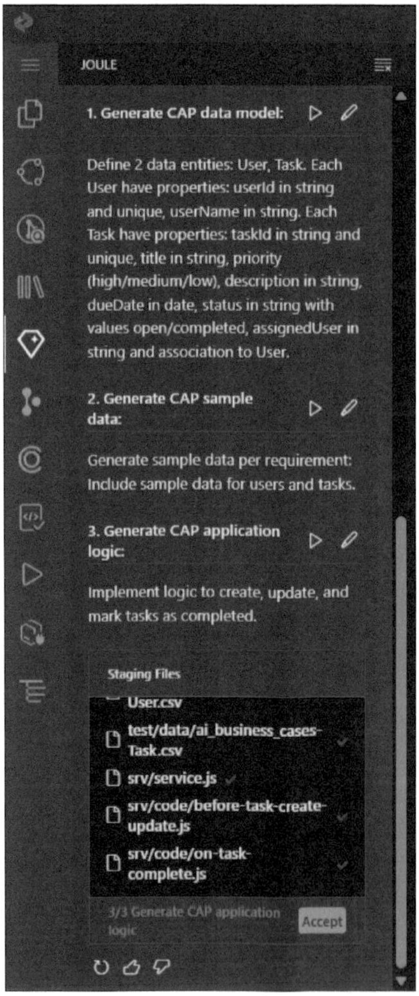

Abbildung 11.11 Ergebnisse von Joule

In diesem Beispiel gliedert Joule die Lösung in folgende Schritte:

1. CAP-Datenmodell erstellen (z. B. Entitäten wie User und Task)
2. Beispieldaten im gewünschten Format generieren

3. Anwendungslogik umsetzen, etwa für das Erstellen, Aktualisieren und Abschließen von Aufgaben

Ergebnisse überprüfen

Jeder Schritt kann überprüft, bei Bedarf angepasst und übernommen werden. Unten sehen Sie, welche Dateien und Codebestandteile für die Anwendung erzeugt wurden. Mit einem Klick auf **Accept** werden die vorgeschlagenen Änderungen übernommen und in Ihr Projekt integriert.

Prompts anpassen und optimieren

Sollten Sie feststellen, dass noch etwas im Prompt fehlt oder bestimmte Anforderungen angepasst werden sollen, können Sie den vorgeschlagenen Schritt direkt bearbeiten (siehe Abbildung 11.12). Joule bietet an dieser Stelle die Möglichkeit, die Details noch einmal zu überprüfen, Änderungen vorzunehmen und den Schritt anschließend erneut ausführen zu lassen. So bleiben Sie flexibel und können iterativ die beste Lösung für Ihr Szenario erarbeiten.

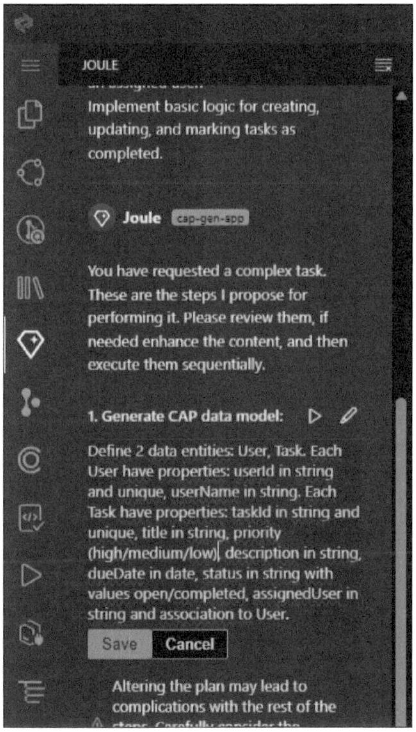

Abbildung 11.12 Prompts und generierte Vorschläge anpassen

Datenmodell erstellen

Sind Sie mit den vorgeschlagenen Prompts und Schritten zufrieden, können Sie die einzelnen Aktionen nacheinander ausführen lassen (siehe Abbildung 11.13). Joule generiert daraufhin automatisch die benötigten Artefakte – beispielsweise wird im ersten Schritt das gewünschte Datenmodell erstellt und die entsprechenden Dateien wie **schema.cds**, **service.cds** und **annotations.cds** in Ihrem Projekt abgelegt.

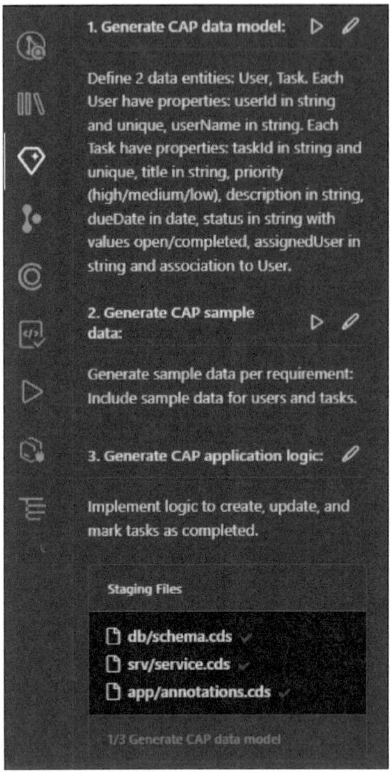

Abbildung 11.13 Einzelne Entwicklungsschritte ausführen

So haben Sie jederzeit die volle Kontrolle über den Prozess und können das Ergebnis Schritt für Schritt nachvollziehen und bei Bedarf anpassen.

KI-generierte Ergebnisse einsehen und editieren

Nach Abschluss der Generierung stehen die Ergebnisse sofort zur Verfügung und können direkt im SAP Business Application Studio eingesehen werden (siehe Abbildung 11.14). So lässt sich etwa der generierte Code für Datenmodell, Services und Beispielinhalte unmittelbar überprüfen und bei Bedarf anpassen. Die von Joule erzeugten Dateien sind übersichtlich im Projekt abgelegt und können ganz normal weiterbearbeitet werden – wie bei einer manuell entwickelten Lösung.

Anwendung durch Testdaten sofort einsatzbereit

Neben dem Datenmodell und der Anwendungslogik erstellt Joule auch automatisch passende Testdaten (siehe Abbildung 11.15). So können Sie die Anwendung direkt ausprobieren, ohne zunächst manuell Daten anlegen zu müssen. Die erzeugten Beispieldatensätze werden als CSV-Dateien abgelegt und lassen sich ebenfalls jederzeit einsehen und anpassen.

Abbildung 11.14 Von Joule generierte Artefakte im Editor (hier ist es das Datenmodell)

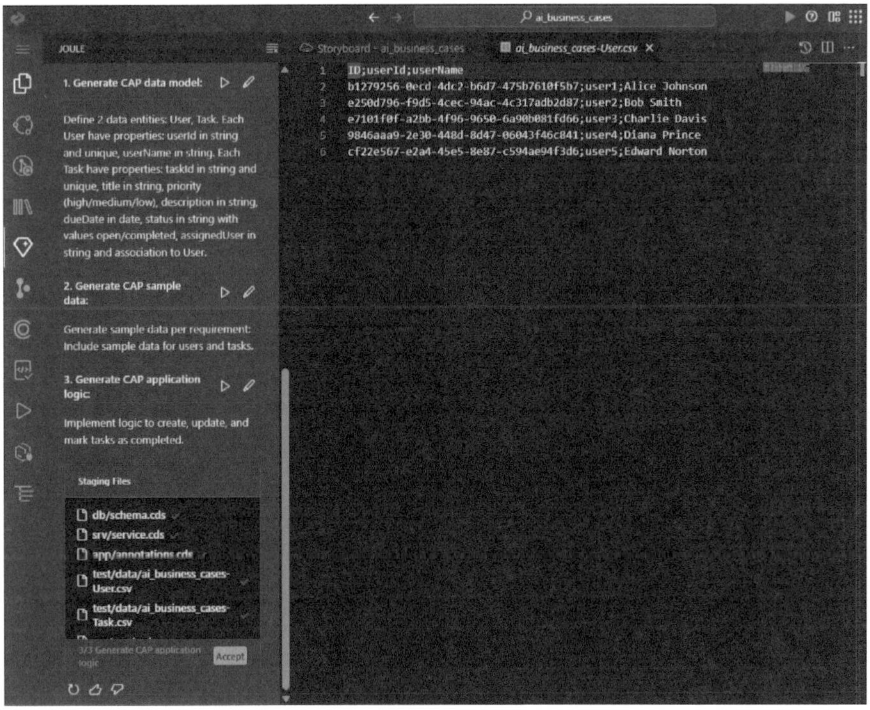

Abbildung 11.15 Testdaten automatisch generieren

Anwendung starten und testen

Über den grünen Pfeil oben rechts im SAP Business Application Studio lässt sich die Anwendung direkt starten (siehe Abbildung 11.16). So kann das Projekt unmittelbar im Laufzeitmodus getestet werden – ein großer Vorteil, um sofort zu sehen, welche Funktionen bereits umgesetzt wurden und wo noch Anpassungsbedarf besteht. Erste Fehler oder Verbesserungsmöglichkeiten fallen so sehr schnell auf.

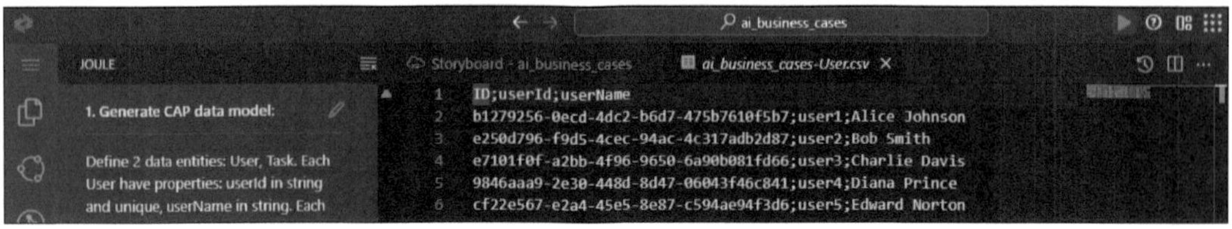

Abbildung 11.16 Starten der Anwendung

Laufende Anwendung mit fertigen Data Services

Nach dem Starten öffnet sich die generierte Anwendung in einem neuen Tab (siehe Abbildung 11.17). Hier sehen Sie auf einen Blick die verfügbaren Data Services, die von Joule angelegt wurden – in diesem Fall die Entitäten User und Task. Über die angezeigten Symbole können Sie die Daten und Metadaten direkt einsehen oder weitere Details zu den Services aufrufen.

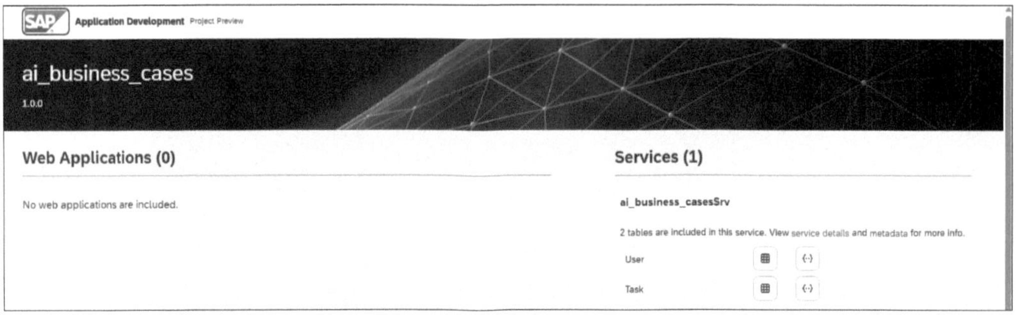

Abbildung 11.17 Geöffnete Anwendung mit generierten Data Services

Damit erhalten Sie sofort eine Rückmeldung, welche Bestandteile Ihrer Anwendung bereits generiert wurden und wie sie technisch aufgebaut sind. Weitere Entwicklungsschritte, wie das Hinzufügen von UI-Komponenten, können nun direkt im nächsten Schritt erfolgen.

Einblick in die Daten

Mit einem Klick auf den Task-Service können Sie sich direkt die vorhandenen Datensätze ansehen (siehe Abbildung 11.18). Die generierte Übersicht zeigt alle Tasks inklusive der wichtigsten Attribute wie Titel, Priorität, Beschreibung, Fälligkeitsdatum, Status und zugewiesenem Benutzer. So erhalten Sie sofort einen Eindruck davon, wie Ihre generierte Anwendung arbeitet – inklusive der von Joule automatisch erstellten Testdaten.

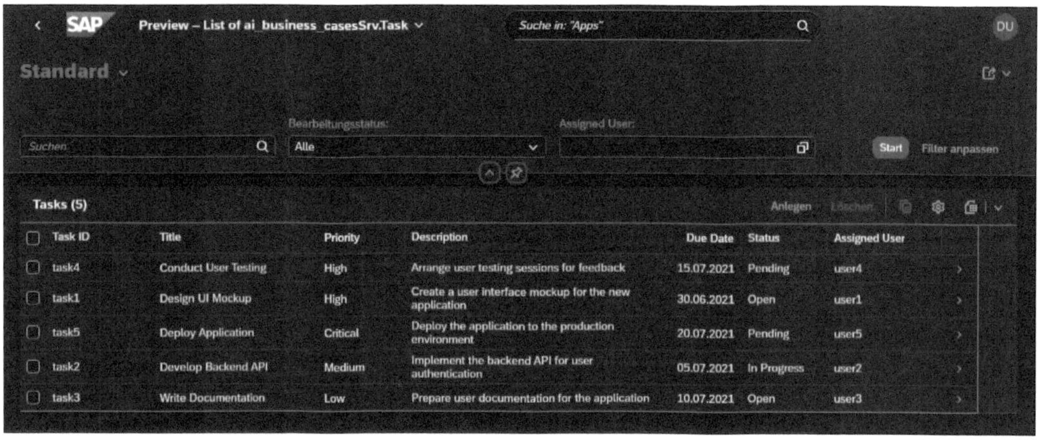

Abbildung 11.18 Die Daten des Task-Service dargestellt

Wenn Sie einen Eintrag auswählen, werden die Details zum jeweiligen Task übersichtlich angezeigt (siehe Abbildung 11.19). Hier sehen Sie alle relevanten Informationen wie ID, Priorität, Titel, Beschreibung, Fälligkeitsdatum, Status und den zugewiesenen Benutzer auf einen Blick. Über die Schaltflächen lassen sich die Daten bei Bedarf auch direkt bearbeiten oder löschen.

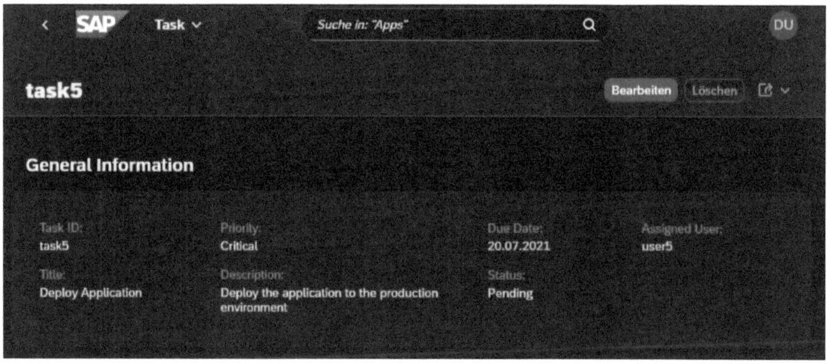

Abbildung 11.19 Detailansicht der Tasks

Datensätze bearbeiten

Sie können die generierten Datensätze nicht nur anzeigen, sondern auch direkt bearbeiten, etwa indem Sie einen anderen Benutzer als **Assigned User** auswählen (siehe Abbildung 11.20). Die Auswahl erfolgt komfortabel über eine Liste aller vorhandenen Nutzer. Änderungen lassen sich sofort speichern und werden direkt in der Anwendung übernommen.

Einfache Geschäftslogik ist integriert

Neben den grundlegenden Funktionen ist in der generierten Anwendung oft bereits einfache Geschäftslogik integriert. Im gezeigten Beispiel sorgt eine Validierung dafür, dass Fälligkeitsdaten (**Due Dates**) nicht in der Vergangenheit liegen dürfen.

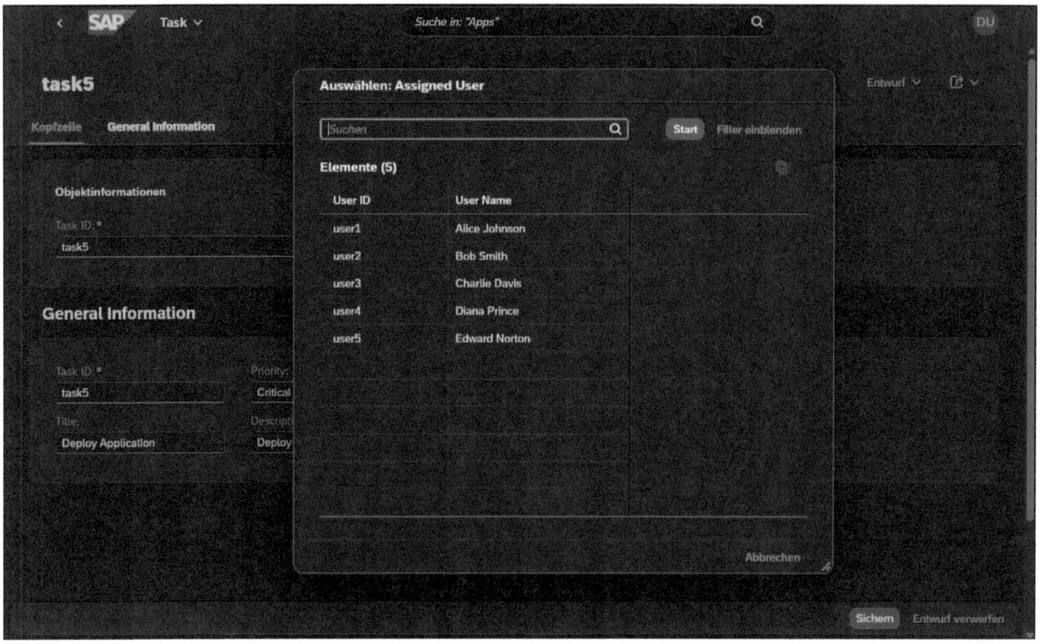

Abbildung 11.20 Datensätze bearbeiten

Versucht man dennoch, ein solches Datum einzugeben, erscheint direkt eine verständliche Fehlermeldung (siehe Abbildung 11.21). Dadurch werden viele typische Anwendungsfehler schon im Vorfeld abgefangen und die Qualität der Daten sichergestellt.

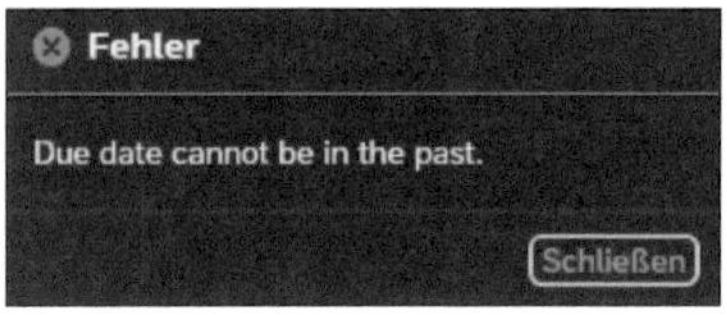

Abbildung 11.21 Integrierte Geschäftslogik in der generierten Anwendung

Benutzeroberfläche ergänzen

Was jetzt noch fehlt, ist eine echte Benutzeroberfläche für die Task-Management-App. Bislang wurden zwar die Datenmodelle, Services und Logik generiert, aber für eine benutzerfreundliche Anwendung braucht es ein passendes User Interface. Genau das lässt sich einfach per weiterem Prompt ergänzen (siehe Abbildung 11.22).

Benutzeroberfläche sofort sichtbar

Nachdem der Prompt zur UI-Generierung verarbeitet und neuer Code ergänzt wurde, spiegelt sich die Erweiterung auch direkt in der Anwendung wider. Beim erneuten Start erscheint nun auf dem Startbildschirm eine zusätzliche Kachel für die App **Team Task Management** (siehe Abbildung 11.23). Von hier aus kann die generierte Benutzeroberfläche live getestet und genutzt werden.

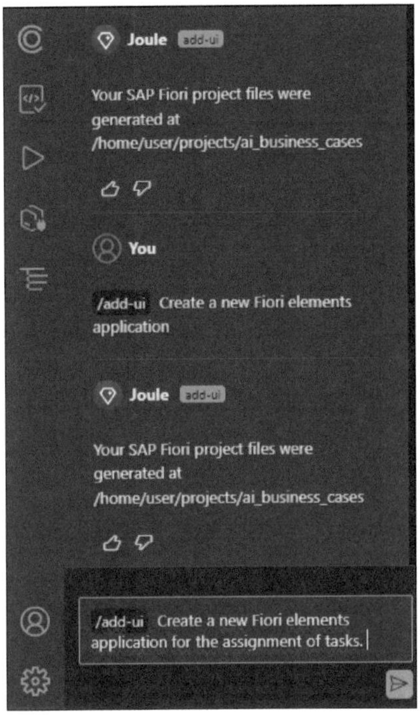

Abbildung 11.22 UI über einen weiteren Prompt ergänzen

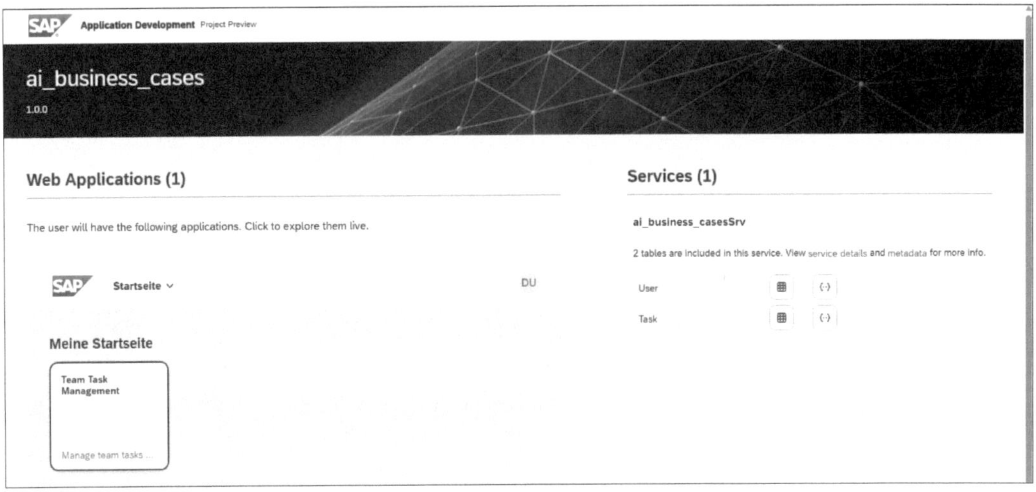

Abbildung 11.23 Startseite mit neuer App-Kachel

Mit einem Klick auf die Kachel der generierten App gelangen Sie direkt in die Pflegeansicht der Tasks (siehe Abbildung 11.24). Hier können Sie neue Aufgaben anlegen, bestehende bearbeiten oder löschen – inklusive aller zuvor im Datenmodell definierten Felder wie Task ID, Priorität, Fälligkeitsdatum, Beschreibung, Status und zugewiesenem Benutzer. Die Benutzeroberfläche ist direkt nutzbar und ermöglicht eine komfortable Verwaltung der Daten ohne zusätzlichen Entwicklungsaufwand.

Abbildung 11.24 Generierte Benutzeroberfläche

Die Verbindung von UI und Data Service funktioniert nahtlos

Das neu angelegte Task-Element wird nicht nur im User Interface sichtbar, sondern auch direkt im zugrunde liegenden Data Service gespeichert und angezeigt (siehe Abbildung 11.25). Jede Änderung oder Ergänzung über die Oberfläche spiegelt sich unmittelbar in den Daten wider – ganz ohne zusätzliche Programmierarbeit. So entsteht eine voll integrierte, produktiv nutzbare Geschäftsanwendung auf Knopfdruck.

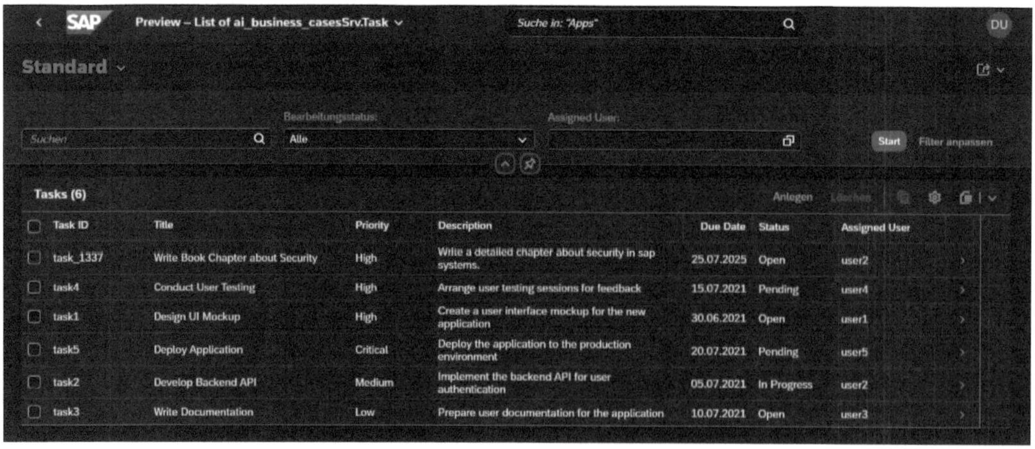

Abbildung 11.25 Neue Tasks werden nach dem Speichern automatisch im Data Service geführt.

Fazit

Die technische Umsetzung mit SAP Build Code und Joule zeigt eindrucksvoll, wie schnell und flexibel sich heute betriebliche Anforderungen in produktive Lösungen verwandeln lassen. Ohne tiefgehende Programmierkenntnisse entstehen voll funktionsfähige Anwendungen, bei denen Datenmodelle, Geschäftslogik, Testdaten und moderne Benutzeroberflächen nahtlos zusammenspielen. Die einzelnen Schritte – von der ersten Projektanlage über die Generierung von Services bis zur Integration von Geschäftslogik und User Interface – laufen transparent und nachvollziehbar ab.

Für Unternehmen bedeutet das, dass sich Entwicklungszeiten dramatisch verkürzen, die Umsetzung neuer Ideen skalierbar wird und Fehlerquellen durch manuelle Tätigkeiten minimiert werden. Auch Anpassungen oder Erweiterungen sind dank des modularen Ansatzes schnell möglich. Die so entstehenden Lösungen sind nicht nur sofort einsatzbereit, sondern lassen sich zudem einfach in bestehende SAP-Landschaften integrieren.

11.4 Zusammenfassung

Die ersten Schritte auf dem Weg zu KI-gestützten Geschäftsanwendungen mit SAP lassen sich heute deutlich schneller und effizienter umsetzen als noch vor wenigen Jahren. SAP Build Code, das SAP Business Application Studio und der KI-Assistent Joule eröffnen neue Möglichkeiten, um Ideen direkt in funktionierende Lösungen zu überführen – ohne große Einstiegshürden oder langwierige Entwicklungszyklen.

Im Verlauf dieses Kapitels haben Sie erlebt, wie sich die technologische Basis auf der SAP BTP mit wenigen Handgriffen schaffen lässt, wie einfach die Projektanlage in SAP Build Code funktioniert und wie der Einstieg in die Entwicklung mit modernen Low-Code- und KI-Tools gelingt. Besonders der Einsatz von Joule zeigt, wie sich komplexe Aufgaben – vom Datenmodell über Geschäftslogik bis zur Benutzeroberfläche – in wenigen Minuten generieren und anpassen lassen.

Schneller von der Idee zur produktiven Anwendung

Was bedeutet das für Unternehmen? Zum einen können Sie Entwicklungsprozesse stark beschleunigen und so schneller auf neue Anforderungen reagieren. Zum anderen schaffen Sie Transparenz und Nachvollziehbarkeit im Projektverlauf – und entlasten dabei gleichzeitig Ihre IT-Teams. SAP Build Code und Joule machen es möglich, Fachbereiche frühzeitig einzubinden und Prototypen direkt am Fachbedarf zu entwickeln. So entsteht eine neue Form der Zusammenarbeit zwischen Business und IT, bei der Innovation nicht an technischen Grenzen scheitert.

Die wichtigsten Erkenntnisse waren dabei die folgenden:

- Moderne Entwicklung mit SAP Build Code und KI senkt die Komplexität und beschleunigt die Umsetzung spürbar.
- Der modulare Ansatz von Projekt, Datenmodell, Geschäftslogik und Benutzeroberfläche sorgt für Übersichtlichkeit und Flexibilität.
- Die generierten Lösungen sind sofort lauffähig, lassen sich einfach anpassen und nahtlos in bestehende SAP-Landschaften integrieren.
- Unternehmen gewinnen Geschwindigkeit, Innovationskraft und digitale Souveränität.

Damit ist der Grundstein gelegt. Im nächsten Schritt können Sie die im Beispiel gezeigten Methoden auf eigene Business Cases übertragen, gezielt erweitern und so Ihr Unternehmen fit für das Zeitalter von KI und Low-Code machen.

Kapitel 12

Predictive Maintenance: Echtzeit-Einblicke durch Live-Datenanbindungen

Mit Predictive Analytics in der SAP Analytics Cloud können Wartungsprozesse verbessert werden. Durch die Live-Datenanbindung lassen sich Betriebsdaten in Echtzeit analysieren, um potenzielle Ausfälle frühzeitig zu erkennen und Wartungsmaßnahmen besser zu planen.

Traditioneller Ansatz

Die Instandhaltung von Maschinen und Anlagen ist traditionell ein reaktiver oder präventiver Prozess: Entweder wird dann gewartet, wenn ein Defekt auftritt, oder in festen Intervallen – oft unabhängig vom tatsächlichen Zustand der Anlage. Beide Ansätze führen zu Ineffizienzen: Reaktive Wartung verursacht ungeplante Stillstände, während präventive Wartung häufig unnötig früh durchgeführt wird und so Kapazitäten und Ressourcen bindet.

Predictive Maintenance

Mit Predictive Maintenance verschiebt sich der Fokus: Anhand von Echtzeit-Betriebsdaten und intelligenten Prognosen können potenzielle Ausfälle frühzeitig erkannt und Wartungsmaßnahmen gezielt geplant werden. Die SAP Analytics Cloud (siehe auch Kapitel 10, »Forecasting von Sales und Lagerbeständen«) bietet mit Predictive Analytics und Live-Datenanbindungen eine leistungsfähige Plattform, um diesen Wandel umzusetzen. Dieses Kapitel zeigt praxisnah, wie sich die Instandhaltung industrieller Anlagen mithilfe von Predictive Analytics in der SAP Analytics Cloud von einer reaktiven und intervallbasierten Vorgehensweise hin zu einer proaktiven, zustandsorientierten Wartungsstrategie entwickeln kann.

Am Beispiel der fiktiven InduTech GmbH – eines Herstellers hochpräziser CNC-Fräsmaschinen – wird Schritt für Schritt erläutert, wie Sensordaten, historische Betriebsinformationen und externe Einflussgrößen in Echtzeit erfasst, analysiert und zur Vorhersage potenzieller Ausfälle genutzt werden. Ziel ist es, Stillstände zu vermeiden, Ressourcen optimal einzusetzen und Wartungskosten zu senken (siehe Abschnitt 12.1, »Einleitung und Zielsetzung«).

Im gleichnamigen Abschnitt 12.2 erfahren Sie, welche Voraussetzungen für die Umsetzung dieses Anwendungsfalls gegeben sein müssen: Die Live-Datenanbindung über SAP Datasphere und direkte Live Connections zu Systemen wie SAP S/4HANA oder IoT-Plattformen erlauben die Auswertung hochfrequenter Sensordaten ohne redundante Datenhaltung. Die Architektur verknüpft Cloud-Analysefunktionen mit On-Premise-Datenquellen und integriert Werkzeuge wie Smart Predict für automatisiertes ML sowie Explainable AI zur transparenten Interpretation der Prognosen. Abschnitt 12.3 widmet sich dann der technischen Umsetzung.

Neben der Technik beleuchten wir in Abschnitt 12.4 die organisatorischen Auswirkungen: Change Management, neue Rollen wie der Data Maintenance Analyst, und die Schulung von Mitarbeitenden sind entscheidend für die breite Akzeptanz der datengetriebenen Arbeitsweise. Explainable AI kann die Akzeptanz der KI-Lösung ebenfalls steigern, ihr widmen wir uns in Abschnitt 12.5. In Abschnitt 12.6 erfahren Sie im Anschluss alles zu den Risiken und Erfolgsfaktoren eines solchen Projekts.

Wir schließen das Kapitel mit Abschnitt 12.7, in dem die Ergebnisse des Projekts zusammengefasst und ein Ausblick auf weitere Nutzungspotenzial gegeben wird. Wir skizzieren die Einbindung zusätzlicher Datenquellen wie Lieferanten- oder Wetterdaten und die Weiterentwicklung hin zu selbstlernenden Optimierungsprozessen – als Baustein für die Smart Factory der Zukunft.

12.1 Einleitung und Zielsetzung

Beispielunternehmen InduTech GmbH

Die InduTech GmbH ist ein mittelständischer Maschinenbauhersteller mit mehreren Produktionsstandorten in Europa. Das Unternehmen produziert hochpräzise CNC-Fräsmaschinen, die in der Automobil- und Luftfahrtindustrie eingesetzt werden. Die produzierenden Maschinen enthalten viele Sensoren, die Daten zu Temperatur, Schwingung, Stromverbrauch und Laufzeiten erfassen.

Bisher wurde bei InduTech eine präventive Wartungsstrategie genutzt, die auf festen Intervallen basiert. Dennoch kam es immer wieder zu ungeplanten Stillständen, wenn bestimmte Komponenten unerwartet ausfielen. Das Ziel war daher, einen Predictive-Maintenance-Ansatz einzuführen, der Stillstände reduziert, Ersatzteilverfügbarkeiten optimiert und Wartungskosten senkt.

Zustandsbasierte, datengetriebene Wartungsstrategie

Predictive Maintenance ist ein innovativer Ansatz im Anlagen- und Asset-Management, der sich auf die vorausschauende Wartung von Maschinen und technischen Systemen konzentriert. Anders als traditionelle Wartungsstrategien, die entweder reaktiv nach einem Ausfall oder präventiv in festen

Zeitintervallen durchgeführt werden, zielt Predictive Maintenance darauf ab, den tatsächlichen Zustand von Anlagen kontinuierlich zu überwachen und auf Basis datengetriebener Analysen Vorhersagen über mögliche Ausfälle zu treffen. Dies ermöglicht eine gezielte und rechtzeitige Planung von Wartungsmaßnahmen, wodurch ungeplante Stillstände reduziert, Kosten gesenkt und die Lebensdauer kritischer Komponenten verlängert werden kann. Grundlage dieser Methodik ist die kontinuierliche Erfassung und Analyse von Betriebs- und Sensordaten, die Muster, Trends und Anomalien erkennen lassen, die auf bevorstehende technische Defekte hindeuten können.

12.2 Die richtigen Voraussetzungen schaffen

Bevor es an die technische Umsetzung geht, beschäftigen wir uns in diesem Abschnitt erst einmal mit notwendigen Voraussetzungen für unser Vorhaben.

12.2.1 SAP Analytics Cloud für Predictive Maintenance

Die *SAP Analytics Cloud* ist eine technologische Plattform, die Business Intelligence, Planung und prädiktive Analysen in einer integrierten Cloud-Umgebung bietet. Sie unterstützt Predictive-Maintenance-Szenarien durch eine Reihe spezialisierter Funktionen, die sowohl den Aufbau von Prognosemodellen als auch deren operative Nutzung ermöglichen. Von zentraler Bedeutung ist dabei das Modul *Smart Predict*, das die Erstellung, das Training und die Validierung von ML-Modellen weitgehend automatisiert. Mit Smart Predict können historische Betriebsdaten, wie Sensormessungen und Wartungshistorien, verarbeitet und in prädiktive Modelle überführt werden, die sich kontinuierlich an neue Daten anpassen. Während des Trainingsprozesses werden geeignete Algorithmen, beispielsweise Klassifikationsverfahren zur Vorhersage von Ausfallwahrscheinlichkeiten oder Regressionsmodelle zur Berechnung der verbleibenden Restlebensdauer, automatisch ausgewählt und optimiert. Durch diese Automatisierung können auch Anwender ohne tiefgehende Data-Science-Kenntnisse valide Prognosen erstellen und produktiv nutzen.

Echtzeitdaten und Live Data Connections

Eine besondere Rolle spielt die Fähigkeit der SAP Analytics Cloud, Echtzeitdaten für diese Analysen bereitzustellen. Durch sogenannte *Live Data Connections* können Daten aus Quellsystemen wie SAP S/4HANA, dem SAP Asset Intelligence Network oder aus IoT-Plattformen direkt und ohne Replikation in die Cloud genutzt werden. Dies ist insbesondere in industriellen

Anwendungen von Bedeutung, bei denen Sensordaten mit hoher Frequenz erfasst werden, beispielsweise Schwingungs- oder Temperaturdaten von Maschinen. Durch den direkten Zugriff auf diese Daten können Modelle nahezu in Echtzeit aktualisiert werden, was eine unmittelbare Reaktion auf drohende Ausfälle erlaubt. Die Verbindung zwischen On-Premise-Systemen und der Cloud wird dabei durch den *SAP Cloud Connector* abgesichert, wodurch sowohl Sicherheit als auch Performance gewährleistet sind.

Planung und Simulation

Neben der Analyse- und Prognosefunktionalität bietet die SAP Analytics Cloud auch umfangreiche Möglichkeiten zur Planung und Simulation. Dies ist essenziell, da Vorhersagen allein keinen Mehrwert schaffen, wenn sie nicht in operative Prozesse integriert werden. Durch die Planungsfunktionen können Wartungsressourcen auf Basis der ermittelten Ausfallwahrscheinlichkeiten effizienter eingesetzt und Szenarien simuliert werden, etwa um die Auswirkungen unterschiedlicher Wartungsstrategien auf Ausfallzeiten und Kosten zu evaluieren. So wird es möglich, verschiedene Handlungsoptionen durchzuspielen und datenbasierte Entscheidungen über den optimalen Zeitpunkt und Umfang von Wartungsmaßnahmen zu treffen.

Explainable AI

Ein weiterer technischer Aspekt von hoher Relevanz ist die Erklärbarkeit der erstellten Vorhersagen. Die SAP Analytics Cloud stellt mit Explainable-AI-Werkzeuge bereit, die es Anwendern ermöglichen, die Ergebnisse der ML-Modelle besser nachzuvollziehen. Dies ist von besonderer Bedeutung, da Wartungsentscheidungen häufig sicherheitskritisch sind und von den beteiligten Ingenieuren und Entscheidern nachvollzogen werden müssen. Explainable AI liefert Einblicke, welche Parameter und Sensordaten den größten Einfluss auf eine Prognose hatten, und erhöht dadurch die Akzeptanz der Lösungen im operativen Umfeld.

Zusammenfassung

Zusammenfassend ermöglicht die SAP Analytics Cloud durch die Integration von Smart Predict, Live-Datenanbindung, Planungs- und Simulationsfunktionen sowie erklärbarer KI einen umfassenden Ansatz für Predictive Maintenance. Diese technologische Kombination erlaubt es, eine vollständige digitale Prozesskette abzubilden: von der Datenerfassung und Analyse über die Modellierung und Vorhersage bis hin zur Umsetzung der gewonnenen Erkenntnisse in konkrete, operative Wartungsprozesse.

12.2.2 Live-Datenanbindung und Datenquellen

Echtzeit-Datenintegration mit SAP Datasphere

Für die InduTech GmbH war die Fähigkeit, Betriebsdaten in nahezu Echtzeit zu erfassen und ohne nennenswerte Zeitverzögerung in analytische Prozesse zu überführen, ein zentrales Erfolgskriterium für den Einsatz von Predictive Maintenance. Predictive-Maintenance-Algorithmen entfalten ihren vollen Mehrwert erst dann, wenn sie auf aktuelle, konsistente und qualitativ hochwertige Daten zugreifen können, die sowohl den Zustand der Anlagen als auch deren Nutzungshistorie und externe Einflussfaktoren widerspiegeln. Um dies zu gewährleisten, wurde bei InduTech eine Live-Datenanbindung zur SAP Datasphere implementiert, wo die Datenmodellierung stattfindet und anschließend von der angebundenen SAP Analytics Cloud konsumiert werden kann. Die SAP Datasphere ist dabei in der Lage, große Datenmengen aus unterschiedlichen Quellen nahtlos zusammenzuführen und in analytischen Workflows zu verarbeiten.

In Abbildung 12.1 sehen Sie die SAP Datasphere und das zugrunde gelegte Analysemodell im Data Builder.

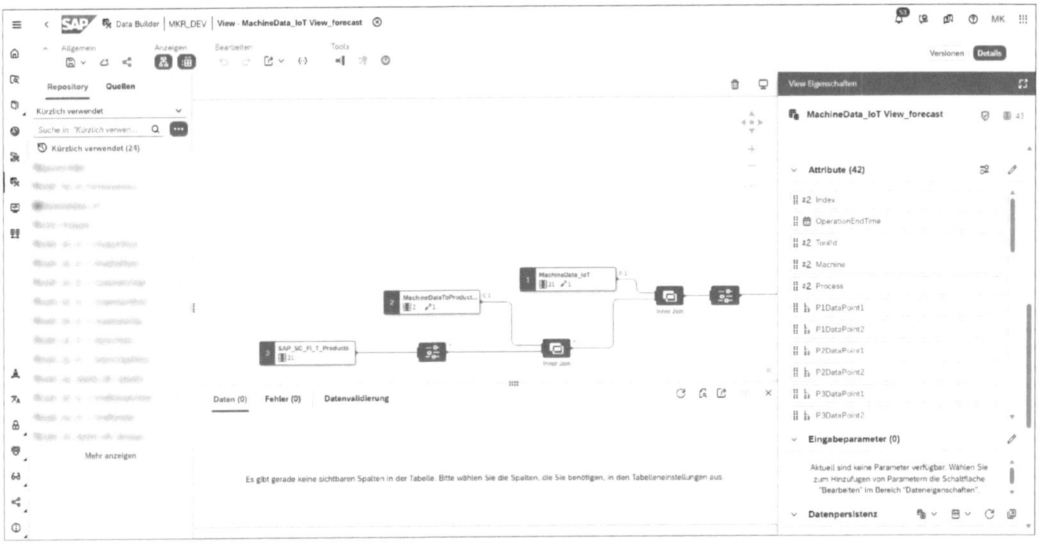

Abbildung 12.1 Analysemodell in der SAP Datasphere im Data Builder

Live-Anbindung an SAP S/4HANA

Die zentrale Datenquelle für die Live-Anbindung war ein SAP-S/4HANA-System, das in der Unternehmenslandschaft von InduTech als führendes System für betriebswirtschaftliche Prozesse und Instandhaltungsinformationen fungiert. In diesem System werden sämtliche Maschinendaten, Betriebsparameter und Instandhaltungsinformationen zusammengeführt, die aus verschiedenen Produktionslinien stammen. Die direkte Anbindung der SAP Analytics Cloud an SAP S/4HANA erfolgt über eine Live Data Connection, die es ermöglicht, Abfragen auf Echtzeitdaten direkt im Quellsystem auszuführen, ohne dass diese physisch in die Cloud repliziert werden müssen. Dies reduziert nicht nur den Speicherbedarf und das Risiko von Dateninkonsistenzen, sondern sorgt auch dafür, dass Analysen stets auf Basis der aktuellsten Daten erfolgen. In Abbildung 12.2 sehen Sie die unterschiedlichen Datenmodelle in der SAP Datasphere, die kontinuierlich mit IoT-Daten der unterschiedlichen Maschinen gefüttert werden.

Betriebswirtschaftlicher Name	Technischer Name	Typ (semantische Verwendung)
Analytic Model Timestamp	Analytic_Model_Timestamp	Analysemodell (Cube)
ermModel_1	ermModel_1	ER-Modell
Machine Analytic Model	Machine_Analytic_Model	Analysemodell (Cube)
MachineData_IoT View	MachineData_IoT_View	View (Fakt)
MachineData_IoT View_with_tim...	MachineData_IoT_View_with_...	View (Fakt)
MachineData_IoT View_forecast	MachineData_IoT_View_forec...	View (Fakt)
Analytic_model_forecast	Analytic_model_forecast	Analysemodell (Cube)
MachineData_IoT View_with_tim...	MachineData_IoT_View_with_...	View (Fakt)
Analytic_model_forecast_02	Analytic_model_forecast_02	Analysemodell (Cube)

Abbildung 12.2 Datenquellen für das Forecast-Modell

IIoT-Sensordatenintegration

Neben den im ERP-System gespeicherten Daten wurden zusätzlich Sensordaten aus dem industriellen Internet of Things (IIoT) eingebunden. Die Maschinen von InduTech sind mit einer Vielzahl von Sensoren ausgestattet, die kontinuierlich Betriebsparameter wie Temperatur, Schwingungen und Stromverbrauch erfassen. Diese Daten werden in kurzen Zeitintervallen generiert und über standardisierte IoT-Protokolle wie MQTT oder OPC UA an eine cloudbasierte IoT-Plattform übertragen. Von dort aus erfolgt die Integration in die SAP Analytics Cloud über eine sichere Cloud-Schnittstelle, die bidirektionale Datenströme unterstützt. Auf diese Weise lassen sich Sensordaten mit hoher zeitlicher Auflösung nahezu in Echtzeit auswerten, wodurch Abweichungen vom Normverhalten unmittelbar erkannt werden können. In Abbildung 12.3 sehen Sie eine Visualisierung der Maschinenleistung während der Betriebszeiten der Maschinen.

Nutzungs- und Wartungshistorie

Ergänzend zu den Betriebs- und Sensordaten flossen auch Nutzungsdaten in die Analysen ein, darunter Informationen zu Betriebsstunden, Lastprofilen und Auslastungsgraden der Maschinen. Diese Daten sind besonders relevant, um Zusammenhänge zwischen Nutzungsintensität und Verschleißerscheinungen zu modellieren und damit Prognosen über potenzielle Ausfallwahrscheinlichkeiten zu verbessern. Gleichzeitig wurde die Instandhaltungshistorie berücksichtigt, die sowohl geplante präventive Wartungsmaßnahmen als auch ungeplante Reparaturen dokumentiert.

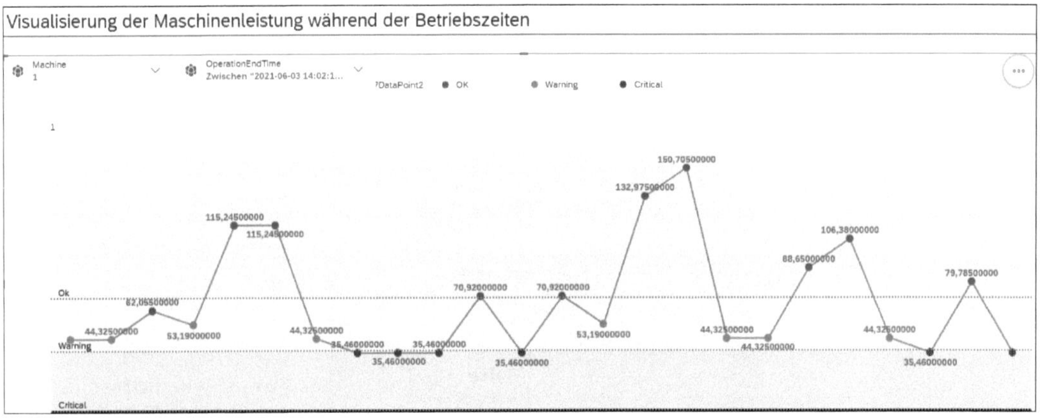

Abbildung 12.3 Darstellung der Maschinendaten während der Betriebszeiten

12

Die Berücksichtigung dieser historischen Daten ermöglicht es, maschinenspezifische Schwachstellen zu identifizieren und in die Vorhersagemodelle einzubeziehen, um wiederkehrende Muster in Ausfällen zu erkennen.

Umwelt- und Umgebungsbedingungen

Ein weiterer relevanter Datenbestand kam aus externen Quellen, die Umwelt- und Umgebungsbedingungen wie Luftfeuchtigkeit, Umgebungstemperatur oder Staubbelastung bereitstellten. Diese Einflussgrößen können erhebliche Auswirkungen auf den Maschinenverschleiß haben und tragen dazu bei, die Prognosemodelle um kontextuelle Informationen zu erweitern. Die Integration solcher externen Datenquellen erfolgte über standardisierte Programmierschnittstellen (APIs), wodurch Daten in strukturierter Form in die SAP Analytics Cloud eingespeist werden konnten. Diesen Ablauf sehen Sie in Abbildung 12.4.

Kombination der Datenquellen

Die Kombination dieser unterschiedlichen Datenquellen – Sensordaten, Nutzungsdaten, Instandhaltungshistorien und externe Umgebungsdaten – führte zu einer umfangreichen und heterogenen Datenbasis. Durch den Einsatz von Live-Verbindungen konnten diese Daten nahezu verzögerungsfrei analysiert werden, ohne dass eine redundante Datenhaltung in der SAP Analytics Cloud erforderlich war. Dies minimierte den administrativen Aufwand für die Datenpflege und stellte sicher, dass Analysen stets auf die aktuellsten Betriebsinformationen zugreifen. Die daraus resultierende Datenarchitektur bildet die Grundlage für eine effiziente und präzise Predictive-Maintenance-Strategie, bei der technologische, betriebliche und umweltbezogene Aspekte gleichermaßen berücksichtigt werden.

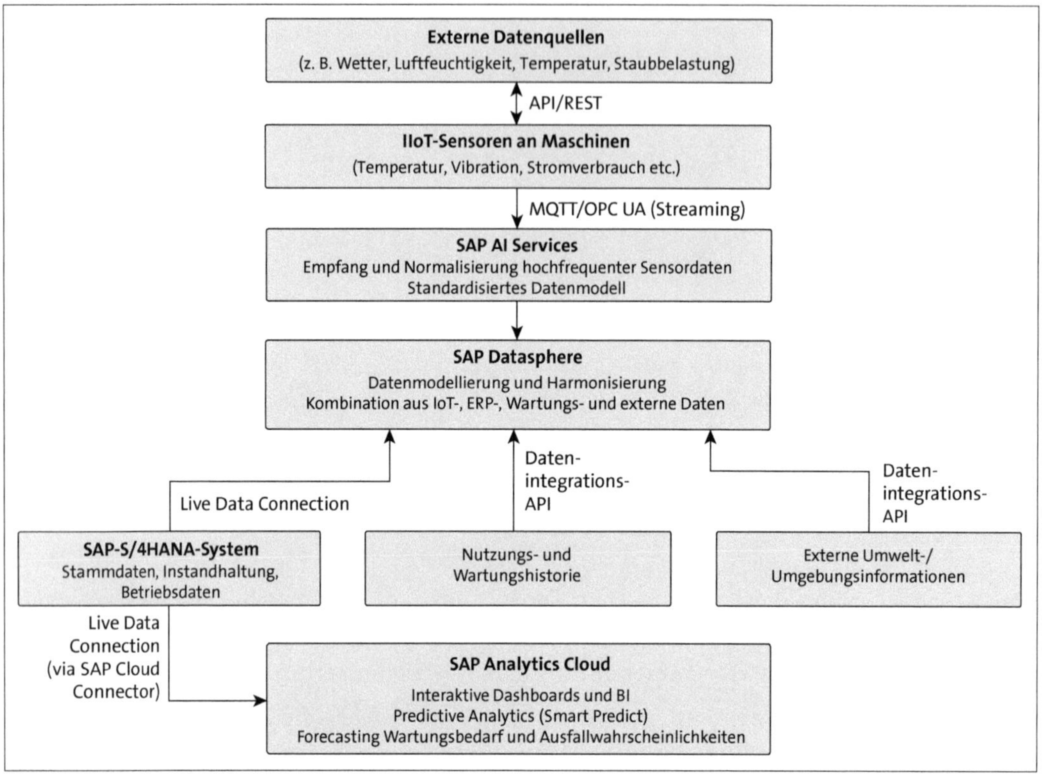

Abbildung 12.4 Datenflüsse und ihre Quellen

Datenqualität

Ein wesentliches technisches Risiko liegt allerdings auch in der Datenqualität. Predictive-Maintenance-Modelle basieren auf einer kontinuierlichen Auswertung von Betriebs- und Sensordaten. Fehlerhafte oder unvollständige Daten, beispielsweise durch fehlerhafte Sensoren, Kalibrierungsprobleme oder unvollständig dokumentierte Instandhaltungshistorien, können zu unzuverlässigen Vorhersagen führen und damit das Vertrauen in das System nachhaltig beeinträchtigen. Gerade in der Anlaufphase besteht zudem die Gefahr, dass historische Daten nicht in der für ML-Algorithmen erforderlichen Granularität oder Konsistenz vorliegen, was den Aufbau belastbarer Modelle erschwert. Aus diesem Grund wurde bei InduTech besonderer Wert auf die Implementierung von Datenqualitätsprüfungen und auf die Schaffung klarer Verantwortlichkeiten für Datenpflege und Monitoring gelegt.

12.2.3 Architekturkonzept der SAP Analytics Cloud

Architektur für Predictive Maintenance

Die technologische Architektur, die bei der InduTech GmbH zur Umsetzung der Predictive-Maintenance-Strategie eingesetzt wurde, basiert auf einer eng integrierten Kombination aus Cloud- und On-Premise-Komponenten. Ziel war es, eine Dateninfrastruktur zu schaffen, die sowohl hochfrequente Sensordaten als auch unternehmenskritische Stamm- und Bewegungsdaten in Echtzeit verarbeiten kann, um darauf aufbauend prädiktive Analysen und Handlungsempfehlungen bereitzustellen.

Im Zentrum der Architektur steht das ERP-System SAP S/4HANA, das als führendes System für alle betriebswirtschaftlichen Prozesse und Instandhaltungsinformationen fungiert. In SAP S/4HANA werden unter anderem Stammdaten wie Anlagenstrukturen, Ersatzteilinformationen und Wartungspläne verwaltet. Zudem bildet es die zentrale Plattform für das Management von Wartungsaufträgen und das Dokumentieren von Instandhaltungsmaßnahmen. Diese Daten sind für die prädiktive Analyse unverzichtbar, da sie eine Referenz für die Zuordnung von Betriebsdaten zu konkreten Anlagen und deren Komponenten liefern.

Für die Erfassung und Integration der Sensordaten aus den Maschinen werden SAP-BTP-Services eingesetzt. Die SAP BTP dient als Bindeglied zwischen den physischen Sensoren der Maschinen und den nachgelagerten Analysetools. Über standardisierte Kommunikationsprotokolle wie MQTT oder OPC UA können die IoT-Services Sensordaten mit hoher Frequenz entgegennehmen, normalisieren und in einem einheitlichen Datenmodell bereitstellen. So werden beispielsweise Schwingungsdaten, Temperaturwerte oder Stromverbrauchsdaten, die im Millisekundenbereich aufgezeichnet werden, sicher und performant an die Analyseumgebung weitergeleitet.

Analyse- und Prognoseplattform

Die eigentliche Analyse und Visualisierung erfolgt in der SAP Analytics Cloud, die als zentrales Analysetool und prädiktive Plattform fungiert. SAP Analytics Cloud vereint klassische Business-Intelligence-Funktionalitäten mit Planungswerkzeugen und prädiktiven Analysefunktionen, die auf ML basieren. In diesem Kontext werden sowohl historische Daten, die in SAP S/4HANA gespeichert sind, als auch hochfrequente Sensordaten aus den IoT-Services verarbeitet. Durch die Nutzung des SAP-Analytics-Cloud-Moduls Smart Predict werden auf Basis dieser kombinierten Datenquellen Vorhersagemodelle trainiert, die unter anderem Ausfallwahrscheinlichkeiten und Wartungsbedarfe prognostizieren. Die Ergebnisse dieser Modelle stehen den Anwendern über interaktive Dashboards und Reports zur Verfügung und können direkt in Entscheidungsprozesse integriert werden. Abbildung 12.5 zeigt ein Beispiel für eine Visualisierung in der SAP Analytics Cloud für die Predictive Maintenance.

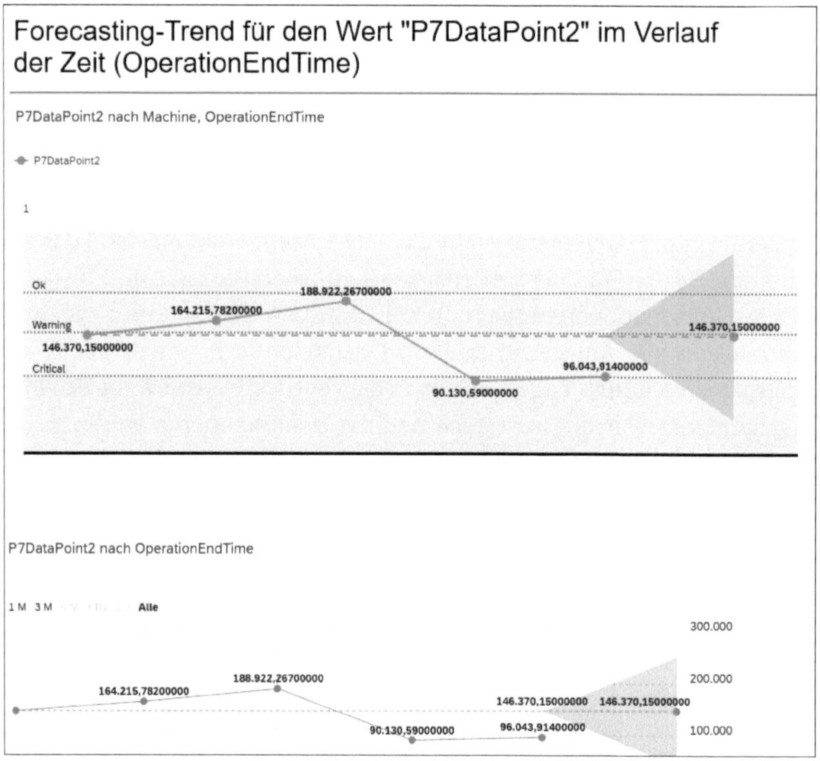

Abbildung 12.5 Forecasting-Trend für Predictive Maintenance in der SAP Analytics Cloud

SAP Cloud Connector

In dieser hybriden Architektur spielt der *SAP Cloud Connector* eine entscheidende Rolle. Er stellt eine sichere und performante Verbindung zwischen den On-Premise-Systemen des Unternehmens (wie SAP S/4HANA) und der Cloud-basierten SAP Analytics Cloud her. Der SAP Cloud Connector ermöglicht es, dass Daten in Echtzeit abgefragt werden können, ohne dass eine vollständige Datenreplikation in die Cloud erforderlich ist. Dies reduziert nicht nur den administrativen Aufwand, sondern stellt auch sicher, dass sensible Unternehmensdaten unter Einhaltung strenger Sicherheits- und Compliance-Vorgaben verarbeitet werden.

Durch die Kombination dieser Systeme entsteht eine Architektur, die es ermöglicht, Daten von der Quelle bis zur Analyse in einem durchgängigen digitalen Prozess zu verarbeiten. Diese Architektur sehen Sie in Abbildung 12.6.

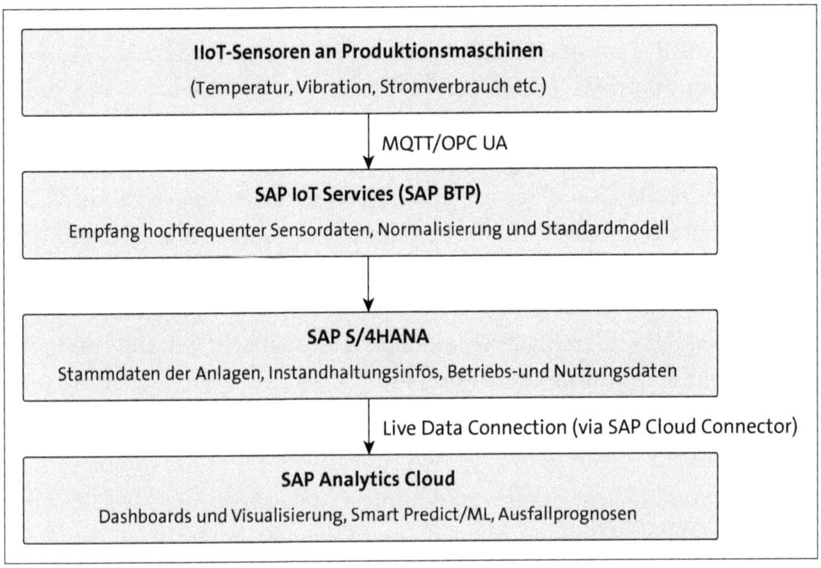

Abbildung 12.6 Architektur für Predictive Maintenance mit der SAP Analytics Cloud

Sensordaten werden nahezu in Echtzeit erfasst und mit den in SAP S/4HANA verwalteten Geschäfts- und Instandhaltungsinformationen verknüpft. Die SAP Analytics Cloud nutzt diese konsolidierte Datenbasis, um prädiktive Modelle zu betreiben und visuelle Analysen bereitzustellen, die Wartungsteams sofort umsetzbare Handlungsempfehlungen geben. Das Ergebnis ist eine hochgradig integrierte, skalierbare und sichere Plattform, die Predictive Maintenance nicht nur technisch möglich macht, sondern auch organisatorisch in bestehende Geschäftsprozesse einbettet.

12.3 Technische Umsetzung

Die erfolgreiche Einführung von Predictive Maintenance beruht nicht allein auf der Analyse historischer Daten, sondern vor allem auf einer robusten, integrierten technischen Architektur, die Echtzeitinformationen aus unterschiedlichsten Quellen zusammenführt und für prädiktive Modelle nutzbar macht.

In der Lösung der InduTech GmbH wurde deshalb eine End-to-End-Datenpipeline geschaffen – von der Erfassung hochfrequenter Sensordaten über IoT-Anbindungen und ERP-Datenintegration bis zur Modellierung, Prognose und Bereitstellung der Ergebnisse in der SAP Analytics Cloud. Zunächst steht in Abschnitt 12.3.1, »Modellaufbau: Predictive Analytics mit

Smart Predict«, die Live-Datenanbindung im Fokus: Hier wird gezeigt, wie über die SAP Datasphere unterschiedliche Datenquellen – wie SAP S/4HANA mit Betriebs- und Instandhaltungsinformationen, IoT-Sensordaten aus MQTT/OPC-UA-Plattformen sowie externe Umwelt- und Nutzungsdaten – nahezu verzögerungsfrei angebunden werden. Diese Echtzeit-Integration bildet die Grundlage für präzise und aktuelle Analysen. Abschnitt 12.3.2, »Operative Integration in Instandhaltungsprozesse«, geht auf den Modellaufbau ein: Mit Smart Predict werden die Trainingsdaten aus Sensordaten, Instandhaltungshistorien und Umgebungsparametern vorbereitet, geeignete Klassifikationsmodelle automatisch gewählt und per Hyperparameteroptimierung verfeinert. Die Modellbewertung erfolgt mit Kennzahlen wie Accuracy, Precision, Recall und F1-Score, ergänzt durch Explainable AI, die den Einfluss einzelner Merkmale transparent macht.

Diese technische Umsetzung verknüpft Datenaufnahme, Modellierung und Echtzeit-Bereitstellung zu einer geschlossenen, skalierbaren Architektur. Sie ist das Rückgrat der gesamten Predictive-Maintenance-Strategie und stellt sicher, dass Analyseergebnisse nicht nur theoretisch vorliegen, sondern schnell und sicher in die operative Instandhaltung überführt werden können.

12.3.1 Modellaufbau: Predictive Analytics mit Smart Predict

Smart Predict als zentrales Analysemodul

Das Herzstück der bei der InduTech GmbH implementierten Predictive-Maintenance-Lösung war die Entwicklung und produktive Nutzung eines prädiktiven Analysemodells innerhalb der SAP Analytics Cloud. Ziel des Modells war es, auf Basis von Betriebsdaten und historischen Ausfallinformationen frühzeitig Anzeichen für potenzielle Defekte oder Ausfälle von Maschinenkomponenten zu identifizieren. Die Umsetzung erfolgte unter Einsatz des in der SAP Analytics Cloud integrierten Moduls Smart Predict, das speziell darauf ausgelegt ist, ML-Modelle auch ohne tiefgehende Data-Science-Expertise zu erstellen, zu trainieren und produktiv bereitzustellen. In der SAP Datasphere wurden entsprechende Modelle erstellt, um daraus einen Forecast zu erzeugen (siehe Abbildung 12.7).

Trainingsdatenerstellung

Der erste Schritt bestand darin, die erforderlichen Trainingsdaten zusammenzustellen. Diese Datenbasis setzte sich aus historischen Sensordaten, wie Temperatur-, Vibrations- und Stromverbrauchswerten, sowie aus der dokumentierten Instandhaltungshistorie zusammen, die sowohl geplante als auch ungeplante Ausfälle umfasste. Ergänzend wurden maschinenspezifische Stammdaten und Umgebungsparameter wie Luftfeuchtigkeit und

Umgebungstemperatur berücksichtigt, um kontextuelle Einflussgrößen abzubilden. Die Datenaufbereitung umfasste eine Normalisierung und Transformation der Sensordaten, die Sicherstellung der Zeitreihenintegrität und die Bereinigung von Ausreißern, um das Risiko verzerrter Prognosen zu minimieren.

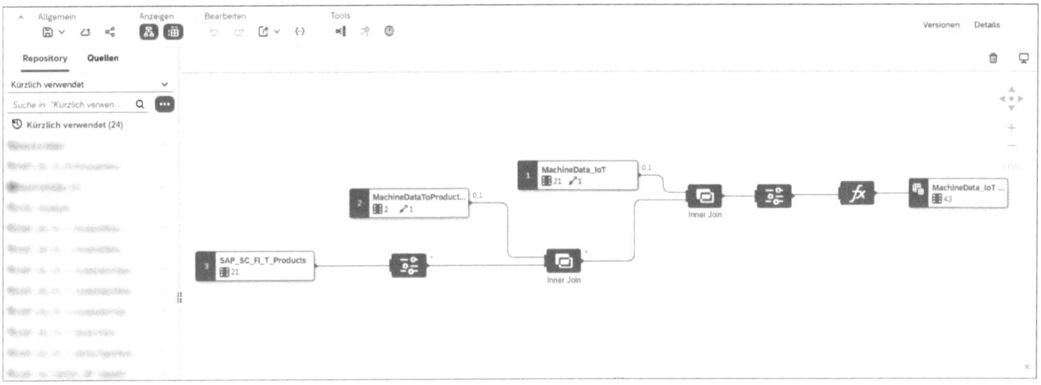

Abbildung 12.7 Modell mit Maschinendaten, Grundlage für den Forecast

Automatisierter Modellaufbau

Das Smart-Predict-Modul der SAP Analytics Cloud übernahm anschließend den automatisierten Aufbau des Modells. Dabei wurde zunächst der geeignete Modelltyp identifiziert, wobei sich für diese Anwendung ein Klassifikationsmodell anbot, das als Zielvariable den binären Zustand »Ausfall in den nächsten 14 Tagen: Ja/Nein« abbildete. Die Auswahl des Algorithmus erfolgt in Smart Predict automatisch auf Basis der Datencharakteristik und umfasst Verfahren wie Entscheidungsbäume, Gradient Boosting oder neuronale Netze, die jeweils in einer Ensemble-Strategie kombiniert werden können, um eine möglichst hohe Prognosegüte zu erzielen.

Generalisierungsfähigkeit automatisch sichergestellt

Im Rahmen des Modelltrainings führt Smart Predict eine Hyperparameteroptimierung durch, bei der Parameter wie Baumtiefe, Lernrate oder Regularisierungsfaktoren iterativ angepasst werden. Dies geschieht auf Basis von Cross-Validation-Techniken, bei denen das verfügbare Datenmaterial in Trainings- und Validierungssätze aufgeteilt wird, um Overfitting zu vermeiden und eine robuste Generalisierungsfähigkeit sicherzustellen. Zusätzlich wird ein automatisches Feature Engineering durchgeführt, bei dem neue abgeleitete Variablen generiert und irrelevante Merkmale verworfen werden. Dieser Schritt ist insbesondere für Sensordaten relevant, da diese häufig hochdimensional sind und Korrelationen enthalten, die sich ohne algorithmische Unterstützung nur schwer identifizieren lassen.

Modellbewertung und XAI

Nach Abschluss des Trainingsprozesses wurde das Modell anhand von Qualitätskennzahlen wie Accuracy, Precision, Recall und dem F1-Score evaluiert. Die Ergebnisse zeigten, dass das entwickelte Modell präzise Vorhersagen über die Ausfallwahrscheinlichkeit einzelner Komponenten liefern konnte. Eine besondere Rolle spielte dabei die in Smart Predict integrierte Explainable AI (XAI), die Transparenz über die Entscheidungslogik des Modells bietet. Mithilfe von Feature-Importance-Analysen konnte nachvollzogen werden, welche Sensordaten den größten Einfluss auf die jeweilige Prognose hatten. Beispielsweise zeigte sich, dass erhöhte Schwingungswerte bei bestimmten Drehzahlen oder abrupte Temperaturanstiege signifikante Indikatoren für bevorstehende Ausfälle darstellten. Diese Erklärbarkeit erwies sich nicht nur als wichtiges Mittel, um das Vertrauen der Instandhaltungsmitarbeitenden in die Modellvorhersagen zu stärken, sondern auch als Grundlage für eine gezielte Optimierung von Sensorik und Wartungsstrategien.

Das trainierte Modell wurde schließlich in der produktiven SAP-Analytics-Cloud-Umgebung bereitgestellt, wo es in Echtzeit mit aktuellen Betriebsdaten gespeist wird. Die daraus resultierenden Vorhersagen werden in Form von Dashboards und Warnmeldungen visualisiert und direkt in die operativen Wartungsprozesse integriert. Dies ermöglicht der Instandhaltung von InduTech, frühzeitig geeignete Maßnahmen zu planen und Ressourcen effizient einzusetzen, was wiederum die Anlagenverfügbarkeit signifikant erhöht und ungeplante Stillstände reduziert.

12.3.2 Operative Integration in Instandhaltungsprozesse

Die technologische Leistungsfähigkeit eines Predictive-Maintenance-Systems entfaltet erst dann ihr volles Potenzial, wenn die aus der Datenanalyse gewonnenen Erkenntnisse nahtlos in die operativen Prozesse des Unternehmens integriert werden. Im Rahmen des InduTech-Projekts lag daher ein Schwerpunkt auf der Schaffung einer End-to-End-Prozesskette, die den Weg von der Datenerfassung über die Analyse und Prognose bis hin zur automatisierten Ableitung und Einplanung konkreter Wartungsmaßnahmen abbildet.

Integration in die Wartungsplanung

Die auf Basis der SAP Analytics Cloud erstellten Prognosen zu bevorstehenden Ausfällen wurden direkt in die bestehende Wartungsplanung integriert. Die SAP Analytics Cloud bietet hierfür Planungsfunktionen, die nicht nur aggregierte Prognoseergebnisse visualisieren, sondern auch in Form interaktiver Dashboards die operative Ressourcenplanung unterstützen. Wartungsplaner konnten somit nicht nur Wahrscheinlichkeitswerte für Ausfälle einsehen, sondern diese Informationen in konkrete Planungsobjekte übersetzen, beispielsweise die Verfügbarkeit von Instandhaltungspersonal, Ersatzteilen und erforderlichen Werkzeugen. Dabei kam ein datengetriebener Ansatz zum Einsatz, der Planungsparameter wie voraussichtliche Ausfalldauer, betroffene Anlagenkomponenten und Prioritäten der Wartungsaufträge berücksichtigt und diese mit den vorhandenen Ressourcen in Einklang bringt.

Automatisierte Rückintegration

Die erarbeiteten Wartungspläne wurden anschließend automatisiert in das SAP-S/4HANA-PM-Modul (Plant Maintenance) zurückgespielt. Diese Rückintegration erfolgte über eine standardisierte Schnittstelle, die es ermöglicht, Planungsobjekte und Wartungsaufträge direkt aus der Cloud-Analyseumgebung in das operative ERP-System zu überführen. Technisch wurde dies über OData-Services realisiert, die eine sichere und performante Kommunikation zwischen der Plant Maintenance und dem SAP-S/4HANA-System gewährleisten. Auf diese Weise konnten auf Basis der KI-gestützten Prognosen Wartungsaufträge automatisch erzeugt, terminiert und mit den entsprechenden Ressourcen versehen werden, ohne dass ein manueller Übertragungsaufwand erforderlich war. Dies reduzierte nicht nur das Risiko menschlicher Fehler, sondern beschleunigte auch den gesamten Planungsprozess erheblich.

Das Ergebnis war ein durchgängiger digitaler Prozess, der sämtliche Wertschöpfungsstufen der Instandhaltung abdeckt: beginnend bei der kontinuierlichen Datenerfassung über IoT-Sensoren und Betriebsdatenerfassungssysteme, gefolgt von der Analyse und Prognose in der SAP Analytics Cloud bis hin zur automatisierten Erstellung und Einplanung von Wartungsaufträgen im SAP-S/4HANA-PM-Modul. Die operative Umsetzung konnte somit erheblich effizienter und proaktiver gestaltet werden, da Maßnahmen nicht mehr ausschließlich reaktiv oder auf Basis starrer Wartungsintervalle geplant werden mussten, sondern gezielt in Abhängigkeit vom tatsächlichen Anlagenzustand.

Industrie-4.0-Vorzeigebeispiel

Aus wissenschaftlicher Sicht ist diese End-to-End-Integration ein Paradebeispiel für die Digitalisierung industrieller Instandhaltungsprozesse im Rahmen von Industrie 4.0. Die Verbindung von prädiktiver Analytik mit einem transaktionalen ERP-System wie SAP S/4HANA schafft nicht nur Transparenz und Effizienz, sondern auch eine Grundlage für kontinuierliche Prozessverbesserung: Jede durchgeführte Wartung fließt wieder als neue Datenbasis in das ML-Modell zurück, wodurch sich die Prognosequalität im Zeitverlauf verbessert (Closed-Loop-Learning). Die InduTech GmbH konnte dadurch nicht nur ungeplante Stillstände signifikant reduzieren, sondern auch eine neue, datengetriebene Unternehmenskultur in der Instandhaltung etablieren.

12.4 Organisatorische Auswirkungen und Change Management

Die Einführung eines Predictive-Maintenance-Systems auf Basis der SAP Analytics Cloud ist nicht nur ein technologisches Projekt, sondern erfordert auch tiefgreifende organisatorische Veränderungen und ein strukturiertes Change Management. Während klassische Instandhaltungsstrategien überwiegend reaktiv oder präventiv ausgelegt sind – d. h., Wartungsteams greifen entweder nach einem eingetretenen Defekt ein oder führen in festen Zeitintervallen vorbeugende Maßnahmen durch –, verlagert Predictive Maintenance den Schwerpunkt auf eine proaktive, zustandsbasierte Vorgehensweise. Diese Veränderung hat unmittelbare Auswirkungen auf die Arbeitsweise, die Rollenverteilung und die Unternehmenskultur im Bereich der Instandhaltung.

Prozesswandel und Schulung

Im Fall der InduTech GmbH bedeutete dies, dass die Wartungsteams ihre bisherigen Prozesse und Routinen neu ausrichten mussten. Statt sich primär auf kurzfristige Schadensbehebungen zu konzentrieren, standen nun die Interpretation von Prognosen und die Planung vorbeugender Maßnahmen auf Basis von KI-gestützten Vorhersagen im Vordergrund. Um diese Umstellung erfolgreich zu gestalten, wurde ein umfassendes Schulungsprogramm implementiert. Die Schulungen vermittelten nicht nur den praktischen Umgang mit der SAP Analytics Cloud und den zugehörigen Analyse- und Planungsfunktionen, sondern auch grundlegende Kenntnisse der Dateninterpretation und des maschinellen Lernens. Ziel war es, die Mitarbeitenden in die Lage zu versetzen, die gelieferten Prognosen kritisch zu hinterfragen, deren Aussagekraft zu bewerten und eigenständig Handlungsempfehlungen abzuleiten. Diese Kompetenzentwicklung war entscheidend, um Akzeptanz und Vertrauen in die neue Technologie aufzubauen.

Neue Rollen

Darüber hinaus führte die Implementierung des Predictive-Maintenance-Ansatzes zur Schaffung neuer Rollen innerhalb der Instandhaltungsorganisation. Eine der zentralen neuen Positionen war die des Data Maintenance Analyst, der für die Sicherstellung der Datenqualität und die Überwachung der Modellgüte verantwortlich ist. Diese Rolle verbindet technisches Know-how in den Bereichen Datenmanagement und Analytics mit tiefem Prozesswissen über die Instandhaltung. Der Data Maintenance Analyst fungiert als Schnittstelle zwischen den Data-Science-orientierten Teams, die sich um die Weiterentwicklung der Prognosemodelle kümmern, und den operativen Instandhaltungsteams, die auf Basis der Vorhersagen handeln. Neben dieser neuen Rolle mussten auch bestehende Stellenprofile angepassst werden. Klassische Wartungsplaner übernahmen zunehmend analytische Aufgaben und arbeiteten enger mit IT- und Datenanalyseabteilungen zusammen.

Ein weiterer Aspekt des organisatorischen Wandels betraf die Kultur der Entscheidungsfindung. Wo zuvor Erfahrungswerte und Intuition der Technikerinnen dominierten, bildeten nun datengetriebene Analysen und algorithmische Vorhersagen die Grundlage. Diese Umstellung erforderte ein Change-Management-Konzept, das explizit auf die psychosozialen Aspekte der Veränderung einging. Workshops, Feedback-Runden und Pilotphasen dienten dazu, mögliche Vorbehalte frühzeitig zu adressieren und die Beteiligten aktiv in den Veränderungsprozess einzubeziehen. Durch die schrittweise Einführung, beginnend mit ausgewählten Maschinenparks und fokussierten Pilotprojekten, konnte ein kontinuierliches Lernen innerhalb der Organisation etabliert und Widerstände gegen die neue Arbeitsweise abgebaut werden.

Sozio-technisches System

Aus wissenschaftlicher Perspektive zeigt dieser Wandel, dass Predictive-Maintenance-Systeme nicht nur technologische Innovationen darstellen, sondern als sozio-technische Systeme betrachtet werden müssen, bei denen Mensch, Technologie und Organisation in einem komplexen Wirkungsgefüge stehen. Die erfolgreiche Einführung erfordert daher neben technischer Exzellenz auch ein hohes Maß an organisatorischem Feingefühl und Veränderungsmanagement. Für InduTech führte dieser Ansatz zu einer nachhaltig verbesserten Zusammenarbeit zwischen Instandhaltung, IT und Datenanalyse sowie zu einer messbaren Steigerung der Prozesseffizienz und der Anlagenverfügbarkeit.

Akzeptanz und Change Management

Ein eher organisatorisches Risiko betrifft die Akzeptanz des neuen Ansatzes. Der Übergang von reaktiven und präventiven Wartungsstrategien hin zu einer proaktiven, prognosebasierten Instandhaltung verändert etablierte Arbeitsweisen und Entscheidungsprozesse. Mitarbeitende, die bislang stark auf ihre Erfahrung und Intuition vertraut haben, müssen lernen, Vorhersagen von KI-Modellen in ihre Entscheidungsfindung einzubeziehen. Dies kann insbesondere dann auf Widerstände stoßen, wenn die Modelle als Blackbox wahrgenommen werden, deren Funktionsweise und Entscheidungslogik nicht transparent sind.

12.5 Explainable AI

Neben einem gelingenden Change Management kann auch die Erklärbarkeit des KI-Modells die Mitarbeiterakzeptanz positiv beeinflussen.

XAI in Predictive Maintenance

Predictive-Maintenance-Modelle basieren auf komplexen maschinellen Lernverfahren, deren Funktionsweise für nicht-technische Anwenderinnen und Anwender oft schwer nachvollziehbar ist. Diese fehlende Transparenz kann zu Misstrauen gegenüber den Prognosen führen und im schlimmsten Fall dazu, dass die vorgeschlagenen Handlungsempfehlungen nicht umgesetzt werden. Um diesem Problem zu begegnen, wurde im Rahmen des InduTech-Projekts gezielt auf den Einsatz von Explainable AI (XAI) gesetzt, einer Methodik, die darauf abzielt, die Entscheidungslogik von KI-Modellen für den Menschen nachvollziehbar zu machen.

XAI-Funktionalitäten in Smart Predict

In der SAP Analytics Cloud sind XAI-Funktionalitäten integraler Bestandteil des Moduls Smart Predict. Die im Projekt eingesetzten Klassifikationsmodelle, die Ausfallwahrscheinlichkeiten von Maschinenkomponenten vorhersagen, liefern nicht nur ein binäres Ergebnis (»Ausfall in den nächsten 14 Tagen: Ja/Nein«) oder eine Wahrscheinlichkeitsangabe, sondern werden zusätzlich mit Erklärbarkeitsinformationen angereichert. Diese Informationen geben Aufschluss darüber, welche Eingabevariablen den größten Einfluss auf die jeweilige Vorhersage hatten. Im Fall der Predictive-Maintenance-Modelle bei InduTech zeigte sich beispielsweise, dass bestimmte Muster von Vibrationsfrequenzen, abrupte Temperaturanstiege und erhöhte Stromverbräuche starke Prädiktoren für bevorstehende Ausfälle waren.

Technische Basis der Erklärbarkeit

Technisch basiert diese Erklärbarkeit auf Methoden zur Berechnung von Feature-Importances und partiellen Abhängigkeiten. Feature-Importances bewerten den relativen Einfluss einzelner Variablen auf den Modelloutput und werden in der SAP Analytics Cloud visuell dargestellt, etwa in Form von Balkendiagrammen, die die Einflussstärke der wichtigsten Sensordaten anzeigen. Partielle Abhängigkeitsdiagramme zeigen darüber hinaus, wie sich Änderungen einer bestimmten Eingangsvariablen – beispielsweise der mittleren Vibration eines Motors – auf die Ausfallwahrscheinlichkeit auswirken, während alle anderen Variablen konstant gehalten werden. Damit können Instandhaltungsmitarbeitende nicht nur nachvollziehen, dass ein Ausfall prognostiziert wird, sondern auch, warum diese Prognose erfolgt ist und welche Betriebsparameter dabei ausschlaggebend sind.

Operativer Nutzen von XAI

Diese Transparenz hatte unmittelbare Auswirkungen auf die Entscheidungsunterstützung im operativen Betrieb. Wartungsteams erhielten nicht nur abstrakte Wahrscheinlichkeitswerte, sondern konkrete Handlungsempfehlungen, die auf den identifizierten Einflussfaktoren basierten. Wenn das Modell beispielsweise erhöhte Vibrationen als stärksten Indikator identifizierte, konnte das Team gezielt die entsprechende Komponente überprüfen, bevor es zu einem Ausfall kam. Gleichzeitig erhöhte die Nachvollziehbarkeit der Prognosen das Vertrauen in die KI-gestützten Empfehlungen. Während in frühen Projektphasen noch Skepsis gegenüber algorithmischen Vorhersagen bestand, führte die durch XAI gewonnene Transparenz dazu, dass sich die Wartungsteams stärker auf diese Prognosen stützten und proaktive Maßnahmen schneller umsetzten.

XAI und Compliance

Aus einer wissenschaftlichen Perspektive ist der Einsatz von XAI im industriellen Umfeld auch deshalb von Bedeutung, weil viele Predictive-Maintenance-Entscheidungen sicherheitskritisch sind. Insbesondere in regulierten Branchen wie der Luft- und Raumfahrt oder der Chemieindustrie müssen Entscheidungsketten nachvollziehbar dokumentiert werden, um Compliance-Anforderungen zu erfüllen. Die von der SAP Analytics Cloud bereitgestellten XAI-Methoden liefern hierfür eine technische Basis, indem sie nicht nur Erklärungen auf Modell- oder Variablenebene geben, sondern auch die Möglichkeit bieten, diese Erklärungen zu archivieren und später für Audits oder Zertifizierungen bereitzustellen.

Insgesamt leistete XAI im Projekt InduTech einen entscheidenden Beitrag, um die Brücke zwischen hochkomplexen maschinellen Lernverfahren und den praktischen Anforderungen der Instandhaltung zu schlagen. Sie erhöhte die Akzeptanz und das Vertrauen in die Prognosen erheblich und verbesserte damit die Entscheidungsfindung im täglichen Betrieb. Das Zusammenspiel aus transparenter Modellinterpretation und operativer Handlungsempfehlung ermöglichte es, Predictive Maintenance nicht nur technologisch umzusetzen, sondern auch nachhaltig in die Organisation und ihre Prozesse zu integrieren.

12.6 Risiken und Erfolgsfaktoren

Die Einführung von Predictive-Maintenance-Systemen im industriellen Umfeld ist ein komplexer Prozess, der sowohl technologische als auch organisatorische Herausforderungen mit sich bringt. Die Erfahrung aus dem Projekt bei der InduTech GmbH zeigt, dass insbesondere zwei Risikofelder von zentraler Bedeutung sind: die Qualität der zugrunde liegenden Daten sowie die Akzeptanz der neuen, datengetriebenen Arbeitsweise durch die beteiligten Mitarbeitenden.

Um diese Risiken zu mitigieren, wurden im Projekt mehrere Erfolgsfaktoren identifiziert. Ein zentraler Erfolgsfaktor war die Einführung des Systems im Rahmen eines Pilotprojekts, das sich auf eine ausgewählte Gruppe von

Maschinen konzentrierte. Dieses Vorgehen ermöglichte es, die Technologie unter realen Bedingungen zu testen, die Datenpipelines zu stabilisieren und die ersten Anwenderinnen und Anwender schrittweise an die neue Arbeitsweise heranzuführen. Auf Basis der positiven Erfahrungen aus dem Pilotprojekt konnte das System dann schrittweise auf das gesamte Werk ausgeweitet werden, wodurch sowohl technische Kinderkrankheiten behoben als auch organisatorische Lernkurven berücksichtigt wurden.

Ein weiterer Schlüsselfaktor war der Einsatz von Explainable AI (XAI). Durch die Bereitstellung nachvollziehbarer Modellentscheidungen konnte das Vertrauen der Anwenderinnen und Anwender in die Prognosen signifikant gesteigert werden. Die Mitarbeitenden erhielten nicht nur Wahrscheinlichkeitswerte für mögliche Ausfälle, sondern auch Informationen darüber, welche Sensorwerte oder Betriebsparameter diese Vorhersage maßgeblich beeinflusst haben. Diese Transparenz half, Skepsis abzubauen und die Modelle als Hilfsmittel zu akzeptieren, das die Erfahrung der Technikerinnen und Techniker ergänzt, anstatt sie zu ersetzen.

Interdisziplinäre Zusammenarbeit

Darüber hinaus war die enge Zusammenarbeit zwischen IT-Abteilung, Instandhaltungsbereichen sowie Datenanalystinnen und -analysten ein entscheidender Erfolgsfaktor. Die IT-Abteilung stellte sicher, dass die technischen Voraussetzungen wie Datenintegration, Cloud-Sicherheit und Schnittstellen zu SAP S/4HANA und der SAP Analytics Cloud reibungslos funktionierten. Die Datenanalystinnen und -analysten wiederum waren dafür verantwortlich, die Modellgüte kontinuierlich zu überwachen und Optimierungen vorzunehmen, während die Instandhaltungsteams ihr Prozesswissen einbrachten und sicherstellten, dass die Vorhersagen im operativen Kontext umsetzbar und relevant waren. Dieses interdisziplinäre Zusammenwirken schuf nicht nur technologische Stabilität, sondern förderte auch eine gemeinsame Verantwortlichkeit für den Erfolg des Projekts.

Zusammenfassend lässt sich feststellen, dass die Risiken bei der Einführung von Predictive Maintenance vor allem in der Datenbasis und der Akzeptanz des neuen Ansatzes liegen, während die Erfolgsfaktoren auf einem schrittweisen Vorgehen, der Erklärbarkeit der Prognosen und einer engen, interdisziplinären Zusammenarbeit beruhen. Dieses Zusammenspiel war maßgeblich dafür verantwortlich, dass InduTech nicht nur die technische Lösung erfolgreich implementieren, sondern auch eine nachhaltige organisatorische Verankerung der neuen Instandhaltungsstrategie erreichen konnte.

12.7 Ergebnisse und Nutzungspotenziale

Nach einer sechsmonatigen Pilot- und Testphase konnte die InduTech GmbH klare und quantifizierbare Verbesserungen durch den Einsatz des auf der SAP Analytics Cloud basierenden Predictive-Maintenance-Systems feststellen. Die Einführung der daten- und KI-gestützten Wartungsstrategie führte zu signifikanten Optimierungen entlang der gesamten Instandhaltungskette.

Reduktion ungeplanter Stillstände um 30 Prozent

Ein wesentliches Ergebnis war die Reduktion ungeplanter Stillstände um rund 30 Prozent. Durch die frühzeitige Identifikation potenzieller Ausfälle mittels prädiktiver Analysen konnten Wartungsmaßnahmen gezielt vor Eintritt des Schadensereignisses durchgeführt werden. Dies reduzierte nicht nur Produktionsausfälle und damit verbundene Opportunitätskosten, sondern minimierte auch Folgeschäden an angrenzenden Maschinenkomponenten, die häufig durch Kettenreaktionen ausgelöst werden.

Rückgang der Ersatzteilbestände um 15 Prozent

Ein zweiter Effekt zeigte sich in der Optimierung der Ersatzteillogistik, wo ein Rückgang der Ersatzteilbestände um etwa 15 Prozent erzielt wurde. Die präziseren Vorhersagen erlaubten eine bedarfsgerechtere Bevorratung von Ersatzteilen. Anstatt Ersatzteile auf Verdacht vorzuhalten, konnte die Beschaffung auf Basis von tatsächlichen Bedarfswahrscheinlichkeiten erfolgen. Dadurch wurden Lagerhaltungskosten reduziert und die Kapitalbindung verringert, ohne dass die Ersatzteilverfügbarkeit kompromittiert wurde.

Reduktion der Wartungskosten um 20 Prozent

Auch die Wartungskosten insgesamt reduzierten sich um rund 20 Prozent, da unnötige präventive Wartungen, die zuvor rein zeitgesteuert durchgeführt wurden, deutlich zurückgefahren werden konnten. Predictive Maintenance ermöglichte es, Wartungsmaßnahmen zustandsbasiert zu priorisieren, sodass Personalressourcen effizienter eingesetzt und Stillstandzeiten während geplanter Wartungen minimiert werden konnten.

Neben diesen quantitativen Effekten gab es auch qualitative Verbesserungen, insbesondere in Bezug auf die Verfügbarkeit und Produktivität der Maschinen. Die gesteigerte Verfügbarkeit führte zu einer höheren Auslastung der Produktionsanlagen und ermöglichte eine verbesserte Produktionsplanung. Die erhöhte Produktionsleistung wiederum wirkte sich positiv auf die Liefertreue und Kundenzufriedenheit aus.

Wissenschaftlicher Nachweis

Aus wissenschaftlicher Perspektive sind diese Ergebnisse bemerkenswert, da sie die theoretischen Vorteile von Predictive Maintenance in dem beschriebenen fiktiven Anwendungsszenario empirisch bestätigen. Die erzielten Verbesserungen verdeutlichen, dass datengetriebene Instandhaltungsstrategien nicht nur theoretische Potenziale bergen, sondern messbare betriebswirtschaftliche Effekte generieren können. Darüber hinaus schafft die kontinuierliche Nutzung des Systems die Grundlage für ein sogenanntes *Closed-Loop-Learning*: Jede durchgeführte Wartung und jede neu gewonnene Sensordatenreihe fließt zurück in das Modell, verbessert dessen Prognosefähigkeit und erhöht damit langfristig den Nutzen.

12.8 Zusammenfassung

Erfolgsnachweis

Das bei der InduTech GmbH durchgeführte Projekt verdeutlicht in eindrucksvoller Weise, wie Predictive Maintenance mithilfe der SAP Analytics Cloud erfolgreich in einer industriellen Umgebung implementiert werden kann. Die Kombination aus Live-Datenintegration, automatisierten ML-Algorithmen und erklärbarer künstlicher Intelligenz (XAI) ermöglichte eine vollständig digitalisierte und proaktive Instandhaltungsstrategie, die nicht nur technologische, sondern auch organisatorische Mehrwerte geschaffen hat.

Die Ergebnisse zeigen, dass die Implementierung dieser Lösung zu einer deutlichen Erhöhung der Anlagenverfügbarkeit, signifikanten Kostensenkungen und einer nachhaltigen Effizienzsteigerung geführt hat. Insbesondere die Fähigkeit, potenzielle Ausfälle frühzeitig zu erkennen und präventive Maßnahmen gezielt einzuleiten, erwies sich als zentraler Erfolgsfaktor. Das Projekt belegt damit auch empirisch, dass datengetriebene Instandhaltungsstrategien im Rahmen von Industrie 4.0 nicht nur konzeptionell vielversprechend sind, sondern auch in der Praxis substanzielle Wettbewerbsvorteile generieren können.

Darüber hinaus verdeutlichte die Initiative die Bedeutung organisatorischer und kultureller Anpassungen. Erst die Kombination aus technologischer Innovation und gezieltem Change Management – einschließlich der Schulung von Mitarbeitenden, der Schaffung neuer Rollen wie dem Data Maintenance Analyst und der Etablierung datengetriebener Entscheidungsprozesse – machte den nachhaltigen Erfolg des Projekts möglich.

Zukunftsausblick

Für die Zukunft ist geplant, das bestehende Modell sukzessive um zusätzliche Datenquellen zu erweitern. Dazu gehören externe Informationen wie Lieferantendaten, die eine frühzeitige Identifikation potenzieller Engpässe in der Ersatzteilversorgung ermöglichen, sowie Wetterprognosen für Außengeräte, deren Betriebszustand stark von klimatischen Bedingungen abhängt. Die Integration dieser zusätzlichen Daten wird nicht nur die Genauigkeit der Vorhersagen weiter erhöhen, sondern auch die Bandbreite der prädiktiven Analysen erweitern, sodass künftig noch differenziertere und robustere Wartungsstrategien realisiert werden können.

Langfristig eröffnen sich durch diese Weiterentwicklung neue Perspektiven, etwa die Kopplung von Predictive Maintenance mit automatisierten Ersatzteilbestellungen, dynamischen Wartungsverträgen und selbstlernenden Optimierungsmodellen, die nicht nur den Zustand einzelner Anlagen, sondern ganze Produktionslinien und Lieferketten berücksichtigen. Damit wird deutlich, dass Predictive Maintenance in Verbindung mit der SAP Analytics Cloud weit über eine reine Wartungslösung hinausgeht und einen entscheidenden Beitrag zur Realisierung der Smart Factory und der Vision einer vollständig digitalisierten, resilienten und autonomen Industrieproduktion leisten kann.

TEIL III

Überlegungen vor dem Start Ihres KI-Projekts

Kapitel 13
Umsetzungsstrategie für KI mit SAP

Sie stehen am Anfang Ihrer KI-Reise mit SAP – und damit vor einer der spannendsten Transformationsaufgaben unserer Zeit.

KI verspricht Effizienzsprünge, bessere Entscheidungen und ganz neue Geschäftsmodelle. Doch wie gelingt der Sprung von der Vision zur konkreten Umsetzung? Wie schaffen Sie es, aus den vielen Möglichkeiten die richtigen KI-Initiativen für Ihr Unternehmen auszuwählen, strukturiert anzugehen und nachhaltig erfolgreich zu machen?

In diesem Kapitel erfahren Sie, wie Sie Ihr eigenes KI-Projekt im SAP-Umfeld von Anfang an richtig aufsetzen: von der präzisen Zieldefinition über die Priorisierung der besten Anwendungsfälle bis zur Wahl der passenden Technologien und dem Aufbau eines starken, interdisziplinären Teams. Sie lernen, welche Fallstricke es zu vermeiden gilt und wie Sie typische Herausforderungen – von Datenqualität über Akzeptanz bis Governance – meistern. Schritt für Schritt begleiten wir Sie durch den gesamten Lebenszyklus eines KI-Projekts – praxisnah, erprobt und mit direktem Bezug zur SAP-Welt. Wir beginnen mit den grundlegenden Schritten zur Projektvorbereitung und der Definition klarer Geschäftsziele, erläutern die erforderlichen Voraussetzungen und stellen bewährte Implementierungsmethoden vor.

Machen Sie Ihr Unternehmen fit für die KI-Ära – mit einer klaren Umsetzungsstrategie, die auf nachhaltigen Geschäftserfolg und Zukunftsfähigkeit ausgerichtet ist!

Wir starten in Abschnitt 13.1, »Wie starte ich ein KI-Projekt?«, mit den entscheidenden Vorbereitungen: von der klaren Zieldefinition und der Auswahl geeigneter Anwendungsfälle bis zur Priorisierung und Prozessanalyse. Anschließend beleuchten wir die zentralen Voraussetzungen in den Bereichen Daten, Technologien und Teamstruktur.

Abschnitt 13.2, »Best Practices für die Implementierung«, widmet sich bewährten Vorgehensmodellen für die Implementierung: Sie erfahren, wie Sie Proof of Concepts, Pilotphasen und Skalierung effektiv gestalten, MLOps-Praktiken etablieren und KI-Lösungen optimal in Ihre SAP-Landschaft integrieren. Auch Schulung und Akzeptanzförderung sowie die Erfolgsmessung von KI-Projekten werden praxisnah erläutert.

In Abschnitt 13.3, »Typische Fehler und wie man sie vermeidet«, analysieren wir typische Fehlerquellen und Fallstricke – von fehlender Zielanbindung über schlechte Datenqualität bis hin zu Governance- und Sicherheitsrisiken – und geben Ihnen konkrete Empfehlungen zur Vermeidung.

Mit diesem strukturierten Leitfaden sind Sie bestens gerüstet, um KI-Initiativen im SAP-Umfeld gezielt, erfolgreich und nachhaltig umzusetzen.

13.1 Wie starte ich ein KI-Projekt?

KI-Projekte unterscheiden sich von traditionellen IT-Projekten und erfordern besondere Aufmerksamkeit bei der Planung und Vorbereitung. Dieser Abschnitt bietet Ihnen einen Leitfaden für die ersten Schritte auf dem Weg zu einer erfolgreichen KI-Implementation im SAP-Umfeld.

13.1.1 Projektvorbereitung und Zieldefinition

Geschäftsziele definieren

Der Ausgangspunkt jedes KI-Projekts sollte eine klare Definition der angestrebten Geschäftsziele sein. Diese können Kostenreduktion, Umsatzsteigerung, Prozessoptimierung, bessere Kundenbindung oder Innovationsförderung umfassen. Ein reines Innovationsprojekt ohne klaren Business Case birgt das Risiko, nach ersten Testphasen zu versanden. Daher ist es entscheidend, von Beginn an eine klare Verbindung zwischen der KI-Anwendung und den strategischen Unternehmenszielen herzustellen. Dies sichert nicht nur Management-Buy-in, sondern auch eine nachhaltige Integration der KI-Technologie.

Die Definition der Geschäftsziele sollte sowohl kurzfristige Erfolge (Quick Wins) als auch langfristige Transformationsziele berücksichtigen. Zu den maßgeblichen Vorgehensweisen bei der Definition strategischer Ziele zählen die SMART-Methode, das OKR-Framework und die Balanced-Scorecard-Methodik.

SMART-Methode

Die *SMART-Methode* ist ein bewährter Ansatz zur Formulierung von präzisen und nachvollziehbaren Zielen. SMART steht für:

- **Spezifisch**: Ziele müssen konkret und eindeutig formuliert sein, nicht vage oder allgemein.
- **Messbar**: Es muss quantifizierbare Kriterien geben, anhand derer der Fortschritt und die Zielerreichung überprüft werden können.

- **Attraktiv** (oder Akzeptiert): Ziele sollten motivierend und von allen Beteiligten akzeptiert sein.
- **Realistisch**: Ziele müssen mit den verfügbaren Ressourcen und im gegebenen Zeitraum erreichbar sein.
- **Terminiert**: Es muss einen klaren Zeitrahmen für die Zielerreichung geben.

Um Ihnen den Unterschied zwischen einer vagen Zielformulierung und einer Zielformulierung nach der SMART-Methode zu verdeutlichen, geben wir Ihnen ein Beispiel.

[zB]

Beispiel für ein SMART-Ziel im KI-Kontext

- **Vage Formulierung**: »Wir wollen mit KI unseren Kundenservice verbessern.«
- **SMART-Formulierung**: »Wir werden bis zum 30. September 2025 einen KI-gestützten Chatbot implementieren, der 40 Prozent der Standardanfragen im Kundenservice automatisch bearbeitet, wodurch die durchschnittliche Bearbeitungszeit pro Anfrage von derzeit 12 Minuten auf 7 Minuten reduziert wird und die Kundenzufriedenheit (gemessen durch den NPS-Score) um mindestens 15 Prozentpunkte steigt.«

OKR-Framework

OKR (Objectives and Key Results) ist ein kollaboratives Zielsetzungs-Framework, das besonders in agilen Unternehmensumgebungen Anwendung findet. Das Framework gliedert sich in:

- **Objectives (O)**: qualitative, inspirierende und motivierende Ziele, die eine klare Richtung vorgeben
- **Key Results (KR)**: quantitative, messbare Ergebnisse, die den Fortschritt beim Erreichen der Objectives anzeigen

OKRs werden typischerweise quartalsweise definiert und bieten durch ihre Transparenz und regelmäßige Überprüfung eine hohe Anpassungsfähigkeit. Im Gegensatz zu SMART-Zielen sind OKRs bewusst ambitioniert angelegt; eine Zielerreichung von 60 bis 70 Prozent gilt bereits als Erfolg.

Im KI-Kontext könnte ein OKR beispielsweise lauten:

- **Objective:** Revolutionierung unseres Kundenbetreuungsprozesses durch KI-Integration
- **Key Results**:
  - Implementierung eines KI-Chatbots, der 50 Prozent aller Kundenanfragen ohne menschliche Intervention bearbeitet

  - Reduktion der durchschnittlichen Reaktionszeit auf Kundenanfragen von 24 auf 4 Stunden
  - Steigerung der Kundenzufriedenheit um 20 Prozentpunkte (gemessen durch CSAT-Score)

Balanced Scorecard

Die *Balanced Scorecard (BSC)* ist ein strategisches Managementsystem, das finanzielle Kennzahlen mit nicht-finanziellen Kennzahlen verbindet und so eine ausgewogene (balanced) Betrachtung der Unternehmensleistung ermöglicht. Die BSC betrachtet ein Unternehmen aus vier Perspektiven:

- **Finanzperspektive**: Wie sehen uns unsere Anteilseigner? (Kennzahlen: ROI, Umsatz, Gewinn)
- **Kundenperspektive**: Wie sehen uns unsere Kunden? (Kennzahlen: Kundenzufriedenheit, Marktanteil)
- **Interne Prozesse**: In welchen Prozessen müssen wir exzellent sein? (Kennzahlen: Prozesseffizienz, Qualität)
- **Lernen und Entwicklung**: Wie können wir uns verbessern? (Kennzahlen: Mitarbeiterzufriedenheit, Innovationskraft)

Für KI-Projekte bietet die BSC einen umfassenden Rahmen, um die Auswirkungen der KI-Implementierung auf verschiedene Unternehmensbereiche zu erfassen und zu steuern. Sie stellt sicher, dass technologische Innovationen nicht isoliert betrachtet werden, sondern in Einklang mit der Gesamtstrategie des Unternehmens stehen.

Die BSC hilft dabei, KI-Projekte nicht nur nach ihrem technologischen Erfolg, sondern auch nach ihrem Beitrag zu finanziellen Ergebnissen, Kundenzufriedenheit, Prozessoptimierung und organisationalem Lernen zu bewerten.

Integration in die KI-Strategie

Die Wahl der geeigneten Methodik zur Zieldefinition hängt von der Unternehmenskultur, der Komplexität des KI-Projekts und dem gewünschten Grad an Agilität ab. Unabhängig von der gewählten Methode ist es entscheidend, dass die definierten Ziele:

- direkt mit der Unternehmensstrategie verknüpft sind,
- von allen relevanten Stakeholdern getragen werden,
- regelmäßig überprüft und bei Bedarf angepasst werden und
- sowohl technologische als auch geschäftliche Aspekte berücksichtigen.

Eine solide Zieldefinition bildet das Fundament für die nachfolgende Operationalisierung und Erfolgsmessung des KI-Projekts und erhöht maßgeblich die Wahrscheinlichkeit einer erfolgreichen Implementierung und nachhaltigen Wertschöpfung.

Anforderungen priorisieren

In vielen Unternehmen existieren zahlreiche potenzielle Anwendungsfälle für KI. Eine strukturierte Priorisierung hilft, die vielversprechendsten *Use Cases* zu identifizieren.

Bei der Bewertung sollten mehrere Kriterien berücksichtigt werden:

- **Business Value**: Quantifizierung der finanziellen oder operativen Vorteile
- **Technische Machbarkeit**: Bewertung der Umsetzbarkeit mit vorhandenen Ressourcen
- **Organisatorische Machbarkeit**: Einschätzung der Veränderungsbereitschaft
- **Datenverfügbarkeit**: Evaluation der benötigten Datengrundlage

Im SAP-Kontext ist zudem die Integration in die bestehende Prozesslandschaft ein wichtiges Kriterium. KI-Projekte, die unmittelbar an kritische SAP-Geschäftsprozesse anknüpfen, bieten oft den größten Mehrwert.

Prozessanalyse: Eignung für KI-Unterstützung

Nicht jeder Geschäftsprozess eignet sich gleichermaßen für den Einsatz von KI. Eine systematische Prozessanalyse ist entscheidend, um geeignete Anwendungsfälle zu identifizieren und die Erfolgswahrscheinlichkeit von KI-Implementierungen zu maximieren. Die folgenden Prozesscharakteristika sind entscheidend für eine erfolgreiche KI-Anwendung:

- **Standardisierungsgrad**: Hochstandardisierte Prozesse mit klaren Regeln und definierten Eingaben/Ausgaben eignen sich besonders gut für KI-Unterstützung.
- **Datenintensität**: Prozesse, die große Datenmengen verarbeiten oder erzeugen, bieten eine solide Grundlage für KI-Modelle, die aus historischen Mustern lernen können.
- **Wiederholungsfrequenz**: Häufig wiederkehrende Prozesse erzeugen ausreichend Trainingsdaten und rechtfertigen den Implementierungsaufwand durch höhere Skaleneffekte.
- **Entscheidungskomplexität**: Prozesse mit mittlerer Komplexität – wo Entscheidungen auf erkennbaren Mustern basieren, aber für Menschen zeitaufwendig sind – bieten optimales KI-Potenzial.
- **Fehleranfälligkeit**: Prozesse mit hoher menschlicher Fehlerquote können durch KI-Unterstützung erheblich verbessert werden, insbesondere bei Müdigkeits- oder Aufmerksamkeitsfehlern.
- **Transparenzanforderungen**: Die Nachvollziehbarkeit von Entscheidungen muss berücksichtigt werden – regulierte Bereiche erfordern oft erklärbare KI-Modelle.

- **Geschwindigkeit und Zeitkritikalität**: Prozesse, bei denen schnelle Reaktionszeiten kritisch sind, können besonders von KI-Automatisierung profitieren.
- **Strukturierungsgrad der Eingabedaten**: Je strukturierter die Eingabedaten, desto einfacher ist die KI-Implementierung; unstrukturierte Daten erfordern komplexere Modelle.

Prozessanalyse-Methodik

Die systematische Prüfung von Geschäftsprozessen auf KI-Eignung erfolgt idealerweise in mehreren Schritten (siehe Abbildung 13.1):

1. **Prozess identifizieren**: Zunächst wird der zu betrachtende Geschäftsprozess benannt.
2. **Prozessdefinition prüfen**: Ist der Prozess noch nicht eindeutig beschrieben, sollte er zunächst genauer definiert werden.
3. **Datenbasis bewerten**: Es wird geprüft, ob der Prozess mit Daten arbeitet. Prozesse ohne Daten besitzen nur ein geringes KI-Potenzial.
4. **Mustererkennung**: Anschließend wird untersucht, ob im Prozess wiederkehrende Muster erkennbar sind. Fehlen solche Muster, ist der Einsatz von KI wenig erfolgversprechend.
5. **Aufgabentyp bestimmen**: Liegen ausreichend Daten und Muster vor, wird festgelegt, welche Art von Aufgabe die KI übernehmen soll – etwa das Verstehen oder Erstellen von Texten, das Erkennen oder Generieren von Bildern, die Analyse oder Vorhersage von Daten oder die Unterstützung bei Entscheidungen. Diese Aufgabenbereiche weisen in der Regel ein hohes KI-Potenzial auf.

Definition von Data Products

In KI-Projekten sind hochwertige, klar definierte und einfach nutzbare Daten essenziell – sie bilden das Fundament jeder erfolgreichen Anwendung. *Data Products* sind formalisierte, wiederverwendbare Datenkomponenten mit klar definierten Schnittstellen, Qualitätsstandards und Verwendungszwecken. Sie bestehen typischerweise aus:

- **Strukturierten Datensätzen**: Aufbereitete, bereinigte und angereicherte Datensammlungen
- **Analytischen Modellen**: Statistische Modelle, ML-Algorithmen oder KI-Komponenten
- **Metadaten**: Umfassende Dokumentation zur Herkunft, Qualität und zum Anwendungsbereich
- **Schnittstellen**: Standardisierte Zugriffsmethoden, die eine einfache Integration ermöglichen

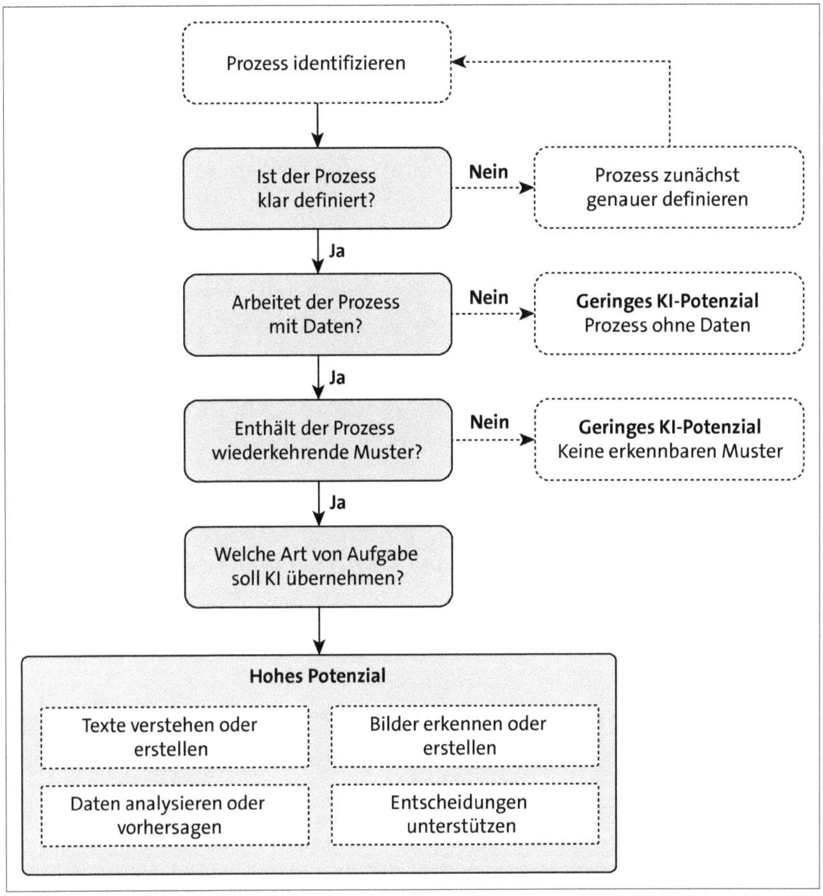

Abbildung 13.1 Entscheidungshilfe: Eignet sich ein Prozess für eine Optimierung durch KI?

Data Products schaffen genau die Grundlage, indem sie Daten strukturiert, dokumentiert und wiederverwendbar bereitstellen. Sie ermöglichen es, KI-Modelle schneller zu entwickeln, konsistenter zu betreiben und nahtlos in Geschäftsprozesse zu integrieren. Damit werden Data Products zum Schlüssel für Skalierbarkeit, Effizienz und nachhaltigen Erfolg in datengetriebenen KI-Initiativen – gerade im SAP-Umfeld.

Data Products sind also ein strategischer Ansatz, der Daten nicht nur als Nebenprodukt von Geschäftsprozessen betrachtet, sondern als eigenständige, wertschöpfende Assets, die systematisch entwickelt, gepflegt und genutzt werden können. Diese wiederverwendbaren Daten- und KI-Bausteine können flexibel in verschiedenen Geschäftsprozessen eingesetzt werden und bilden die Grundlage für eine datengetriebene Unternehmenstransformation.

Was sind Data Products?

Im Gegensatz zu traditionellen Datensilos zeichnen sich Data Products durch ihre Modularität, Wiederverwendbarkeit und klare Zweckbestimmung aus. Sie wandeln Rohdaten in anwendungsbereite Informationsressourcen um, die unmittelbar Geschäftswert generieren können.

Die Entwicklung effektiver Data Products folgt einem strukturierten Prozess (siehe Abbildung 13.2):

1. **Identifikation und Definition**
   Der erste Schritt ist die Identifikation potenzieller Data Products basierend auf Geschäftsanforderungen und verfügbaren Datenquellen. Für jedes Data Product sollten folgende Aspekte definiert werden:
   - **Zweck und Wertversprechen**: Welches Geschäftsproblem löst das Data Product?
   - **Zielgruppe**: Wer sind die primären Nutzerinnen und Nutzer und welche Anwendungsfälle adressieren sie?
   - **Datenquellen**: Welche internen und externen Daten werden benötigt?
   - **Ergebnisformate**: Welche Outputs liefert das Data Product (Prognosen, Klassifikationen, Visualisierungen)?
2. **Architektur und Design**
   Anschließend erfolgt das konzeptionelle und technische Design, das folgende Elemente umfasst:
   - **Datenmodell**: Definition der Datenstrukturen und -beziehungen
   - **Verarbeitungslogik**: Algorithmen und Transformationsschritte
   - **Schnittstellen**: API-Spezifikationen für Datenzugriff und -nutzung
   - **Qualitätsmetriken**: Definition von Qualitätsstandards und KPIs
3. **Entwicklung und Implementierung**
   Die technische Umsetzung umfasst:
   - **Datenaufbereitung**: Extraktion, Transformation und Bereinigung der Quelldaten
   - **Modellentwicklung**: Implementierung analytischer Modelle oder KI-Komponenten
   - **Schnittstellenentwicklung**: Bereitstellung standardisierter APIs
   - **Dokumentation**: umfassende Beschreibung aller Komponenten und ihrer Verwendung

4. **Operationalisierung und Governance**
   Ein effektives Data Product muss kontinuierlich gepflegt und überwacht werden:
   - **Monitoring**: Überwachung der Nutzung, Leistung und Datenqualität
   - **Versionierung**: systematische Weiterentwicklung und Änderungsverfolgung
   - **Zugriffsverwaltung**: Kontrolle der Berechtigungen und Compliance-Sicherstellung
   - **Feedback-Schleife**: systematische Erfassung und Umsetzung von Nutzer-Feedback

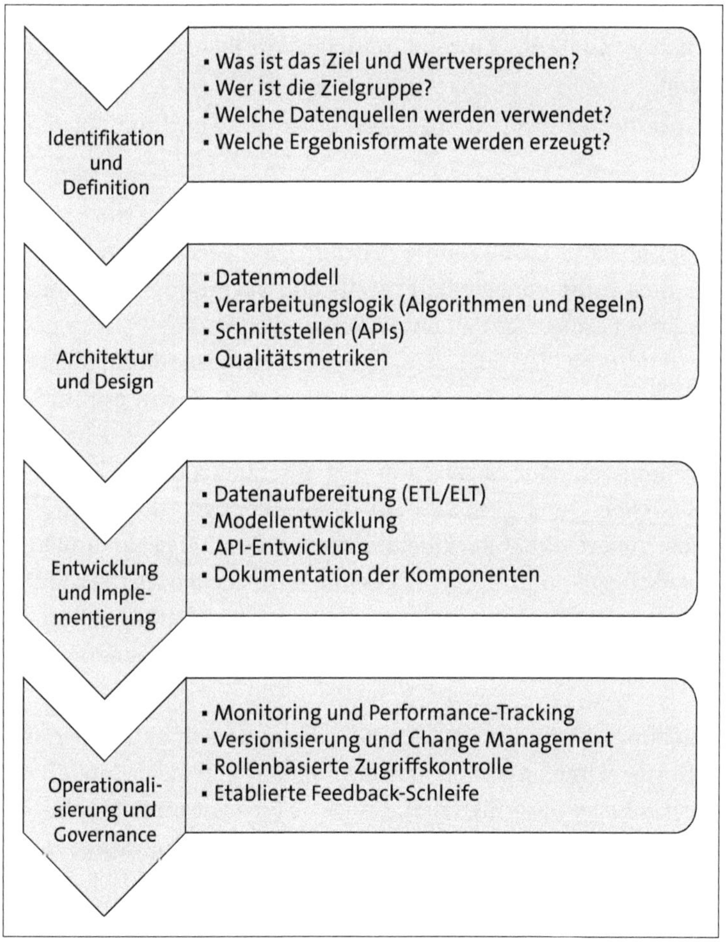

Abbildung 13.2 Phasenmodell zur Erstellung von Data Products

Erforderliche Metadaten

Für Data Products sind die folgenden Metadaten erforderlich:

- **Allgemeine Informationen**: Name, Version, Beschreibung, Erstellungsdatum, Verantwortliche
- **Datenherkunft (Data Lineage)**: Quellen, Transformationsschritte, Abhängigkeiten
- **Qualitätsparameter**: Vollständigkeit, Aktualität, Genauigkeit, Konsistenz
- **Nutzungsbedingungen**: Zugriffsrechte, Datenschutzhinweise, Compliance-Anforderungen
- **Technische Spezifikationen**: Datenformate, Volumen, Aktualisierungsfrequenz
- **Geschäftlicher Kontext**: Anwendungsfälle, Wertbeitrag, strategische Einordnung
- **Performance-Indikatoren**: Kennzahlen zur Nutzung und zum Business Impact

Praktische Arbeit mit Data Products

Die Arbeit mit Data Products erfolgt in der Regel über einen Data Catalog oder eine spezialisierte Data-Product-Plattform, die zentrale Funktionen für ein effizientes Datenmanagement bereitstellt. Nutzerinnen und Nutzer können hier Data Products gezielt entdecken und explorieren – etwa nach Themen, Anwendungsfällen oder spezifischen Datentypen filtern. Über die bereitgestellten Metadaten, Qualitätsmerkmale und Nutzungshinweise lässt sich schnell die Eignung für den eigenen Zweck bewerten. Die Integration in Anwendungen oder Analysen erfolgt anschließend über klar definierte Schnittstellen. Durch Feedback-Funktionen können Anwenderinnen und Anwender zudem direkt Rückmeldungen zur Qualität geben und Verbesserungsvorschläge einbringen. Insgesamt ermöglichen Data-Product-Plattformen einen Self-Service-orientierten Zugriff auf Datenressourcen, fördern die Wiederverwendbarkeit und stärken die Zusammenarbeit im Unternehmen.

SAP-Integration von Data Products

In SAP-Umgebungen können Data Products besonders effektiv über etablierte Plattformen implementiert werden. Die SAP Business Data Cloud dient dabei als zentrale Basis für datengesteuerte Prozesse und die nahtlose Integration von KI. *SAP AI Core* bietet eine spezialisierte Umgebung für die Entwicklung, das Training und den produktiven Betrieb von KI-Modellen. Ergänzend stellt die SAP BTP die technologische Infrastruktur bereit, um Data Products flexibel in bestehende Geschäftsanwendungen zu integrieren und so einen echten Mehrwert aus Daten zu schaffen.

Diese Plattformen bieten integrierte Werkzeuge für die Entwicklung, Verwaltung und Nutzung von Data Products im SAP-Kontext. Die nahtlose Einbettung in die bestehende SAP-Systemlandschaft ermöglicht eine schnelle Wertschöpfung und reduziert den Integrationsaufwand.

Strategischer Mehrwert von Data Products

Der Data-Product-Ansatz transformiert die Nutzung von Daten im Unternehmen grundlegend – weg von punktuellen, projektbasierten Lösungen hin zu einer strategischen Ressource mit nachhaltigem Wert. Durch die Wiederverwendung standardisierter Data Products lassen sich datengetriebene Anwendungen deutlich schneller entwickeln und Innovationen beschleunigen. Gleichzeitig sorgt der Ansatz für eine konsistente Datennutzung, da alle Beteiligten auf eine einheitliche Single Source of Truth zugreifen können. Data Products ermöglichen darüber hinaus eine effiziente Skalierung von Daten- und KI-Lösungen über Abteilungsgrenzen hinweg und verbessern Governance sowie Compliance durch klar definierte Qualitäts- und Zugriffsstandards. Nicht zuletzt unterstützt der Ansatz auch den kulturellen Wandel hin zu datengetriebenem Arbeiten, indem er den Zugang zu hochwertigen, nutzerorientierten Datenangeboten vereinfacht.

Durch die systematische Entwicklung eines Portfolios von Data Products können Unternehmen ihre Datenbestände in strategische Assets transformieren, die kontinuierlich Geschäftswert generieren und die digitale Transformation nachhaltig unterstützen.

Besonderheiten von KI-Projekten beachten

KI-Projekte unterscheiden sich in mehreren Aspekten von klassischen IT-Projekten. Eine der größten Herausforderungen ist ihr experimenteller Charakter. Während bei klassischen Softwareprojekten Anforderungen und Ziele meist klar definierbar sind, unterliegen KI-Projekte oft Unsicherheiten hinsichtlich der erreichbaren Leistung.

Daher empfiehlt sich ein flexibler Umgang mit Zielvorgaben, statt auf starre Anforderungen zu setzen. Ein iteratives Vorgehen mit frühzeitigen Tests von Prototypen ermöglicht es, Erkenntnisse schnell in die Weiterentwicklung einfließen zu lassen. Gleichzeitig sollte der Fokus auf der Erklärbarkeit der eingesetzten KI-Modelle liegen, um Transparenz und Vertrauen zu schaffen. Ebenso entscheidend ist die frühzeitige Einbindung aller relevanten Stakeholder, um Akzeptanz zu fördern und fachliches Know-how von Beginn an zu integrieren.

13.1.2 Voraussetzungen: Daten, Technologien, Teams

Daten als Grundlage für KI

Die Qualität und Verfügbarkeit von Daten ist der wichtigste Baustein für den Erfolg Ihres KI-Projekts. Ohne valide und umfangreiche Datenbasis können Sie weder aussagekräftige Modelle trainieren noch belastbare Entscheidungen ableiten.

Datenquellen identifizieren und integrieren

KI-Modelle benötigen Zugriff auf strukturierte und unstrukturierte Daten aus unterschiedlichen Unternehmensbereichen. Im SAP-Umfeld spielen hierbei insbesondere ERP-Daten aus SAP S/4HANA, Informationen aus SAP BW/4HANA oder IoT-Daten eine zentrale Rolle. Die Integration dieser Datenquellen erfordert eine durchdachte Architektur. SAP bietet mit der SAP BTP eine leistungsfähige Integrationsplattform, die es ermöglicht, Daten aus verschiedenen SAP- und Non-SAP-Systemen zusammenzuführen.

Datenqualität sicherstellen

Die besten Algorithmen liefern keine verlässlichen Ergebnisse, wenn die zugrunde liegenden Daten fehlerhaft oder unvollständig sind. Eine Datenqualitätsprüfung sollte Aspekte wie Vollständigkeit, Aktualität, Konsistenz und Plausibilität der Daten bewerten. Automatisierte Qualitätsprüfungen und ein klares Data-Governance-Konzept tragen zu einer dauerhaft hohen Datenqualität bei. SAP bietet hierzu in der SAP Business Data Cloud Funktionen und Tools für das Monitoring und die Verbesserung der Datenqualität.

Neben der Datenbasis benötigt ein KI-Projekt eine leistungsfähige IT-Infrastruktur, die sowohl die Verarbeitung großer Datenmengen als auch den Einsatz moderner ML-Technologien unterstützt.

SAP-Technologie-Stack für KI

SAP bietet verschiedene Lösungen für die Entwicklung und den Betrieb von KI-Anwendungen (siehe auch Kapitel 2, »Der KI-Baukasten von SAP: Ein Überblick über die SAP-Produktlandschaft«):

- SAP AI Core und SAP AI Launchpad: cloudbasierte Umgebung für KI-Entwicklung
- Generative AI Hub: Funktionen für generative KI-Modelle und LLMs
- SAP Business Data Cloud: zentrale Plattform für Datenintegration und -management

Die Auswahl der geeigneten Technologien sollte sich an den spezifischen Anforderungen des Anwendungsfalls orientieren und die Integration in die bestehende SAP-Landschaft berücksichtigen.

Sicherheit und Compliance

Der Einsatz von KI im SAP-Umfeld muss konform mit unternehmensinternen Sicherheitsrichtlinien und externen regulatorischen Vorgaben erfolgen. Besondere Aufmerksamkeit erfordert der Umgang mit personenbezogenen Daten und die Einhaltung des EU AI Acts.

Teamaufstellung und Ressourcen

Die erfolgreiche Umsetzung eines KI-Projekts erfordert interdisziplinäre Teams, die sowohl technisches als auch fachliches Know-how vereinen. Ein optimales KI-Projektteam setzt sich interdisziplinär zusammen, um sowohl technische als auch fachliche Anforderungen erfolgreich abzudecken. Data

Scientists entwickeln die KI-Modelle und sorgen für deren Leistungsfähigkeit. Data Engineers sind für die Integration, Aufbereitung und Bereitstellung der benötigten Daten verantwortlich. Solution Architects stellen sicher, dass die Lösungen reibungslos in die bestehende SAP-Landschaft eingebettet werden. Business-Stakeholder bringen die geschäftliche Perspektive ein und stellen sicher, dass die entwickelten Lösungen echten Mehrwert liefern. Für eine erfolgreiche Umsetzung der Veränderungen im Unternehmen sind zudem Change-Management-Experten unerlässlich. Ergänzt wird das Team durch Spezialisten für Ethik und Compliance, die sicherstellen, dass alle regulatorischen und ethischen Anforderungen erfüllt werden.

Die Zusammensetzung sollte an die Komplexität des Projekts angepasst werden. Für einfache Anwendungen genügt oft ein kleineres Team, während komplexe Projekte spezialisierte Rollen erfordern.

Zusammenarbeit zwischen IT und Business

KI-Projekte sollten nicht isoliert in der IT-Abteilung entwickelt werden, sondern eng mit den Fachbereichen abgestimmt sein. Cross-Functional Teams, in denen IT- und Fachexperten gemeinsam arbeiten, haben sich in vielen Unternehmen bewährt. Ein wichtiger Erfolgsfaktor ist zudem die frühzeitige Definition von gemeinsamen Erfolgskriterien, die sowohl technische als auch geschäftliche Metriken umfassen.

Schulung und Enablement

Da viele Unternehmen noch wenig Erfahrung mit KI-Technologien haben, sind frühzeitige Schulungsmaßnahmen essenziell. Diese sollten auf die spezifischen Anforderungen der verschiedenen Rollen abgestimmt sein und sowohl technisches als auch betriebswirtschaftliches Know-how vermitteln. Neben klassischen Schulungsformaten haben sich auch praxisorientierte Ansätze wie Learning by Doing oder Mentoring-Programme bewährt.

13.1.3 Strategische Aspekte der KI-Implementierung

KI-Strategie im Unternehmen

Eine nachhaltige KI-Implementierung erfordert mehr als einzelne, isolierte Projekte. Idealerweise ist sie Teil einer übergreifenden KI-Strategie, die mit den langfristigen Unternehmenszielen in Einklang steht.

Eine durchdachte KI-Strategie beantwortet grundlegende Fragen:

- Welche strategischen Unternehmensziele sollen durch KI unterstützt werden?
- In welchen Geschäftsbereichen bietet KI das größte Transformationspotenzial?
- Wie erfolgen Priorisierung und Koordination verschiedener KI-Initiativen?

- Welche Fähigkeiten und Ressourcen müssen langfristig aufgebaut werden?
- Wie werden der Wissenstransfer und die Skalierung erfolgreicher Ansätze sichergestellt?

Die Integration der KI-Strategie in die digitale Transformationsstrategie des Unternehmens ist entscheidend. KI sollte nicht als isolierte Technologieinitiative betrachtet werden, sondern als elementarer Bestandteil der digitalen Evolution des Unternehmens.

Besonders im SAP-Kontext ist es wichtig, die KI-Strategie mit der SAP-Roadmap abzustimmen. Unternehmen, die beispielsweise eine Migration zu SAP S/4HANA planen, können KI-Initiativen gezielt mit diesem Transformationsprozess verzahnen und Synergien nutzen.

Die Etablierung eines KI Center of Excellence (CoE) kann die Umsetzung der Strategie unterstützen. Ein solches Kompetenzzentrum bündelt Wissen, koordiniert Aktivitäten und fördert die unternehmensweite Verbreitung von Best Practices. Es dient als Brücke zwischen IT und Fachbereichen und unterstützt bei der strategischen Ausrichtung und Priorisierung von KI-Initiativen.

KI-Ethik und Governance

Mit der zunehmenden Verbreitung von KI-Technologien wächst auch die Bedeutung ethischer und regulatorischer Aspekte. Eine verantwortungsvolle KI-Nutzung erfordert klare Governance-Strukturen und ethische Leitlinien.

Zentrale ethische Prinzipien für KI-Anwendungen umfassen:

- **Fairness und Nichtdiskriminierung**: KI-Systeme sollten alle Nutzerinnen und Nutzer fair behandeln und keine systematischen Benachteiligungen erzeugen.
- **Transparenz und Erklärbarkeit**: Die Funktionsweise und Entscheidungsfindung sollten nachvollziehbar sein.
- **Privacy und Datenschutz**: Personenbezogene Daten müssen angemessen geschützt werden.
- **Sicherheit und Robustheit**: KI-Systeme sollten zuverlässig und widerstandsfähig gegen Manipulationen sein.
- **Menschliche Aufsicht**: Kritische Entscheidungen sollten unter menschlicher Kontrolle bleiben.

Eine effektive KI-Governance-Struktur basiert auf klar definierten Verantwortlichkeiten für die Entwicklung und den Betrieb von KI-Anwendungen. Sie umfasst verbindliche Richtlinien für die ethische Entwicklung und Nutzung von KI, um Transparenz und Vertrauen zu gewährleisten. Ein zentrales Element ist zudem die kontinuierliche Risikobewertung und Kategorisierung der verschiedenen KI-Anwendungen im Unternehmen. Ergänzend dazu sind Prozesse zur regelmäßigen Überprüfung und Auditierung der eingesetzten KI-Systeme erforderlich, um deren Zuverlässigkeit und Regelkonformität sicherzustellen. Schließlich sorgen Mechanismen zur kontinuierlichen Überwachung und Bewertung dafür, dass KI-Anwendungen dauerhaft sicher und wirkungsvoll betrieben werden können.

Im SAP-Kontext ist besonders die Konformität mit regulatorischen Anforderungen wie dem EU AI Act relevant. Dieser kategorisiert KI-Anwendungen nach Risikostufen und definiert entsprechende Anforderungen. SAP bietet Tools und Frameworks, die Unternehmen bei der Einhaltung dieser Vorgaben unterstützen können.

Die Integration ethischer Prinzipien sollte bereits in der Konzeptionsphase beginnen und den gesamten Lebenszyklus der KI-Anwendung begleiten. Ein proaktiver Ansatz zur KI-Ethik kann nicht nur regulatorische Risiken minimieren, sondern auch das Vertrauen der Nutzerinnen und Nutzer stärken und die Akzeptanz fördern.

Umgang mit Stakeholder-Erwartungen

KI-Projekte sind häufig mit hohen, teilweise unrealistischen Erwartungen verbunden. Ein professionelles Erwartungsmanagement ist daher ein kritischer Erfolgsfaktor. Im Erwartungsmanagement von KI-Projekten treten häufig verschiedene Herausforderungen auf. Oft werden die technischen Möglichkeiten durch mediale Berichterstattung überschätzt, während der notwendige Aufwand für Datenaufbereitung und Integration unterschätzt wird. Hinzu kommt, dass der experimentelle Charakter von KI-Projekten sowie die Bedeutung des geschäftlichen Mehrwerts gegenüber rein technologischen Aspekten vielfach nicht ausreichend verstanden werden. Auch mangelnde Geduld hinsichtlich messbarer Resultate kann zu Enttäuschungen führen.

Ein wirkungsvolles Erwartungsmanagement sollte daher mehrere Dimensionen abdecken: Dazu zählen eine transparente Kommunikation über die tatsächlichen Möglichkeiten und Grenzen der eingesetzten Technologien, eine realistische Einschätzung des erforderlichen Aufwands und der Projektdauer sowie die Definition klarer, messbarer Erfolgskriterien. Frühzeitige Demonstrationen von Zwischenergebnissen und sogenannten Quick Wins helfen, den Projektfortschritt sichtbar zu machen und Akzeptanz zu schaffen. Schließlich ist es wichtig, im Projektverlauf kontinuierlich Feedback einzuholen und die Erwartungen dynamisch an neue Erkenntnisse anzupassen.

Besonders wichtig ist die Ausrichtung der Erwartungen an den tatsächlichen Geschäftszielen. Der Fokus sollte auf konkreten Verbesserungen wie Kostenreduktion, Prozesseffizienz oder Kundenzufriedenheit liegen, nicht auf der Technologie selbst.

Die Einbeziehung externer Experten oder Berater kann dabei helfen, ein realistisches Bild der Möglichkeiten und Herausforderungen zu vermitteln und interne Diskussionen zu objektivieren.

Zusammenarbeit mit externen Partnern

Die Komplexität von KI-Projekten im SAP-Umfeld erfordert häufig die Zusammenarbeit mit externen Spezialisten. Die richtige Auswahl und effektive Zusammenarbeit mit Partnern kann den Projekterfolg maßgeblich beeinflussen. Bei der Auswahl externer Partner sollten folgende Kriterien berücksichtigt werden:

- kombinierte Expertise in KI und SAP-Technologien
- nachgewiesene Erfahrung mit vergleichbaren Projekten
- methodische Kompetenz und strukturierte Vorgehensweise
- kulturelle Passung und Kommunikationsfähigkeit
- Bereitschaft zum Wissenstransfer und Capability Building

Für die Umsetzung von KI-Projekten im SAP-Umfeld stehen Unternehmen verschiedene Partnermodelle zur Verfügung. Eine Möglichkeit ist das vollständige Outsourcing der KI-Entwicklung an einen externen Dienstleister, wodurch internes Know-how zunächst weniger erforderlich ist. Alternativ kann im Rahmen von Co-Innovation gemeinsam mit einem externen Partner in gemischten Entwicklungsteams gearbeitet werden – ein Ansatz, der den Wissenstransfer fördert und nachhaltige Kompetenzen aufbaut. Beratung und Coaching interner Teams ermöglichen es, gezielt Wissen im eigenen Unternehmen zu verankern und die Unabhängigkeit zu stärken. Darüber hinaus bieten Technologiepartnerschaften mit spezialisierten Anbietern die Chance, innovative Komponenten oder Plattformen gezielt in eigene Lösungen zu integrieren. So kann jedes Unternehmen das Partnermodell wählen, das am besten zur eigenen Strategie und zu den verfügbaren Ressourcen passt.

Die Zusammenarbeit sollte klar strukturiert und vertraglich geregelt sein. Besonders wichtig sind dabei Aspekte wie Datenzugang, geistiges Eigentum an entwickelten Modellen und die langfristige Wartung und Weiterentwicklung der Lösung.

Eine erfolgreiche Partnerschaft zeichnet sich durch kontinuierlichen Wissenstransfer aus. Das Ziel sollte sein, interne Kompetenzen aufzubauen und die Abhängigkeit vom Partner schrittweise zu reduzieren. Dies kann durch gemeinsame Teams, Schulungsprogramme oder dokumentierte Übergaben erreicht werden.

Im Anhang finden Sie darüber hinaus eine Checkliste zur Prüfung Ihrer individuellen KI-Readiness.

13.2 Best Practices für die Implementierung

Nach erfolgreicher Vorbereitung und Schaffung der notwendigen Voraussetzungen folgt die eigentliche Implementierung. Dieses Kapitel stellt bewährte Praktiken vor, die den Erfolg Ihres KI-Projekts sicherstellen können.

13.2.1 Vorgehensmodelle

Proof of Concept

Die Einführung von KI sollte stets mit einem begrenzten, aber klar definierten Testlauf beginnen (siehe Abbildung 13.3). Ein *Proof of Concept* (PoC) dient dazu, den potenziellen Nutzen einer KI-Anwendung schnell zu validieren und technische Machbarkeit sowie wirtschaftliche Tragfähigkeit zu überprüfen.

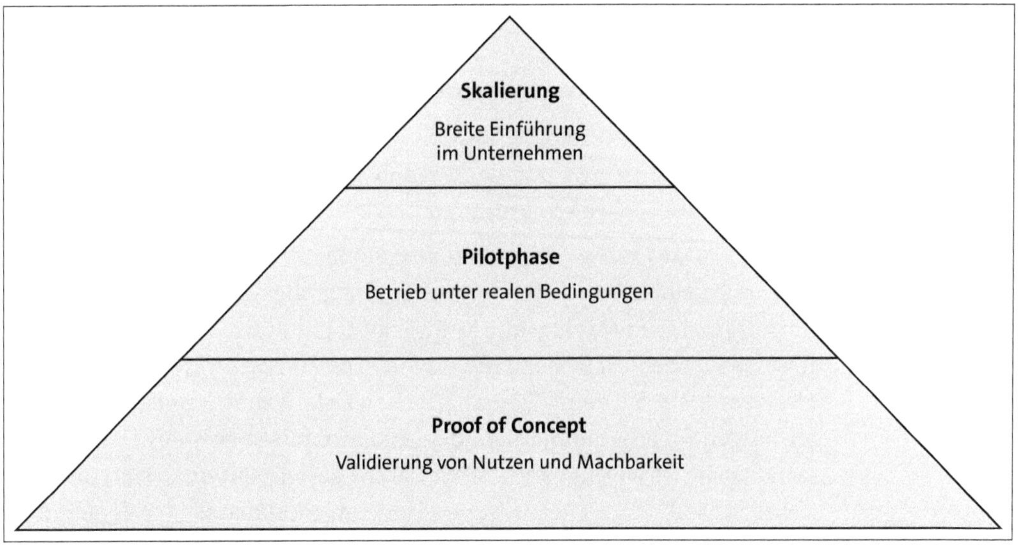

Abbildung 13.3 Phasenmodell zur Einführung von KI

Ein erfolgreicher PoC zeichnet sich durch folgende Merkmale aus:

- enger Fokus auf einen spezifischen Anwendungsfall
- schlanke Durchführung innerhalb weniger Wochen oder Monate
- klar definierte Erfolgskennzahlen (KPIs)

- Berücksichtigung der späteren Skalierbarkeit
- klare Erwartungshaltung aller Beteiligten

Der Erfolg eines PoCs bemisst sich nicht ausschließlich an der Erfüllung aller anfänglichen Erwartungen, sondern vielmehr an den gewonnenen Erkenntnissen für das weitere Vorgehen.

Pilotphase und Skalierung

Nach einem erfolgreichen PoC beginnt die Überführung in eine produktive Umgebung. Die Pilotphase dient dazu, die KI-Anwendung unter realen Bedingungen zu testen und kontinuierlich zu optimieren.

Ein strukturierter Rollout-Plan sollte folgende Aspekte berücksichtigen:

- klare Meilensteine und Verantwortlichkeiten
- Integration in bestehende Systeme und Prozesse
- technische Aspekte wie Performance und Skalierbarkeit
- organisatorisches Change Management

Die abschließende unternehmensweite Skalierung sollte schrittweise erfolgen, basierend auf den Erkenntnissen der Pilotphase. Dabei ist es wichtig, nicht nur die technische Infrastruktur auszubauen, sondern auch organisatorische Strukturen anzupassen.

13.2.2 CRISP-DM-Prozess und MLOps

KI-Projekte im SAP-Umfeld erfordern strukturierte Ansätze für die Entwicklung, Implementierung und den Betrieb. Bewährte Life-Cycle-Modelle helfen, diesen Prozess zu strukturieren.

CRISP-DM

Der *CRISP-DM-Prozess* (Cross Industry Standard Process for Data Mining) beschreibt einen bewährten, branchenübergreifenden Ansatz zur Durchführung von Data-Mining- und KI-Projekten. Der Prozess gliedert sich in unterschiedliche Phasen (siehe Abbildung 13.4). Zu Beginn steht das *Business Understanding*, bei dem die geschäftlichen Ziele, Anforderungen und Fragestellungen präzise definiert werden. Daran schließt sich das *Data Understanding* an: Die verfügbaren Daten werden gesammelt, analysiert und hinsichtlich Qualität und Relevanz bewertet, um ein umfassendes Verständnis der Datenbasis zu gewinnen. In der anschließenden Phase der *Data Preparation* werden die Daten gezielt bereinigt, transformiert und in geeigneter Form für die Modellierung aufbereitet. Im Schritt *Modeling* kommen verschiedene Modellierungsverfahren zum Einsatz, um ein Modell zu entwickeln, das die definierten Ziele optimal erfüllt. Die darauffolgende *Evaluation* prüft, ob das entwickelte Modell valide ist und die geschäftlichen Anforderungen tatsächlich abdeckt. Abschließend erfolgt das *Deployment*, bei dem das Modell produktiv eingesetzt, in bestehende Systeme integriert und kontinuierlich überwacht wird. Durch diesen strukturierten Ablauf sorgt CRISP-DM dafür, dass Data-Mining- und KI-Projekte sowohl methodisch fundiert als auch praxisnah und zielgerichtet umgesetzt werden.

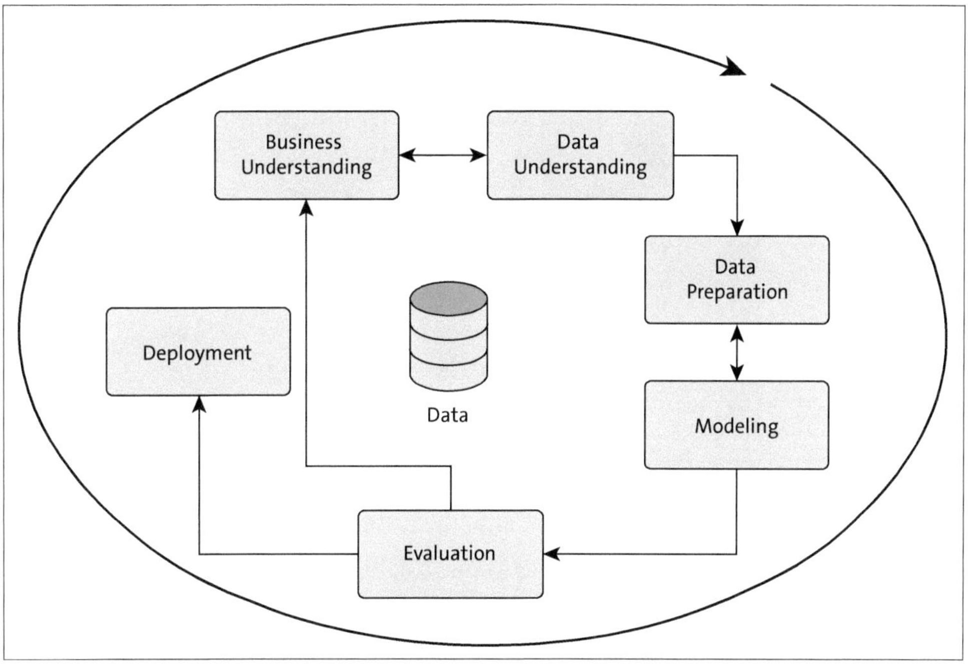

Abbildung 13.4 CRISP-DM-Modell

Ein entscheidender Vorteil des CRISP-DM-Modells ist seine Flexibilität und Adaptierbarkeit. Es handelt sich nicht um einen starren, linearen Prozess, sondern um einen iterativen Zyklus, der kontinuierliche Verbesserungen ermöglicht.

MLOps als Schlüssel für nachhaltige KI-Lösungen

Ein erfolgreicher KI-Einsatz endet nicht mit dem ersten Deployment. Da sich Daten und Geschäftsanforderungen im Laufe der Zeit verändern, ist eine kontinuierliche Überwachung und Verbesserung der Modelle essenziell.

MLOps (Machine Learning Operations) überträgt DevOps-Prinzipien auf den Bereich des maschinellen Lernens und umfasst die folgenden Aspekte (siehe Abbildung 13.5):

- automatisiertes Monitoring der Modellperformance
- Drift-Detection zur Erkennung von Veränderungen in der Datenverteilung
- automatisierte Re-Trainingspipelines
- Feedback-Schleifen zur Integration von Nutzer- und Expertenwissen

SAP bietet mit der SAP BTP und SAP AI Core eine leistungsfähige Grundlage für MLOps-Praktiken im SAP-Umfeld.

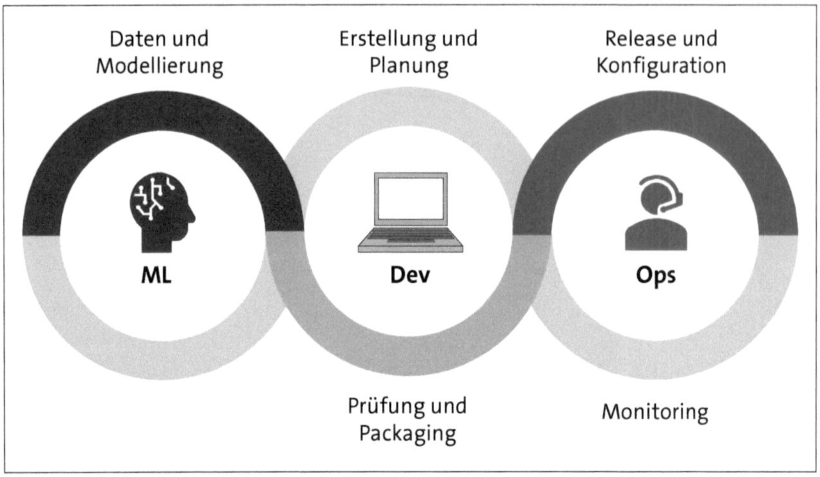

Abbildung 13.5 MLOps-Prozess mit unterschiedlichen Phasen

13.2.3 Integration in bestehende Systeme

Die erfolgreiche Integration von KI-Lösungen in bestehende Unternehmensarchitekturen stellt einen kritischen Erfolgsfaktor für die nachhaltige Wertschöpfung durch KI dar. Eine durchdachte Integrationsstrategie gewährleistet, dass KI-Lösungen nahtlos mit vorhandenen Geschäftsprozessen und Systemen zusammenarbeiten und Daten effizient ausgetauscht werden können.

Technologische Grundlagen der Integration

Die Integration von KI-Lösungen erfordert eine solide technologische Basis, die sich an den spezifischen Anforderungen des Unternehmens orientiert. Moderne Integrationsplattformen bilden das Fundament dieser Architektur. Sie fungieren als zentrale Brücke zwischen bestehenden Unternehmenssystemen und innovativen KI-Technologien.

Eine vollständige Integrationsarchitektur für KI-Lösungen umfasst verschiedene Kernkomponenten, die zusammenwirken, um einen reibungslosen Datenfluss und eine effektive Nutzung der KI-Funktionalitäten zu ermöglichen. Spezialisierte KI-Entwicklungs- und Betriebsumgebungen bilden das Herzstück dieser Architektur. Sie unterstützen den gesamten Lebenszyklus von KI-Anwendungen – von der Entwicklung über das Training bis hin zum produktiven Betrieb der Modelle.

Für die Bereitstellung der notwendigen Daten sind leistungsfähige Datenintegrationsdienste unerlässlich. Diese Tools extrahieren, transformieren und laden Daten aus verschiedenen Quellsystemen und stellen sie für das Training und den Betrieb der KI-Modelle bereit. Die verarbeiteten Daten werden in modernen Hochleistungsdatenbanken gespeichert, die große Datenmengen effizient verwalten und analysieren können. In-Memory-Technologien oder spezialisierte analytische Funktionen erhöhen dabei die Verarbeitungsgeschwindigkeit erheblich.

Der kontrollierte Zugriff auf KI-Funktionalitäten wird durch umfassende API-Management-Lösungen sichergestellt. Diese ermöglichen die Verwaltung, Überwachung und Steuerung der Programmierschnittstellen und sorgen für eine konsistente Governance der KI-Services. Für den koordinierten Datenaustausch zwischen den verschiedenen Anwendungen und KI-Komponenten kommen Integrationsbusse zum Einsatz, die als Middleware die Kommunikation standardisieren und orchestrieren.

Ergänzt wird diese Architektur durch Datenkatalog- und Governance-Tools, die für die Dokumentation, Qualitätssicherung und Verwaltung der Datenbestände sorgen. Sie stellen sicher, dass die für KI-Anwendungen genutzten Daten den erforderlichen Qualitäts- und Compliance-Anforderungen entsprechen.

Integrationsmethoden und -technologien

Für die technische Integration von KI-Lösungen haben sich verschiedene Methoden etabliert, die je nach Anwendungsfall und bestehender Systemlandschaft eingesetzt werden können. Die API-basierte Integration stellt heute den flexibelsten und zukunftssichersten Ansatz dar. Sie ermöglicht eine lose Kopplung der Systeme und unterstützt dadurch eine agile Weiterentwicklung der Gesamtarchitektur.

REST-APIs haben sich aufgrund ihrer Leichtgewichtigkeit und Einfachheit als Standard für den Zugriff auf KI-Funktionalitäten etabliert. Sie basieren auf dem HTTP-Protokoll und ermöglichen einen unkomplizierten Datenaustausch zwischen verschiedenen Systemen. Bei komplexeren Datenstrukturen bietet GraphQL Vorteile, da es Clients ermöglicht, genau die Daten anzufordern, die sie benötigen, ohne unnötige Informationen übertragen zu müssen.

In Unternehmensumgebungen wird häufig das OData-Protokoll eingesetzt, das einen standardisierten Zugriff auf strukturierte Daten bietet und besonders gut mit bestehenden Unternehmensanwendungen harmoniert. Für ereignisbasierte Kommunikation kommen Webhooks zum Einsatz, bei denen KI-Systeme automatisch Benachrichtigungen an andere Systeme senden, wenn bestimmte Ereignisse eintreten.

Eine zentrale API-Management-Lösung bildet das Rückgrat dieser API-Ökonomie. Sie unterstützt die Verwaltung, Sicherheit und Überwachung der

Schnittstellen und gewährleistet eine konsistente Governance über alle KI-Services hinweg. Durch die Standardisierung der APIs wird zudem die Wiederverwendbarkeit von KI-Komponenten in verschiedenen Anwendungsfällen gefördert.

Die Integration auf Prozessebene erfolgt durch Workflow-Management-Systeme, die KI-Komponenten als einzelne Prozessschritte in definierte Geschäftsprozesse einbinden. Business Process Management (BPM) erweitert diesen Ansatz durch die Modellierung und Automatisierung von Geschäftsprozessen unter Einbeziehung von KI-gestützten Entscheidungspunkten. Die Kombination mit Robotic Process Automation (RPA) ermöglicht eine intelligentere Prozessautomatisierung, bei der regelbasierte Automatisierungslösungen mit KI-Komponenten verknüpft werden.

Die Datenintegration bildet das Fundament für das Training und den Betrieb von KI-Modellen. ETL/ELT-Prozesse sorgen für eine strukturierte Extraktion, Transformation und Ladung von Daten aus Quellsystemen in Data Lakes oder Data Warehouses. Für die Verarbeitung von Datenänderungen in Echtzeit kommt Change Data Capture (CDC) zum Einsatz, das eine kontinuierliche Aktualisierung von KI-Modellen ermöglicht. Komplexe Datenflüsse zwischen verschiedenen Systemen und KI-Komponenten werden durch Datenorchestrierungslösungen koordiniert, während Datengovernance-Frameworks die Qualität, Compliance und Sicherheit der Daten über den gesamten Lebenszyklus sicherstellen.

Architektur

Bei der Integration von KI-Lösungen spielen verschiedene architektonische Aspekte eine entscheidende Rolle für den langfristigen Erfolg. Eine modulare Architektur mit klar definierten Schnittstellen bildet die Grundlage für eine flexible und zukunftssichere Lösung. Sie ermöglicht die Wiederverwendung von KI-Komponenten in verschiedenen Anwendungsfällen und erleichtert Updates einzelner Komponenten, ohne das Gesamtsystem zu beeinträchtigen.

Mit wachsenden Anforderungen an Datenvolumen, Nutzerzahlen und Komplexität gewinnt die Skalierbarkeit der Architektur an Bedeutung. Sie sollte so gestaltet sein, dass sie mit den steigenden Anforderungen mithalten kann, ohne dass grundlegende Änderungen erforderlich sind. Horizontale Skalierung durch Hinzufügen weiterer Ressourcen und vertikale Skalierung durch Leistungssteigerung der bestehenden Komponenten sollten gleichermaßen unterstützt werden.

Eine wartungsfreundliche Architektur ist essenziell für die kontinuierliche Weiterentwicklung und Verbesserung von KI-Modellen. Sie ermöglicht die nahtlose Integration neuer Modelle und Algorithmen in bestehende Systeme und unterstützt den gesamten Lebenszyklus von der Entwicklung über das Training bis zum Deployment und Monitoring. Automatisierte Pipelines für die Modellentwicklung und -bereitstellung tragen maßgeblich zur Wartbarkeit bei.

Umfassende Monitoring- und Observability-Funktionen sind unverzichtbar, um das Systemverhalten zu überwachen und Probleme frühzeitig zu erkennen. Sie umfassen die Überwachung der Modellleistung, der Datenqualität, der Systemauslastung und der Nutzungsmuster. Durch kontinuierliche Analyse dieser Metriken können Optimierungspotenziale identifiziert und die Leistung der KI-Lösungen stetig verbessert werden.

Erfolgsfaktoren für die Integration

Eine erfolgreiche Integration von KI-Lösungen in bestehende Systemlandschaften erfordert mehr als nur die richtige Technologie. Die strategische Ausrichtung der Integrationsstrategie an den übergeordneten Unternehmenszielen ist entscheidend für den nachhaltigen Erfolg. KI-Projekte sollten nicht isoliert betrachtet werden, sondern als integraler Bestandteil der digitalen Transformationsstrategie des Unternehmens.

Die Nutzung von Industriestandards für Schnittstellen und Datenformate fördert die Interoperabilität und reduziert die Abhängigkeit von einzelnen Technologieanbietern. Standardisierte APIs, Datenmodelle und Kommunikationsprotokolle erleichtern die Integration und ermöglichen eine flexible Weiterentwicklung der Architektur.

Ein iteratives Vorgehen mit kontinuierlicher Evaluation und Anpassung hat sich in der Praxis bewährt. Statt einer umfassenden Umstellung empfiehlt sich eine schrittweise Integration, bei der zunächst Pilotprojekte umgesetzt und evaluiert werden. Auf Basis der gewonnenen Erkenntnisse kann die Integration dann ausgeweitet und optimiert werden. Diese agile Herangehensweise reduziert Risiken und ermöglicht eine kontinuierliche Verbesserung der KI-Lösung.

Eine durchdachte Integrationsstrategie berücksichtigt sowohl technische als auch organisatorische Aspekte und schafft die Grundlage für eine nachhaltige und wertschöpfende Nutzung von KI-Technologien im Unternehmen. Der Fokus sollte dabei stets auf dem geschäftlichen Mehrwert liegen, den die KI-Lösung für das Unternehmen und seine Kunden generiert.

13.2.4 Schulung und Akzeptanz

Die erfolgreiche Implementierung von KI-Lösungen hängt maßgeblich davon ab, inwieweit die Mitarbeitenden befähigt und motiviert werden, neue Technologien anzunehmen und produktiv zu nutzen.

Bedarfsanalyse und Zielgruppenorientierung

Effektive Schulungsmaßnahmen beginnen mit einer fundierten Analyse der Zielgruppen und ihrer spezifischen Bedürfnisse:

- Endanwender benötigen praktische Anleitungen für die Integration in ihre täglichen Arbeitsabläufe.
- Fachliche Expertinnen und Key-User brauchen tieferes Verständnis, um als Multiplikatoren zu fungieren.
- IT-Teams und Entwickler benötigen detailliertes technisches Wissen.
- Führungskräfte und Entscheiderinnen brauchen strategisches Verständnis der KI-Potenziale.

Schulungskonzepte und -formate

Ein effektives Schulungskonzept für KI-Implementierungen erfordert einen vielschichtigen Ansatz, der verschiedene Lernformate integriert, um den unterschiedlichen Bedürfnissen und Lernstilen der Teilnehmenden gerecht zu werden. Präsenzschulungen bilden dabei oft den Kern des Konzepts, insbesondere wenn es um die Vermittlung komplexer Inhalte geht. Der direkte Kontakt zwischen Trainer und Teilnehmenden ermöglicht unmittelbares Feedback und tiefergehende Diskussionen zu anspruchsvollen Themen. Zudem fördert das gemeinsame Lernen in der Gruppe den Erfahrungsaustausch zwischen den Teilnehmenden und schafft ein unterstützendes Lernumfeld, in dem auch kritische Fragen offen diskutiert werden können.

Ergänzend dazu bieten E-Learning-Module den Vorteil der zeit- und ortsunabhängigen Wissensvermittlung. Dies ist besonders wertvoll für global verteilte Teams oder Mitarbeitende mit vollen Terminkalendern. Durch interaktive Elemente, Selbsttests und modulare Strukturen können die Teilnehmenden in ihrem eigenen Tempo lernen und bei Bedarf einzelne Abschnitte wiederholen. Die digitale Bereitstellung ermöglicht zudem eine kontinuierliche Aktualisierung der Inhalte, was gerade im schnelllebigen Bereich der KI-Technologien von großem Wert ist.

Besonders effektiv sind Blended-Learning-Ansätze, die die Stärken von Präsenzveranstaltungen und E-Learning kombinieren. Diese hybride Methodik könnte beispielsweise mit einer Einführungsveranstaltung vor Ort beginnen, gefolgt von selbstständigen Online-Lernphasen und abschließenden Präsenzworkshops zur Vertiefung und praktischen Anwendung. Durch die Verzahnung der verschiedenen Formate wird sowohl ein gemeinsames Verständnis geschaffen als auch individuelles Lernen gefördert.

Für die nachhaltige Verankerung des Gelernten im Arbeitsalltag ist On-the-Job-Training und Coaching unverzichtbar. Erfahrene Mentorinnen können Mitarbeitenden bei der praktischen Anwendung neuer KI-Tools unterstützen und situationsspezifische Hilfestellung leisten. Diese Form des Lernens ist besonders wertvoll, da sie direkt im relevanten Arbeitskontext stattfindet und die unmittelbare Übertragung des theoretischen Wissens in die Praxis fördert. Der kontinuierliche Dialog zwischen Coach und Lernenden ermöglicht zudem eine ständige Anpassung der Lernziele an die tatsächlichen Anforderungen des Arbeitsalltags.

Das Konzept wird abgerundet durch Learning by Doing in speziellen Sandbox-Umgebungen. Diese geschützten Testumgebungen bieten den Teilnehmenden die Möglichkeit, mit KI-Systemen zu experimentieren, ohne Auswirkungen auf produktive Daten befürchten zu müssen. Durch das praktische Ausprobieren und das Lernen aus Fehlern entwickeln die Mitarbeitenden nicht nur technische Fertigkeiten, sondern auch ein tieferes Verständnis der zugrunde liegenden Konzepte und Funktionsweisen. Diese Erfahrungen stärken das Selbstvertrauen im Umgang mit den neuen Technologien und fördern eine positive Einstellung gegenüber der digitalen Transformation im Unternehmen.

Förderung der Akzeptanz

Die Akzeptanz von KI-Lösungen lässt sich durch gezielte Maßnahmen fördern:

- Kommunikation des konkreten Mehrwerts für die tägliche Arbeit
- Transparenz und Erklärbarkeit der KI-Entscheidungen
- Einbindung von Key-Usern und Meinungsführern als Multiplikatoren
- kontinuierliche Begleitung und Unterstützung nach der initialen Schulung
- Feedback-Mechanismen und iterative Verbesserungen

Erfolgsmessung und kontinuierliche Verbesserung

Die Wirksamkeit von Schulungs- und Akzeptanzmaßnahmen sollte kontinuierlich evaluiert werden:

- Definition relevanter KPIs wie Teilnahmequoten oder Nutzungsgrade
- Sammlung und Analyse von Nutzer-Feedback
- kontinuierliche Anpassung der Maßnahmen
- Förderung einer langfristigen Lernkultur

13.2.5 Leistungsmessung von KI-Implementierungen

Die Bewertung des Erfolgs einer KI-Implementierung erfordert spezifische Methoden und Kennzahlen, die über traditionelle IT-Projektmetriken hinausgehen. Eine durchdachte Leistungsmessung ermöglicht nicht nur die Bewertung des Projekterfolgs, sondern auch die kontinuierliche Optimierung und den Nachweis des geschäftlichen Nutzens.

Mehrdimensionale Bewertungsansätze

Eine umfassende Leistungsmessung sollte verschiedene Dimensionen berücksichtigen:

Technische Metriken bewerten die Leistungsfähigkeit der KI-Modelle:

- Genauigkeit (Accuracy): Anteil korrekter Vorhersagen
- Präzision und Recall: Bewertung von Falsch-positiv- und Falsch-negativ-Raten
- F1-Score: kombiniertes Maß aus Präzision und Recall
- Inferenzzeit: Geschwindigkeit der Vorhersagen
- Robustheit: Stabilität bei variierenden Eingabedaten

Geschäftliche Metriken messen den tatsächlichen Wertbeitrag:

- Kostenreduktion: Einsparungen durch Automatisierung oder Optimierung
- Umsatzsteigerung: zusätzliche Erlöse durch verbesserte Angebote oder Kundenbindung
- Prozesseffizienz: Reduktion von Durchlaufzeiten oder Fehlerraten
- Kundenzufriedenheit: Verbesserung von NPS oder anderen Kundenkennzahlen
- Return on Investment (ROI): Verhältnis von Investition und Ertrag

Operationelle Metriken bewerten die Integration in Geschäftsprozesse:

- Nutzungsgrad: Häufigkeit und Umfang der Nutzung durch Anwenderinnen und Anwender
- Akzeptanz: Zufriedenheit und Vertrauen der Nutzerinnen und Nutzer
- Stabilität: Ausfallzeiten und Fehlerraten im Produktivbetrieb
- Skalierbarkeit: Fähigkeit zur Bewältigung wachsender Datenmengen oder Nutzeranfragen
- Wartbarkeit: Aufwand für Updates und Anpassungen

ROI-Berechnung für KI-Projekte

Die Berechnung des ROI für KI-Projekte ist komplex, da sowohl direkte als auch indirekte Effekte berücksichtigt werden müssen.

Direkte Kosten umfassen:

- Entwicklungs- und Implementierungskosten
- Lizenz- und Infrastrukturkosten
- Schulungs- und Change-Management-Aufwände
- laufende Betriebs- und Wartungskosten

Potenzielle Nutzenwerte sind:

- direkte Kosteneinsparungen (z. B. durch Automatisierung)
- Produktivitätssteigerungen bei Mitarbeitenden
- Qualitätsverbesserungen und reduzierte Fehlerkosten
- Umsatzsteigerungen durch verbesserte Kundeninteraktionen
- strategische Vorteile wie Innovationsfähigkeit oder Marktdifferenzierung

Eine realistische ROI-Berechnung sollte auch Risikofaktoren und zeitliche Aspekte berücksichtigen. Der volle Nutzen von KI-Implementierungen realisiert sich oft erst mittelfristig, wenn Lerneffekte und kontinuierliche Optimierungen einsetzen.

Kontinuierliches Monitoring und Verbesserung

Die Leistungsmessung von KI-Lösungen sollte nicht als einmaliger Bewertungsprozess verstanden werden, sondern vielmehr als kontinuierliche Aktivität, die den gesamten Lebenszyklus der Anwendung begleitet. Nur durch eine fortlaufende Überwachung und Optimierung kann sichergestellt werden, dass KI-Systeme ihren Wertbeitrag langfristig aufrechterhalten und sich an verändernde Rahmenbedingungen anpassen. Ein systematisches Monitoring bildet dabei das Fundament für eine nachhaltige Qualitätssicherung und kontinuierliche Verbesserung.

Die regelmäßige Überprüfung der Modellqualität ist ein zentraler Bestandteil dieses Monitorings (siehe Abbildung 13.6). Hierbei werden die Vorhersagegenauigkeit, Präzision, Recall und andere relevante Metriken kontinuierlich erfasst und mit den definierten Zielwerten verglichen. Diese fortlaufende Bewertung ermöglicht es, Leistungseinbußen frühzeitig zu erkennen und gegenzusteuern, bevor sie sich auf Geschäftsprozesse auswirken. Besonders wichtig ist dabei die Erkennung von Concept Drift, also Veränderungen in der zugrunde liegenden Datenstruktur oder den Datenmustern. Solche Verschiebungen können dazu führen, dass ursprünglich gut funktionierende Modelle im Laufe der Zeit an Genauigkeit verlieren, wenn sie nicht entsprechend angepasst werden.

Neben der Modellqualität muss auch die operative Performance überwacht werden. Dies umfasst Aspekte wie Antwortzeiten, Systemverfügbarkeit, Ressourcennutzung und Skalierbarkeit. Eine verzögerte Antwortzeit oder häufige Systemausfälle können die Akzeptanz und Nutzung der KI-Losung erheblich beeinträchtigen, selbst wenn die Vorhersagequalität exzellent ist. Die technische Leistungsfähigkeit ist daher ebenso entscheidend für den Erfolg wie die analytische Genauigkeit.

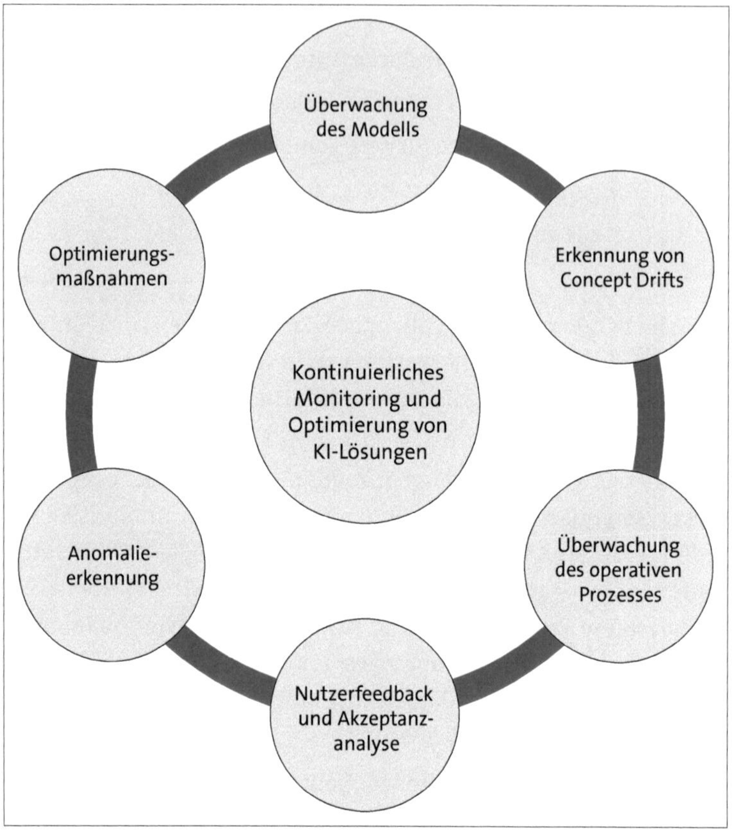

Abbildung 13.6 Kontinuierliches Monitoring und Optimierung von KI-Lösungen

Die Erfassung von Nutzer-Feedback liefert wertvolle Einblicke in die praktische Anwendung und Akzeptanz der KI-Lösung. Durch strukturierte Befragungen, Nutzungsanalysen und qualitative Interviews können Verbesserungspotenziale identifiziert werden, die aus rein technischer Perspektive möglicherweise nicht erkennbar wären. Das direkte Feedback der Anwenderinnen und Anwender hilft zudem, die KI-Lösung besser auf ihre Bedürfnisse abzustimmen und die Benutzerfreundlichkeit kontinuierlich zu verbessern.

Besondere Aufmerksamkeit sollte der Analyse unerwarteter Ergebnisse oder Verhaltensweisen gewidmet werden. Abweichungen vom erwarteten Systemverhalten können auf Probleme in der Datenqualität, im Modelldesign oder in der Systemintegration hinweisen. Eine systematische Erfassung und Untersuchung solcher Anomalien sind essenziell, um tiefer liegende Probleme zu identifizieren und zu beheben. Hierbei ist eine enge Zusammenarbeit zwischen Fachexpertinnen, Datenanalysten und IT-Spezialistinnen erforderlich, um die Ursachen umfassend zu verstehen und geeignete Lösungsansätze zu entwickeln.

Basierend auf den Monitoring-Ergebnissen können gezielte Optimierungsmaßnahmen eingeleitet werden. Eine häufig notwendige Maßnahme ist das Nachtraining der Modelle mit aktuellen Daten. Dies ist besonders wichtig in dynamischen Umgebungen, in denen sich Muster und Zusammenhänge im Laufe der Zeit verändern. Durch regelmäßiges Nachtraining mit aktuellen Daten bleibt das Modell relevant und präzise, auch wenn sich die zugrunde liegenden Bedingungen wandeln.

In einigen Fällen kann eine Anpassung der Modellparameter oder sogar ein Wechsel des verwendeten Algorithmus erforderlich sein. Die Erkenntnisse aus dem Monitoring können Hinweise darauf geben, welche Anpassungen vielversprechend sind und welche alternativen Ansätze in Betracht gezogen werden sollten. Diese Überarbeitungen sollten methodisch durchgeführt werden, mit klaren Hypothesen und systematischen Vergleichen zwischen bestehenden und neuen Lösungsansätzen.

Eine Erweiterung der Datenbasis kann die Robustheit und Genauigkeit des Modells erheblich verbessern. Dies kann durch die Integration zusätzlicher Datenquellen, die Erhebung neuer Daten oder die Anreicherung bestehender Daten mit zusätzlichen Merkmalen erfolgen. Eine umfassendere und diversere Datenbasis ermöglicht es dem Modell, komplexere Zusammenhänge zu erkennen und präzisere Vorhersagen zu treffen.

Neben den technischen Aspekten sollte auch die Benutzeroberfläche und Prozessintegration kontinuierlich verbessert werden. Eine intuitive Benutzeroberfläche und eine nahtlose Integration in bestehende Geschäftsprozesse erhöhen die Akzeptanz und Nutzung der KI-Lösung erheblich. Basierend auf dem Nutzer-Feedback können gezielte Anpassungen vorgenommen werden, um die Usability zu verbessern und Reibungsverluste zu minimieren.

Flankierend zu den technischen Maßnahmen ist auch eine kontinuierliche Schulung und Coaching der Anwenderinnen und Anwender wichtig. Mit zunehmender Erfahrung und Verbesserung der KI-Lösung können sich neue Nutzungsmöglichkeiten und Best Practices ergeben. Durch regelmäßige Schulungen und individuelles Coaching werden die Anwenderinnen und Anwender befähigt, das volle Potenzial der KI-Lösung auszuschöpfen und neue Funktionalitäten effektiv zu nutzen.

Die Etablierung eines strukturierten Verbesserungsprozesses mit klaren Verantwortlichkeiten und definierten Zyklen ist der Schlüssel zur kontinuierlichen Evolution der KI-Lösung. Ein solcher Prozess sollte klar definierte

Rollen, Verantwortlichkeiten und Entscheidungswege beinhalten, um sicherzustellen, dass Erkenntnisse aus dem Monitoring effektiv in Verbesserungsmaßnahmen umgesetzt werden. Regelmäßige Review-Zyklen und strukturierte Entscheidungsprozesse fördern eine systematische Weiterentwicklung und stellen sicher, dass Ressourcen zielgerichtet eingesetzt werden. Dieser institutionalisierte Verbesserungsprozess ist entscheidend, um den langfristigen Wertbeitrag der KI-Lösung zu sichern und ihre kontinuierliche Anpassung an veränderte Geschäftsanforderungen zu gewährleisten.

13.3 Typische Fehler und wie man sie vermeidet

KI-Initiativen im SAP-Umfeld scheitern häufig trotz ihres enormen Potenzials. Dieser Abschnitt analysiert die häufigsten Fallstricke und bietet konkrete Lösungsansätze, um Fehlinvestitionen zu vermeiden und den Geschäftswert von KI-Systemen zu maximieren.

13.3.1 Fehlende Zielsetzung und strategische Anbindung

Der Erfolg von KI-Projekten im SAP-Umfeld hängt maßgeblich von einer präzisen Problemdefinition und strategischen Verankerung ab.

[zB]

Beispiel für ein vages Ziel eines KI-Projekts

Ein mittelständischer Automobilzulieferer investiert beträchtliche Ressourcen in eine KI-gestützte Materialbedarfsanalyse. Das System funktioniert technisch einwandfrei – und dennoch bleibt der erhoffte Durchbruch aus. Die eigentlichen Schmerzpunkte in der Lieferkette wurden nie klar identifiziert. Die mangelhafte Kommunikation zwischen Einkauf und Produktion bleibt bestehen, während die KI-Lösung ins Leere läuft. Eine sorgfältige Problemanalyse hätte von Anfang an die wahren Herausforderungen offengelegt und eine zielgerichtete Lösung ermöglicht.

Konkrete SMART-Ziele definieren

Vage Ziele wie eine Verbesserung der Lieferkette reichen nicht aus. Ein präzises SMART-Ziel könnte lauten: »Reduktion der Lieferengpässe um 40 Prozent und Senkung der Lagerbestände um 15 Prozent bis Ende Q4 durch KI-gestützte Bedarfsprognosen.« Durch diese Konkretisierung wird nicht nur der Fortschritt messbar, sondern alle Beteiligten erhalten eine klare Orientierung.

Die Verknüpfung mit der Unternehmensstrategie ist entscheidend für nachhaltigen Erfolg. Ein Pharmakonzern könnte seine KI-Anwendungsfälle in strukturierten Workshops mit den Fachabteilungen priorisieren und eine KI-Roadmap entwickeln, die direkt aus der Unternehmensstrategie abgeleitet wird. Die Verknüpfung mit der OKR-Methode (Objectives and Key Results) würde dabei eine kontinuierliche Überwachung des Fortschritts ermöglichen und sicherstellen, dass die Technologie tatsächlich strategische Ziele unterstützt.

OKRs als Bindeglied zwischen KI und Strategie

Bevor große Investitionen getätigt werden, lohnt sich ein minimaler Proof of Concept. Ein Finanzdienstleister könnte eine KI-basierte Dokumentenprüfung zunächst mit nur drei Dokumententypen und 100 Testfällen evaluieren. Dieser fokussierte Testlauf würde wertvolle Erkenntnisse liefern – etwa zu Datenqualitätsproblemen, möglichen Integrationsherausforderungen oder unerwarteten Nutzungsmustern – bevor umfangreiche Ressourcen gebunden werden.

Kleiner Proof of Concept vor großer Investition

Key Takeaways

- Definieren Sie konkrete Geschäftsprobleme, nicht technologiegetriebene Lösungen.
- Verknüpfen Sie KI-Initiativen mit übergeordneten Unternehmenszielen.
- Formulieren Sie präzise, messbare Ziele (SMART-Kriterien).
- Priorisieren Sie Anwendungsfälle nach geschäftlichem Mehrwert.
- Integrieren Sie KI in eine langfristige Digitalstrategie.
- Validieren Sie Lösungsansätze frühzeitig durch Proof of Concepts.

13.3.2 Schlechte Datenqualität

Die Qualität und Verfügbarkeit von Daten ist eine der wichtigsten Voraussetzungen für den Erfolg von KI-Projekten im SAP-Umfeld.

Ausgewogene Trainingsdaten

[zB]

Beispiel für schlechte Datenqualität in einem KI-Projekt

Stellen Sie sich ein Logistikunternehmen vor, das ein KI-System zur Vorhersage von Lieferverzögerungen implementiert, dieses jedoch hauptsächlich mit Daten von Standardlieferungen trainiert. In der Praxis versagt das System bei der Identifizierung kritischer Risikofaktoren, da es kaum aus problematischen Fällen gelernt hat. Ein ausgewogener Trainingsdatensatz mit repräsentativer Verteilung von Normal- und Problemfällen hätte zu einem robusteren Modell geführt.

Datenintegration vor Modellentwicklung

Fragmentierte Datenlandschaften ohne einheitliche Standards stellen ein weiteres Hindernis dar. Ein Handelsbetrieb mit Kundendaten in verschiedenen Systemen und unterschiedlichen Formaten wird feststellen, dass die Datenintegration mehr Zeit und Ressourcen in Anspruch nimmt als die eigentliche Modellentwicklung. Eine frühzeitige Bestandsaufnahme und Harmonisierung der Datenquellen ist daher ein entscheidender erster Schritt auf dem Weg zu erfolgreichen KI-Implementierungen.

Regelmäßige Qualitätsprüfung

Regelmäßige Datenaudits bilden das Fundament für hochwertige KI-Modelle. Ein Fertigungsunternehmen, das seine Produktionsdaten vierteljährlich auf Vollständigkeit, Verzerrungen und Repräsentativität prüft, kann Datenlücken frühzeitig erkennen und gezielt schließen. Diese systematische Qualitätssicherung verhindert, dass fehlerhafte oder verzerrte Daten zu falschen Modellentscheidungen führen.

Synthetische Daten für seltene Anwendungsfälle

Bei unzureichenden Datenmengen kann der Einsatz synthetischer Daten die Lösung sein. Für ein Versicherungsunternehmen mit wenigen dokumentierten Betrugsfällen könnten künstlich generierte Betrugsmuster das Erkennungssystem entscheidend verbessern. Diese Anreicherung ermöglicht robustere Modelle auch in Bereichen, wo natürliche Daten selten oder schwer zu beschaffen sind.

Data Stewards als Qualitätsgaranten

Ein strukturiertes Data-Governance-Framework mit klaren Verantwortlichkeiten sichert langfristig die Datenqualität. Ein mittelständischer Maschinenbauer, der dedizierte »Data Stewards« in jeder Fachabteilung ernennt, schafft ein nachhaltiges System für konsistente, hochwertige Daten. Diese Rollenverteilung stellt sicher, dass Datenqualität nicht als einmaliges Projekt, sondern als kontinuierlicher Prozess verstanden wird.

Automatisierte Datenpipelines

Moderne Dateninfrastrukturen erleichtern die Verwaltung großer Datenmengen erheblich. Eine zentrale Datenplattform mit automatisierten Datenpipelines, die täglich Daten aus unterschiedlichen Quellen zusammenführt, bereinigt und für KI-Anwendungen aufbereitet, schafft die technische Grundlage für erfolgreiche KI-Initiativen. Diese Investition zahlt sich durch reduzierte Datenaufbereitungszeiten und höhere Modellqualität aus.

Key Takeaways

- Priorisieren Sie Datenqualität vor Algorithmen-Komplexität.
- Führen Sie regelmäßige Datenaudits durch.
- Etablieren Sie ein strukturiertes Datenmanagement mit klaren Verantwortlichkeiten.
- Nutzen Sie synthetische Daten zur Ergänzung knapper Originaldaten.
- Investieren Sie in moderne Dateninfrastrukturen und automatisierte Prozesse.

13.3.3 Silodenken und mangelnde Zusammenarbeit

Effektive Zusammenarbeit zwischen allen Beteiligten ist entscheidend für den Erfolg von KI-Initiativen im SAP-Umfeld.

[zB]

Beispiel für schlechte Zusammenarbeit in einem KI-Projekt

Stellen Sie sich einen Chemiekonzern vor, der sein Data-Science-Team beauftragt, eine KI-Lösung zur Prozessoptimierung zu entwickeln – ohne Einbindung der Produktionsexperten. Das Ergebnis ist vorhersehbar: ein mathematisch elegantes Modell, das zentrale Aspekte des Produktionsprozesses ignoriert und in der Praxis scheitert. Die fehlende Kommunikation zwischen technischen Experten und Fachbereichen führt zu einer Lösung, die zwar algorithmisch beeindruckt, aber die tatsächlichen betrieblichen Anforderungen verfehlt.

KI-Squads überbrücken Kompetenzlücken

Cross-funktionale Teams vereinen unterschiedliche Perspektiven und Kompetenzen. KI-Squads aus Data Scientists, SAP-Entwicklerinnen, Fachexperten und UX-Designerinnen bringen technisches Know-how und praktische Erfahrung zusammen. Diese Kombination ermöglicht Lösungen, die sowohl technisch ausgereift als auch praxistauglich sind. Die Definition gemeinsamer KPIs, die technische und geschäftliche Erfolgsfaktoren verbinden, richtet alle Beteiligten auf dasselbe Ziel aus und überwindet die oft beobachtete Kluft zwischen IT und Fachabteilungen.

Kurze Feedback-Zyklen verhindern Fehlentwicklungen

Agile Methoden mit kurzen Feedback-Zyklen sind besonders wertvoll in KI-Projekten, da sie kontinuierliche Anpassungen ermöglichen. Zweiwöchige Sprints mit regelmäßigen Reviews stellen sicher, dass Abweichungen frühzeitig erkannt und korrigiert werden, bevor sie zu größeren Problemen anwachsen. Diese iterative Vorgehensweise ist deutlich effektiver als traditionelle Wasserfallmodelle, die oft zu Lösungen führen, die an den aktuellen Anforderungen vorbeigehen.

Gemeinsame Planungsphase erhöht Akzeptanz

Co-Creation-Workshops, bei denen Stakeholder aus allen relevanten Bereichen bereits in der Planungsphase zusammenkommen, schaffen ein gemeinsames Verständnis für die Zielsetzung und reduzieren spätere Missverständnisse. In diesen Workshops werden Anforderungen gemeinsam definiert, Erwartungen abgeglichen und potenzielle Herausforderungen identifiziert – ein Prozess, der die spätere Akzeptanz erheblich steigert.

Frühzeitige Protoypen

Interaktive Prototypen bieten greifbare Eindrücke lange vor der Fertigstellung des Systems. Ein Energieversorger, der mit einfachen Tools wie Streamlit einen Prototypen seiner Lastprognose-KI erstellt, ermöglicht den

Netzplanern, das System frühzeitig zu testen und wertvolles Feedback zu geben. Diese frühe Interaktion schafft nicht nur Vertrauen, sondern liefert auch essenzielle Erkenntnisse für die Weiterentwicklung.

Key Takeaways

- Verknüpfen Sie technische und fachliche Expertise in cross-funktionalen Teams.
- Definieren Sie gemeinsame KPIs für technische und geschäftliche Ziele.
- Implementieren Sie agile Prozesse mit kurzen Feedback-Zyklen.
- Binden Sie Stakeholder von Beginn an aktiv ein.
- Nutzen Sie Co-Creation und Prototyping für frühzeitiges Feedback.

13.3.4 Unnötige Komplexität und fehlende Skalierbarkeit

Eine durchdachte technische Umsetzung ist essenziell für den langfristigen Erfolg von KI-Projekten im SAP-Umfeld.

[zB]

Beispiel für unnötige Komplexität in einem KI-Projekt

Betrachten Sie den Fall eines Handelsunternehmens, das ein aufwendiges Deep-Learning-Modell für Absatzprognosen implementiert, obwohl ein einfacher Random Forest ähnliche Ergebnisse liefern könnte. Die übermäßige Komplexität führt nicht nur zu höherem Rechenaufwand, sondern auch zu Transparenzproblemen – die Fachabteilungen verstehen nicht mehr, auf welcher Basis Entscheidungen getroffen werden. Ein pragmatischerer Ansatz hätte nicht nur Ressourcen gespart, sondern auch die Akzeptanz und Wartbarkeit verbessert.

Schnelle Erfolge durch einfache Anwendungsfälle

Die gezielte Suche nach Low-Hanging Fruits beschleunigt den Wertbeitrag von KI-Initiativen. Ein Pharmaunternehmen, das zunächst einfache Anwendungsfälle wie die Vorhersage von Wartungsintervallen mit statistischen Verfahren umsetzt, erzielt schnelle Erfolge und schafft Vertrauen für komplexere Initiativen. Diese strategische Priorisierung verhindert, dass Unternehmen sich in technologisch anspruchsvollen, aber geschäftlich weniger relevanten Projekten verlieren.

Schrittweise Erweiterung nach Validierung

Der Minimal-Viable-Product-(MVP-)Ansatz reduziert Risiken und beschleunigt das Lernen. Eine Betrugserkennungslösung, die zunächst nur die fünf wichtigsten Risikoindikatoren berücksichtigt und nach erfolgreicher Pilotphase schrittweise erweitert wird, ermöglicht eine frühe Validierung des Konzepts. Diese fokussierte Herangehensweise verhindert, dass große Ressourcen in Lösungen investiert werden, die sich später als unpraktikabel erweisen.

Skalierbarkeit muss von Anfang an mitgedacht werden. Ein E-Commerce-Unternehmen, dessen Chatbot im Testbetrieb hervorragend funktioniert, aber unter realer Last zusammenbricht, erfährt eine schmerzhafte Lektion über die Bedeutung von Lastplanung. Eine cloud-native Architektur auf Basis von Kubernetes, die elastisch skaliert und Ressourcen dynamisch anpasst, hätte diesen kritischen Ausfall verhindert und gleichzeitig langfristige Flexibilität geschaffen.

Cloud-native Architektur für Lastspitzen

Die nahtlose Integration in bestehende SAP-Systeme erfordert ein API-First-Design. Eine Tourenoptimierung, die von Beginn an mit standardisierten Schnittstellen entwickelt wird, lässt sich problemlos in SAP Transportation Management einbinden. Diese vorausschauende Architektur vereinfacht nicht nur die initiale Implementation, sondern erleichtert auch spätere Erweiterungen und Updates.

Standardisierte Schnittstellen

Key Takeaways

- Vermeiden Sie übermäßige Komplexität, wenn einfachere Ansätze ausreichen.
- Entwickeln Sie MVPs für schnelle Wertschöpfung und Risikominimierung.
- Planen Sie Skalierbarkeit von Anfang an ein.
- Setzen Sie auf API-First für nahtlose Integration in SAP-Umgebungen.

13

13.3.5 Verzerrte und intransparente KI

Unbeabsichtigte Diskriminierung durch KI erkennen

Die Einführung von KI-Technologien im SAP-Umfeld erfordert nicht nur technische Exzellenz, sondern auch eine sorgfältige Berücksichtigung ethischer und regulatorischer Aspekte.

[zB]

Beispiel für fehlende Transparenz in KI-Systemen

Ein Personaldienstleister, der ein KI-gestütztes Bewerbungsscreening implementiert, könnte unbeabsichtigt Kandidatinnen und Kandidaten aus bestimmten Altersgruppen oder mit Lücken im Lebenslauf diskriminieren, weil das System diese Muster aus historischen Daten übernommen hat. Solche algorithmischen Verzerrungen sind nicht nur ethisch problematisch, sondern können auch geschäftlich schädlich sein, wenn qualifizierte Talente systematisch aussortiert werden.

Repräsentative Daten für faire Entscheidungen

Gezielte Bias-Prävention durch diverse Trainingsdaten und systematische Prüfungen ist der Schlüssel zu fairen Algorithmen. Ein Finanzdienstleister, der bei der Entwicklung seines Kreditvergabesystems auf repräsentative Daten setzt und diese regelmäßig auf Verzerrungen überprüft, minimiert diskriminierende Effekte. Diese proaktive Herangehensweise schützt nicht nur vor Reputationsschäden, sondern gewährleistet auch, dass die KI-Entscheidungen auf sachlichen Kriterien basieren.

Frühzeitige Risikoklassifizierung nach EU AI Act

Regulatorische Anforderungen frühzeitig zu berücksichtigen, verhindert kostspielige Rückschläge. Ein Gesundheitsdienstleister, der die Komplexität der DSGVO-Vorgaben unterschätzt und sein System nach dem Launch zurückziehen muss, lernt diese Lektion auf schmerzhafte Weise. Eine systematische Risikoklassifizierung gemäß dem EU AI Act, die Hochrisiko-Anwendungen identifiziert und entsprechende Maßnahmen implementiert, schafft dagegen von Anfang an regulatorische Sicherheit.

Transparente KI-Entscheidungen fördern Vertrauen

Explainable AI (XAI) macht KI-Entscheidungen transparent und nachvollziehbar. Ein Logistikunternehmen, das Methoden wie LIME oder SHAP in sein Routenplanungssystem integriert, ermöglicht den Disponenten, zu verstehen, warum bestimmte Routen vorgeschlagen werden. Diese Transparenz stärkt nicht nur das Vertrauen der Anwenderinnen und Anwender, sondern unterstützt auch bei der Identifikation und Korrektur von Fehlern oder suboptimalen Entscheidungen.

Key Takeaways

- Implementieren Sie Bias-Prävention durch repräsentative Daten und bewusstes Design.
- Berücksichtigen Sie regulatorische Anforderungen frühzeitig.
- Schaffen Sie Transparenz über KI-basierte Entscheidungen.
- Etablieren Sie unternehmensweite Ethikrichtlinien.
- Gewährleisten Sie den Schutz personenbezogener Daten.

13.3.6 Unrealistische Erwartungen und Kostenfalle

Realistische Kommunikation

Strukturiertes und realistisches Projektmanagement ist entscheidend für den nachhaltigen Erfolg von KI-Initiativen. Ein Konsumgüterhersteller, der KI als universelle Lösung für sämtliche Herausforderungen in der Lieferkette präsentiert, ohne die tatsächlichen Möglichkeiten transparent zu kommunizieren, riskiert Enttäuschungen. Selbst wenn das Projekt objektive Verbesserungen bringt, können diese als Misserfolg wahrgenommen werden, wenn die anfänglichen Erwartungen unrealistisch hoch waren. Ein ehrlicher Dialog über die Möglichkeiten und Grenzen von KI schafft dagegen eine solide Basis für nachhaltige Akzeptanz.

Konkrete Anwendungsfälle

Gezielte Schulungen für Führungskräfte vermitteln ein realistisches Verständnis der KI-Möglichkeiten. Statt vager Versprechungen von revolutionären Durchbrüchen können konkrete Anwendungsfälle, typische Herausforderungen und realistische Zeitrahmen kommuniziert werden. Diese Aufklärung reduziert nicht nur überzogene Erwartungen, sondern fördert auch die Bereitschaft, in langfristige KI-Strategien statt in kurzfristige Quick Wins zu investieren.

Meilensteine ermöglichen frühzeitige Kurskorrektur

Die phasenweise Implementierung mit klaren Meilensteinen ermöglicht kontinuierliche Erfolgskontrolle. Vom initialen Proof of Concept über eine begrenzte Pilotphase bis zur schrittweisen Skalierung werden Erfolge sichtbar und Risiken begrenzt. Dieser strukturierte Ansatz erlaubt es, Fehlentwicklungen frühzeitig zu erkennen und gegenzusteuern, bevor erhebliche Ressourcen investiert werden.

Versteckte Kosten für Datenqualität

Eine realistische Kostenkalkulation muss über die reinen Entwicklungskosten hinausblicken. Ein mittelständischer Produktionsbetrieb, der den erheblichen Aufwand für Datenaufbereitung, Data Labeling und fortlaufende Cloud-Ressourcen unterschätzt, könnte sich mit tatsächlichen Kosten konfrontiert sehen, die dreimal höher liegen als veranschlagt. Eine umfassende Betrachtung, die auch versteckte Kostenfaktoren wie Datenqualitätsverbesserung, Integration und Wartung berücksichtigt, verhindert unangenehme Überraschungen.

Open Source und Monitoring reduzieren Kosten

Open-Source-Technologien und aktives Cloud-Kostenmonitoring helfen, die finanziellen Risiken zu kontrollieren. Der Einsatz etablierter Frameworks wie TensorFlow oder Scikit-learn reduziert Lizenzkosten, während Tools wie AWS Cost Explorer ineffiziente Ressourcennutzung frühzeitig sichtbar machen. Diese proaktive Kostenkontrolle schafft finanzielle Transparenz und ermöglicht gezielte Optimierungen.

Vendor Lock-in verhindern

Die langfristige technologische Unabhängigkeit durch standardisierte APIs und interoperable Frameworks verhindert kostspielige Vendor Lock-ins. Ein Unternehmen, das sich zu stark an einen einzelnen KI-Plattformanbieter bindet, könnte später feststellen, dass die Wechselkosten prohibitiv hoch sind. Eine ausgewogene Strategie, die eigene Kompetenzen mit flexiblen externen Lösungen kombiniert, bewahrt die Handlungsfreiheit und schützt vor langfristigen Abhängigkeiten.

Key Takeaways

- Managen Sie KI-Erwartungen durch Aufklärung und transparente Kommunikation.
- Überwachen Sie Kosten inklusive Datenaufbereitung und Cloud-Ausgaben.
- Schaffen Sie ein Gleichgewicht zwischen eigenen und externen Ressourcen.
- Nutzen Sie Standards und offene Frameworks für langfristige Flexibilität.

13.3.7 Widerstand gegen Veränderung

Menschliche Faktoren

Die Einführung von KI-Technologien in SAP-gestützten Geschäftsprozessen erfordert nicht nur technologische Anpassungen, sondern auch ein Umdenken innerhalb der Organisation.

[zB]

Beispiel für Widerstand bei der Einführung von KI

Ein Großhändler, der ein KI-System zur Bestandsoptimierung einführt, könnte auf erheblichen Widerstand bei den Einkäuferinnen stoßen. Diese haben jahrelang auf Basis ihrer Erfahrung und Intuition gearbeitet und könnten das neue System als Einschränkung ihrer Autonomie oder als implizite Kritik an ihrer bisherigen Arbeit empfinden. Trotz objektiver Verbesserungen in der Bestandseffizienz bleibt die Lösung ungenutzt, weil die menschliche Komponente des Wandels unterschätzt wurde.

Messbare Erfolge

Pilotprojekte mit transparenter Erfolgsdokumentation können Überzeugungsarbeit leisten. Eine KI-gestützte Qualitätskontrolle, zunächst in einer einzelnen Produktionslinie implementiert, könnte messbare Verbesserungen demonstrieren: 30 Prozent weniger Ausschuss, 20 Prozent reduzierte Inspektionszeit und eine verbesserte Rückverfolgbarkeit. Diese konkreten Erfolge, klar kommuniziert und mit der Botschaft verbunden, dass KI als Unterstützung und nicht als Ersatz dient, können auch skeptische Mitarbeitende überzeugen.

KI-Champions als Brücke

Umfassende Upskilling-Programme bauen Kompetenzen auf und reduzieren Ängste. Ein dreistufiges Schulungsmodell – Grundlagen-Workshops für alle, vertiefende Trainings für direkt betroffene Teams und spezialisierte Zertifizierungen für KI-Champions in jeder Fachabteilung – schafft nicht nur notwendiges Wissen, sondern auch Multiplikatoren, die als Brücke zwischen IT und Fachbereichen fungieren können. Diese Investition in die Mitarbeiterentwicklung signalisiert zudem, dass Menschen weiterhin im Mittelpunkt stehen.

Data Literacy als Grundlage für KI-Akzeptanz

Eine datengetriebene Unternehmenskultur entwickelt sich nicht über Nacht, ist aber entscheidend für nachhaltige KI-Akzeptanz. Data Literacy Programme, die allen Mitarbeitenden ein grundlegendes Verständnis für datenbasierte Entscheidungsfindung vermitteln, legen den Grundstein für eine offenere Haltung gegenüber algorithmischen Lösungen. Das Teilen von Erfolgsgeschichten zeigt konkret, wie KI-Lösungen tägliche Arbeitsprozesse verbessern können, und macht den Nutzen greifbar statt abstrakt.

Key Takeaways

- Bauen Sie Vertrauen durch Transparenz und messbare Erfolge auf.
- Investieren Sie in Weiterbildung und Upskilling.
- Entwickeln Sie eine offene, datengetriebene Unternehmenskultur.

13.3.8 Sicherheitsrisiken und technische Schulden

KI-Systeme regelmäßig auf Manipulierbarkeit prüfen

Der Einsatz von KI-Technologien in SAP-Systemen bringt zusätzliche Sicherheitsrisiken mit sich, die gezielt adressiert werden müssen. Ein Finanzdienstleister mit einem KI-gestützten Betrugserkennung-System könnte übersehen, dass dieses anfällig für gezielte Manipulationen ist. Potenzielle Betrüger könnten durch subtile Anpassungen bestimmter Transaktionsmerkmale das System umgehen, ohne dass dies bemerkt wird. Erst ein externer Penetrationstest würde diese kritische Schwachstelle aufdecken – möglicherweise nachdem bereits Schäden entstanden sind.

Simulierte Angriffe

Regelmäßige Adversarial-Attack-Simulationen verbessern die Robustheit von KI-Systemen erheblich. Ein spezialisiertes Team, das gezielt versucht, die KI-Systeme zu täuschen oder zu manipulieren, kann Schwachstellen identifizieren, bevor echte Angreifer sie ausnutzen. Diese proaktiven Tests schärfen das Bewusstsein für Sicherheitsrisiken und führen zu resilienteren Modellen, die auch unter schwierigen Bedingungen zuverlässig funktionieren.

13

Mehrschichtige Sicherheit für sensible Geschäftsdaten

Eine Zero-Trust-Strategie mit strengen Zugriffskontrollen schützt kritische KI-Infrastrukturen. Die Kombination aus durchgehender Verschlüsselung, mehrstufiger Authentifizierung und detaillierter Protokollierung bildet ein mehrschichtiges Sicherheitssystem, das unbefugte Zugriffe effektiv verhindert. Diese umfassende Absicherung ist besonders in SAP-Umgebungen wichtig, wo KI-Systeme oft mit sensiblen Geschäftsdaten arbeiten.

Schnelligkeit vs. nachhaltige Architektur

Technische Schulden entstehen schleichend und können langfristig erhebliche Probleme verursachen. Ein Einzelhändler, der seine Nachfrageprognose-KI unter Zeitdruck mit zahlreichen Workarounds und hartcodierter Geschäftslogik implementiert, schafft zunächst eine funktionsfähige Lösung. Doch sobald neue Produktkategorien hinzukommen oder sich Geschäftsanforderungen ändern, werden große Teile des Systems neu entwickelt werden müssen – ein aufwendiger und teurer Prozess, der durch eine sauberere initiale Architektur vermeidbar gewesen wäre.

Qualitätsstandards reduzieren langfristige Kosten

Systematische Code-Reviews und standardisierte Dokumentation reduzieren technische Schulden nachhaltig. Verbindliche Qualitätsstandards, die regelmäßige Peer-Reviews und eine strukturierte Dokumentation vorschreiben, erhöhen zwar den initialen Entwicklungsaufwand, reduzieren jedoch langfristig die Wartungskosten erheblich. Diese Investition in Codequalität zahlt sich besonders aus, wenn Teams wechseln oder Systeme über Jahre hinweg weiterentwickelt werden müssen.

Reproduzierbarkeit durch Datenversionisierung sichern

Die Versionskontrolle für Daten und Modelle ist ein oft übersehener, aber essenzieller Aspekt professioneller KI-Entwicklung. Tools wie Data Version Control (DVC) machen nicht nur Code, sondern auch Trainingsdaten, Modellparameter und Evaluationsergebnisse nachverfolgbar. Diese umfassende Dokumentation ermöglicht es, frühere Modellversionen reproduzierbar zu rekonstruieren und die Auswirkungen von Änderungen präzise zu analysieren – eine Fähigkeit, die bei der Fehlersuche oder bei regulatorischen Anforderungen unschätzbar wertvoll ist.

Key Takeaways

- Führen Sie systematische Sicherheitstests für KI-Systeme durch.
- Implementieren Sie Zero-Trust-Architekturen mit strikten Zugriffsregeln.
- Vermeiden Sie technische Schulden durch klare Dokumentation.
- Nutzen Sie Versionskontrolle für Daten und Modelle.
- Etablieren Sie systematische Code-Reviews.

13.3.9 Fehlende Erfolgsmessung

KI als lernendes System

Die Einführung von KI in SAP-gestützten Geschäftsprozessen erfordert nicht nur eine präzise technische Umsetzung, sondern auch eine fundierte Erfolgsmessung. Ohne klar definierte Metriken ist es kaum möglich, den tatsächlichen geschäftlichen Nutzen von KI-Anwendungen nachzuvollziehen oder fundierte Entscheidungen über Optimierungen und Skalierungen zu treffen. Darüber hinaus führt die Betrachtung von KI als einmaliges Projekt anstatt als lernendes System dazu, dass langfristige Verbesserungen und Anpassungen an veränderte Geschäftsanforderungen ausbleiben.

Geschäftsmetriken statt technischer Kennzahlen

Ein häufiger Fehler liegt in der fehlenden Definition eines geeigneten ROI-Rahmens. Oft wird der Erfolg eines KI-Systems ausschließlich anhand technischer Metriken wie Modellgenauigkeit oder Rechenleistung bewertet. Diese Kennzahlen sind zwar relevant, spiegeln jedoch nicht zwangsläufig den geschäftlichen Mehrwert wider. Entscheidend ist vielmehr die Verbindung zu konkreten Business-Metriken, wie Kosteneinsparungen, Umsatzsteigerungen oder Prozessbeschleunigungen.

[zB]

Beispiel für Erfolgsmessung mit geschäftsorientierten Kennzahlen

Eine KI-gestützte Kundenservice-Lösung sollte nicht primär anhand ihrer Erkennungsgenauigkeit gemessen werden, sondern vielmehr durch die tatsächliche Reduktion der durchschnittlichen Bearbeitungszeit pro Anfrage oder die nachweisliche Steigerung der Kundenzufriedenheit. Diese geschäftsorientierten Kennzahlen ermöglichen eine aussagekräftige Bewertung des tatsächlichen Nutzens und schaffen die Grundlage für faktenbasierte Investitionsentscheidungen.

Objektiver Mehrwertsnachweis

Eine besonders effektive Methode zur quantitativen Messung des KI-Nutzens ist das *A/B-Testing*. Hierbei werden KI-gestützte Prozesse direkt mit manuellen oder bisherigen Abläufen verglichen, um den tatsächlichen Mehrwert objektiv zu analysieren.

[zB]

Beispiel für A/B-Testing

Eine Empfehlungs-KI in einem SAP-CRM-System kann evaluiert werden, indem sie einer definierten Testgruppe personalisierte Produktvorschläge unterbreitet, während eine Kontrollgruppe weiterhin auf statischen Regeln basierende Vorschläge erhält. Die anschließende Analyse von Kennzahlen wie Conversion-Rate, Durchschnittsbestellwert oder Kundenzufriedenheit liefert eine fundierte Grundlage zur Bewertung des KI-gestützten Ansatzes. Diese direkte Gegenüberstellung macht den Mehrwert unmittelbar sichtbar und quantifizierbar.

Systematische Feedback-Schleifen implementieren

Neben einer präzisen Erfolgsmessung ist die kontinuierliche Verbesserung entscheidend, um sicherzustellen, dass KI-Modelle auch langfristig optimal arbeiten. KI darf nicht als einmalige Implementierung betrachtet werden, sondern muss als dynamisches, sich stetig weiterentwickelndes System verstanden werden. Dies erfordert den Aufbau systematischer Feedback-Schleifen, in denen Nutzerrückmeldungen direkt in die Weiterentwicklung der Modelle einfließen. Eine praktikable Umsetzung besteht darin, interaktive Ratings für KI-generierte Empfehlungen oder Entscheidungsprozesse zu integrieren, sodass Anwenderinnen und Anwender direkt bewerten können, ob die Vorschläge hilfreich waren oder Verbesserungspotenzial aufweisen. Diese kontinuierliche Rückkopplung gewährleistet, dass die Modelle praxisrelevant bleiben und sich an veränderte Anforderungen anpassen können.

Technische und prozessuale Optimierung verbinden

Die kontinuierliche Iteration sollte dabei sowohl technische als auch geschäftliche Aspekte umfassen. Während die Modelle regelmäßig anhand neuer Daten nachtrainiert werden müssen, ist es ebenso essenziell, die Geschäftsprozesse rund um den KI-Einsatz fortlaufend zu optimieren. Dies beinhaltet die systematische Analyse neuer Anwendungsfälle, die auf Basis der bisherigen Erfahrungen identifiziert werden, sowie die kontinuierliche Verbesserung bestehender Schnittstellen und Arbeitsabläufe. Nur durch diese umfassende Betrachtung kann der maximale Nutzen aus der KI-Technologie gezogen werden.

Klare Metriken und Iteration als Erfolgsfaktoren

Eine systematische Erfolgsmessung und iterative Verbesserung sind somit essenziell für die nachhaltige Integration von KI in Unternehmensprozesse. Organisationen, die klare ROI-Metriken definieren, kontinuierliches A/B-Testing durchführen und eine enge Rückkopplung mit den Nutzerinnen und Nutzern sicherstellen, können ihre KI-Strategie gezielt optimieren und langfristig den geschäftlichen Mehrwert maximieren.

Key Takeaways

- Definieren Sie einen klaren ROI-Rahmen mit geschäftsrelevanten Metriken jenseits technischer Kennzahlen.
- Nutzen Sie A/B-Testing für objektive Vergleiche zwischen KI-gestützten und traditionellen Prozessen.
- Etablieren Sie systematische Feedback-Schleifen zur kontinuierlichen Modelloptimierung durch Nutzerrückmeldungen.
- Implementieren Sie eine ganzheitliche Prozessoptimierung, die sowohl Modelle als auch Geschäftsabläufe umfasst.

13.3.10 Fehlende Governance

Rechts- und Vertrauensrisiken

Der verantwortungsvolle Einsatz von KI-Technologien in Unternehmen erfordert klar definierte Governance-Strukturen, die den rechtlichen, ethischen und operativen Rahmen für die Nutzung von KI festlegen. Fehlende Richtlinien und regulatorische Lücken können nicht nur zu rechtlichen Konsequenzen führen, sondern auch zu erheblichen Vertrauensverlusten bei Kunden, Mitarbeitenden und Aufsichtsbehörden. Besonders problematisch in diesem Kontext sind intransparente Blackbox-Modelle, die keine nachvollziehbaren Entscheidungen liefern, sowie der unsachgemäße Umgang mit branchenspezifischen oder neuen regulatorischen Anforderungen wie dem EU AI Act.

Ethikrat

Ein fundamentales Element einer nachhaltigen KI-Strategie ist die Festlegung von präzisen Nutzungsrichtlinien. Unternehmen müssen klar definieren, in welchen Bereichen KI eingesetzt werden darf und wo ethische oder regulatorische Grenzen gezogen werden müssen. Ohne solche Regelwerke besteht die reale Gefahr, dass KI-Systeme in hochsensiblen Bereichen wie der Überwachung von Mitarbeitenden ohne ausreichenden Compliance-Rahmen implementiert werden. Eine bewährte Lösung besteht in der Etablierung eines Ethikrats oder einer KI-Governance-Gruppe, die fundierte Entscheidungen über den Einsatz bestimmter Technologien trifft. Ein konkretes Beispiel wäre die Vorgabe: »KI-gestützte Überwachungssysteme dürfen ausschließlich nach einer unabhängigen Prüfung und Freigabe durch den Ethikrat implementiert werden.« Solche verbindlichen Regelungen stellen sicher, dass KI-Anwendungen nicht nur technisch realisierbar, sondern auch gesellschaftlich akzeptabel und regulatorisch konform sind.

Strukturierte Risikobewertung gemäß EU AI Act

Neben ethischen Richtlinien müssen Unternehmen zwingend branchenspezifische und allgemeine gesetzliche Vorgaben einhalten. Insbesondere in der Europäischen Union entwickelt sich der EU AI Act zur zentralen regulatorischen Grundlage für den KI-Einsatz. Dieses Regelwerk stuft KI-Systeme in verschiedene Risikokategorien ein und definiert für Hochrisiko-Anwendungen besondere Anforderungen. Hierzu zählen umfassende Dokumentationspflichten, systematische Risikobewertungen und konkrete menschliche Aufsichtspflichten. Systeme wie KI-gestützte Bewerbungsfilter oder automatisierte Entscheidungsmodelle im Finanzsektor fallen typischerweise unter diese Regelungen und müssen nachweislich sicher, transparent und diskriminierungsfrei konzipiert sein. Um diesen Anforderungen proaktiv zu begegnen, sollten Unternehmen frühzeitig eine strukturierte Risikobewertung für sämtliche KI-Projekte etablieren und eine lückenlose Dokumentation besonders für Hochrisiko-Anwendungen sicherstellen.

XAI-Methoden machen

Ein weiterer kritischer Aspekt ist die Transparenz und Erklärbarkeit von KI-generierten Entscheidungen. In zahlreichen Anwendungsbereichen, besonders in der Kreditvergabe oder im Gesundheitswesen, ist es unverzichtbar, dass KI-Ergebnisse für Anwenderinnen und Anwender, Kunden und Aufsichtsbehörden nachvollziehbar bleiben. Intransparente Blackbox-Modelle, die keine verständlichen Erklärungen für ihre Entscheidungsfindung liefern, stoßen zunehmend auf Widerstand und gefährden das fundamentale Vertrauen in diese Technologien. Unternehmen sollten daher konsequent auf Explainable-AI-(XAI-)Methoden setzen, um ihre Modelle transparenter zu gestalten. Spezialisierte Werkzeuge wie LIME (Local Interpretable Model-agnostic Explanations) oder SHAP (Shapley Additive Explanations) ermöglichen es, komplexe KI-Entscheidungen auf eine Weise zu visualisieren und zu erläutern, die für Nutzerinnen und Nutzer sowie Prüfinstanzen nachvollziehbar ist.

Zusätzlich schreibt der EU AI Act für bestimmte KI-Systeme, insbesondere solche mit direkter Nutzerinteraktion, explizite Transparenzpflichten vor. So müssen beispielsweise Chatbots oder automatisierte Entscheidungsmodelle deutlich als KI-gestützte Systeme gekennzeichnet werden, um Nutzerinnen und Nutzern eine informierte Interaktion zu ermöglichen. Diese Maßnahme verhindert, dass Personen unbewusst mit KI-basierten Systemen interagieren, deren Funktionsweise oder Entscheidungsgrundlagen nicht transparent kommuniziert werden.

Strukturiertes Regelwerk

Eine umfassende KI-Governance erfordert somit ein systematisches Zusammenspiel aus präzisen Nutzungsrichtlinien, konsequenter regulatorischer Konformität und technischer Erklärbarkeit. Unternehmen, die frühzeitig auf ein strukturiertes Regelwerk setzen, minimieren nicht nur rechtliche und ethische Risiken, sondern schaffen auch die essenzielle Grundlage für eine transparente und vertrauenswürdige KI-Nutzung im Unternehmenskontext.

Key Takeaways

- Definieren Sie klare KI-Nutzungsrichtlinien mit ethischen Grenzen und präzisen Zuständigkeiten.
- Führen Sie frühzeitig systematische Risikobewertungen gemäß gesetzlichen Vorgaben wie dem EU AI Act durch.
- Nutzen Sie Explainable-AI-Verfahren wie LIME oder SHAP für transparente und vertrauenswürdige Modellentscheidungen.
- Setzen Sie Ethik- und Compliance-Gremien für regelmäßige Prüfungen und Qualitätssicherung ein.
- Implementieren Sie konsequente Transparenzpflichten durch klare Kennzeichnung aller KI-Systeme.

13.4 Zusammenfassung

In diesem Kapitel haben Sie gelernt, wie Sie KI in SAP-Umgebungen integrieren. Sie kennen nun den gesamten Lebenszyklus eines KI-Projekts von der Konzeption bis zum nachhaltigen Betrieb.

Im Zentrum steht zunächst die Projektvorbereitung mit präziser Definition von Geschäftszielen durch Ansätze wie SMART, OKR oder Balanced Scorecard. Ein wesentliches Element ist die systematische Priorisierung von Anwendungsfällen basierend auf Business Value, technischer Machbarkeit und Datenverfügbarkeit. Besonders geeignet für KI-Unterstützung sind standardisierte, datenintensive und wiederkehrende Prozesse.

Für erfolgreiche Implementierungen sind hochwertige Daten, interdisziplinäre Teams und geeignete SAP-Technologien wie SAP AI Core oder SAP Business Data Cloud unerlässlich. Die Integration in eine übergreifende Digitalstrategie einschließlich klarer Governance-Strukturen sichert nachhaltigen Erfolg.

Bei der Umsetzung empfehlen wir einen strukturierten Ansatz mit fokussierten Proof of Concepts und die Anwendung bewährter Rahmenwerke wie CRISP-DM. Die nahtlose Integration in bestehende SAP-Systeme, begleitet von gezielten Schulungsmaßnahmen und kontinuierlichem Monitoring, ist für den langfristigen Erfolg entscheidend.

Abschließend analysiert das Kapitel typische Fallstricke wie fehlende strategische Anbindung, mangelhafte Datenqualität, Silodenken und übermäßige Komplexität. Mit transparenter Kommunikation, sorgfältiger Planung und einem umfassenden Governance-Ansatz lassen sich diese vermeiden. Besondere Aufmerksamkeit erfordern ethische Aspekte wie Fairness und Transparenz sowie die Integration von Nutzer-Feedback und die kontinuierliche Verbesserung der KI-Lösungen.

Kapitel 14
Ein Blick in die Zukunft

Dieses Kapitel bietet einen Ausblick auf zukünftige Entwicklungen im Bereich der KI und deren mögliche Einflüsse auf ERP-Systeme.

Die rasante Weiterentwicklung von KI und Cloud-Technologien verändert die SAP-Produktlandschaft grundlegend und ebnet den Weg für völlig neue Geschäftsmodelle und Prozessarchitekturen. Dieses Kapitel skizziert die Zukunftsperspektiven und zeigt, wie sich ERP-Systeme in den kommenden Jahren durch den gezielten Einsatz von KI in allen Unternehmensbereichen transformieren werden.

In Abschnitt 14.1 nehmen wir uns die aktuellen Trends der KI-Forschung und ihre Implikationen für ERP-Systeme vor: Generative KI und Large Language Models revolutionieren Automatisierung, Wissensmanagement und Interaktion, die Verbindung mit Robotic Process Automation (RPA) schafft hochdynamische Prozessautomatisierung. Predictive Analytics steigert die Resilienz von Supply Chains.

In Abschnitt 14.2 folgen konkrete Handlungsempfehlungen für Entscheiderinnen und Entscheider: von Kompetenzaufbau und agilen Organisationen über Pilotprojekte und klare Governance-Strukturen bis hin zu Transparenz- und Change-Management-Maßnahmen.

So bereitet dieses Kapitel den Weg, um technologische, organisatorische und kulturelle Entwicklungen im SAP-Umfeld zu verstehen und gezielt für eine zukunftssichere ERP-Strategie zu nutzen.

14.1 Trends in der KI-Forschung und deren Implikationen für ERP-Systeme

Generative KI und LLMs wie GPT-5 oder SAPs Joule ermöglichen eine natürlichere, dialogbasierte Interaktion mit ERP-Systemen, automatisieren Routineaufgaben und verbessern das Unternehmenswissensmanagement. In Kombination mit RPA entsteht eine neue Qualität der Prozessautomatisierung, die auch komplexe, kontextabhängige Abläufe eigenständig steuert und so Produktivität und Effizienz deutlich steigert.

14.1.1 Sprachmodelle, Prozessautomatisierung und Datenanalysen

ERP-Systeme mit GenAI

Die rasanten Fortschritte in der Entwicklung generativer KI-Modelle wie ChatGPT, GPT-4 und vergleichbarer Large Language Models (LLMs) haben bereits heute spürbare Auswirkungen auf ERP-Systeme und deren zukünftige Gestaltung. Generative KI-Systeme zeichnen sich durch ihre Fähigkeit aus, aus umfangreichen Trainingsdaten komplexe Zusammenhänge zu lernen und menschenähnliche Kommunikation zu ermöglichen. Dadurch eröffnen sich vollkommen neue Einsatzmöglichkeiten innerhalb von ERP-Systemen, insbesondere hinsichtlich Automatisierung, Wissensmanagement und Benutzerinteraktion.

Automatisierte Routineprozesse

Eine zentrale Einsatzmöglichkeit für generative KI-Modelle in ERP-Systemen liegt in der Unterstützung und Automatisierung von Routineprozessen. Modelle wie GPT-4 oder Joule sind bereits heute in der Lage, eigenständig Anfragen zu bearbeiten, Datenanalysen durchzuführen und automatische Handlungsempfehlungen abzuleiten. Beispielsweise können diese KI-Systeme komplexe Finanzberichte analysieren, automatisch Kommentare generieren oder bei operativen Fragestellungen im Bereich Einkauf und Logistik eigenständig Vorschläge zur Prozessoptimierung erstellen.

Intuitiver Zugang zu Wissen

Gleichzeitig bieten LLMs enormes Potenzial bei der personalisierten Nutzerinteraktion und im Wissensmanagement. ERP-Systeme, an denen LLMs angebunden sind, ermöglichen eine natürlichere und intuitivere Kommunikation zwischen Anwendenden und dem System. Anstatt aufwendig manuell Daten zu suchen oder komplexe Anfragen zu formulieren, interagieren Mitarbeitende direkt mit einem KI-gestützten Chatbot, der komplexe Anfragen versteht und direkt relevante Informationen bereitstellt (siehe Abbildung 14.1). Auf diese Weise kann generative KI effektiv das Wissen eines gesamten Unternehmens strukturieren, zugänglich machen und gezielt abrufbar gestalten. Mitarbeitende werden produktiver, da sie nicht mehr Zeit mit der Recherche verbringen müssen, sondern sich auf wertschöpfende Aufgaben konzentrieren können.

Risiken generativer KI aktiv steuern

Dennoch existieren auch Risiken beim Einsatz generativer KI in Unternehmensprozessen, die nicht vernachlässigt werden dürfen. Aufgrund der generativen Natur der Modelle besteht beispielsweise die Gefahr, dass ungenaue, fehlerhafte oder verzerrte Informationen erzeugt werden könnten (Halluzinationen). Besonders bei kritischen Geschäftsprozessen, etwa im Finanzmanagement oder Compliance-Bereich, könnten fehlerhafte Empfehlungen oder Analysen zu weitreichenden negativen Konsequenzen führen. Hinzu kommen Herausforderungen hinsichtlich Datenschutz, Compliance und ethischer Standards, da generative KI häufig sensible Daten verarbeitet und analysiert. Deshalb müssen klare Governance-Strukturen sowie Prüfmechanismen geschaffen werden, um die Verlässlichkeit der KI-Ergebnisse sicherzustellen.

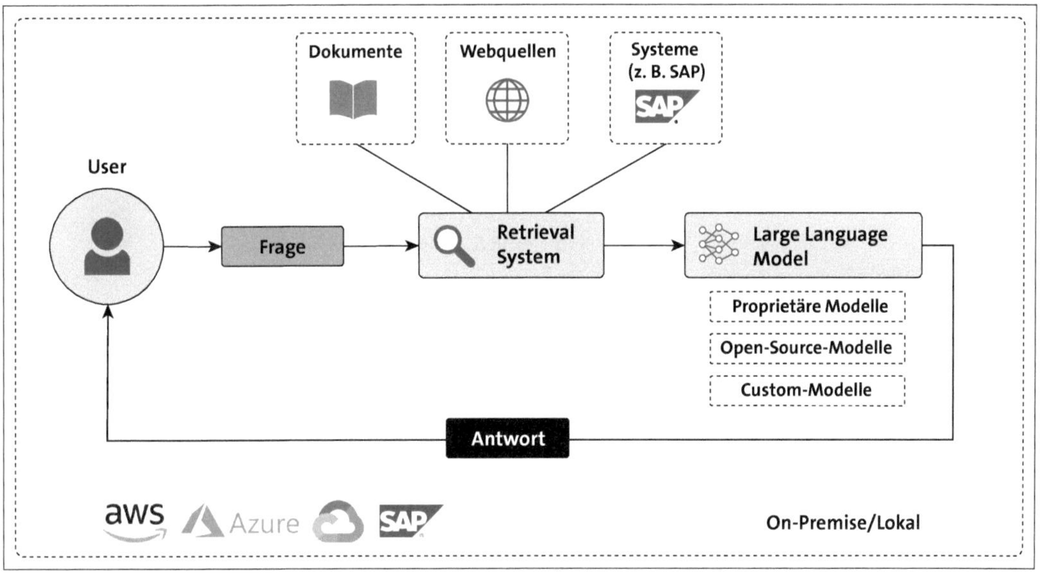

Abbildung 14.1 Interne Wissensquellen und Daten aus SAP in interaktive Chatbots einbinden

Dynamische und komplexe Prozessautomatisierung

Die Integration von KI und Robotic Process Automation (RPA) führt zu einer neuen Qualität der Prozessautomatisierung in ERP-Systemen. Während RPA zunächst einfache, repetitive und klar definierte Aufgaben automatisierte, erlaubt die Verbindung mit KI-Technologien jetzt eine deutlich komplexere und dynamischere Prozessautomatisierung (siehe Abbildung 14.2). KI-gestützte RPA-Lösungen können auch Prozesse bewältigen, die Entscheidungen auf Basis unstrukturierter Daten oder situativer Kontextinformationen erfordern. Diese Weiterentwicklung schafft eine Grundlage für eine umfassende Automatisierung im ERP-Umfeld, die weit über einfache Routineaufgaben hinausgeht.

Weniger wiederholende Tätigkeiten

Typische Anwendungsbereiche, die von KI-unterstützter Automatisierung besonders profitieren, sind beispielsweise Buchhaltung, Beschaffung und das Personalwesen. In der Buchhaltung können KI-basierte RPA-Systeme selbstständig Rechnungen prüfen, verbuchen und Zahlungsprozesse automatisieren, wobei sie mithilfe intelligenter Texterkennung (OCR) und maschinellen Lernens auch komplexe Dokumente fehlerfrei verarbeiten. Im Bereich Beschaffung hilft intelligente Prozessautomatisierung dabei, Lieferantenangebote automatisch zu bewerten, Bestellungen auszulösen oder

Lagerbestände in Echtzeit zu überwachen. In HR-Prozessen wiederum kann KI-gestützte Automatisierung bei der Vorauswahl von Bewerbern, dem Onboarding neuer Mitarbeitender oder der automatisierten Bearbeitung administrativer Personalangelegenheiten eingesetzt werden.

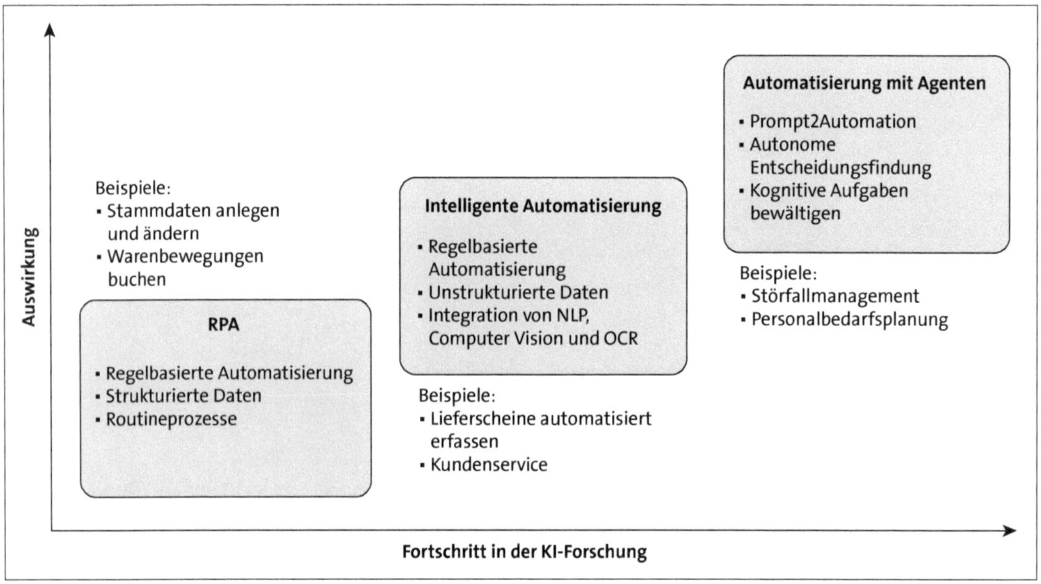

Abbildung 14.2 Kombination von RPA und KI – von klassischen Bots zu Agentic Automation

Erhöhte Effizienz und entlastete Mitarbeitende

Die Verbindung von KI und RPA sorgt hierbei nicht nur für eine erhebliche Effizienzsteigerung, sondern senkt gleichzeitig die Prozesskosten deutlich. Unternehmen reduzieren durch die intelligente Automatisierung Fehlerquoten und beschleunigen Arbeitsabläufe, was zu einer direkten Steigerung der Produktivität führt. Gleichzeitig können sich Mitarbeitende stärker auf wertschöpfende, strategische Aufgaben konzentrieren, während operative und repetitive Prozesse weitgehend autonom und intelligent gesteuert werden.

Trends erkennen und Wettbewerbsvorteile sichern

Ein weiterer zentraler Trend in der KI-Forschung betrifft den Bereich der datengetriebenen Analysen und Predictive Analytics. KI-basierte Analyseverfahren ermöglichen mittlerweile präzisere Prognosen und Entscheidungsunterstützung als traditionelle statistische Modelle, da sie große Datenmengen in Echtzeit verarbeiten und komplexe Muster dynamisch erkennen. ERP-Systeme der Zukunft integrieren daher zunehmend leistungsfähige KI-gestützte Prognosefunktionen, die Unternehmen helfen, Marktveränderungen frühzeitig zu antizipieren und rechtzeitig geeignete Maßnahmen zu ergreifen.

Flexiblere und robustere Supply Chains

Besonders deutlich wird der Nutzen KI-gestützter Predictive Analytics in Bereichen wie Lieferkettenmanagement oder Ressourcenplanung. Mithilfe von KI können Unternehmen frühzeitig Lieferengpässe vorhersagen, präzise Nachfrageprognosen erstellen und Ressourcen optimal verteilen. Intelligente Analysealgorithmen erkennen proaktiv Risiken wie Lieferverzögerungen oder Produktionsengpässe und geben automatisiert Handlungsempfehlungen, wodurch Reaktionszeiten deutlich reduziert werden. Somit entsteht eine flexible, datengetriebene Supply Chain, die erheblich robuster gegenüber externen Störungen ist.

Fundierte Entscheidungen

Durch den Einsatz intelligenter Datenanalysen erhöht sich auch die allgemeine Entscheidungsqualität im Unternehmen. KI-Algorithmen verknüpfen interne Unternehmensdaten mit externen Markt- und Trenddaten, um Entscheidungsträgern tiefere Einblicke zu ermöglichen und Risiken und Chancen präziser zu bewerten. Statt Entscheidungen auf Basis historischer Daten allein zu treffen, erhalten Führungskräfte dynamische Echtzeit-Empfehlungen, die schneller, fundierter und gezielter sind. Langfristig führt dies zu strategischen Vorteilen, höherer Profitabilität und größerer Wettbewerbsfähigkeit.

ERP-Prozesse neu gedacht

Ein besonders zukunftsweisender Trend in der KI-Forschung liegt im Bereich autonomer KI-Agenten und Multi-Agent-Systeme. Unter KI-Agenten versteht man intelligente Softwareeinheiten, die eigenständig Aufgaben erfüllen, Entscheidungen treffen und ihre Umgebung gezielt beeinflussen können. Solche autonomen KI-Agenten sind nicht nur reaktiv, sondern verfügen auch über proaktive, lernende und adaptive Eigenschaften. Multi-Agent-Systeme entstehen, wenn mehrere autonome KI-Agenten zusammenarbeiten und dabei komplexe Ziele koordinieren und gemeinsam erreichen.

Innerhalb von ERP-Systemen bieten autonome KI-Agenten großes Potenzial zur Verbesserung der Flexibilität und Effizienz der Steuerung von Unternehmensprozessen. So könnten etwa KI-Agenten im Einkauf eigenständig Lieferanten auswählen, Vertragsverhandlungen simulieren und Bestellungen optimieren, während parallel andere Agenten Lagerbestände in Echtzeit überwachen und Anpassungen automatisiert vornehmen. Im Finanzbereich könnten autonome KI-Agenten Zahlungen steuern, Risiken identifizieren und Cashflows optimieren, ohne auf manuelle Eingriffe angewiesen zu sein.

Governance entscheidend für den Erfolg

Trotz der vielfältigen Chancen bestehen bei Multi-Agent-Systemen jedoch auch Herausforderungen. So erfordert die autonome Zusammenarbeit mehrerer KI-Agenten klare Governance-Strukturen, um unerwünschte Interaktionen oder konkurrierende Entscheidungen zu vermeiden. Die Komplexität der Steuerung verteilter KI-Agenten erfordert zudem Transparenz und Nachvollziehbarkeit ihrer Entscheidungsprozesse, um Risiken zu minimieren und Vertrauen sicherzustellen.

Simulationsbasierte Planung und Risikoanalyse

Ein weiterer bedeutender Forschungszweig betrifft sogenannte *World Models* und simulationsbasierte KI-Systeme, die weit über klassische generative Modelle wie LLMs hinausgehen. Im Gegensatz zu reinen Sprachmodellen, die primär textuelle Informationen verarbeiten, bilden World Models komplette simulierte Umgebungen ab, in denen KI-Systeme eigenständig experimentieren, lernen und komplexe Zukunftsszenarien vorhersagen können. Diese simulationsbasierten KI-Modelle ermöglichen es, hypothetische Situationen durchzuspielen und langfristige Auswirkungen verschiedener Entscheidungen oder Ereignisse präzise abzuschätzen.

Der Einsatz simulationsbasierter Modelle in ERP-Systemen eröffnet Unternehmen völlig neue Perspektiven, insbesondere im Bereich langfristiger Planung und Szenarioanalyse. Ein Anwendungsfall könnte die vorausschauende Steuerung von Lieferketten sein: World Models könnten beispielsweise umfassende Lieferkettennetzwerke simulieren, um Engpässe oder Störungen vorherzusehen und alternative Strategien automatisiert zu testen. Ebenso wären adaptive Ressourcenplanungen möglich, bei denen KI-Systeme eigenständig auf veränderte Rahmenbedingungen reagieren, indem sie mögliche Szenarien simulieren und optimale Handlungsoptionen vorschlagen.

Digitale Zwillinge als aktive Prozessoptimierer

Digitale Zwillinge, also digitale Abbilder realer Objekte oder Prozesse, erhalten durch den Einsatz von KI eine signifikante Erweiterung. Ursprünglich primär zur reinen Visualisierung und Überwachung eingesetzt, entwickeln sich KI-gesteuerte digitale Zwillinge zu intelligenten Echtzeitmodellen, die Unternehmensprozesse nicht nur abbilden, sondern proaktiv analysieren, simulieren und optimieren. Dabei integrieren digitale Zwillinge zunehmend komplexe KI-Technologien, die autonom Entscheidungen treffen und Anpassungen durchführen können.

Innerhalb von ERP-Systemen könnten digitale Zwillinge beispielsweise komplette Produktionslinien, Supply-Chain-Prozesse oder die gesamte Logistik in Echtzeit überwachen und Optimierungen automatisch durchführen. Durch kontinuierliche KI-gestützte Analysen erkennen digitale Zwillinge Schwachstellen, identifizieren Potenziale zur Effizienzsteigerung und passen Prozesse autonom an sich verändernde Rahmenbedingungen an. Unternehmen profitieren so von einer kontinuierlichen Prozessoptimierung, geringeren Ausfallzeiten und verbesserten Reaktionsmöglichkeiten auf unvorhergesehene Ereignisse.

14.1.2 Explainable AI, Transparenz und Mensch-KI-Kollaboration

XAI schafft Vertrauen

Die zunehmende Komplexität und Autonomie von KI-Systemen im ERP-Umfeld macht es erforderlich, dass Entscheidungen von KI-Modellen nachvollziehbar, transparent und erklärbar bleiben. Genau hier setzt das Konzept der *Explainable AI* (XAI) an. XAI beschäftigt sich damit, KI-Entscheidungen für Menschen verständlich und überprüfbar zu gestalten, um Vertrauen in KI-basierte ERP-Systeme zu gewährleisten. Dies ist insbesondere deshalb entscheidend, weil ERP-Systeme häufig kritische Geschäftsentscheidungen treffen, deren Rechtmäßigkeit, Fairness und sachliche Richtigkeit jederzeit nachvollziehbar sein müssen.

Audit-Sicherheit

Methoden zur Sicherstellung von KI-Transparenz reichen dabei von Modellinterpretationen, beispielsweise durch Visualisierungen von Entscheidungsbäumen oder KI-Entscheidungswegen, bis hin zu Techniken wie *Local Interpretable Model-Agnostic Explanations* (LIME) oder *Shapley-Werten*, die es erlauben, Entscheidungen auch bei komplexen KI-Modellen detailliert aufzuschlüsseln. Dies verbessert nicht nur das Verständnis der Nutzerinnen und Nutzer hinsichtlich der zugrunde liegenden Entscheidungslogik, sondern erleichtert auch die Einhaltung von Compliance- und Audit-Anforderungen. Unternehmen profitieren davon, dass KI-basierte Entscheidungen nicht nur dokumentiert, sondern auch regulatorisch nachvollziehbar und revisionssicher werden.

Ethik und Verantwortlichkeit

Eng verbunden mit XAI ist der Trend zur vertrauenswürdigen KI (*Trustworthy AI*). Vertrauen in KI-Systeme entsteht dabei nicht nur durch technische Transparenz, sondern auch durch die Sicherstellung ethischer Standards und klarer Verantwortlichkeiten. Da ERP-Systeme zunehmend sensible Daten verarbeiten und weitreichende Entscheidungen autonom treffen, ist es essenziell, dass Unternehmen ethische Leitlinien für den KI-Einsatz definieren. Dies umfasst unter anderem Fairness, Datenschutz, Sicherheit und Nichtdiskriminierung, aber auch die klare Zuweisung von Verantwortlichkeiten bei Entscheidungen, die KI-Systeme treffen.

Regulierung und Risikomanagement

Der verantwortungsvolle Einsatz von KI im ERP-Umfeld erfordert deshalb ein gezieltes Risikomanagement, das Datenschutz und Informationssicherheit konsequent berücksichtigt. Unternehmen sollten umfassende Risikobewertungen durchführen, um potenzielle Schwachstellen und Risiken frühzeitig zu erkennen und durch technische sowie organisatorische Maßnahmen zu minimieren. Gleichzeitig wächst die Bedeutung regulatorischer Rahmenbedingungen, wie sie beispielsweise durch den EU AI Act gesetzt werden, sowie Zertifizierungen für KI-Systeme, um deren Qualität und Vertrauenswürdigkeit nachzuweisen. Solche regulatorischen Vorgaben helfen

Unternehmen, rechtliche Risiken zu minimieren und gleichzeitig die Akzeptanz der KI-Technologien bei Mitarbeitenden und Kunden zu steigern.

Menschliche und maschinelle Stärken vereinen

Neben der rein technischen Umsetzung wird die Zukunft von ERP-Systemen zunehmend durch hybride KI-Ansätze geprägt, bei denen menschliche Expertise und maschinelle Intelligenz eng zusammenarbeiten. Solche hybriden KI-Modelle verbinden die jeweiligen Stärken von Mensch und Maschine optimal miteinander: Während KI-Systeme komplexe Datenauswertungen, Prognosen oder repetitive Aufgaben schneller und zuverlässiger erledigen können, bringen Menschen ihre Erfahrung, Urteilsfähigkeit und kreative Problemlösungskompetenz ein.

Koordination, Kontrolle und Qualitätssteigerung im Fokus

In KI-gestützten ERP-Systemen der Zukunft verändert sich somit die Rolle der Mitarbeitenden: Statt manueller Datenauswertungen übernehmen sie zunehmend eine koordinierende, steuernde und prüfende Rolle. KI-basierte Analysen und Vorschläge werden durch die menschliche Expertise bewertet, ergänzt und angepasst. Dies ermöglicht einerseits eine deutlich höhere Produktivität, andererseits erhalten Unternehmen eine zusätzliche Sicherheits- und Qualitätskontrolle, da menschliche Entscheidungen und ethische Überlegungen in die maschinellen Prozesse integriert bleiben.

Hybride Ansätze maximieren den Nutzen

Zukunftsszenarien zeigen deutlich, dass hybride Ansätze zur Standardform erfolgreicher KI-Integration in ERP-Systemen werden könnten. Praktische Beispiele hierfür umfassen etwa die Finanzplanung, in der KI automatisiert Prognosen erstellt, die finalen strategischen Entscheidungen jedoch weiterhin menschlich getroffen werden, oder im Bereich HR, wo KI automatisierte Kandidatenauswahlen vorschlägt, Menschen jedoch die finale Entscheidung unter Berücksichtigung menschlicher, ethischer und sozialer Kriterien treffen. Unternehmen, die auf solche hybriden Ansätze setzen, maximieren die Vorteile von KI, minimieren gleichzeitig Risiken und sorgen für breite Akzeptanz in ihrer Organisation.

Die aktuellen Trends in der KI-Forschung bieten enorme Potenziale für die zukünftige Entwicklung und Ausgestaltung von ERP-Systemen. Durch generative KI-Modelle und LLMs entstehen intelligente ERP-Lösungen, die Unternehmensprozesse automatisieren, die Benutzerinteraktion revolutionieren und die Entscheidungsqualität nachhaltig verbessern. Gleichzeitig ermöglicht die Kombination von KI mit RPA eine neue Dimension der Prozessoptimierung, wodurch Unternehmen ihre Effizienz signifikant steigern und zugleich Kosten nachhaltig senken können.

Weiterentwicklungen wie autonome KI-Agenten, World Models und KI-gesteuerte digitale Zwillinge werden ERP-Systeme zukünftig befähigen, noch komplexere Szenarien eigenständig zu simulieren, zu steuern und kontinuierlich zu optimieren. Dabei wird jedoch deutlich, dass die steigende Komplexität der KI-Systeme neue Anforderungen an Transparenz, Nachvollziehbarkeit und Verantwortlichkeit stellt. Konzepte wie XAI und vertrauenswürdige KI werden daher unverzichtbare Bestandteile erfolgreicher KI-Implementierungen sein, um Risiken zu minimieren und Vertrauen sicherzustellen.

Erfolgsmodell der Zukunft

Langfristig zeichnet sich ab, dass hybride Ansätze, in denen menschliche Expertise mit KI-gestützter Automatisierung kombiniert wird, das Erfolgsmodell für ERP-Systeme darstellen. Unternehmen, die es schaffen, technologische Innovationen mit menschlichem Know-how zu vereinen, werden von den Vorteilen intelligenter ERP-Systeme nachhaltig profitieren und ihre Wettbewerbsfähigkeit langfristig sichern können.

14.2 Handlungsempfehlungen für Entscheiderinnen und Entscheider

Komplexität und Innovationsgeschwindigkeit

Die rasante Entwicklung und die stetig steigende Komplexität der KI-Technologien stellen Entscheiderinnen und Entscheider vor erhebliche Herausforderungen. Wenn Unternehmen nicht entsprechend vorbereitet sind, droht aufgrund der hohen Innovationsgeschwindigkeit der Verlust der Wettbewerbsfähigkeit. Vor allem Unternehmen, deren interne Strukturen und Prozesse nicht agil genug sind, laufen Gefahr, den Anschluss an die technologische Entwicklung zu verlieren. Gleichzeitig gestaltet sich die technologische Integration moderner KI-Lösungen in bestehende ERP-Systeme als komplexe technologische und organisatorische Aufgabe. Entscheiderinnen und Entscheider müssen sicherstellen, dass neu eingeführte KI-Technologien reibungslos mit bestehenden Systemen kompatibel sind und zudem effizient skaliert werden können.

Datenschutz und Datensicherheit

Weiterhin ergeben sich insbesondere im Bereich Datenschutz und Datensicherheit neue Herausforderungen: KI-Systeme verarbeiten und generieren enorme Mengen an personenbezogenen und sensiblen Geschäftsdaten, was ein deutlich erhöhtes Risiko hinsichtlich missbräuchlicher Nutzung oder Datenverlust mit sich bringt. Um diesen Risiken entgegenzuwirken, sind umfassende und kontinuierliche Maßnahmen zum Schutz sensibler Daten und zur Gewährleistung höchster Sicherheitsstandards erforderlich.

Ethische und regulatorische Compliance

Der Einsatz von KI wirft zudem ethische und regulatorische Fragestellungen auf, die in zunehmendem Maße Compliance-Anforderungen beeinflussen. Aspekte wie Transparenz, Erklärbarkeit und Fairness bei KI-Entscheidungen gewinnen an Bedeutung, da fehlerhafte oder unethische

Entscheidungen schwerwiegende rechtliche und finanzielle Konsequenzen sowie erhebliche Vertrauensverluste nach sich ziehen können. Entscheiderinnen und Entscheider müssen daher klare Governance-Strukturen entwickeln, um ethische Standards sicherzustellen und regulatorischen Vorgaben gerecht zu werden.

Veränderungsbereitschaft und Unternehmenskultur

Nicht zuletzt stellt die Einführung von KI-Technologien Unternehmen auch vor kulturelle Herausforderungen. Der erfolgreiche Einsatz von KI verlangt eine grundlegende Veränderung der Unternehmenskultur sowie der Rollenprofile der Mitarbeitenden. Entscheiderinnen und Entscheider sind gefordert, eine positive und offene Haltung gegenüber neuen Technologien im Unternehmen zu fördern, Ängste und Widerstände frühzeitig zu erkennen und aktiv durch gezielte Kommunikation und ein professionelles Change-Management abzubauen. Nur so lässt sich sicherstellen, dass Mitarbeitende die neuen Technologien annehmen und die Einführung von KI zu einem nachhaltigen Erfolg wird. Wir haben die wichtigsten Handlungsempfehlungen für Entscheiderinnen und Entscheider zusammengefasst:

1. **KI-Kompetenz und agile Organisationsstrukturen aufbauen**
   Entscheiderinnen und Entscheider sollten frühzeitig eigene KI-Kompetenzen im Unternehmen aufbauen und gezielt weiterentwickeln. Außerdem sollten agile Innovationsprozesse und -teams eingerichtet werden, um die schnelle Adaption neuer Technologien zu ermöglichen. Die Förderung interdisziplinärer Zusammenarbeit zwischen IT, Fachbereichen und externen KI-Experten ist ebenfalls unerlässlich.
2. **Schrittweise Integration durch Pilotprojekte**
   Unternehmen sollten gezielt kleine, überschaubare KI-Pilotprojekte starten, um Erfahrungen zu sammeln und Risiken zu minimieren. Erfolgreiche Pilotprojekte sollten systematisch skaliert und in bestehende ERP-Systeme integriert werden, beispielsweise mit der SAP BTP. Außerdem empfiehlt sich die Einführung hybrider Cloud-ERP-Modelle, um KI-Funktionen flexibel in vorhandene Architekturen zu integrieren.
3. **Klare Governance-Strukturen und verantwortliches Risikomanagement**
   Definieren Sie klare Governance- und Compliance-Regeln für den Einsatz von KI in sensiblen Bereichen wie Finanzen, HR und Compliance. Sie sollten außerdem ein proaktives Risikomanagement aufbauen, das kontinuierlich Risiken im Bereich Datenschutz, Sicherheit und ethischer KI identifiziert und steuert. Zusätzlich sollten Mitarbeitende für Datenschutz- und Sicherheitsanforderungen geschult und sensibilisiert werden.

4. **Transparenz und Vertrauenswürdigkeit sicherstellen**
   Setzen Sie erklärbare KI-Technologien (XAI) ein, um Entscheidungsprozesse transparent und nachvollziehbar zu gestalten. Entwickeln Sie unternehmensinterne ethische Leitlinien und Standards für KI-Anwendungen und stellen Sie die regulatorische Compliance sicher, etwa durch Zertifizierungen. Durch einen proaktiven Austausch mit regulatorischen Behörden und Branchenverbänden können aktuelle Anforderungen frühzeitig erkannt und berücksichtigt werden.
5. **Veränderungsprozesse und Mitarbeiterintegration aktiv gestalten**
   Führen Sie ein professionelles Change Management zur Begleitung der KI-Transformation ein. Kommunizieren Sie dabei die Ziele, Potenziale und Herausforderungen der KI-Integration gegenüber den Mitarbeitenden. Fördern Sie hybride KI-Ansätze, die menschliche Expertise wertschätzen und Mitarbeitende gezielt in neue Rollen hineinentwickeln.

Unternehmen, die erfolgreich auf KI in ihrer SAP-Produktlandschaft setzen möchten, sollten proaktiv mit den genannten Herausforderungen umgehen. Entscheiderinnen und Entscheider haben die Aufgabe, ihre Organisationen frühzeitig strategisch aufzustellen, die Integration von KI durch klare Governance-Strukturen und verantwortungsvolle Führung zu begleiten und die Unternehmenskultur hin zu einer KI-positiven, agilen und innovationsfähigen Umgebung zu entwickeln. Dadurch sichern sie langfristig die Wettbewerbsfähigkeit und profitieren nachhaltig von den enormen Potenzialen intelligenter ERP-Systeme.

14.3 Zusammenfassung

Dieses Kapitel skizziert die zentralen Entwicklungslinien, wie KI und Cloud-Technologien die ERP-Systeme der kommenden Jahre prägen werden. Die Trends aus der KI-Forschung – von Generative AI und LLMs über die Verbindung von KI und RPA, Predictive Analytics und resiliente Supply Chains bis hin zu autonomen KI-Agenten, World Models und digitalen Zwillingen – zeichnen ein Bild hochgradig selbstoptimierender ERP-Systeme.

Gleichzeitig gewinnt Transparenz durch Explainable AI (XAI), vertrauenswürdige KI und hybride Mensch-KI-Kollaborationen an strategischer Bedeutung, um Akzeptanz zu sichern und Risiken zu minimieren.

Entscheidungshilfe

Für die Entscheidung in Ihrem Unternehmen empfehlen wir, KI-Kompetenzen früh und gezielt auszubauen, mit Pilotprojekten zu starten, klare Governance- und Risikostrukturen zu etablieren, Transparenz und Compliance sicherzustellen sowie den kulturellen Wandel aktiv zu gestalten. Unternehmen, die technologische Innovation mit menschlicher Expertise verbinden, werden von den Vorteilen intelligenter ERP-Systeme profitieren und ihre langfristige Wettbewerbsfähigkeit sichern.

Anhang

Anhang A
AI Use Case Canvas

Der *AI Use Case Canvas* ist ein kompakter Steckbrief für KI-Ideen. Er hilft Teams, einen Anwendungsfall in 30–60 Minuten so zu strukturieren, dass Nutzen, Datenbasis, Umsetzung und Risiken kompakt auf einem Formular sichtbar werden. Das Ziel ist, aus einer guten Idee eine entscheidungsreife Initiative zu machen – priorisierbar, schätzbar und anschlussfähig an SAP-Prozesse. Der AI Use Case Canvas erfüllt den folgenden Nutzen:

- Gemeinsames Verständnis schaffen zwischen Business, IT und Data/AI.
- Priorisierung ermöglichen (Business Value vs. Aufwand/Risiko)
- Proof-of-Concept-Reife herstellen (Ziele, KPIs, Daten, Integration klar)
- Stakeholder-Buy-in sichern durch klare, visuelle Argumentation

Um den AI Use Case Canvas zu erstellen, starten Sie mit einem Business-Problem und einer KPI, prüfen Sie die Daten-Realität und berücksichtigen Sie auch die Integration in die SAP-Landschaft. Schließlich planen Sie den Umfang des Proof of Concept und die nächsten Schritte. Der ausgefüllte Canvas dient als Entscheidungsgrundlage für Priorisierung und Budgetfreigabe – und als Briefing für das Proof-of-Concept-Team. In Abbildung A.1 sehen Sie den AI Use Case Canvas. Sie können ihn auch unter *www.sap-press.de/6149* downloaden.

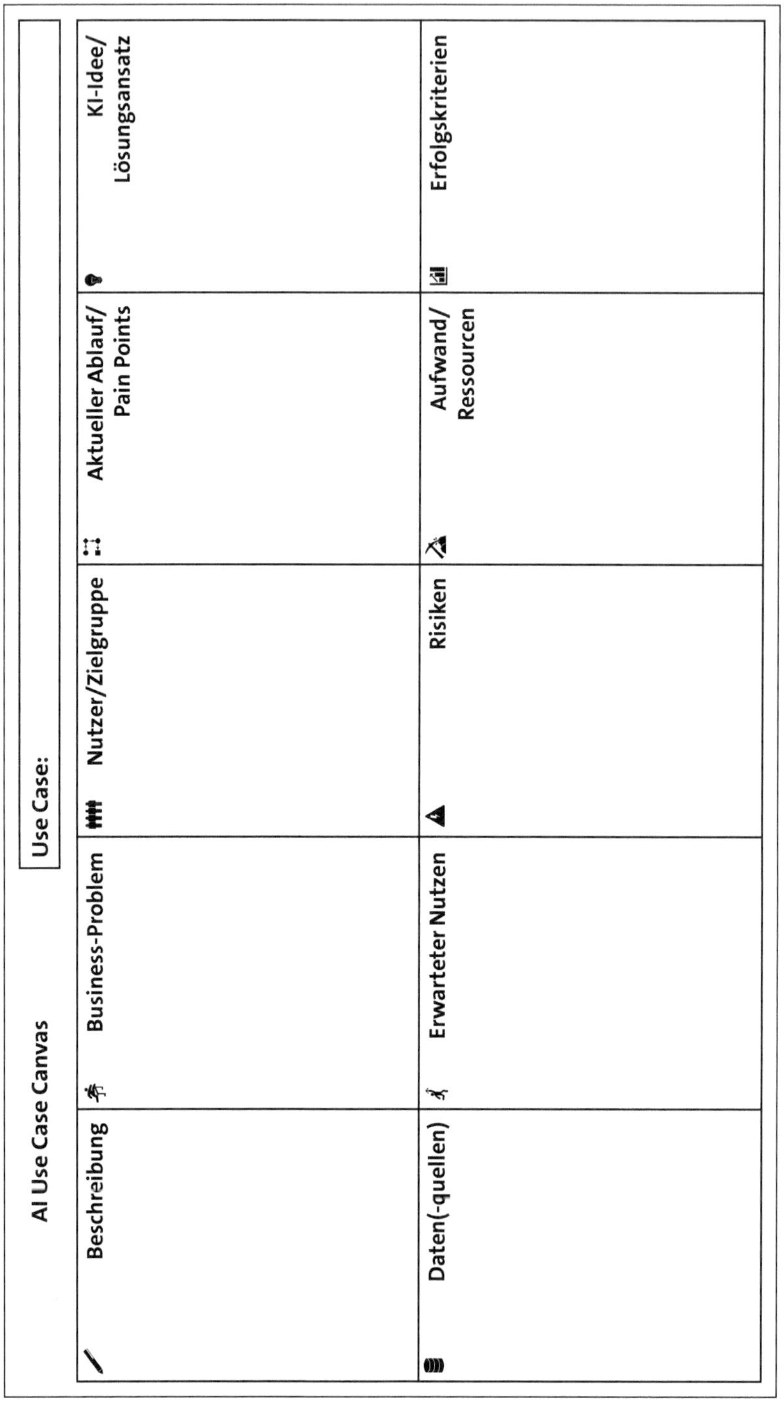

Abbildung A.1 AI Use Case Canvas

Anhang B
Checkliste: Ist Ihr Unternehmen bereit für KI?

Die folgende Checkliste hilft Ihnen, die Bereitschaft Ihres Unternehmens für KI-Projekte im SAP-Umfeld zu bewerten:

1. **Strategische Ausrichtung:** Ist das geplante KI-Projekt klar mit strategischen Unternehmenszielen verknüpft und von der Geschäftsleitung unterstützt?
2. **Datenverfügbarkeit:** Verfügen Sie über die notwendigen Daten in ausreichender Menge und Qualität? Sind diese zugänglich und nutzbar?
3. **Technologische Infrastruktur**: Ist Ihre SAP-Landschaft für die Integration von KI-Lösungen geeignet? Welche Komponenten müssen ergänzt werden?
4. **Fachliches Verständnis**: Existiert ein klares Verständnis der fachlichen Anforderungen und Prozesse, die durch KI unterstützt werden sollen?
5. **Kompetenzen**: Verfügt Ihr Unternehmen über die notwendigen Fähigkeiten in den Bereichen Data Science, SAP-Integration und Change Management oder benötigen Sie externe Unterstützung?
6. **Governance**: Existieren klare Strukturen und Prozesse für die Entwicklung, den Betrieb und die Überwachung von KI-Anwendungen?
7. **Change-Bereitschaft**: Wie ausgeprägt ist die Veränderungsbereitschaft in den betroffenen Bereichen? Gibt es potenzielle Widerstände?
8. **Ressourcen**: Stehen ausreichende personelle und finanzielle Ressourcen für die Umsetzung und den nachhaltigen Betrieb zur Verfügung?
9. **Erfolgsmetriken**: Sind klare, messbare Kriterien definiert, anhand derer der Erfolg des KI-Projekts bewertet werden kann?
10. **Risikobewertung**: Wurden potenzielle Risiken (technisch, organisatorisch, regulatorisch) identifiziert und Maßnahmen zu deren Minimierung entwickelt?

Die ehrliche Beantwortung dieser Fragen hilft, Stärken und Schwächen zu identifizieren und gezielt Maßnahmen zu ergreifen, um die Erfolgswahrscheinlichkeit Ihres KI-Projekts zu erhöhen.

Anhang C
Checkliste: So planen und setzen Sie KI-Projekte erfolgreich um

Ein erfolgreiches KI-Projekt entsteht nicht zufällig, sondern ist das Ergebnis klarer Ziele, sauberer Daten, abgestimmter Teams und einer realistischen Umsetzung.

Gerade im SAP-Umfeld ist es entscheidend, technologische Innovationen mit unternehmerischer Zielsetzung, Governance und Akzeptanz zu verbinden. Die folgende Checkliste unterstützt Sie dabei, Ihr KI-Vorhaben strukturiert zu planen, Risiken zu minimieren und den langfristigen Geschäftsnutzen sicherzustellen:

- **Vorbereitung und Strategie**
  - Ziele definieren: Formulieren Sie konkrete, messbare Geschäftsziele (z. B. nach SMART oder OKR) und verankern Sie Ihr KI-Projekt in der Unternehmensstrategie.
  - Business Value prüfen: Bewerten Sie den erwarteten Nutzen – Effizienzsteigerung, Kostenreduktion, Umsatzwachstum oder Qualitätsverbesserung – realistisch und nachvollziehbar.
  - Priorisierung: Wählen Sie Anwendungsfälle mit hohem Mehrwert, ausreichender Datenbasis und hoher organisatorischer Machbarkeit.
- **Daten und Technologie**
  - Datenqualität sicherstellen: Prüfen Sie Verfügbarkeit, Vollständigkeit und Konsistenz Ihrer Daten – schlechte Datenqualität ist der häufigste Stolperstein.
  - Technologische Basis schaffen: Sorgen Sie für eine skalierbare Infrastruktur, z. B. auf Basis von SAP BTP, SAP AI Core oder der SAP Business Data Cloud.
  - Integration planen: Denken Sie Schnittstellen und Datenflüsse frühzeitig mit – idealerweise API-basiert und kompatibel mit Ihrer SAP-Landschaft.

- **Organisation und Team**
  - Interdisziplinäres Team aufstellen: Kombinieren Sie Data Scientists, SAP-Architektinnen, Business-Experten und Change-Managerinnen.
  - Rollen und Verantwortlichkeiten klären: Definieren Sie Zuständigkeiten für Daten, Modellpflege, Betrieb und Governance.
  - Akzeptanz fördern: Schulen Sie Mitarbeitende gezielt, kommunizieren Sie Vorteile transparent und binden Sie Key User frühzeitig ein.
- **Umsetzung und Betrieb**
  - Proof of Concept durchführen: Starten Sie klein, validieren Sie den Nutzen und skalieren Sie erst nach erfolgreichem Test.
  - MLOps etablieren: Setzen Sie auf automatisiertes Monitoring, Re-Training und Versionierung, um die Qualität langfristig zu sichern.
  - Erfolgsmessung: Definieren Sie KPIs (z. B. ROI, Prozesszeit, Kundenzufriedenheit) und bewerten Sie den Nutzen regelmäßig.
- **Governance und Nachhaltigkeit**
  - Ethische Leitlinien beachten: Vermeiden Sie Bias, stellen Sie Transparenz sicher und orientieren Sie sich an Vorgaben wie dem EU AI Act.
  - Sicherheits- und Compliance-Prüfungen etablieren: Führen Sie regelmäßige Audits und Risikobewertungen durch.
  - Kontinuierliche Verbesserung: Nutzen Sie Feedback, überwachen Sie Performance und passen Sie Modelle fortlaufend an veränderte Bedingungen an.

Anhang D
Vollständiges Code-Beispiel aus Kapitel 9

Im Beispiel in Listing D.1 zeigen wir, wie Sie mit FastAPI und dem Generative AI Hub eine vollständige KI-gestützte API aufbauen können.

Die Anwendung, die wir in Kapitel 9, »Individuelle Chatbots mit RAG«, besprochen haben, kombiniert zwei zentrale Funktionen: Zum einen analysiert sie Support-Tickets automatisch und strukturiert deren Inhalte (z. B. Problemzusammenfassung, Kategorie, Dringlichkeit). Zum anderen ermöglicht sie die Beantwortung von Fragen mittels RAG auf Basis einer hinterlegten Dokumentation.

Das Beispiel zeigt, wie generative KI, Vektordatenbanken (Qdrant) und Embeddings in einem produktionsnahen Szenario zusammenwirken – von der Datenindizierung über die Modellkonfiguration bis zur Bereitstellung über REST-Endpunkte.

```
from fastapi import FastAPI, File, UploadFile, Form
from fastapi.responses import JSONResponse
import json
import re
from typing import Optional
from gen_ai_hub.orchestration.utils import load_text_file
from gen_ai_
hub.orchestration.models.message import SystemMessage, UserMessage
from gen_ai_
hub.orchestration.models.template import Template, TemplateValue
from gen_ai_hub.orchestration.models.llm import LLM
from gen_ai_hub.orchestration.models.config import OrchestrationConfig
from gen_ai_hub.orchestration.service import OrchestrationService

from gen_ai_hub.proxy.langchain.openai import OpenAIEmbeddings
from gen_ai_hub.proxy.core.proxy_clients import get_proxy_client
from langchain_qdrant import QdrantVectorStore
from qdrant_client import QdrantClient
from qdrant_client.http.models import Distance, VectorParams
```

```
from tqdm import tqdm
from uuid import uuid4
from langchain_core.documents import Document
from PyPDF2 import PdfReader

import os

# ------ Vektordatenbank und Embeddings initialisieren ------
proxy_client = get_proxy_client('gen-ai-hub')
embeddings = OpenAIEmbeddings(proxy_model_name='text-embedding-ada-
002', proxy_client=proxy_client)

VECTOR_COLLECTION = "documentation"
VECTOR_SIZE = 1536

# In-Memory-
VectorDB (ersetze durch persistenten Speicher in Produktion!)
client = QdrantClient(":memory:")

# Prüfe ob Collection schon existiert, sonst anlegen
try:
    client.get_collection(VECTOR_COLLECTION)
except Exception:
    client.create_collection(
        collection_name=VECTOR_COLLECTION,
        vectors_config=VectorParams(size=VECTOR_SIZE,
        distance=Distance.COSINE),
    )

vector_store = QdrantVectorStore(
    client=client,
    collection_name=VECTOR_COLLECTION,
    embedding=embeddings,
)

# ------ PDF als Knowledge-
Base einlesen und indexieren (nur einmal, beim Start) ------
pdf_path = "/genai-orchestration/ai_core_documentation.pdf"
if os.path.exists(pdf_path):
    reader = PdfReader(pdf_path)
    documents = []
    for i, page in enumerate(tqdm(reader.pages,
    desc="PDF-Seiten indexieren")):
```

```
        text = page.extract_text() or ""
        doc = Document(
            page_content=text,
            metadata={"source": pdf_path, "page": i + 1}
        )
        documents.append(doc)
    uuids = [str(uuid4()) for _ in documents]
    # Falls noch keine Daten da sind, Dokumente indexieren:
    if len(vector_store.similarity_search("test", k=1)) == 0:
        vector_store.add_documents(documents=documents, ids=uuids)
else:
    print(f"WARNUNG: PDF {pdf_path} nicht gefunden!
    Knowledge Base bleibt leer.")

app = FastAPI()

def create_support_ticket_template():
    return Template(
        messages=[
            SystemMessage(
                """
                You are a helpful AI support assistant. Analyze the
                following support request and extract the following
                structured information:
                1. Short summary of the problem (1-2 sentences).
                2. Main category (e.g. 'Login Issue', 'Performance',
                'Bug Report', 'Feature Request', etc.).
                3. Affected system/component/module.
                4. Urgency level (low, medium, high, critical).
                5. Steps already taken by the user.
                6. Suggested next troubleshooting steps (if possible).
                7. Additional notes or context.
                """
            ),
            UserMessage(
                "Here is a support request: {{?support_ticket}}"
            ),
        ],
        defaults=[
            TemplateValue(name="support_ticket", value=
"The user describes their problem here..."),
        ],
    )
```

```
def create_rag_qa_template():
    return Template(
        messages=[
            SystemMessage(
                """
                You are an expert assistant for answering questions
                based on the provided documentation context.
                Only use the retrieved context to answer the user's
                question as accurately and concisely as possible.
                If the answer is not present in the context, say
                "I could not find relevant information in the
                provided documentation."
                Do not use prior knowledge or make up information.
                """
            ),
            UserMessage(
                """
                Question:
                {{?user_question}}

                Retrieved context:
                {{?retrieved_context}}
                """
            ),
        ],
        defaults=[
            TemplateValue(name="user_question", value="Your question
            here..."),
            TemplateValue(name="retrieved_context", value="Relevant
            documentation snippets go here."),
        ],
    )

def process_rag_qa(question, retrieved_context):
    template = create_rag_qa_template()
    config, model = create_model_config(template)
    responses = []

    orchestration_service = OrchestrationService(config=config)
    result = orchestration_service.run(template_values=[
        TemplateValue(name="user_question", value=question),
```

```
        TemplateValue(name="retrieved_context", value=retrieved_
        context)
    ])
    response = result.orchestration_result.choices[0].message.content
    responses.append({
        "model": model.name,
        "response": response
    })
    return responses


def create_model_config(template):
    model = LLM(name="gpt-4.1", version="latest", parameters={"max_
    tokens": 1000, "temperature": 0.3})
    config = OrchestrationConfig(
        template=template,
        llm=model,
    )
    return config, model

def process_support_ticket_content(ticket_content):
    template = create_support_ticket_template()
    config, model = create_model_config(template)
    responses = []

    orchestration_service = OrchestrationService(config=config)
    result = orchestration_service.run(template_values=[
        TemplateValue(name="support_ticket", value=ticket_content)
    ])
    response = result.orchestration_result.choices[0].message.content
    responses.append({
        "model": model.name,
        "response": response
    })
    return responses

@app.post("/analyze_support_ticket/")
async def analyze_support_ticket(
    file: Optional[UploadFile] = File(None),
    text: Optional[str] = Form(None)
):
    if file is not None:
        content = await file.read()
```

```
        ticket_content = content.decode("utf-8")
    elif text is not None:
        ticket_content = text
    else:
        return JSONResponse(
            status_code=400,
            content=
{"error": "Bitte entweder eine Datei hochladen oder Text
bereitstellen."}
        )

    responses = process_support_ticket_content(ticket_content)
    return JSONResponse(content={"results": responses})

@app.post("/rag_qa/")
async def rag_qa(
    question: str = Form(...),
    k: int = Form(3)
):
    if not question:
        return JSONResponse(
            status_code=400,
            content={"error": "Bitte eine Frage angeben."}
        )

    # --- Suche relevante Doku ---
    search_results = vector_store.similarity_search(question, k=k)
    sources = []
    if not search_results:
        context = ""
    else:
        chunks = []
        for doc in search_results:
            page = doc.metadata.get("page", "?")
            file = doc.metadata.get("source", "?")
            # Nur der Dateiname (ohne Pfad)
            filename = file.split("/")[-1] if "/" in file else file
            content_snippet = doc.page_content.strip()[:500]
            # ggf. mehr Kontext zulassen
            chunks.append(f"Seite {page} aus {filename}:\n{content_
            snippet}...")
            sources.append({
                "page": page,
```

```
                "filename": filename,
                "source_path": file
            })
        context = "\n\n".join(chunks)

    responses = process_rag_qa(question, context)
    return JSONResponse(content={
        "results": responses,
        "sources": sources
    })

@app.get("/")
def root():
    return {"message": "Support Ticket Analysis API is running!"}
```

Listing D.1 Vollständiger Code aus Kapitel 9

Die Autoren

René Kessler ist Senior Consultant und Entwickler für KI und Robotic Process Automation (RPA) bei der abat AG. Nach seinem Masterstudium der Wirtschaftsinformatik forschte er mehrere Jahre an der Universität Oldenburg, wo er sich auf den Einsatz von KI in Produktion und Logistik, insbesondere im Kontext von SAP, spezialisierte. Im Rahmen von Industriekooperationen arbeitete er an innovativen Projekten, darunter die Entwicklung einer KI-gestützten Datenanalyseplattform zur Früherkennung von Steuerbetrugsfällen mit dem Landesamt für Steuern sowie die Konzeption von KI-basierten Empfehlungssystemen für den Online-Handel. In seiner heutigen Rolle bei der abat AG unterstützt er Unternehmen bei der Entwicklung und Umsetzung ganzheitlicher Strategien für KI- und Automatisierungsprojekte. Sein Fokus liegt auf der praxisnahen Integration moderner Technologien zur Optimierung komplexer Geschäftsprozesse. Dabei treibt ihn die Leidenschaft an, mit intelligenten Lösungen messbaren Mehrwert zu schaffen und Unternehmen auf ihrem Weg in die digitale Zukunft zu begleiten.

Marcel Kuchler ist Senior Consultant und SAP-BTP-Solution-Architekt bei der abat AG. Er hat Wirtschaftsinformatik im Master studiert und ist seit über zehn Jahren in der SAP-Branche tätig. Dabei ist er Experte für Cloud-Infrastruktur in der SAP- und Nicht-SAP-Welt. Themen rund um die SAP-Business-Technology-Platform-Architektur und -Infrastruktur sind bei ihm genauso beheimatet wie SAP Data & Analytics sowie SAP-Integration. In der Nicht-SAP-Welt kümmert er sich um die Architektur auf HyperScaler-Ebene rund um Amazon Web Services, Microsoft Azure und der Google Cloud Platform. In seiner Funktion bei der abat AG hilft er Unternehmen bei der Umsetzung ihrer digitalen Transformation unter Zuhilfenahme von intelligenten Technologien auf Cloud-Infrastruktur.

Index

J

K

L

M

N

O

P

R

S